가상공간상 법적 문제는 기존의 규범적 논의와는 다른 배경을 가지고 있을 뿐만 아니라, 새로운 입법에 대한 요구와 법해석을 필요로 하고 있다. 인터넷 환경하에서 등장한 전자상거래, 전자금융, 클라우딩, OSP, BM특허 등은 모든 법영역에서 새로운 법적 문제의 야기와 그에 따른 문제해결을 요구하고 있다.

| 송오식 |

CYBERSPACE

사이버 스페이스 법

LAW

전남대학교출판부

머리말

과학기술의 발달에 따른 새로운 법적 환경의 등장은 기존의 규범에 대한 검토를 요구할 뿐만 아니라 새로운 문제에 대한 해결책을 필요로 한다. 1990년대에 등장한 전자상거래로 인하여 기존의 법률로 규율하는데 한계를 노정하여 1999년에 전자거래기본법과 전자서명법이 제정되었고, 동법률들은 그 후 용어의 동일 및 기술적 진보에 따른 문제점들을 시정하기 위하여 개정되어 현재까지 이르고 있다.

본서는 이미 2000년도에 출간된 '전자상거래와 법(금왕출판사)' 2005년도에 출간된 '가상공간법(전남대학교출판부)'의 연장선상에 있는 제3판의 성격을 가지고 있다.

본서에서는 최근에 등장하여 문제되고 있는 전자소비자계약과 소셜커머스의 법률문제, OSP(온라인서비스제공자)의 책임과 그 제한, 개인정보보호 문제, P2P의 등장과 지적재산권침해 문제 등을 다루고 있다. 특히 제7장 이하에서 2011년 개인정보보호법이 제정된 이후 동법에 대한 소개 및 해석을 시도하였고, 개인정보 관련 판례를 살펴보았다. 개인정보에 대한 개인정보주체의 권리를 사권으로서 '개인정보권'으로 명명하고, 인격권으로서 뿐만 아니라 재산권으로서의 성격을 규명하려고 노력하였다.

웹기반의 거래가 가능해지면서 이제 누구나 인터넷공간에서 활동함에 따라 실제 거래에서 발생할 수 있는 법적 분쟁이 다양하게 가상공간에서 발생하고 있는 실정이다. 사이버공간에서 발생하는 법적 문제는 기본권의 충돌, 공법, 형사법, 민사법, 조세법, 지적재산권법 등 실로 다양하다. 본서에서는 그 중에서도 주로 사법 분야에 초점을 맞추고 집필되었다.

실제 더 많은 사이버스페이스상의 법률문제, 예컨대 I.O.T(사물인터넷), 자율자동차, 클라우딩의 법적 문제 등을 다루고 싶었는데 법전원장 보직을 수행하게 되어서 마지막 보완 수정작업에 시간을 더 들이지 못한 아쉬움이 있으나 이는 훗날을 기약하기로 한다.

그래도 이나마 본서가 개정판을 거듭하면서 출간되게 된 것은 일반대학원의 전자거래법강의와 법학전문대학원의 사이버스페이스법 강의시간에 함께 고민하고 연구한 제자들의 공덕이 크다고 할 수 있다. 이 도서가 출간되기까지 많은 분들의 도움이 있었다. 이 책의 교정과 색인작업을 꼼꼼히 해준 오은송 변호사와 송주연 연구조교에게 감사를 드린다.

마지막으로 책을 출간할 때마다 격려를 아끼지 않고 책의 편집 및 제작에 수고를 해준 출판부의 송미숙 과장님과 표지의 디자인을 멋있게 해준 배광현 선생님께도 거듭 감사드린다.

2016년 4월

저자 씀

목차

제1장 가상공간과 법

제2장 전자거래

제3장 전자거래와 의사표시

제4장 전자문서 및 전자거래

제5장 전자서명

제6장 소비자보호

제7장 개인정보보호

제8장 가상공간과 지적재산권

제9장 불법행위에 대한 온라인서비스제공자의 책임

제10장 전자적 지급결제

제11장 전자거래 분쟁의 처리 및 피해구제

제1장

가상공간과 법

제1장 가상공간과 법

제1절 인터넷의 등장과 가상공간사회 전개

1. 정보화사회와 가상공간

현대사회는 후기산업사회로서 지식·정보사회를 의미한다. 현대 과학기술의 비약적인 발전은 정치, 경제, 사회, 문화 등 인류의 모든 분야에 걸쳐 과거에는 상상할 수 없을 정도의 많은 변화를 가져왔다. 그런데 한 걸음 더 나아가 컴퓨터와 통신의 결합에 따른 인터넷의 등장은 새로운 가상공간을 창출하였고, 가상공간은 그 안에서 불가능한 일이 없을 정도로 비약적인 발전을 거듭하고 있다.

'정보화'란 단지 생산을 위해 정보를 효율적으로 사용하고 컴퓨터 네트워크를 통하여 정보를 교환하는 산업시대의 단순한 연장이 아니다. 그것은 새로운 경제 논리가 적용되며, 상품의 성격을 바꾸는 혁명적 변환의 서곡이다. 이것은 정보와 지식 자체가 생산요소로 등장하는 새로운 경제의 하부구조와 긴밀하게 연관된 문제이다.

정보와 지식은 과거에도 중요한 생산요소로 작동하였다. 과학과 기술 자체가 중요한 생산요소로 과학기술혁명에 이바지했다. 이러한 과학기술혁명의 정점은 컴퓨터 커뮤니케이션이다. 마치 산업자본주의에서 동력 발명 이후에 교통과 통신의 일대 변혁이 일어난 것과 유사한 결과를 가져온다. 가상 공동체(virtual community), 사이버스페이스 등 과거에는 없었던 새로운 의사소통공간이 등장하고 이를 통해 수많은 정보와 아이디어, 지식이 유통되는 현상이 발생한다. 컴퓨터 네트워크를 통해 의사소통의 전지구화(globalization), 병렬적 커뮤니케이션(parallel computing & communication), 사용자의 위상 강화 등 커뮤니케이션 분야의 일대 변화가 이루어진다. 더구나 이러한 망이 단순히 커뮤니케이션만을 담당하는 것이 아니라 새로운 상품으로서 지식과 정보를 유통할 때 이는 산업계 전반의 변화를 수반하게 된다.

2. 사이버스페이스의 개념

Cyber Space[1]는 Cyber와 Space의 합성어이다. 원래 사이버(Cyber)라는 말은 인공두뇌학(Cybernetics)을 연구하는 MIT의 노버트 위너 교수가 사이버네틱스란 용어를 사용하면서 비롯되었다고 한다.[2] 그러나 '사이버스페이스'라는 말을 처음 사용한 사람은 소설가 깁슨(William Gibson)인데, 그는 자신의 소설 뉴 로맨서(New Romancer)에서 이 말을 사용하기 시작했다.[3] 사이버라는 단어는 의미상으로는 가상(virtual)이라는 개념과 깊이 연관되어 있다. 가상(virtual)이라는 말은 라틴어 virtualis에서 유래하였고, 이는 virtus(힘, 능력)에서 파생된 말이다. 잠재된 힘의 상태로 존재하는 것을 가상적인 것으로 본 것이다. 여기서의 '공간'은 어떤 물체가 차지하는 현실적 공간을 의미하는 것이 아니고, 실제의 현실공간과는 다르지만 무엇인가가 존재하고 작동해서 마치 실제공간처럼 여겨지는 공간을 의미한다. 현실세계와의 가장 큰 차이점은 거리감이 없다는 점이다. 그리고 '가상'이라는 말은 소프트웨어 공학에서 유래하는데, 이것은 하드웨어의 한계를 뛰어 넘어 실제로 메모리가 있는 것처럼 컴퓨터가 작업하는 방식을 말한다.

기존의 정보통신과 가상현실(virtual realtiy)의 결합인 가상공간은 ① 네트웍으로 연결되어 있는 컴퓨터, ② 네트웍을 통해 전달되는 정보, ③ 네트웍을 사용하는 사람들로 구성된다. 이러한 사이버스페이스가 기존의 정보통신과의 다른 점은 하나의 문화가 존재하고 있으며, 뚜렷한 통제기관은 없지만 적어도 스스로의 자율적인 규제가 이루어지고 있다는 점이다. 결국 사이버스페이스가 의미하는 것은 새로운 질서, 새로운 비전, 새로운 형태의 가능성, 상호교류, 관계라고 할 것이다.[4]

그러나 오늘날에는 컴퓨터 네트워크에 의해서 만들어진 현실과 유사한 공간, 또는 인터넷 그 자체를 사이버공간으로 받아들이고 있다. 예를 들어 사이

---

1) 사이버스페이스의 개념에 대해서는 마용주, 사이버페이스와 표현의 자유-미국의 새로운 경향 및 이론들의 소개를 중심으로- 재판자료 103집(2003.12.), 외국사법연수논집(23), 대법원, 303-304면; 정진명, 가상공간법 연구(Ⅰ), 법원사, 2003, 5면 이하 참조.

2) cyber라는 말이 키잡이(조타수; steersman)를 뜻하는 그리이스어 kebernetes에서 유래하는 말이라고도 한다. 이호룡, 사이버공간에서의 유해정보와 청소년 보호, 인터넷법률, 제12호(2002), 법무부, 61면.

3) William Gibson, Newromancer, New York: Ace Books, 1984, p.67.

4) M. 이센 카트시, 김유정 역, 디지털 시대의 법제이론, 나남출판, 1997, 32면.

버 사전 사이트인 www.freedictionary.com은 사이버공간을 'TCP/IP를 이용해서 데이터를 전송·교환하는 전 세계적 컴퓨터 네트워크'로 정의하고 있다. TCP/IP[5])를 이용한 데이터 전송 교환 시스템이 바로 인터넷이다. 따라서 가상공간이란 인터넷 등 통신망 의해서 형성되는 정보거래, 커뮤니티, 전자상거래 등 인터넷 이용자들 간의 상호작용의 장이라고 할 수 있다.[6])

가상공간에서는 누구나 자료, 음향, 사진, 동화상 등을 실시간으로 전달할 수 있다. 정보 전달 기능이 합쳐지면, 어느 특정한 곳에 존재하지 않으면서 세상 어느 곳, 어느 누구에게나 전달 가능한 특수한 통신매체의 영역이 형성되는 것이다. 이러한 가상공간은 너무나 새롭고 방대한 분야라서, 몇몇 인터넷 사용자들은 스스로를 가리켜 사이베리언(Cyberians)이라고 하고, 이 전자적 가상공간을 가리켜 사이베리아(Cyberia)라고 하기도 한다. 사이버스페이스는 컴퓨터 사용자들의 행동이 일어나는 가상공간의 아고라(agora)라고 하겠다.

이러한 정보통신과 컴퓨터의 기술적 발전으로 인하여 사회의 정보화가 비약적으로 진행되어 최근 경제환경의 세계화(globalization)가 이루어졌고, 정보통신기술의 급속한 발달, 특히 인터넷 사용의 폭발적인 증가로 인하여 몇 년 전만 해도 제한적인 범위에서만 이루어져 왔던 전자상거래가 이제 본격적인 성장궤도에 진입하여 새로운 거래수단의 총아로 떠오르게 되었다.

이제 컴퓨터의 마우스의 버튼을 누르기(click)만 하면, 혹은 휴대폰의 키폰을 두드리기만 하면, 우리가 원하는 모든 상품을 좋은 가격에 골라서 살 수가 있고, 증권거래도 객장에 가지 않고 사무실이나 가정에서 할 수 있게 되었으며(home trading), 은행에 가지 않고도 예금 잔금을 확인하거나, 예금을 이제하거나 입금(home banking, mobile banking)할 수 있게 되었다. 국회에서도 전자투표를 통하여 일거에 투표를 하고 그 결과를 알 수 있게 되었고, 수많은 정보들을 정보의 바다인 인터넷을 통하여 입수할 수 있게 되었다.

---

5) 인터넷은 패킷 교환방식을 이용해서 정보를 교환하는데, 그것이 가능하려면 보내려는 정보를 패킷으로 분해하고 최적 경로를 통해서 전송해야 하며, 전송된 패킷들을 수신자가 재조합해야 한다. TCP와 IP는 그런 목적으로 만들어진 프로토콜(Protocol)이나. TCP는 보내려는 정보를 패킷으로 쪼개고, 수신된 패킷을 재조합하는 데에 사용된다. 한편 IP는 패킷을 최적의 경로를 통해 전송하는 데에 사용된다. P. Galla, How the Internet Works, QUE, 1999, pp.14-15 참조.

6) 김정호·이완재, 사이버공간의 법경제학, 법문사, 2004, 4-5면.

3. 가상공간의 특성

(1) 공간의 무제한성

가상공간에 있어서는 정보를 입수하거나 새로운 법률관계를 형성하는 경우에 물리적, 지리적 거리감은 더 이상 장애물이 되지 않는다. 즉, 가상공간에서는 실제 의사소통이 일어나는 물리적 공간이 존재하지 않는다. 과거에는 '거리'가 정보를 공유하고 유통시키는데 방해가 되거나 심한 제약이 되었다. 따라서 정보를 입수하거나 다른 사람들과의 접촉을 하기 위해서는 물리적으로 이동할 필요가 있었다. 다른 한편으로, 오늘날에 있어서도 물리적 국경은 곧 법적인 국경을 의미하기 때문에 공간적 거리는 법적인 권리와 의무를 결정하는 가장 중요한 원칙이 되고 있다.[7] 오늘날 M-Commerce(Mobile Commerce)의 등장으로 시간과 장소에 구애받지 않고 언제나 네트워크에 접속할 수 있는 통신 환경인 유비쿼터스가 현실화되고 있다.

가상공간에서는 많은 사람들이 국경 등과 무관하게 의사소통할 수 있지만 여기에서 어느 나라 어느 지역 법을 기초로 법규 위반을 판단하여야 하는지, 어느 나라 어느 법정에 기소되어야 하는지 등 기존의 법체계로는 해결하기 어려운 문제를 만들어 내고 있다.

(2) 쌍방향성

종전의 커뮤니케이션에서는 전달할 수 있는 내용이나 전달방법에서 한정되어 있었고, 일방적인 것이었다. 반면, 가상공간에서는 정보생산자와 정보소비자의 구분이 불분명해지고, 사용자는 정보생산자이자 정보소비자로서 활동하게 되었다. 또한 가상공간에서는 사용권한이 집중되지 않고 분산되어 있으며, 접근 내지 접속이 제한되지 않는 구조를 띄고 있다. 그래서 가상공간에서는 거의 모든 사용자들이 모든 내용들에 쉽게 접근할 수 있다.[8] 채널이 한정되어 있고, 소리나 그림을 전달하는 전자신호의 형태뿐만 아니라 그러한 신호가 전달되거나 수신되는 방법이 일정한 형태로 한정되는 기존의 매스미디어와는 명백히

---

7) D.R. Johnson&D.G.Post, *Law and Borders: The Rise of Law in Cyberspace*, In 48 Stan. L. Rev., May 1996 <http://www.cli.org/X0025_LBFIN.html>, at2

8) Jerry Berman and Daniel J. Weitzner, Abundance and User Control: Renewing the Democratic Heart of the First Amendment in the Age of Interactive Media, 104 Yale L.J. 1619, 1622.

차이가 있다. 그리하여 가상공간에서는 자신의 의견을 개진할 수 있을 뿐만 아니라, 다른 사람의 의견에 대한 반박을 할 수 있게 된다.

P2P의 기술개발은 개인이 가지고 있는 모든 정보를 세계 모든 개인과 교환하고 공유할 수 있게 되어 정치·경제·사회·문화적으로 거대한 변화를 가져오고 있고 법적인 측면에서도 많은 논란을 야기하고 있다.

(3) 능동성

종래의 정보생산자는 소수로 정체성이 분명한 반면, 정보소비자는 수동적인 수용자이지 적극적인 이용자는 아니었다. 그러나 가상공간에서는 다수의 정보생산자가 존재하고, 수용자가 이를 적극적으로 이용, 재생산, 분배까지 할 수 있으므로, 보다 능동적인 이용자가 되고 있다.

(4) 정보 접근의 용이성 및 개방성

종래의 정보는 그 소유나 접근에서 극히 제한적이었다. 반면 가상공간에서는 누구나 쉽게 정보에 접근하여 정보를 얻거나 자신의 정보를 게시하여 수많은 사람들에게 알릴 수 있다. 가상공간은 접속할 수 있는 모든 사람들에게 시간과 장소에 관계없이 접근할 수 있는 열린 공간이다. 즉 종전의 매체가 정보의 이동을 제한하고 한정된 가능성만 부여하는 물리적, 공간적 거리감에서 오는 제약을 극복하였다.

가상공간은 많은 사람들에게 다른 사람들과 의사소통할 수 있는 기회를 준다. 이것이야말로 진정한 의미에서 최초의 민주적 의사소통 수단이라고 할 수 있다. 게다가, 방송이나 출판물과 다른 점은 사용자 개개인이 출판 능력을 가지고 있는 셈이고, 전화와 다른 점은 사용자 개개인이 무수히 많은 사람들과 동시에 의사소통할 수 있다는 점이다. 개인적 관점에서 본다면, 개개인들은 더욱더 많은 정보에 접할 수 있게 됨으로써 개개인들의 경제적, 사회적, 정치적 지위를 향상시키게 되었고, 공공 정책적 측면에서 본다면, 가상공간은 민주주의적 가치와 사회 구성원의 평등화를 더욱 실현할 수 있게 되었다.

(5) 신속성 및 광범위성

가상공간상에서는 정보가 신속하고 광범위하게 전달될 수 있다. 어느 한 컴퓨터에서 나온 메시지는 거의 동시에 다른 컴퓨터에 도달할 수 있다. 그리고 인터넷게시판에 게재된 메시지는 거의 동시에 무수히 많은 사람들이 읽어볼 수 있다.

(6) 비대면성(익명성)

가상공간에서는 현실공간과 달리 얼굴을 맞대고 정보의 교환이나 거래를 하지 않은 비대면성의 특징을 가지고 있다. 이는 익명성의 문제와 연결되어 가상공간의 익명성은 언론의 자유를 신장시키기도 하지만 부정한 목적으로 어느 개인을 비난하거나 불법행위 등이 거리낌 없이 자행되기도 한다.

익명성은 추적이 가능한 것과 추적이 불가능한 것으로 나누어 볼 수 있는데, 수신자에게는 발신자에 관한 정보를 제공하지 않지만 그 정보를 중간 매개체에 남겨두는 식의 리메일러(remailer) 시스템은 추적이 가능한 경우이나, 이러한 것조차 불가능한 것은 추적이 불가능하다. 현재 사이버스페이스 기술은 일련의 익명 리메일러를 이용하여 메시지를 순환하여 보냄으로써 추적이 불가능한 익명성을 달성할 수 있게 하고 있다. 물론 익명성은 ISP 또는 리메일러에 인적사항을 허위로 기재하거나 알림으로써도 달성될 수 있다.

4. 가상공간의 등장과 정치·사회·문화적 변화

가상공간은 현실세계의 인간생활과 상호작용을 통하여 엄청난 생활변화를 가져오게 될 것이다. 인간의 새로운 의식·행태로부터 심리적·사회적 가치의 변화가 유도되고, 정보화사회라는 신세계의 가치를 쌓아가게 될 것이다. 정치면에서 인터넷의 등장은 어떠한 변화를 가져올 것인가? 「주권국가」 내지 「국가의 주권성」이라는 개념은 민주주의와 민족자결의 상징으로서 주권국가는 고유한 법을 가지며, 고유한 통화 발행, 고유의 독자적인 과세권, 외교권을 가진다. 이러한 주권국가를 특징지우는 요소들이 인터넷시대가 등장하면 희박해진다. 즉 정보화된 네트워크 환경 하에서는 전자기술을 기반으로 하는 단일화된 가상공간이 형성되어, 국경을 초월하는 거래가 행해지면 단일화된 전자화폐가 유통되고, 이러한 전자화폐에 적합한 가상공간상의 법이 생성될 것이다.

뿐만 아니라 정부는 국민의 요구에 부응하여 정보통신기술을 정부활동이나 행정에 접목·활용함으로써 정부기능의 효율성을 극대화하고, 국민이 필요로 하는 정부정보를 자유로이 이용할 수 있는 환경을 조성하면서 국민의 알권리와 프라이버시를 보장하여 행정에 대한 이해와 신뢰를 확보함과 더불어 투명하고 열린 행정을 실현하는 전자정부를 지향하게 된다.[9] 정부에 의하여 개인의 모든 정보가 한 장의 전자카드에 기재되어 행정의 효율성을 극대화할 수 있는 전자주민카드의 시도가 있었으나 프라이버시침해와 관련하여 국민의 반대가 있자 무산된 일도 있다.

모든 국민이 가상공간에 접근할 수 있는 시대가 온다면, 국민의 다양한 의견은 이러한 가상공간에서 표명될 수도 있다. 예컨대 인터넷을 이용하여 설문조사를 하여 그 의견이 반영될 수도 있는 것이다. 오늘날 선거과정에서 종전의 매스미디어가 아닌 인터넷을 통한 홍보는 중요한 역할을 하고 의사수렴수단으로서도 중요한 역할을 한다. 그러나 전체적으로 볼 때에는 이러한 전자민주주의의 개념이 민주주의의 본래 취지와 반드시 부합하는 것은 아니다.

가장 활발하게 영향을 받고 있는 분야가 또한 문화분야이다. 특히 이 분야에서는 지적재산권과 연관된다. 많은 문화적 상품들이 지적재산권의 형태를 지니고 있다.

기업들은 이러한 변화된 상황에 유연하게 대처해야 하며 진로를 모색해야 한다. 그리고 이러한 새로운 상황은 새로운 법률적 문제를 야기하며 법률적 검토를 요구한다.

Ⅰ. 가상공간의 등장에 따른 새로운 경제 환경과 패러다임 전환

전자상거래는 오늘날 우리가 경험하고 있는 경제적 변혁의 세가지 흐름이 합류하는 지점에 위치하여 앞으로 우리경제가 나아갈 방향에 지대한 영향을 미칠 수 있을 것이다. 그 세가지 큰 흐름이란 첫째, 전세계 시장에서 전세계의 기업들이 무한경쟁을 벌이는 세계화, 둘째, 경쟁력 즉 경제적 부가가치 창출력의 근원이 물적·금융 자본에서 지적 자본으로 이동하는 지식기반경로의 이행, 그리고 마지막으로 이 두 흐름의 기술적 기반을 이루는 정보통신기술의 급속한 발달이다.

1. 세계화

경제의 세계화는 WTO를 중심으로 한 무역장벽의 철폐를 통하여 재화나

9) 한규인, 전자정부 구현을 위한 정보관리체계 정비방안, 정부수립 반세기 한국행정의 회고(1998년도 하계학술대회 발표논문집), 한국행정학회, 1998, 277면.

서비스의 교역이 자유로워지는 것뿐만 아니라, MAI(다자간 투자협정) 등을 통하여 국제간 직접투자의 자유화에 의한 금융시장의 개방을 일컫는다. 금융 자본의 자유로운 이동으로 인하여 국경을 초월하여 생산기반의 취득이 가능해 짐으로써, 실질적으로 노동 및 물적 자본의 국가간 이동까지 자유로운 전 세계시장의 단일화를 가져오게 되었다.

단일화된 세계시장에서는 노동·자본 등 자국 내의 저렴한 생산요소를 국내기업만이 독점할 수 없으므로, 자신만의 차별화된 생산기술, 경영조직·기술, 또는 고객관계 등의 희소가치가 있는 자원을 가장 효과적으로 활용하는 기업만이 성공적으로 경쟁할 수 있다. 이는 국가적으로 그러한 희소가치가 큰 자원을 풍부하게 보유하지 못할 경우 국민소득의 지속적인 상승은 기대할 수 없음을 의미한다.

2. 지식기반경제로의 이행

세계화된 경제환경에서 진정한 국가 경쟁력의 원천은 경제·정치·문화 각 분야에서 부가가치 창출에 활용가능한 지식의 총체 즉 지적 자본(intellectual capital)이라 할 수 있다. 지적 자본은 개인에게 내재하는 인적 자본의 형태로 존재하거나 기업, 정부 및 대학·연구소와 같은 조직에 구조화된 지식의 형태로 존재하게 된다. 비록 숙련된 노동이나 특정작업을 자동화한 기계에도 지식이 어느 정도 체화되어 있지만, 세계화된 경제환경에서는 모든 기업이나 국가가 그러한 형태의 자원에는 용이하게 접근할 수 있으므로 희소자원으로서의 가치가 적다고 하겠다.

따라서, 오늘날 지속적인 성장을 보이는 국가와 기업은 무형의 인적 자본과 구조화된 지적 자본을 가장 효과적으로 활용하고 있으며, 이들의 성공을 통하여 정보와 지식의 생성, 유포 및 이용이 경제적 가치의 창출에 가장 중심적인 역할을 수행하는 지식기반경제로의 이행이 이루어지고 있는 것이다.

3. 정보통신기술의 발달

범세계적인 지식기반경제로의 성공적인 이행과 그 장기적인 발전을 위해 핵심적인 기술적 기반은 최근 비약적으로 발전하고 있는 정보통신기술이다. 정보통신기술은 지적 자본의 생성과 활용을 더욱 효과적으로 만든 한편, 전 세계를 하나의 시장으로 통합하는 세계화를 가능케 함으로써 지적 자본의 경제적 가치를 더욱 증대시키는 順循環(virtuous circle)의 주요한 동인이라고 하겠다.

한 국가의 입장에서 볼 때, 세계화는 이미 거스를 수 없는 경제 환경이 되었으므로 국가경제의 지속적인 성장은 정보통신기술의 이용을 통하여 지적 자본을 효과적으로 축적하고 활용하는 데 달렸고, 이는 경제패러다임의 변환을 의미한다.

4. 전자상거래와 경제패러다임의 변환

한 경제체제로부터 또 다른 체제로의 변환은 기존의 체제에서 축적된 경제적 잉여의 활용을 위한 여러 가지 방면으로의 노력이 새로운 기술과 결합되면서, 새로운 형태의 경제주체, 경제활동 및 경제조직 등이 발생하는 과정을 통해 이루어진다. 철제도구의 사용이 농경사회의 정착을 가져왔었고, 증기기관과 공장제 생산조직이 결합되었을 때 산업혁명을 통하여 산업사회가 도래되었다. 이러한 맥락에서 정보통신기술에 기반을 둔 전자상거래의 발전은 세계화된 경제환경 속에서 정보와 지식의 부가가치를 극대화하여 지식기반경제라는 새로운 경제패러다임에로의 변환을 초래할 것이다.

전자상거래는 인터넷 또는 기타 전자적 네트워크상으로 제품과 서비스의 판매와 구매를 가능하게 함으로써, 직접적으로는 기존의 상거래의 효율성을 제고시킬 뿐 아니라 궁극적으로는 구매전 및 판매후 단계를 포함하는 가치창출체계의 전과정을 통해서 새로운 부가가치 창출의 기회를 제공한다. 이러한 기회를 성공적으로 이용하는 데 필수적인 요소는 시장의 특성, 고객의 존재와 필요, 그리고 가치창출체계의 기술적 및 경제적 특성에 대한 정보와 그것을 효과적으로 활용할 수 있는 지식이다. 정보통신기술의 발전으로 그러한 정보와 지식에 따라 새로운 부가가치 창출을 위해 기업조직과 가치창출체계를 재편성하는 것이 기술적·경제적으로 가능해졌다. 세계화된 시장은 이러한 과정에서 창출되는 경제적 부가가치의 크기를 더욱 증대시킴으로써 기업과 기업가에게 더 큰 유인을 제공하게 된다.

전자상거래에서 성공적인 기업은 희소가치가 있는 정보와 지식의 활용과 축적에서 경쟁자보다 우월한 기업이고, 전자상거래가 성공적으로 발전하는 국가는 지적 자본의 보다 효율적인 활용과 축적을 통해 국제경쟁력의 제고를 꾀할 수 있다. 그러므로, 전자상거래는 지식기반경제로의 이행의 촉매제이자, 앞으로 지식기반경제의 핵심적인 경제활동양식 및 경제제도가 될 것이다.

제2절 가상공간과 법

Ⅰ. 가상공간법의 개념

20세기의 후반까지 대개의 법은 온라인기술과 전자적 환경에 따라 형성된 것이 아니라, 산업화에 의한 기술적 변화에 부응하여 이루어진 일련의 법체계의 기초 위에 서 있었다. 국경을 초월하여 이루어지는, 가상적으로 형성된 환경(가상공간)하에서 발생하는 거래로 인하여 발생하는 법률문제에 있어서 종래의 법적 해결방안을 동일하게 적용할 수 없게 되었다.

가상공간상 법적 문제는 기존의 규범적 논의와는 다른 배경을 가지고 있을 뿐만 아니라, 문제된 사안의 내용에 있어서 완전히 구별된다. 예컨대, 타인의 상표권의 대상인 상표를 인터넷상 도메인 이름으로 등록한 경우에 먼저 등록한 자가 도메인 이름의 사용권을 가지게 된다. 도메인 이름은 가상공간상 범위의 제한이 없지만, 각국의 상표법은 속지주의를 근간으로 하고 있다. 또한, 인터넷상 계약체결, 채무불이행시에 준거법·관할의 문제는 지리적 경계를 전제로 하지 않는 가상공간에서는 새로운 논의를 불러온다. 인터넷에서 직접 소프트웨어를 내려 받음으로써 구매하는 경우, 세관을 통하여 현물을 수입하는 것과는 달리 거래내역을 밝히기가 곤란한 경우가 많을 것이다. 전자상거래를 통하여 물품거래가 이루어졌을 경우에 네트워크의 안전성이 깨어져 개인정보가 누출되거나, 불측의 제3자로부터 침해를 받게 되는 경우에 형사적 문제뿐만 아니라, 민사적 손해배상의 문제도 발생하게 된다. 그밖에 개인용 컴퓨터에 임시저장된 내용(cash memory)에 대하여 타인의 저작권이 미치는지의 여부 등 종래의 법률에 의하여 규율되지 못하여 새로운 법영역으로 논의되어야 하는 다양한 법률문제가 등장하고 있고, 이러한 문제는 더욱 더 증가할 것으로 예상된다.

현재까지 논의된 가상공간법(law of cyberspace)의 개념은 미국의 법학자와 실무자를 중심으로 인터넷을 매개로 다양한 접근이 시도되어 왔다. 그 출발점은 가상공간을 기본적인 요소로 파악하고 있고, 기존의 지리적 경계를 배경으로 한 법규범을 가상공간상 어떻게 적용할 수 있는가에 관점이 맞추어져 있다.[10] 명칭을 살펴보면, "law of cyberspace", "law in cyberspace" 또는 "cyberlaw", "network law", "information law" 등이다. 그 밖에 매체를 중심으로 파악한 견해에 의한 경우에 때로는 "new-media law", "telecommunications law"로 불리고 있다. 그러나 통일되지 아니한 명칭에서 보는 것처럼 가상공간법의 개념과 내용에 관하여 아직까지 분명하게 드러나 있지 않다.

미국에서는 인터넷에 관한 문제를 취급하는 법영역에 대하여 인터넷법보다는 오히려 사이버스페이스법이라는 표현을 사용하고 있으며, 주요 법과대학에서도 사이버스페이스법이라는 표현을 사용하고 있다.[11]

Ⅱ. 가상공간에 대한 법적 규율

초기에는 많은 사람들이 가상공간을 현실공간과 완전히 다른 곳이라고 생각했었다. 그것은 현실 공간과는 달리 규제가 필요하지 않고, 규제할 수도 없는 공간이라고 여겼기 때문이다. 그러나 시간이 지나면서 가상공간에서도 현실공간에서와 같이 법적 규율의 필요성이 인식되었다. 가상공간에 접근할 수 있는 사람들이 제한된 시대에는 법적 규율의 필요성과 당위성이 약했지만, 기술적 진보로 인하여 인터넷 매체에 대부분의 사람들이 접근할 수 있게 되자, 법적 규율의 필요성이 대두된 것이다.

정보기술과 디지털화로 인한 매체접근의 다양성으로 인하여 가상공간법의 범위는 네트웍상의 법률문제, 전자상거래, 정보 및 정보의 유통, 온라인서비스 제공자의 책임문제, 계약법, 불법행위법, 지적재산권법 등 다양하다. 가상공간법은 광의로는 디지털 콘텐츠와 관련된 지적재산권법, 전자상거래와 관련된 계

---

10) 가상공간법에 대해서는 배대헌. 가상공간과 재적재산권의 보호, 창작과 권리 6호(1997.03), 세창출판사, 85면 이하 참조.; Jonathan Rosenoer, CyberLaw: the Law of Internet, Springer, 1997(이에 관하여 cyberlaw@cyberlaw.com 참조); M Ethan Katsh, Law in a Digital World, Oxford University Press, 1995, Annc W.Branscomb, Who owns Information?: from Privacy to Public Access, Basic Books, 1994; Kent D.Stuckey, Internet and Online Law, Law Journal Seminars Press, 1996; Edward A.Cavazos and Gavino Morin, Cyberspace and the Law, MIT Press, 1995.

11) 손경한, 한국 사이버법의 최근동향, 사이버 시대의 법적 환경, 기술과 법 연구소, 1998, 234면.

약관계, 관할권 및 준거법 등 다양한 법률문제를 포괄할 수 있는 법 영역이라고 할 수 있으며, 협의로는 인터넷 등 전자상거래와 관련된 법률관계라고 할 수 있다.

법적 가상공간에서는 어느 특정한 국가의 법률을 법적 가상공간에 적용할 것인지 아니면 법적 가상공간에 기초한 거래의 법률 효과를 분석하여 그에 적합한 법을 적용하여야 할 것인지의 여부가 주로 논의된다.[12)]

가상공간의 법영역에 대한 패러다임은 자기 재생된 정보에 기반을 둔다.[13)] 즉 가상공간의 어느 '지역'에서의 내용과 처리는 다른 지역에서는 금지될 수 있으며, 어느 '지역'에서 논쟁의 결과로 획득된 제도도 다른 지역에서는 지지받지 못할 수도 있다. 가상공간에 적용될 법률은 현실적 차이와 기술적 진보의 과정을 어떻게 극복할 수 있는가에 초점이 모아진다. 이는 결국 가상공간에 있어서 참여자 공동체, 일련의 법체계 그리고 법이 가상공간에 침투되어가는 과정 사이에 존재하는 내적 국경의 확산에 대한 규범적 차원의 문제이다.[14)] 가상공간세계는 글로벌화를 촉진시키면서 국내법의 규율에 대한 한계를 노출하면서 국제규범의 통일화를 촉진시키고 있다.

현재 인터넷 및 전자거래. 디지털콘텐츠 등과 관련하여 입법된 우리나라의 법을 보면 전자문서 및 전자거래기본법, 전자서명법, 정보통신망이용촉진 및 정보보호 등에 관한 법률, 전자상거래 등 소비자보호에 관한 법률, 저작권법, 컴퓨터프로그램보호법, 상표법, 온라인디지털콘텐츠산업발전법, 인터넷주소자원에 관한 법률 등이 있다.

---

12) D.R.Johnson & D.G.Post, Law and Borders: The Rise of Law in Cyberspace, 48 Stan. L. Rev., 1367(1996) (http://www.cli.org/X0025_LBFIN.html), at 8: Mayer, NJW 1996, S.1789f.

13) D.R.Johnson & D.G.Post, *supra* note 10, at 18.

14) 정진명, 전게서, 34면.

제3절 사이버마켓 시대의 도래

Ⅰ. 인터넷의 등장과 사이버마켓의 출현

1. 인터넷의 등장

(1) 인터넷의 기원과 발전과정

오늘날 가상공간 등장의 기반은 인터넷이다. 인터넷이란 단어는 인터(inter)와 넷(net)의 합성어이다. 즉 network와의 관계 또는 network로 구성된 관계를 의미한다. 인터넷은 네트워크들로 구성된 네트워크인 셈이다.

인터넷이란 1995년 10월 24일 미국의 연방통신망위원회(Federal Networking Council)의 정의에 따른다면 「인터넷 프로토콜(IP)이나 그 후속의 규약에 기초를 두고, TCP/IP나 그 후속의 규약과(또는) IP와 호환되는 다른 프로토콜(protocol)을 사용하는 통신을 지원할 수 있으며, 통신과 여기에 언급된 관련 인프라스트럭처에 쌓여진 고도의 서비스를 공적·사적으로 제공·이용 또는 접근할 수 있게 하는 전지구촌 정보시스템」을 말한다. 인터넷을 통하여 제공되는 서비스들로는 전자정보라든가 전자우편, 유즈넷, 파일전송 등도 있지만 오늘날 인터넷의 가장 대중적인 모습인 월드와이드웹(world wide web:WWW)이다. 월드와이드웹의 등장으로 말미암아 네티즌들은 이제 간단하게 인터넷을 이용할 수 있게 되었고, 인터넷인구가 비약적으로 증가하게 되었다.

마크 앤더슨 등에 의하여 1993년에 개발된 월드와이드웹을 위한 멀티미디어 브라우저인 모자익(Mosaic)은 200만 카피 이상이 보급될 만큼 폭발적인 관심을 모았으며, 일반인도 인터넷을 이용하기 시작하였다.

월드와이드웹은 NSFNET나 유즈넷 등과 같이 실재하는 네트워크라기보다는 전세계에 분산되어 있는 개별적인 파일과 디렉토리의 결합체라고 할 수 있다. 특정한 프로토콜 HTTP(hypertext transfer protocol)를 사용하여 HTML(hypertext markup language)로 작성된 문서를 어느 프로그램(server)에서 다른 프로그램(client)으로 전송한다. 웹브라우저를 이용하면 문서, 사진, 음향, 비디오 등의 멀티미디어 정보들을 동시에 검색할 수 있을 뿐만 아니라, 명령어를 기억하여 입력할 필요 없이 마우스만으로 거의 모든 서비스를 이용할 수 있다. 이제 인터넷 하면 대개의 사람들은 월드와이드웹을 떠올리게 된다.

이외에도 최근에는 인터넷에 접속되어 있는 개인용 컴퓨터들 간의 정보나 파일 등의 전송을 매개하는 P2P(Point To Point 또는 Person To Person)와 같은 새로운 기술이 나타나면서 인스턴트 메시징(Instant Messaging) 서비스, MP3와 같은 압축 음악 파일의 다운로드 서비스 등이 보편화되기 시작하였다.

이러한 실용적인 편리성이 인터넷의 대중화에 결정적인 기여를 하였고, 전자상거래에 소비자가 참여함으로써 오늘날 전자상거래의 비약적인 발전을 가능하게 한 원동력이 되었다.

(2) 인터넷의 특성

인터넷은 '네트워크의 네트워크'라고 불리는 본질적 특성 때문에 이제까지의 다른 통신매체와는 다른 커다란 차이점과 특성을 가지고 있다.

가. 전자적 매체로서의 특징 : 정보의 전자화(디지털화)

전자적 매체란 전자적인 방법을 통하여 의사와 정보의 전달을 수행하는 수단 혹은 도구를 말한다. 이러한 전자적 매체 특히 컴퓨터를 통한 의사와 정보의 전달에 있어서 가장 중요한 특징으로 꼽을 수 있는 것은 '정보의 전자화' 혹은 전자화 이다. 정보의 전자화(디지털화)란 결국 전자적 매체를 통해 0과 1의 연산체계, 즉 비트로 정보를 부호화하는 것을 말한다. 환언하면, 디지털화란 글자나 그림의 실제의 모습을 수많은 부분들로 분해하여 각 부분에 수적인 값을 할당하는 과정을 말한다.[15] 그리고 디지털화에 대하여 법적으로 정의하고 있는 법률은 지식정보자원관리법 제2조에서 정의하고 있는데 먼저 1호에서는 '지식정보자원'이라 함은 국가적으로 보존 및 이용가치가 있고 학술·문화 또는 과학기술 등에 관한 디지털화된 자료 또는 디지털화의 필요성이 인정되는 자료를 말한다고 규정하고 다시 2호에서 '디지털화'라 함은 원정보의 보존 및 이용에 효용을 높일 수 있도록 전자적인 형태로 변환하는 것을 말한다고 정의하고 있다.

결국 정보의 디지털화란 기존의 정보자료가 컴퓨터로 처리되어지는 과정이나 그 결과를 말하는 개념이라고 볼 수 있다. 이렇게 디지털화될 수 있는 정보는 오늘날, 숫자, 문자 등의 텍스트(text)는 물론 그림, 사진 등 각종 이미지, 음악과 음향 그리고 동영상에 이르기까지 일상생활에서 나타내고 표현할 수 있

15) 니콜라스 네그로폰테, 백욱인 역, 디지털이다. 박영률출판사, 1995, 13면.

는 모든 유형을 포함한다. 디지털화된 정보는 다음과 같은 여러 가지 특징을 갖는다.

① 정보의 생성, 수정 및 복제의 용이성

정보의 디지털화는 생성과 수정, 가공을 용이하게 한다. 종전의 아날로그에서는 정보의 생성에 많은 작업량을 요구하였으나, 정보의 디지털화에 드는 시간과 노력이 종전보다 훨씬 감소되었다. 뿐만 아니라 생성된 정보의 수정이나 복제도 용이하게 되었다.

② 정보검색의 편의성

전자화된 각각의 정보는 저장장치에 각기 자신의 주소(address)를 가지고 저장되게 되므로 저장되어 있는 순서에 상관없이 원하는 정보에 즉시 접근할 수 있다. 만약 원하는 정보가 데이터베이스화 되어 있다면 소비자의 입장에서는 온라인 정보검색을 통하여 자기가 원하는 취향·가격·디자인·색상 등의 정보를 선택할 수 있고 이를 구매할 수 있다. 가장 대표적인 것이 아마존과 같은 가상 도서상점에서의 책 구입이다. 독자는 아마존 홈페이지에 들어가서 저자·출판사·주제어·출판연도 등 세부사항의 정보를 검색하여 구매하고자 하는 도서를 순식간에 선택하여 구매할 수 있다.

③ 정보 전달의 용이성

인터넷은 시간과 공간을 뛰어 넘는 특성을 가지고 있다. 컴퓨터에 모뎀이 딸린 전화선만 연결되어 있다면, 오늘날에는 휴대폰만 가지고 있다면, 어느 곳에든지 정보를 주고받을 수 있다. 이러한 전자적인 수단을 통한 정보의 전달은 거의 순식간에 이루어진다는 점에 특징이 있다.

나. 인터넷의 정보전달 매체로서의 특징

① 다중매체적 미디어(multimedia)로서의 특성

인터넷은 디지털화가 가능한 모든 정보를 전송할 수 있다. 초기의 컴퓨터에서는 문자만 처리할 수 있었으나, 정보인식(입력) 및 표현(출력) 기술이 발전함으로써, 문자 이외에도 음성, 도형, 영상 등으로 이루어진 다양한 매체를 처리할 수 있게 되었다. 이를 멀티미디어라고 한다. 현재는 도서관 전체의 내용을 수 분만에 전송할 수 있는 특별한 자료전송 소프트웨어가 개발되어 인터넷 전송은 양적인 측면에서 새로운 차원을 맞고 있다.

② 실시간·양방향성

인터넷에서 모든 정보의 수신자는 동시에 정보의 발신자가 될 수 있으며, 지역이나 서버의 기종에 관계없이 상호간 데이터의 송수신이 가능하며, 거의 실시간에 가까운 의사전달과 그에 대한 반응을 얻을 수 있다.

③ 개방성과 자율성

인터넷은 어느 누구에게도 속하지 않는다. 누구에게나 개방되어 있는 특성을 가지고 있어서 광대한 정보의 바다라고 불리고 있으며, 이와 같은 세계적 규모의 개방성으로 인하여 기존의 어떠한 정보시스템과도 통합이 용이하다. 기술적으로 컴퓨터는 독자적으로 행동을 하며, 단지 이와 같은 독자적 행동을 하는 수많은 컴퓨터의 총체에 의하여 형성된 '보이지 않는 손(invisible hand)'에 의하여 유도된다.

④ 무정부적 미디어성

인터넷의 가상공간에서는 한 국가의 주권이 미치지 않는 영역으로 인식되고 있다. 따라서 이를 실효성 있게 규율할 규범적 장치의 미비로 인하여 구체적인 규제가 어렵다.

2. 사이버마켓의 출현

사이버마켓(Cyber Market)이란 "가상공간 내의 시장, 즉 상품의 홍보·전시·판매·결제·고객 서비스 등의 경제활동을 하는 인터넷 내의 가상공간"을 의미한다. 이것은 가정마다 고성능 PC와 고속모뎀이 보급되고 사용자에게 친숙한 인터넷 접속 소프트웨어(예: 넷스케이프, 익스플로러)가 발전하여 인터넷에 접속할 기회가 늘어나면서 인터넷을 이용한 가상공간이 새로운 생활영역으로 주목받게 되었다는 것을 의미한다.

특히 인터넷은 기존시장의 시간적·공간적 제약을 해소하여 줌으로써 기존시장에서는 제공하지 못하는 영역에 이르기까지 마케팅과 쇼핑의 영역을 확대시키고 있다. 즉 사이버마켓의 도입으로 기업은 인터넷 내에 온라인 쇼핑몰(online shopping mall)을 개설함으로써 지역과 시간에 관계없이 전세계의 인터넷 이용자들을 대상으로 마케팅 활동 및 직접 물건을 판매할 수도 있고, 소비자의 입장에서는 사이버마켓을 통하여 지구 반대편에 있는 기업에서 생산한 상품을 검색하여 가장 좋은 조건으로 구입할 수 있는 것이다.

Ⅱ. 사이버마켓이 가져온 변화

인터넷 상의 사이버마켓이 출현함으로써 야기된 변화는 다음과 같다.

1. 시간과 비용의 절감

기존 인쇄매체나 방송매체에 의할 경우 마케팅 정보의 양이 많거나 정보를 제공하고자 하는 소비자의 범위가 넓을수록 그에 비례하여 비용이 증가하지만, 사이버마켓에서는 예상소비자의 범위에 관계없이 정보제공을 위한 비용이 일정하다. 예컨대, 전자카탈로그나 전자사양서 등은 인쇄하거나 정리하여 창고에 보관하거나 우편으로 우송하지 않아도 되며, 제품정보의 변경을 위해서는 재인쇄하여 배포할 필요없이 온라인으로 직접 변경할 수 있으므로 시간과 비용이 절감된다.

2. 주문자 중심의 서비스

인터넷의 쌍방향성을 기초로 소비자들이 원하는 정보를 빠르게 검색할 수 있으며, 소비자들의 취향에 맞는 서비스를 제공할 수 있다. 예컨대 컴퓨터를 구입하고자 하는 경우에 기존의 소비자는 직접 매장을 방문하여 제한된 종류의 기본사양을 구입하는 경우가 대부분이지만, 사이버마켓의 경우에는 컴퓨터의 각 사양에 대한 정보를 선택할 수 있도록 꾸며 놓은 홈페이지를 방문하여 소비자가 직접 필요로 하는 컴퓨터에 맞는 세부사양과 결제방법 그리고 배달방법 등을 선택할 수 있다.

3. 참여의 제약 해소

인터넷을 통한 비즈니스에는 인종이나 성별, 사업이나 회사의 규모 등의 차이에는 별로 문제되지 않는다. 왜냐하면 인터넷의 개방성으로 인하여 사이버마켓에는 대규모 회사 뿐만 아니라 아이디어와 소규모의 자본만을 갖춘 개인도 참여를 할 수 있기 때문이다. 예컨대, 지금까지 서점은 재고물량과 창고 크기 등으로 서적 가격을 결정해 왔다. 그러나 가상서점 '아마존'은 무조건 20%

내린 가격에 판다. 이는 큰 창고와 재고 서적을 많이 가진 업체가 제값 받고 팔거나 적기에 할인판매에 나서 시장을 주도하는 이른바 '규모의 경제'로 경쟁하는 시대가 지났음을 의미한다. 최근에 SOHO(Small Office Home Office) 창업바람도 이것과 무관하지 않는데, 특히 유통·판매업에 있어서 많은 이점을 가지고 있다. 이처럼 참여를 제약하는 장애요소의 해소는 사이버마켓을 완전경쟁에 가까운 시장환경으로 만드는 데에 도움을 준다.

4. 시간적·공간적 제약의 해소

사이버마켓에서 쇼핑몰을 운영할 경우에는 곧바로 국제적인 서비스를 할 수있다. 인터넷은 외국 사람들과 거래를 하는 과정에서 발생하는 시간과 거리의 장벽을 제거하여 시장활동 영역을 확대시켰다. 또한 사이버마켓에서는 판매자가 시간의 제약에 구애받지 않고 담당자가 없더라도 24시간 내내 상품을 판매할 수 있으며, 소비자는 늦은 밤에도 원하는 상품을 주문할 수 있게 되어 시간적·공간적인 제약이 해소되게 되었다.

Ⅲ. 사이버마켓의 현상과 미래

전세계적인 규모로 확산되고 있는 사이버마켓에서 거래되는 상품의 종류도 소액·소규모에서 고가·대형의 제품으로 확대되고 있다. 현재 사이버마켓에서 이루어지는 거래의 유형은 다양하지만, 크게 구조화된 거래와 비구조화된 거래로 구분할 수 있다. 먼저 구조화된 거래는 조직적이고 표준화된 양식에 따라 대규모적으로 이루어지는 거래로서 EDI, CALS, EC 등을 예로 들 수 있고, 비구조화된 거래는 대부분 개인들 사이에 무형식적으로 전자우편을 이용하여 이루어지는 거래를 말한다.

특히 사이버공간에서는 다양한 용역(동영상, 사진이미지, 음성, 프로그램화일 등)이 순식간에 이루어질 뿐만 아니라, 가상공간에서의 컨설팅 및 투자, 다양한 정보의 제공과 교류 등 종전에는 예상하지 못하였던 새로운 거래들이 등장할 것으로 보여진다. 특히 대금결제에 있어서도 전자화폐의 사용이 일반화된다면 전자거래의 규모는 획기적으로 증대하리라고 보여진다. 이러한 현상들은 필연적으로 종전에는 예상치 못하였던 많은 문제들을 야기할 것이다.

즉 사이버마켓의 가장 큰 문제점은 소비자들과 기업이 안심하고 거래를 할 수 있는 보안 및 암호시스템이 아직 완전하지 않다는 것이다. 또한 사이버마켓에서 거래가 이루어지더라도 현금의 이동과 상품의 이동은 실물거래에서 실현되기 때문에, 거래의 체결로부터 이행완료에 이르기까지 상당한 시간과 프로세스가 요구된다는 문제가 있다. 이외에도 개인정보의 보호, 프라이버시의 보호, 네트워크의 장애 등 여러 가지 문제점이 있지만, 그럼에도 불구하고 궁극적으로는 사이버마켓을 통하여 계약체결, 결제, 이행이 모두 하나의 프로세스로 완결되는 전자거래가 이루어질 것이다.

인터넷 전자상거래의 특징

전통적인 전자상거래	인터넷 전자상거래
기업과 기업간(B2B) 거래만 가능	기업과 기업(B2B), 기업과 소비자(B2C), 기업과 정부기관(B2G), 사용자와 사용자(U2U) 거래 가능
폐쇄된 시장: 특정 산업간 거래	공개된 시장: 전세계적인 규모 거래 가능
거래상대 제한	거래상대 무제한
폐쇄된 독점 통신망	공개, 비보호 통신망
공개되고 신뢰할만한 거래상대	공개 또는 비공개된 거래상대
통신망 설계 일부 보안	보안 및 인증 필요
클럽화된 시장(The Market is Club)	통신망이 곧 시장(The Network is the Market)

인터넷 전자상거래와 전통적 상거래의 비교

구 분	인터넷 전자상거래	전통적 상거래
유통채널	기업 ↔ 소비자	기업→ 도매상 → 소매상 → 소비자
거래 대상 지역	전세계 글로벌 마케팅	일부지역 폐쇄된 'Clubs'
거래시간	24시간	제한된 영업시간
고객 수요 파악	온라인으로 수시 획득 재입력이 필요없는 디지털 데이터	영업사원이 획득 정보재입력이 필요
마케팅 활동	쌍방향 통신을 향한 1대1 interactive marketing	구매자의 의사에 상관없는 일방적인 마케팅
고객 대응	고객의 욕구를 신속히 포착, 즉시 대응	수요 포착이 어렵고 대응 지연
판매 거점	가상공간	판매공간 필요
소요자본	인터넷 서버 구입, 홈페이지 구축 등에 상대적으로 작은 비용 소요	토지, 건물 등의 구입에 거액의 자금 필요

(자료: 삼성경제연구소, 인터넷 라운드와 기업의 대응, 1997.8.)

제4절 가상공간과 사법영역에의 영향

1. 사법영역에의 영향

정보사회는 우선 복합적 다층구조로 이루어져 있고, 자아구조, 정체성, 문화 및 사회구조적, 국가의 경쟁력 및 기업의 효율성 등 시공을 초월하여 달라질 수밖에 없다. 정보사회의 특징에 대해서는 학자마다 조금씩 다르게 설명하나,[16] 일반적 특징으로는 정보기술(Information Technology)의 폭발적 발달, 컴퓨니케이션(컴퓨터와 커뮤니케이션의 결합), 새로운 기반구조(Infrastructure)의 등장, 지구촌(Globalization)현상 등을 들 수 있는데 이러한 정보사회에서는 인간의 사고방식, 생활양식, 거래관계, 사회의 조직이 바뀌고, 따라서 사인과 사인간의 관계를 규율하는 사법영역에도 필연적으로 영향을 미칠 수밖에 없다. 따라서 현 시대는 이러한 변화에 대한 적응력 있는 법적 제도와 법적 사고를 요구하고 있다. 특히 PC통신이나 인터넷과 같은 사이버공간에서의 새로운 사회공동체적 행위는 새롭고 많은 법적 문제들을 제기하고 있다.

2. 가상공간에 있어서 사법적 문제

법이 규율하고 있는 객체 가운데 무형의 재화를 대표한다고 할 수 있는 '정보'에 대한 법적 문제만큼 그 복잡성·다양성으로 인해 법학자들을 괴롭히고 있는 것도 드물다.

사법적으로는 1980년대 들어 '컴퓨터와 법'이라는 용어가 보편적으로 사용되기 시작하면서 컴퓨터를 이용한 정보의 교환·매개 등을 둘러싸고 계약법·불법행위법이 전통적으로 고수해온 요건 및 효과들이 수정·발전되고 있고, 특히 지적 재산권 분야에서는 종전에는 보호되지 않았던 새로운 분야들이 보호받게 되었다.[17] 최근에는 '우루과이라운드'의 쟁점사항 중 하나인 통신서비스 부분

16) Daniel Bell은 이론적 지식과 지적 기술을, John Naisbitt는 가치의 증대가 노동에서 지식으로 증대되는 것으로, Alvin Toffler는 탈대량화 현상과 다양성을, Fritz Machlup은 정보의 경제성에 대한 실증적 분석을 통해서 교육·연구개발·미디어·정보기계·정보서비스 등을 지식산업으로 분류하고 있고, Beniger는 정보사회의 도래를 사회유기체적 관점에 따른 체계이론과 인공두뇌학에 이론적 근거를 두고 설명을 시도한다. 한상완, 정보사회의 전개와 정보이용, 구미무역주식회사출판부, 1997, 25면 이하.

17) 이에 대한 예로서는 營業秘密, 컴퓨터소프트웨어, 최근에 문제되었던 통신상에서의 MP3화일,

에서 정보의 흐름이 가져오는 법적 문제들이 경제·사회·문화적 난제 등과 서로 뒤엉켜 제기되기도 하였다.

이 이외에도 등기의 전산화에 따른 정보보호의 문제, EDI(전자문서교환)의 도입에 따른 계약의 성립을 둘러싼 문제, 무권한자에 의한 데이터의 송신에 의한 피해의 문제(표현대리의 문제와 연계해서), 전자문서(전자적 데이터)의 증거능력, 증거가치의 문제, 시스템 작동상의 결함의 문제, 상법이나 세법 등에서 요구되는 기록보존의 문제, 개인정보의 보호문제 등이 있다.

또한 전자상거래에 있어서도 개인정보의 보호와 소비자보호 등이 문제되고, 전자서명(인증)에 있어서 동일성의 확인, 메시지의 비밀, 부인방지(발신자가 발신의 사실을 부인하는 것을 방지하는 것), 메시지의 완전성을 확보하기 위한 방법 등이 강구되어야 하고, 그러기 위해서는 인증기관이 정해져야 하고, 인증기관의 책임 등이 문제된다.

이처럼 정보의 활용분야가 넓어짐에 따라 정보의 흐름이 야기하는 법적 문제점들에 대해 해결책을 제시할 수 있어야 한다. 그러나 사법영역에서 발생하는 모든 현상과 문제점들을 빠짐없이 다룬다는 것은 힘겨운 일이기 때문에, 본서에서는 한정된 범위에 머무를 수밖에 없다.

이러한 가상공간상의 법적 공간에서 가장 중요한 특징은 그러한 법의 영역이 과거와 같은 지리적·공간적 영역이 아니라 현실세계를 가상세계와 구분하는 영상과 암호로 구성된다는 데에 있다. 그러므로 법적 가상공간에서는 어느 특정한 국가의 법률을 법적 가상공간에 적용할 것인지, 아니면 법적 가상공간에 기초한 거래의 법률효과를 분석하여 그에 적합한 법을 적용하여야 할 것인지의 여부가 주로 논의된다.[18)]

이제까지 전 세계의 법체계는 기본적으로 형식적인 결합과 비형식적인 결합을 통하여 상호 발전하여 왔다. 전자로는 체결한 국가 사이에서만 구속력을 가지는 쌍무 또는 다자간 조약 또는 협약에 의한 교류를 들 수 있으며, 후자로

도메인이름, 데이타베이스 등을 들 수 있겠다. 이 이외에도 정보화 산업화에 따른 각종 새로운 물건, 용도, 디자인, 상품, 발명품, 문학, 미술, 음악, 연극, 방송 등에 이르기까지 재산적 가치를 가지는 새로운 지적 재산권들은 증가하게 될 것이다. 또한 정보화의 역작용으로 자기 정보를 콘트롤할 수 있는 권리, 불필요한 메일 등에 대한 거절권 등이 새로운 권리로 문제되고 있다.

18) D.R. Johnson & D.G. Post, Law and Borders: The Rise of in Cyberspace, In Stanford Law Review, May 1996.(http://www.cli.org/X0025_LBFIN.html, p.8 참조); NJW 1996, S.1789f.

는 개별국가 사이에 어떠한 형식적인 결합의 요소는 존재하지 않지만 각국의 법체계 속에 내재하는 유사한 법원칙 또는 법적 수단들을 들 수 있다.[19] 이제 이러한 가상공간의 등장은 국경을 초월할 뿐만 아니라 각국의 권력의 통제에서 벗어나게 되어, 국내법으로 규율하는 데 한계가 있다.[20] 이러한 정보화사회는 정치·경제·사회·문화의 모든 면에서 변화를 가져오고 있으며, 법률적으로도 많은 문제를 야기하고 있다.

제5절 전자상거래의 등장과 법적 환경의 변화

인터넷을 통한 전자상거래가 활발하게 전개되면서, 전자상거래의 법적 의미나 전자상거래와 관련된 정책들이 전 세계적인 합의를 필요로 할 정도로 기존 법체계에 광범위하게 영향을 미치고 있다.

가상공간의 법적 문제로 가장 중요한 특징은 그러한 법역이 과거와 같은 지리적·공간적 영역이 아니라 현실세계를 가상세계와 구분하는 영상과 암호로 구성된다는 데 있다. 그러므로 법적 가상공간에서는 어느 특정한 국가의 법률을 법적 가상공간에 적용할 것인지, 아니면 법적 가상공간에 기초한 거래의 법률효과를 분석하여 그에 적합한 법을 적용하여야 할 것인지의 여부가 논의된다. 그러나 전자상거래의 과정에서 발생하는 당사자가 서로 다른 국가의 사람일 경우 분쟁에 대한 재판관할권 문제, 관세의 문제 등에 관하여는 아직도 국제적인 합의가 이루어지지 않고 있고, 대륙법계와 영미법계 국가간의 전통적인 법률과 관습의 차이로 인하여 통일된 법의 내용을 마련하는 것도 또한 어려운 것이 현실이다.

1. 기존 법제도 적용상의 문제

인터넷을 활용한 물류체계의 혁신과 비용절감 효과는 기존의 산업구조에 상당한 변화를 가져왔으나 기존 법제도가 가진 역사적 배경과 입법취지 등을

19) 예컨대 우리 민법상의 신의칙의 한 원리인 "사정변경의 원칙"(clausula rebus sic stantibus)은 미국법에서는 "계약 목적 불도달의 원칙"(doctrine of frustration of contracts), 독일민법에서는 "행위기초론"(Die Lehre von der Geschäftslehre), 프랑스민법에서는 "불예견론"(lq théorie de l'imprévision)이라는 원칙과 거의 동일한 기능을 가지고 있다.

20) 전자상거래에 관한 UNCITRAL 모델법의 등장은 대표적인 예이다.

고려할 때, 기존 법제도는 전자상거래의 경우를 미리 예견하지 못하고 제정되었다. 따라서 전자거래 양당사자로서는 거래의 안전성이나 법률행위로서의 신뢰를 충분히 갖지 못하고, 전자상거래가 가능한 시점에서도 유형적인 문서형태를 유지해야 하는 한계가 있다. 이러한 한계 때문에, 우리나라에서는 전자거래기본법, 전자서명법 등을 제정하여 전자문서의 문서성과 증거능력과 등을 인정하고 있으나 아직도 전자거래의 특수성으로 말미암아 기존의 법제도를 그대로 적용하기에는 무리인 경우가 발생하기도 한다.

예를 들어, 현재처럼 「전자상거래등 소비자보호에 관한 법률」에서 전자거래를 규율하기 전에 전자거래는 「방문판매 등에 관한 법률」에서 규정하는 통신판매에 해당하는데, 통신판매에서 규율하는 광고의 규제라든가 소비자보호 등에 관하여 여러 기지 문제점이 발생하였던 것은 대표적인 사례이다.

2. 계약의 내용과 상관습의 변화

전자상거래로 인하여 기업과 소비자 간에 시간 및 지역적 장애를 극복함으로써 기존 상관습이나 계약의 전형적인 내용에 수정이 가해지고 있다. 예를 들어, 인터넷 판매가 가능해지고 성장함에 따라 판매 수수료가 가장 중심적인 내용이었던 대리점 계약의 내용이 소비자 관리 중심의 관리 수수료를 정하는 대리점 계약으로 변화한다든가, 인터넷 경매, 입찰 등의 거래가 활성화되면서 새로운 상관습이 생기고 있다. 전통적인 상거래와 비교하여 부분적이나마, 소비자의 지위가 보다 상승되기도 하였다.

3. 가상공간상의 법률문제 발생

인터넷은 가상공간상에서 기존 아날로그 시대에는 예상하지 못했던 법률 분쟁을 야기하고 있다. 이는 주로 기존 법체계상의 권리자와 가상공간에서의 권리자간의 이익이 충돌하는 경우가 대부분이며, 이에 대한 분쟁 해결 기준이 없고, 사회적 합의도 만들어 내지 못한 상황이다. 현재로서는 사안에 따른 기존 법질서의 유연한 적용에 의존하고 있는 상황이라 하겠다. 예컨대, 인터넷 주소(Domain Name)와 관련하여 상표권자와 인터넷 주소 등록자간의 분쟁 등이 이 대표적인 예이다.[21]

21) 미국의 델 컴퓨터회사가 delnc.com을 등록한 국내 도메인 소유자를 상대로 미국법원에 소송을 제기한 사건은 대표적인 예이다.

제2장

전자거래

제2장 전자거래

제1절 전자거래 일반

Ⅰ. 전자거래의 의의

전자거래(EC: Electronic Commerce)란 일반적으로 전자적 수단을 사용하여 가상공간에서 전자적 방식으로 이루어지는 거래로서, 전자거래기본법 제2조 5호에서 「재화나 용역의 거래에 있어 그 전부 또는 일부가 전자문서에 의하여 처리되는 거래」라고 규정하고 있다. 그러므로 전자거래는 기업 간 또는 기업과 고객 간 거래가 전자정보를 통해 이루어지는 것으로 크게 인터넷상의 비즈니스와 네트워크를 활용하여 행하여지는 계약, 주문, 배달, 그리고 대금청구 및 지불에 이르는 모든 거래행위를 포함한다고 하겠다.

현재까지는 전자거래보다는 전자상거래라고 부르는 경우가 많다. 전자거래가 주로 영리를 목적으로 하여 이루어지지만 반드시 상거래에 한하지 않고 공공부문에서의 거래나 순수한 사인간의 거래에서도 이루어질 수 있으므로 전자거래라고 부르는 것이 더 적합하다고 하겠다.[1] 미국에서도 법률상으로는 Electronic Transaction이라는 용어를 사용하고 있는데 전자거래를 전자계약이라고도 한다.

그동안 국내에서도 전자거래와 전자상거래에 대한 용어선택의 문제로 논란이 있었지만, 아직까지 거래현실에서는 개인 간의 전자거래는 미미하기 때문에 전자상거래라는 용어를 즐겨 쓰고 있고, 본서에서도 양 개념을 굳이 구분하여 쓰지 않기로 한다.

---

1) 전자거래(Electronic Commerce)의 용어에 대해서도 초기에는 전자상거래로 사용되었으나, 일반적으로 민법학자들은 전자거래의 사용을 주장한다. 최근에는 '상거래'라는 용어 자체가 마치 우리나라 상법상의 상행위에 한정된 것으로 오인될 여지가 있고 그 규율대상은 당연히 사인간의 거래관계를 포함한다고 하여 '전자거래' 쪽이 우세하다. 정종휴, 전자상거래의 등장에 따른 계약이론의 변용, 인권과 정의 통권 268호, 1998.12., 71면.; 한웅길, 전자거래와 계약법, 비교사법 제5권 2호(통권 9호) 1998.12., 8면.; 오병철, 전자거래법, 법원사, 1999, 28-29면.

그 동안 전자상거래는 주로 기업 상호간에 거래데이터가 표준화된 비즈니스 프로토콜(Business Protocol)에 의하여 구조화된 EDI 내지 CALS를 통하여 이루어져 왔다. 이러한 EDI 내지 CALS는 일반적으로는 사전에 참가자가 특정되고, 동시에 관리자가 존재하는 폐쇄된 네트워크를 이용한 거래시스템이라는 점이다. 이에 반해 인터넷의 등장으로 기업·소비자 간에 이루어지는 개방형 전자거래형태가 등장하였다. 즉 소비자는 개인 컴퓨터로부터 전 세계의 전자거래 「사이버 숍(Cyber Shop)」이라고 불리는 가상점포에 접근하여, 대량의 상품정보를 접하고 원하는 상품을 선택할 수 있게 된 것이다.

Ⅱ. 전자거래의 유형[2)]

전자거래의 유형도 여러 가지 형태로 구분할 수 있다.

1. 전자거래의 특성에 따른 분류

(1) 구조화된 전자거래

구조화된 전자거래란 표준화된 거래형식과 데이터 교환방식에 따라 조직적이고 체계적으로 이루어지는 전자거래를 말하며, 일반적으로 전자거래라고 할 때에는 이것을 말한다.

구조화된 전자거래에는 세 가지 형태의 거래모델이 있다.

첫 번째는 정부조달의 전자화로부터 시작되었지만, 민간부문의 기업들이 설계도면이나 부품의 데이터를 비롯하여 제품의 개발, 제조에서 유통 및 보수유지에 이르기까지 필요한 모든 데이터를 공유하는 것을 목표로 하여 도입하려고 하는 광속거래(CALS)[3)]가 있다.

---

2) 이에 대해서는 최경진, 전자상거래와 법, 현실과 미래, 1998, 28면 이하.; 오병철, 전자거래법, 법원사, 37면 이하.

3) CALS(Commerce At Light Speed: 광속거래)는 여러 단계의 발전을 거듭해 왔으며 그에 따라 용어도 변화되어 왔다. 그 생성은 미국 국방부가 공간·비용의 절감 및 신속한 정보검색을 위하여 병기 시스템에 관련된 정보를 전자 정보로 변환하고자 한 데서부터 비롯되었으며, 오늘날은 정부뿐만 아니라 기업에서도 이용하고 있다. 이에 대해 「정보의 공유화 등에 의해 경영효율을 증진시키는 세계 공통의 새로운 비즈니스 시스템으로서, 표준화 및 정보통합화 기술을 이용하여 원재료의 조달에서 설계·개발·생산·조달·관리·유통·메인티넌스라는 제품의 전 라이프사이클에 관한 정보를 전자화한 통합정보 시스템으로의 전략적인 접근」이라고 한다. 최경진, 전게서, 43-44면.

두 번째는 비교적 계속성이 있는 기업간의 거래, 즉 제조업자와 유통업자 등 계속적 거래관계가 있는 기업 간에 구조화되고 표준화된 양식으로 EDI 네트워크를 통하여 거래에 관한 데이터를 교환함에 의해서 이루어지는 거래로써 전자문서교환(Electronic Data Interchange: EDI) 등의 형태로 실현되는 거래이다. 최근 전세계적으로 인터넷을 이용한 기업간 거래의 중요성이 고조됨에 따라 Open EDI 혹은 Internet EDI라는 인터넷을 이용한 전자문서교환방식이 새로이 모색되고 있다.

세 번째는 전자상거래(Electronic Commerce: EC)로서 불특정 다수의 일반 소비자들을 대상으로 하는 온라인 쇼핑이 이에 속한다.

전자거래는 위와 같은 세 가지 모델로 분류할 수 있으나, 세 가지 전자거래 모델은 서로 완전히 분리되어 전혀 다른 성질을 갖는 것이 아니라 각 모델들은 유기적인 관련을 갖는다. 예컨대, 전자상거래(EC)와 광속거래(CALS)는 전자문서교환(EDI)의 각종 표준들을 이용하고 있다.

(2) 비구조화된 전자거래

비구조화된 전자거래란 거래당사자간에 특정한 표준 없이 자유로운 내용과 형식으로 이루어지는 전자거래를 의미한다. 비구조화된 전자거래는 전자우편이나 BBS 내의 게시판 등을 통하여 주로 개인 간에 1대 1로 이루어진다. 구조화된 전자거래에 비해서 그 거래량이 미미하다.

2. 전자거래의 주체에 의한 분류

전자거래의 분류방법 중 현실적으로 가장 의미 있는 분류방법은 거래 주체에 의한 분류라고 할 수 있다. 이러한 분류는 고전적인 민·상법 구분에 따른 법적용의 차이 외에도 최근 문제로 부각되는 소비자보호에 관한 관점에 따른 법적용의 문제를 가져오는 실익이 있다. 구체적으로 살피면, 상인간의 전자거래는 상법이 우선 적용될 것이고, 상인과 개인 간의 거래는 상법 제3조에 따라 상법이 적용되지만 그 외에도 소비자보호의 측면에서의 고려가 요구되므로 양자간의 조화가 정책적으로 필요하게 된다. 또한 개인과 개인 간의 전자거래는 여전히 민법의 적용을 받아야 하는 부분으로 남게 될 것이다.[4)]

---

4) 오병철, 전게서, 40-41면.

전자거래를 전자거래의 주체에 의하여 분류하면 ① 기업간의 전자거래 ② 개인과 기업간의 전자거래 ③ 기업과 정부간의 전자거래 ④ 개인간의 전자거래로 나눌 수 있다.

(1) 기업간의 전자거래(B2B)

기업간의 전자거래에 대해서도 상대방이 특정되어 있는가에 따라 '특정기업간의 EDI를 통한 전자거래'와 '불특정간의 EDI를 통한 전자거래'로 구분하는 견해[5]가 있다. 이러한 구분에 따를 경우, 특정 기업간의 EDI는 이른바 '폐쇄형 EDI'라고도 하며, 특정기업간의 부품조달에 중점을 두고 있는 경우로서 기존의 거래에 필요한 종이서류를 대체하여 상당히 큰 비용절감효과를 가져오는 것을 주된 목적으로 한다. 거래규모면에서 B2B의 거래량이 전자거래에서 차지하는 비중이 압도적으로 많다.

이러한 형태의 전자거래는 양당사자가 특정되어 반복적으로 거래행위를 하며, 사전에 참가기업간에 거래데이터를 통신하기 위한 기술상의 표준으로 운용상의 통신규약을 정해둘 필요가 있다는 점 외에도 법적 관점에서 EDI에 대응한 기본계약(EDI약정)이 되어 있는 경우가 대부분이다. 그러므로 전자거래에 대해 상당한 기술적·법적 지식을 갖고 업무효율의 증대를 꾀하고 있으므로 법적인 측면에서의 특수성은 비교적 제한적이라고 할 것이다.

(2) 기업과 개인간의 전자거래(B2C)

이는 종래 통신 판매 등과 같은 소비자거래를 네트워크상에서 행하는 거래형태이다. 소비자는 개인 컴퓨터로부터 전세계의 전자거래 가상상점(Cyber Shop)에 접근하여, 대량의 상품정보 속에서 원하는 상품을 선택할 수 있는 장점이 있다. 기업도 점포의 개설비용이나 인건비를 대폭 절감할 수 있고 소비자에게 대량의 정보를 제공할 수 있는 장점이 있다. 이러한 이점으로 인해 앞으로 이러한 유형의 거래가 비약적으로 확대할 것으로 전망하고 있으나, 소비자보호의 관점에서 보면 여러 문제가 있고, 또한 제도적·기술적인 면에서 많은 검토를 요한다.

이러한 형태의 전자거래의 법적 규율에서는 무엇보다도 소비자보호 측면에

---

5) 內田 貴, 電子商去來と民法(債權法改正の課題と方向-民法 100周年を契機として-), 別冊 NBL no.51, 상사법연구회, 1998, 270-271면,

서의 문제점이 발생하며 그에 대한 법적 규율이 요구된다. 소비자보호 측면에서 제기되는 문제로는 사기나 기망 거래의 방지, 개인정보의 보호, 국제전자거래에 있어서 소비자의 피해 및 분쟁의 효과적 처리 등이 제시되거나, 의사표시의 하자, 제한능력자보호, 의사표시의 취소·철회 및 변경, cooling off, 위조·변조된 계약의 효력, 불공정거래행위의 규제, 개인정보의 보호, 분쟁처리 및 피해구제시스템, 국제거래의 준거법과 재판관할 등을 들 수 있다.

기업과 소비자의 전자거래는 위와 같은 소비자보호 측면에서의 법적 특수성이 인정되고 그것이 충분히 반영되어야 한다는 점에서 기업과 기업 간의 전자거래나 개인 간의 전자거래와는 구분되어야 하며, 법적 규율도 상이한 원칙하에서 이루어질 수밖에 없다.

(3) 기업과 정부간의 전자거래(B2G)

기업과 정부 간의 전자거래는 원래 군수지원의 전자화에서 비롯되었는데, 정부물자조달의 전자화라고 하는 원래의 목적을 가진 광속거래(CALS)를 통하여 이루어진다. 시간·공간·문서의 절약과 표준화 등의 이점이 있다. 이 거래도 B2B와 마찬가지로 사전에 양당사자 간에 규약에 의해서 거래가 되고, 전자거래에 대해 상당한 기술적·법적 지식을 갖고 업무효율의 증대를 꾀하고 있으므로 법적인 측면에서의 특수성은 비교적 제한적이라고 할 것이다.

(4) 개인간의 전자거래(C2C 또는 U2U)

전자거래는 현재 대부분 기업과 기업 내지는 기업과 소비자간의 거래에 이용되고 있으나, 개인이 전자거래를 자유로이 이용할 수 있는 환경이 갖추어지는 경우에는 개인간의 전자거래로 발전할 여지가 있으며, 현재도 비교적 적은 규모일지라도 컴퓨터통신이나 인터넷상의 개인간의 영역에서 전자거래가 이루어지고 있다. 이러한 개인간의 전자거래는 상법의 적용을 받지 아니하고, 기존의 민법이 적용되어야 할 영역이다. 그러나 아직 현실적으로 활발하게 이용되지 못하고 있는 현실과 신속한 대량거래의 실현이나 소비자보호 측면의 법적 특수성이 존재하지 않는다는 이유에서 아직 전자거래에 관한 논의에서 중요하게 다루어지지 않고 있다. 그러나 기존의 민법 규정이나 이론으로 충분히 개인간의 전자거래를 규율할 수 있는가의 문제는 매우 중요하게 다루어져야 할 기초적인 문제로서의 의미가 크다고 할 것이다.

(5) 정부와 소비자간 전자거래(G2C)

아직까지는 별로 행해지고 있지 않지만 향후 거래가 활성화 될 것으로 보인다. 이는 기업과 개인간, 기업과 정부기관간의 거래가 보편화된 후 정부가 각종 증명서의 온라인 발급이나 세금부과 및 납부업무 그리고 사회복지 급여의 지급업무 등이 이 거래에 해당한다. 해외의 경우 가장 모범적인 사례로 싱가포르 정부의 통합디지털 정부의 행정서비스 체제를 들 수 있다.

제2절 전자거래의 특성과 장단점

1. 네트워크를 통한 비대면거래

기존의 현실적인 거래가 거래당사자가 대면하여 이루어지는 거래라면, 전자거래는 네트워크에 연결된 컴퓨터를 통하여 상대방을 직접 대면하지 않고 상대방을 물색하여 협상하고 계약을 체결한다. 이로 인하여 거래 당사자들간의 인적 신뢰는 존재하지 않으며, 익명으로 거래가 이루어지기도 한다. 따라서 상대방에 대한 확인 및 신뢰성, 동일인에 대한 진정성의 확보 등이 관건이다.

2. 디지털 네트워크

전자적 디지털 신호가 거래당사자간의 네트워크를 통해서 이동되는 점이 특징이다. 이러한 전자적 디지털 신호는 물리적인 영향을 받아 변용되기가 쉽고, 복제가 용이하며 복제에 의한 정보품질의 약화가 전혀 없으며, 변경이 용이한 반면 변경에 흔적이 남지 않는다. 이러한 복제나 변경을 방지하기 위해 데이터의 암호화 등의 대책이 연구되고 있다.

3. 정보의 즉시 전송

통신망에 접속하는 순간 거래를 원하는 정보를 즉시 받아 볼 수 있고 바로 선택하여 의사결정을 할 수 있다. 따라서 현실공간에서의 소비자와 같이 일단 구입하기로 한 후에도 상점 입구에서 구입의사를 철회하는 것과 같은 방법은 생각할 수 없다.

4. 관계자의 불특정 다수성

전자거래(EC)에서는 불특정 다수의 상대방과의 사이에 거래가 이루어진다. 전자문서교환(EDI)에 의한 거래나 광속거래(CALS)의 경우에는 다수이긴 하지만 네트워크를 구축하여 표준형식으로 데이터를 교환하는 일정한 상대방이 존재한다.

5. 광범위한 정보전송과 대량거래

거래의 기반으로서의 인터넷은 실체는 통신의 측면을 띠지만 방송과 같이 광범위하게 불특정다수에게 정보전송기능을 갖고 있다. 하나의 거래가 한 상대방과 이루어지는 순간에 또 다른 상대방과 거래가 이루어질 뿐만 아니라, 하루에도 무수한 거래가 이루어진다. 이는 전자거래가 요식화, 정형화되어 있기 때문에 가능하다. 가상공간에서는 중요한 정보와 무익 또는 유해한 정보가 외견상 구별없이 유통된다. 이와 같은 특징으로 인해 전자거래에서는 소비자보호의 필요성이 요구된다.

6. 국제성

인터넷을 통한 전자거래는 거래당사자가 어디에 위치해 있건 컴퓨터를 통하여 네트워크에 접속하여 거래정보를 주고받을 수만 있으면 국경에 관계없이 거래가 이루어진다. 이러한 국경 없는 거래는 UNCITRAL의 모델법과 같은 국제 표준의 제정이나 재판관할 및 준거법의 지정 등이 문제가 된다.

7. 약관에 의한 거래

전자거래는 대개 기업과 불특정 다수의 소비자 사이에 사전에 표준화된 양식과 이미 정해진 약관에 의해 이루어진다. 이 경우 소비자로서는 기업이 미리 정해 놓은 거래조건에 무조건적으로 따르게 되는 것이 보통이다. 따라서 표준약관의 제정 등 소비자보호를 위한 조치가 필요하다.

Ⅰ. 전자거래의 장점과 단점

전자거래의 대중화는 각종 전자수단의 발전을 계기로 사회적으로도 획기적인 변화를 가져왔고 경제부문에 가장 큰 영향을 미치고 있다. 인터넷에도 야누스처럼 양면의 얼굴을 가지고 있다. 여러 가지 순기능도 있지만 역기능도 있음을 부정하기 어렵다.

1. 전자거래의 장점

(1) 비용절감의 효과

전자거래는 전자적 정보를 매개로 하므로 종이 없는 환경을 만들어가며 생활 전반에 전자화된 체계를 구축한다. 전통적인 종이문서의 디지털화는 사회 전반에 비용절감 효과를 가져오며, 의사결정과 의사소통의 속도 또한 중간단계를 생략함으로써 빠르게 된다. 실제, 전자문서교환(EDI)이 오늘날 전자거래의 기초를 이루고 있음을 통해 보듯이 문서의 전자화는 기업의 비용절감 효과에 가장 기여한 바가 크다. 이와 함께 인터넷과 같은 개방된 네트워크는 전자거래의 활성화와 유통구조의 개선에 이바지하게 되었고, 재고관리 등의 과정에 소요되는 비용을 전자수단을 이용하여 획기적으로 줄여 나가고 있다.

(2) 의사소통의 신속성과 정확성

의사소통이 전자적 네트워크를 통하여 이루어짐으로써 각종 정보를 신속하게 보내거나 받을 수 있고 정확성을 기할 수 있게 된다. 즉, 송·수신 시기, 장소, 작성자, 수신자 등에 관한 정보가 정확하게 기록됨으로써 보다 신속하고 정확한 의사표시가 이루어진다. 특히 국제거래 혹은 원격지에 있는 거래 당사자들에게는 의사표시를 명확하게 하는 것이 거래와 관련된 분쟁의 해결에 중요한 열쇠가 되는 경우가 많아 전자거래의 큰 장점이라고 할 수 있다. 최근 각광받고 있는 인터넷 비즈니스의 하나인 통합 메세징 서비스(Unified Messaging Service)는 의사소통의 정확성과 신속성을 확보할 수 있게 하며, 다양한 통신수단의 결합으로 효과적인 의사표시의 수단을 창출하고 있다.

(3) 업무효율성의 증대

전자거래에서는 전자적 수단의 활용이 계속 늘어가고 있는데, 이러한 현상은 각 당사자들에게 보다 정확한 의사소통과 관리가 가능하도록 하는 방향으로 진행되고 있어 업무의 효율성이 갈수록 증대되고 있다. 특히, 고객관리와 재고관리 등을 위하여 도입한 데이터베이스화 작업을 거래에 직접 활용함으로써 더욱 높은 효율성을 발휘하고 있다. 즉, 자료의 디지털화로 정보의 수집, 가공이 그만큼 용이해짐으로써 높은 효율성을 발휘하고 있는 것이다.

(4) 시간적 공간적 제약 극복

전자거래의 최대 장점은 시간의 제약없이 24시간 내내 거래활동이 가능하다는 것과, 전세계의 어느 곳과도 거래 활동을 할 수 있다는 것이다. 특히 언어적 장애요소만 극복할 수 있다면 가상네트워크를 형성하고 가상공간에서 활동함으로써 전통적 거래의 시간, 공간의 제약을 극복하게 되었다. 결국 전자거래의 확대는 시간과 공간의 제약을 극복하며 새로운 세계를 구축하고 있는 셈이다.

(5) 전자정부, 가상기업의 기반 마련

전자거래의 활성화로 인하여 기존 정부의 역할에도 많은 변화가 요구된다. 즉, 전자거래의 활성화로 기업들의 경제활동과 국민의 생활이 변화하는 만큼, 각종 행정활동 또한 변화하게 된다는 의미이다. 실제로, 조달청의 조달업무와 공인인증기관의 지정과 관리 등은 전자정부의 가장 기초가 되는 내용이라 할 것이다. 이와 함께 기업간의 전자거래(B2B)가 발전할수록 가상기업의 출현은 가시화되고 있다.

가상기업(Virtual Enterprise)이란 기업의 생산, 유통, 판매 등의 주된 활동을 가상공간에서 진행하며, 기업활동의 전반을 전자거래에 의존하여 기업활동을 하는 가상의 기업을 말한다. 기술적으로는 가상기업을 구현하는데 큰 장애가 없으며 기업문화와 법제도적인 측면에서도 기존의 장애요소를 극복하고 있으므로 빠른 시일 안에 가상기업의 성장이 있을 것으로 보인다.

2. 전자거래의 단점

(1) 전자정보의 도용, 위조의 용이성

전자정보는 디지털화된 레코드 파일인 경우가 대부분인데, 기술적으로 위조와 변조가 가능하다. 이러한 위조와 변조도 기술의 발달로 줄일 수는 있지만, 원천적인 봉쇄는 불가능하다. 전자거래의 핵심적인 부분은 정보의 정확성이라 하겠는데, 전자정보는 복제와 위조가 쉽기 때문에 전자거래의 신뢰성을 떨어뜨리는 가장 큰 요인이다. 즉, 전자문서의 원본성과 관련한 문제는 전자거래 관련 법규에서 가장 해결하기 어려운 부분 중의 하나이다.

(2) 정보시스템의 안정성 및 보안성 미흡

전자거래의 매개체이자 기술적 기반이 되는 정보시스템은 항상 안정적으로 작동되어야 하며, 보안성이 있어야 한다. 그러나 아직은 인터넷 기업의 보안성이 만족할만한 수준이 아니어서 전자거래의 활성화에 대표적인 장애요소로 지적되고 있다. 특히 2000년 2월 세계적인 인터넷 관련 기업인 미국의 Yahoo, E-trade, eBay 등의 사이트가 해커의 전통적인 공격(Denial of Service)에도 힘없이 무너졌던 사실은 보안과 관련된 문제의 심각성을 제기하는 사례라고 할 수 있다.

(3) 개인의 정보노출과 전문인력의 미흡

디지털화된 정보는 저장, 송신, 수신 등의 과정에서 개인의 정보가 노출될 우려가 상존하며, 해킹기술의 발전으로 정보유출, 변조 등의 피해가 급격하게 증가하고 있는 추세이다. 실제로, 인터넷상에서 거래되는 디지털 상품의 유통과 관련하여 많은 법률적 분쟁이 있다. 전자거래의 발전을 위해서는 내용물(Content)의 보호가 가장 중요한 문제중의 하나이다.

(4) 전자거래 관련 법제도의 미흡

우리나라에서는 비교적 전자거래를 규율하는 법률이 일찍 제정되었으나 아직도 미흡한 편이다. 1999년에 전자거래기본법과 전자서명법이 제정되었고, 그 후에 전자상거래등 소비자보호에 관한 법률, 정보통신망이용촉진 및 정보보호등에 관한 법률 등이 제정되었으나 전자거래의 특성을 효과적으로 반영하는 법제도는 미흡하다고 할 수 있다. 또한 부단히 가상공간에서 일어나는 법적 문제점들에 대한 해답을 현재의 해석론으로서는 내리기가 곤란한 문제들이 상존한다.

제3절 전자거래 관련 입법 동향

전자적 수단을 이용한 전자상거래의 형태가 다양하게 발전되고 대중화됨에 따라 기존의 법제도로는 효과적인 분쟁해결과 법적 기준을 제시하지 못하여 건전한 경제발전과 소비자보호를 위한 전자상거래에 대한 일반적인 법원칙의 필요에서 전자거래기본법은 전자서명법(1999.2.5)과 함께 1999년 2월 8일 국회를 통과하여 동년 7월 1일부터 시행되었는데 전자서명법은 2001년 12월 개정되어 2002년 4월부터 시행되고 있고, 전자거래기본법은 2002년 1월 19일 전면개정되어 2002년 7월 1일부터 시행되었다가 2012년에 「전자문서 및 전자거래기본법(이하 '전자문서법'이라 한다)」으로 개명되어 시행되고 있다. 또한 소비자보호를 위하여 전자상거래와 통신판매를 종전의 '방문판매법'에서 분리하여 「전자상거래 등 소비자보호에 관한 법률」이 2002.3.30 제정되어 동년 7월 1일부터 시행되고 있다. 그 외에 2011년에 제정되어 시행중인 개인정보보호법과 종전부터 시행되고 있는 '정보통신망이용촉진 및 정보보호 등에 관한 법률' 등이 개인정보보호와 관련하여 시행되고 있다.

법제도의 입법방향은 '민간 자율'의 존중과 '정부개입의 최소화'에 두며 국제적 협력체계를 구축하여 국제적인 전자상거래 활성화에 기여하는 데에 두고 있다.

Ⅰ. 전자문서 및 전자거래기본법

전자문서법은 기존의 전자상거래와 관련된 법제도를 포괄적으로 반영, 발전된 형태로 전자상거래에 관한 사항을 규정하고 있다. 즉 기존의 무역자동화촉진에 관한 법률, 정보통신망이용촉진 등에 관한 법률, 사무관리규정, 공업 및 에너지기술기반조성에 관한 법률, 화물유통촉진에 관한 법률 등에 산재된 전자상거래 관련 규정은 인터넷이라는 개방된 네트워크라는 환경 하에서의 전자상거래를 규율하기에 미흡하므로 새로운 법률을 제정하기에 이른 것이다.

전자문서법은 전자문서에 의하여 이루어지는 거래의 법적 효력을 명확히 하여 그 안전성과 신뢰성의 확보 및 거래의 공정을 기함으로써 건전한 거래질서를 확립하고 전자거래를 촉진하여 국민경제의 발전에 이바지함을 목적으로 한다(동법 제1조). 전자문서법의 제정과정에서 주안점을 둔 것은 모든 전자상거래를 포괄할 수 있는 법규정을 마련함과 동시에 전자상거래의 신속성 등의 장점을 최대한 살릴 수 있는 법규의 내용 마련, 기존의 상거래 관련 법규와 적절한 조화를 이룰 수 있게 함에 있었다. 이와 함께 국제적 논의와 법규를 충분히 반영하여 외국법령과의 충돌을 예방하고자, UNCITRAL의 전자상거래 모델법, OECD의 전자상거래 관련 가이드라인을 반영하였다.

동법은 전자문서의 문서성 및 증거능력, 전자서명의 효력 인정 등 극히 몇 개의 조항을 제외하고는 선언적인 내용만 담고 있기 때문에 많은 법률문제에 있어서 해답을 제시해주지 못하는 한계를 가지고 있다. 따라서 아직도 기존의 법률이 전자거래와 관련된 법률문제에 주요한 기준이 되고 있으며, 기존의 법률로서도 해결되지 못하는 경우에는 새로운 해석의 시도나 입법이 필요하다.

Ⅱ. 전자서명법

전자서명법은 전자문서의 안전성과 신뢰성을 확보하고 그 이용을 활성화하기 위하여 전자서명에 관한 기본적인 사항을 정함으로써 국가사회의 정보화를 촉진하고 국민생활의 편익을 증진함을 목적으로 하여 제정된 법으로서 전자문서의 안전성과 신뢰성을 확보하기 위한 전자서명과 인증, 공인인증서, 공인인증기관에 대하여 규정하고 있다.

Ⅲ. 개인정보보호법

개인정보보호에 관하여는 전자문서법이나 정보통신망이용촉진 및 정보보호등에 관한 법률(이하 '정보통신망법'이라 한다) 등에서 규정하고 있었으나 각 법률에 산재되어 있었고 공공부분과 민간부분으로 나누어 규율하는 등 통일성과 효율성면에서 문제가 있었다. 이를 바로잡고자 2011년 공공부분과 민간부분을 아우르는 개인정보보호법을 제정하였다. 동법은 개인정보의 처리 및 보호에 관한 사항을 정함으로써 개인의 자유와 권리를 보호하고, 나아가 개인의 존엄과 가치를 구현함을 목적으로 하고 있고, 종전의 정보통신망법에서도 여전히 개인정보보호규정을 담고 있다.

Ⅳ. 전자상거래등 소비자보호에 관한 법률

전자상거래 특히 사업자와 소비자간의 상거래인 B2C의 거래가 기하급수적으로 증가함에 따라 소비자보호의 필요성이 대두되었다. 특히 전자상거래에서는 가상공간에서 행해지기 때문에 사기나 계약의 철회의 곤란 등 많은 소비자문제를 야기하였다. 이에 전자상거래와 함께 통신판매 등에 의한 재화 또는 용역의 공정한 거래에 관한 사항을 규정함으로써 소비자의 권익을 보호하고 시장의 신뢰도를 높여 국민경제의 건전한 발전에 이바지함을 목적으로 하여 2002년에 제정되었다. 전자상거래 관련 소비자보호를 위한 가장 중요한 법률이다.

V. 기타 특별법

금융회사 또는 전자금융업자가 전자적 장치를 통하여 금융상품 및 서비스를 제공(이하 "전자금융업무"라 한다)하고, 이용자가 금융회사 또는 전자금융업자의 종사자와 직접 대면하거나 의사소통을 하지 아니하고 자동화된 방식으로 이를 이용하는 거래인 전자금융거래의 법률관계를 명확히 하여 전자금융거래의 안전성과 신뢰성을 확보함과 아울러 전자금융업의 건전한 발전을 위한 기반조성을 함으로써 국민의 금융편의를 꾀하고 국민경제의 발전에 이바지함을 목적으로 하는 전자금융거래법, 주로 신용카드업과 시설대여업을 규율하고자 제정된 여신전문금융업법, 전자어음의 발행 및 유통에 관한 법률, 저작권법 등이 있다.

제3장

전자거래와 의사표시

제3장 전자거래와 의사표시[1)]

제1절 서 설

1. 컴퓨터와 통신의 결합과 새로운 거래유형의 등장

근대민법이 성립할 당시의 사인간의 거래모습은 오늘날에 비하여 훨씬 정적이고 단순한 것이었으며, 시공간적으로 제한을 받는 대면거래나 서면거래에 의해 이루어졌다. 그러나 통신기술과 컴퓨터기술의 비약적인 발달에 따른 정보사회의 도래는, 거래의 다양화, 대량화, 익명화, 신용화, 국세화 등을 가능게 하였고, 종전에 예상하지 못하는 새로운 거래나 계약의 형태[2)]를 등장하게 하였다.

예컨대 보험청약에 대한 승낙과 함께 보험회사가 보험증서를 송부하게 되면, 보험계약은 효력을 발생한다. 그런데 보험청약시의 정보는 컴퓨터에 기입되어지고, 그에 상응한 프로그램을 통하여 다루어진다. 즉 이러한 보험증서는 통상 데이터가공처리시설의 도움을 받아 완성되고, 컴퓨터는 그에 적합한 보험증서를 인쇄한다.

이러한 예는 매매계약, 운송계약, 보험계약 등이 전통적인 의사표시와는 다르게 진행되는 것을 보여준다. 이것은 컴퓨터에 의하여 계약의 청약이나 다른 법률행위적 표시의 성립에 있어 계획수립의 단계에서부터 의사 형성과 결정을 위한 자료를 제공하고, 효과적인 선택을 제시하고, 대량으로 발생하는 동일하고 유형적인 영업과정에서 인간의 수고를 덜기 위한 보조수단에서 더 나아가 의사표시의 전단계에서 인간의 의사형성과 그 의사형성대로 컴퓨터가 작동할 수 있도록 사전에 컴퓨터에 프로그램을 입력시키고, 사후에 데이터를 입력시킴으로써 컴퓨터가 스스로 작동하여 그 표시가 완성됨으로써 컴퓨터의 작업이

1) 전자거래의 의사표시론에 대해서는 오병철, 전자거래법, 법원사, 1999, 81면 이하 참조.; 김용직·지대운, 정보사회에 대비한 민사법 연구 서론, 「정보시회에 대비한 일반법 연구(Ⅰ)」, 통신개발연구원, 1997.

2) 컴퓨터나 팩시밀리를 통한 물건이나 용역의 주문 뿐만 아니라, 운송·숙박·관광 등의 수개의 계약을 결합하여 하나의 계약-이른바 시스템계약(System Vertrag)-으로 체결하는 현상을 들 수 있다.

직접적으로 법률행위적 표시의 내용에 영향을 미치는 자동데이터 처리시스템의 경우까지 진행되고 있다는 것이다.[3)]

2. 전자거래와 의사표시

전자거래의 체결은 기존의 계약과 마찬가지로 양 당사자의 의사표시의 합치에 의해 이루어지며, 전자거래 역시 계약이라는 법률행위가 대표적인 경우임은 자명하다. 그러나 로마법 이래의 발전을 거듭하여 유럽이 각국에서 민법이 제정된 이후에 다양한 인간 행위의 확장을 규율해왔던 법률행위이론도 마침내 기술의 발전에 따라 등장한 새로운 종류의 커뮤니케이션 수단, 즉 컴퓨터 등에 있어서 발생한 법적 문제를 해결하기 위하여 기존의 일관된 민법의 가치체계가 계속 유효한가의 문제가 제기되게 되었다.

전자거래를 성립시키는 양 당사자의 의사표시는 컴퓨터의 연산기능을 이용하여 인간의사의 구체적·세부적인 사항을 컴퓨터가 결정하도록 맡기는가의 여부에 따라서 크게 두 가지 형태로 구분할 수 있다.[4)] 그 하나는 컴퓨터가 인간의 구체적인 의사결정에 따라 하나의 전달수단으로 기능하는 것이고, 또 하나는 컴퓨터가 인간의 의사결정영역에 개입하는 기능을 포함하는 경우이다.

전자거래에 있어서는 컴퓨터가 인간의 의사결정영역에 개입하는 경우는 예외적인 것이며, 오히려 대부분의 경우는 자연적 의사표시를 컴퓨터 네트워크를 이용해서 표시하고 전달하는 방법을 이용한다고 할 수 있다. 따라서 자연적 의사표시에 관한 기존의 이론도 전자거래에 있어서 적용되며, 이러한 문제는 특히 발신과 도달 내지 착오에 관해서 중요한 문제를 야기한다. 그러나 기존의 법률행위의 기초이론에 비추어 볼 때 다음과 같은 문제가 새롭게 대두될 수 있다.[5)]

첫째로, 그 동안 인간이 행하여 온 통상적인 의사소통수단(언어, 문자, 몸짓 등)을 통해 이루어진 이른바 전통적·자연적 의사표시에 대한 상대개념으로서 컴퓨터에 의해 이루어지는 의사표시의 개념을 어떻게 정의할 것인가이다. 그러한 개념을 무엇이라 칭할 것인가의 용어사용의 문제가 발생한다. 즉 전자적 의

---

3) 김용직·지대운, 정보사회에 대비한 일반법 연구- 민사법연구 서론, 통신개발연구원, 1997. 95면.

4) Helmut Köhler, Die Problematik automatisierter Rechtsvorgänge, insbesondere von Willenserklärungen, AcP, 182, 1982, S.133.

5) 오병철, 전게서, 82면.

사표시[6], 자동화된 의사표시,[7] 컴퓨터 의사표시[8] 등 다양하게 지칭되는 것과 전통적·자연적 의사표시와 구별기준의 설정이 선행되고, 그러한 구별기준을 가장 정확하게 표현할 수 있는 용어를 찾아내는 것이 우선적인 과제이다.

둘째로, 이러한 컴퓨터에 의해 발생되는 표시도 기존의 의사표시의 범주에 포함되는 것인가의 문제이다.[9] 즉 이른바 전자적 의사표시는 법률행위를 구성하는 법률사실인 의사표시와는 다른 새로운 법률사실인가 아니면 기존의 의사표시라는 법률사실에 포함되는 하나의 새로운 유형인가의 문제이다.

셋째로, 종전의 의사표시이론과 계약이론이 근본적으로 인간의 구두의 언어 또는 서면에 의하여 이루어지는 것을 예상해서 정립하고 있는데, 이렇게 새롭게 행해지는 의사표시-즉 자동화설비를 이용한 의사표시에 의하여 컴퓨터가 독자적으로 판단하여 의사표시하는 경우-를 사람의 의사표시로 볼 수 있으며, 이러한 의사표시로 성립한 계약의 효력을 인정할 수 있는가라는 문제와 함께 효력을 인정함에 있어서 컴퓨터 이용자가 모르는 상태에서 체결된 계약에 관해 당사자가 책임을 부담하여야 하는 근거를 어떻게 설명하여야 하는가라는 점이 문제된다.

---

6) 전자적 의사표시(Elektronische Willenserklärung)라는 용어는 오병철 교수와 R.Clemens가 대표적이며 Klaus-J.Melullis, Sven-Erik Heun 등이 사용하고 있다. 오병철, 전게서, 91면; Rudolf Clements, Die elektronische Willenserklärung-Chancen und Gefahren, NJW, Heft 34, 1985.

7) 우리나라에서는 지원림 교수가 대표적이다. 지원림, 자동화된 의사표시, 저스티스제31권 제3호, 1998.9., 51면; Helmut Köhler, BGB·Allgemeiner Teil, 22.Aufl., S.118. 여기서의 自動化된 意思表示의 개념은 전자적 코드로 전화하여 이루어지지는 않지만 통상적인 의사표시와는 달리 볼 수 있는 자동판매기 등에 의한 경우도 포함되는 전자적 의사표시보다 넓은 개념이라고 할 수 있다. 그 예로서 드는 것으로는 컴퓨터를 통한 상품주문, 금전자동지급기에 의한 금전지급, 동전교환기에 의한 금전의 교환, 은행간 온라인에 의한 금전송금, 자동판매기에 의한 기차표 또는 지하철표의 구입 등을 들고 있다.;金相容, 자동화된 의사표시와 시스템계약, 사법연구 제1집(청헌법률문화재단), 1992. 47-48면.

8) 대부분의 독일학자들은 컴퓨터 표시(Computererklärung)라는 용어를 사용하고 있다: Soergel/Heftermehl, Kommentar zum Bürgerlichen Gesetzbuch, Band Ⅰ, 12.Aufl.(1987), S.686.

9) 이와 관련하여 민법 개정안 논의 시 전자적의사표시를 별도로 규정하자는 제안이 있었으나 종전의 의사표시이론으로 해결할 수 있다는 견해가 대세를 이루어 받아들여지지 않았다.

제2절 이른바 전자적 의사표시론

1. 개념과 특질

컴퓨터가 주어진 대로 단일한 수리계산작용만을 처리하는 것이 아니라 컴퓨터 이용자의 명령에 따라 스스로 작동하고 나아가 수리계산작용 이외의 최적의 조건을 선택하는 작업영역에서 사용되며, 하나의 영역에서 생성된 데이터는 다른 영역에서도 필요하다면 사용되어 결합적으로 모든 평가를 하는 자동데이터 처리시스템의 경우라면, 컴퓨터가 기계적으로 컴퓨터 이용자의 의사를 구체화하는 기능은 엄밀한 법적 의미에서 인간의 자유로운 의사결정과는 다르지만 컴퓨터는 그 이용자가 확정하지 않은 세부사항에 대해서도 프로그램이라는 포괄적 기준 설정에 따라 인간의 의사표시의 성립과 내용을 세부적으로 결정하는 것으로서 인간의 의사영역의 일정한 부분을 사실상 대신하는 것이라고 할 수 있다는 전제에서 인간이 사전에 입력한 포괄적 의사를 컴퓨터가 전자적 code로 전환하여 그 설비에 고유한 부호로 정형화 한 후 일정한 프로그램에 따라 표시내용을 구체화하여 이루어지는 의사표시를 '전자적 의사표시'라고 한다.[10] 이 이외에도 앞에서도 살펴보았듯이 '자동화된 의사표시(Automatisierte Willenserkläung)', '프로그램된 표시', '컴퓨터 표시'라는 용어를 사용하는 예도 있으나 그 기본적인 입장은 거의 같은 것이라고 할 것이다. 이처럼 이용자의 명령에 따라서 스스로 작동되고 사후에 데이터베이스에의 입력을 통하여 처리되는 방식으로 자동화 주문방법의 이용, 보험증서의 인쇄, 은행간의 계산 등에서 이용되고 있다.

이러한 전자적 의사표시의 특징은 자연적인 의사표시와는 달리 구체적으로 모든 세부사항을 확정하고 있는 것이 아니라 세부사항을 확정할 수 있는 결정기준만을 제시하고 있을 뿐인데 구체적인 의사표시의 성립에 대한 인식이 없이도 스스로 이용자가 입력한 프로그램에 따라 구체적인 표시를 위한 데이터 출력을 처리하며 이것을 표시수령자에게 원격통신이나 우편으로 전달하며, 인간의 자연적인 언어와 문자 등 전통적인 표시수단과는 달리 극도로 단순한 숫자 부호로 압축 전환되어 자연적이고 상식적인 방법으로 인식되지 아니하고

10) 오병철, 전자적 의사표시에 관한 연구, 박사학위논문(연세대, 1996), 27-28면.

단순한 기계언어로 전화되어 해독불가능성의 여지가 많고, 메시지가 도달하면 거의 동시에 수령자 측에서도 반응과 처리가 일어난다는 점이다.[11]

2. 전자매체를 이용한 의사표시에 대한 세 가지 접근방법

사람의 의사가 전자적인 매체에 의하여 전달되는 경우, 이때의 의사표시에 대하여는 크게 세 가지 범주의 접근방법이 주장되고 있다.

(1) 통칭으로서의 전자적 의사표시

전자적 매체를 단순히 의사표시의 수단으로 사용하는 경우와 인간이 사전에 컴퓨터 등에 프로그램과 데이터를 입력하고, 사후 주어지는 입력 값에 따라 일정한 조건이 충족되면 컴퓨터 등에 의하여 자동적으로 일정한 의사가 표시되는 경우를 통칭하여 전자적 의사표시로 이해하자는 견해이다.[12] 즉 전자적 매체에 의하여 이루어지는 의사표시에 대하여 전자적 의사표시라는 통칭적 개념을 사용하고, 컴퓨터 등에 의한 자동화된 의사표시를 전자적 의사표시의 개념 범주 내에 포섭하는 태도를 취하고 있다.

(2) 전자적 의사표시론 내지 자동화된 의사표시론

전자적 매체에 의하여 이루어지는 의사표시를 전자적 매체가 의사표시의 단순한 전달수단으로 이용되는 경우와 자동화된 의사표시를 구별하되, 전자는 자연적 의사표시와 동일하게 해석하고 후자만을 전자적 의사표시 또는 자동화된 의사표시로 이해하려는 견해[13]이다. 과학기술의 발전에 따라 등장한 컴퓨터와 같은 자동화장치에 의해 이루어지는 법적 행위를 자연적 의사표시와 구별해도, 그것의 명칭에 대해서는 학자에 따라 약간씩 차이가 있다.

가. 전자적 의사표시론

전자적 의사표시론은 자동데이터처리시스템의 경우에 컴퓨터는 그 이용자가 확정하지 않은 세부사항에 대하여도 프로그램이라는 포괄적 기준설정에 따

11) 김용직·지대운, 전게논문, 96면.

12) 이에 대해 향후 전사식으로 이루어진 의사표시가 의사표시의 대표적인 형태로 될 것이고 통상적으로 '전자'라는 용어 속에 전자적인 기술을 이용한다는 의미와 전자식이라는 방식을 내포하고 있다는 점에서 '전자의사표시'라는 용어로서 충분하다는 견해도 있다. 정경영, 전자의사표시의 주체에 관한 연구, 비교사법 제5권 제2호, 1998.12., 393면.

13) 오병철, 전게논문, 40-44면; 김상용, 전게논문, 50-51면.

라 인간의 의사표시의 성립과 내용을 세부적으로 결정하는 것으로서 인간의 의사영역의 일정 부분을 사실상 대신하는 것이라고 할 수 있다는 전제하에서, 컴퓨터와 같은 자동화장치에 의하여 이루어지는 법적 행위를 종전에 주로 사용되던 '자동화된 의사표시'라는 명칭 대신에 '전자적 의사표시'라고 할 것을 제안하고 있다.[14]

이러한 입장을 취하는 견해는 자동화된 의사표시라는 용어의 문제점을 다음과 같이 세 가지로 지적하고 있다. 첫째로, 자동화된 의사표시라는 용어를 사용하게 되면 '기계식으로 자동화된' 자동판매기 등의 표시와 구분하는 것이 어려워진다는 점, 둘째로, 비록 컴퓨터가 어느 정도 컴퓨터이용자의 의사내용을 외부의 간섭없이 '자동적'으로 구체화하는 동시에 그러한 의사에 따른 표시지배 가능성이 있다고 할지라도, 인간과 같이 '창조적' 의사형성 및 완전한 의사결정과 그 의사에 기한 표시지배가 이루어지지 못한다는 점에서 '자동화된 의사표시'라는 용어는 적절하지 못하며, 셋째로, '자동화된 의사표시'라는 용어는 고립적·개체적인 존재로서의 컴퓨터의 작동만을 고려한 개념이며, 컴퓨터간에 네트워크를 형성하여 의사표시를 주고받는 것을 설명하는 것으로는 적합하지 않다고 한다.[15] 반면 '전자적 의사표시'라는 용어를 사용하면 자동판매기와 같은 기계적 자동화장치와의 구분을 명확히 할 수 있을 뿐만 아니라, 컴퓨터간의 네트워크를 형성하여 의사표시의 교류를 위해 반드시 기계언어로 변환되는 의사표시를 설명하는데 적절하며, 의사표시가 자연적인 것이 아니라 전자적인 것이라는 점을 분명히 한다는 장점을 지닌다고 한다.[16]

나. 자동화된 의사표시론

전자적 의사표시론에 반대하면서 전자적 의사표시를 일반 의사표시와 동일시한다. 가장 복잡한 자동데이터처리시스템이라 하더라도 컴퓨터가 창조적인 자기결정을 할 수는 없고, 오히려 인간의 포괄적인 의사의 범주 안에서 선재된 프로그램에 의한 논리적 조작을 수행하는, 의사결정의 수단에 불과할 뿐이어서 그 장치에 의한 표시는 인간의 의사에 환원된다고 한다.[17] 전자적 의사표시론

---

14) 지원림, 전게논문, 45면.

15) 오병철, 전게서, 109면.

16) 오병철, 전게서, 110-111면.

17) 김상용, 전게논문; 지원림, 전게논문.

이 그 특질로 제시하는 「컴퓨터의 의사구체화」도 그 한도 내에서 컴퓨터가 이용자를 대신하는 것이 아니라 실은 이용자의 포괄적 의사의 구체화를 보조하는 것에 지나지 않는다고 한다.

이러한 견해를 취하는 입장에서는 '전자적 의사표시'라는 명칭에 대한 불만을 나타내면서 다음과 같은 다음과 같은 논거를 내세우고 있다. 첫째, 종래 보편적으로 이용되던 '자동화된 의사표시'라는 개념은 통상적인 의사표시와 다른 경과를 거쳐 표의자의 의사가 구체화된다거나 그 의사가 다른 형태로 표시되는 것을 의미하고, 따라서 이 개념이 반드시 인간의 간섭 없이 컴퓨터가 '자동적'으로 의사표시를 행하는 것을 의미하는 것은 아니며, 둘째, 고립적·개체적인 존재로서의 컴퓨터의 작동만을 고려한 개념이라고 할 수도 없으며, 셋째, 기계적 자동화장치와 컴퓨터라는 전자적 자동화장치는 결국 인간의 의사표시를 구체화하는 수단에 불과하다는 점에서 공통되므로 구별할 필요가 없다고 한다.[18)]

다. 자연적 의사표시와의 구별 부인설

의사표시가 전자적 매체를 수단으로 하여 이루어지든 자동화된 의사표시에 의해 이루어지든 간에 자연적 의사표시와 동일하게 해석하여 전자적 의사표시라는 개념은 불필요하다는 견해[19)]이다.

3. '이른바 전자적 의사표시' 개념의 인정 여부

전자적 의사표시도 人間의 意思表示로 평가할 수 있는가? 자동화설비라 하더라도 그것은 인간이 설치하고, 프로그램도 인간에 의한 논리적인 조작에 의해 실행되어지고, 그 결과도 인간에게 되돌아온다. 그러나 자동화설비에 있어서 意思表示의 성립과 내용을 결정하는 것은 사람이 아니라 정보처리시설이다. 그래서 자동화설비에 의한 의사표시가 구두 또는 서면에 의한 의사표시를 전제로 한 법률행위론을 그대로 적용하는 데는 문제점이 있다는 지적이 있다.[20)]

따라서 일부에서는 '이른바 전자적 의사표시'의 개념을 전통적인 의사표시

---

18) 지원림, 전게논문, 51면.

19) 김용직·지대운, 전게논문, 97-99면; 박영규, 현대사회와 법률행위론, 사법연구 제2집(청헌법률문화재단), 청림출판, 1994, 212면.

20) Bernhard Großfeld, Computer und Recht, JZ, 1984, S.697.

와 구별하여 새로운 개념으로 인정하고자 시도하였는데,[21] 그들의 논거는 전자적 의사표시는 의사의 포괄적 형성, 행위와 표시의 분리 및 컴퓨터의 의사구체화라고 볼 수 있는바, 이와 같이 컴퓨터는 의사를 결정할 수도 없는 작업도구가 아니라 의사의 영역의 일부를 담당한다는 점이었다.

그러나 다수의 견해는 오늘날 자동화된 의사표시도 진정한 의사표시(echte Willenserkläung)로 보고 있다.[22] 따라서 그러한 의사표시의 성립의 특수성을 고려하여야 하는 것은 사실이지만, 근본적으로는 전통적인 법률행위이론이 적용되어야 한다고 한다.[23] 즉, 자동처리시설의 배후에는 시설운영자의 의사가 있고, 그 입력자료를 이용한 의사표시는 바로 인간의 자연적 의사표시와 동일하다고 보는 것이다.[24] 그러므로 전자적 의사표시에도 의사표시에 관한 민법규정이 모두 적용된다고 한다.

생각건대, 컴퓨터와 통신의 결합에 의한 전자적 의사표시에 있어서도, 법적 의미에 있어서의 표의자는 기계를 이용할 자격이 있는 바로 그 인간이라고 보아야 하며, 컴퓨터는 인간과 같이 창조적으로 독자적인 의사결정을 할 능력이 없고, 인간의 사전적 프로그래밍마저 필요하지 않은 것은 아직 존재하지 아니하고 권리능력의 주체가 될 수도 없으므로, 컴퓨터가 의사의 자기구체화 과정을 거쳐 스스로 결정하는 면이 있다고 하더라도 전통적인 법률행위론에 입각한 의사표시 이외의 다른 의사표시가 별도로 존재한다고 보기는 어려울 것으로 생각한다. 다만, 종래의 전자적이거나 자동적인 방법을 통하지 아니하고 형성되는 자연적인 의사표시를 전제로 전개된 기존 이론은 전자적이거나 자동적인 방법을 통한 의사표시의 경우에 대해 어떻게 적절히 규율할 수 있을지가 앞으로 주어진 해석론의 과제가 될 수 있으리라고 본다.[25]

---

21) 지원림, 컴퓨터와 관련된 민사법적 문제:컴퓨터법의 정립을 위한 시론- 컴퓨터계약과 EDI를 중심으로, 성곡논총 제26집 상권, 1995, 1483면 참조(그 예로 Brehm과 Eisenhardt를 들고 있다).

22) Helmut Köhler, BGB·Allgemeiner Teil, 22.Aufl.(1994), S.118; Die Problematik automatisierter Rechtsvorgänge, insbesondere von Willenserklärungen, AcP, 182, 126면 이하.

23) Dieter Medicus, Allgemeiner Teil des BGB, 1982, S.256; 지원림, 전게논문, 1483면. 동 논문에 의하면, 독일의 Staudinger/Dilcher나 Eisenhardt도 같은 취지라고 한다; 김용직·지대운, 전게논문, 98면.; 이영준, 민법총칙, 박영사, 1987, 113면.

24) Dieter Medicus, Allgemeiner Teil des BGB, 1982, S.256.

25) 김용직·지대운, 전게논문, 99면.

4. 통칭으로서의 전자적 의사표시 개념의 필요성[26)]

오늘날 전자거래는 컴퓨터와 통신의 결합에 의해서 이루어지고 있다. 그런데 이러한 전자거래에 있어서 컴퓨터는 단지 의사표시의 전달수단으로서만 기능하는 경우가 있고, 어느 정도 자율성을 가지고 의사를 결정하거나 대체하는 기능까지 수행하고 있는 경우도 있다. 그러나 전자의 경우에도 종전의 의사표시와는 다른 전자적 정보를 사용하기 때문에 특수성이 있게 마련이다. 지금까지 이용되던 대개의 컴퓨터는 컴퓨터이용자의 의사를 그대로 표시하는데 지나지 않아 이는 방식만 달리 했지 자동판매기, 팩스, 심지어는 전화기와도 구별되어야 할 중요한 이유가 없었다. 그러나 기술의 진보에 따라 컴퓨터는 이런 단순한 기능만 수행하는 것이 아니고 스스로 일정한 판단을 수행하여 이를 외부에 표시하는 경우가 있음은 앞에서 살펴보았다. 이러한 컴퓨터에 의한 의사표시를 팩스에 의한 의사표시나 자동판매기거래와 같게 보는 것은 타당하지 않다고 본다. 다수의 행위 가능성 속에서 여러 가지 조건을 판단하여 하나의 행위를 결정하는 기능, 사람의 간섭 없이 행위를 하는 기능은 기존의 다른 기계와 컴퓨터를 구별 짓는 특징이다. 따라서 컴퓨터는 이용자 의사의 구체화를 보조하는 기능이 아니라, 의사를 결정하고 부분적으로 대체하는 기능까지 수행하고 있다고 볼 여지가 있다.

컴퓨터를 이용한 의사표시는 컴퓨터가 지니는 자율성의 정도에 차이가 있다고 할지라도 전자적 방법을 사용함은 공통되므로, 컴퓨터가 자율성을 지니는 경우 뿐만 아니라 단지 의사표시의 전달수단으로서만 기능하는 경우를 포괄해서 더욱 광범위한 의미로 '전자적 의사표시'라는 용어를 사용하는 것이 타당하다.

단지 컴퓨터가 자율성을 지니는 영역에서만 전자적 의사표시 혹은 자동화된 의사표시라는 개념을 인정하거나 아예 전자적 의사표시의 정의개념을 부정하게 된다면, 인터넷 거래와 같은 개방형 시스템에서 야기되는 각종 문제점을 규율하기 위한 통일적인 개념 정립 및 해결책 마련에 있어 미흡하게 되고, 전자문서, 전자서명, 전자문서의 증거능력 및 증거력 등 전자적 방법을 통한 의사표시와 그에 관련된 각종 문제점들에 대한 해결책 마련에 있어서도 자칫 임기응변적인 모색에 치우치기 쉬우며, 향후 과학기술의 발전에 따른 현실적 상

---

26) 이에 대해서는 박복순, 전자거래에 있어서 계약의 성립과 이행에 관한 연구, 전남대학교 석사학위논문, 2000.2., 30면 이하.

황에 능동적으로도 대처할 수 없을 것으로 보이고, 특히 전자적 의사표시를 컴퓨터가 자율성을 지니는 영역에 한정하여 이해하려는 태도는, 현재의 이용현황에 비추어 다른 전자적 매체의 이용에 비하여 자동화된 의사표시의 이용 비중이 비교적 적어 이에 대하여만 전자적 의사표시라는 새로운 개념을 도입하여 고려하기에는 그 필요성이 절실하지 않으며, 자연적 의사표시와 비교하여 볼 때 전자적 매체를 의사표시의 수단으로 이용하는 경우가 갖는 각종 특성과 이에 따른 규율의 필요성이 간과된다는 점에서 부당하다고 생각한다.

따라서 전자적 매체를 수단으로 이용한 의사표시와 컴퓨터가 자율성을 지니는 자동화된 의사표시의 통칭으로서의 전자적 의사표시라는 개념을 인정하는 것이 타당하다고 생각된다. 현재로서는 전자적 의사표시의 특수성을 감안하여 기존의 의사표시이론을 수정 또는 보완하여 해석하는 것이 바람직하고, 전자적 의사표시를 통일적·일관적인 논의의 필요상 기존의 자연적 의사표시와 구별되는 강학상의 개념 정도로 이해하는 것으로 충분하다고 본다.[27] 결국 전자적 의사표시의 법적 평가는 어떠한 이론구성으로 그 표시를 컴퓨터 배후에 존재하는 컴퓨터 이용자에게 귀속시킬 수 있는가라는 문제로 귀결된다.

5. '이른바 전자적 의사표시'의 등장에 따른 종전의 법률행위론의 검토

(1) 서언

우리의 일상생활은 통상 다른 사람과의 법률관계를 형성함으로써 이루어지고, 그러한 법률관계를 형성함에 근본을 이루는 것이 의사표시라고 할 수 있다. 종전의 의사표시는 인간의 자연적 언어와 문자 등 전통적인 표시수단에 의하여 행하여졌으나, 컴퓨터를 통한 의사표시에 있어서는 의사표시가 인간의 이해와 구체적인 표시와는 달리 컴퓨터 내에서는 그 시스템 고유한 부호로 제한되고 컴퓨터에 맞게 정형화되어 있으므로 그 한도에서 각 개인의 의사는 완전히 객관화되고 그와 더불어 정보량을 나타내는 몇 개의 숫자 또는 기호로 전화되어 있는 것이다.[28] 이처럼 컴퓨터가 고립된 개체에서 상호간에 연계성을 갖는 통신망을 갖게 됨으로써 법적 거래에서 중대한 역할을 하게 되었다. 이에 따라 과거와 같은 의사표시에 대한 이해만으로는 앞으로의 사태에 대비할 수 없는

27) 김진환, 전자거래와 법(전자적 의사표시), http://law.kimz,net/sum/sum_willen.htm.

28) 北川善太郎, システム契約 - 情報化社會における新しい契約類型, NBL No.393, 45面.

상황이 초래될 수도 있게 되었다.

과거 모든 법률행위는 오감에 의하여 인식할 수 있는 의사표시에 의하여 이루어졌으나, 컴퓨터의 도입에 의한 의사표시의 방법의 획기적 변경과 사회가 정보화 됨에 따라 사람간의 만나는 방식이 변화됨으로써 텔레마케팅이나 쌍방향 케이블 TV를 통한 상품구입이나 판매와 같이 시장에서의 수요자와 공급자의 활동을 대체할 수 있는 새로운 방식의 법률행위가 가능하게 되고, 텔레뱅킹이라든가 전자우편 등의 출현으로 과거와 같은 의사표시 개념으로는 파악할 수 없거나, 또는 과거의 의사표시에 관한 해석방법을 바꾸어야 할 필요성이 대두되게 되었다고 할 수 있다.[29)]

이하에서는 민법 내지 사법의 가장 중요한 기본개념 가운데 하나인 법률행위의 개념 및 과거의 학설에 의한 법률행위의 요소로서의 의사표시의 개념 및 구성요소를 개관한 다음 장래 정보화사회에서는 어떠한 해석론 내지 입법이 필요한가를 알아보고자 한다.

(2) 법률행위와 의사표시

근대민법이 표방하고 있는 사적 자치의 원칙 중에서 가장 중심에 있는 것이 법률행위이다. 법률행위가 선험적인 법적 의미개념[30)]인가 또는 구체적인 일정한 행위유형을 추상화한 개념[31)]인가에 관하여 독일에서는 견해가 대립하고 있으나, 우리나라에서는 후자의 견해만 나타나 있다.[32)] 법률행위라는 개념도 18세기 자연법학의 산물로 보아야 하며, 개념성립시에는 독립한 실체로 다루어졌다. 그러나 이는 자연법학적인 방법론이 가져온 결과일 뿐이며, 오늘날에도 반드시 그렇게 보아야 할 필요는 없다.[33)] 법률행위 그 자체는 존재하지 않으며, 존재하는 것은 오직 매매계약·채권양도·약혼·혼인·유언 등과 같은 법질서에 의하여 승인된 구체적인 행위유형만이다.[34)] 법률행위는 이러한 행위유형을

---

29) 김용직·지대운, 전게논문, 100면.

30) K. Larenz, Allgemeiner Teil des Bürgerlichen Rechts, 6.Aufl., S.302.

31) Flume, Das Rechtsgeschäfte, 3.Aufl., S.23.; Koziol/Welser, Grundriß des bürgerlichen Rechts, Bd. Ⅰ: Allgemeiner Teil und Schuldrecht, 6.Aufl., 1983, S.68.

32) 이영준, 전게서, 81면. 김상용, 민법총칙, 법문사, 1993, 348면. 이영준 변호사는 법률행위라고 하는 추상적 개념을 인정함으로써 편리한 점도 있으나, 반면에 법률행위이론을 난해한 것으로 만드는 단점이 있다고 지적한다.

33) 송덕수, 민법주해 Ⅱ, 박영사, 1992, 85면.

34) Flume, a.a.O., S.23.

추상화한 개념이라고 보아야 하는 것이다.

우리 민법도 법률행위라는 개념을 여러 곳에서 쓰고는 있으나 개념정의는 하고 있지 않기 때문에 그 몫은 학자들의 것이다. 학자들은 법률행위개념의 정의에 대해 표현방식에 있어서 다소 정도의 차이는 있으나, 의사표시·사법상의 효과·법률요건을 공통적인 기본요소로 보고 있다. 우리와는 달리 독일에서는 법률행위를 일정한 법적 효과의 발생을 목적으로 하는 최소한 하나의 의사표시(Willenserklärung) 혹은 의사의 실현(Willensbetätigung)을 요소로 하는 하나의 행위 또는 다수의 행위가 결합되어 있는 행위라고 한다.[35] 우리와는 달리 의사의 실현을 요소로 하는 행위도 법률행위로 파악하고 있다. 구체적으로는 무주동산의 선점(독일민법 제958조), 동산소유권의 포기(동법 제959조)를 의사실현에 의한 법률행위로 보고 있다.[36]

이처럼 의사표시는 법률행위에 있어서 본질적인 요소이다. 법률행위론의 완성자인 Savigny는 법률행위와 의사표시를 동의어로 사용하기도 하였으나, 오늘날 법률행위와 의사표시는 동일한 것으로 파악되지 않는다. 법률행위 가운데 취소나 해지와 같이 하나의 의사표시만 있으면 의욕된 법률효과가 발생하는 경우에는 의사표시와 법률행위는 일치하나, 일반적으로는 계약의 경우처럼 청약과 승낙이라는 복수의 의사표시가 결합하여 하나의 법률행위를 성립시킨다. 즉, 모든 법률행위는 적어도 하나의 의사표시를 포함하고 있으며 예외는 인정되지 않는다. 법률행위는 때에 따라서는 의사표시 이외의 사실(사실행위·관청의 협력 등)도 필요로 한다. 예컨대 요물계약은 목적물의 인도가 있어야 성립하고, 혼인이 성립하려면 신고가 있어야 하며, 법인의 설립에는 주무관청의 허가가 요구된다. 견해에 따라서는 물권행위에 있어서 동산의 인도나 부동산의 등기도 물권행위(법률행위)의 요소라고 한다.[37] 그러나 공시방법을 물권행위로부터 독립한 것으로서 물권행위 이외에 법률에 의하여 요구되는 물권변동의 또 하나의 요건으로 보게 되면, 물권행위의 경우의 동산의 인도나 부동산의 등기는 법률행위의 요소의 예로 보지 않게 된다.[38]

---

35) Karl Larenz, Allgemeiner Teil des deutschen Bürgerlichen Rechts, 7.Aufl., S. 318.

36) K. Larenz, a.a.O., S. 317.

37) 최종길, 법률행위와 의사표시, 사법행정 10-12, 28면; 이영준, 전게서, 84면.

38) 곽윤직, 물권법, 74면.

오늘날은 법률관계의 사적 자치적 형성행위인 법률행위에 있어서 행위자의 의사대로 법률효과가 발생하는 근거에 관하여, 다수설은 법률효과는 그것이 의욕되었다는 이유만으로 발생하는 것이 아니며 법질서에 의하여 시인되기 때문에 발생한다고 하여 법률행위와 법질서의 양자가 모두 근거라고 한다.[39] 따라서 경우에 따라서는 법률행위에 의한 법률효과가 법질서에 의하여 전면적으로 부인되거나(민법 제103조, 제104조), 제한될 수(민법 제312조, 제607조)도 있다.

이처럼 법률관계의 사적 자치의 형성은 법질서의 승인 하에서만 가능하다. 따라서 오늘날은 사적자치를 무한정 인정하는 것이 아니라 법률행위자유의 원칙에 수정을 가하여 일정한 한도내에서 인정하고 있다. 이러한 관점은 정보화사회의 도래에 따른 민법해석의 원리와 입법에 의한 사적 자치의 수정원리의 도입을 가능하게 하는 중요한 근거가 되며 의사표시 해석에 있어서의 수정원리도 이러한 민법이론에 기초하고 있다.[40] 여기에서 우리는 정보화사회에 따른 의사표시 전달방법의 변화와 그에 대응한 법률행위 내지 의사표시 해석방법의 새로운 전개에 대한 논리적 근거와 당위성을 발견하게 된다.

(3) 법률행위의 구성요소로서의 의사표시

가. 의사표시의 의의와 의사표시이론

의사표시의 의의에 대해서는 학자마다 다양한 표현을 보이지만, 대체로 일정한 법률효과의 발생을 목적으로 하는 내심의 의사를 외부에 표시하는 행위라고 정의한다.

종래 의사표시는 표의자의 이익을 우선하는 의사주의와 상대방의 이익과 신뢰보호의 측면에서 거래의 안전을 우선하는 표시주의로 대립되어 왔는데, 그 후 의사표시가 의사와 표시로 나누어지지 않고 본질적 단일체라고 하는 이른바 효력주의[41]도 주장되고 있다. 독일을 비롯한 대부분의 나라에서 절충주의를

---

39) 이영준, 전게서, 90면; 송덕수, 전게서, 90면; 김상용, 전게서, 361면; Flume, a.a.O., S.2; Larenz, a.a.O., S.302; Manfred Wolf, Grundlagen des Vertrags und Schuldrechts, 1974, S.63.

40) 김용직·지대운, 전게논문, 105면.

41) 효력주의에 의하면 착오로 인한 의사표시의 경우에도 의도적인 효력부여(willentliches In-Geltung-Setzen)가 존재하고 따라서 일단 유효한 법적 형성이 있으며, 그것은 단지 그 밖의 행위, 즉 취소에 의하여서만 배제될 수 있다고 한다. 효력주의는 착오의 경우에도 표시된 대로 의사표시의 효력이 인정된다고 하는 점에서 실질적으로 표시주의와 다르지 않다. Manfred Wolf, a.a.O., S.72; Flume, a.a.O., S.59.

취해왔고, 우리의 민법도 절충주의를 취하고 있다고 해석되고 있다. 즉 민법은 허위표시를 무효로 규정하고(민법 제108조), 비진의의사표시의 경우에는 예외적으로 무효라고 하고(민법 제107조), 법률행위의 중요부분에 착오가 있는 경우에 취소할 수 있도록 한 점(민법 제109조)은 의사주의를 따른 것인데 비하여, 비진의의사표시를 원칙적으로 유효하다고 한 점(민법 제107조), 법률행위의 중요부분이 아니고, 착오자에게 중과실이 있는 경우에는 의사표시를 무효화할 수 없도록 한 점(민법 제109조), 선의의 제3자 보호규정을 둔 점(제107조 제2항, 제108조 제2항, 제109조 제2항)은 표시주의적 태도이다.

이렇게 민법이 양이론의 절충적인 형태로 규정함으로써 의사주의·표시주의의 다툼은 실제로는 해결되었다고 할 수 있다. 그 때문에 의사표시이론의 논의는 이론을 위한 것에 지나지 않는다고 하는 비판도 가능하나, 의사표시이론은 의사표시의 본질을 정확히 파악하게 하며, 개별적인 법률문제의 해결의 기초를 제공하므로 그에 관한 입장이 분명히 정립되지 않으면 안된다.[42] 전자적 의사표시이론의 대두는 이러한 필요성을 더 부각시켰다고 할 수 있다.

전자적 의사표시에 있어서는 개괄적인 의사형성은 인간이 하고 구체적인 표시행위는 기계설비 내지는 컴퓨터에 의하여 이루어지는 경우가 대부분이고, 일반적인 의사표시와는 달리 의사표시 자체의 외형이 극도로 단순한 문자, 숫자, 기호로 압축되어 존재하므로 개별당사자간의 의사표시에 부가적으로 존재할 수 있는 제반사정은 더 이상 존재할 수 없으며, 상대방의 인적 특성이 철저히 배제되어 있는 점 등에 비추어, 전자적 의사표시가 이루어지는 경우에 있어서는 더욱 상대방의 선의, 무과실이라는 주관적인 귀책개념은 개입될 여지가 없어지므로 결국 신뢰보호의 원칙[43] 등 표시주의의 원칙에 충실한 해석이 행해져야 할 것으로 생각된다.[44] 물론 표시주의는 행위의 외형을 신뢰한 상대방을 보호하고 거래의 안전을 꾀하는 만큼, 당사자의 의사가 절대적인 신분관계에는 적용되지 아니함은 당연하다.

현행 민법은 의사주의를 기본으로 하고 있으면서도 일정한 경우에 상대방

42) 김용직·지대운, 전게논문, 110면.

43) 오병철, 전게학위논문, 126면.

44) 동지: 오병철, 전게 학위논문, 127면.; 지대운·김용직, 전제논문, 111면.; 소재선, 전게논문, 3면.

보호에 관한 규정을 두고 있을 뿐 아니라 사법질서의 일반조항으로서 통칙에 신의성실의 원칙을 규정하고 있는 이상, 우리 민법의 해석만을 통하여도 표시주의의 입장에 따른 의사표시의 해석은 가능하다고 하겠다. 더구나 의사 흠결의 경우, 자기결정에 포함되어 있는 자기책임에 의하여 의사표시를 표시된대로 효력을 인정하는 것이 가능하다는 견해를 따른다면, 전자적 의사표시에 있어서도 표시주의의 견해를 취하기 위한 근거가 될 수도 있겠다. 다만 이 경우에 어느 범위에서 상대방이나 제3자의 신뢰를 보호하고 어느 경우에 표의자 본인을 보호하여야 하는가는 실정법이 결정할 문제이다.[45)]

나. 의사표시의 구성요소와 전자적 의사표시

의사표시가 성립하는 심리적 과정을 분석·관찰하면, 개인이 먼저 어떤 동기에 의하여 일정한 법률효과의 발생을 목적으로 하는 의사를 결정하고(효과의사), 다음에 이 의사를 외부에 알리기 위하여 발표하려는 의사(표시의사)에 매개되어서, 일정한 행위가 되어 외부에 나타나게 된다. 즉 효과의사·표시의사·표시행위가 의사표시의 구성요소로서 문제된다고 한다.[46)]

문제는 전자적 의사표시의 경우에 있어서도 주관적 구성요건으로서 행위의사를 인정할 것인가가 다투어지고 있다.[47)] 그러나 전자적 의사표시가 이루어지는 시점에서 구체적인 행위의사를 결하고 있다고 하더라도 컴퓨터를 이용하여 입력행위를 하는 때에 행위의사가 존재함을 부인할 수 없는 이상 전자적 의사표시에 있어서도 행위의사가 의사표시의 구성요소가 되지 않는다고 단정하기는 곤란하다.[48)]

또한 통설은 의사표시의 구성요소로서 효과의사와 표시행위를 들고 표시의사는 의사표시의 요소가 아니라고 한다.[49)] 따라서 전자적 의사표시에 있어서도 표시의사의 존부는 중요한 문제가 아닐 수 있다. 그러나 표시의사는 의사표시의 문제로 논의되어서는 안되고, 오히려 표시의사가 없는 경우에도 표시된대로 효력을 발생하는가의 관점에서 다루어져야 할 것이다.[50)] 즉 전자적 의사표시의

---

45) 김용직·지대운, 전게논문, 111면.

46) 곽윤직, 민법총칙, 박영사, 1994, 338면; 김증한, 신고민법총칙, 1983, 208면.

47) 오병철, 전게 학위논문, 96-97면.

48) Mattis Kuhn, Rechtshandlungen mittels EDV und Telekommunikation, Zurechenbarkeit und Haftung, Verlag C.H. Beck, 1991, S.70.

49) 표시의사를 의사표시의 요소로 파악하는 견해로서는 이영준, 전게서, 99면.

경우에는 컴퓨터 이용자의 포괄적인 표시의사가 존재하고 있기 때문에 컴퓨터 이용자는 구체적인 전자적 의사표시에 대한 인식 없이도, 즉 개별적인 표시와 관련하여 어떠한 표시의사를 갖지 않을지라도 그는 컴퓨터를 도입함으로써 수령자의 관점에서 일반적으로 법률행위적 의미가 성립됨을 인식하고 있으며 그에 따라 법률행위적으로 효과가 귀속된다고 보는 견해에 의하는 경우 표시의사의 존재를 부인할 수 없게 된다.[51]

한편 효과의사는 일정한 법률효과의 발생에 향하여진 의사이고 다수설은 의사표시의 요소가 되는 것은 표시상의 효과의사라고 하고, 표시상의 효과의사와 내심적 효과의사가 부합하지 않은 경우에도 언제나 표시상의 효과의사에 따른 효과를 발생시킨다면 표의자에게 가혹한 경우가 있게 되어 법률은 일정한 경우에는 의사표시로부터 효과가 발생하는 것을 부인하거나 또는 일단 발생하지만 취소할 수 있는 것으로 하고 있다고 한다.[52] 이에 대해서 본래 내심적 효과의사만이 효과의사이고 표시상의 효과의사는 효과의사가 아니라는 견해도 있다.[53]

전자적 의사표시에 있어서도 주관적 구성요건으로서의 효과의사가 존재함은 명백하다고 할 것이나, 다만 전자적 의사표시의 효과의사는 자연적 의사표시보다 보다 포괄적인 형태와 내용으로 존재한다고 봄이 타당하다고 하겠다.[54] 전자적 의사표시에 있어서 효과의사를 인정할 것인가에 대해서 Mattias Kuhn은 컴퓨터 이용자가 전자적 의사표시의 구체적인 효과의사를 결여하고 있고 단지 컴퓨터프로세스의 원론적인 예상만을 할지라도 컴퓨터 이용자의 법적 구속력은 인정된다고 한다.[55]

의사표시의 또 다른 구성요소인 표시행위는 효과의사를 외부에 표현하는 행위이다. 그런데 법률효과의 발생과 관련하여 표시행위가 가지는 의미는 견해에 따라 차이가 있다. 의사표시의 효력근거를 오직 의사에서만 찾는 의사주의에서는 표시행위는 단지 내적인 의사의 표현수단으로서의 의미만을 갖는다. 이

50) 송덕수, 전게서, 137면.
51) Mittias Kuhn, a.a.O., S.71.
52) 곽윤직, 전게서, 340면;김증한, 전게서, 209면;김기선, 한국민법총칙, 법문사, 1985, 213면.
53) 송덕수, 상게서, 141면.
54) 오병철, 전게학위논문, 112면.
55) Mattias Kuhn, a.a.O., S.71.

에 대해 표시주의에서는 표시행위는 의사의 표현수단에 불과한 것이 아니고 법률효과의 본래의 근거라고 본다. 한편 의사와 표시의 일체성을 주장하는 효력주의에 의하면 표시행위는 그것으로부터 분리된 내적인 의사에 대한 단순한 표현수단만이 아니고 오히려 의사는 표시행위에서 실현된다. 따라서 효력주의에서는 의사표시의 효력근거를 일체로서의 의사와 표시행위에서 찾게 된다.

전자적 의사표시에 있어서 표시는 완전히 자동화되어 컴퓨터가 표출하며, 인간의 행위개입은 사전의 입력행위가 유일하다고 보는 견해에 의하면, 이러한 행위 없는 표시(Erklärung ohne Handlung)는 인간의 입력행위와 시간적인 격차를 두고 발생하고 인간과 기계에 의해 분업화되어 작업이 진행되는 프로세스의 최종산물이고, 컴퓨터 이용자, 프로그래머, 정보입력자와 기타 보조자는 하드웨어 선택, 프로그래밍과 데이터의 입력의 영역에서만 제한적으로 활동을 하고 그들의 행위에 따라 컴퓨터는 내용상으로 표시를 나타내거나 전송하거나 또는 인쇄 및 발송을 하게 된다. 이러한 인간의 입력행위가 그 목적에 맞는 자동화된 표시작성을 발생시키고 컴퓨터의 표시에 근거를 부여하므로 컴퓨터 이용자 및 보조자에 의한 컴퓨터와의 이러한 결합작용은 전자적 의사표시를 위한 결정적인 인간의 행위개입으로서 법적으로 인정된다. 그러므로 컴퓨터 이용자가 컴퓨터를 통해 구체화된 법적 효과의사를 외부로 나타나게 하고 그 작성을 위해 컴퓨터 이용자나 위임에 의해 행위 하는 보조자의 입력행위를 근거 있게 하였다면 자동화된 표시행위는 의사표시의 객관적인 구성요건을 충족시키게 된다고 한다.[56)]

묵시적 표시의 경우에는 어떠한가? 법률 또는 당사자의 약정에 의하여 명시적인 표시가 요구되는 경우를 제외하고 의사표시는 묵시적으로 표시될 수 있다. 전자적 의사표시의 경우에도 특별한 사정이 존재한다면, 침묵이 특정한 효과의사의 표시로 인정될 수 있다고 하겠다.[57)]

다. 소결

전자적 의사표시는 의사의 포괄적 형성, 행위와 표시의 분리, 표현언어의 상이성 및 김퓨디의 의사구체화 등에서 나타나듯이 전통적인 자연적 의사표시

56) Mattias Kuhn, a.a.O., S. 70f.
57) 오병철, 전게학위논문, 115면.

와는 다른 특수성이 인정되는 것은 사실이다. 그러나 컴퓨터 이용자가 입력행위를 하는 시점에 존재하는 포괄적인 행위의사, 포괄적 효과의사 등을 자연적 의사표시의 행위의사, 효과의사와 동일한 것으로 파악하여 전자적 의사표시의 주관적 구성요건으로 인정하고, 컴퓨터의 표시행위를 전자적 의사표시의 객관적 구성요건으로 인정하고, 위험원칙 등의 확장된 귀책가능성을 규범적 구성요건으로 하여 적절한 이익조정을 하는 것이 가능하다면, 특별히 종전의 의사표시와는 다른 전자적 의사표시를 특별개념으로 인정할 필요는 없을 것이다.[58]

다만, 전자적 의사표시에 있어서 컴퓨터의 이용자의 의사는 구체적인 형태로 의사표시의 모든 세부사항을 확정하고 있는 것이 아니라 세부사항을 확정할 수 있는 결정기준을 제시하고 있으므로 구체적인 세부사항은 컴퓨터 이용자조차 인식하지 못하는 경우가 대부분이므로 하자있는 의사표시에 있어서 표의자도 인식하지 못하는 구체적 세부사항에 관한 포괄적 의사와 표시의 불일치를 상대방이 인식할 수 있을 것이라고 기대하는 것은 곤란하고, 전자적 의사표시의 경우에 그 특질상 거래 상대방의 주관적 의사를 판단하기 어려운 구조를 가지기 때문에, 의사표시 수령자의 외적인 표시 구성요건에 관한 성실한 신뢰를 특별히 보호할 필요가 있고 따라서 표시의 중요성은 기존의 의사표시의 경우보다 중요한 의미를 가진다고 하겠다.[59] 따라서 의사흠결의 경우에 상대방의 선의나 무과실과 같은 귀책개념이 개입될 여지가 축소될 수밖에 없고, 독일 연방대법원의 태도(BGHZ 91. 324)[60]와 같은 신뢰보호의 중시가 타당하다고 할 수 있다.

6. 자동화된 거래와 전자적 의사표시·전자대리인

(1) 전자계약에서 대부분의 경우에는 전자문서의 교환으로 개별적으로 계약이 성립되겠지만, 자동화된 프로그램에 의하여 계약이 체결되도록 하고 있는 경우가 늘어가고 있다.

---

58) Mattias Kuhn, a.a.O., S.78f.

59) 김용직·지대운, 전게논문, 118면.; 오병철, 전게 학위논문, 126면.

60) '표의자에게 거래에서 필요한 주의(Sorgfalt)를 적용함에 있어서, 신의성실에 따른 외형과 의사표시로서의 거래상황을 고려하여야 한다는 점을 인식하고 회피할 수 있었거나 수령자도 사실상 그렇게 이해했다면 표시의식의 결여에도 불구하고 의사표시는 존재한다'. 오병철, 전게 학위논문, 127면.

전자문서법 제7조 제1항에서는 작성자의 대리인 또는 자동으로 전자문서를 송신·수신하도록 구성된 컴퓨터 프로그램 그 밖의 전자적 수단에 의하여 송신된 전자문서에 포함된 의사표시는 작성자가 송신한 것으로 본다고 규정하고 있다. 간주규정으로 함으로써, 작성자의 대리인이 대리권의 범위를 초과한 내용의 전자문서를 보내거나 자동전송프로그램의 오작동으로 인하여 전자문서를 보낸 경우에도 작성자가 송신한 것으로 되어 송신자의 이익을 과도하게 침해한다는 견해[61]가 있으나, 대리권의 범위를 초과한 경우에는 표현대리의 법리에 의하여, 프로그램의 오작동에 대한 위험은 의사표시의 발신자가 부담하는 일반원칙에 따른다면, 이 규정이 송신자의 이익을 과도하게 침해하고 있다고 보기는 어려울 것이다.

전자거래기본법의 동조항은 UNCITRAL 모델법(1996) 제13조 전자적 의사표시의 귀속(attribution of data message)에 관한 규정에서 따온 것이기는 하지만, '자동으로 전자문서를 송신·수신하도록 구성된 프로그램은 결국 미국의 UETA나 UCITA에서 규정하고 있는 전자대리인(electronic agent)에 해당하는 것으로 우리 법상 전자대리인의 개념을 도입할 것인가가 문제이다.[62]

(2) 전자대리인

전자대리인은 자연인 개인의 사고나 행위와 무관하게 독립적으로 행위를 유발하거나 전체적 혹은 부분으로서 전자문서 또는 행위반응에 사용하는 컴퓨터 프로그램, 전자 또는 자동처리수단을 말한다(UETA sec. 2(6). UCITA에서도 대체로 유사한 내용으로 규정되어 있다(sec. 102(a)(27)). 자동화된 거래(automated transaction)란 통상의 과정으로서 자연인에 의해 사전에 검토되지 않은 당사자의 일방 또는 쌍방의 전자적 작동에 의하여 계약의 전부 또는 일부가 체결되는 거래를 말한다고 규정하고 있다(sec. 102(a)7).

이와 같이 자동화된 거래에서 전자대리인의 개념은 필수적인 개념으로서 반드시 거래상대방에게 오류를 방지하거나 정정할 기회를 제공하지 않은 경우에는, 상대방에 대한 절차적 권리의 침해로서 전자문서의 법률적 효과를 회피할 수 있다고 규정하고 있다(sec. 10(2)). 전자거래기본법에서는 이와 같은 규정을

---

61) 노태악, 전게서, 50면.

62) 사법연수원, 전자계약, 전자거래법연구(김진환 집필부분), 2012, 60면.

두고 있지 않지만 전자상거래소비자법 제14조 제2항은 통신판매업자에게 계약 체결 전에 소비자가 청약의 내용을 확인하고, 정정 또는 취소할 수 있도록 적절한 절차를 갖추도록 하고 있다.

전자대리인에 의한 또는 자동화된 프로그램에 의한 계약은 자동적으로(automatically) 체결되는 것이지 전자대리인 임의로(autonomously) 체결할 수 있다는 의미는 아니다. 당사자 사이에 계속적인 거래관계에 일정한 컴퓨터프로그램을 설치, 사용하기로 합의한 다음 그 다음 구체적인 행위가 없더라도 자동화된 프로그램의 작동으로 개별적인 계약을 체결하게 된다. 이때에는 처음에 설정된 그 계약관계의 범위 내에서 이루어져야 한다. 이러한 범위 내에서 그 작동상의 오류는 먼저 당사자 사이의 약정에 의하여 그 귀속이 결정될 것이다.

제3절 전자적 의사표시와 구체적인 경우의 해석문제

Ⅰ. 발신과 도달의 문제

전자적 의사표시의 발신은 컴퓨터 망(LAN 등)을 통하여 직접적으로 연결되어 있는 경우에는 필요한 메시지를 형성하여 전송 가능한 신호로 변환시킨 후에 케이블을 통한 신호로 전달할 때 개시된다고 할 것이고, 전자사서함 등을 사용하여 간접적으로 연결된 경우라면 전자사서함에 연결되어 입력되는 순간에야 다른 사람들을 상대로 의사가 개진된 것으로 볼 수 있기 때문에 이때에 발신한 것으로 볼 수 있다.[63)]

우리 민법은 의사표시의 효력발생시기에 대하여 도달주의를 취하고 있는바(민법 제111조), 도달은 상대방의 지배권 내로 들어가 사회통념상 일반적으로 요지할 수 있는 상태가 생겼다고 인정되는 것을 말하므로,[64)] 텔렉스나 팩스의 경우에는 수신기에 투입된 때라고 할 것이고, 직접적으로 연결된 컴퓨터 망의 경우에는 상대방 컴퓨터의 모뎀에 입력되는 순간에 도달되는 때에, 전자우편의 경우에는 전자사서함에 표의자의 전자적 의사표시가 저장된 사실을 인식한 상

---

63) 오병철, 전게학위논문, 131-132면; 김용직·지대운, 전게논문, 120면.

64) 곽윤직, 전게서, 430면; 대판 1960.12.15 선고 4293 민상455 판결.

대방이 자신의 컴퓨터로 전송을 명령하여 그 컴퓨터로 넘겨 오게 되는 순간에 도달이 이루어진다고 보는 것이 상당하다. 그러나 대개의 경우 전송하도록 명령하는 순간에 도달도 동시에 이루어지는 점에 특성이 있다.

이와 관련하여 「전자문서 및 전자거래기본법」 제6조 제1항은 전자문서는 수신자 또는 그 대리인이 해당 전자문서를 수신할 수 있는 정보처리시스템에 입력된 때에 송신된 것으로 본다고 규정하고 있으며 다시 수신에 대해서는 수신자가 전자문서를 수신할 정보처리시스템을 지정한 경우에는 지정된 정보처리시스템에 입력된 때(단 전자문서가 지정된 정보처리시스템이 아닌 정보처리시스템에 입력된 경우에는 수신자가 이를 출력한 때), 동조 제2항은 수신자가 전자문서를 수신할 정보처리시스템을 지정하지 아니한 경우에는 수신자가 관리하는 정보처리시스템에 입력된 때라고 규정함으로써 입법적으로 이 문제에 대하여 해결하고 있다.

그런데 위와 같은 의사표시의 도달에 관해 기술적인 도달과 법적 측면의 도달로 구분하여 기술적 측면에서는 입력 자료가 수령자의 자동화설비에 도달하면 도달이 있으나, 단순히 기술적으로 도달한 것만으로는 법적으로 도달하였다고 할 수 없다고 한다.[65] 따라서 전자적 의사표시에 있어서도 그 의사표시가 수령자의 지배영역내로 들어오고, 수령자가 그 의사표시의 내용을 인지할 수 있을 때 비로소 도달하였다고 한다.[66] 그리고 수령자의 기계장치의 흠결로 인한 위험은 수령자가 부담하는 것이 아니라 의사표시자가 부담하여야 한다.[67]

Ⅱ. 전자적 의사표시의 흠결의 문제

1. 비진의의사표시와 통정허위표시의 문제

컴퓨터 이용자가 의식적으로 자신의 포괄적 의사와는 다른 전자적 의사를 선택하여 입력행위를 함으로써 그 입력행위대로 컴퓨터가 효과의사와는 다른 의사표시를 한 것으로서 단지 컴퓨터를 이용하였을 뿐 자연적인 의사에 있어서의 비진의표시와 다른 점을 발견할 수 없다. 농담의 경우에도 비진의표시와

65) 김상용, 전게논문, 54면.

66) Köhler, a.a.O., S.141.

67) Köhler, a.a.O., S.140.

마찬가지로 규율되어야 할 것이다. 단 상대방이 표의자의 진의 아님을 알게 될 가능성은 자연적인 의사표시에 비해서는 더 희박하다고 할 수 있다.

통정허위표시에 있어서는 통정은 상정할 수 없으므로 결국 당사자 사이에서 컴퓨터를 이용한 전자적 의사표시를 무효로 하기로 하는 합의를 자연적인 방법으로 한 것에 불과하므로, 자연적인 통정허위표시와 달리 볼 것이 아니고, 전자적 의사표시의 특수성을 고려할 여지는 없다.[68]

2. 착오에 의한 의사표시의 문제

전자거래에서는 특히 전자적 수단의 사용으로 인하여 전통적인 거래에 비하여 그 체결과정이나 내용에 관하여 착오가 생기기 쉬울뿐더러 또한 그 착오를 발견하기도 용이하지 않다.

전자거래기본법에서는 착오의 취급에 관한 직접적인 관련규정을 두지 않고 있으며, 다만 제8조에서 수신한 전자문서의 독립성을 규정하면서, 상당한 주의를 하였더라면 동일한 전자문서가 반복되어 송신된 것임을 알 수 있었을 경우에는 그러하지 아니하다고 하여 송신자가 착오로 동일한 문서를 반복하여 송신한 경우에 대하여 일정한 구제수단을 두고 있다.

먼저 입력된 정보자료에 흠이 있는 경우에 그 흠 있는 정보에 의한 의사표시의 취소여부에 대해서는 동기의 착오로서 취소가 고려되어야 하며, 외관책임의 법리에 따라 상대방에게 책임을 지우도록 하는 것이 타당하다는 견해[69]와 취소의 일반원칙에 따라 법률행위의 내용의 중요부분의 착오와 표의자의 중대한 과실이 없을 것을 요건으로 하여 취소할 수 있다고 하는 견해[70]가 나뉜다. 이에 대해서는 컴퓨터 자체가 의사표시를 하는 단순한 도구수단이라는 점에 비추어 볼 때 달리 볼 것은 아니고 신속한 거래가 요구되고 대량으로 이루어지는 거래에 있어서는 구체적 개별적으로 판단하여 해결하여야 할 것이다.[71]

그러나 잘못된 입력자료가 상대방이 고의로 진실과 다른 자료를 제공하여 입력하였기 때문이라면 자동화 설비의 운영자는 그 상대방에 대하여는 詐欺를 이유로 취소할 수 있다고 할 것이다(독일민법 제123조). 예컨대 보험계약을 체결

---

68) 김용직·지대운, 전게논문, 122면.

69) 김상용, 전게논문, 51면 참조.

70) 지원림, 전게논문, 1485-1486면.

71) 김용직·지대운, 전게논문, 123면.

함에 있어서 보험계약자가 허위의 사실을 제공하여 자동화 설비에 입력하게 된 경우가 그러하다.

다음으로 프로그램에 흠이 있는 경우는 계산의 착오이다. 계산의 착오는 독일에서는 동기의 착오로 다루어진다.[72] 그러므로 자동화 설비의 운영자는 흠 있는 프로그램의 이용에 대하여 취소할 수 없다. 그러나 자동화설비 운영자의 진실한 의사는 다른 법적 근거, 예컨대 오표시 무해의 원칙(falsa demonstratio non nocet), 행위기초론, 확대된 착오로 인한 취소 등의 법리에 의하여 고려될 수 있다.[73]

다음으로 이용을 잘못한 경우로서, 자동화 설비 이용과 관련한 실무에서는 이러한 유형의 흠결이 가장 일반적이다. 이용의 잘못(자동화설비의 오동작)에 의한 결과는 표시상의 착오로서 취소할 수 있는 것으로 본다.[74]

한편 소비자계약의 경우에는 전자거래소비자법에서 사업자가 소비자의 조작실수 등 착오로 발생하는 피해를 예방할 수 있도록 거래대금이 부과되는 시점 또는 청약에 앞서 그 내용의 확인 및 정정에 필요한 절차를 마련하여야 한다고 규정하고 있고(동법 제7조), 통신판매업자는 소비자로부터 재화 등의 거래에 관한 청약을 받은 경우 청약의 의사표시의 수신확인 및 판매 가능여부에 관한 정보를 소비자에게 신속하게 통지하여야 하고(동법 제14조 제1항), 통신판매업자는 계약체결 전에 소비자가 청약의 내용을 확인하고 정정 또는 취소할 수 있도록 적절한 절차를 갖추어야 한다(동조 제2항)고 규정하고 있다. 그런데 이러한 규정들은 사업자에 대한 일방적 의무만을 규정하고 있을 뿐 이러한 의무를 위반한 경우 그 법적 효력에 대한 직접적인 규정은 아니다. 따라서 결국 전자거래에 있어서 착오가 생긴 경우에는 민법 제109조의 전통적인 착오이론에 따라 해결하여야 할 것이다.[75]

(1) 제한능력자의 문제

인터넷의 가장 큰 특징은 비대면성과 익명성이다. 인터넷에서 거래의 상대

72) Medicus, a.a.O., S.135; 우리 학설에서는 김상용, 진게논문, 52면.

73) Köhler, a.a.O., S.135.

74) Köhler, a.a.O., S.135; Medicus, a.a.O., S.256; 이영준, 전게서, 113면; 김상용, 전게논문, 52면.

75) 노태악, 전게서, 73면.

방은 거래상대방이 미성년자, 피성년후견인 혹은 피한정후견인인지 알지 못하는 결과 특히 미성년자가 계약당사자인 경우에는 거래안전과 미성년자보호라는 양자의 조화를 꾀해야 하는 문제가 생긴다. 의사무능력자가 인터넷에서 계약당사자인 경우에는 그 계약은 무효가 된다. 인터넷의 이용자가 제한능력자일 때 제한능력을 이유로 계약을 취소할 수 있는가? 원칙적으로 그 계약은 취소할 수 있게 된다. 이 문제는 단순히 제한능력을 적용하느냐[76] 않느냐의 문제보다는 사회정형적 행위론에서 주장하는 것처럼 사회정형적 거래인 경우에는 사회유형적 행위의 의미를 이해할 수 있을 정도의 판단능력이 있으면 충분하다고 보아야 할 것이다.

(2) 사기, 강박에 의한 의사표시의 문제

컴퓨터는 의사결정을 독자적으로 할 능력이 없고, 컴퓨터에 대한 기망행위 자체가 불가능하므로 결국은 일반의 기망행위와 달리 살펴 볼 여지가 적다. 입력행위 자체가 절대적 폭력에 의하여 이루어진 경우라도 일반의 경우와 달리 볼 것은 없을 것이다.

3. 모사서명의 유효성의 문제

법률상 서명(또는 기명) 이 요구되는 경우[77]에 자필 서명된 문서를 전송한 것으로 족한가 하는 것이 문제된다. 독일에서는 특별규정[78]이 있는 경우를 제외하고는 원칙적으로 유효성을 인정하지 않는 것이 지배적인 견해라고 하는데 비해,[79] 스위스 채무법(제14조 제2항), 오스트리아 민법(제886조 3호)은 거래 관행상 일반적인 경우에는 모사서명의 효력을 인정한다고 한다.[80] 그런데 대량거래

---

76) 적용하여야 한다는 주장으로서는 Thomas Christian Paefgen, Bildschirmtexs aus zivilrechtlicher Sicht(VCH Gesellschaft mbH), 1988, S.43. 김상용, 전게논문, 52면에서 재인용.

77) 우리법상으로는 기명날인이 보다 보편적인 방법이고, 서명날인을 요구하는 경우는 드물기 때문에 오히려 '모사된 기명날인'의 문제에 더 초점이 맞추어질 것이다.

78) 賃貸人이 임차인에 대하여 임차료인상의 의사표시를 자동화설비를 통해서 한 경우 모사서명의 유효성을 인정하고 있다. MRHG 제8조. 또한 보험계약법(제3조 제1항)에서 보험증서, 보험료지체에 대한 최고, 보험료 납입기한 유예의 경우에도 모사된 서명의 유효성을 인정하고 있다.

79) Köhler, AcP 182, 147ff.:독일민법 제126조를 좁게 해석하고, 모사서명을 인정하는 규정을 유추적용하여야 한다고 한다. 그리고 거래를 용이하게 하기 위해 모사서명을 사용한 자가 후에 방식의 무효를 주장하는 것은 권리남용이라고 한다; 지원림, 전게논문, 1487면의 주 115 참조.

가 행하여지는 오늘날에 있어서는 하나하나의 서면에 자필서명을 가지고 그것을 모사하여 사용하기도 하고, 팩시밀리에 의하여 자필서명된 문서를 전송하기도 하는바, 이 경우 모사된 서명[81] 등을 자필서명으로 볼 수 있는지가 문제로 된다.

우리 법상 모사된 서명 또는 기명날인은, 그 기명날인을 요구하는 규정의 취지를 참작하여 이 규정이 강행규정이라고 판단되지 않는 한,[82] 거래관행[83]을 고려하여 그 효력을 인정할 수 있을 것이다.[84]

생각건대 정보화사회에서 정보통신기술의 발달이 종전의 거래관념 및 의사표시의 방법에 있어서 획기적인 변화를 가져왔음은 주지의 사실이다. 이러한 정보화기술은 다면적·대량적·동시적 거래를 가능하게 함과 동시에 컴퓨터는 의사표시의 매체로서 자리잡게 되었다. 또한 의사표시에 있어서 이제 일정부분은 자동화된 데이터처리시스템 즉 프로그래밍(자동화)된 법률행위적 표시도 행해지게 되었다. 그러나 이러한 의사표시를 종래의 의사표시와 별개의 의사표시로 볼 수 없다고 할 것이다. 왜냐하면, 그 시설이 자율적인 결정을 내리는 것이 아니고, 주어진 프로그램에 의해서 논리적인 조작만이 실행되어지기 때문이다. 배후에 그 시설운영자의 의사가 있고, 그에 의해서 통제가 이루어지기 때문이다. 그렇다 하더라도 이러한 의사표시가 가지는 특수성을 무시할 수는 없다. 따라서 구체적·개별적인 특수성을 고려하여 의사표시를 해석해야 할 것이다.

제4절 전자계약과 법적 문제

1. 전자계약의 의의와 성립

(1) 전자계약의 의의 계약이란 일정한 사법상의 법률효과를 목적으로 하는 서로 반대되는 의사표시의 합치를 말하는데, 광의로는 사법상의 일정한

80) 김상용, 전게논문, 56면 참조.

81) 전자서명에 있어서 디지털서명이 아니라 디지털화된 서명이라고 할 수 있다.

82) 우리 민법상 유언방식에 관한 규정 등

83) 팩스를 통한 생명보험 계약의 청약도 자주 이루어진다고 한다.

84) 지원림, 전게논문, 1487면; 김용직·지대운, 전게논문, 126면.

법률효과의 발생을 목적으로 하는 합의의 총칭으로서, 여기에는 채권계약, 물권계약, 신분계약을 포섭하는 개념으로 쓰이고 협의로는 채권계약을 말한다.

전자계약이란 청약과 승낙이라는 의사표시의 합치가 당사자간의 약정에 의하여 전자적인 형태의 의사표시의 합치로서 성립하는 것을 말한다.[85] 전자거래가 재화나 용역을 거래함에 있어서 그 전부 또는 일부가 전자문서에 의하여 처리되는 거래(전자문서 및 전자거래기본법 제2조 5호)를 의미한다면, 오프라인에서 계약을 체결하고 온라인상에서 계약의 이행이나 대금의 지급이 이루어지는 경우나 온라인에서 계약을 체결하고 오프라인상에서 이행이나 대금의 지금이 이루어지는 경우 모두 일부가 전자문서에 의해 처리된다면 전자거래에 해당된다. 하지만 전자계약은 자연적 의사표시 대신에 전자적 의사표시(전자문서)에 의하여 계약이 체결되는 것을 말하고, 계약의 이행이나 대금의 지급은 오프라인상에서도 행해질 수 있다는 점에서 양자의 차이가 있다. 전자계약이란 매매계약이나 중개계약처럼 특정한 계약의 유형을 지칭하는 것이 아니라 계약체결의 형태의 하나를 말한다. 전자거래는 전자계약보다 더 넓은 개념이라고 할 수 있다.

전자계약에서는 의사표시가 전자문서로 행해진다는 점이 주요한 특징인데, 전자문서는 종이문서와 달리 가시성·가독성이 없지만, 오늘날에는 전자문서의 문서성을 법률로 인정함으로서 이 문제를 해결하고 있다.[86]

미국 UCC 제2편에서 종래부터 요구되어 온 서면 요건 즉 500달러 이상의 상품 매매계약에는 서면 및 법적으로 구속되는 당사자의 서명이 필요하다는 요건을 대폭 수정하고 있다. 즉, 금액을 대폭 상향조정하여 5,000 달러 이상의 상품매매계약에 있어서 서면을 요구하고 그 서면요건은 전자문서에 의하여도 충족되는 것으로 규정하였다.[87]

---

85) 전자계약은 사업자와 소비자 사이의 계약뿐만 아니라 사업자와 사업자 사이의 전자계약이 가능하다. 독일민법 제312조의 e도 이러한 전자계약의 전제하에 계약체결 이전과 체약이행 이후의 광범위한 정보제공의무를 소비자(Verbraucher)가 아닌 고객(Kunden)을 효과적으로 보호하기 위한 내용으로서 고객이 사업자인 경우에도 그대로 적용된다는 점에서 방문판매나 통신판매에서의 사업자와 소비자 사이의 계약만을 적용대상으로 한 것과 구별된다. 하경효, 독일채권법의 현대화(김형배 외 5인 공저), 2003, 142면.

86) 즉 전자문서법 제4조 제1항은 "전자문서는 다른 법률에 특별한 규정이 있는 경우를 제외하고는 전자적 형태로 되어 있다는 이유로 문서로서의 효력이 부인되지 아니한다."고 규정하여 전자문서의 문서성을 인정하고 있다.

87) Section 2-201(a) of (Draft) Revision of Uniform Commercial Code Article 2(Sales), August, 2001: "A contract for the sale of goods for the price $ 5,000 or more is not enforceable by

(2) 계약의 성립 계약의 성립과 관련한 법적 쟁점으로는 청약의 유인 혹은 청약으로서 홈페이지의 문제와 의사표시의 효력 발생시기와 관련하여 격지자간의 계약의 성립시기이다.

일반적으로 전자쇼핑몰의 홈페이지에는 배너를 통해서 상품을 광고하기도 하고 텍스트나 그래픽의 형태로 상품이나 급부를 제공할 수 있다. 이 경우 홈페이지를 통하여 상품이나 급부를 제공할 때, 그 제공이 이른바 '청약의 유인'인지 민법 제527조의 '청약'에 해당하는지 문제된다. 전통적인 거래에서도 청약과 청약의 유인의 구별이 문제되는데, 특히 사이버몰에서 이루어지는 거래에서 그 비대면적인 특성 때문에 종종 이와 관련한 어려운 문제가 발생한다. 인터넷 홈페이지에서 상품, 가격, 품질, 배송방법 등 계약의 조건을 제시하고 있는 경우가 보통인데, 이것을 청약으로 볼 것인지 아니면 청약의 유인으로 볼 것인지가 문제된다.

기본적으로 청약과 청약의 유인의 구별은 표의자의 승낙이 있으면 계약을 성립시키겠다는 확정적 의사표시가 있는지 여부를 기준으로 판단하나, 전자계약의 경우 「전자상거래등 소비자보호에 관한 법률」제2조 2호에서 '재화 또는 용역의 판매에 관한 정보(예컨대 상품 카탈로그, 가격표시, 음식메뉴)를 제공하고[88] 소비자의 청약에 의하여'라고 규정하여 정보의 제공을 청약의 유인으로 전제하고 있는 것과 당사자 사이의 이해관계(가령 재고량, 상대방의 변제자력에 대한 위험)를 고려한다면 비록 확정조건의 제시가 있었다 하더라도 이를 청약의 유인으로 보는 것이 일반적이다.[89]

그러나 청약자의 다른 의사표시가 없는 한 자동화된 컴퓨터프로그램을 통

---

way of action or defence unless there is some record sufficient to indicate that a contract has been made between the parties and authenticated by the party against which enforcement is sought or by its authorized agent or broker.…"

88) 학설에서도 홈페이지를 통하여 단지 상품을 광고할 뿐이고, 주문기능을 갖고 있지 아니한 경우에는 청약의 유인으로 보고, 주문기능을 가지고 있는 경우에는 명시적으로 상품게시가 청약으로서의 의미가 있다는 사실을 안내하지 않는 한 청약의 유인으로 보아야 한다고 한다. 배대헌, 정보사회로의 변혁과 민사법상 수용에 관한 연구, 민사법학 제20권, 2001, 282면; 김민중, 인터넷법학의 민사법적 과제와 체계, 인터넷법학 제2호, 법무부, 2003, 303면.

89) 사법연수원, 전자거래법연구(노태악 집필부분), 2012, 65면. 공정거래위원회가 제정한 전자상거래(인터넷 사이버몰) 표준약관 제10조 제2항에서는 계약의 성립시기를 정하면서 웹사이트의 게시를 청약의 유인으로 보는 전제하에서 회원의 청약에 대하여 사이버몰의 승낙을 필요로 하는 것으로 규정하고 있다.

하여 사람의 개입 없이 자동으로 계약의 성립과 이행이 이루어지도록 하였다면 이는 단순한 청약의 유인이라기보다는 구매자로부터 구입하겠다는 의사가 있는 경우 즉시 이에 구속되겠다는 의사가 있는 것으로 보아서 웹 사이트에서 단순한 거래조건의 제시에 그치는 것이 아니라 사이버몰에서 재화를 구입하겠다는 의사로서 아이콘을 선택한 다음 사이버몰의 운영자가 제시하는 양식에 따라 인적사항과 배송을 희망하는 주소지를 기재하고 즉시 결제를 요구하는 절차를 거치도록 되어 있는 경우에는 특별한 사정이 없는 한 웹 사이트의 게시는 이를 구속력 있는 청약이라고 볼 것이다.[90] 즉 청약의 유인인지 청약인지의 여부는 홈페이지의 객관적 표시가치, 즉 홈페이지의 종류나 게시하고 있는 상품의 종류에 따라서 결정된다고 할 수 있다.[91]

다음으로 의사실현에 의한 계약 성립의 문제가 있다. 우리 민법 제532조에서는「청약자의 의사표시나 관습에 의하여 승낙의 통지가 필요하지 아니한 경우에는 계약은 승낙의 의사표시로 인정되는 사실이 있는 때에 성립한다」고 하여 의사실현에 의한 계약의 성립을 인정하고 있다. 의사실현에 의하여 계약이 성립하는 대표적인 형태로서 이른바 shrink-wrap 계약을 들 수 있다. 즉 정보가 담긴 유형매체를 구입하여 그 포장을 개봉하는 행위가 '승낙의 의사표시'로 인정되는 사실에 해당한다.[92] 이러한 shrink-wrap 계약의 유효성에 관하여 미국에서는 1996년 이른바 proCD사건의 항소심 판결[93] 이후 논란은 있지만 그 유효성은 대체로 인정되고 있다.

shrink-wrap 계약(혹은 shrink-wrap licence)은 다시 정보가 담긴 유형매체의 매매계약과 정보자체의 이용계약으로 나눌 수 있고, 위 두 가지 내용의 계약은 서로 성립과 존속에 불가분의 관계를 갖고 있다고 하더라도 어디까지나 별개의 독립된 계약이다. 즉 CD나 DVD와 같은 유형매체에 대해서는 구입자와 컴퓨터프로그램 판매대리점 사이에 체결되는 매매계약이고, CD나 DVD를 컴퓨

90) 사법연수원, 상계서, 56면. 이와 관련해서는 서울지방법원 2002.5.30. 선고 2001가단324872.

91) 김민중, 전게논문, 302면.

92) 이와 유사하게 인터넷상에서 소프트웨어를 내려받는 것에 대하여 Web-wrap, click-wrap and browse-wrap이라는 용어도 사용된다. 또한 복제가 가능한 재화 등의 포장을 훼손하는 경우에는 소비자보호를 위한 청약철회권이 제한되기도 한다(전자상거래소비자법 제17조 제2항 4호).

93) ProCD, InC, v. Matthew Zeidenberg and Silken Mountain web Services, Inc, 86 F.3d 1447 (7th Cir 1996).

터에 인스톨한 후 CD나 DVD에 담긴 정보를 이용하는 것은 정보이용자(Licencee)와 CD나 DVD에 담긴 정보제공자(licenser) 사이에 정보이용거래계약이 체결된 것이라고 볼 것이다. 여기서 문제는 비닐포장지 등을 개봉하는 행위가 의사실현행위에 해당하는지 여부는 최소한 매수인(또는 정보이용자)이 개봉 전에 계약의 내용을 인식하고 계약체결의 의사와 함께 개봉한 경우라고 볼 수 있을 정도가 되어야 할 것이다. 따라서 바깥 포장지에 계약 내용이 전혀 표시되어 있지 않거나 계약내용이 기재되어 있는 장소가 표시되어 있지 않고 또 계약내용을 용이하게 찾을 수 없는 경우는 개봉한다고 하더라도 정보이용거래계약의 성립을 인정할 수 없다 할 것이다.

(3) 전자계약의 성립시기 의사표시의 효력의 발생시기와 관련하여, 전자계약의 체결이 '대화자' 사이의 거래인지 '격지자' 사이의 거래인지의 문제가 있다. 이는 우리 민법이 대화자간의 계약 성립시기에 관해서 특별한 규정을 두고 있지 않기 때문에 의사표시의 효력발생시기에 관한 원칙인 도달주의에 입각하여 승낙의 의사표시가 상대방에게 도달한 때 계약도 성립한다고 해석하면 되나, 격지자간의 거래인 경우에는 민법 제531조에 의하여 승낙의 통지를 발한 때 계약이 성립한다고 하고 있어 발신주의를 취하고 있기 때문이다.[94]

인터넷을 통하여 전자계약이 이루어지는 경우 이를 대화자간의 계약이라고 보면 승낙의 의사표시가 도달하였을 때 계약이 성립하고(도달주의), 격지자간의 계약이라고 본다면 승낙의 의사표시를 발신하였을 때 계약이 성립한다(발신주의). 물론 격지자간의 계약의 경우에도 승낙기간을 정한 경우(민법 제528조 제1항)와 그렇지 않은 경우(민법 제529조)로 나누어 발신주의에 다소 제한을 가하고 있다.

이에 관하여 원칙적으로 격지자간의 의사표시로 보아야 한다는 견해[95]와 전자거래에서는 비록 격지자라 하더라도 의사표시의 발송과 도달이 거의 동시적 또는 실시간으로 이루어지고 또한 발신자로서는 의사표시의 부도달을 용이

---

94) 2001년 확정된 법무부의 민법개정안에 의하면, 민법 제531조를 개정하여 격지자간의 계약의 성립시기에 관하여 발신주의를 버리고 도달주의를 채택하였다. 따라서 이에 대한 논의의 실익은 적어진다.

95) 표의자와 수령자의 컴퓨터가 물리적으로 분리되어 있으며, 발신과 도달이 동시에 일어나지 않고 발신과 도달이 전자사서함에 저장되는 경우도 있기 때문에 격지자간의 거래라고 한다. 지원림, 자동화된 의사표시, 저스티스 제31권 제3호, 1998, 53면; 한삼인·김상명, 전자상거래의 법리에 관한 연구, 비교사법 제11호, 1999.12., 722면; 이철송, 전자거래기본법의 개정방향, 인터넷법률 제5호, 2001.3., 법무부, 16면.

하게 알 수 있기 때문에 대화자간으로 보아야 한다는 견해[96] 및 전자거래의 방법은 매우 다양하므로 일률적으로 대화자간의 거래나 격지자간의 거래라고 단정할 수 없고, 인터넷폰이나 화상회의의 경우에는 대화자간의 거래라고 볼 수 있고, 채팅의 경우에도 대화자간의 거래라고 보는 견해[97] 등이 있다.

생각건대 가상공간은 시간적·공간적 소멸이 가능한 공간이므로, 격지자·대화자의 구별의 기준은 거리적·장소적 관념이 아닌 시간적 관념으로 파악하여야 한다.[98] 인터넷에서의 전자문서의 교환은 비록 물리적·거리적으로는 멀리 떨어져 있다 하더라도 오늘날 통신기술과 인터넷기술의 발달로 인하여 거의 실시간으로 이루어지고 있다. 따라서 전자메일과 같은 전자사서함을 사용하는 것처럼, 일정한 시간적 간격을 두고 이루어지는 의사표시 이외에는 인터넷상에서 이루어지는 거래는 대화자간의 거래라고 보아야 할 것이고 입법론적으로도 그렇게 함으로써 오늘날 민법 제528조와 제531조를 둘러싸고 나누어지는 첨예한 견해의 대립도 해결할 수 있을 것이다.[99]

그렇다면 계약의 성립시기를 승낙의사가 도달한 시점으로 보는 경우, 어느 때 도달하였다고 볼 수 있는가?

먼저, 우리 민법은 의사표시의 효력발생기기에 대하여 도달주의를 취하고 있는바(민법 제111조), 도달은 상대방의 지배권 내로 들어가 사회통념상 일반적으로 요지할 수 있는 상태가 생겼다고 인정되는 것을 말하므로,[100] 이와 관련하여 전자적 방식에 의한 경우에는 어느 때에 도달되었는지 문제된다. 「전자문서 및 전자거래기본법」 제6조 제1항은 '전자문서는 수신자 또는 그 대리인이

---

96) 배대헌, 정보사회로의 변혁과 민사법상 수용에 관한 연구, 민사법학 제20호, 2001, 한국민사법학회, 283면.

97) 김민중, 전게논문, 302면; 고형석, 전자상거래의 성립시기에 관한 연구-전자소비자계약을 중심으로-, 비교사법 13권 3호(통권 34호), 2006.9. 28면에서는 사업자가 사이버몰에 계약체결의 자동화 시스템을 갖추어 소비자의 청약에 대하여 즉각적인 승낙을 하는 경우와 소비자의 청약을 수령한 후 배송가능성 여부를 판단한 후 승낙을 하는 경우를 구분하여 전자는 대화자간의 계약으로 보고, 후자는 청약이 상당한 기간동안 유지되며, 청약의 유효기간으로 격지자간인지 대화자간인지 판단하고자 한다; 격지자간 전자계약의 의사표시는 전자문서의 교환에 의하여 성립하기 때문에, 인터넷폰이나 화상회의는 전자문서 교환에 의한 계약이라고 볼 수 없으므로 전자계약의 범주에 속하지 않는다.

98) 박영식, 민법주해 Ⅱ, 613면 이하.

99) 졸저, 가상공간법, 전남대학교출판부, 2005, 89면.

100) 곽윤직, 민법총칙, 박영사, 1994, 430면; 대판 1960.12.15, 선고 4293 민상 455 판결.

전자문서를 수신할 수 있는 정보처리시스템에 입력된 때에 송신된 것으로 본다'고 규정하고 있으며, 다시 수신에 대해서는 수신자가 전자문서를 수신할 정보처리시스템을 지정한 경우에는 지정된 정보처리시스템에 입력된 때(단 전자문서가 지정된 정보처리시스템이 아닌 정보처리시스템에 입력된 경우에는 수신자가 이를 출력한 때), 동조 제2항 2호는 수신자가 전자문서를 수신할 정보처리시스템을 지정하지 아니한 경우에는 수신자가 관리하는 정보처리시스템에 입력된 때[101] 라고 규정함으로써 전자문서에 관한 도달에 관한 의제규정을 두고 있다.[102] 수령자의 기계장치의 흠결로 인한 위험은 수령자가 부담하는 것이 아니라 의사표시자가 부담하여야 한다.[103]

격지자간의 계약의 성립시기에 관해서는 도달주의 원칙과 계약법의 발신주의의 충돌 때문에 여러 가지 해석이 있는데, 공정거래위원회가 2003년 10월에 제정한 전자상거래(인터넷사이버몰이용) 표준약관[104] 제10조 제2항은 몰의 승낙이 제12조 제1항의 수신확인통지형태로 이용자에게 도달한 시점에 계약이 성립한 것으로 본다고 규정하고 있어 위 각 약관을 채택한 사이버몰에서의 계약은 위 약관에 따라 전자적 의사표시는 도달되었을 때 그 효력이 발생한다.

우리 민법과 같이 계약의 성립에 관하여 격지자간에 발신주의를 취하고 있는 일본에서는 2002년에 「전자소비자계약 및 전자승낙통지에 관한 민법의 특례의 관한 법률」을 제정하여 전자소비자계약의 성립시기를 도달주의로 규정하고 있다(동법 제4조)[105]. 아직 계약법적 측면에서 소비자계약이나 전자거래를 규

101) 의사표시의 도달에 관해 기술적인 도달과 법적 측면의 도달로 구분하여 기술적 측면에서는 입력 자료가 수령자의 자동화설비에 도달하면 도달이 있으나, 단순히 기술적으로 도달한 것만으로는 법적으로 도달하였다고 할 수 없다는 견해(김상용, 자동화된 의사표시와 시스템계약, 사법연구 제1집, 청헌법률문화재단, 청림출판, 1992, 54면)와 전자적 의사표시에 있어서도 그 의사표시가 수령자의 지배영역내로 들어오고, 수령자가 그 의사표시의 내용을 인지할 수 있을 때 비로소 도달하였다고 하는 요지주의 입장(Helmut Köhler, BGB Allgemeiner Teil, 22. Aufl. (1994), S.141)도 있다.

102) EU 전자상거래지침을 대폭 수용한 독일은 2002년 개정 민법 제312 e조 제1항(4)에서 도달에 관한 의제규정을 두고 있다. 즉 당사자가 주문 및 수신확인 전자메일을 통상의 상황에서 불러올 수 있는 시점에 도달되었다고 보고 있다. Directive 2000/31/EC of 8 June on certain legal aspect of information society services, in particular electronic commerce, in the international Market <http://europa.eu.int/eur-lex/de/search/search-lif.html>.

103) Helmut Köhler, a.a.O., S.140.

104) 공정거래위원회표준약관 제10023호, 2010.12.17., 일부개정

105) 동법 제4조는 '전자 승낙 통지에 관한 민법의 특례'란 제목 하에 「민법 제526조 제1항 및

율하고 있지 않기 때문에 발생하는 이러한 문제에 관해서는 일본과 같이 특례 규정을 두거나 향후 민법의 개정과정에서 대화자간의 계약과 격지자간의 계약으로 구분하여 계약의 성립시기를 달리 정하고 있는 민법의 규정을 개정하여 양자 모두 동일하게 도달주의의 원칙을 취함으로써 해결해야 할 것이다.[106)]

(4) 청약의 철회와 계약의 해제 원칙적으로 청약은 그 의사표시가 상대방에게 도달한 이후에는 청약자가 이를 마음대로 철회하지 못한다(청약의 구속력, 민법 제527조). 그러나 인터넷을 통하여 물건이나 용역을 구입한 경우 청약을 철회하지 못하도록 한다면, 특히 소비자계약의 경우, 가상공간의 특성으로 말미암아 소비자는 부적절하거나 충분하지 못한 정보에 의하여 충동구매를 하는 수가 있고, 잘못된 기술적 작동(마우스나 키의 오동작 등)으로 인하여 소비자가 의도하지 않은 계약에 구속당하게 된다. 물론 이러한 계약을 무효화하기 위해서는 의사표시가 없었거나 마우스나 키 작동의 잘못이라는 것을 주장하여 의사표시의 부존재 등을 주장하면 되겠지만 입증하기가 쉽지 않다. 소비자보호를 위하여 우리나라에서도 세계적 추세에 따라 아무런 조건 없이 일정한 기간 내에 청약을 철회하거나, 계약을 해제할 수 있도록 하고 있다(전자상거래 등 소비자보호에 관한 법률 제17조). 이에 대해서는 후에 상술하기로 한다.

제527조의 규정은, 격지자간의 계약에 있어 전자승낙 통지를 발한 경우에 관해서는 적용하지 않는다」고 하여 발신주의의 적용을 배제하고 있다.

106) 동지, 한웅길, 민법개정과 관련하여 격지자간의 계약성립시기에 대한 제언, 법이론과 실무 제3집, 1999, 영남민사법학회, 195-197면; 김재형, 전자거래에서의 계약의성립에 관한 규정의 개정방향, 인터넷법률 제9호, 2001.11., 법무부, 7-9면. 현재 민법개정안에서는 격지자간의 계약성립시기를 발신주의에서 도달주의로 하고 있다(민법개정안 제531조); 고형석, 전자상거래의 성립시기에 관한 연구-전자소비자계약을 중심으로-, 비교사법 13권 3호(통권 34호), 2006.9., 26면.

제4장

전자문서 및 전자거래

제4장 전자문서 및 전자거래

Ⅰ. 총 설

통신과 컴퓨터의 만남은 전자거래의 비약적 발달을 초래하였고, 종전의 법률로 규율하는데 한계가 있게 되자, 건전한 경제 발전과 소비자보호를 위한 전자상거래에 대한 일반적인 법원칙의 필요에서 우리나라에서는 법무부와 산업자원부를 중심으로 하여 전자거래기본법안을 국회에 제출하여 1999년 2월 8일 법률 제5834호로 제정·공포되었고, 「전자거래기본법」이 동년 7월 1일부터 시행되었고, 2002년 1월 19일 전면개정되어 동년 7월 1일부터 시행되었다. 그 후 법명이 「전자문서 및 전자거래기본법」(이하 '전자문서법'이라 한다)으로 변경되어 시행되고 있다.

전자상거래와 관련된 법제도의 입법방향은 '민간자율'의 존중과 '정부 개입의 최소화'에 두며 국제적 협력체계를 구축하고, 국제적인 전자상거래 활성화에 기여하는 내용을 전자문서법에 담고자 하였다. 전자문서법은 UNCITRAL 전자상거래 모델법을 토대로 하여 마련되었으나 모델법과는 달리 매우 포괄적인 범위에서 전자거래에 관해 규율하고 있는 점에 그 특징이 있다.

Ⅱ. 전자문서법의 주요 내용

전자문서법은 총 8장 46조와 부칙으로 구성되어 있다. 종전 전자서명법과 중복되는 내용을 삭제하고 전자서명법과 용어 등에서 통일적인 체계를 유지하도록 개정되었다.

각 장의 주요내용으로는 제1장 총칙에서는 법의 목적, 용어의 정의, 적용범위를 규정하고 있으며, 제2장은 전자문서에 관한 장으로써 전자문서의 효력, 전자문서의 보관, 전자문서의 송신·수신의 시기 및 장소, 수신한 전자문서의 독립성, 작성자와 수신자간 약정에 의한 변경, 진자서명에 관한 사항을 규정하고 있다.

제3장은 전자거래의 안전성 확보 및 소비자보호에 관해 규정하고 있는데,

개인정보보호, 영업비밀 보호, 암호제품의 사용, 소비자보호시책의 수립·시행과 소비자피해의 예방과 구제, 전자거래사업자의 일반적 준수사항, 전자거래사업자에 대한 인증, 공인전자주소의 등록, 광고송신의 금지 등에 관해 규정하고 있다.

제4장에서는 전자문서·전자거래기본정책의 수립 및 추진체계, 제5장에서는 전자문서의 이용 및 전자거래의 촉진 및 그 기반조성, 전자문서 및 전자거래의 표준화, 제5장의 2에서는 공인전자문서센터와 공인전자문서중계자, 제6장에서는 전자문서·전자거래분쟁조정위원회, 제7장에서는 보칙, 제8장에서는 벌칙에 관해 규정하고 있다.

Ⅲ. 총칙

총칙에서는 제2조에서 기본법에서 사용되는 용어를 정의하고 있다.

1. 전자문서의 정의

용어의 정의 중에서 가장 중요한 부분이 '전자문서'에 관한 내용인데, 전자문서란 '정보처리시스템'에 의하여 전자적 형태로 작성, 송신·수신 또는 저장된 정보를 말한다고 규정하고 있다(동법 제2조 1호). 종전의 '컴퓨터 등 정보처리능력을 가진 장치'라고 규정했던 것을 정보처리시스템으로 바꾸었다.

전자거래는 전자적인 방식의 문서를 교환함으로써 이루어진다. 예컨대, EDI에 의한 거래는 표준화된 전자문서의 교환을 통해 이루어지고, WWW에 개설된 쇼핑몰에서는 계약에 관한 WEB문서의 교환에 의해서 거래가 이루어진다. 이처럼 전자문서는 전자거래를 위한 필수적인 요소이며, 전자문서에 어떠한 법적 가치를 인정할 것인가는 전자상거래에 있어서 매우 중요한 문제이다.

(1) 정보처리시스템

'정보처리시스템'이란 전자문서의 작성·변환, 송신·수신 또는 저장을 위하여 이용되는 정보처리능력을 가진 전자적 장치 또는 체계를 말한다(동법 제2조 2호).

이는 전화나 팩스밀리, 텔렉스 등과 같은 기존의 전자적 매체가 정보전달 혹은 정보변환 기능을 수행할 수는 있다고 할지라도 일정한 수준 이상의 자동화된 매커니즘을 전제로 한 개념으로 보이는 '정보에 대한 처리능력'을 갖는다고 평가하기 힘들고, 이러한 장치에 의한 것은 통상 전자적 형태로 작성되지 않기 때문에 전자문서가 아니다. 그러나 컴퓨터, PDA, 휴대용단말기와 같이 전자적 형태로 작성되어 송수신 되는 것은 전자문서라 할 수 있다. 오늘날 통신기기의 발달은 아날로그와 디지털의 구분을 모호하게 하는 경우가 많고 복사기 등도 문서를 먼저 인식한 다음 대량으로 복사를 할 수 있는 능력을 갖추는 등 대부분의 기기들이 정보처리능력을 갖추고 있기 때문에 정보처리시스템의 해석과 관련하여 논란의 여지가 있다.

(2) 전자적 형태로 작성된 정보

컴퓨터 용어로 정보란, 여러 형태로 표시된 자료의 집단 또는 여러 가지 선택 상대들로부터 특별히 하나를 지시하는 기호들의 집합이라고 하는데, 법률용어로서는 부적합하고 오히려 전자적 형태의 '기록'이라고 하는 것이 더 좋다는 견해도 있다.[1] '전자적 형태'란 종전의 아날로그 형태에 대응하는 개념으로서 0과 1이라는 2진법에 의한 디지털 형태를 말하는 것이다. 전자문서는 문서의 형식에 따라 비표준화된 전자문서와 표준화된 전자문서로 나눌 수 있다. 비표준화된 전자문서는 당사자 간에 아무런 형식의 제한 없이 자유롭게 작성되어 이용되는 전자문서로서, 보통 E-mail이나 전자게시판을 통하여 이용된다. 표준화된 전자문서는 문서의 양식과 형태가 일반적으로 합의된 표준형식, 거래당사자 간에 합의된 표준형식, 또는 당사자 일방이 거래에 이용하기 위하여 만는 표준양식에 따라 작성되어 이용되는 문서를 의미한다. B2B의 전자상거래에 있어서는 거래 당사자 간에 합의된 표준형식이, B2C의 전자상거래에 있어서는 기업이 거래에 이용하기 위하여 만든 표준양식에 따른 전자문서가 거래에 이용될 것이다.

(3) 전자적 형태로 작성, 송·수신 또는 저장되는 정보

전자문서법에는 전자문서가 되기 위한 요건으로 「작성, 송·수신 또는 저장」되는 정보라고 규정하고 있다. 전자문서에 대한 정의로서 유엔국제거래법위원회의 전자상거래모델법 제2조 제(a)항의 "데이터 메시지란 전자문서교환, 전자우편, 전보, 전신, 텔레카피 등을 비롯하여 전자적, 광학적 또는 이와 유사한

1) 사법연수원, 상게서, 115면.

방식으로 생성, 송신, 수신 또는 저장된 정보를 의미한다" 규정에서 영향을 받은 것으로 보인다.

미국의 통일컴퓨터정보거래법에서는 전자메시지 또는 전자기록이라는 용어를 사용하고 있는데, 이 법에서는 "전자메시지"라 함은 제3자나 전자대리인과 통신할 목적으로 전자적 수단에 의해 저장, 작성 또는 전송되는 기록이나 화면표시를 의미한다[2]고 정의하고, "기록"이라 함은 유형적인 매개체에 수록 또는 전자적 매개체나 기타 매개체에 저장되어 인지 가능한 형태로 재생할 수 있는 정보를 의미한다[3]고 정의하고 있다.

전자문서가 전자적 형태로 작성됐으나 송·수신 또는 저장되는 단계에 이르지 않은 경우, 즉 전자적 형태로 작성(생성)되었으나 아직 저장되지 않았거나 송수신되지 않는 경우에는 전자문서성을 부정할 것인가? 전자문서라는 개념은 종래 사용하여 오던 유형적 존재로서의 문서와는 전혀 개념을 달리하는 것이기 때문에 이러한 문서의 기능을 가능한 한 충족하여야 한다. 전자문서법 제2조 1호에서는 전자적 형태로 작성된 정보까지 포함하여 전자문서로 보고 있다.

2. 작성자의 정의

기본법 제2조 3호는 작성자에 대해서 「전자문서를 작성하여 송신하는 자를 말한다」라고 정의하고 있다. 작성자는 전자문서의 의사주체, 수신자는 전자문서로서 의사를 표시하는 자의 상대방을 말하는데, 이는 권리·의무관계를 설명하기 위한 정의이고 자연인과 법인을 포괄하는 개념이다. 동법에서 규정하는 작성자는 전자문서의 생성자를 의미하며, 자신이 직접 전자문서를 생성하여 전송하는 경우는 물론 대리인을 통하여 전자문서를 생성하여 전송하는 경우를 포함한다. 자동처리장치에 의하여 단순히 전자문서를 저장하는 수령인이나 직업적 또는 비직업적 중개인은 제외되고, 정보통신망의 역무(서비스)를 제공하거나, 전자문서의 전달자 또는 전달하기 위하여 수취하는 자는 포함되지 않는다. 이러한 중개인은 전자문서와 그 취급인의 관계에 따라 정해지며, 동일인이 하나의 전자문서의 작성자 또는 수신자 및 다른 전자문서의 중개인이 될 수도 있다.[4]

---

2) UCITA §102 (44)

3) UCITA §102 (55)

4) 이종주, 전자문서법 및 전자서명법의 제정경위와 법적 검토, 법조, 1999.9.(통권 516호), 77면.

3. 수신자의 정의

전자문서법 제2조 4호는 수신자에 대해서「작성자가 전자문서를 송신하는 상대방을 말한다」고 규정하고 있다. 전자문서를 송신하는 상대방은 송신자 자신이 될 수 있다. 즉 작성자가 전자문서를 송신하고 자신이 수신하여 저장한 경우에도 전자문서의 수신자가 될 수 있다. 그러나 전자문서를 수신하여 저장한 수신자는 그 자체로서 작성자가 되는 것은 아니다.

4. 전자거래의 정의

전자문서법 제2조 5호는 전자거래의 정의를「재화나 용역을 거래할 때 그 전부 또는 일부가 전자문서에 의하여 처리되는 거래」라고 규정하고 있다. 거래라는 용어는 법률상의 용어는 아니다. 동법에서 굳이 상거래라고 하지 않고 거래라고 규정한 취지는 전자거래가 주로는 영리를 목적으로 하는 이루어지지만 반드시 상거래에 한하지 않고 공공부문에서의 거래나 순수한 사인간의 거래에서도 이루어질 수 있으므로 전자거래라고 부르는 것이 더 적합하다고 하겠다. 그러나 본서에서는 편의상 전자거래와 전자상거래를 굳이 구분하여 사용하지 않기로 한다.

전자거래는 정보의 교환, 전송 가능한 제품 자체의 전송 및 자금 결제 등 정보의 수집, 배포에서부터 협상, 계약, 주문, 배달 및 대금청구, 지급 등에 광범위하게 적용되고, 거래 대상에는 가구, 의복 등의 물리적 제품(off-line goods) 뿐만 아니라, 음악, 영상, 컴퓨터 소프트웨어 등 온라인상에서 직접 다운로드가 가능한 디지털 재화와 용역도 포함한다.

미국에서도 법률상으로는 Electronic Transaction이라는 용어를 사용하고 있는데 전자거래를 전자계약이라고도 한다. 이와 같은 동법의 용어해석에 있어서 거래를 대가적 의미를 가지고 재화나 용역을 주고받는 행위로서 계약 및 단독행위를 포괄하는 법률사실이라는 의미로 포괄적으로 해석해야 할 필요가 있다.[5]

전자거래의 정의에 있어서 전자문서의 사용을 요건으로 하는 것에 대한 비판적 견해가 있다.[6] 즉 재화 또는 용역의 거래 중 이행과정만이 전자적으로 처리되는 경우에는 동법의 개념정의에 따를 경우, 전자거래라고 할 수 없다는 것

5) 벤처법률지원센터의 견해, 1997.4.7.자 전자신문.

6) 오병철, 전자거래법, 법원사, 1999, 53면.

이다. 예컨대, 소프트웨어를 구입하기 위해 상점까지 갈 시간적 여유가 없어 전화로 계약을 체결한 후 그 이행은 E-mail에 소프트웨어를 첨부하여 전송하기로 한 경우에는 전자거래성을 부정하게 된다고 한다.[7)]

재화나 용역의 거래는 물리적인 형태뿐만 아니라 컴퓨터 소프트웨어나 정보서비스 등 온라인 형태로 이루어지는 이른바 디지털 상품과 서비스도 여기에 포함됨은 물론이다. 전자거래의 특징은 온라인상에서 바로 재화와 용역의 이동이 가능하다는 점이다. 즉 동영상, 이미지, 음성, 음악, 데이터파일 등이 바로 온라인상에서 이동되기 때문에 서버운영자의 과실이라든가 네트워크 전송 중의 문제발생 등 특수한 법률적 문제를 야기하게 된다.

또한 전자거래의 개념 속에는 재화나 용역의 거래뿐만 아니라 의사표시에 관한 사항도 포함한다고 보기 때문에 전자거래의 개념을 확대하는 것이 요구된다.[8)]

5. 전자거래사업자의 정의

전자거래사업자란 전자거래를 업으로 하는 자를 말한다(동법 제2조 6호). 전자거래를 업으로 하는 자이기 때문에 온라인쇼핑몰 운영자 등이 대표적인 예가 될 것이다.

6. 전자거래이용자의 정의

전자거래이용자라 함은 전자거래를 이용하는 자로서 '전자거래사업자 외의 자'를 말한다.

7. 공인전자문서중계자의 정의

전자문서의 '중계인'이라 함은 다른 사람을 대신하여 전자문서를 송신·수신, 저장 또는 중계를 하는 자를 말한다. 정보통신망법은 국가기관 또는 지방자치단체의 장이 국가기관, 지방자치단체 또는 그 소속기관, 전기통신사업자(전기통신사업법 제2조 8호) 중에서 전자문서중계자를 지정할 수 있도록 규정하고

---

7) 이러한 의미에서 오병철 교수는 전자거래의 개념속에 전자적인 방법에 의한 법률행위뿐만 아니라 그에 따른 이행을 하는 거래를 포함하고자 한다. 오병철, 전자거래의 민사법적 규율방안, 정보통신정책연구원, 정보사회에 대비한 일반법연구(Ⅲ), 51면.

8) 현대호, 전자거래입법의 문제점과 개선방향, 한국법제연구원, 2002, 20면.

있다(정보통신망법 제18조 제4항, 동법시행령 제9조). 국가기관이나 지방자치단체의 장이 전자문서중계자를 통하여 법령에서 규정한 허가·인가·승인·등록·신고·신청 등을 전자문서로 처리하려면 대통령령으로 정하는 바에 따라 대상업무와 전자문서중계자 등 필요한 사항을 정하고 고시하여야 한다(정보통신망법 제18조 제1항). 전자문서중계자는 전자문서중계설비에 의하여 처리되는 전자문서 또는 관련기록을 적법한 절차에 따르지 아니하거나 전자문서 발신자 및 수신자의 동의 없이 공개하여서는 아니 된다(정보통신망법 제21조). 이 규정을 위반하여 전자문서를 공개한 자에게는 1천만원 이하의 과태료를 부과한다(정보통신망법 제76조 제3항 2호).

공인전자문서중계자라 함은 타인을 위하여 전자문서의 송신·수신 또는 중계(전자문서유통)를 하는 자로서 미래창조과학부장관의 지정을 받은 자를 말한다(전자문서법 제2조 10호, 제31조의 18 제1항).

공인전자문서중계자로 지정을 받을 수 있는 자는 법인 또는 대통령령으로 정하는 국가기관 등으로 한정된다(전자문서법 제31조의 18 제2항). 공인전자문서중계자로 지정을 받으려는 자는 전자문서유통에 필요한 인력·시설·장비와 재정능력 및 기술능력을 갖추어 미래창조과학부장관에게 지정을 신청하여야 한다. 다만 공인전자문서센터로 지정받은 자는 공인전자문서중계자요건 중 인력·재정능력을 갖춘 것으로 본다(전자문서법 제31조의 18 제3항).

Ⅳ. 전자문서

1. 전자문서의 문서성과 증거능력

전자문서법 제2장 전자문서에 관한 장에서는 전자문서의 효력과 전자문서의 보관, 송신·수신의 시기 및 장소, 수신한 전자문서의 독립성 등을 규정하고 전자서명에 관한 사항은 전자서명법이 정하는 바에 따를 것 등을 규정하고 있다(제11조).

(1) 전자문서의 문서성

동법 제4조는 「전자문서는 다른 법률에 특별한 규정이 있는 경우를 제외하고는 전자적 형태로 되어 있다는 이유로 문서로서의 효력이 부인되지 아니한다」고 규정하여 전자문서의 문서로서의 효력을 인정하고 있다.

문서란 문자 또는 이를 대신한 부호에 의하여 일정한 사상, 관념을 표시한 물체를 의미한다. 전통적인 의미에서의 문서는 가시성, 가독성, 영속성을 중요한 특성으로 한다. 즉 문서는 기호, 문자, 그림 등 눈으로 볼 수 있는 가시성과 읽어서 내용을 인식할 수 있는 가독성과 유형물로서 비교적 오랜 기간 동안 보전될 수 있는 영속성이 있어야 한다. 이러한 문서의 특성으로 말미암아 음반이나 테이프의 기록들은 무형물로서 문서성을 인정받지 못하였다. 이에 반해 전자문서는 컴퓨터와 같은 특별한 매체가 없으면 눈으로 볼 수 없고, 읽어서 인식할 수 없을 뿐만 아니라 새로운 데이터에 의해 기존의 데이터가 수정·보완될 수 있다는 특성을 지니고 있다. 따라서 전통적인 문서개념을 고수한다면, 자기디스크 속의 기록과 같은 전자적 정보의 경우에는 정보가 전자적인 신호로 되어 있을 뿐 눈으로 직접 해독 가능하다고 할 수 없기 때문에 문서성을 인정하기가 어려울 것이다.

전통적인 의미에서의 문서는 정보저장 및 전달의 기능(informative function), 증명적 기능(Evidential function), 상징적 기능(symbolic function)의 세 가지 기능을 가지고 있다고 한다.[9] 이러한 의미에서 전자문서도 위 세 가지 기능을 수행할 수 있으며 특별한 경우에는 몇 가지의 조건 속에서 문서의 기능을 할 수 있다. 근래 종전의 서류결재가 아닌 컴퓨터통신망을 통하여 결재하는, 즉 전자결재를 이용하는 기업이 늘어나고, 소비자들과의 거래에서도 종이로 된 계약서가 아니라 전자문서에 의하여 거래를 하는 경우가 증대함으로써 만약 전자문서에 문서로서의 효력을 부여하지 않는다면 여러 가지 법적인 문제가 발생할 우려가 있었다. 이러한 점을 고려하여 전자문서법에서 전자문서의 문서성을 인정한 것이다. 현재 많은 법들에서 전자문서의 문서성을 인정하여 법문에 전자문서의 규정을 두고 있는 실정이다. 이제 전자문서법에서 전자문서의 문서성을 인정함으로서 일반적인 사법적 해결은 되었다고 할 수 있다.

(2) 전자문서의 증거능력과 증거조사방법

가. 전자문서의 증거능력

증거능력이란 유형물이 증거방법으로서 증거조사의 대상이 될 자격을 말하

9) 김영갑·최성준, 정보사회에 대비한 상사법 연구 서론(정보화사회에 대비한 일반법연구 I), 통신개발연구원, 1997.6., 150면.

며, 증거력이란 증거방법의 조사에 의하여 얻은 내용, 즉 증거자료가 요증사실의 인정에 기여하는 정도를 의미한다.

문서가 서증으로서의 증거방법으로 사용될 수 있는 추상적인 자격을 문서의 증거능력이라고 하며, 민사소송에 있어서는 자유심증주의를 채택하고 있으므로 원칙적으로 증거능력에 제한이 없다.[10] 따라서 전자문서라고 하여서 특별히 증거능력이 인정되지 않을 이유가 없다. 이와 같은 이유로 구 전자문서법 제7조에서는 전자문서의 증거능력에 대하여 「전자문서는 재판 기타 법적 절차에서 전자적 형태로 되어 있다는 이유로 증거능력이 부인되지 않는다」고 규정하였으나, 명문의 규정을 둘 실익이 적다는 비판에 따라 현행법에서는 삭제되었다.

나. 전자문서의 증거조사방법

민사소송법상 문서의 증거조사를 위해서는 서증과 검증의 증거조사방법이 있다. 문서의 기록내용인 사상·의미의 증거자료로 하기 위한 증거조사를 서증이라고 하며, 문서의 존재형태, 지질, 필적 등을 증거자료로 하는 경우에는 검증의 대상이 된다.[11] 종래 녹음테이프, 비디오테이프와 같은 자기적 기록물을 증거로 제출하는 경우, 그것을 서증의 대상으로 볼 것인가, 아니면 검증의 대상으로 볼 것인가에 대하여 견해의 대립이 있어 왔다.[12] 그러나 위와 같은 녹음테이프, 비디오테이프 등 종래의 자기적 기록물의 증거조사방법에 관한 이제까지의 논의와는 달리 전자문서의 경우에는 좀 더 다른 측면에서 고찰할 필요가 있다.

전자문서는 그 자체로는 시각에 의하여 내용을 알 수 없고, 컴퓨터 등의 정보처리장치에 의해서 재현시켰을 경우에만 의미내용을 알 수 있기 때문에, 동법 제4조에서 전자문서의 문서성을 인정하고 있는 이상 전자문서의 사상 및 의미내용을 증거자료로 할 경우에는 서증에 의하여야 할 것이다.

그리고 전자문서의 내용을 열람할 수 있고, 작성 및 송·수신 일시에 관한

10) 홍기문, 민사소송법, 대명출판사, 2005, 418면. 형사소송법의 경우에는 증거가 엄격한 증명의 자료로 사용될 수 있는 법률상의 자격을 의미한다고 하여 증거능력을 엄격하게 제한하고 있다.

11) 김홍규, 민사소송법, 삼영사, 2002, 493면.

12) 검증의 대상으로 보는 견해로는 홍기문, 전게서, 418면.

사항이 포함되어 있는 경우에는 그 부분이 보존되어 있는 경우에 제5조에 의해 전자문서의 보관으로 갈음한다. 전자문서의 효력이 인정되는 만큼, 전자문서의 보관에 합리적인 관리는 매우 중요한 사항이다.

한편, 공인전자서명된 전자문서의 경우에는, 전자문서의 진정성립은 전자서명법에 의하여 법률상 추정되는 것이므로 그 진정성립을 부정하는 자가 전자문서가 진정 성립하지 않은 사실을 입증하여야 할 것이다. 이의 입증을 위하여 일반 종이문서의 경우와 같이 감정이 필요한 경우도 있을 것이다.

다. 전자문서의 원본성 인정 여부

전자적 기록의 형태로 되어 있는 전자문서에 문서로서의 효력을 인정한다면, 비록전자문서가 실제로는 종이 문서와 달리 전자적 기록의 형태로 존재한다고 하더라도 그것을 원본으로 인정하는 데에는 어렵지 않다.[13] 다만, 이러한 '원본인 전자문서'를 증거로서 제출하기 위해서는 그 전자문서가 저장된 컴퓨터의 하드디스크 등을 직접 법원에 제출하여야 한다. 만일 제출자가 '원본인 전자문서'를 제출의 편의를 위하여 CD 등에 복사하여 제출하려고 한다면 엄밀한 의미에서는 원본이 아니라 복제물에 불과하기 때문이다. 이러한 경우에는 디스켓 등에 담긴 복제물로의 복사과정에서 아무런 하자가 없음을 입증하여야 한다는 문제가 발생한다. 그러나 소송실무의 현황과 전자기술의 발전상에 비추어 전자문서의 원본성 인정을 위하여 전자문서의 증거제출을 반드시 전자적 기록의 형태로 된 '원본인 전자문서'를 제출하는 방법으로 하여야 할 당위성이나 필요성은 희박하다고 할 수 있다.[14]

전자문서로부터 출력된 문서의 원본성 문제에 대해서는 조건부 인정설[15], 부정설[16], 원본추정설[17] 등이 있다. 문서, 기록 등 자료가 보존된 컴퓨터 디스

---

13) 유엔국제거래법위원회의 전자상거래모델법과 일리노이주의 전자상거래안전법 및 미국 변호사협회의 디지털서명지침서에 의하면, 전자문서의 원본성을 인정하기 위해서는 전자문서의 무결성을 확증할 수 있을 것을 요구하고 있다. 이는 영미법계 국가에서 전자문서의 원본성 인정문제를 최우량증거의 법칙의 예외적인 측면에서 좀더 엄격히 고찰하는 결과라고 보여진다. 그러나, 증거능력에 제한을 두지 않는 우리나라에서는 굳이 전자문서의 원본성 인정에 별도의 무결성의 요소를 개입시키지 않아도 무방하다고 본다. 김진환, 전자거래법(사법연수원), 각주 148) 참조.

14) 김진환, 상게서, 135면.

15) 홍기문, 전자거래분쟁에 있어서 증거에 관한 문제, 고시연구, 1998.12, 21-22면.

16) 황찬현, 전자문서의 증거법상의 문제, 법조, 1999.9, 35-36면.

크 등에 대한 증거조사를 신청하는 경우에는 그 자료의 전부 또는 일부를 출력한 문서를 원본으로서 제출하여야 한다는 재판 실무의 현황에 비추어 볼 때 전자문서로부터 출력된 문서의 원본성을 추정하여도 무방하리라고 본다.[18)]

(3) 전자문서 등의 보관

가. 전자문서의 보관

전자문서는 ① 전자문서의 내용을 열람할 수 있을 것, ② 전자문서가 작성 및 송신·수신된 때의 형태 또는 그와 같이 재현될 수 있는 형태로 보존되어 있을 것, ③ 전자문서의, 작성자, 수신자 및 송신·수신 일시에 관한 사항이 포함되어 있는 경우에는 그 부분이 보존되어 있을 것 등의 요건을 모두 갖춘 경우에는 그 전자문서를 보관함으로써 관계법령에서 정하는 문서의 보관을 갈음할 수 있다(전자문서법 제5조 제1항). 이 규정은 전자거래 당사자 사이에 분쟁이 발생하거나 전자거래의 존재를 증명할 필요가 있는 경우에 대비하여 전자문서를 보관할 필요가 있으므로, 전자문서의 보관 요건을 규정한 것이다.

다만 송신 또는 수신만을 위하여 필요한 부분은 전자문서로 보지 아니할 수 있다(전자문서법 제5조 제4항). 전자문서의 보관기간에 대하여는 규정하고 있지 않으나, 개별 법률이 규정하는 보관기간은 전자문서에 의한 보관기간으로 충족할 수 있다고 해석된다(예: 상법 제33조 참조).

나. 전자화문서의 보관

종이문서나 그 밖에 전자적 형태로 작성되지 아니한 문서(전자화대상문서)를 정보처리시스템이 처리할 수 있는 형태로 변환한 문서(전자화문서)가 일정한 요건을 모두 갖춘 경우에는 그 전자화문서를 보관함으로써 관계 법령에서 정하는 문서의 보관을 갈음할 수 있다(전자문서법 제5조 제2항 본문). 다만, 다른 법령에 특별한 규정이 있는 경우에는 제외된다(동조 제2항 단서). 송신 또는 수신만을 위하여 필요한 부분은 전자문서로 보지 아니할 수 있다(동조 제4항).

다. 공인전자문서보관센터를 통한 보관

공인전자문서보관센터는 전자문서보관 등의 안전성과 정확성을 확보하기

---

17) 김진환, 전자거래에 있어서 문서성과 서명성에 관한 고찰, 법조, 1999.9., 164-168면.
18) 노태악, 전자거래에 있어 계약의 성립을 둘러싼 몇 가지 문제, 법조, 1999.10., 142면.

위하여 전자문서보관 등에 관하여 전문성이 있는 법인 또는 「우정사업 운영에 관한 특례법」 제2조 2호에 따른 우정사업조직으로서 미래창조과학부장관이 지정한 자(동법 제31조의 2 제1항·제2항)로서 전자문서 보관업무를 수행하는 기관이다. 위 규정에서는 이 센터로 하여금 미래창조과학부장관은 전자문서보관 등을 하게 할 수 있고, 공인전자문서센터가 전자문서를 보관하는 경우에는 제5조 제1항 또는 제3항에 따른 전자문서의 보관이 행하여진 것으로 본다(제31조의 6). 또한 공인전자문서센터에 보관된 전자문서는 보관기관에는 그 내용이 변경되지 아니한 것으로 추정하고, 공인전자문서센터가 해당 공인전자문서센터에 보관된 전자문서의 보관사실, 작성자, 수신자 및 송신·수신 일시 등에 관한 사항에 대한 증명서를 대통령령으로 정하는 방법 및 절차에 따라 발급한 경우에 그 증명서에 적힌 사항은 진정한 것으로 추정한다(제31조의 7 제1항·제2항).

공인전자문서센터는 전자문서 보관증명서를 전자문서로 발급하는 경우에는 해당 공인전자문서센터의 공인전자서명을 하여야 한다. 공인전자문서센터는 증명서를 종이문서로 발급하는 경우에는 증명서에 공인전자문서센터의 기명날인을 하여야 하며, 전자문서의 내용을 첨부하여야 하는 경우 이를 출력하여 증명서에 철인하여야 한다. 증명서를 발급하는 경우 신청인의 신원과 신청인이 정당한 발급신청의 자격이 있는지를 확인하여야 한다(동법 시행령 제15조의 9).

공인전자문서센터 및 공인전자문서중계자는 전자문서보관 등 및 전자문서 유통과 관련하여 관계 법령에서 정하는 바에 따라 이용자의 개인정보를 보호하여야 한다(동법 제31조의 13).

(4) 전자문서의 송신·수신의 시기 및 장소

전자문서가 언제, 어디에서 송신 또는 수신되었는지의 문제는 계약의 성립시기 등과 관련하여 중요한 의미를 갖는다. 거래 당사자 사이에 이들에 관한 명시적 합의가 있는 경우에는 그 합의의 내용에 따라 전자문서의 송·수신시기 및 장소가 결정되겠지만, 이러한 합의가 없는 때에는 분쟁이 발생할 가능성이 크다. 따라서 전자문서법에서는 이러한 경우를 위하여 전자문서의 송·수신시기 및 장소에 대한 규정을 두고 있다. 따라서 전자문서의 송·수신시기 및 장소를 규정하는 동법 제6조는 '임의규정'으로 보아야 할 것이다. 전자문서법 제10조에서도 이를 확인할 수 있는데, 작성자와 수신자는 다른 법령에 특별한 규정이 있는 경우를 제외하고는 제6조부터 제9조까지의 규정과 다른 약정을 할 수 있다고 규정하고 있다.

일반적으로 전자문서의 송·수신은 송신자에게서 수신자에게로 직접 전송되는 경우보다는 송신자의 컴퓨터에서 다른 컴퓨터(서버)를 통하여 전송되는 것이 보통이다. 따라서 이러한 경우에 송·수신시기가 당사자로서는 계약의 성립시기 및 효과 등과 관련하여 이해관계가 있게 되는 것이다.

컴퓨터 등 정보처리장치를 이용한 전자문서는 통상 작성자(송신자)의 컴퓨터 등에의 입력, 저장, 전송, 교환, 재전송, 수신자(상대방)의 컴퓨터 등에의 입력, 저장 및 전자문서의 확인이라는 다단계의 전자적인 과정을 통하여 이루어지는데 전달되는 정보통신망의 종류, 정보의 처리방식, 운용컴퓨터프로그램, 통신규약(프로토콜) 및 통신회선의 구성과 방식, 데이터 전송회신과 전송제어 등 기술에 따라 그 전달의 양상 및 시기가 달라진다.

가. 전자문서의 송신시기

전자문서의 송신시기는 전자문서가 수신자 또는 그 대리인이 당해 전자문서를 수신할 수 있는 정보처리시스템에 입력된 때에 송신된 것으로 본다(동법 제6조 제1항). 이 규정은 전자문서는 발신한 때 즉시 상대방의 컴퓨터 등의 정보처리시스템에 도달하여 입력되므로, 전자문서의 송신시기를 전자문서의 작성자가 전자문서를 발신할 때가 아니라 전자문서를 수신하는 정보처리시스템에 입력된 때로 보는 것이다.

작성자의 대리인 또는 자동으로 전자문서를 송신·수신하도록 구성된 컴퓨터프로그램 그 밖의 전자적 수단에 의하여 송신된 전자문서에 포함된 의사표시는 작성자가 송신한 것으로 본다(제7조 제1항).

전자문서의 수신자는 ① 전자문서가 작성자의 것이었는지를 확인하기 위하여 수신자가 미리 작성자와 합의한 절차를 따른 경우, ② 수신된 전자문서가 작성자 또는 그 대리인과의 관계에 의하여 수신자가 그것이 작성자 또는 그 대리인의 의사에 기한 것이라고 믿을 만한 정당한 이유가 있는 자에 의하여 송신된 경우에는 전자문서에 포함된 의사표시를 작성자의 것으로 보아 행위 할 수 있다(동법 제7조 제2항). 다만 수신자가 작성자로부터 전자문서가 작성자의 것이 아님을 통지받고 그에 따라 필요한 조치를 할 상당한 시간이 있었던 경우와 전자문서가 작성자의 것이 아님을 수신자가 알았던 경우 또는 상당한 주의를 하였거나 작성자와 합의된 절차를 따랐으면 알 수 있었을 경우에는 위의 ①②의 규정을 적용하지 아니한다(동법 제7조 제3항).

나. 전자문서의 수신시기

전자문서의 수신시기는 ① 수신자가 전자문서를 수신할 컴퓨터 등을 지정한 경우에는 지정한 컴퓨터 등에 입력된 때 전자문서를 수신한 것으로 본다. ② 다만, ①의 경우 지정된 컴퓨터 등이 아닌 컴퓨터 등에 입력된 때에는 수신자가 이를 출력한 때 전자문서를 수신한 것으로 본다. ③ 수신자가 전자문서를 수신할 컴퓨터 등을 지정하지 아니한 경우에는 수신자가 관리하는 컴퓨터 등에 입력된 때 전자문서를 수신한 것으로 본다(제6조 제2항).

다. 전자문서의 송·수신 장소

전자문서는 각각 작성자와 수신자의 영업소 소재지에서 각각 송·수신된 것으로 본다. 그러나 영업소가 2개 이상인 경우에는 당해 전자문서의 주된 관리가 이루어지는 영업소 소재지에서 송·수신된 것으로 본다. 다만, 해당 전자거래와 관련이 있는 영업장이 존재하지 않는 경우에는 주된 영업소 소재지에서 송·수신된 것으로 본다(제6조 제3항 본문). 다만 작성자 또는 수신자가 영업소를 가지고 있지 않은 경우에는 그의 상거소에서 전자문서가 송·수신된 것으로 본다(제6조 제3항 단서).

라. 수신한 전자문서의 독립성

전자거래에서 동일한 내용의 전자문서를 여러 번 송신한 경우에 각 전자문서는 독립성을 가지는가. 수신한 전자문서는 문서마다 독립된 것으로 본다. 다만, 수신자가 작성자와 합의된 확인절차를 따르거나 상당한 주의를 하였더라면 동일한 전자문서가 반복되어 송신된 것임을 알 수 있었을 경우에는 그러하지 아니하다(제8조). 수신한 전자문서는 문서마다 독립된 것으로 보는 것이 원칙이지만, 작성자와 합의된 확인절차를 따라 전자문서의 송신을 철회하거나 기타 그 절차의 정함에 따른 처리를 하는 경우에는 예외이다. 또 수신자가 상당한 주의를 하였더라면 동일한 전자문서가 반복되어 송신된 것임을 알 수 있었을 경우에도 반복된 여러 개의 전자문서는 하나의 전자문서를 송신한 것으로 처리될 수 있다. 예컨대, 소비자가 동일한 주문을 반복해서 한 경우에는 각각 계약이 체결된 것으로 보나, 마우스나 키보드의 조작실수로 동일한 주문이 반복된 것이 확실한 경우에는 각각 계약체결이 되지 않은 것으로 보게 되는 것이다.[19] 동일한 전자문서가 반복되어 송신된 것임을 알 수 있었다는 것은 전자문서를 송신한 작성자가 증명하여야 할 것이다.

(5) 전자문서의 수신확인

민법에서는 우편이나 전보 등의 방법으로 계약을 체결하는 경우 상대방에게 수신 확인 통지를 요구한 경우 수신자가 비록 그 수신에 대하여 알리지 않았더라도 계약의 성립에는 영향을 미치지 않는 것으로 해석한다. 따라서 이러한 계약법리를 관철한다면 전자문서를 이용하여 체결하는 전자계약에도 차이는 없다. 다만 동법은 제9조 제1항에서 「작싱자가 수신 확인을 조건으로 하여 전자문서를 송신한 경우 작성자가 수신 확인 통지를 받기 전까지는 그 전자문서는 송신되지 아니한 것으로 본다」고 하여 전자문서 자체의 송신을 부인하는 예외를 허용하고 있고, 동법 제9조 제2항에서는 「작성자가 수신 확인을 조건으로 명시하지 아니하고 수신 확인 통지를 요구한 경우 상당한 기간 내에 작성자가 수신 확인 통지를 받지 못한 때에는 작성자는 그 전자문서의 송신을 철회할 수 있다」고 하여 일반적인 의사표시의 송신·수신에 대한 계약법의 원리를 벗어난 예외를 인정하고 있다.

작성자가 수신 확인을 조건으로 명시하지 아니하고 수신 확인 전자문서를 송신한 경우에 수신 확인 통지를 하지 않더라도 전자문서는 송신된 것으로 되지만, 작성자가 지정한 기간 또는 작성자와 수신자 간에 약정한 기간이 있는 경우에는 그 기간 내에 작성자가 수신 확인 통지를 받지 못한 경우 그 전자문서의 송신을 철회할 수 있다. 전자문서에 의하여 철회의 의사표시를 하는 경우에 그 전자문서의 송신·수신의 시기에 대하여도 전자문서법 제6조 및 제7조의 규정이 적용된다.

---

19) 소비자의 조작실수를 방지하기 위하여 전자상거래소비자법에서는 제7조에서 사업자는 소비자의 조작 실수 등으로 인한 의사표시의 착오 등으로 발생하는 피해를 예방할 수 있도록 거래 대금이 부과되는 시점이나 청약 전에 그 내용을 확인하거나 바로잡는 데에 필요한 절차를 마련하도록 규정하고 있다.

(6) 임의규정성

작성자와 수신자는 다른 법령에 특별한 규정이 있는 경우를 제외하고는 제6조(송·수신의 시기 및 장소), 제7조(작성자가 송신한 것으로 보는 경우), 제8조(수신한 전자문서의 독립성), 제9조(수신 확인)의 규정과 다른 약정을 할 수 있다(제10조).

(7) 전자서명에 관한 사항

동법 제11조에서는 전자서명에 관하여 규정하고 있다. 구법에서는 전자서명에 관해서도 규정을 두고 있었으나 현행법에서는 전자서명에 관한 사항은 전자서명법이 정하는 바에 따른다고 하여 동법에서는 다루고 있지 않다. 전자서명에 대해서는 전자서명법에서 상술하기로 한다.

V. 전자거래의 안전성 확보 및 소비자보호

전자상거래의 활성화를 위해서는 전자상거래 당사자들에게 안전한 환경을 제공하는 것이 최우선 과제라 할 수 있다. 특히 개인이나 기업이 전자상거래를 생활이나 기업활동의 일부로써 활용하기 위해서는 개인정보의 보호와 컴퓨터 등 시스템의 안전성, 비대면거래를 극복하기 위한 신원의 확보(상대방의 진정성), 믿을만한 보안체계 구축 등이 가장 기본적인 사항이라 하겠다. 전자문서법 제3장은 이러한 것에 대해 규정하고 있는데, 개인정보보호, 영업비밀 보호, 암호제품의 사용, 소비자보호시책의 수립·시행, 소비자피해의 예방과 구제, 전자거래사업자의 일반적 준수사항, 전자거래사업자에 대한 인증 등이 주요한 내용이다.

1. 개인정보보호

정보화사회에서는 정보화가 진행될수록 개인의 정보보호는 취약하게 된다. 수집된 개인의 정보는 용이하게 가공되어서 빠른 속도로 전파될 수 있기 때문이다. 이와 관련하여 최근에 소송이 증가하고 있는 것은 주지의 사실이다.

이와 관련하여 전자문서법 제12조는 정부는 전자거래의 안전성과 신뢰성을 확보하기 위하여 전자거래이용자의 개인정보를 보호하기 위한 시책을 수립·시행하도록 하고 있으며(제1항), 전자거래사업자는 전자거래이용자의 개인정보를 수집·이용·제공 및 관리함에 있어서 정보통신망이용촉진 및 정보보호 등에 관한 법률 등 관련규정을 준수하도록 규정하고 있다(제2항).

개인정보보호와 관련하여 일반법으로서 개인정보보호법이 제정되어 시행되고 있으며 정보통신망이용촉진 및 정보보호 등에 관한 법률도 개인정보보호 법률로서 기능한다. 또한 동 규정을 구체화한 개인정보보호지침이 마련되어 있다. 개인정보보호에 관해서는 후에 상술하기로 한다.

2. 영업비밀 보호

동법이 개정되면서 신설된 내용이다. 정부는 전자거래의 안전성과 신뢰성을 확보하기 위하여 전자거래이용자의 영업비밀을 보호하기 위한 시책을 수립·시행하여야 하며(동법 제13조 제1항), 전자거래사업자는 전자거래이용자의 영업비밀을 보호하기 위한 조치를 마련하여야 하고(제13조 제2항), 전자거래사업자는 전자거래이용자의 동의를 받지 아니하고는 당해 이용자의 영업비밀을 타인에게 제공하거나 누설하여서는 아니된다(제13조 제3항).

보호되는 영업비밀의 범위에 대해서는 동법 시행령 제2조에서 규정하고 있는데, 구체적으로 살피면 ① 성명·상호·주소 등 개별 거래처를 식별할 수 있는 사항, ② 개별 거래처로부터 공급받은 재화 또는 용역의 가격 및 수량에 관한 사항, ③ 제조원가에 관한 사항, ④ 그밖에 상당한 노력에 의하여 비밀로 유지된 생산방법·판매방법 또는 영업활동에 유용한 기술상·경영상의 정보로서 공개되는 경우 전자거래이용자에게 손실을 초래하거나 영업에 지장을 줄 우려가 있는 사항 등이다. 다만, 공연히 알려져 있거나 전자거래이용자의 동의를 받은 경우에는 문제되지 않는다(제2조 제1항 단서).

동시행령 제2조 제2항은 다시 영업비밀의 보호조치로서 영업비밀 관리규정의 제정·운용, 영업비밀의 표시, 종업원에 대한 교육 등을 규정하고 있다.

3. 암호제품의 사용

전자거래사업자는 전자거래의 안전성과 신뢰성을 확보하기 위하여 암호제품을 사용할 수 있다(제14조 제1항). 이 경우 정부는 국가안전보장 등을 위하여 필요하다고 인정하는 경우에는 암호제품의 사용을 제한할 수 있으며, 암호화된 정보의 원문 또는 암호기술에의 접근에 필요한 조치를 취할 수 있다(제14조 제2항).

4. 소비자보호

(1) 정부의 의무

전자상거래에 대한 이용자의 신뢰가 확보되지 않은 경우에 전자상거래의 발전은 예상할 수 없고 비대면거래의 특성상 끊임없이 다양한 형태의 사기행위 등이 가상공간에서 끊임없이 발생하고 있다. 따라서 정부는 전자거래와 관련되는 소비자의 기본권익을 보호하고 전자거래에 관한 소비자의 신뢰성을 확보하기 위한 소비자보호시책을 수립·시행하여야 하고(동법 제15조), 소비자피해의 예방과 구제를 위하여 소비자에 대한 정보의 제공, 교육의 확대 등에 관한 시책을 수립·시행하여야 한다. 뿐만 아니라 정부는 전자거래와 관련되는 소비자의 불만과 피해를 신속하고 공정하게 처리할 수 있도록 필요한 조치를 수립·시행하여야 한다(제16조).

(2) 전자거래사업자의 일반적 준수사항

전자거래사업자는 전자거래를 이용하는 소비자를 보호하고 이를 통하여 전자거래에 대한 신뢰성을 확보하기 위하여 사업자 자신에 관한 정보를 비롯하여 재화 또는 용역, 계약조건에 관한 정확한 정보를 소비자에게 제공하여야 한다(제17조 1호). 사업자가 전자거래를 체결함에 있어 약관을 사용할 경우에 소비자가 이를 쉽게 접근하여 인지할 수 있도록 약관을 제공과 보존을 하여야 하며, 추후 약관의 내용을 증명할 수 있도록 보존하여야 한다(2호). 또한 소비자가 전자거래의 체결과정에서 자신의 주문을 취소 또는 변경할 수 있는 절차를 마련하여야 하며(3호), 체결 후에도 청약의 철회, 교환, 반품을 용이하게 할 수 있는 절차를 마련하여야 한다(4호). 이와 함께 거래과정 속에서 발생한 소비자의 불만과 요구사항을 신속, 공정하게 처리할 수 있는 절차를 마련하여야 하며, 거래관련 기록은 일정기간 동안 보존하여야 한다(6호).

(3) 전자거래사업자에 대한 인증

전자거래 활성화의 최우선적 과제는 거래당사자의 진정성 확보와 신원확인이다. 이를 위하여 인증기관의 사업을 활성화하는 것은 매우 중요하다. 이와 관련하여 기본법 제18조에서 정부가 소비자를 보호하고 전자거래사업자의 건전한 발전을 위하여 우수한 전자거래사업자에 대한 인증사업을 지원할 수 있도록 규정하고 있다. 또한 미래창조과학부장관은 전자거래 촉진 및 전자거래 이용자보호를 위하여 우수한 전자거래사업자에 대하여 인증을 할 수 있고(제18조 제1항), 우수인증전자거래사업자는 우수전자거래사업자임을 표시할 수 있다(제18조의 2).

(4) 공인전자주소의 등록

공인전자주소를 이용하여 전자문서를 송신하거나 수신하려는 자는 정보통신산업진흥원에 공인전자주소를 등록하여야 하는데(제18조의 4 제1항), 정보통신산업진흥원은 등록의 신청을 받은 경우 공인전자주소가 국제표준방식 등에 맞는지를 확인하고, 그 내용을 정보처리시스템에 입력하고 보관하여야 한다(동조 제2항). 또한 정보통신산업진흥원은 공인전자주소를 통하여 전자문서가 송신 또는 수신되거나 열람된 경우에는 그 일시 및 송신자와 수신자 등이 포함된 정보를 생성·보관하며 작성자 및 송신자는 유통정보에 대한 유통증명서를 발급받을 수 있다(제18조의 5).

(5) 자동프로그램 등을 이용한 공인전자주소의 수집 등 금지

누구든지 자동으로 공인전자주소를 수집하는 프로그램이나 기술적 장치를 이용하여 공인전자주소를 수집하여서는 아니되며, 위의 사항을 위반하여 수집된 공인전자주소를 판매하거나 제공하여서는 아니 된다(제18조의 6).

(6) 광고 송신의 금지

누구든지 수신자의 공인전자주소에 영리 또는 홍보를 목적으로 광고를 송신할 수 없다(제18조의 7).

(7) 이용자의 정보보호

공인전자문서센터 및 공인전자문서중계자는 전자문서보관 등 및 전자문서유통과 관련하여 관계 법령에서 정하는 바에 따라 이용자의 개인정보를 보호하여야 한다(제31조의 13).

Ⅵ. 전자거래 기본정책의 수립 및 시행

1. 전자거래촉진을 위한 시책의 수립

전자거래를 활성화하기 위한 인프라구축과 기술개발을 위해서는 국가적인 정책이 필요하다. 산업의 자율성 확보와 국가적 차원의 정보통신기반의 마련은 전자거래의 활성화를 위한 핵심사항이기도 하다. 이에 전자거래의 촉진을 위한 광범위한 정책을 수립하는 내용을 두고 있다.

2. 정책의 내용

전자거래의 활성화를 위한 추진분야를 살펴보면, 전자거래의 표준화, 전자거래 기술개발의 추진, 전자거래 전문인력 양성, 공공분야의 전자거래 추진, 전자상거래 지원센터(ECRC) 및 전자거래에 대한 조세지원 등으로 나타나며, 정부는 각 분야별로 세부적인 시책을 마련하여 추진하여야 한다(동법 제19조 내지 제31조).

3. 정보통신산업진흥원

전자문서법 제22조에서는 전자문서 이용 및 전자거래의 촉진을 위한 사업을 효율적·체계적으로 추진하기 위하여 전담기관으로 2009년 8월 설립된 정보통신산업진흥원[20]을 두고 전자화문서 작성 시설 또는 장비의 인증에 대한 지원, 전자문서 및 전자거래와 관련된 표준의 연구개발·보급사업 및 국제표준화활동, 기술개발의 지원, 전자문서 및 전자거래 통계의 실태조사의 지원, 공인전자문서센터의 지정업무의 지원, 전자문서보관등 업무준칙의 신고업무에 대한 지원, 공인전자문서센터의 전자문서 보호를 위한 조치에 대한 기술 등의 지원, 보관문서등의 인수, 공인전자문서중계자 지정업무의 지원, 전자문서·전자거래 분쟁조정위원회의 운영 등의 사업을 할 수 있도록 하였다.

Ⅶ. 정부의 전자거래의 촉진과 기반조성의무

1. 정부의 전자거래의 표준화 노력의무

전자문서법 제24조는 정부에 대해 전자문서 및 전자거래의 효율적 운영과 관련기술의 호환성 확보를 위하여 전자문서 및 전자거래와 관련된 표준의 제

20) 정보통신산업진흥원은 정보통신산업을 효율적으로 지원하여 정보통신산업의 기반을 조성함으로써 정보통신산업의 경쟁력을 강화하고 국민경제의 발전에 이바지하기 위하여 지식경제부내 산재된 IT산업진흥기능 통합을 위해 공공기관 선진화 2차 계획에 따라 '09년 8월 3개 기관(정보통신연구진흥원, 한국소프트웨어진흥원, 한국전자거래진흥원)을 통합하여 설립된 미래창조과학부 산하 위탁집행형 준정부기관이다.

정·개정 및 폐지와 그 보급, 전자문서 및 전자거래와 관련된 국내외 표준의 조사·연구·개발, 그 밖에 전자문서 및 전자거래와 관련된 표준화에 관하여 필요한 사업을 추진하도록 하고 있다.

2. 전자문서 이용촉진 의무

정부는 전자문서의 이용을 촉진하기 위하여 각종 법령의 정비 등 필요한 시책을 수립·시행하여야 한다(제23조 제1항). 미래창조과학부장관은 전자문서의 이용을 촉진하기 위하여 전자문서의 작성·송신·수신·보관에 필요한 요건·방법·절차에 관한 표준지침을 정하여 고시할 수 있다(동조 제2항). 이에 따라 현행 법령 다수에서 전자문서에 관한 규정을 두고 있다.

3. 기타 전자거래 전문인력 양성의무

정부는 전자문서의 이용 및 전자거래의 촉진을 위하여 필요한 전문인력의 양성과 공공부분의 전자거래 추진의무(제27조), 전자문서 및 전자거래의 촉진을 위한 지원을 하여야 한다(제31조).

Ⅷ. 전자문서·전자거래분쟁조정위원회[21)]

전자문서 및 전자거래로 인한 피해를 구제하고 공정한 전자거래의 관행을 정착시키기 위하여 소송의 대체적 분쟁수단으로서 분쟁조정을 위한 분쟁조정기구의 설치, 운영 기타 전자거래에 관한 분쟁의 조정에 필요한 기구로 설치된 분쟁조정기구로서 「전자문서·전자거래분쟁조정위원회」가 있다(동법 제32조). 동 위원회는 미래창조과학부장관이 임명하거나 위촉하며, 법조, 대학, 전문·기술, 소비자보호 분야의 전자거래 전문가 집단이 참여하고 전자매체를 활용, 신속한 분쟁조정을 시도하고 있다.

분쟁조정위원회는 원칙적으로 당사자 자치원칙에 따라 분쟁을 해결하는 것을 목적으로 하고 있으며, 국내외 분쟁조정기구의 현황과 그 실적 조사 및 협조체제 구축, 전자거래 피해와 관련된 민원의 조사분석 및 상담을 주요 추진내용으로 하고 있다. 전자문서·전자거래분쟁조정위원회의 조정대상은 사이버쇼핑몰과 소비자간, 전자거래업체와 물류, 대금결제업체간 분쟁 등 전자거래와 관

21) https://www.ecmc.or.kr/

련되는 모든 분쟁이며, 전자거래와 관련하여 분쟁이 있는 이해관계자는 '정보통신산업진흥원'에 설치된 위원회 사무국에 서면 또는 E-Mail로 분쟁의 조정을 신청하면 위원회에서는 분쟁 상대방에 신청내용을 통지하고 합의 또는 조정에 응할 것을 권고하면서 조정절차가 진행된다. 조정이 성립한 경우에 분쟁에 관하여 당사자 간 합의와 동일한 효력을 부여하고 있다(동법 제35조 제3항).

제5장

전자서명

제1절 총설

제2절 전자서명과 전자인증

제3절 전자서명법

제5장 전자서명[1)]

제1절 총 설

정보화가 진전됨에 따라 종전의 대인적·대면적 거래가 정보통신망을 매개로 하는 전자적인 방법으로 변화하고 있다. 이러한 방법으로 보다 효율적으로 거래가 이루어지는데, 거래가 익명성을 띠기 때문에 상대방의 신원에 대한 확인절차가 더욱 어려워지는 문제점이 발생하였고, 그에 따라 상대방의 신원에 대한 확인절차의 필요성이 더욱 부각되고 있다. 실제로 기업간의 거래(B2B), 기업과 정부간의 거래(B2G)는 거래상대방의 신원에 대한 확신이 어느 정도 존재하고, 기존의 거래양식이 적용될 수 있는 관계로 거래의 책임, 의무, 권리 등에 대한 상황이 암묵적으로 합의가 될 수 있지만, 기업과 소비자간(B2C)의 전자거래의 경우에는 사전에 관계가 없는 상황에서 거래가 이루어지기 때문에 당사자의 신원에 대한 불확실성은 더욱 높아진다. 이러한 이유로 인하여 전자문서의 안전성과 신뢰성을 확보하고 그 이용을 활성화하기 위하여 전자서명이라는 새로운 수단에 대한 법적 효력의 부여와 거래당사자의 신원을 인증하는 제3자인 공인인증기관의 관리 등에 관한 사항을 규정한 전자서명법이 1999년 2월 5일 제정되어 1999년 7월 1일부터 시행되었다. 동법은 2001년 12월 개정되어 2002년 4월부터 시행되고 있다.

---

1) 전자서명에 대해서는 황희철, 전자서명과 법률문제, 한국정보법학회, 1998, 291면 이하 참조; 소재선, 전자서명 및 전자인증의 법적 과제, 전자상거래와 법적 대응방안(전남대학교 법률행정연구소 심포지엄 자료집), 1998, 75면 이하 참조. 정완용, 전자상거래와 전자서명법 -UNCITRAL 전자서명통일규칙을 중심으로-, 한국비교사법학회, 1998.12., 135면 이하; 배대헌, 전자서명·인터넷법, 세창출판사, 2000.; 강두헌, 전자서명관련 당사자의 법적 지위에 관한 연구, 경희대, 2002.; 이응세, 전자서명과 인증, 재판자료 100집(2003.7), Cyber Law의 제문제(하), 393면 이하.

제2절 전자서명과 전자인증

Ⅰ. 전자서명

1. 전자서명의 필요성

(1) 서명의 의의 및 법률적 기능

전자서명이 전자상거래에 어떠한 기능을 하는지를 살펴보기 위해서는 기존의 일반 문서에서 사용되고 있는 서명이 어떠한 법률적 기능을 가지는지를 먼저 살펴볼 필요가 있다. 이는 전자서명이 사용된 이유가 기본적으로 온라인을 통해서 송수신되는 전자문서에 대하여 일반 문서에 서명이 부가된 경우와 동일한 정도의 효과를 부여하기 위하여 고안되었다는 점에서도 알 수 있다.

서명이란, 문서에 대한 확인을 위한 의도로 당사자에 의하여 실시되거나 채택된 표시를 말한다. 따라서 서명은 반드시 수기(handwriting)에 의하여 작성될 필요는 없으나, 그 실행이 용이하고 서명자에 따라 식별이 가능하다는 장점 때문에 보통의 서명은 통상 필기 도구를 이용한 사람의 수기에 의하여 이루어지고 있다. 과거에 우리나라에서는 주로 기명날인의 방법으로 행해졌으나 오늘날에는 광범위하게 서명으로 대체되고 있다.

일반적인 의미에서 서명(Signature)은 문서에 자기의 성명을 쓰는 것으로서, 법률상 문서에 자신의 서명을 표시하지 아니하였다고 하여 그 문서가 곧바로 무효가 되는 것은 아니다. 그러나 서명이 포함됨으로써 서명이 부가된 문서에 다음과 같은 여러 가지 효과가 부여된다.

가. 증거(Evidence)로서의 효과

서명은 서명자와 그 서명된 문서 사이의 일정한 관계를 나타냄으로써 문서를 인증하는 역할을 한다. 즉, 서명자가 자신만의 고유한 방식으로 문서에 서명을 하게 되면 당해 문서의 작성자는 서명자이며, 당해 문서로 인한 법률적 효력은 서명자에게 귀속하게 된다.

나. 승인(Approval)의 효과

일정한 경우 문서가 효력을 가지기 위해서는 서명이 반드시 필요한 경우가 있으며, 이러한 경우에 서명은 당해 문서의 효력을 완성하는 효과를 가진다. 동시에 서명은 서명한 문서 그 자체에 대한 서명자의 시인 또는 수락을 나타낸다고 볼 수 있다.

다. 형식적인 면(Ceremony)에서의 효과

서명은 서명자에게 자신의 행위가 가지는 법률적인 의미에 대하여 주의를 환기시켜 '경솔한 계약(inconsiderate engagement)'을 막는 기능을 가진다. 서명자에게 서명한 문서의 내용과 그 문서의 법률적 효과에 대하여 검토하게 함으로써 거래의 내용이 알지 못하는 사이에 부당한 결과를 가져오는 것을 막을 수 있다. 하지만, 이것은 단순한 주의의 환기일 뿐 서명이 가지는 법률적인 기능(경고적 기능)이라고 할 수는 없다.

라. 유효성, 권리의 유지·배분(Efficiency and Logistics)

문자로 쓰여진 문서에 대한 서명은 상당한 경우 그 문서로 이루어지는 거래에 명확성과 최종성의 의미를 부여함으로써 이후에 있을 수 있는, 문서의 문면을 넘어선 요구를 줄인다. 예를 들어 어음의 양도증서는 쉽고, 신속한 그리고 최소한의 개입으로 바꾸어질 수 있는 기능을 위하여 서명을 요구하게 된다.[2)]

(2) 서명의 법률적 효과

법적 거래에 있어서 서명의 요구를 포함한 형식적 요구는 법체계와 시간의 경과에 따라 달라진다. 또한 그러한 요구되는 형식을 갖추지 않았을 때의 법적 효과 역시 다르다. 오늘날 형식적 요구는 보통 종이 위에 거래를 문서화하고 그 문서에 서명을 하든지 인증을 행하는 것을 포함하는 형태로 이루어진다. 이제 전자문서와 전자서명이 등장함으로써 전자서명에 어떠한 법률적 효과를 부여할 것인가가 문제로 된 것이다.

(3) 우리 법제에서의 서명 또는 기명날인 제도

법률행위의 자유의 원칙상 법률행위의 방식은 원칙적으로 자유이나, 유언과 같이 당사자의 확인이 특별히 중요한 경우(민법 제1066조·제1068조·제1069조 등)나 판결문과 같이 책임소재를 명확히 할 필요가 있을 때(민사소송법 제208조

2) 예컨대 U.C.C. § 3-401(1990)에서는 어떤 사람도 그 사람이 그 문서에 서명을 하지 아니하는 한 어떠한 문서에 대하여도 책임이 없다고 한다.

제4항), 또는 어음·수표와 같이 신속한 거래를 위해 필요한 경우에는 서명이나 기명날인과 같은 일정한 방식을 요구하고 있다(어음법 제1조 8호·수표법 제1조 6호). 이러한 서명, 기명날인은 법률적인 분쟁이 있는 경우에는 법정에서 서명이 된 문서가 형식적 증거력 및 실질적 증거력을 갖추도록 하는 사실관계의 확인의 수단으로서 기능을 한다.

서명, 기명날인의 기능은 그것을 행하는 사람과 문서와의 관계를 명확히 함으로써, 문서에 작성자 본인 또는 대리인의 서명이나 기명날인이 있는 때에는 그 문서가 진정한 것으로 추정되도록 한다(민사소송법 제358조 참조). 이는 곧 상대방이 반대되는 사실을 입증하여 그 추정을 번복할 필요가 있음을 의미한다. 그리고 계약서와 같은 처분문서는 서명과 날인을 통해 진정 성립이 인정되는 한 기재내용이 객관적으로 진실한 것으로 강력한 추정을 받게 된다(실질적 증거력, 대판 1970.12.24, 선고 70다1630 판결). 그 외에도 계약체결기능, 동일성 기능, 경고적 기능도 들 수 있다.

2. 전자서명의 개념

전자적 환경 하에서는 통신문의 원본은 사본과 구별할 수 없고, 수기서명을 포함하고 있지 않으며, 또 서면상으로 존재하지도 않는다. 전자적 형태의 정보를 가로채거나 변경하는 것이 쉽고 다양한 거래를 처리하기 위한 속도 때문에, 사기의 가능성은 매우 높다.

전자서명은 일반문서의 서명과 같이 전자문서에 있어서 그 작성자와 내용의 진정을 증명할 수 있는 전자적 기법을 말한다. 전자서명은 수기의 서명에 대한 전자적 대안으로서, 수기 서명과 같거나 또는 그 이상의 기능을 충족시키는 것이다. 전자서명은 서명의 목적이라는 측면에서 보면 첫째 서명자를 확인할 수 있어야 하고, 둘째 데이터의 완전성을 확인할 수 있는 것이라야 한다.[3] 이러한 목적을 구현하는 방법으로 어떠한 기술적인 방법을 채용할 것인가는 입법정책상의 문제라고 할 수 있는 바, 특정기술을 지정할 경우에는 표준화를 유도함으로써 전자상거래를 촉진할 수 있는 반면, 좀 더 우수한 기술적인 방법이 등장할 경우 새로운 기술을 적용하는 데 걸림돌이 될 수 있다는 단점이 있다.

---

3) 1998.3.4 발표된 European Commission Working Draft of Directive on a Framework for Electronic Certification Services에서는 전자서명과 디지털서명을 나누어 규정하고 있다.

일반적으로 전자서명은 디지털서명을 포함한 광의의 개념으로 이해한다. 전자서명은 공개키 기반의 디지털서명에 제한하지 아니하고 다양한 방법을 이용하여 전자문서의 무결성 및 거래상대방의 진정성을 확보할 수 있는 전자적 형태의 데이터를 말한다. 디지털서명은 전자서명의 일종으로서 공개키 암호방식을 이용한 인증방법이라고 할 수 있다. 디지털서명은 전자문서에서 수학적 조작으로 얻어진 일련의 숫자·문자를 가지고 암호화한 정보로 수기서명의 전자적 대체물을 말한다.[4] 기술적인 측면에서 정의하자면, 전자메시지에 해쉬함수[5]를 이용하여 메시지요약(message digest)을 만든 후, 이에 공개키 알고리즘과 송신자의 비밀키를 이용하여 암호화한 비트의 조합을 말한다고 할 수 있다.

처음 전자서명에 관한 입법시에는 공개키 기반구조를 기조로 한 디지털서명(Digital Signature) 방안이 대표적인 방안으로 제시되었으나, 그 후 디지털서명 외에 다른 기술적 방법을 이용하는 서명 방안들도 속속 등장하게 되었고 오늘날에는 생체인식기술(지문, 성문, 홍채)을 활용한 방법도 사용되고 있다. 이러한 일체의 전자적 수단을 이용한 서명을 지칭하기 위하여 일반적으로 '전자서명'이라는 개념이 사용되게 되었다. 이와 같이 디지털서명 방안처럼 어느 하나의 서명에 관한 기술을 특정하여 논의하거나 입법화하는 것을 '기술특정적 방법'이라고 하고, 전자서명처럼 어느 하나의 서명 기술에 얽매이지 않고 여러 가지 서명 기술을 포괄할 수 있는 추상적인 기준을 마련하고자 하는 것을 '기술중립적 방법'이라고 한다. 오늘날에는 전자서명의 개념을 다양한 방법을 이용하여 전자문서의 무결성 및 거래상대방의 진정성을 확보할 수 있는 것으로 이해한다. 이러한 관념 하에 현 「전자서명법」에서는 전자서명을 정의하고 있다. 즉

4) 배대헌, 전게서, 27면 이하.

5) 암호화와 관련하여 특기할 사항은 수학적으로 일방적으로만 가능한 계산방법을 사용하는 암호화방법이 있다는 점이다. 해쉬함수(hash function)는 이러한 수학적인 성질을 이용한 알고리즘이다. 해쉬함수에 평문을 적용하여 계산을 하고 이를 모두 더한 것을 해쉬값이라고 한다. 이러한 해쉬함수를 이용하는 이유는 상당히 긴 문서를 암호화할 경우 많은 시간이 소요될 뿐만 아니라 문서 전체를 보안할 필요가 없다면 문서전체에 대해 복잡한 암호화 알고리즘을 적용하는 것이 비경제적이기 때문이다. 특히 긴 문서의 경우 중요한 점은 보안이 아니라 문서의 안전성, 즉 당해 문서가 변개되지 않았다는 점이기 때문에 이러한 문서의 완전성에 대한 보장만 있으면 충분할 경우가 많다. 이러한 점에서 특히 보안이 필요하지 않는 문서의 경우에는 문서자체는 해쉬값을 추출하여 이 해쉬값에 대해서만 암호화를 하고, 문서의 평문과 암호화된 해쉬 값을 전송함으로써 거래상대방이 문서의 완전성을 확인하도록 하는 방식이 널리 사용되고 있다.

'전자서명'이라 함은 서명자를 확인하고 서명자가 당해 전자문서에 서명을 하였음을 나타내는데 이용하기 위하여 당해 전자문서에 첨부되거나 논리적으로 결합된 전자적 형태의 정보를 말한다.

3. 전자서명의 기능

위에서 기존의 일반적인 서명이 가지는 효과를 간단하게 살펴본 것처럼 전자문서로 의사를 전달하는 경우에도 일반 문서에서 서명과 같은 기능을 행할 수 있는 대체물이 필요하다. 이러한 대체물이 곧 전자서명이라고 할 수 있는데, 전자문서에 전자서명이 첨부되면 증거로서의 가치가 높아지게 되고, 일정한 경우에 서명자의 행위가 가진 효력을 완성시켜 주게 되며, 동시에 형식적인 면에서의 효과도 가지게 된다. 그런데 전자문서의 경우에는 위조나 변조가 쉽고, 일단 위조 또는 변조가 이루어진 경우에 그 식별이 불가능하며, 비대면 상태에서 정보의 교환이 이루어지므로 상대방이 누구인지를 파악하기가 어려운 특색이 있다. 이러한 문제점을 해결하기 위하여 전자서명이 일반 서명과 동일한 기능을 하기 위하여 일정한 기능을 요구하고 있는 바 인증(Authentication), 무결성(Integrity), 부인봉쇄(Non-repudiation), 기밀성(Confidentiality), 접근통제(Access Control)로 나누는 것이 일반적이다. 주의할 것은 전자서명에 요구되는 여러 기능 중에서 전자서명과 직접적으로 관련되는 것은 인증과 무결성, 부인봉쇄 기능이다. 기밀성과 접근통제의 기능은 전자서명의 성격상 반드시 구현되어야 하는 기능은 아니다.

(1) 진정성(Authentication)

진정성은 전자문서의 사용자를 거래 상대방이 확인하는 것이다. 온라인으로 이루어지는 가상공간은 오프라인과는 달리 비대면의 특성을 가지고 있기 때문에 서로 대하여 직접 확인할 수 없다. 이에 따라 서비스 제공자와 사용자 간에 서로에 대한 신뢰를 확보하기가 매우 어렵다. 따라서 서비스 제공자가 제공하는 정보에 접근하는 사용자들을 통제하기 위하여 각 사용자를 통제하기 위한 기법이 필요한데, 이러한 기능도 전자서명을 이용해서 가능하다. 일반적으로 사용자 인증의 경우 비대칭 암호화기법을 기반으로 인증기관이 발급하는 인증서에 의하게 된다.

(2) 무결성(Integrity)

무결성은 전자문서의 작성자가 작성한 내용이 송수신과정에서 변조가 있었는지 확인하는 기능이다. 네트워크를 통하여 송신자가 메시지를 전송할 때 제3자가 중간에서 메시지를 가로챈 후에 그 메시지의 내용을 변조하여 수신자에게 이 변조된 메시지를 전송할 위험이 있으며 제3자에 의한 이러한 불법적인 메시지 변조를 막을 수 있는 기능을 무결성이라고 한다.

이러한 메시지 무결성은 메시지의 변조 여부를 인증할 수 있는 인증코드를 생성하여 이를 메시지에 부착하는 방법으로 제공하는 것이 일반적이며, 이를 메시지 인증코드(Message Authentication Code; MAC)라 한다. 송신자는 메시지와 메시지 인증코드를 함께 수신자에게 전송하는데, 수신자는 메시지의 변조 여부를 확인하기 위해 송신자와 마찬가지로 수신한 메시지와 키를 이용해 메시지 인증 코드를 생성하여 송신자가 생성한 메시지 인증 코드와 비교함으로써, 송신자와 수신자가 생성한 두 개의 메시지 인증 코드가 동일하다면 전송되는 도중에 메시지의 변조가 없었음을 쉽게 확인할 수 있다.

(3) 전자서명의 효력 거절 부인

효력 거절 부인(Non-repudiation)은 전자문서의 송신자를 확인하고 수신자의 수신 여부를 확인함으로써 전자문서 송·수신 사실의 부인을 방지하는 기능을 말한다. 송신자가 송신한 사실을 부인할 때 송신자만이 알 수 있는 비밀번호로 만들어진 전자서명이 첨부되어 있으면 특별한 사정이 없으면 송신자가 그 전자문서를 작성하고 발신하였다고 볼 수 있는 기능이다.

한편, 효력 거절 부인의 개념은 송신자의 부인봉쇄 뿐만 아니라 수신자의 부인봉쇄의 개념도 원칙적으로는 포함하게 되는데, 수신 부인에 대한 위험요소인 송신자가 전송한 메시지를 받은 후 수신자 자신이 임의로 변경하여 송신자의 메시지를 부인하는 경우는 전자서명으로 확인이 가능하지만 메시지를 못 받았다고 주장하는 수신 자체의 부인을 막을 수는 없다. 이 경우에는 송신자가 전송한 메시지를 수신자가 받았는지를 확인할 수 있는 프로토콜을 구현하면 가능하다.

(4) 수령자의 메시지에 대한 신뢰 확보

전자서명이 수신자에 의해 확인이 되면, 수신자는 그 메시지를 신뢰할 수 있고 송신인은 그 메시지에 구속된다. 그러나 전자서명이 수신자에 의해 확인되지 않는다면, 수신자는 송신인이라고 되어 있는 사람의 신분을 신뢰하지 않아도 된다. 즉, 적절한 절차를 거쳐서 정당하게 작성된 디지털서명이 전송되어지면, 전자서명의 특성상 변형이 매우 어렵기 때문에 수신자는 수신한 메시지를 신뢰하고 거래를 할 수 있다.

(5) 기밀성(Confidentiality)

기밀성은 전자문서를 송신할 때 그 문서를 제3자가 알아보지 못하게 암호화하는 기능이다. 인터넷이 일반화하면서 네트워크를 이용해 중요한 정보를 전송하는 경우가 빈번해지고 있는데, TCP/IP 보안의 취약성으로 인해 제3자는 특정 사용자의 정보를 가로채는 것이 가능하다. 따라서 이러한 형태의 정보의 누출을 방지하기 위해서 메시지의 내용을 제3자가 알아보지 못하게 하는 기밀성의 기능이 필요하다.

이와 같은 기밀성을 제공하기 위해서는 메시지를 암호화하는 방식이 일반적으로 사용된다. 메시지 암호화는 일반적으로 대칭키 알고리즘을 사용하게 되는데, 대칭키 암호 알고리즘은 메시지의 암호화와 복호화에 사용되는 키가 동일한 암호기법이다. 대칭키 암호 알고리즘을 이용하여 송신자는 네트워크를 통해 메시지를 전송하기 전에 암호 알고리즘에 전송할 메시지와 암호키를 이용하여 암호문을 만든 후 암호문을 전송하고, 수신자는 수신한 암호문과 암호키를 이용해 복호화하여 메시지를 얻게 된다. 다만 메시지를 주고 받는 송수신자는 서로 동일한 암호키를 미리 알고 있어야 하며, 암호키를 알지 못하는 제3자는 네트워크를 도청하여 암호문을 입수할지라도 메시지를 볼 수 없게 된다.

(6) 접근통제(Access Control)

접근통제는 시스템에 저장된 자료나 서비스 이용에 대하여 불법적인 접근을 시도하는 경우 이를 막기 위한 기능이다. 다수의 사용자가 있는 시스템에서 정보의 관리는 매우 중요하며, 또한 다양한 서비스가 제공될 경우 중요한 정보의 파괴는 치명적이다. 따라서 중요한 정보를 관리하는 시스템을 인터넷에 연결할 경우 방화벽이나 침입탐지시스템 등을 설치하여 불법적인 접근 또는 사용자의 오용을 막을 수 있어야 한다. 불법적인 제3자의 접근을 완전히 차단하거나 서로 다른 중요도를 가지는 정보 및 시스템에 대해서 접근 권한을 달리 부여할 수 있어야 하며, 읽기만 하거나 또는 읽기와 쓰기도 가능하게 할 수 있어야 한다.

이러한 접근통제의 기능은 전자서명이 반드시 수행하여야 하는 기능은 아니다.

4. 인증의 의의 및 필요성

전자서명의 경우에 전자문서의 작성명의인이 그 전자문서를 작성하였다는 사실은 확인할 수 있지만, 과연 그 자가 실제로 존재하는 사람인지 또 작성명의인이 실제로 존재하여도 그 자가 전자서명을 하였는지 여부를 확인할 수 없다. 따라서 인터넷과 같은 공개된 네트워크상에서 의사표시가 이루어지거나 각종 신고가 이루어질 때에는 실재하지 않는 사람의 명의로서 혹은 제3자의 명의로서 전자서명이 이루어질 위험이 크다. 이 경우에 등장하는 개념이 인증(Certification)과 인증기관이다.

일반적으로 인증은 법령에 따라 사실확인의 의미, 당사자의 신원을 확인한다는 의미 등 다의성을 내포하고 있다. 전자서명법 제2조 6호에 의하면, '인증'이라 함은 전자서명생성정보가 가입자에게 유일하게 속한다는 사실을 확인하고 이를 증명하는 행위를 말한다고 규정하고 있다.

Ⅱ. 전자인증

1. 전자인증의 필요성

전자서명이 유효하기 위해서는 전자서명정보와 그 전자서명정보의 소유자가 일치한다는 조건의 충족이 있어야 한다. 따라서 인터넷과 같은 공개된 네트워크상에서 의사표시가 이루어지거나 각종 신고가 이루어질 때에는 실재하지 않는 사람의 명의로서 혹은 제3자의 명의로서 전자서명이 이루어질 위험이 크다.

이러한 문제를 해결하기 위하여 디지털서명은 신뢰받은 제3자(Trusted Third Party)에 의하여 증명을 받도록 한다면 이러한 문제점은 해결할 수 있는 것이다. 이러한 필요성에서 전자인증이 등장하였고 이 인증행위를 하는 제3자가 바로 '인증기관(Certification Authority)'이다.

2. 전자인증의 개념[6]

일반적으로 인증은 법령에 따라 사실확인의 의미, 당사자의 신원을 확인한

---

6) 전자인증의 용어에 대해서 전자공증을 포함한 광의의 전자인증을 전자인증이라는 용어를 사용하기도 하고 협의의 전자인증에 대해서만 전자인증이라는 용어를 사용하고 광의의 전자인증에 대해서는 전자공증이라는 용어를 사용하기도 한다.

다는 의미 등 다의성을 내포하고 있다.

전자서명에 있어서 인증(Certification)이란, "인증기관이 전자서명에 사용된 서명자의 개인키가 일반에 공개된 그의 공개키에 상응하는 것으로서 서명자로 표시된 자의 것임을 신원확인 등의 방법을 통하여 확인하고, 이러한 내용을 일반인 누구나 쉽게 알 수 있도록 대외적으로 공개·공시하는 일련의 행위"를 말한다. 즉 전자인증 역시 언제, 누가, 누구에게 무엇을 하였는가 하는 사실을 확인하고 전자서명에 의한 당사자 확인을 의미한다.

전자거래에서는 대면거래가 아닌 비대면·비접촉거래이기 때문에 누구와 거래한다는 사실만 확인되면 충분하고 나머지에 대해서는 기존의 법제도를 활용하는 입장에 선다면 우리 전자서명법처럼 전자서명이나 암호방식의 인증에 의한 당사자확인과 전자서명된 문서의 진정성 확인 등이 전자인증의 주된 포인트가 될 것이다.

3. 인증기관

인증기관은 가입자의 신원과 그의 공개키를 확인하여 그것에 근거한 인증서를 발급하는 인증업무를 수행하며, 이와 관련된 가입자의 공개키를 등록·관리, 인증기관 자신의 키를 생성·관리, 인증서의 취소, 등록·관리, 인증기관간의 상호인증·접속하는 기능을 수행한다.

이러한 인증기관은 인증업무를 수행하기 위하여 기술능력, 재정능력, 시설 및 장비 기타 필요한 사항을 구비하여야 한다. 따라서 인증기관은 가입자의 신원과 가입자에 대응한 전자서명생성정보·검증키 한 쌍을 인증하는 신뢰받는 제3자(Trusted Third Party: TTP)이다. 이러한 인증기관이 법규에 정한 공인인증기관(제2조 10호)을 지정받기 위해서는 전자서명법 및 관련 시행령 등에서 정한 요건을 갖추어 미래창조과학부장관에게 지정을 신청(전자서명법 제4조 이하)할 수 있다. 공인인증기관은 인증업무를 안전하고 신뢰성 있게 수행할 수 있다는 것을 인정받은 인증기관이다. 현실적으로 인증기관과 공인인증기관이 존재할 수 있다는 것을 의미한다.

제3절 전자서명법[7)]

Ⅰ. 전자서명법 제정 및 개정 과정

1. 개 요

국내에 서명 및 인장과 관련된 기존의 법령은 600여개 정도라고 하며, 대부분 시행령 또는 행정규칙의 형식인데 인감증명법, 인장업법, 외국인의 서명날인에 관한 법률처럼 법률의 형식으로 제정된 것도 있다. 전자서명과 관련된 법은 앞에서 살펴본 바와 같이 여러 법률에서 찾아볼 수 있으나, 이 법들은 대부분 EDI 업무가 운영되는 폐쇄적인 전산망을 전제로 한 것으로 인터넷과 같은 공개된 네트워크에서는 그대로 적용하기에 적당치 아니하였다. 따라서 단일법에 전자서명이 규정됨으로써 하나로 통합할 필요성이 제기되어 왔었다.

인터넷이라는 공개된 형태의 전산망이 비약적으로 발전하고 전자상거래가 활성화됨에 따라 전자문서 및 전자상거래의 중요성과 그 경제적 효과, 그리고 기존 국내 관련 법체계의 미흡함 등에 따라 정부는 새로운 법령의 필요성을 인식하게 되었고, 전자서명법은 1999.2.5. 법률 제5792호로 공포되어 1999.7.1.부터 시행되기에 이르렀다. 그런데 동법은 전자서명을 위한 기술을 '디지털서명키' 등 특정기술로 한정하고 있었으므로, 장래의 전자서명 및 생체인식기술 등 다양한 전자서명 기술을 수용할 수 있도록 전자서명의 개념을 새로 정의하고 국제화 시대를 맞이하여 날로 확대되는 국제거래상의 전자서명 인증문제를 명확하게 규정하며, 기존 제도의 운영상 나타난 일부 미비점을 개선·보완하기 위하여 2001년 12월에 개정되어 2002년 4월부터 시행되고 있다.

2. 개정 주요 내용

(1) 특정한 기술로 한정하던 전자서명을 관련 기술의 발전에 따라 적용 가능한 모든 기술을 수용할 수 있도록 기술중립적 개념을 사용하여 정의하였다

7) 전자서명법에 대해서는 정완용, 개정전자서명법의 비교법적 고찰: 우리나라와 유럽의 전자서명법제를 중심으로, 비교사법 10권 4호(통권 23호), 2003.12, 1면 이하; 이종주, 전자문서법 및 전자서명법의 제정경과와 법적 검토, 법조, 1999.9(통권 516호), 72면 이하 참조; 강경근, 공인인증기관과 법률문제, ECBR&CNKLSS 전자서명법시행과 업계의 대응전략(1999.5.17); 박영우, 전자서명 인증제도의 법적 고찰, 법조, 1999.9, 124면 이하.

(제2조·제3조). 즉 디지털서명 기술에 특정된 용어정의 및 관련 규정을 삭제 또는 수정하였고, 법적 효력이 인정되는 안전한 전자서명인 공인전자서명 외에 일반전자서명에 대하여 당사자간 약정에 따른 일정한 효력을 부여하는 규정을 신설하였다.

(2) 기술중립주의의 수용에 따라 공인인증업무의 안전성과 신뢰성 강화를 위하여 공인인증기간의 지정 및 관리·감독제도를 개선하여, 공인인증기관의 지정조건에 공인인증업무의 안전성과 신뢰성 확보를 위한 인증업무요건의 구비를 포함시키고, 공인인증기관은 미래창조과학부장관이 정하는 전자서명인증업무지침과 당해 인증기관의 인증업무준칙을 준수하도록 의무화하였다.

(3) 공인인증기관간의 통일성을 위해서, 공인인증서 발급체계에 있어서의 가입자 신원확인 절차와 방법을 단일화하고, 공인인증서임을 알 수 있도록 하는 표시를 엄격히 하도록 법정 의무화하였다. 이에 대하여는 공인인증서에 공인인증기관을 확인할 수 있는 정보가 포함되어 있으므로 별도의 표시가 불필요하다는 의견이 입법과정에서 제기되었으나 공인인증기관은 공인인증서는 물론 일반인증서도 발급할 수 있고, 공인인증서에 포함된 사항은 공인인증기관임을 확인할 수 있는 정보에 불과한 것이어서 공인인증서 자체의 진위여부를 식별할 수 없으며, 이 표시가 없으면 허위표시로 인한 당사자간의 피해가 가중될 우려가 있다는 등의 이유로 법적 안정성을 해칠 수 있다는 점에서 공인인증서에 대하여 별도의 표시를 하도록 하였다.

(4) 공인인증기관의 안전성 확보를 위하여 공인인증업무와 관련된 시설에 대해 보호조치를 취하도록 하고, 이의 안전운영 여부의 점검을 의무화하였다.

(5) 공인인증기관이 인증업무 수행과 관련하여 이용자에게 손해를 입힌 경우 당해 기관이 과실책임 여부를 입증하도록 종래의 규정을 전환하였다(제26조 제2항).

(6) 외국정부와 상호인증 협정을 체결하는 경우 외국의 전자서명과 인증서에 대해 우리 전자서명법이 정하는 공인전자서명 또는 공인인증서와 동등한 효력을 갖도록 하였다(동법 제27조의 2 제4항).

Ⅱ. 전자서명법의 주요 내용

1. 총칙

전자서명법은 전자문서의 안전성과 신뢰성을 확보하고 그 이용을 활성화하기 위하여 전자서명에 관한 기본적인 사항을 정함으로써 국가사회의 정보화를 촉진하고 국민생활의 편익을 증진함을 목적으로 한다(제1조). 전자서명법(7장 34조 부칙)은 그 주된 사항인 공인인증기관(제2장), 공인인증서(제3장), 인증업무의 안전 및 신뢰성 확보(제4장, 특히 배상책임의 특칙을 규정한 제26조 포함) 등과 용어의 정의(제2조)와 전자서명의 효력(제3조)을 규정하는 제1장(총칙), 외국과의 상호인정(제27조의 2)을 포함하는 제6장(보칙) 그리고 제7장(벌칙) 등으로 이루어져 있다.

(1) 용어의 정의

전자서명법 제2조에서는 이 법에서 사용하는 각종 용어들에 대하여 정의하고 있다.

가. 전자문서

전자서명법 제2조 1호는 '전자문서'라 함은 정보처리시스템에 의하여 전자적 형태로 작성되어 송신 또는 수신되거나 저장된 정보'라고 정의하고 있다. 한편 전자문서법 제2조 1호에서도 거의 동일한 내용을 규정하고 있다.

나. 전자서명

전자서명법 제2조 2호는 전자서명의 정의에 대해 '전자서명이라 함은 서명자를 확인하고 서명자가 당해 전자문서에 서명을 하였음을 나타내는데 이용하기 위하여 당해 전자문서에 첨부되거나 논리적으로 결합된 전자적 형태의 정보'라고 규정하고 있다.

즉 전자서명법은 종전의 비대칭암호화방식(디지털서명방식)에 의한 전자서명으로부터 기술중립적인 전자서명으로 개정되었다. 이는 종전의 디지털서명으로는 기술의 급속한 발전으로 이를 지탱하는 인증암호를 깨는 경우가 많아져 디지털서명이 더 이상 안전하지 않게 되었고, 이보다 더 안전한 서명 기술이 보급되는 경우를 고려해야 한다는 점, 1998년 10월 오타와 OECD 전자거래회의에서 채택된 '전자거래인증선언' 중 전자거래 인증에서의 기술중립주의, 국제적 또는 지역적으로 이루어지는 법통일 작업에서도 이를 따르고 있는 점 등과 비교해 볼 때 문제가 있다는 지적을 받아 개정된 것이다.

다. 공인전자서명

공인전자서명이란 ① 전자서명생성정보가 가입자에게 유일하게 속할 것, ② 서명 당시 가입자가 전자서명생성정보를 지배·관리하고 있을 것, ③ 전자서명이 있은 후에 당해 전자서명에 대한 변경여부를 확인할 수 있을 것 ④ 전자서명이 있은 후에 당해 전자문서의 변경여부를 확인할 수 있을 것 등의 요건을 갖추고 공인인증서에 기초한 전자서명을 말한다(동법 제2조 3호).

라. 전자서명생성정보

전자서명생성정보라 함은 전자서명을 생성하기 위하여 이용하는 전자적 정보를 말한다(동법 제2조 4호).

마. 전자서명검증정보

전자서명검증정보라 함은 전자서명을 검증하기 위하여 이용하는 전자적 정보를 말한다(동법 제2조 5호).

바. 인증

인증이라 함은 전자서명생성정보가 가입자에게 유일하게 속한다는 사실을 확인하고 이를 증명하는 행위를 말한다(동법 제2조 6호).

사. 인증서

인증서라 함은 전자서명생성정보가 가입자에게 유일하게 속한다는 사실 등을 확인하고 이를 증명하는 전자적 정보를 말한다(동법 제2조 7호).[8)]

아. 공인인증서

공인인증서라 함은 공인인증기관이 발행하는 인증서를 말한다(동법 제2조 8호).

자. 공인인증업무

공인인증업무라 함은 공인인증서의 발급 및 인증관련 기록의 관리 등 공인인증역무를 제공하는 업무를 말한다(동법 제2조 9호).

---

8) 인증서는 종이에 의한 문서가 아니고 디지털신호로 고객에게 네트워크를 통하여 전송되는 것이다.

차. 공인인증기관

"공인인증기관"이라 함은 제4조의 규정에 의하여 지정을 받아 공인인증역무를 제공하는 자를 말한다(동법 제2조 10호). 이에 대해서는 후술한다.

카. 가입자

가입자라 함은 공인인증기관으로부터 전자서명생성정보를 인증받은 자를 말한다(동법 제2조 11호).

타. 서명자

서명자라 함은 전자서명생성정보를 보유하고 자신이 직접 또는 타인을 대리하여 서명을 하는 자를 말한다(동법 제2조 12호).

파. 개인정보

개인정보라 함은 생존하는 개인에 관한 정보로서 성명·주민등록번호 등에 의하여 당해 개인을 알아볼 수 있는 부호·문자·음성·음향·영상 및 생체특성 등에 관한 정보(당해 정보만으로는 특정 개인을 알아볼 수 없는 경우에도 다른 정보와 용이하게 결합하여 알아볼 수 있는 것을 포함한다)를 말한다(동법 제2조 13호).

(2) 전자서명의 효력

가. 법적 효력부여의 필요성

영미법에서 일정한 계약의 경우에는 반드시 서면으로 하고 있는 것[9]과는 달리 우리 현행법상으로는 계약 체결에 있어서 일정한 예외적인 경우[10]를 제외하면, 낙성계약을 원칙으로 하고 있기 때문에 계약의 체결 방식 및 그 형식에 대하여 서명에 의할 것을 요구하지 않는다. 즉, 우리 법제상으로는 계약서라는 일정한 형식에 따른 서면에 의하지 않더라도 의사표시의 합치(합의)만 있으면 계약이 성립하고 효력이 발생하게 된다. 다만 서면에 의하지 아니한 계약

---

9) 미국의 표준상법전(Uniform Commercial Code)은 500달러 이상의 물품판매 계약의 경우 서면계약에 의하지 않으면 집행이나 항변을 제기할 수 없도록 규정하고 있다(§2-201). 뿐만 아니라 사기를 방지하기 위한 목적에서 부동산의 유언처분, 토지를 신탁재산으로 하는 신탁선언 및 양도, 일정한 범위의 계약에 대하여 서면에 의한 증거가 없는 한 법원이 구제를 거부하는 사기방지법(statute of frauds)도 널리 시행되고 있다.

10) 우리 민법 제555조는 증여의 의사가 서면으로 되지 아니하는 경우에는 각 당사자는 이를 해제할 수 있다고 규정하고 있어서 이때의 서면은 상대방의 해제권을 제한하는 효력이 있다고 볼 수 있다. 또한 할부거래에 관한 법률 제4조는 할부계약의 서면주의를 채택하고 있다.

의 경우에는 후에 분쟁이 발생한 경우에 그 분쟁에 대하여 적절한 해결방안을 모색하기 어려운 점이 있다. 서면을 요구하는 법률에 의하면 전자문서를 문서로 보거나 전자서명을 서명으로 보는 전자서명법이 없다면 일부 거래가 불가능해진다.

우리 법제가 낙성계약을 원칙으로 하는 한, 이러한 법리는 전자상거래에 있어서도 여전히 동일하다. 즉, 전자상거래에 있어서 양 당사자 사이에 일정한 형식이 없더라도 전자적 형태로 의사표시가 합치하기만 하면 계약의 체결이 인정되는 것이다. 그렇지만 비대면·비접촉의 특성을 갖는 전자상거래의 경우 상대방에 대하여 신뢰성을 확보하는 기술적 수단이 필요하고, 사후에 분쟁이 발생하였을 때 그에 대해서도 적절한 증거법상의 대책을 마련할 필요가 있다.

나. 공인인증기관의 전자서명의 효력

전자서명법 제3조 제1항은 「다른 법령에서 문서 또는 서면에 서명, 서명날인 또는 기명날인을 요하는 경우 전자문서에 공인전자서명이 있는 때에는 이를 충족한 것으로 본다」고 규정되어 있으며, 동조 제2항은 「공인전자서명이 있는 경우에는 당해 전자서명이 서명자의 서명, 서명날인 또는 기명날인이고, 당해 전자문서가 전자서명된 후 그 내용이 변경되지 아니하였다고 추정한다」고 규정되어 있다. 즉, 전자서명을 사용하는 경우에도 손으로 쓴 수기서명이나 기명날인과 동일한 법적 효력을 부여한 것이다. 단, 기존의 법리와는 달리 명의자의 진정성을 사실상 추정하는 것이 아니라 법률상 추정하게 되는데, 일반적인 수기서명보다 사실상 더 강한 효력을 부여하고 있다. 물론 상대방으로서는 반증을 들어 그 추정의 효과를 부정할 수 있다.

따라서 일반적으로 귀속되는 효력은 모두 인정되는 것으로 보아야 할 것이다. 뿐만 아니라 동조 제3항은 공인전자서명 외의 전자서명에 대해서도 당사자간의 약정에 따른 서명, 서명날인 또는 기명날인으로서의 효력을 가진 것으로 하는 규정이 신설되어 입법적인 해결을 하였다. 공인인증기관의 전자서명에 의하여 추정되는 사실은, 결국 진정성(Authentication), 무결성(Integrity), 부인봉쇄(Nonrepudiation) 등이다.

① 신원의 동일성 및 진정성립 추정 효력

전자서명은 사람의 손에 의하여 작성된 서명 또는 인장에 의한 날인과 동일한 효력을 지닌다. 전자서명은 서명 또는 기명·날인과 같이 전자문서의 진정성립을 확증하는 중요한 지표가 된다.

전자서명법에서도 공인전자서명이 있는 경우에는 당해 전자서명이 서명자의 서명, 서명날인 또는 기명날인이라고 추정한다(동법 제3조 제2항 전단). 먼저 공인전자서명이 있으면 그 전자서명이 서명자에게 속하는 것임을 추정한다(신원의 동일성 추정). 위 추정규정이 공인전자서명이 있는 경우 그 전자문서가 서명 명의자에 의하여 작성된 점, 즉 문서의 진정성립까지 추정한다는 의미인지가 문제되는데, 위 규정이 '서명자의 서명'임을 추정하고 있을 뿐, '서명자가 작성한 전자문서'임을 추정하고 있지 않기 때문이다. 하지만 전자서명의 기본적 역할은 수기서명과 기능적 등가성을 유지하는 데 있고, 전자서명법상 전자서명의 정의(제2조 2호)에서도 문서의 진정성립을 포함하고 있으므로, 위 규정은 공인전자서명이 있는 경우에는 서명자에 의하여 문서가 성립되었다는 점까지도 추정된다고 보아야 한다.[11]

② 무결성의 추정(내용의 진정 추정)

공인전자서명이 있는 경우에는 당해 전자문서가 전자서명된 후 그 내용이 변경되지 아니하였다고 추정한다(동법 제3조 제2항 후단).

③ 추정의 번복

위에서 든 공인전자서명의 효력은 추정되는 것인 만큼 반대사실을 들어 추정을 번복시킬 수 있다. 예컨대 인증서가 명의인 아닌 타인에 의하여 발급된 경우(공개키가 허위등록된 경우)에 인증서신청 당시에 인증기관에 의하여 본인확인이 이루어지지 않았다거나 그 당시 본인확인을 위하여 제출된 자료가 허위라는 점을 들면 된다. 서명의 상대방뿐만 아니라 서명 명의자 본인도 반대사실을 들어 추정을 번복시킬 수 있다고 보아야 한다. 그밖에도 인증서는 서명자 본인에 의하여 발급되었으나 그 후 비밀키가 모용된 경우, 외부에서 비밀키의 암호를 해독하거나 해킹한 경우 또는 인증기관 또는 서명명의자의 내부관계인이 비밀키를 무단으로 사용한 경우를 그 예로 들 수 있다.

11) 전자거래법, 사법연수원, 127면.

2. 공인인증기관

(1) 의의

인증기관이란, '가입자(Subscriber) 개인의 신원을 확인해 주고, 디지털서명을 생성하기 위해 필요한 공개키와 개인키의 조합이 그 가입자의 것임을 증명해 주는 신뢰할만한 제3자' 또는 '디지털서명의 목적으로 사용된 암호화키와 관련된 인증서(Certificate)를 발행하는 개인 또는 법인'을 말한다. 동법에서는 인증기관에 대한 정의는 하지 않고 공인인증기관에 대해서만 규정하고 있다(제2조 10호).

전자서명의 안정성 있는 활용은 신뢰성 있는 인증기관의 존재에 의하여 좌우된다. 이는 그 물적·기술적 조건의 완비나 장기적으로 수행하여 이루어지는 업무의 신용도에 따라 좌우되는 경우가 많겠지만, 인증제도가 실시되어 정착되기까지는, 일정 조건의 구비를 처음부터 요청하고 이를 구비한 경우 국가가 특히 공적으로 이를 증명하여 일반인에게 신뢰할 수 있는 기관임을 공시하는 일이 요구된다. 이러한 지정제도는 그 최소기준을 제시하는 방식이 된다.

전자서명법에서는 인증기관에 대하여 정의를 내리지 않고, 공인인증기관에 대해서만 정의를 내리고 있다. 따라서 전자거래에 있어서 이용되는 인증기관은 비공인 인증기관과 공인인증기관의 두 가지로 구별된다.

전자서명법에서는 "공인인증기관"이라 함은 제4조의 규정에 의하여 지정을 받아 공인인증역무를 제공하는 자를 말한다(동법 제2조 10호)고 규정하고 있다. 공인인증기관은 정부가 '면허장을 부여한 기관(licensee)'임을 명시하여, 가입자나 이용자 등이 안정되고 신뢰성 있는 거래를 하도록 한다. 미래창조과학부장관은 인증업무를 안전하고 신뢰성 있게 수행할 능력이 있는 자를 공인인증기관으로 지정할 수 있는데(동법 제4조 제1항), 공인인증기관으로 지정받을 수 있는 자는 국가기관·지방자치단체 또는 법인에 한한다(동조 제2항). 인증업무를 허가받지 않으면 할 수 없도록 한 것이 아니라 공인인증기관을 '지정'할 수 있도록 한 것은 공인인증기관으로 지정되지 않은 일반 인증기관도 인증업무를 수행할 수 있음을 의미한다.

(2) 공인인증기관 지정의 효력

전자서명법은 공인인증기관 지정의 법적 효과에 대하여 명문으로 규정하고 있지 않다. 다만, 공인인증기관 지정을 기초로 하여 이 공인인증기관이 인증한 전자서명 검증키와 합치하는 전자서명생성정보로 한 전자서명에 대하여 일정한 법적 효과를 인정하고 있다.

공인인증기관의 지정과 관련하여서는 우선 '지정'이라는 행위의 법적 의미가 문제된다. '지정'의 법적 의미는 공인인증기관 지정제도의 도입배경과 관련지어 생각하여야 하며, 외국과 같이 우리나라에서도 전자서명 인증기관에 대하여 반드시 정부의 허가를 받아야만 인증업무를 할 수 있는 것이 아니라 공인인증기관과 비공인 인증기관이 동시에 존립할 수 있도록 '허가'가 아닌 '지정'제도를 채택한 것으로 볼 수 있다. 즉 '허가'의 법률효과가 원칙적으로 상대적으로 금지되는 행위를 예외적인 경우에 한하여 법률상 허용하는 것이라는 점에서 공인인증기관 이외의 인증기관도 병존하도록 기존의 허가제도와는 다르게 비공인 인증기관도 인정하는 '지정'제도를 취하게 된 것이다. 따라서 현행 전자서명법하에서는 공인인증기관과 비공인 인증기관이 병존할 수 있다. 다만 전자서명법 제3조 제1항이 공인인증기관에 의하여 발행된 공인증서에 의한 공인전자서명에 대하여만 중요한 법률적 효력을 인정하는 태도를 취하고 있는데, 공인인증기관으로서 지정 받지 못한 비공인 인증기관에 의하여 발급된 인증서에 기한 디지털서명이라고 하더라도 그 인증업무의 수행과정 등을 면밀히 판단하여 그것이 신뢰할 수 있는 것이라면 공인인증기관에 의한 디지털서명과 동일한 법적 효력을 부여할 수 있는 방안이 명시적으로 마련되어야 할 것이다.[12)]

공인인증기관의 지정은 전자서명이 법적인 효과를 발생하기 위한 기초를 이룬다고 할 수 있다. 전자서명법 제3조 제1항에 의하면 전자서명이 법령의 서명 또는 기명날인이라는 법률요건을 충족하기 위해서는 공인인증기관이 전자서명법 제15조의 규정에 의하여 발급한 인증서에 포함된 전자서명검증정보에 합치하는 전자서명생성정보로 생성되어야 한다. 또한 공인인증기관이 제15조의 규정에 의하여 전자서명이 있는 경우에는 당해 전자서명이 당해 전자문서의 명의자의 서명 또는 기명날인이고, 당해 전자문서가 전자서명 된 후 그 내용이 변경되지 아니하였다고 추정한다(동법 제3조 제2항).

12) 사법연수원, 전자거래법, 사법연수원, 2005, 143면(김진환 집필 부분).

(3) 인증기관의 업무

가. 인증업무의 수행 및 대상

공인인증기관은 정당한 사유 없이 인증역무의 제공을 거부하여서는 아니 되며, 또한 가입자 또는 인증 역무 이용자를 부당하게 차별하여서는 아니 된다(동법 제7조).

또한 미래창조과학부장관은 인증업무의 안전성과 신뢰성 확보를 위하여 공인인증기관이 인증업무수행에 있어 지켜야 할 구체적 사항을 전자서명인증업무지침으로 정하여 고시할 수 있고(동법 제8조), 인증업무에 관한 시설의 안전성 확보를 위하여 보호조치를 취하여야 한다(동법 제18조). 또한 공인인증기관은 자신이 발급한 인증서가 유효한지의 여부를 누구든지 항상 확인할 수 있도록 하는 설비 등 인증업무에 관한 시설 및 장비를 안전하게 운영하여야 한다(동법 제19조).

한편, 전자서명법시행령 제4조는 '공인인증기관은 인증업무를 안전하고 신뢰성 있게 수행하기 위하여 자신이 발급한 공인인증서를 이용하는 가입자와의 관계에서 독립성을 유지하여야 한다'고 규정함으로써, 인증기관이 인증업무의 대상이 되는 거래와 이해관계가 없어야 한다는 것을 표방하고 있다. 그러나 이 규정의 적용에 있어서 공인인증기관의 임직원은 당해 공인인증기관에서 자신의 전자거래를 위한 공인인증서를 발급받을 수 있는지의 여부가 문제된다. 인증업무는 매우 기술적인 업무로서 그 특성상 가치판단이 개입되기 어려운 점을 감안한다면 법률에서 임직원을 위한 인증서발급을 금지하고 있지 않은 이상 위 시행규칙에도 불구하고 허용된다고 하여야 한다.[13]

그리고 공인인증기관은 가입자 또는 공인인증서를 이용하는 자의 신청이 있는 경우에는 전자문서가 당해 공인인증기관에 제시된 시점을 전자서명하여 확인할 수 있으며(동법 제20조), 이를 타임스탬프(Time-Stamp)라고 한다.

나. 인증업무의 내용

인증기관의 업무 중 가장 기본적이고 중요한 업무는 신원확인이다. 가입자·인증기관을 중심으로 인증이 이루어지는 과정을 단계적으로 나누어 살펴보면 다음과 같다. ① 인증기관은 가입자의 신원확인절차를 행하고, ② 가입자의

13) 이응세, 전게논문, 417면.

신원을 확인하여 인증서를 발행하고, ③ 인증기관은 자신이 가입자에게 발행한 인증서(인증사실)를 일반에게 공개한다.

① 가입자의 신원확인

가입자의 신원확인이란, 일정 명의로서 전자서명을 행할 자가 진정으로 존재하는 자이고, 그 사용명의가 그 자에게 귀속되는지를 확인하는 것을 말한다. 이러한 가입자의 신원확인은 인증기관의 업무 중 가장 중요하고도 핵심적인 것이다. 여기서 주의해야 할 것은 인증기관이 가입자의 신원을 확인한다는 것은 그 사람의 신원 사항의 진위를 보증하는 것이 아니라는 점이다. 인증기관이 어느 정도까지 가입자의 신원을 확인하여야 하는가의 문제는 인증업무준칙 또는 가입자와의 계약내용 등에 따라 달라지고, 이와 같은 이유로 만일 가입자가 인증기관의 신원확인에도 불구하고 타인의 명의를 모용하여 인증기관으로부터 인증서를 발급받았다고 하더라도 인증기관은 인증업무준칙 또는 가입자와의 계약에 따른 확인방법과 절차에 의하여 성실하게 신원확인 업무를 수행하였다면, 위와 같이 가입자가 타인의 명의를 모용한 데 따른 각종 채무불이행이나 손해배상책임을 지지 않는 것이 원칙이다.

② 인증서의 발행

인증기관은 가입자의 신원확인을 마친 후에 가입자에 대하여 인증서를 발행하여야 한다. 인증서에 대한 것은 후술하기로 한다.

③ 인증사실 등의 공개

인증기관은 자신의 가입자에게 발행한 인증서(인증사실)를 일반에게 적절하고도 알기 쉬운 방법으로 공개하여야 하고, 자신이 작성한 인증업무준칙도 같은 방법으로 이를 일반에게 공개하여야 한다. 이외에도 가입자 혹은 인증기관 자신의 인증서의 효력이 정지되었거나 인증서가 취소되는 등의 사유가 발생하였을 경우에는 그와 같은 사유를 공시해야 한다.

인증기관의 공개 또는 공시의 방법에 관하여는 인증업무준칙상에 규정해 두는 것이 보통일 것이고, 대부분 인증보관서(Repository)라 불리는 서버장치에 저장되어 공개 또는 공시될 것으로 보인다. 전자서명법 제19조도 '공인인증기관은 자신이 발급한 공인인증서가 유효한지의 여부를 누구든지 정보통신망을 통하여 항상 확인할 수 있도록 하는 설비 등 인증업무에 관한 시설 및 장비를 안전하게 운영하여야 한다고 규정하고 있는데, 우리나라는 전자적 방법에 의한 공개와 인증관리체계의 직접 운영을 명시하고 있는 것이다.

다. 인증업무준칙

① 인증업무준칙의 의의

인증업무준칙(Certificate Practice Statement: CPS)[14)]이라 함은 인증기관이 인증업무를 수행하는 데에 있어서 준수하여야 하는 관리적·기술적 사항을 정한, 실무상 적용되는 세부내용을 말한다. 이는 인증기관에 의하여 제시되는 것으로 인증기관의 내부규칙이기는 하지만 동시에 가입자 및 인증서를 신뢰한 이용자 등 제3자에게 있어서 인증기관의 안정성 및 신뢰성을 판단할 수 있는 직접적인 기준이 된다. 따라서 인증업무준칙은 인증기관의 인증서비스에 있어서 매우 중요한 역할을 한다.

현재 미국의 VeriSign사의 인증업무준칙[15)]은 아주 상세할 뿐만 아니라, 여러 측면에서 법적 검토 후 제시한 것으로 이 분야에 관하여 우리에게 많은 점을 시사하고 있다.

전자서명법 제6조 제1항, 제2항은 인증업무준칙에 관하여 공인인증기관이 인증업무를 개시하기 전에 다음 사항이 포함된 인증업무준칙을 작성하여 주무장관인 미래창조과학부장관에게 신고하여야 하며, 이를 변경한 경우에도 마찬가지로 미래창조과학부장관에게 신고하도록 규정하고 있다. 동조 제3항은 미래창조과학부장관은 공인인증기관의 인증업무준칙의 내용이 인증업무의 안전과 신뢰성의 확보에 지장을 초래하거나 가입자의 이익을 저해할 우려가 있다고 판단되는 경우에는 상당한 기간을 정하여 당해 공인인증기관에게 인증업무준칙의 변경을 명할 수 있다고 되어 있다.

인증업무준칙에서 인증방침, 가입자 인증절차, 생성정보 관리절차 등이 주된 내용으로 구성되지만, 무엇보다도 중요하게 다루어지고 있는 내용으로 인증

---

14) 인증업무준칙이라는 용어는 미국 변호사협회의 디지털서명지침에서 유래한 것으로서(ABA, Digital Signature Guidelines(Aug.1, 1996), §1.8 참조), 인증서 주체를 인정하고 그 지역적 환경을 보호하기 위하여 인증기관이 취하는 조치를 명확히 하는 것이며, 아울러 인증기관의 신뢰성에 기여하는 기본적인 기술적·절차적·법적 기초를 기술한 것이다. 김진희/손진화/이영균, 정보사회론, 세창출판사, 1999, 381면, 각주 61) 참조.

15) 이에 관하여 http://www.verisign.com/ 참조.

서의 발급, 취소, 중지, 재발급(재계약) 등에 대하여 명확히 하여야 할 것이다. 이 부분은 일반인에 의한 인증기관의 신뢰도를 평가하는 주요한 평가대상이 될 뿐만 아니라 실제 인증업무수행상 발생할 수 있는 법적 다툼과 직접 관련되어 있다.

이러한 인증업무준칙은 인증기관과 가입자의 기술적 이용관계의 세부적인 내용을 정한 것으로 인증서를 발급하기 위한 세부규정이라고 할 수 있다. 이는 인증서를 신뢰하여 거래하는 상대방에 대하여도 일정한 내용이 포함되어 있으며 따라서 단순히 인증기관과 가입자의 사이에서만 적용되도록 한정된 것이 아니라, 제3자에게도 직접적인 영향을 미치게 된다.[16]

인증업무준칙은 인증업무의 수행이 안전하고 신뢰성을 확보할 수 있도록 법률에서 요구한 공인인증기관이 갖추어야 할 필요사항을 규정하고 있으며, 인증기관의 인증행위가 대부분 일반인이 이해하기 어려운 기술내용에 따라 행하여지고 있으므로 이용자의 인증행위에 관한 전과정을 이해할 수 있게 할 뿐만 아니라 인증기관의 가입자정보에 대한 보안지침 등을 소개하고 있다.

② 법적 성질

인증업무준칙은 인증기관의 내부준칙이면서 가입자 및 이용자에게는 인증기관의 안전성, 신뢰성을 판단하는 기준이 되고, 인증기관 및 가입자 나아가 인증서의 이용자가 취하여야 할 주의의무를 제시하여 주기도 한다.

이것의 법적 성질은 한편으로는 인증기관의 구조, 업무수행절차 등에 관한 내부규율로서의 성질을 가지고 있고, 다른 한편으로는 인증기관과 가입자간의 계약내용을 이루기도 하는 한편, 인증기관의 상대방에 대한 불법행위에 기한 손해배상책임의 존부 및 범위의 판단기준으로서의 성격도 갖는다.

한편 인증업무준칙의 내용 중 순수히 인증기관의 업무에 관한 내부규율에 그치는 규정이라고 하더라도, 경우에 따라서는 인증기관과 가입자 혹은 신뢰당사자(상대방)간의 법적 책임의 존부나 그 범위에 관한 보조적인 판단기준으로 작용할 수도 있을 것이다. 인증업무준칙의 내용 중 인증기관과 가입자의 법적 지위 및 상호간의 의무를 규정한 부분은 약관으로서 「약관의 규제에 관한 법률」에서 정한 바에 따른 계약 내용의 일부가 될 수 있다.

16) 배대헌, 전게서, 81면.

③ 인증업무준칙의 내용

현재 국내에 공개된 인증업무준칙[17)]으로는 1999년 8월 25일 한국정보보호원의 전자서명인증관리센터에서 정한 것이 있다. 여기서 정한 것을 개략적으로 살피면 다음과 같다.

i) 개요에서 배경 및 목적, 적용범위, 인증서 정책, 인터넷진흥원 소개, 인증 관련 당사자, 공인인증서 이용범위 및 용도, 인증업무준칙 제·개정권자

ii) 총칙에서 의무, 인터넷진흥원의 책임, 해석·집행, 수수료, 공고, 지적재산권,

iii) 신원확인에서 공인인증서 신규 발급 신청시 신원확인, 공인인증서 재발급 신청시 신원 확인, 공인인증서 갱신 발급 신청시 신원확인, 공인인증서 효력정지 및 폐지 신청시 신원확인, 공인인증서 효력회복 신청시 신원확인,

iv) 운영에서 공인인증서 신청, 공인인증서 발급, 공인인증서 효력정지, 공인인증서 효력회복, 공인인증서 폐지, 보안감사 절차, 기록 보존, 키의 교체, 복구 대책,

v) 물리적, 절차적, 인적 보안 대책에서 물리적 통제, 절차적 통제, 인적 통제, 보안 점검, 보안업무규정 준수,

vi) 기술적 보안 통제에서 전자서명키 생성, 전자서명생성정보 보호, 전자서명생성정보 사용기간, 컴퓨터 및 네트워크 보안 통제,

vii) 공인인증서·공인인증서 효력정지 및 폐지목록 규격에서 공인인증서 규격, 공인인증서 효력정지 및 폐지목록 규격,

viii) 인증업무준칙의 관리에서 개정 절차, 시행 절차,

ix) 용어정리 등이다.

이것은 인터넷진흥원의 인증업무준칙이므로 개별적인 공인인증기관이 인증업무준칙을 작성하여 시행할 때에는 일반 이용자를 위하여 기술적 내용을 보다 쉽고 자세하게 작성하여야 할 것이다.

④ 인증업무준칙과 약관규제법

위에서 살펴본 것처럼 인증업무준칙은 인증기관이 인증업무를 수행하는 데에 있어서 준수하여야 하는 관리적·기술적 사항을 미리 정하고 이용자에게 그

---

17) 이에 대해서는 http://www.rootca.or.kr/ 참조.

세부사항을 내보여주는 것이다. 따라서 위에서 약간 언급하였던 것처럼 약관의 일부로 볼 수도 있다.

약관이라 함은, 기업 또는 개인이 그의 업종에 속하는 다수의 계약을 장차 체결할 때에, 그들 계약에 포함시킬 목적으로 미리 일방적으로 작성한 정형적 계약내용 내지 계약조건을 말한다(약관의 규제에 관한 법률 제2조 참조: 이하 약관법). 즉, 기업이 그의 고객과 거래할 때마다 개별적으로 계약내용을 협정한다는 것은 매우 번거로운 일이다. 그러한 번거로움을 피하기 위하여 기업이 앞으로 맺게 될 계약에 일률적으로 적용될 계약조건을 미리 정형적으로 정해 두고, 동종의 거래에 대하여 공통적·획일적으로 그 조건에 따라 계약을 체결하는 것이다.[18)]

인증업무준칙은 인증업무의 종류, 인증업무의 수행방법 및 절차, 이용조건 및 이용요금 기타 인증기관의 책임, 권한 및 의무 등의 세부사항에 관하여 규정하고 있다. 따라서 인증업무준칙은 인증기관이 장차 다수의 가입자 등과 인증계약을 체결할 것에 대비하여 미리 일방적으로 작성한 정형적 계약내용 또는 계약조건이라고 할 수 있다.

이러한 의미에서 인증업무준칙은 약관의 성질을 갖는다고 볼 수 있으며, 약관법은 약관이라 함은 "명칭이나 형태 또는 범위를 불문하고 계약의 일방당사자가 다수의 상대방과 계약을 체결하기 위하여 일정한 형식에 의하여 미리 마련한 계약의 내용이 되는 것"을 말한다고 규정하고 있으므로(약관법 제2조 제1항), 인증업무준칙도 동법의 규율을 받는다고 보아야 할 것이다. 따라서 약관법에 따라서 약관의 명시·설명의무(약관법 제3조 제1항·제2항), 명시·설명의무 위반한 경우에 인증업무준칙의 내용을 계약의 내용으로 주장할 수 없다(약관법 제3조 제3항)는 규정도 적용된다.

따라서 인증업무준칙의 규정 중에는 그 효력을 부정해야 할 사항들도 있을 것으로 예상되는데, 그 일례로 유타주의 디지털서명법 제304조는 인증기관이 인증서를 발행함으로써 보장하는 사항들에 대한 것은 당사자의 약정에 의하여 경감하거나 면제될 수 없는 것으로 규정하고 있고, 유엔국제거래법위원회의 전자서명통일규칙 초안 제11조도 가입자와 인증기관과의 관계는 기본적으로 계약에 의하여 결정하도록 하고 있어 면책조항을 두는 것도 가능하나, 제10조(인증서 발행에 의한 보장사항)에 규정된 최소한의 기준은 당사자간의 합의에 의하여

18) 곽윤직, 채권각론, 박영사, 1996, 35면.

도 그 적용을 배제할 수 없고, 인증기관의 책임을 제한하거나 면제하는 것이 계약의 목적에 비추어 심히 부당한 경우에는 인증기관이 면책조항을 원용할 수 없도록 규정하고 있다. 사업자에게 지나치게 유리한 면책조항은 무효가 되며, 사용자에게 부당하게 과중한 지연손해금의 손해배상액을 예정하는 조항도 무효가 된다(약관법 제7조·제8조)는 규정과 궤를 같이한 것으로 보인다.

만약 어떠한 내용을 원용할 수 없다면, 이 때 계약으로 편입되지 못한 약관을 제외한 나머지 부분만으로 계약은 유효하게 존속하지만, 유효한 부분만으로는 인증계약의 목적달성이 불가능하거나 일방 당사자에게 부당하게 불리한 때에는 당해 계약은 무효가 된다(약관법 제16조).

라. 인증업무의 양수·양도, 인증기관의 합병

공인인증기관은 다른 공인인증기관의 인증업무를 양수하거나 다른 공인인증기관인 법인을 합병하고자 하는 경우에는 정보통신부령이 정하는 바에 따라 미래창조과학부장관에게 신고하여야 한다(전자서명법 제9조 제1항). 인증업무를 양수한 공인인증기관 또는 합병한 경우에 합병 후 존속하는 법인이나 합병으로 설립된 법인은 종전의 공인인증기관의 지위를 승계한다(동법 제9조 제2항).

공인인증기관의 인증업무 양도·양수, 공인인증기관의 합병의 신고를 하고자 하는 자는 그 사유가 발생한 날부터 15일 이내에 별지 3호서식의 공인인증업무양수신고서(전자문서로 된 신고서를 포함한다)에 다음 각호의 서류(전자문서를 포함한다)를 첨부하여 미래창조과학부장관에게 제출하여야 한다. 다만, 전자정부구현을위한행정업무등의전자화촉진에관한법률 제21조 제1항의 규정에 의한 행정정보의 공동이용을 통하여 첨부서류에 대한 정보를 확인할 수 있는 경우에는 그 확인으로 첨부서류에 갈음할 수 있다(전자서명법 시행규칙 제6조 제1항, 제2항, 제3항). 미래창조과학부장관은 공인인증기관의 인증업무의 양수 또는 공인인증기관의 합병이 있는 때에는 그 사실을 고시하여야 한다(동조 제4항).

마. 인증업무의 휴지 및 폐지

인증업무의 휴지 또는 폐지의 신고를 하고자 하는 자는 별지 5호서식의 공인인증업무(휴지·폐지)신고서(전자문서로 된 신고서를 포함한다)에 각 호의 서류(전자문서를 포함한다)를 첨부하여 미래창조과학부장관에게 제출하여야 한다(동법 시행규칙 제7조 제1항).

공인인증기관이 다른 공인인증기관에게 가입자인증서등을 인계할 수 없는 경우에는 별지 6호서식의 가입자인증서등의 인계불능사유서 및 인계할 가입자인증서등의 목록을 미래창조과학부장관에게 제출하여야 한다(동법 시행규칙 제8조).

바. 인증업무의 안전성 및 신뢰성 확보

① 가입자의 전자서명정보 보관의무 가입자는 자신의 전자서명생성정보를 안전하게 보관·관리하여야 하며, 이를 분실·훼손 또는 도난·유출되거나 훼손될 수 있는 위험을 인지한 때에는 그 사실을 공인인증기관에 통보하여야 한다(동법 제21조 제1항). 또한 누구라도 타인의 전자서명생성정보를 도용 또는 누설하여서는 아니 되며(동법 제23조 제1항), 누구든지 타인의 명의로 공인인증서를 발급받거나 발급받을 수 있도록 하여서는 아니 된다(동조 제2항). 뿐만 아니라 누구든지 공인인증서가 아닌 인증서 등을 공인인증서로 혼동하게 하거나 혼동할 우려가 있는 유사한 표시를 사용하거나 허위로 공인인증서의 사용을 표시하여서는 아니된다(동조 제3항).

② 공인인증기관의 안전성 확보의무 공인인증기관은 가입자의 신청이 있는 경우 외에는 가입자의 전자서명생성정보를 보관하여서는 아니 되며, 가입자의 신청에 의하여 그의 전자서명생성정보를 보관하는 경우에도 당해 가입자의 승낙 없이 이를 이용하거나 유출하여서는 아니 된다(동법 제21조 제3항).

공인인증기관은 자신이 이용하는 전자서명생성정보를 안전하게 보관·관리하여야 하며, 당해 전자서명생성정보가 분실·훼손 또는 도난·유출된 때에는 지체 없이 그 사실을 인터넷진흥원에 통보하고 인증업무의 안전과 신뢰성을 확보할 수 있는 대책을 마련하여야 한다(동조 제4항).

③ 공인인증기관의 기록 관리 및 보관 의무 공인인증기관은 가입자의 인증서와 인증업무에 관한 기록을 안전하게 보관·관리하여야 할 의무를 부담한다(동법 제22조 제1항). 또한 공인인증기관은 가입자인증서 등을 당해 인증서의 효력이 소멸한 날부터 10년 동안 보관하여야 한다(동조 제2항). 뿐만 아니라 공인인증기관 및 가입자는 공인인증서의 유효기간 이내에 당해 공인인증서의 기재사항 또는 공인인증서와 결부된 정보가 정확하고 완전하게 유지되도록 상당한 주의를 기울여야 한다(제22조의 2).

④ 개인정보보호 보호의무 공인인증기관은 개개인의 전자서명검증정보

와 개인을 식별할 수 있는 정보를 함께 보유하게 되므로 개인정보의 집중이 이루어지게 된다. 이에 따라 어떠한 기관보다도 더 개인정보에 대한 강력한 보호조치가 필요한 기관 중의 하나라고 할 수 있다. 이에 따라 공인인증기관은 인증업무의 수행과 관련하여 개인정보를 보호하여야 한다(동법 제24조 제1항).

사. 인증기관의 업무에 대한 감독

인증기관의 업무는 그 업무가 사회 전반과 국가 전체에 미칠 수 있는 중요한 것이어서 정부의 지도, 감독을 받도록 하고 있다. 미래창조과학부장관은 인증업무의 안전과 신뢰성 확보 및 가입자의 보호 등을 위하여 필요한 경우에는 공인인증기관에 대하여 자료를 제출하게 할 수 있으며, 관계공무원으로 하여금 공인인증기관의 사무실·사업장 기타 필요한 장소에 출입하여 인증관리체계·장부·서류 기타 물건을 검사하게 할 수 있다(동법 제14조 제1항). 이 경우에 출입·검사를 하는 공무원은 그 권한을 나타내는 증표를 관계인에게 내보여야 한다(동조 제2항). 최상위인증기관인 인터넷진흥원은 전자서명을 안전하고 신뢰성 있게 이용할 수 있는 환경을 조성하고 공인인증기관을 효율적으로 관리하기 위하여 공인인증기관의 전자서명 검증키에 대한 인증, 전자서명인증기술의 개발 및 보급 기타 전자서명인증과 관련된 업무를 수행한다(동법 제25조 제1항).

아. 인증업무의 정지 및 지정취소

미래창조과학부장관은 공인인증기관이 다음 각 호의 1에 해당하는 경우에는 6월 이내의 기간을 정하여 인증업무의 전부 또는 일부의 정지를 명하거나 지정을 취소할 수 있다. 다만, 1호 및 2호의 경우에는 지정을 취소하여야 한다(동법 제12조 제1항). 동법은 1, 2호만을 반드시 지정취소해야 하는 사유로 정하고 나머지는 행정관청이 재량사항으로 정하고 있다. 그런데, 시행규칙의 별표 기준에 따르면 3호도 지정취소사유로 정하고 있다.[19)]

1. 사위(詐僞) 기타 부정한 방법으로 제4조의 규정에 의한 지정을 받은 경우
2. 인증업무의 정지명령을 받은 자가 그 명령에 위반하여 인증업무를 정지

19) 이에 대해서 재량권의 남용으로 볼 소지가 있으며, 재량권의 남용에 해당한다면 법원은 규칙이 아니라 법령 전체 및 평등원칙과 같은 행정법의 일반원칙을 법원으로 하여 판단함에 따라 규정자체가 무력화될 여지가 있다고 보는 견해가 있다. 강태욱, 전자서명법 검토서, ECBR&CNKLSS 전자서명법시행과 업계의 대응전략, 1999.5.17., 발표논문.

하지 아니 한 경우

3. 제4조의 규정에 의한 지정을 받은 날부터 6월 이내에 인증업무를 개시 하지 아니하거나 6월 이상 계속하여 인증업무를 휴지한 경우
4. 제6조 제3항의 규정에 의한 인증업무준칙 변경명령에 위반한 경우
5. 제11조의 규정에 의한 시정명령을 정당한 사유없이 이행하지 아니한 경우

위의 경우에 정보통신부 장관은 그 업무정지가 가입자 등에게 심한 불편을 주거나 기타 공익을 해할 우려가 있는 때에는 그 업무정지처분에 갈음하여 2천만원 이하의 과징금을 부과할 수 있다(동법 제13조 제1항).

지정이 취소된 공인인증기관은 가입자인증서 등을 다른 공인인증기관에게 인계하여야 한다. 다만, 부득이한 사유로 인하여 가입자인증서 등을 인계할 수 없는 때에는 그 사실을 미래창조과학부장관에게 지체 없이 신고하여야 한다(동법 제12조 제2항). 이 경우에 미래창조과학부장관은 제3항 단서의 규정에 의하여 신고를 받은 때에는 한국인터넷진흥원에 대하여 당해 공인인증기관의 가입자인증서 등을 인수하도록 명할 수 있다(동법 제10조 제4항, 제12조 제3항).

자. 시정명령

미래창조과학부장관은 공인인증기관의 업무수행방법이 부적합하여 공인전자서명의 안전과 신뢰성 확보에 지장을 줄 우려가 있거나 갖추어야 할 사항을 갖추지 않는 등의 사유가 있는 경우에는 기간을 정하여 시정조치를 명할 수 있다(동법 제11조).

3. 인증서

인증서는 간략하게 말하면 '어떠한 전자서명생성정보가 신원확인절차를 마친 가입자에게 유일하게 속한다는 사실을 확인하고 이를 증명하는 전자적 정보(제2조 7호)'이다. 달리 말하면, '가입자의 신원을 확인한 후, 가입자의 전자서명생성정보를 포함하여 인증기관에 의하여 전자적으로 서명된 컴퓨터 기반의 기록물'이라고 할 수 있다. 인증기관은 전자서명을 하고자 하는 자의 전자서명생성정보가 진정한 가입자의 것임을 증명하게 되는데 그 증명하는 방식은 가입자에게 발급하는 인증서와 가입자와 거래하는 자가 확인하는 인증서관리 목록에 의거하게 된다.[20]

인증서는 전자서명에 있어서 가장 중요한 내용으로 어떠한 내용을 포함시킬 것인지 여부, 발급, 효력 등이 주된 논의대상이다. 전자서명법에서는 공인인증기관이 발급하는 공인인증서를 규율대상으로 하고 있다.

인증서는 그 효용에 따라 어떠한 공개키가 특정한 가입자에게 속하는 점을 증명하는 신원인증서, 가입자에게 일정한 자격이나 권한이 있음을 증명하는 자격인증서, 어떠한 거래관계에 있어서 일정한 사실이 발생하였음을 증명하는 거래인증서[21], 전자문서가 특정 일시에 존재하였다는 사실을 증명하는 일시인부(日時印附, Time-Stamping) 인증서가 있다.[22]

(1) 인증서 내용 및 발급

가. 인증서의 내용

인증서를 발급받고자 하는 자는 공인인증기관에 대하여 인증서의 발급을 신청한다. 이 때 공인인증기관은 인증서의 이용범위 및 용도 등을 고려하여 그 신원을 확인하여야 한다(동법 제15조 제1항). 공인인증기관이 발급하는 인증서에는 다음 사항이 포함되어야 한다. ① 가입자의 이름(법인의 경우에는 명칭), ② 가입자의 전자서명검증정보, ③ 가입자와 공인인증기관이 이용하는 전자서명 방식, ④ 공인인증서의 일련번호, ⑤ 공인인증서의 유효기간, ⑥ 공인인증기관의 명칭, ⑦ 공인인증서 이용범위 또는 용도를 제한하는 경우에 이에 관한 사항, ⑧ 가입자가 제3자를 위한 대리권 등을 갖는 경우에 이에 관한 사항 ⑨ 공인인증서임을 나타내는 표시 등이다(동법 제15조 제2항).

위와 같은 9가지 요건을 모두 갖추지는 않았으나 당사자간에 그에 대한 약정이 있는 경우에 인증서의 효력을 어떻게 볼 것인지가 문제된다. 신원확인에 관한 사항, 가입자의 전자서명검증정보, 유효기간, 일련번호, 전자서명검증정보

20) 오늘날에는 전자거래의 거의 모든 분야에서 인증서가 활용된다. 예컨대, 금융분야(인터넷 뱅킹, 사이버 증권, 사이버보험, 전자화폐 등), 전자상거래분야(인터넷쇼핑, 전자영수증, 전자계약, 전자무역, 각종 예약/티켓팅 등), 공공분야(전자민원서비스, 전자조달 및 입찰, 각종 공과금 수납 등), 기타분야(인터넷주주총회, 전자의료, 전자세금계산서, 전자투표, 대학학사업무, 전자공증 등)이다.

21) 전자서명법 제15조 제2항 8호도 공인인증기관은 공인인증서를 발급하고자 하는 자의 신청이 있는 경우에는 인증서의 이용범위 또는 용도를 제한하는 인증서를 발급할 수 있도록 함으로써 거래인증서의 발행을 인정하고 있다.

22) 전자거래법, 사법연수원, 2005, 417면.

등과 같이 최소한도 포함되어야 할 내용이 아니라면 전자서명의 안전성과 신뢰성을 해하지 않는 범위 안에서 인증서의 효력을 인정하는 것이 타당하다고 생각한다.

문제는 가입자의 성명이 실명이어야 하는가이다. 인증기관은 신원확인을 통하여 전자문서에 나타날 가입자에게 그의 공개키가 귀속되는 것을 증명하면 될 뿐 그 가입자가 외부에 어떤 이름으로 표시되느냐 하는 것까지 관여하지는 않기 때문에, 인증서에 표시될 성명이 가입자의 실명임을 요하지 않는다고 한다.[23] 현재 우리나라의 공인인증기관들은 대체로 인증서에 사용되는 가입자의 명칭에 관하여 가입자의 실명을 사용하는 것을 원칙으로 하되, 실명 외에 가입자에게 사용권한이 있는 명칭도 사용할 수 있도록 하고 있다.[24]

공인인증기관은 인증서를 발급받고자 하는 자의 신청이 있는 경우에는 인증서의 이용범위 또는 용도를 제한하는 인증서를 발급할 수도 있다(동법 제15조 제4항). 이 때 공인인증기관은 인증서의 이용범위 및 용도, 이용된 기술의 안전과 신뢰성 등을 고려하여 인증서의 유효기간을 적정하게 정하여야 한다(동법 제15조 제5항).

나. 인증서의 발급

공인인증기관은 인증서를 발급 받고자 하는 자에게 인증서를 발급한다. 이 경우 공인인증기관은 인증서의 이용범위 및 용도 등을 고려하여 그 신원을 확인하여야 한다(동법 제15조 제1항). 인증서를 발급하고자 할 때에는 가입자를 직접 대면하여 신원을 확인하여야 한다. 다만 가입자를 직접 대면하지 않는 경우에도 공인인증서를 발급할 수 있는 경우가 있는데 가입자가 동법 제3조의 효력이 있는 전자서명을 하여 공인인증서 발급을 신청하는 경우 별도의 직접 대면에 의한 신원확인을 요하지 아니한다. 가입자가 정보통신망을 통하여 인증서의 발급을 요청하는 경우 공인인증기관은 그 이용 범위 및 용도를 특정하여 인증서를 발급할 수 있다.

---

23) 전자거래법, 상게서, 421면,

24) 한국전자인증의 경우 인증서를 발급할 때 가입자의 이름에 대하여 개인 실명, 법인명 등 법적 이름(영문) 외에 인터넷 도메인명, 인터넷 IP 주소, 증명서가 수반된 특허청 또는 국제적으로 인정된 상표권 등, WWW용 URL, 전자우편 주소 등을 허용하고 가입자가 별도의 명칭을 요청할 경우에는 협의절차를 거쳐 인증서에 가입자가 원하는 이름을 기재하도록 허용할 수 있도록 하고 있다(업무준칙 1.5.6.1).

(2) 인증서의 효력

가. 인증서의 인수

인증서는 가입자가 인증기관이 발급한 인증서를 인수(Acceptance)한 때부터 효력을 갖게 되는데, 가입자가 인증서를 인수한다고 하는 것은 가입자가 인증서의 내용을 알고 이에 동의함을 말하며, 이러한 동의는 명시적·묵시적 동의 양자를 포함한다.[25] 가입자가 인증기관으로부터 인증서를 전달받고 전자서명을 행하였다면 인증서의 인수가 있었다고 보아야 할 것이다. 인증서의 가입시부터 가입자는 정당히 전자서명을 행할 수 있고, 상대방은 그 전자서명이 가입자의 것임을 믿을 수 있게 된다. 따라서 인증서를 인수한 후에는 그 인증서에 기하여 전자서명을 한 뒤 인증서에 기재된 사항이 자신의 의사에 반한 것이라거나 사실과 다르다는 점을 주장할 수 없다.

인증서의 인수시기는 인증서의 효력발생의 시간적 기준이 되고, 그 때부터 가입자, 인증기관과 상대방의 법률적 지위가 결정되기 때문에 인증서의 인수시기(효력발생시기)는 중요한 의미를 갖는다.

공인인증기관인 금융결제원은 그 인증업무준칙에서 '가입자는 금융결제원이 생성한 인증서를 전달받아 인증서의 내용을 확인하고, 내용이 이상이 없는 경우 인수의사를 밝히고, 공인인증서와 자신의 전자서명생성정보를 저장할 매체를 선택하고 이를 안전하게 저장·보관해야 한다. 금융결제원이 생성한 인증서를 전달한 후 7일(전달일 포함)이 경과하면 가입자는 인수의사를 밝힌 것으로 간주된다. 가입자가 인증서를 인수하는 것은 당해 인증서의 내용이 가입자의 신청에 의하여 포함되었으며, 인증서에 포함된 내용이 정확한 정보임을 보장하는 것이다(업무준칙 3.3)'라고 규정함으로써 인증서의 인수의 의미를 나타내고 있다.

만일 인증업무준칙에 인수시기와 관련한 내용이 결여되었다고 한다면, 가입자의 인수시점은, 인증기관으로부터 인증서가 가입자에게 도달되었을 때 인증서의 인수가 있는 것으로 추정하되, 가입자는 자신이 상당한 기간 내에 인증서의 내용에 대하여 이의하였음을 반증할 수 있고 그러한 이의가 있으면 소급하여 인증서의 효력이 상실되는 것으로 이해해야 할 것이며, 이 때 이의할 수 있는 상당한 기간은 전자거래의 안전성을 도모할 필요성에 비추어 가능한 한

---

25) ABA, Digital Signature Guidelines, 1996, part 1.1, 1.1.4

단기간으로 해석해야 할 것이다.[26)]

나. 인증서의 유효기간

인증서는 인증서상에 표시된 유효기간 내에만 효력을 갖는다. 공인인증기관은 공인인증서의 이용범위 및 용도, 이용된 기술의 안전성과 신뢰성 등을 고려하여 공인인증서의 유효기간을 적정하게 정하여야 한다(동법 제15조 제5항). 암호기술의 빠른 발전속도와 개인키 관리상의 문제 등으로 인증서의 개인키가 누출될 위험 때문에 현재 발급되는 인증서들은 1-2년의 짧은 유효기간을 정하고 있다. 인증서의 유효기간이 경과되었다는 점만으로 공인인증기관의 시스템을 통한 전자서명이 종전보다 곧바로 신뢰성이 떨어지게 되었다고 할 수는 없지만, 인증서의 유효기간이 경과한 후에는 그 인증서는 효력을 상실하고 그 인증서를 이용한 전자서명도 공인전자서명이라고 할 수 없다. 인증서의 유효기간 경과 전에 전자서명이 이루어졌다면 그 전자서명의 효력은 유효기간 경과 후에도 계속 유지된다.[27)]

다. 인증서의 효력의 소멸

공인인증기관이 발급한 공인인증서는 공인인증서의 유효기간이 경과한 경우, 공인인증기관의 지정이 취소된 경우, 공인인증서의 효력이 정지된 경우, 공인인증서가 폐지된 경우에는 그 사유가 발생한 때에 그 효력이 소멸된다(동법 제16조 제1항).

미래창조과학부장관은 인증업무의 안전과 신뢰성 확보를 위하여 필요한 경우에는 인증업무를 휴지 또는 폐지하였거나 인증업무가 정지된 공인인증기관이 발급한 공인인증서의 효력을 정지할 수 있다(동법 제16조 제2항). 또한 공인인증서의 효력을 정지한 때에는 인터넷진흥원으로 하여금 인증관리체계에 의하여 누구든지 그 사실을 항상 확인할 수 있도록 지체 없이 필요한 조치를 취하여야 한다. 공인인증서의 효력이 소멸된 경우에도 또한 같다(동조 제3항).

라. 인증서의 효력 정지·회복

공인인증기관은 가입자 또는 그 대리인의 신청이 있는 경우에는 공인인증

26) 사법연수원, 전게서, 152면.

27) 이응세, 전게논문, 423면.

서의 효력을 정지하거나 정지된 인증서의 효력을 회복하여야 한다. 효력의 정지란 인증서의 유효기간 내에 인증기관이 가입자 등으로부터 요청을 받아 그 인증서의 효력을 일시적으로 정지시키는 것을 말한다. 공인인증기관이 공인인증서의 효력을 정지하거나 회복한 경우에는 그 사실을 항상 확인할 수 있도록 지체 없이 필요한 조치를 취하여야 한다(동법 제17조). 공인인증서 효력회복의 신청은 인증서의 효력이 정지된 날로부터 6월 이내에 하여야 한다.

마. 인증서의 폐지

인증서의 폐지는 인증서의 효력을 장래에 향하여 소멸시는 것을 말하며, 가입자 측의 신청이 있거나 인증기관이 인증서의 효력을 더 이상 유지할 수 없을 정도로 인증서의 효력에 치명적인 문제가 발생한 경우에 이루어진다.

공인인증기관은 공인인증서에 관하여 가입자 또는 그 대리인이 공인인증서의 폐지를 신청한 경우, 가입자가 사위(詐僞) 기타 부정한 방법으로 공인인증서를 발급받은 사실을 인지한 경우, 가입자의 사망·실종선고 또는 해산 사실을 인지한 경우, 가입자의 전자서명생성정보가 분실·훼손 또는 도난·유출된 사실을 인지한 경우에는 당해 공인인증서를 폐지하여야 한다(동법 제18조).

공인인증기관은 위의 내용에 의하여 공인인증서를 폐지한 경우에 인증서폐지목록(Certificate Revocation List: CRL)을 작성하여 가입자와 거래하는 제3자의 불이익을 막기 위하여 그 사실을 항상 확인할 수 있도록 지체 없이 필요한 조치를 취하여야 한다(동법 제18조 제2항).

(3) 기타문제

가. 특정 공인인증서 요구 금지

누구든지 공인인증서를 이용하여 전자서명을 확인하는 경우 정당한 이유 없이 특정 공인인증기관의 공인인증서만을 요구하여서는 아니된다(제25조의 3). 이 규정은 전자서명법 제정 이후 신설된 것인데, 취지는 특정 공인인증서만을 요구하고 다른 인증기관의 인증서를 거부하는 사태를 미리 차단함으로써 공인인증기관간의 공정한 경쟁을 유도하고 이용자의 편의성을 도모하기 위한 것으로서, 국가에서 공통으로 법적 효력을 인정하고 있는 공인인증서에 대하여 차별화하는 것은 문제가 있고, 개별 인증기관에 의한 시장지배의 가능성과 인증서 이용의 부진을 유발하는 등의 문제점을 대비하기 위한 것이라고 설명된다.

나. 공인인증서에 의한 본인확인

다른 법률에서 공인인증서를 이용하여 본인임을 확인하는 것을 제한 또는 배제하고 있지 아니한 경우에는 전자서명법의 규정에 따라 공인인증기관이 발급한 공인인증서에 의하여 본인임을 확인할 수 있다(동법 제18조의 2). 이 규정에 따라 금융거래에서 요구하고 있는 실명확인을 장차 공인인증서를 통하여 할 수도 있을 것이다.[28)]

다. 외국 인증기관이 발행한 인증서의 효력문제

한 나라의 인증기관이 발행한 인증서의 다른 나라에서의 효력 인정여부에 대해서 몇 가지 입법례가 있다.

독일의 구 디지털서명법 제15조는 유럽연합회원국 또는 유럽경제구역에 관하여 협정을 맺은 국가와 그 외의 국가를 구별하여 유럽연합회원국 등 상호간의 경우에는 외국에서 인증서가 발행된 경우라 할지라도, 그것이 동법이 규정하고 있는 동일한 보안수준을 갖추고 그 공개키를 확인할 수 있다면 디지털서명으로서 동등한 효력을 인정하고 있고, 그 외의 국가의 경우에는 인증서의 승인에 관한 초국가적, 국제적 협정이 체결되어 있다면 역시 동일한 효력을 인정할 수 있다고 규정하고 있다.

또한 유엔 국제거래법위원회의 전자서명통일규칙 초안 제19조는, 외국 인증기관의 실제 업무가 통일규칙에서 요구하고 있는 수준과 동등하거나 그 이상의 신뢰수준을 제공한다면, 그 외국 인증기관이 발행한 인증서는 국내법에 의하여 운영되는 인증기관이 발행한 인증서와 법적으로 동등한 것으로 인정되며, 이렇게 외국 인증기관의 인증서가 국내 인증기관의 인증서와 동일한 효력이 있다는 사실은 그 국가의 결정으로써 일반에 공고하거나 관계국간의 양자 혹은 다자간 협정을 통하여 확인할 수 있고(동조 제1항), 외국의 법률이 국내법에서의 서명 및 문서에 요구하는 수준과 동등하거나 그 이상의 신뢰수준을 요구하는 것으로 규정되어 있다면, 그 외국의 디지털서명 기타 전자서명에 관한 법률을 준수한 서명 및 문서는 통일규칙에 따른 서명 및 문서와 법적으로 동등한 것으로 인정되고(동조 제2항), 외국 인증기관이 발행한 인증서가 제반정황에

---

28) 정완용, 개정전자서명법의 주요내용 검토, 디지털재산법연구 제1권 제2호, 한국디지털재산법학회, 2002, 284면.

비추어 인증서의 발행목적에 적합한 것으로 신뢰할 만하다면, 그 인증서를 조회하여 검증된 디지털서명은 법원 등에 의하여 유효한 것으로 인정되며(동조 제3항), 전항의 규정에도 불구하고 국가기관은 그 기관에 제출될 메시지 또는 서명과 관련하여 특정 인증기관, 특정 등급의 인정기관, 특정 등급의 인증서만 사용하도록 제한할 수 있다고 하는 등 비교적 상세하게 규정하고 있다.[29]

우리 전자서명법에서도 제27조의 2의 규정을 두어 외국 전자서명의 효력에 대한 상호인정의 근거를 마련하였다. 후술하기로 한다.

4. 인증업무의 안정성 및 신뢰성 확보

(1) 총설

전자서명생성정보는 종이문서에 사용되는 '인감'이나 '서명'과 같은 역할을 하는데 이를 적정하게 관리하지 않을 경우 타인이 부당하게 사용하여 전자서명·전자문서의 안전·신뢰성을 저해하고 가입자 및 전자문서를 신뢰하는 자에게 피해를 유발시키게 되며 인증서 등의 기록이 적정한 기간 동안 보존되지 않을 경우 전자서명 및 전자문서의 진위 여부에 대한 분쟁 발생시 이를 해결하기 곤란하게 된다. 이러한 문제를 해결하기 위하여 동법 제4장은 인증업무의 안전성 및 신뢰성 확보라는 제목하에 제18조의 3 내지 제20조에서는 공인인증기관의 안전성 확보, 신뢰성 있는 인증설비의 운영, 제21조 내지 제25조에서 전자서명키 및 인증업무 관련 기록의 안전한 관리의무, 제26조에서 공인인증기관의 배상책임 등을 규정하고 있다.

(2) 공인인증기관의 안전성 확보

인증기관이 인증업무를 수행함에 있어서 신뢰성과 안전성 확보가 최우선의 과제이다. 따라서 공인인증기관은 인증업무에 관한 시설의 안전성 확보를 위하여 정보통신부령이 정하는 보호조치를 취하여야 한다(동법 제18조의 3). 또한 공인인증기관은 안전성 확보를 위하여 인증업무에 관한 시설 및 장비를 안전하게 운영하여야 하며(제19조 제1항), 시설 및 장비의 안전운영 여부를 인터넷진흥원으로부터 정기적으로 점검받아야 한다(동조 제2항). 공인인증기관이 시설 및 장비를 변경하는 경우에는 지체 없이 미래창조과학부장관에게 이를 신고하여

29) 한승철, 전자서명 및 인증기관의 법적 문제, 저스티스 31권 1호, 1998.3, 45-46면 참조.

야 한다(동조 제3항).

공인인증기관은 자신이 이용하는 전자서명생성정보를 안전하게 보관·관리하여야 하며, 당해 전자서명생성정보가 분실·훼손 또는 도난·유출된 때에는 인터넷진흥원에 지체 없이 통보하고 인증업무의 안전성과 신뢰성을 확보할 수 있는 대책을 마련하여야 한다(동법 제21조 제4항). 공인인증기관이 위의 내용을 통보하지 아니하는 경우에는 법률에서 정한 과태료 납부처분을 받게 된다(동법 제34조 제1항 7호).

인증관리체계의 구성에서 시스템은 크게 등록관리 시스템, 키 생성시스템, 인증서 생성 시스템, 디렉토리 서비스 시스템, 시점확인 시스템, 웹 서비스 시스템과 같이 주요 분야별 시스템으로 구성된다. 웹 서비스 시스템, 디렉토리 서비스 시스템, 시점확인 시스템은 외부 정보통신망에 연결되어 공인인증기관이나 일반 사용자들에게 온라인 서비스를 제공하며, 나머지 시스템들은 안전·신뢰성의 향상을 위해 오프라인 방식으로 구성된다.[30)]

(3) 전자문서의 시점 확인

전자서명법 제20조는 전자문서가 당해 공인인증기관에 제시된 시점을 전자서명하여 확인할 수 있다고 하여, 소위 전자문서의 시점 확인(Time Stamping)을 규정하고 있다. 그런데, 이러한 시점확인제도에 대하여 아무런 효력을 규정하고 있지 않은 바, 이를 당사자 간의 약정으로 인정할 수도 있겠으나 이는 법적인 효력을 부여하는 것과는 구별되며 그 효력도 미약하다고 할 수 밖에 없다.

(4) 가입자의 전자서명생성정보의 보관 의무 등

가입자는 자신의 전자서명생성정보를 안전하게 보관·관리하여야 하며, 이를 분실 또는 훼손 또는 도난·유출되거나 훼손될 수 있는 위험을 인지한 때에는 공인인증기관에 통보하여야 한다(동법 제21조 제1항). 또한 누구라도 타인의 전자서명생성정보를 도용 또는 누설하여서는 아니 되며(동법 제23조 제1항), 누구든지 타인의 명의로 인증서를 발급 받거나 발급 받을 수 있도록 하여서는 아니된다(동조 제2항). 또한 누구든지 공인인증서가 아닌 인증서 등을 공인인증서로 혼동하게 하거나 혼동할 우려가 있는 유사한 표시를 사용하거나 허위로 공인인증서 사용을 표시하여서는 아니된다(동조 제3항).

---

30) 배대헌, 전게서, 75-76면.

(5) 공인인증기관의 안전성 확보 의무

공인인증기관은 가입자의 신청이 있는 경우 외에는 가입자의 전자서명생성정보를 보관하여서는 아니 되며, 가입자의 신청에 의하여 그의 전자서명생성정보를 보관하는 경우에도 당해 가입자의 승낙 없이 이를 이용하거나 유출하여서는 아니 된다(동법 제21조 제3항). 공인인증기관은 자신이 이용하는 전자서명생성정보를 안전하게 보관·관리하여야 하며, 당해 전자서명생성정보가 분실·훼손 또는 도난·유출된 때에는 인터넷진흥원에 지체 없이 통보하고 인증업무의 안전과 신뢰성을 확보할 수 있는 대책을 마련하여야 한다(동조 제4항).

공인인증기관 뿐만 아니라 가입자는 공인인증서의 유효기간 이내에 당해 공인인증서의 기재사항 또는 공인인증서와 결부된 정보가 정확하고 완전하게 유지되도록 상당한 주의를 기울여야 한다(제22조의 2 제1항).

(6) 인증기관의 기록 관리 의무

공인인증기관은 가입자의 공인인증서와 인증업무에 관한 기록을 안전하게 보관·관리하여야 할 의무를 부담한다(동법 제22조 제1항). 또한 공인인증기관은 가입자인증서 등을 당해 공인인증서의 효력이 소멸된 날로부터 10년 동안 보관하여야 한다(동조 제2항).

(7) 개인정보의 보호

공인인증기관은 개개인의 전자서명검증정보와 개인을 식별할 수 있는 정보를 함께 보유하게 되므로 개인정보의 집중이 이루어지게 된다. 이에 따라 어떠한 기관보다도 더 개인정보에 대한 강력한 보호조치가 필요한 기관 중의 하나라고 할 수 있다. 전자서명법에서는 개인정보의 정의(동법 제2조 13호)규정과 함께, 공인인증기관에게 개인정보 보호의무를 부여하고 있다(동법 제24조 제1항).

(8) 공인인증기관의 손해배상책임

가. 서설

전자서명과 공인인증이 이용된 지가 그리 오래되지 않았을 뿐만 아니라 이들은 고도의 기술을 기반으로 한 제도이며 그 기반이 되는 기술은 계속 발전하고 있는 관계로 어떠한 법률적 문제점이 발생할지 예측하기란 용이하지 않다.

일반적으로 컴퓨터 기타 정보통신과 관련하여 통신망의 결함이나 소프트웨어의 결함 등으로 사용자가 신체적·재산상의 손해를 입은 경우에 정보통신사업자나 사용자의 책임에 대하여 특별한 규정들이 존재하지 않는 한, 민법상의 손해배상책임문제로 귀착된다. 만약 당사자간에 계약이 존재한다면 계약책임을 물을 수 있겠지만 그러한 계약이나 계약 유사의 관계가 존재하지 않는다면 불법행위책임을 물을 수 있을 뿐이다. 그러나 민법상의 불법행위책임을 정보통신 사업자에게 묻기 위해서는 정보통신 사업자가 자신에게 부과된 주의의무를 다하지 아니한 과실이 있어야 하고, 그 과실의 존재 및 위법성, 손해의 발생 사실을 각종 증거를 통해 증명해야 하는 입증책임을 사용자가 부담하기 때문에 사용자가 정보통신 사업자가 정보통신 사업자를 상대로 하여 손해배상을 받기는 쉽지 않다고 할 수 있다. 일정한 경우에는 인증업무준칙에 의하여 책임제한을 함으로써 사용자로서는 더욱 더 열악한 지위에 있을 수도 있다.

따라서 정보통신 사업과 관련하여 정보통신망 사업자와 사용자의 정보의 불균형을 시정하고 사용자가 손해배상을 청구할 수 있도록 하여 사용자를 보호하고 동시에 사용자에 대한 신속 공정한 피해 구제 제도를 마련할 필요가 크다.

한편 공인인증기관측의 입장에서 보면, 인증기관 업무 자체가 다양하고 일의 경제적 비중도 엄청나게 높으므로 사용자에게 손해가 발생했을 때, 그 손해의 범위는 인증기관이 감당할 수 없을 정도로 막대할 수 있다. 이 경우에 공인인증기관에게 모든 책임을 인정한다면 제대로 그 기능을 다하지 못할 가능성도 존재한다. 여기에서 해결방안으로써 기관보험이나 배상책임의 사전 제한 등을 생각할 수 있다.

나. 인증기관의 민사책임에 관한 입법례[31)]

① UNCITRAL 서명규칙(안)의 관련 내용(제36차 위원회 논의, 2000.2)[32)]

인증기관의 민사책임은 규칙(안) 제10조(인증기관의 책무 규정) 제4항, 제5항에 규정하고 있는데, 세 가지 대안을 제안하고 있다.

X 대안으로서는 제4항에 「인증기관이 법정 의무내용을 이행하지 아니한 경우에 그에 대한 책임을 부담한다」. 제5항에 「인증기관은 예견했거나, 인증기관이 인지한 사실에 비추어 책임사유 발생 당시에 예견했어야 했던 경우이거

---

31) 이에 대해서는 배대헌, 전게서, 91면 이하 참조.

32) UNCITRAL, Uniform Rules on Electronic Signatures, http://www.uncitral.org/english/session/wg_84.pdf 참조

나, 인증기관의 법정의무불이행시에 예견되는 결과를 인지했어야 했던 손해의 범위를 초과하지 아니하는 책임을 부담한다」고 하고 있고, Y 대안으로서는 제4항에 인증기관이 법정의무내용을 이행하지 아니한 경우에 그에 대한 책임을 부담한다. 제5항에는 손해배상의 범위에 있어서 i) 인증서 요청 서비스 내용, ii) 인증된 정보의 성질, iii) 일정한 목적을 위하여 사용되는 인증서의 제한 범위, iv) 인증기관의 책임범위를 제한하는 내용, v) 거래의 상대방에 의하여 유발되는 사항을 고려하도록 하고 있다. 또한 Z 대안은 제4항에서 인증기관이 책임을 져야 하는 당사자로서 인증기관과 계약한 당사자, 인증서를 신뢰한 거래의 상대방을 들고 제5항에서는 책임범위를 제한하는 내용을 인증서에 표시한 경우에 이를 초과한 부분과 과실이 없거나, 손해발생방지를 위하여 적합한 방법을 취하였다고 입증되는 경우에는 책임을 지지 않는다고 하고 있다.

② 미국 Utah주

미국 각주의 디지털서명 내지 전자서명 등에 관한 법률에서 인증기관의 손해배상에 관하여 규정하고 있는 주는 Missouri주, Washington주 및 Utah주만이고 그 밖의 대부분 주의 법률에서는 이에 관하여 자세히 규정하고 있지 아니하다. 세 주의 규정을 살펴보면 Utah주의 법률과 거의 같아 Utah주의 디지털서명법 제309조만 살펴보기로 한다.

i) 인증서에 신뢰범위를 특정한 경우에, 인증기관과 가입자는 위험발생시 손해배상 총액은 신뢰범위를 초과하지 아니하는 범위에 한하여 인증서를 신뢰한 것으로 정한다.

ii) 이하에 표시한 내용을 배제하지 않는 경우에 공인인증기관은,

ⓐ 이 법률의 제3장(인증기관과 가입자의 의무)에서 규정된 모든 실질적 요건을 충족하였을 경우에는, 허위 또는 위조된 디지털서명에 대하여, 가입자의 허위 또는 위조된 디지털서명을 신뢰함으로써 발생한 어떤 손실(손해)에 대하여도 책임지지 않는다.

ⓑ 공인인증기관은 공인인증기관에 확인시키도록 정하여진 사실이 인증서에 허위로 표시됨으로써 이를 신뢰하여 발생한 손실과 인증서 발행시 인증기관과 가입자에게 요구하는 사항을 준수하지 아니한 경우에 일정한 신뢰범위를 정한 내용으로 인증서상 표시된 일정액을 초과하는 부분에 대하여 책임지지 않는다(여기에서 신뢰범위란 실제로 손해배상의 상한을 말한다).[33]

ⓒ 인증서상 신뢰로 인하여 발생한 손해를 구제하기 위한 청구에 있어서 징벌적 손해배상액(punitive damages)이나 일실이익(lost profits)에 대한 손해배상액이나 정신적 손해배상액을 제외하고 직접적인 손해에 한하여 배상한다.

③ 독일의 디지털서명법상 책임규정

독일은 민사상 손해배상의 원칙은 원상회복 및 완전배상주의(독일민법 제249조)이다. 따라서 Utah주와 같이 손해배상을 제한하는 규정을 둘 것인가에 대하여 논란이 있었으나 결국 손해배상에 관하여 아무런 규정을 두지 않고 손해배상의 일반원칙에 따라 해결하기로 하였다. 다만, 여기에서 구별하여야 할 점은 인증서상 사용목적을 정하고 일정배상액을 약정한 경우에 계약당사자 사이에는 손해배상액의 예정에 해당하므로 발생한 손해에 대한 배상범위를 제한하는 것과 구별된다는 것이다.

다. 전자서명법상 공인인증기관의 책임

① 전자서명법 제26조의 성격

전자서명법 제26조(손해배상 규정)는 계약책임과 불법행위책임을 구분하지 않고 한 조문에 묶어 규정하고 있다. 즉 제1항에서 「공인인증기관은 인증업무수행과 관련하여 가입자 또는 공인인증서를 신뢰한 이용자에게 손해를 입힌 때에는 그 손해를 배상하여야 한다. 다만, 공인인증기관이 과실 없음을 입증하면 그 배상책임이 면제된다」고 하고 다시 제2항에서 손해를 배상하기 위한 보험 가입을 강제하고 있다.

동 조항은 공인인증기관의 채무불이행책임 뿐만 아니라 불법행위책임도 같이 규정한 것으로 볼 수 있다. 이에 대해서 동조항은 공인인증기관과 가입자 사이는 물론이고 공인인증기관과 공인인증서를 신뢰한 이용자 사이도 계약관계가 성립한 것으로 보아 양자의 채무불이행책임으로 인한 손해배상책임도 규정한 것으로 보아야 하며 불법행위책임의 경우에는 동조가 아닌 민법 제750조 이하가 적용될 것이라는 견해가 있다.[34]

하지만 수신자가 인증기관의 서비스를 받기 위하여 당사자의 약정에 관한

33) 이에 관하여 자세히는 Jason Richards, The Utah Digital Signature Act as Model Legislation: A Critical Analysis, 17 J. Computer & Info. L, 1999, pp.873, 895-896.

34) 김재철, 전자서명과 전자인증의 법적 문제점에 대한 고찰, 고려대학교 법학과 석사학위논문, 1998, 112면.

동의만으로 수신자와 인증기관 사이에 계약관계가 성립한다고 할 수 있는지 의문스럽고, 설령 수신자와 인증기관 사이에 계약관계가 발생한다고 하여 이것만으로 동 규정이 채무불이행책임만 규정한 것으로 판단할 근거는 될 수 없다고 본다. 근거로서는, 만약 수신자와 인증기관 사이에 계약관계가 인정되지 않는다고 한다면, 이 규정은 가입자와 인증기관간에는 채무불이행책임만을 규정한 조항이고 수신자와 인증기관간에는 불법행위책임만을 규율하기 위한 조항이라고 해석하게 되는데 이는 논리적으로 부당하다.

여기서 주의하여야 할 것은 우리 전자서명법이 인증기관에 대하여 지정제도를 두어 공인인증기관을 두도록 하고 있고 이에 대하여만 법적인 규율을 하고 있기 때문에 전자서명법상의 손해배상책임 규정도 원칙적으로 공인인증기관만을 대상으로 하는 것으로 해석된다는 점이다. 비공인 인증기관의 경우에는 전자서명법 제26조를 적용함이 없이 일반 민사 법리에 따라 계약 내지 불법행위에 의한 손해배상책임을 지울 수 있을 것이다.

동 규정은 사법상 손해배상의 일반원칙에 대한 예외로서 동조 단서에서 과실에 대한 입증책임의 법률상 전환을 규정하고 있다. 종전에는 동규정이 '공인인증기관은 인증업무 수행과 관련하여 가입자 또는 인증서를 신뢰한 이용자에게 손해를 입힌 때에는 그 손해를 배상하여야 한다. 다만 그 손해가 불가항력이나 이용자의 고의 또는 과실로 인하여 발생한 경우에는 그 배상책임이 경감 또는 면제된다'고 다소 모호하게 규정되어 있어 이의 해석을 둘러싸고 과실책임설, 입증책임전환규정설, 무과실책임설 등으로 대립되었으나 이제 입법적으로 과실책임을 기본으로 하되 입증책임을 전환한 중간책임적 성격[35)]으로 규정하여 논란에 종지부를 찍었다.

생각건대 공인인증기관은 더욱 더 엄격한 요건을 구비하여 지정받음으로써 가입자 및 이용자로서는 여타 인증기관보다 인증업무에 더욱 더 안전성과 신뢰성을 가지게 될 것이다. 그리고 공인인증기관은 지정을 받음으로써 인증업무 수행에 있어서 그에 따른 이익을 누리게 된다. 이익이 있는 곳에 더 많은 책임을 지우는 것을 오늘날 위험책임(무과실책임)의 인정근거로 삼는 것을 감안할 때 동조항은 위험책임(무과실책임)으로 개정했어야 하지 않을까 생각한다.[36)]

---

35) 이 점에서 민법 第755조의 책임무능력자의 감독자의 책임, 第756조의 사용자의 책임, 第758조의 공작물의 점유자의 책임, 第759조의 동물의 점유자의 책임과 성격을 같이 한다.

② 공인인증기관과 가입자간의 법률관계

공인인증기관과 가입자간의 법률관계는 공인인증역무의 이용을 내용으로 하는 계약관계에 기초하여 성립된다. 이는 계약체결 당사자 사이의 신뢰관계를 전제로 한다는 점에서 불법행위로 인하여 발생한 법률관계와 다르다. 따라서 손해배상책임의 문제에서도 기본적으로는 공인인증기관과 가입자간의 계약과 그 계약에서의 내용이 되는 인증업무준칙(CPS)을 기준으로 해석하여야 한다. 대개는 사전에 양당자간의 책임부분이 계약 내용에 포함될 것이다. 따라서 공인인증기관은 불법행위뿐만 아니라 자신의 채무불이행을 이유로 하여서도 손해배상책임을 지게 된다.

③ 공인인증기관과 인증기관 신뢰자간의 법률관계

공인인증기관과 인증기관 신뢰자간에는 공인인증기관과 가입자간에 이와 같은 계약관계가 없다는 이유로 공인인증기관은 불법행위로 인한 손해배상책임을 진다는 견해가 일반적이다. 이에 대해서 구체적으로 인증서를 중심으로 한 당사자의 법률관계를 보면, 수신자에게 전송되는 인증서에는 연결(link)되어 있는 문서를 보라는 지시가 있고, 연결된 문서에는 인증서를 신뢰한 당사자에 관한 약정(Relying Party Agreement)이 있는 것이 보통이고, 이러한 약정에 동의하지 않는 경우에는 인증기관의 서비스를 받을 수 없는데, 이 때 양자 사이에 계약관계가 성립하게 된다고 보는 견해가 있다.[37] 이러한 동의만으로 인증기관과 인증기관의 이용자 사이에 계약관계가 성립한다고 보기는 어려울 것이다. 그러나 가입자와 인증기관 사이에 계약체결과 같이 제3자·인증기관 사이에 일정한 방법을 통하여 계약을 맺는 경우에 있어서는 제3자는 불법행위책임이 아닌 계약책임을 지게 되는 것은 당연하다. 이렇게 본다면 동법 제26조는 불법행위책임에 대한 특칙이 되어 민법상의 불법행위규정(민법 제750조)보다 우선하여 적용되게 된다.

④ 책임발생의 원인

어떠한 경우에 구체적으로 책임문제가 발생할 것인가? 인증을 둘러싸고 분쟁이 발생할 수 있는 예로는, 발급된 인증서의 기재내용 등에 하자가 있는 경우,

36) 강경근 교수는 전자서명법 동조의 개정 전에 공인인증기관에게는 무과실책임을 인증기관에게는 과실책임을 엄격하게 적용한다면 공인인증기관에 대한 가입자 내지 이용자의 신뢰는 높아질 것이고 이는 공인인증기관의 조기 정착에 도움을 줄 것이라고 한다. 강경근, 전게논문.

37) 김재철, 상계논문, 113면.

전자서명이 서명자의 의사에 의하지 않고 이루어지거나 전자문서의 내용이 서명자의 의사에 반하는 경우 등을 들 수 있고, 그러한 상황이 발생할 수 있는 원인으로는 가입자가 자신에 관한 잘못된 정보를 제공한 경우, 인증기관 또는 등록기관의 인증서 발급업무처리 당시 잘못이 있는 경우, 가입자가 보관하고 있는 전자서명생성정보가 누출되어 타인이 이를 이용한 경우, 전자인증시스템이 제대로 작동하지 않거나 해킹된 경우, 인증서의 효력 정지 및 폐지 등이 신속히 이루어지지 않거나 그 사실에 대한 확인조치가 이루어 지지 않는 경우 등을 들 수 있다.

가장 일반적인 경우로서는 인증기관에 의한 잘못된 내용의 인증서 발급일 것이다. 이 경우 인증기관은 가입자 및 인증서를 신뢰한 제3자에게 손해배상책임을 져야 할 것이다. 전자서명생성정보(개인의 비밀키)가 복제된 경우도 생각할 수 있다. 예컨대, 정보통신망을 통하여 개인의 전자서명생성정보에 접근 등 제3자에 의하여 전자서명생성정보가 복제되거나, 컴퓨터의 수리 중에 하드 디스크에 있는 전자서명생성정보(비밀키)를 제3자가 복제하는 경우이다.

라. 인증기관의 책임

전자서명법은 공인인증기관의 책임에 대해서만 규정하고 있기 때문에 지정되지 아니한 비공인 인증기관이 존재할 수 있고, 이 경우에 가입자와 이용자에게 어떠한 손해배상책임을 져야 하는지가 문제된다.

① 인증기관과 가입자와의 책임관계

인증기관과 가입자간의 책임도 양 당사자간의 계약의 내용에 의거하여 정하여진다. 계약관계는 당사자의 계약체결행위로부터 계약의 이행 여부 및 계약이 약정 내용대로 이행되지 아니한 경우에 채무불이행의 법률문제를 포함한다. 양 당사자간의 책임부분은 가입자와 인증기관간의 계약의 구체적인 내용을 정하는 인증실무준칙(CPS) 등에서 사전에 계약 내용에 포함될 것이다. 그러나 구체적인 법적 분쟁의 해결은 민법이나 상법의 규정이 적용될 것이다. 기본적으로 가입자는 채권자의 법적 지위에, 인증기관은 이에 대한 채무자의 법적 지위에 있다. 따라서 당사자간에 특별한 약정이 없는 한, 사법상 채권관계의 일반원칙이 적용된다. 즉 채무불이행자의 손해배상책임(민법 제390조), 채무불이행으로 인한 손해배상의 범위(민법 제393조), 채무불이행으로 인한 손해배상액의 예정(민법 제398조) 등이 적용될 것이다. 또한 인증기관이 인증업무를 행함에 있어서 동일인인가의 여부를 은행이나 증권회사 등을 등록기관으로 하여 이를 맡겼다면, 그 등록기관의 과실은 인증기관의 과실로 그 책임을 인정할 수 있을 것이다(민법 제391조).

인증업무준칙은 약관으로 볼 수 있으므로 약관의 규제에 관한 법률에서 소비자 보호를 위하여 규정하고 있는 내용들도 적용될 것이다. 예컨대 가입자에게 불리한 조항을 삽입하는 경우에 그 내용은 약관규제법 제6조에 의하여 그 내용을 무효로 한다고 규정하고 있으므로 효력이 없다. 또한 동법 제7조에서는 면책조항의 금지를 규정하고 있으므로 가입자에게 불리한 조항을 계약내용에 삽입하지 못한다고 보아야 할 것이다.

② 인증기관과 이용자와의 책임관계

계약관계가 없는 인증기관과 이를 이용하는 제3자인 이용자간의 책임은 불법행위책임의 문제이다. 따라서 일반불법행위책임을 추궁하려면 민법 제750조에 따라서 인증업무에 있어서 인증기관에 고의나 과실, 위법성, 손해의 발생, 인과관계 등이 인정되면, 이용자는 이를 입증하여 손해배상을 청구할 수 있을 뿐이다. 즉 인증기관과 가입자의 경우와 달리 입증책임이 이용자에게 있음으로 말미암아 이용자로서는 열악한 지위에 있게 된다. 이 점이 전자서명법 제26조에서 규정하고 있는 공인인증기관에서의 배상책임과 책임구조가 달라지게 된다. 따라서 인증기관의 경우에도 전자서명법 제26조의 규정을 준용하여 공인인증기관의 책임과 같이 중간책임을 진다고 해석해야 할 것이다. 여기서 인증행위라는 개념은 넓게 인증기관이 인증행위에 있어서 제3자에게 불이익을 준 행위 전체를 포함한다. 인증기관이 국가 또는 공공단체인 경우에는 헌법 제29조 제1항과 국가배상법 제2조에 의하여 손해배상책임을 물을 수 있다. 이 경우에는 인증기관보다는 공인인증기관일 가능성이 더 높다. 그 외에도 민법 제756조에 의하여 타인을 사용하여 어느 사무에 종사하게 한 자는 피용자가 그 사무집행에 관하여 제3자에게 가한 손해를 배상할 책임을 지는 경우도 있다.

5. 보칙

(1) 전자서명의 상호인정[38]

전자상거래의 가장 큰 특징 중의 하나가 국경 없는 거래라는 점이다. 따라

---

38) 상호인정을 인정한 입법례로서는 UNCITRAL 전자서명법 통일규칙 초안과 EU의 Draft Directive 등이 있다.

서 특정 국가의 인증기관이 인증한 전자서명을 다른 국가에서도 법적으로 인정할 필요가 있다. 전자서명법 제5장 보칙에서 상호인정 제도를 인정하는 취지는 바로 전자상거래의 범세계적 활성화에 발맞추기 위하여 외국의 인증기관이 발행한 인증서 등을 국제협정에 의하여 상호 인증할 수 있는 법적 근거를 마련하기 위함이다. 동법은 우리나라의 전자서명 인증제도에 의한 전자서명을 국제적 이용을 보장하고 반대로 외국의 인증기관에 의한 전자서명에 대하여 우리나라의 전자서명법에 의거한 전자서명과 동일한 효력을 줄 수 있도록 하기 위하여 정부가 외국정부와 협정을 체결할 수 있도록 하였다(동법 제27조의 2 제1항).

일반적인 상호인증의 경우에는 인증기관간에 직접 체결하는 것이 더 바람직하다고 볼 수도 있으나 전자서명법에 따라 법적 효력을 부여하기 위하여 국가간의 협정의 방식을 따르는 것이 더 낫다고 판단되어 규정한 것으로 보인다. 이 협정의 내용은 외국의 인증기관 또는 외국의 인증기관이 발급한 인증서에 대하여 이 법에 의한 공인인증기관 또는 공인인증기관이 발급한 공인인증서와 동일한 법적 지위 또는 법적 효력을 부여하는 것이 된다(동조 제2항). 더 나아가서 외국정부와 협정이 체결된 경우 외국의 전자서명 또는 인증서는 공인전자서명 또는 공인인증서와 동등한 효력을 가진 것으로 보게 된다(동조 제3항).

(2) 청문 및 권한의 위임

미래창조과학부장관은 지정취소를 하고자 하는 경우에는 청문을 실시하여야 하며(동법 제29조), 미래창조과학부장관의 권한은 대통령령이 정하는 바에 의하여 그 일부를 소속기관의 장에게 위임할 수 있다(동법 제30조).

6. 벌칙

전자서명법은 전자서명 인증과 관련하여 전자서명 인증제도의 안전·신뢰성을 해치는 행위, 개인정보를 침해하는 행위 등에 대하여 형사처벌로서 벌금(제31조·제32조)과 행정벌로서 과태료(제34조)의 처벌을 규정하고 있다. 벌금에 대해서는 개인과 법인 모두 책임을 지우는 양벌규정을 두고 있다(제33조).

제6장

소비자보호

제6장 소비자보호[1)]

제1절 총 설

Ⅰ. 전자거래에서의 소비자와 소비자보호 필요성

1. 소비자의 개념

전자상거래 등에서의 소비자보호에 관한 법률(이하 “전소법”이라 한다) 제2조 5호에서 “소비자라 함은 사업자가 제공하는 재화 등을 소비생활을 위하여 사용하거나 이용하는 자 또는 대통령령이 정하는 자를 말한다”라고 규정하고 있다. 또한 시행령 제2조 1호에서는 재화 등을 최종적으로 사용하거나 이용하는 자, 다만, 재화 등을 원재료(중간재를 포함한다) 및 자본재로 사용하는 자를 제외한다. 2호는 원칙적으로 상행위를 하는 자는 소비자에 포함되지 않으나 사업자가 소비자의 지위에 있는 경우를 포함한다고 하며, 3호는 다단계판매원이 되고자 다단계판매업자로부터 재화 등을 최초로 구매하는 자에 대해서 4호에서는 소규모 농·축·어업을 하는 자를 소비자로 보고 있다.

---

1) 이에 대해서는 졸고, 전자거래와 소비자보호, 민사법학 제17호, 453면 이하.; 김진아, 전자거래상의 소비자보호에 관한 법적 고찰, 전남대학교 석사학위논문, 2000.8.; 윤기호외, 전자상거래에 있어 소비자보호와 불공정거래행위 규제방안, 정보통신정책연구원, 1998.; 이은영, 전자상거래와 소비자보호-계약의 이행을 중심으로-, 외법논집, 한국외국어대학교, 1998.; 이창범, 전자상거래에 있어서 소비자보호의 법적 고찰, 소비자문제연구(제20호), 1997.; 최은희, 전자상거래에서의 소비자 프라이버시 보호에 관한 연구, 숙명여대 석사학위논문, 1998.2.; 최창열, 전자거래에서의 소비자보호에 관한 고찰, 비교사법 제6권 2호(통권 11호), 1999.12.; 황정선, 전자거래와 소비자보호, 정보보호뉴스, 2000.2.; 고주연, 전자거래에 있어서 소비자보호에 관한 법적 고찰, 이화여자대학교 석사학위논문, 2001.;박희주, 전자거래에 있어서 소비자보호, 인터넷법연구 1호, 2002.6., 83-104면.; 정진명, 전자거래에서의 소비자보호, 인터넷 법률 13호, 2002.8., 20-40면.; 김민중, 전자거래와 관련한 소비자보호 특히 OECD 가이드라인과 국내규범의 비교를 중심으로, 새울법학 5권 2호(2002.2), 대전대학교 법문화연구소, 37-84면.; 오만준, 전자거래에서의 소비자보호 법제도의 문제점과 그 개선방향, 충북대학교 법무대학원, 2004.

2. 소비자보호의 필요성

전자상거래의 확산을 가히 폭발적이라고 할 만하다. 전자상거래를 통하여 구입하지 못할 상품이 거의 없다할 정도로 다양한 상품과 용역들이 거래되고 있다. 여기에 신용카드회사들도 개입하고 있고, 종전에는 서적이나 음반 등이 었으나 여행, 영화 및 공연이나 열차·비행기의 티켓구입, 꽃 배달, 소프트웨어, 음악·영화 파일 등으로 확대되고 있다.

이처럼 전자거래가 점차 확대됨으로써 인터넷 가상공간에서 소비자를 대상으로 제품과 서비스를 판매하는 기업 대 소비자간의 거래(B to C E-Commerce)가 급속하게 성장함에 따라 이를 이용하는 소비자들이 피해를 보는 사례가 발생하고 있다. 온라인상의 거래는 실거래와 다른 특징들을 가지고 있기 때문이다. 실거래는 유통경로가 복잡하고 한정된 시간과 공간을 통해서 직접 대면하여 거래가 이루어지는 반면 온라인상의 거래는 변용되기 쉬운 디지털화된 정보, 개방성(관계자의 불특정 다수성), 비대면성과 시간과 공간의 상대적 비제약성 등의 여러 가지 특징들로 인하여 새로운 문제들을 발생하고 있다.

전자거래상의 소비자보호와 관련하여 문제되는 것으로는 사기방지를 위한 가상상점 및 상품에 대한 신뢰성의 확보, 개인정보의 보호, 청약의 철회 및 반품, 기존법률에 의한 전자거래에서 분쟁발생시 적절한 대응방안의 모색, 국제전자거래에 있어서 소비자의 피해 및 분쟁의 효과적 처리 등을 들 수 있다.[2] 이러한 문제점들은 전자거래가 국경을 넘어서서 이루어지는 경우 소비자 피해구제가 어렵다는 데 있다. 즉 국경을 넘어서 이루어지는 국제 전자거래에서 소비자와 사업자간에 분쟁이 발생했을 때 어느 나라 법을 적용하며, 소송시 어느 법원이 재판관할권을 갖는냐 하는 문제가 발생한다. 전자거래의 경우 소비자가 교섭력 열위, 정보부족, 선택의 강요 등의 상황에 놓일 수 있으므로 계약당사자간의 약정에만 전적으로 의존해서 재판관할과 준거법을 선택하도록 하는 것은 문제가 있고, 이 경우 국제 전자거래에서 주된 판매자로서 등장할 미국의 사업자들이 거래 약관으로 미국의 준거법과 재판관할을 소비자에게 강요할 우려가 크다고 할 수 있다.

---

2) 쟁점을 크게 세 가지로 보아 사기·기만 거래의 방지, 개인 정보의 보호 및 국제 전자상거래에 있어서 소비자의 피해 및 분쟁의 효과적 처리 등을 들고 있는 견해도 있다. 강성진, 전자상거래와 소비자보호, 전자상거래 국가전략수립토론회 발표논문, 1998.5., 117면.

대표적인 것으로서는 사기사례인데 실존하지 않는 가상상점을 개설하여 금전을 온라인상으로 미리 송금하게 한 후 물품이나 용역을 공급하지 않거나[3], 제공한 정보와 다른 상품을 공급한 경우가 있다. 또한 개인정보의 도용, 인터넷을 통한 다단계 내지 피라미드식 판매, 소액을 송금한 소비자들을 대상으로 추첨·상금을 주겠다는 광고를 인터넷에 게재하는 행위, 인터넷을 통해 재택근무자를 채용한다거나 프랜차이즈점 모집 등 각종 사업기회를 거짓으로 광고하여 돈만 받고 약속을 이행하지 않는 행위, 주식·채권 등은 물론 유전 및 가스전 개발 등의 투자 사기행위, 인터넷 주소를 교묘히 도용해 타사업자처럼 행세하는 행위,[4] 전자사서함 상업광고를 엄청나게 많이 보내 소비자들의 시간낭비를 초래하고, 전자사서함 유지비용을 증대시키는 행위, 개인신상정보의 데이터베이스화 및 그 오용·남용 등에 의한 소비자의 사생활 침해, 신용카드번호, 예금계좌 등과 같은 지불정보의 도용 등을 들 수 있다.

현재 국내 전자거래에 있어서도 소비자 불만과 피해가 높아지고 있다.[5] 전자상거래 소비자상담 이유별로는 '사업자의 계약해제·해지 거절'이 44.2%로 가장 큰 분포를 보였고, '사업자의 계약불이행'은 6.3%로 매년 감소하는 추세를 보이고 있다.[6] 따라서 이러한 여러 가지 문제로부터 소비자들이 합리적인 선택을 할 수 있도록 정보를 제공한다거나 사업자들의 불공정한 행위들을 법으로 규제할 필요가 있을 것이다. 또한 전자거래에 있어서 소비자들의 피해 금액이 미미하고, 구제절차가 오프라인에 비해 복잡하여 사후적인 구제보다 사전적인 예방이 더욱 중요하다고 하겠다. 이러한 요구에 따라 전자상거래 및 통신판매 등에 의한 재화 또는 용역의 공정한 거래에 관한 사항을 규정함으로써 소비자의 권익을 보호하고 시장의 신뢰도 제고를 통하여 국민경제의 건전한 발전에 이바지함을 목적으로 "전자상거래 등 소비자보호에 관한 법률"이 제정되었다.

---

3) 판매자의 은행구좌를 타인 명의로 개설하고 PC통신의 회원등록도 타인명의로 하고, 동시에 PC통신의 이용료 등의 지불용의 크레디트카드 자체를 타인명의로 작성하는 등의 방법을 쓴다.

4) 예컨대 일본 소니사의 인터넷 주소는 www.sony.com인데, 이와 비슷한 www.sonycorp.com을 사용해 소니사처럼 행세한 사기 사례가 있었다.

5) 소비자보호원의 보고서에 따르면 2004년도 한국소비자보호원에 접수된 전체 소비자상담 건수는 총 272,942건으로 전년의 321,934건으로 전년의 321,934건에 비해 15.2% 감소했으나, 전체 상담건 중 전자상거래 분야가 차지하는 비중은 2003년 6.3%에서 2004년 6.5%로 0.2% 증가하였다.

6) 소비자보호원, 상계보고서

제2절 우리나라의 전자거래 소비자보호 관련 법규

전자거래에 있어 소비자보호대책은 사실상 소비자 정책을 총괄하고 있는 공정거래위원회가 수립하여 추진하고 있다. OECD 소비자정책위원회에 참여하고 있는 공정거래위원회의 소비자정책국에서도 1997년 10월 16일 '전자거래 소비자보호 대책반'이라는 범부처적 성격의 실무기구를 설치하고, 소비자보호를 포함한 제도적 과제를 검토하여 왔다.

전자거래도 일종의 계약이기 때문에 민법과 상법 등 일반 법률의 규율을 받음은 당연하고, 소비자보호의 측면에서 보면 각종 소비자보호 관련 법규 즉, 「소비자기본법」, 「독점규제 및 공정거래에 관한 법률」, 「표시·광고의 공정화에 관한 법률」, 「여신전문금융업법」, 「신용정보의 이용 및 보호에 관한 법률」, 「정보통신망 이용촉진 및 정보보호 등에 관한 법률」, 「할부거래에 관한 법률(이하 할부거래법이라 한다)」, 「약관의 규제에 관한 법률」, 「개인정보보호법」 등이 적용된다. 다만 전자거래는 종래의 일반적인 소비자보호 관련 법규들이 예상하지 못한 새로운 형태의 거래이므로 이들만으로 전자거래에서 특유하게 발생하는 여러 가지 새로운 소비자피해를 규율하기에는 미흡한 점이 많아 입법적 보완이 필요하였는바, 그 입법조치로서 2002.3.30. 「전자상거래 등에서의 소비자보호에 관한 법률」이 제정되어 2002.7.1.부터 시행되고 있다.

Ⅰ. 소비자기본법

소비자보호에 관한 기본법인 소비자기본법에서는 소비자의 기본권익을 보호하고 소비생활의 향상과 합리화를 실현하기 위하여 국가·지방자치단체 및 사업자의 의무를 규정하는 동시에 소비자 및 사업자단체의 역할과 소비자보호 시책에 관한 기본적인 사항을 규정해 놓고 있다. 동법은 소비자의 기본적 권리를 규정하고, 이를 위한 국가 및 지방자치단체의 의무, 사업자의 의무, 소비자분쟁조정위원회, 소비자의 피해구제 등의 내용으로 구성되어 있다.

소비자보호와 관련된 주요내용을 살펴보면 제2장 소비자의 권리와 책무에서는 소비자의 기본적 권리, 소비자의 책무를 규정하고, 제3장에서는 국가·지방자치단체 및 사업자의 책무에 대하여 규정하고 있다. 국가와 지방자치단체의 책무에서는 위해방지, 계량규격의 적정화, 표시기준, 광고의 기준제정, 거래의 적정화에 따른 각종 고시의 제정을 의무화하고 있다. 또한 소비자에 대한 정보제공, 소비자의 피해구제, 소비자의 능력향상, 개인정보의 보호, 소비자분쟁의 해결, 시험·검사시설의 설치 등을 규정하고 있다.

제4장 사업자의 책무에서는 소비자권익 증진시책에 대한 협력과 위해의 방지, 소비자에의 정보제공 등에 관하여 규정하고 있다. 특히 제7장에서 소비자의 안전에 관한 규정을 두고 있는데, 취약계층의 보호(제45조), 소비자안전조치로서 결함정보의 보고의무(제47조), 물품 등의 자진수거(제48조), 수거·파기 등의 권고(제49조), 행정기관의 수거·파기 등의 명령 등(제50조)에 관하여 규정을 두고 있고 소비자단체소송을 도입하여 소비자보호를 기하고 있다.

Ⅱ. 전자문서법 및 전자서명법

그동안 전자거래의 활성화를 위하여 정부차원에서 입법을 서둘러 왔던 바, 99년 1월에 드디어 전자문서법이 제정되어 99년 7월 1일부터 시행되었고, 한 차례 개정을 거쳐 2002년 7월 1일부터 시행되고 있다.[7] 하지만, 전자문서법은 가이드라인적인 성질을 띠고 있기 때문에 여전히 소비자보호에는 미흡하다. 처음에 전자거래법에 소비자보호를 위한 상세한 규정을 두려고 시도하였지만, 여러 가지 국내외 여건상 소비자보호를 위한 선언적 규정으로 만족하여야 했다.

먼저 동법 제3장에서 '전자거래의 안전성 확보 및 소비자보호'에 관하여 규정하고 있다. 정부에 대하여 전자거래이용자의 개인정보보호(동법 제12조), 영업비밀 보호(제13조), 암호제품의 사용(제14조), 소비자보호를 위한 시책 수립·시행의무(제15조), 소비자의 피해 예방 및 구제를 위한 시책 및 조치 수립의무(제16조)를 규정하고, 전자거래 사업자에 대하여 이용자의 영업비밀 누설금지의무 외에 정확한 정보제공, 청약의 철회절차 마련 등의 일반적인 준수사항(제17조), 전자거래사업자에 대한 인증사업지원(제18조) 등을 규정하고 있다. 또한 전자거래법시행령에 규정되어 있던 전자거래분쟁위원회에 관하여 그 설치 및 구성(제32조), 분쟁의 조정(제33조), 자료요청(제34조), 조정의 성립·불성립(제36조), 조정비용(제37조), 위원회의 운영 등에 관하여 규정(제38조)하고 있다.

---

7) 2012년에 전자문서 및 전자거래기본법으로 법명이 개명되었다.

2012년 구 전자거래기본법과 전자서명법이 중복되거나 통일성이 없다는 비판에 대응하여 구 전자거래법을 개정하면서 제5장의 2에 공인전자문서센터와 공인전자문서중계자를 규정하게 되었다. 또한 전자거래에 있어서 전자문서의 안전과 신뢰성을 확보하기 위하여 전자서명법도 전자문서법과 같이 한 차례 개정되어 2002년 7월 1일부터 시행되고 있다. 그러나 전자문서법은 소비자보호의 선언으로 그치고 말았다. 그 후 전자거래의 활성화로 전자거래에 있어서 소비자보호의 문제가 중요한 문제로 대두하자 종전의 통신판매를 포함하는 「전자상거래 등에서의 소비자보호에 관한 법률」을 제정하게 되었다.

Ⅲ. 전자상거래 등에서의 소비자보호에 관한 법률

1. 개요

2002.3.30 법률 제6688호로 전면개정되기 전의 방문판매 등에 관한 법률(이하 '구 방문판매법'이라고 함)은 방문판매와 다단계판매 및 통신판매에 의한 상품의 판매 및 용역의 제공에 관한 거래를 규율하고 있었는데, 전자거래는 전형적인 카탈로그 통신판매와 더불어 위 법률상의 통신판매에 해당되어 위 법률의 적용을 받는 것으로 해석되어 왔다.[8] 그런데 구 방문판매법이 전자거래에서 소비자보호 기능에 한계를 드러내자 전자상거래와 통신판매에 관련된 사항을 위 법률로부터 별도로 분리하여 규율하는 「전자상거래 등에서의 소비자보호에 관한 법률」(이하 '전자상거래소비자법'이라고 한다)이 2002.3.30. 제정되어 동년 7월 1일부터 시행되었고, 선지급식 통신판매의 결제대금예치제도의 도입을 골자로 하는 개정안이 2005.2.23. 국회를 통과하여 2005.3.31 공포되어 시행되고 있다. 동법은 제7장 제45조, 부칙 제12조로 구성되어 있다.

(1) 전자상거래와 통신판매의 구별 전자상거래소비자법은 '전자상거래'를 전자거래(전자문서법 제2조 5호의 규정에 의한 전자거래를 말한다)의 방법으로 상행위를 하는 것을 말한다고 규정하고(동법 제2조 1호), 다시 '통신판매'에 대해서는 우편·전기통신 그 밖에 총리령이 정하는 방법에 따라 재화 또는 용역(일정한 시설을 이용하거나 용역의 제공을 받을 수 있는 권리를 포함한다)의 판매에 관한 정보

8) 졸고, 전자거래와 소비자보호, 민사법학 제17호, 1999, 461면.

를 제공하고 소비자의 청약에 의하여 재화 또는 용역을 판매하는 것을 말하되 방문판매 등에 관한 법률 제2조 3호의 전화권유판매를 제외한다고 규정함으로써(동조 2호), 그 밖의 여러 규정에서 전자상거래와 통신판매를 명백히 구분하고 있다.

뿐만 아니라 '통신판매업자'에 관하여 통신판매를 업으로 하는 자 또는 그와의 약정에 따라 통신판매업무를 수행하는 자라고 용어 정의를 하고 있는 한편(동조 3호), 사업자의 금지행위를 규정하면서 통신판매업자와 구분되는 개념으로서 '전자상거래를 하는 사업자'라는 용어를 사용하고 있다(제21조 제1항).

전자상거래소비자법은 사업자가 상행위를 목적으로 구입하는 거래에 대하여는 적용되지 아니하고, 다만 사업자라 하더라도 사실상 소비자와 같은 지위에서 다른 소비자와 같은 거래조건으로 거래하는 경우에는 적용이 된다(제3조 제1항). 그리고 「자본시장과 금융투자업에 관한 법률」의 투자매매업자·투자중개업자가 하는 증권거래, 대통령령으로 정하는 금융회사 등이 하는 금융상품거래 및 일상생활용품, 음식료 등을 인접지역에 판매하기 위한 거래에 대하여는 제12조부터 제15조까지, 제17조부터 제20조까지 및 제20조의 2(통신판매중개자 및 통신판매중개의뢰자의 책임)를 적용하지 아니한다(제3조 제4항).

(2) 전자상거래소비자법 우선적용 전자상거래소비자법상의 전자상거래 또는 통신판매에서의 소비자보호에 관한 규정이 다른 법률의 규정과 경합하는 때에는 다른 법률의 규정을 적용하는 것이 소비자에게 유리한 경우를 제외하고는 전자상거래소비자법상의 규정이 우선하여 적용된다(제4조).

(3) 약관의 규제에 관한 법률에 대한 일반법적 성격

동법은 통신판매 및 전자상거래의 특수성을 감안, 소비자를 보호하기 위해 통신 판매업자로 하여금 신고서를 제출케 하고(제12조), 통신판매에 있어서의 재화공급(동법 제15조), 청약의 철회(동법 제17조) 등을 구체적으로 규정하며, 소비자에게 불리한 계약을 금지하는 규정(동법 제21조)도 존재함으로써 '약관의 규제에 관한 법률'에 대한 일반법적 성격도 가지고 있다.

2. 적용범위

전자상거래와 통신판매에 적용된다. 전자거래 중 상행위에 해당하는 전자상거래와 우편·전기통신 등의 방법에 따라 재화 또는 용역의 판매에 관한 정보를 제공하고 소비자의 청약에 의하여 재화 또는 용역을 판매하는 통신판매에 적용된다(동법 제2조 1호·2호 참조). 통신판매는 사업자의 판매에 관한 정보제공 및 소비자의 청약이 직접 대면하지 아니하고 이루어진 것을 의미한다. 따라서 인터넷상의 사이버몰에서 제품광고를 본 후 상점을 직접 방문하여 제품을 구입한 경우에는 판매에 관한 정보의 제공이 비대면으로 이루어진 것일 뿐 청약이 비대면으로 이루어진 것이 아니므로 통신판매[9]에 해당하지 않는다.

3. 주요내용

(1) 전자문서의 활용과 기록보존 문제(제5조, 제6조)

전자문서법 제4조에 의해서 인정되고 있는 전자문서의 효력을 전자상거래소비자법 제5조 제1항에서는 사업자와 소비자 간에 사전에 전자문서로 약정하여 지정한 주소로 전자문서를 송신하지 아니한 경우 권리를 주장할 수 없도록 하고 있다. 다만, 긴급성을 요하는 경우, 소비자도 이미 전자문서로 거래할 것을 예정하고 있는 경우, 소비자가 전자문서를 출력한 경우 등에는 권리를 주장할 수 있다. 또한 제2항에서는 당해 전자문서의 효력 및 수령에 필요한 절차와 방법 등에 관하여 소비자에게 고지하여야 함을 규정하고, 제3항에서는 소비자에게 특정한 전자서명 방법의 이용을 강요하거나, 소비자가 선택한 전자서명 방법의 사용을 부당하게 제한하여서는 아니 된다고 규정하고 있다.

제6조에서는 사업자에게 전자상거래 및 통신판매에서의 표시광고, 계약내용 및 그 이행 등 거래에 관한 기록을 상당한 기간 보존하여야 한다고 정하고, 이 경우 소비자가 쉽게 거래기록을 열람·보존할 수 있는 방법을 제공하도록 하고 있다.

(2) 조작실수의 방지(제7조)

사업자는 전자상거래에서 소비자의 조작실수 등으로 인한 의사표시의 착오

9) 동법 제2조 3호에서 '통신판매를 업으로 하는 자와의 약정에 따라 통신판매업무를 수행하는 자'란 예컨대 A신용카드사가 통신판매업자인 B여행사를 위하여 A신용카드사 자신의 명의로 발행되는 카탈로그를 이용하여 B여행사의 여행상품에 대한 판매의 정보를 제공하고 고객으로부터 동 여행상품에 대한 청약을 비대면으로 접수하여 여행상품 판매업무를 수행한 경우, A신용카드사는 통신판매업자(B여행사)와의 약정에 따라 통신판매업무를 수행하는 자로서 통신판매업자에 해당한다.

등으로 발생하는 피해를 예방할 수 있도록 거래 대금이 부과되는 시점 또는 청약에 앞서 그 내용의 확인 및 정정에 필요한 절차를 마련하여야 한다고 규정함으로써 소비자의 예상치 못한 실수로 클릭하는 것을 방지하고, 시스템이나 통신장애로 인해 발생할 수 있는 오류들을 줄일 수 있도록 하였다.

(3) 배송사업자 등의 협력(제9조)

전자상거래나 통신판매에 따른 재화 등의 배송을 행하는 사업자는 배송 과정의 사고·장애 등으로 인하여 분쟁이 발생하는 경우에는 당해 분쟁의 해결에 협조하여야 한다.

(4) 개인정보 및 프라이버시 보호(제11조)

사업자는 전자상거래 또는 통신판매를 위하여 소비자에 관한 정보를 수집 또는 이용(제3자에게 제공하는 경우를 포함한다. 이하 같다)하고자 하는 경우에는 정보통신망이용촉진및정보보호등에관한법률 등 관련 규정에 따라 이를 공정하게 수집 또는 이용하여야 한다. 제2항에서 사업자는 재화 등을 거래함에 있어서 소비자에 관한 정보가 도용되어 당해 소비자가 재산상의 손해가 발생하였거나 발생할 우려가 있는 특별한 사유가 있는 경우에는 본인 확인이나 피해의 회복 등 대통령령이 정하는 필요한 조치를 취하여야 한다.

(5) 신원 및 거래조건에 대한 정보의 제공(제13조)

통신판매업자가 재화 등의 거래에 관한 청약을 받을 목적으로 표시·광고를 할 때에는 그 사항에 ① 상호 및 대표자 성명 ② 주소·전화번호·전자우편주소 등을 표시하여야 한다(동조 제1항). 또한 통신판매업자는 소비자가 계약체결 전에 재화 등에 대한 거래 조건을 정확하게 이해하고 실수 또는 착오 없이 거래할 수 있도록 적절한 방법으로 표시·광고 또는 고지하고 계약내용에 관한 서면을 교부하여야 한다. 다만, 계약자의 권리를 침해하지 아니하는 범위에서 대통령령으로 정하는 사유가 있는 경우에는 계약자를 갈음하여 재화 등을 공급받는 자에게 계약내용에 관한 서면을 교부할 수 있다(제2항). 또한 통신판매업자는 미성년자와 재화 등의 거래에 관한 계약을 체결할 때에는 법정대리인이 그 계약에 동의하지 아니하면 미성년자 본인 또는 법정대리인이 그 계약을 취소할 수 있다는 내용을 미성년자에게 고지하여야 한다(제3항). 공정거래위원회는 표시·광고에 관한 고시를 제정할 수 있으며(제4항), 통신판매업자는 표시·광고 또는 고지한 거래조건을 신의에 좇아 성실하게 이행하도록 하였다(제5항).

(6) 재화의 공급과 공급서 송부(제15조)

통신판매업자는 소비자가 청약을 한 날부터 7일 이내에 재화 등의 공급에 필요한 조치를 하여야 한다. 통신판매업자가 이미 재화 등의 대금의 전부 또는 일부를 받은 경우(이하 "선지급식 통신판매"라 한다)에는 대금의 전부 또는 일부를 받은 날부터 3영업일 이내에 재화 등의 공급을 위하여 필요한 조치를 하여야 한다. 다만, 당사자 간 별도의 약정이 있는 경우는 약정에 의한다(동조 제1항). 한편 통신판매업자는 청약을 받은 재화 등을 공급하기 곤란함을 알았을 때에는 그 사유를 소비자에게 지체 없이 알려야 한다. 선지급식 통신판매의 경우에는 그 대금을 지급 받은 날부터 3영업일 이내에 환급하거나 환급에 필요한 조치를 하여야 한다.

통신판매업자는 소비자가 재화 등의 공급 절차 및 진행 상황을 확인할 수 있도록 공정거래위원회가 그 조치에 필요한 사항을 고시한 바에 따라 적절한 조치를 하여야 한다(동조 제3항).

(7) 청약의 확인, 청약의 철회 및 효과(제14조·제17조·제18조)

통신판매업자는 소비자로부터 재화 등의 거래에 관한 청약을 받은 경우 청약의 의사표시의 수신 확인 및 판매 가능 여부에 관한 정보를 소비자에게 신속하게 통지하여야 한다. 또한 계약 체결 전에 소비자가 청약의 내용을 확인하고, 정정 또는 취소할 수 있도록 적절한 절차를 갖추어야 한다(제14조).

통신판매업자와 재화 등의 구매에 관한 계약을 체결한 소비자는 당해 계약에 관한 청약철회 등을 계약 내용에 관한 서면을 교부 받은 날부터 7일 이내에 할 수 있다. 다만, 그 서면을 교부받은 때보다 재화 등의 공급이 늦게 이루어진 경우에는 재화 등의 공급을 받거나 공급이 개시된 날부터 7일 이내에 철회할 수 있다. 반면, 계약내용에 관한 서면을 교부 받지 아니한 경우, 통신판매업자의 주소 등이 기재되지 아니한 서면을 교부 받은 경우 또는 통신판매업자의 주소 변경 등의 사유로 7일 이내에 청약철회 등을 할 수 없는 경우에는 그 주소를 안 날 또는 알 수 있었던 날부터 7일 이내 철회할 수 있다(제17조 제1항).

그러나 일정한 품목의 경우에는 통신판매업자의 의사에 반하여 제1항의 규정에 의한 청약철회 등을 할 수 없다. 예를 들어, 소비자에게 책임 있는 사유로 재화 등이 멸실 또는 훼손된 경우나 소비자의 사용 또는 일부 소비에 의하여 재화 등의 가치가 현저히 감소한 경우 또는 복제가 가능한 재화 등의 포장을 훼손한 경우 등이다(제17조 제2항).

만약, 재화 등의 내용이 표시·광고 내용과 다르거나 계약내용과 다르게 이행된 경우에는 당해 재화 등을 공급받은 날부터 3개월 이내, 그 사실을 안 날 또는 알 수 있었던 날부터 30일 이내에 청약철회 등을 할 수 있다(동조 제3항).

위와 같은 청약철회 등을 서면으로 하는 경우에는 그 의사표시가 기재된 서면을 발송한 날에 그 효력이 발생하는 발신주의를 채택하고 있으며(동조 제4항), 재화 등의 훼손에 대하여 소비자의 책임이 있는지의 여부, 재화 등의 구매에 관한 계약이 체결된 사실 및 그 시기, 재화 등의 공급사실 및 그 시기 등에 관하여 다툼이 있는 경우에는 통신판매업자가 이를 입증하여야 한다(제5항).

청약철회의 효과로서 소비자는 청약철회 등을 행한 경우에는 이미 공급받은 재화 등을 반환하여야 하며(제18조 제1항), 통신판매업자는 재화 등을 반환받은 날부터 3영업일 이내에 이미 지급 받은 재화 등의 대금을 환급하여야 한다. 이 경우 통신판매업자가 소비자에게 재화 등의 대금의 환급을 지연한 때에는 그 지연기간에 대하여 지연배상금을 지급하여야 한다(제18조 제2항). 또한 통신판매업자는 신용카드 등을 결제수단으로 재화 등의 대금을 지급한 때에는 지체 없이 당해 결제수단을 제공한 사업자로 하여금 재화 등의 대금의 청구를 정지 또는 취소하도록 요청하여야 한다. 다만, 통신판매업자가 결제업자로부터 해당 재화 등의 대금을 이미 지급 받은 때에는 지체 없이 이를 결제업자에게 환급하고, 그 사실을 소비자에게 통지하여야 한다(동조 제3항). 그리고 통신판매업자의 환급지연배상금과 소비자의 통신판매업자에 대한 다른 채무와의 상계요청도 가능하다(동조 제6항).

통신판매업자는 이미 재화 등이 일부 사용 또는 일부 소비된 경우에는 그 재화 등의 사용 또는 일부 소비에 의하여 소비자가 얻은 이익 또는 그 재화 등의 공급에 소요된 비용에 상당하는 금액으로서 대통령령이 정하는 범위의 금액의 지급을 소비자에게 청구할 수 있다(동조 제8항). 일반적인 청약철회 등의 경우 공급받은 재화 등의 반환에 필요한 비용은 소비자가 이를 부담하며 통신판매업자는 소비자에게 청약철회 등을 이유로 위약금 또는 손해배상을 청구할 수 없다(동조 제9항). 반면, 표시·광고 내용과 다른 경우 등의 철회의 경우 재화 등의 반환에 필요한 비용은 통신판매업자가 이를 부담한다(동조 제10항). 통신판매업자, 재화 등의 대금을 지급 받은 자 또는 소비자와 통신판매에 관한 계약을 체결한 자가 동일인이 아닌 경우에 각자는 재화 등의 대금 환급과 관련한 의무의 이행에 있어서 연대하여 책임을 진다(동조 제11항).

(8) 손해배상청구금액의 제한(제19조)

소비자에게 책임 있는 사유로 인하여 재화 등의 판매에 관한 계약이 해제된 경우 통신판매업자가 소비자에게 청구하는 손해배상액은 공급받은 재화 등이 반환된 경우 반환된 재화 등의 통상 사용료액 또는 그 사용에 의하여 통상 얻어지는 이익에 상당하는 금액이나 반환된 재화 등의 판매가격에서 그 재화 등이 반환된 당시의 가액을 공제한 금액 중 큰 금액에 대금미납에 따른 지연배상금을 더한 금액을 초과할 수 없다. 공급받은 재화 등이 반환되지 아니한 경우에는 그 재화 등의 판매가액에 상당하는 금액에 대금미납에 따른 지연배상금을 더한 금액을 초과할 수 없다.

(9) 통신판매중개자의 고지 및 정보제공(제20조)

① 통신판매중개자는 자신이 통신판매의 당사자가 아니라는 사실을 소비자가 쉽게 알 수 있도록 미리 고지하여야 하고(제1항), 통신판매업자인 통신판매중개자는 통신판매중개를 의뢰한 자(이하 “통신판매중개의뢰자”라 한다)가 사업자인 경우에는 그 성명(사업자가 법인인 경우에는 그 명칭과 대표자의 성명)·주소·전화번호 등 대통령령으로 정하는 사항을 확인하여 청약이 이루어지기 전까지 소비자에게 제공하여야 하고, 통신판매중개의뢰자가 사업자가 아닌 경우에는 그 성명·전화번호 등 대통령령으로 정하는 사항을 확인하여 거래의 당사자들에게 상대방에 관한 정보를 열람할 수 있는 방법을 제공하여야 한다(제2항). 또한 통신판매중개자는 사이버몰 등을 이용함으로써 발생하는 불만이나 분쟁의 해결을 위하여 그 원인 및 피해의 파악 등 대통령령으로 정하여진 내용과 방법에 따라 필요한 조치를 신속히 시행하여야 한다(제3항).

(10) 통신판매중개자 및 통신판매중개의뢰자의 책임(제20조의 2)

소셜커머스업체가 등장하면서 오픈마켓과 소셜커머스업체의 법적 성격을 둘러싸고 통신판매자인지 아니면 통신판매중개자인지가 문제되었고, 이에 대하여 통신판매중개자의 책임을 분명히 하기 위하여 2012년에 신설된 조항이다.

통신판매중개자는 자신이 통신판매의 당사자가 아니라는 고지를 하지 아니한 경우 통신판매중개의뢰자의 고의 또는 과실로 소비자에게 발생한 재산상 손해에 대하여 통신판매중개의뢰자와 연대하여 배상할 책임을 지고(제1항), 소비자에게 정보 또는 정보를 열람할 수 있는 방법을 제공하지 않거나 제공한 정보가 사실과 달라 소비자에게 재산상 손해가 발생한 경우에는 통신판매중개의뢰자와 연대하여 배상할 책임을 진다. 다만, 소비자에게 피해가 가지 아니하도록 상당한 주의를 기울인 경우에는 그러하지 아니하다(제2항). 뿐만 아니라 통신판매업자인 통신판매중개자는 비록 통신판매의 당사자가 아니라는 고지를 하더라도 통신판매업자로서의 책임을 면하지 못한다. 다만, 통신판매업자의 의뢰를 받아 통신판매를 중개하는 경우 통신판매중개의뢰자가 책임을 지는 것으로 약정하여 소비자에게 고지한 부분에 대하여는 통신판매중개의뢰자가 책임을 진다(제3항).

이와 달리 통신판매중개의뢰자(사업자의 경우에 한정한다)는 통신판매중개자의 고의 또는 과실로 소비자에게 발생한 재산상 손해에 대하여 통신판매중개자의 행위라는 이유로 면책되지 아니한다. 다만, 소비자에게 피해가 가지 아니하도록 상당한 주의를 기울인 경우에는 그러하지 아니하다(제4항).

(11) 소비자보호지침과 다른 약관의 고지의무(제23조)

사업자는 그가 사용하는 약관이 소비자보호지침의 내용보다 소비자에게 불리한 경우에는 소비자보호지침과 다르게 정한 약관의 내용을 소비자가 알기 쉽게 표시하거나 고지하여야 한다(동조 제2항).

(12) 소비자피해보상보험계약(제24조)

공정거래위원회는 전자상거래 또는 통신판매에서 소비자를 보호하기 위하여 관련 사업자에게 소비자피해보상보험계약을 체결하도록 권장할 수 있다. 다만, 결제수단의 발행자는 소비자피해보상보험계약등을 체결하여야 한다(제24조 제1항).

(13) 선지급식 통신판매의 결제대금예치제도(제24조 제2항 내지 제4항)

2005년에 신설된 규정으로서 선지급식 통신판매의 거래안전을 위해 결제대금 예치제도(Escrow제도)를 두고 있다. 통신판매업자는 선지급식 통신판매를

동화거래"에 있어서 조작실수를 정정하는 시스템을 마련할 의무를 부과하고 있고 더불어 마련하지 않은 경우에 그러한 계약은 무효라고 규정하고 있다. 따라서 본 법 제7조에서 조작실수 정정 시스템 마련의무를 두지 않은 경우와 이에 위반한 계약의 효력에 대해 규정하지 않은 것은 문제점이다[12]. 그리고 벌칙 규정이 다른 소비자보호법과 관련하여 지나치게 높다는 비판이 있다.

5. 전자상거래에서의 소비자보호지침

전자상거래소비자법 제23조 제1항의 규정에 따라 법해석의 기준과 자율적 준수사항을 제시하기 위하여 2003.10.21. '전자상거래 등에서의 소비자보호지침'이 제정, 고시되었고(공정거래위원회 고시 제2003-7호), 2012. 8.20. 개정(공정거래위원회고시 제2012-33호)되어 현재 이르고 있다. 동 지침은 관련 법령의 해석에 관한 기준을 제시하는 부분인 '일반사항'과 소비자보호를 위한 권고사항을 규정한 '권고사항'의 두 부분으로 구성되어 있다.

일반사항은 관련법령의 적용기준을 제시한 부분으로 관련법령의 위반여부를 판단하는 기준이 되며, 권고사항은 사업자가 사용하는 약관이 권고사항에 규정된 내용보다 소비자에게 불리한 경우에 법 제23조 제2항의 규정에 따라 그 다르게 정한 약관의 내용을 소비자가 알기 쉽게 표시 또는 고지하여야 하며, 표시 또는 고지를 하지 아니한 경우에는 법 제32조에 따른 시정조치의 대상이 된다.

동 지침의 내용으로서는, 일반사항으로서 일반적 준수사항으로서는 표시광고공정화법의 준수, 독점규제법, 약관규제법, 할부거래법 등의 준수, 「청소년보호법」 제2조 3호의 규정에 의한 청소년유해매체물 등 타법령에 의하여 청소년의 접근이 제한된 재화와 정보 등에 대해서는 청소년의 접근을 제한하고 이를 구매할 수 없도록 하기 위한 조치의 강구, 통신판매, 통신판매업자, 통신판매중개자 등에 관한 개념을 정의하고 있다.[13] 동법 제7조, 제14조 제2항 관련 조작실수 방지 및 청약확인 등을 위한 절차, 전자적 대금지급 사실의 통지, 동법

12) 박정식, 전게 논문, 49면.

13) "통신판매"는 사업자의 판매에 관한 정보제공 및 소비자의 청약이 직접 대면하지 아니하고 이루어진 것을 의미한다. 예컨대 갑은 인터넷상의 사이버몰에서 을의 제품광고를 본 후, 을의 상점을 직접 방문하여 제품을 구입한 경우에 이는 판매에 관한 정보의 제공이 비대면으로 이루어진 것일 뿐 청약이 비대면으로 이루어진 것이 아니므로 통신판매에 해당하지 않는다.

제21조 제1항 1, 3호 관련 사업자의 금지행위의 구체적인 예시[14], 재화 등의 공급관련, 동법 제21조 제1항 5호 관련 소비자의 의사에 반하는 구매권유(스팸)광고의 금지[15]를 통하여 수신거부의사를 밝힌 소비자에 대한 구매권유광고금지 등을 적시하고 있다.

권고사항으로서 동법 제17조 제2항 3호 및 4호 관련 청약철회의 요건 및 효과에 관한 구체적 기준을 제시하고, 공개된 정보의 수입 및 도용피해의 회복,[16] 청소년이 자신 또는 법정대리인 등의 명의로 후불식전화결제서비스를 사용하는 경우, 유·무선 통신업자는 법정대리인의 사전요청에 따라 사용제한(call blocking) 등을 할 수 있도록 조치할 의무 등에 대하여 규정하고 있다.

Ⅳ. 할부거래에 관한 법률

1. 개요

할부거래에 관한 법률(이하 '할부거래법'이라고 한다)은 할부계약을 '동산의 매수인 또는 용역을 제공받는 자가 동산의 매도인 또는 용역을 제공하는 자에게 동산의 대금 또는 용역의 대가를 2월 이상의 기간에 걸쳐 3회 이상 분할하여 지급하고, 목적물의 대금 완납 전에 동산의 인도 또는 용역의 제공을 받기로 하는 계약'이라고 정의하고, 할부계약에 있어서 소비자의 권익을 보호하기 위하여 매도인의 계약조건고지의무, 할부계약의 서면주의, 매수인의 철회권과 책임제한, 매도인의 계약해제, 매수인의 기한의 이익과 항변권, 매수인에게 불리한 계약의 금지 등을 상세하게 규정하고 있다.

전자거래는 그 대금의 지급이 신용카드 등을 통한 할부계약의 형태로 이루어지는 경우가 적지 않으므로 할부거래법이 적용되는 경우가 많고, 이 경우 사업자에게는 할부거래법이 규정하고 있는 제반 의무를 이행할 책임이 있다.

---

14) 휴대폰으로 광고문자메세지를 전송하면서 유료에 대한 표시를 하지 않거나, 당첨상술을 쓰는 방법 등에 의하여 소비자로 하여금 전화를 걸게 하는 행위, 시중가의 50%에 판매한다는 광고를 하였으나 실제로는 판매수량에 제한이 있음에도 불구하고 이를 표시하지 아니하여 소비자로 하여금 주문만 하면 구매할 수 있는 것으로 오인하게 한 경우 등.

15) 공정거래위원회가 운영하는 소비자 수신거부의사 등록사이트, www.nospam.go.kr

16) 그러나 정보가 소비자의 고의 또는 중과실로 도용된 경우, 소비자가 본인정보를 타인에게 제공하거나 본인정보의 이용을 위임한 경우 등으로 도용된 경우, 소비자가 도용피해의 회복을 위한 신청서에 허위내용을 기재한 경우, 도용피해 확인을 위한 사업자의 요청에 허위진술하거나 협조하지 않는 경우에는 예외로 하고 있다.

2. 서면교부의무와의 관계

우리 사법체계는 계약자유의 원칙을 취하고 있는 관계로, 계약에 있어서도 서면을 요구하는 영미와 달리 일정한 방식을 요구하지 않는다. 따라서 법률에서 특별히 서면을 요구하지 않는 한 계약의 성립이나 효력에 있어서 서면을 교부해야 할 의무는 없다. 그러나 할부거래법 제4조는 할부계약에 대해 '서면주의'를 규정하고 있다. 즉, 할부계약을 체결할 때에는 ① 매도인·매수인 및 신용제공자의 성명 및 주소, ② 목적물의 종류·내용 및 목적물의 인도 등의 시기, ③ 현금가격, ④ 할부가격, ⑤ 각 할부금액의 금액·지급회수 및 시기, ⑥ 할부수수료의 실제연간요율, ⑦ 목적물의 소유권 유보에 관한 사항 ⑧ 매수인의 철회권과 행사방법에 관한 사항 ⑨ 매도인의 할부계약의 해제에 관한 사항, ⑩ 매수인의 기한이익 상실에 관한 사항 등을 기재한 서면을 상대방에게 교부하여야 한다고 규정하고 있다. 또한 방문판매법 제7조도 계약에 앞서 청약계약서의 교부를 규정하고 있다.

문제는 전자거래에 있어서 전자문서를 여기에서의 서면으로 볼 수 있을 것인가가 종전에 문제되었는데, 전자문서법 제4조가 '전자문서는 다른 법률에 특별한 규정이 있는 경우를 제외하고는 전자적 형태로 되어 있다는 이유로 문서로서의 효력이 부인되지 않는다'고 규정하고 있으므로 입법적으로 해결되었다. 따라서 이러한 서면을 대체하는 전자문서의 교부를 인정할 수 있다.

그러나 이 경우 전자문서는 전자적 기록에 불과하며 따라서 특별한 기술이 없이도 처음의 것과 완벽하게 동일한 것으로 제한 없이 복제가 가능하다는 점에서 안정성과 신뢰성이 중요한 과제이다. 따라서 전자거래의 경우에 법정서면에 기재해야 할 사항을 홈페이지에 게재하였거나 그들 정보를 E-Mail로 소비자에게 송신한 것만으로는 법이 정한 서면교부의무를 이행한 것으로 되지 않는다고 보아야 할 것이다.

V. 약관의 규제에 관한 법률

1. 전자거래약관의 공정성

전자거래는 정형적·대량적으로 행해지는 경우가 대부분이기 때문에 전자거래사업자가 일방적으로 계약조건을 미리 작성하는 경우가 많다. 이 점에서 전자거래에서 생긴 여러 가지 사고 및 악의 있는 행위에 의한 손해의 분담을 약관에 의해서 공정하게 정한 표준약관의 정립이 필요하다. 이에 관한 법률로는 「약관의 규제에 관한 법률」이 존재한다. 약관이 거래상대방을 구속하기 위해서는 계약에 편입되어야 하는데, 약관이 계약의 내용으로 편입되기 위해서는 사업자는 약관을 명시하고 설명하여야 한다. 따라서 전자거래상의 사업자도 명시·설명의무를 부담하는데, 중요한 내용에 대해서는 고객이 이해할 수 있도록 설명하여야 한다(동법 제3조 제3항).

약관규제법의 규정에 위반하는 불공정한 약관조항을 계약의 내용으로 해서는 안 된다. 신의성실의 원칙에 반하여 공정을 잃은 약관조항은 무효이고(동법 제6조 제1항), 고객에 대하여 부당하게 불리한 조항, 고객이 계약의 거래형태 등 제반사정에 비추어 예상하기 어려운 조항, 계약의 목적을 달성할 수 없을 정도로 계약에 따르는 본질적 권리를 제한하는 조항은 공정을 잃은 것으로 추정된다(동법 제6조 제2항). 또한 동법은 일정한 경우에 사업자의 면책조항을 금지하고 있으며(동법 제7조)[17], 계약의 해제나 해지권을 배제하거나 제한하는 조항은 무효로 한다(제9조). 만약 사업자가 동법에 위반하는 불공정한 약관을 계약의 내용으로 하는 경우에는(동법 제17조), 공정거래위원회가 그 사업자에게 당해 약관조항의 삭제, 수정 등 시정에 필요한 조치를 권고할 수 있고(동법 제17조의 2 제1항), 사업자가 일반사업자인 경우에는 공정거래위원회가 건전한 거래질서의 확립을 위하여 그 사업자에게 당해 약관조항의 삭제, 수정 등 시정에 필요한 조치를 명할 수 있다(동법 제17조의 2 제2항).

인터넷의 국제적 성질로 보아, 약관의 국제적인 조화를 배려할 필요가 있다. 이와 관련하여, 미국에서는 전자자금이체에 관해서 당사자간에 사전에 합의된 「상업적으로 상당한 보안절차」가 취해진 경우에는 은행은 면책된다고 한다(UCC 제4A편 제202조·제203조). 보안절차의 내용(위험을 포함)에 대한 설명이 사전에 행해지고 그것을 고객이 충분히 이해하고 있는 경우에 우리나라에서도

17) 금지시키고 있는 면책조항으로는, 사업자, 이행보조자 또는 피용자의 고의 또는 중대한 과실로 인한 법률상의 책임을 배제하는 조항, 상당한 이유없이 사업자의 손해배상범위를 제한하거나 사업자가 부담하여야 할 위험을 고객에게 이전시키는 행위, 상당한 이유없이 사업자의 담보책임을 배제 또는 제한하거나 그 담보책임에 따르는 고객의 권리행사의 요건을 가중하는 조항 또는 계약목적물에 관하여 견본이 제시되거나 품질·성능 등에 관한 표시가 있는 경우, 그 보장된 내용에 대한 책임을 배제 또는 제한하는 조항 등이다.

면책약관의 전제로 될 수 있을 것이다. 단말기의 부정사용에 대해서 「당행 소정의 확인절차를 한 이상 송신자를 계약자로 보아 처리한 경우」, 은행은 책임을 지지 않는다는 취지의 약관이 사용되고 있는 예도 있지만, 확인절차의 내용으로서 패스워드의 조회 정도로는 설명이 불충분하다고 보아야 할 것이다.[18]

2. 전자약관[19]의 의의와 문제점

(1) 전자약관의 의의

약관이란 명칭이나 형태 또는 범위에 상관없이 계약의 한쪽 당사자가 여러 명의 상대방과 계약을 체결하기 위하여 일정한 형식으로 미리 마련한 계약의 내용을 말한다(약관규제법 제2조 1호). 그렇다면 전자약관이란 거래의 일방 당사자(사업자)에 의하여 사전에 작성된 전자적 기록의 형태로 된 약관을 말한다고 할 수 있다. 일반적인 약관이 서면의 형식으로 작성되어 제시됨에 비하여 전자약관은 전자적 기록의 출력방식에 의하여 제시되는 것이 특징이다. 즉, 전자약관은 사업자의 홈페이지 내에 게시되어 상대방(소비자)이 모니터를 이용하여 이를 확인하는 것이 보통이고, 경우에 따라서는 사업자가 이를 고객에게 전자우편을 통하여 전달하고 고객은 이를 모니터나 프린터를 통하여 출력함으로써 확인할 수도 있다. 결국 전자약관은 그 성질과 내용면에서는 일반적인 약관과 동일한 실질을 지니는 것이고, 다만 그것이 전자적 기록의 형태로 존재함으로 말미암아 그 명시 및 설명방법에 있어서 일반적인 약관과 달리 취급하여야 할 필요성이 있을 뿐이다.

(2) 전자약관의 유형

현재 이용되고 있는 전자약관의 제시유형은 크게 세 가지로 나뉘는데 첫째, 약관의 전체 내용을 보여주지는 않고 일정한 크기의 박스 안에 이를 놓아두고 이용자들로 하여금 스크롤바를 이용하여 그 전체를 살펴볼 수 있도록 하는 방법, 둘째, 약관의 전체 내용을 한 페이지에 모두 수록하여 두는 방법, 셋

18) 松本恒雄, 전게논문, 56면.

19) 전자약관에 대해서는 김진환, 약관의 계약편입과 전자약관, 약관규제법과 전자약관의 계약편입, 법학연구 제10집, 2001.1. 40면 이하; 김진아, 전자거래상의 소비자보호에 관한 고찰, 전남대 석사학위논문, 2000.8., 29면 이하; 황진자, 디지털컨텐츠거래와 소비자보호; 전자약관을 중심으로, 고려대학교 대학원 석사학위논문, 2003.

째, 드물기는 하나 개인정보의 입력란 맨 아래 “이용약관에 동의하며 회원가입을 신청합니다” 등의 문구와 함께 이용약관으로의 링크만을 설정해두는 방법이 그것이다. 첫째와 둘째 방법에 대해서는 적절한 방법에 의한 약관의 명시라고 생각되나 세 번째 방법에 대해서는 견해가 나뉜다.[20] 최근의 약관의 설명의무를 강조하는 경향에 따른다면 세 번째의 방법만으로는 전자약관의 명시가 있었다고 하기에는 미흡하다고 할 것이다.

(3) 전자약관의 문제점

처음 전자상거래가 행해지는 때에는 쇼핑몰 사업자에 의하여 일방적으로 약관이 게시되거나 고객이 사이버몰의 어느 곳에 약관이 소재하는지 발견하기가 어렵게 되어 있는 경우가 많았다. 실제로 약관이 존재하는 경우에도 마우스로 스크롤 해야만 그 다음의 약관 내용을 볼 수 있게 되어 있다. 그리고 쉽게 거래 약관을 찾을 수 있어야만 당사자 간의 권리·의무관계가 약관을 통하여 명확히 해결 될 수 있을 것인데, 약관내용을 모른 채 고객들은 일단 계약을 체결하고, 그 후에 분쟁이 발생하면 비로소 약관 내용을 문제로 삼게 되는 것이 일반적이다. 이것은 사업자의 약관교부·설명의무 위반의 문제와 연관된다.

더군다나 몰 운영회사의 의무와 책임에 관해서 면책조항을 두거나 책임조항을 두고 있다 하더라도, 그 내용이 극히 추상적이어서 구체적으로 소비자가 피해를 입었을 경우 어떠한 책임을 질 것인가에 대한 규정으로서 미흡할 수가 있다. 현행 사이버몰 약관 조항 가운데는 개인정보 누출시 사업자 책임배제 조항, 일방적인 계약 내용 결정 조항, 부당한 회원자격 정지 및 박탈조항, 청약철회권 행사 제한 및 환불일 지연조항, 고객이 주문한 상품·용역이 제공된 이후에 회사에 대하여 영수증 또는 세금계산서를 요구한 경우, 그 배송 및 제공비용을 고객의 부담으로 돌리는 조항 등 다수의 불공정 조항을 내포하고 있는 경우도 있다. 이러한 이유로 공정거래위원회에서는 표준약관을 제정·고시하였다.

(4) 표준약관

공정거래위원회는 국내 영업중인 전자거래 쇼핑몰 업체의 상당수가 거래약관이 없거나 사용 중이더라도 고객에게 일방적으로 불리한 내용이 다수인 실

20) 적절하다고 하는 견해, 왕상한, 전자상거래와 국제규범, 박영사, 2001, 161면. 부정적인 견해, 사법연수원, 전자거래법, 2005, 320면.

정을 감안하여 급증 추세에 있는 인터넷 전자거래의 건전한 거래질서 확립 및 소비자 권익보호를 위해 전자상거래 표준약관(일명 인터넷사이버몰이용표준약관)을 2000년 1월 28일 승인하였고, 2012년 12월 17일 개정하여 게시하였다.[21)]

가. 약관의 명시·설명 및 개정

사업자는 사이버몰의 신뢰성을 높이기 위하여 고객이 약관의 내용을 쉽게 알 수 있도록 한글로 작성하고, 표준화·체계화된 용어를 사용하며, 웹페이지 초기 서비스화면에 게시하고, 약관의 내용을 이용자가 연결화면을 통하여 볼 수 있도록 하여야 한다. 상호, 대표자성명, 몰의 영업소 소재지 주소(소비자의 불만을 처리할 수 있는 곳의 주소를 포함), 전화번호, 모사전송번호, 전자우편주소, 사업자등록번호, 통신판매업 신고번호, 개인정보관리책임자 등을 게시하도록 하고 있다(제3조 제1항).

또한 이용자가 약관에 동의하기에 앞서 약관에 정하여져 있는 내용 중 청약철회·배송책임·환불조건 등과 같은 중요한 내용을 이용자가 이해할 수 있도록 별도의 연결화면 또는 사이버몰의 초기화면 등을 제공하여 이용자의 확인을 구하도록 하고 있다(제3조 제2항).

'몰'이 약관을 개정할 경우에는 적용일자 및 개정사유를 명시하여 현행약관과 함께 '몰'의 초기화면에 그 적용일자 7일 이전부터 적용일자 전일까지 공지한다. 다만, 이용자에게 불리하게 약관내용을 변경하는 경우에는 최소한 30일 이상의 사전 유예기간을 두고 공지해야 하는데, 이 경우 '몰'은 개정전 내용과 개정후 내용을 명확하게 비교하여 이용자가 알기 쉽도록 표시해야 한다(제3조 제4항).

이러한 약관의 개정의 공지는 예고의 의미를 갖는 것으로 약관 개정에 따른 소비자들의 피해를 사전에 방지할 수 있다. 몰에 가입한 회원 수가 수백만 명인 경우[22)]에는 전 회원에게 변경된 약관을 통보한다는 것이 복잡할 뿐만 아니라, 회원이 통보를 받아야만 변경된 약관의 효력이 발생한다고 하면, 나중에 회원의 주소 내지는 시스템상의 결함으로 통지를 받지 못한 회원의 경우 약관의 효력을 둘러싸고 분쟁이 생길 수 있으므로 몰이 약관을 개정할 경우에는 일

21) http://www.law.go.kr/LSW/admRulInfoP.do?admRulSeq=2000000070889

22) 경매사이트인 www.auction.co.kr의 경우 가입 회원수가 2004년말 기준 1000만 명을 넘어섰다고 한다.

정기간 이상 이를 몰 전면에 게시함으로써 족하고 이를 별도로 회원에게 통지할 필요는 없다고 할 것이다. 또 약관개정 내용을 그 적용일자 7일 이전부터 적용일자 전일까지 공지하면, 약관의 변경된 내용을 회원들로서도 이를 사전에 알 수 있기 때문에 회원 및 이용자의 권리보호에 문제가 없을 것이다.

몰이 약관을 개정할 경우에는 그 개정약관은 그 적용일자 이후에 체결되는 계약에만 적용되고 그 이전에 이미 체결된 계약에 대해서는 개정 전의 약관조항이 그대로 적용되도록 한다. 다만 이미 계약을 체결한 이용자가 개정약관 조항의 적용을 받기를 원하는 뜻을 개정약관의 적용일자 7일 이전부터 개정약관의 적용일자 전일까지의 기간(개정약관의 공지기간)내에 몰에 송신하여 몰의 동의를 받는 경우에는 개정약관의 조항이 적용된다(제3조 제5항). 약관에서 정하지 아니한 사항과 약관의 해석에 관하여는 전자상거래소비자법, 약관규제법, 공정거래위원회가 정하는 전자상거래등에서의소비자보호지침 및 관계법령 또는 상관례에 따른다(동조 제6항).

나. 회원가입

제6조 제1항은 일부 사이버몰에서 '서비스 이용계약'이라고도 하는 회원가입을 몰이 정한 가입양식에 따라 회원정보를 기입한 후 이 약관에 동의한다는 의사표시를 함으로서 회원가입을 하도록 하고 있다. 동조 제6조 제2항에 의해 '몰'은 회원가입신청이 있고 가입신청에 허위, 기재누락 등 부적격사유가 없으면 회원으로 등록한다고 규정하고 있다. 그리고 동조 제3항에 회원가입계약의 시기는 '몰'의 승낙이 회원에게 도달한 시점으로 한다. 이 때 구체적으로 '몰'의 승낙의 의사표시를 나타내는 전자문서가 이용자가 지정하거나 관리하는 컴퓨터에 입력된 때를 전자문서법 제6조 제2항에 의해 승낙의 의사표시의 도달시점으로 보아야 할 것이다. 그리고 회원 가입 양식에 소정의 정보 입력만으로 약관 동의 및 회원가입이 완료된 것으로 보는 것에 대해 표준약관 제12조 제2항은 수신확인 통지를 받은 이용자가 의사표시의 불일치 등이 있는 경우에 즉시 구매신청 변경 및 취소를 요청할 수 있도록 하고 있다.

다. 서비스 변경·중단 등에 대한 몰의 책임

표준약관 제4조와 제5조에서는 서비스 내용이 기술적인 사항이 많고 이러한 내용의 변경·중단이 있는 경우, 이용자는 외부의 비전문가로서 잘못된 서비스 내용을 입증하기 어렵기 때문에 '몰'측에 무과실의 입증책임을 지도록 하고 있다(제4조 제4항).

① 서비스의 변경

표준약관 제4조 제2항에서는 '몰'은 재화 또는 용역의 품절 또는 기술적 사양의 변경 등이 있는 경우에는 장차 체결되는 계약에 의해 제공할 재화·용역의 내용을 변경할 수 있다. 이 경우에는 변경된 재화·용역의 내용 및 제공일자를 명시하여 현재의 재화·용역의 내용을 게시한 곳에 즉시 공지한다고 규정하고 있으며, '몰'사업자가 제공하는 서비스의 변경은 사업자가 '몰'에 진열하는 상품이 품절되어 바뀌는 경우와 같이 '몰'과 이용자 간에 구매계약이 체결되기 전에 '몰'이 제공할 상품과 용역의 변경에 관한 것이므로 약관규제법 제10조 1호(급부변경권 유보조항의 금지)의 위반여부가 검토될 수 있다. 그러나 이는 사업자와 고객이 계약을 체결한 후에 계약으로 정해진 급부의 내용을 사업자가 일방적으로 변경하는 것을 금지하는 규정이므로, 계약 체결전의 서비스의 내용을 사정에 따라서 변경하는 본 약관 조항은 위 규정에 위반되지 않는다고 할 것이다.

② 몰의 배상책임

표준약관 제4조 제4항은 '몰'이 제공하기로 한 이용자와 계약을 체결한 서비스의 내용을 재화의 품절 또는 기술적 사양의 변경 등의 사유로 변경할 경우에는 '몰'은 이로 인하여 이용자가 입은 손해를 배상한다. 단 '몰'에 고의 또는 과실이 없는 경우에는 그러하지 않다고 규정하고 있다. 이 규정은 동조 제2항과는 달리 이미 체결된 계약에 의해 급부의 목적이 정해진 후에 그 급부를 변경하는 경우 '몰'의 손해배상책임을 규정하고 있다. 계약이 체결되기 전에는 '몰'이 제공할 재화·용역의 내용을 변경하더라도 이용자에게 특별한 불이익이 생기지 않기 때문이다. 전자거래에서 '몰'에 접속하는 거래 당사자의 범위가 매우 광범위하고 그 수요 변화가 심하기 때문이다. 전자거래에서 '몰'에 접속하는 거래당사자의 범위가 매우 광범위하고 그 수요 변화가 심하기 때문에 거래의 상황을 예측하기가 어렵다는 점을 고려한다면, '몰'의 고의·과실로 인한 손해배상을 전제로 한 '몰'의 재화·용역의 변경을 인정하여야 할 것이다.

서비스 내용이 변경되는 경우 그로 인하여 이용자가 손해를 입은 경우에는 '몰'에 고의 또는 과실이 없음을 '몰'측이 입증하지 못하면 이용자의 손해를 배상하도록 정함으로써 이용자들을 보호할 수 있게 된다. 무과실의 입증책임을 '몰'측이 부담하도록 한 이유는 서비스 내용이 기술적인 사항이 많고 이러한 내용의 변경에 잘못이 있는 경우 이용자는 외부의 비전문가로서 잘못된 서비스 내용을 입증하기 어렵기 때문이다. 그러므로 '몰'측에 무과실의 입증책임을 지우는 것이 타당하다.

'몰'은 재화의 품절 또는 기술적 사양의 변경 등의 경우에는 제공하는 서비스의 내용을 변경할 수 있도록 한다. '몰'이 제공하는 서비스의 주된 내용은 제4조 제1항에서 정한 바와 같이 재화 또는 용역에 대한 정보의 제공, 구매계약의 체결 및 고객의 주문에 따른 상품 배송 등인데 상품이 품절이 되거나, 구매계약체결과 관련하여 인터넷 기술사양의 변경 등이 있는 경우에는 '몰'이 제공하는 서비스의 내용이 달라지므로 이와 같은 규정을 둘 필요가 있다. '몰'의 서비스의 변경을 인정한다 할지라도 만약 그것이 고급기술로 대체된다면 이 경우에는 이용자에게 부당하다고 할 수 없다. 예컨대, 사이버몰 상에 이용자가 주문신청을 한 후 이를 확인할 수 있는 장바구니 기능과 주문신청에 대한 수신확인통지기능을 갖추지 못한 '몰'이 후일에 그러한 기능을 갖춘 사이버몰 운영기술로 사양을 변경하는 경우에는 '몰'이 서비스의 내용을 변경하는 것이 이용자에게 편리함과 도움을 줄 수 있다.

라. 구매신청

표준약관 제9조는 몰은 이용자가 구매신청을 함에 있어서 재화 등의 검색 및 선택(1호), 성명, 주소, 전화번호, 전자우편주소(또는 이동전화번호) 등의 입력(2호), 약관내용, 청약철회권이 제한되는 서비스, 배송료·설치비 등의 비용부담과 관련한 내용에 대한 확인(3호), 약관에 동의하거나 3호의 사항을 확인하거나 거부하는 표시(예, 마우스 클릭)(4호), 재화 등의 구매신청 및 이에 관한 확인 또는 몰의 확인에 대한 동의(5호), 결제방법의 선택(6호) 등의 내용을 알기 쉽게 제공하도록 규정하고 있다.

마. 계약의 성립

계약의 성립시점에 대해서 표준약관 제10조 제2항은 몰의 승낙이 수신확인통지형태로 이용자에게 도달한 시점에 계약이 성립한 것으로 보는 것으로 규정하고 있다. 또한 미성년자와 계약을 체결하는 경우에는 법정대리인의 동의를 얻지 못하면 미성년자 본인 또는 법정대리인이 계약을 취소할 수 있다는 내용을 고지하도록 하고 있다(동조 제1항).

바. 지급방법

몰에서 구입한 재화 또는 용역에 대해서는 폰뱅킹, 인터넷뱅킹, 메일 뱅킹 등의 각종 계좌이체, 선불카드, 직불카드, 신용카드 등의 카드 결제, 온라인무통장입금, 전자화폐에 의한 결제, 수령시 대금지급, 마일리지 등 몰이 지급한 포인트에 의한 결제, 몰과 계약을 맺었거나 몰이 인정한 상품권에 의한 결제, 기타 전자적 지급 방법에 의한 대금 지급 등 광범위한 지급 결제 방법을 제시하고 있다(표준약관 제11조).

사. 배송

통신판매와 같이 오프라인 전자거래에 있어서는 재화의 배송이 중요한 사안이다. 따라서 표준약관은 이용자가 구매한 재화의 배송수단, 배송비용 부담, 배송기간 등을 소비자보호를 위하여 명시토록 하고 '몰'이 약정 배송 기간을 지키지 못하는 경우 배상책임 규정을 두고 있다. 즉 표준약관 제13조 제1항에서는 이용자와 재화 등의 공급시기에 관하여 별도의 약정이 없는 이상, 이용자가 청약을 한 날부터 7일 이내에 재화 등을 배송할 수 있도록 주문제작, 포장 등 기타의 필요한 조치를 취합하도록 하고 있고, 다만, '몰'이 이미 재화 등의 대금의 전부 또는 일부를 받은 경우에는 대금의 전부 또는 일부를 받은 날부터 2영업일 이내에 조치를 취하도록 하고 있다. 뿐만 아니라, '몰'은 이용자가 재화 등의 공급 절차 및 진행 사항을 확인할 수 있도록 적절한 조치를 하도록 규정하고 있다.

동조 제2항은 이용자가 구매한 재화에 대해 배송수단, 수단별 배송비용 부담자, 수단별 배송기간 등을 명시하도록 하고 있고, 만약 '몰'이 약정 배송기간을 초과한 경우에는 그로 인한 이용자의 손해를 배상하여야 하고, 만약 '몰'의 고의·과실로 약정 배송기간을 초과한 경우에는 그로 인한 이용자의 손해를 배상하도록 하고 있다.

아. 연결몰과 피연결몰간의 관계

표준약관 제21조는 상위'몰'과 하위'몰'들이 위와 같은 방식으로 연결되어서 그 피연결'몰'(하위'몰')과 이용자 사이에 전자거래를 한 경우, 단순히 '몰'을 연결시켜준 중개인에 해당하는 연결'몰'(상위'몰')의 보증책임에 관한 것이다. 다른'몰'을 연결시켜준 상위'몰'은 이용자의 입장에서 보면 전자거래업체로 인식되므로, 약관상에 보증책임을 지지 않는다는 내용을 명시한 경우에 한하여 보증책임을 면제토록 하였다.

자. 개인정보보호

표준약관 제17조는 '몰'은 이용자의 정보수집시 구매계약 이행에 필요한 최소한의 정보를 수집해야 하는데, 필수사항으로는 성명, 주민등록번호, 주소, 전화번호, 희망 ID(회원의 경우), 비밀번호, 전자우편주소번호(또는 이동전화번호) 등이며 그 외의 사항은 선택사항이다. 또한 몰이 이용자의 개인식별이 가능한 개인정보를 수집하는 때에는 반드시 당해 이용자의 동의를 받아야 하며, 제공된 개인정보는 당해 이용자의 동의없이 목적 외의 이용이나 제3자에세 제공할 수 없으며, 이에 대한 모든 책임은 몰이 지도록 하고 있다.

차. 재판권 및 준거법

표준약관 제24조는 몰과 이용자 간에 발생한 전자상거래 분쟁에 관한 소송은 제소 당시의 이용자의 주소에 의하고, 주소가 없는 경우에는 거소를 관할하는 지방법원의 존속관할로 하며, 제소 당시 이용자의 주소 또는 거소가 분명하지 않거나 외국 거주자의 경우에는 민사소송법상의 관할법원에 제기하도록 규정하고 있다. 몰과 이용자 간에 제기된 전자상거래 소송의 준거법에 대해서는 한국법으로 규정하고 있다.

제3절 전자소비자계약[23)]

Ⅰ. 전자소비자계약의 의의와 법적 기초

1. 전자거래와 전자계약의 관계

전자소비자계약이라는 용어는 전자계약과 소비자계약이라는 용어의 합성

23) 전자소비자계약에 관한 부분은 졸고, 전자소비자계약, 민사법학 38호, 2007.9, 411-462면을 수정 가필한 것이다.

어이다. 따라서 동개념을 이해하기 위해서는 전자계약이라는 개념과 소비자계약이라는 개념에 대한 이해가 필요하다.

전자계약이란 의사표시의 합치가 구두 또는 서면으로 이루어지는 것이 아니라 당사자간의 약정에 의하여 전자적인 형태의 의사표시의 합치로서 성립하는 것을 말한다. 즉 전자계약이란 매매계약이나 중개계약처럼 특정한 계약의 유형을 지칭하는 것이 아니라 계약체결의 형태의 하나를 말한다. 전자계약이라는 개념을 이렇게 정의한다면 전자거래라는 개념과 반드시 일치하는 것은 아니다.[24] 전자거래는 전자정보처리장치 혹은 정보통신망을 통하여 전자적 방식으로 이루어지는 거래를 전자거래라고 칭하며, 법령에서는 재화 또는 용역을 거래함에 있어서 그 전부 또는 일부가 전자문서에 의하여 처리되는 거래(전자문서법 제2조 5호)라고 정의하고 있다.

여기서 전자문서란 청약과 승낙의 의사표시만을 가리키는 것이고 전자적 이행의 목적물을 제외한다고 볼만한 근거가 없기 때문에 오프라인상에서 계약이 체결되고 전자적 형태로 그 채무의 이행과 결제가 이루어지는 경우 비록 전자계약의 형태로 체결되지는 않았다고 하더라도 전자거래에 해당하게 된다. 즉 전자거래는 전자계약보다 더 넓은 개념이라고 할 수 있다.

전자거래의 방법으로 상행위를 하는 것을 전자상거래라고 한다(전자상거래 등 소비자보호에 관한 법률 제2조 1호).[25] 전자거래는 거래주체에 따라 다양하게 나타난다. 기업과 기업(B2B) 또는 기업과 고객(B2C), 정부와 기업(G2B), 정부와 국민(G2C), 개인과 개인(C2C)간에 전자거래가 이루어질 수 있다. 전자거래란 거래가 전자정보를 통하여 이루어지는 것으로 크게 인터넷상의 비즈니스와 네트워크를 활용하여 행해지는 계약, 주문, 배달, 그리고 대금청구 및 지불에 이르는 모든 거래행위를 포함한다.[26] 전자거래는 주로 영리를 목적으로 하여 이루어지지만 반드시 상거래에 한하지 않고 공공부문에서의 거래나 순수한 사인간의 거래에서도 이루어질 수 있기 때문에 우리나라에서는 입법시 전자거래라는 용어를 채택하였다. 따라서 전자소비자계약은 전자거래 중 기업과 소비자간의

24) 졸저, 가상공간법, 전남대학교출판부, 2005, 85면 이하.

25) 사전적 의미에서 거래의 의미로는 '상인과 상인 또는 상인과 고객 사이에 돈을 대차하거나 물품을 매매하는 일'과 '서로 자기의 이익에 도움이 될 사물이나 행위를 교환하는 일'이라고 되어 있어 상거래의 의미도 포섭하고 있다. 국어사전, 민중서림, 2006.

26) 졸저, 가상공간법, 전남대학교출판부, 2005, 45면.

거래(B2C)에서만 문제된다.

전자소비자계약(Electronic consumer contracts)이라는 용어는 우리나라에서는 사용되고 있지 않고 있는데, 심지어 소비자계약이라는 용어도 최근에야 사용되고 있는 편이다.[27] 이 용어는 일본에서 2001년 6월 29일 공포되어 동년 12월 25일부터 시행된 「전자소비자계약 및 전자승낙통지에 관한 민법의 특례에 관한 법률」(이하 전자소비자계약법이라고 한다)에서 사용하고 있다. 이하에서는 전자소비자계약의 개념에 대한 선이해를 돕기 위하여 전자계약과 소비자계약의 개념에 대하여 살펴보기로 한다.

2. 전자소비자계약 의의

전자계약과 소비자계약에 대해서는 이미 기술하였으므로 이하에서는 전자계약의 의의에 대해서 알아보고 전자소비자계약의 개념에 대해서 살펴보기로 한다.

(1) 전자소비자계약의 의의

전자소비자계약은 이미 살펴보았듯이 전자계약과 소비자계약의 개념에서 도출해 낼 수 있는데, 소비자계약이 전자적 방식으로 사업자와 소비자간에 체결되는 계약을 말한다. 전자적 방식에 의한 계약은 당사자에 따라서는 사업자간 전자상거래(B2B), 사업자와 정부간 전자상거래(B2G), 사업자와 소비자간 전자상거래(B2C), 개인간 전자거래(P2P 혹은 U2U)로 구분할 수 있으며, 위와 같은 다양한 전자계약 중 사업자가 가상공간에 개설한 사이버몰에 소비자가 접속하여

27) 우리나라에서 소비자계약이란 용어의 최초의 사용과 이에 대한 논문은 전효숙 판사로 보인다. 전효숙, "소비자계약에 관한 고찰", 「사법논집」 제12집(1981.12.), 법원행정처, 181면 이하. 그 밖에 소비자계약 용어를 사용하여 연구된 문헌으로는 소재선, 소비자계약법의 과제와 전망, 비교사법 5권 2호(1998.12.), 197면 이하가 있고, 일본에서 2000년 4월에 소비자계약법의 제정 이후에 일본의 소비자계약법의 소개와 더불어 소비자계약이란 용어가 일반적으로 사용되고 있다. 이후의 논문으로는, 정종휴, 일본의 소비자계약법에 관한 연구, 소비자문제연구 제24권, 한국소비자보호원, 2001.; 배성호, 일본의 소비자계약법, 비교사법 제8권 1호(상)(통권 14호), 2001.; 최지현, 전자계약의 법적 제문제 -소비자계약을 중심으로- 법률행정논총(제22집 제1호), 전남대학교 법률행정연구소, 2002.; 현대호, 소비자계약관련입법의 체계화방안 연구, 한국법제연구원, 2003.11.; 박동진·이병준, 외국의 약관 및 소비자계약 규제 동향 및 사례연구, 공정거래위원회, 2004.12. 황진자, 소비자계약의 적정화 방안 연구, 한국소비자보호원, 2005.12.; 최진구, 일본의 소비자계약법에 관한 소고, 민사법학 제32호, 한국민사법학회, 2006.9. 등이 있다. 대개의 논문은 아직까지는 비교법적 입장에서 일본의 소비자계약법과 독일의 소비자계약의 민법에의 편입 등에 대해 고찰한 것으로 보인다.

자동화된 체결절차에 따라 상품과 용역에 대한 계약을 체결하는 것을 전자소비자계약이라고 한다.[28)]

일본에서는 이러한 형태의 전자상거래를 전자소비자계약이라 칭하고, 이 분야에서 문제되는 점을 해결하고자 2001년에 전자소비자계약 및 전자승낙통지에 관한 민법의 특례에 관한 법률을 제정하였다. 일본 전자소비자계약법에서는 소비자와 사업자 사이에서 전자적 방법에 의한 전자계산기의 영상면을 이용하여 체결된 계약으로서, 사업자 또는 그 위탁을 받은 자가 해당 영상면에 표시한 절차에 따라 소비자가 전자계산기를 이용하여 송신한 것에 의해 그 신청 또는 그 승낙의 의사표시를 행한 것을 말한다(동법 제2조 1호)고 규정하고 있다.[29)]

우리나라에서는 전자소비자계약에 대한 직접적인 규정을 두고 있지 않고, 「전자상거래 등에서의 소비자보호에 관한 법률(이하 전소법이라 한다)」에서 전자상거래에서의 소비자보호에 관한 규정을 두고 있는데, 전자소비자계약이란 표현을 사용하고 있지 않지만 통신판매와 함께 전자소비자계약에서 소비자보호를 위한 규정을 두고 있다. 즉, 동법 제2장은 전자상거래와 통신판매란 제목하에, 제14조 제1항은 '통신판매업자는 소비자로부터 재화 등의 거래에 관한 청약을 받은 경우 청약의 의사표시의 수신 확인 및 판매 가능 여부에 관한 정보를 소비자에게 신속하게 통지하여야 한다'고 하고 있으며, 제17조는 '통신판매업자와 재화 등의 구매에 관한 계약을 체결한 소비자는 다음 각 호의 기간 이내에 당해 계약에 관한 청약철회 등을 할 수 있다'고 규정되어 있다. 동조항들은 통신판매와 전자상거래에 모두 적용되며, 동조항에서의 청약 내지 청약의 철회 등의 표현은 전자소비자계약을 전제하고 있는 것이다.

---

28) 고형석, 전게논문, 21면에서는 전자소비자계약의 대상을 매매계약에 한정하고 있으나, 앞에서 살펴본 것처럼 소비자계약의 대상이 될 수 있는 것은 매매계약 뿐만 아니라, 임대차계약, 임치계약, 위임계약, 소비대차계약에서도 가능하며, 그 외에도 여행계약, 중개계약과 소비자신용계약, 인터넷 서비스이용계약, 인터넷 정보제공계약도 가능하며 의료계약을 소비자계약으로 보는 경우 원격의료계약도 전자소비자계약으로 볼 수 있다.

전자소비자계약과 가장 밀접한 관련을 갖는 「전자상거래등에서의 소비자보호에 관한 법률」에서는 규율하고 있는 대상이 전자상거래와 통신판매인데 각각의 정의에 관해 제2조 1호는 전자상거래를 전자거래의 방법으로 상행위를 하는 것을 말한다고 하고, 2호에서 통신판매는 재화 또는 용역(일정한 시설을 이용하거나 용역의 제공을 받을 수 있는 권리를 포함)을 대상으로 하고 있어서 소비자보호를 위하여 거래객체를 넓게 규정하고 있다.

29) 동법에서의 전자계산기는 전자정보처리장치를 말한다.

3. 전자소비자계약의 법적 성질과 특성

(1) 전자소비자계약의 법적 성질

오늘날 근대 입법자가 예상하지 못한 다양한 형태의 소비자계약이 재화와 용역의 거래에서 등장하면서 민법전의 공동화현상을 초래하고 있다. 이러한 현상에 직면하여 민법학자들은 최근 활발하게 민법과 소비자법의 관계 규명에 진력하고 있다. 소비자계약은 일방이 사업자로서 상행위를 통하여 이윤을 추구하는 자와, 타방은 소비자로서 사업자가 제공하는 정보에 의존하여 재화나 용역의 소비를 위하여 구입하는 자 사이의 계약이다. 전자소비자계약이 그 내용과 방식에서 특수성을 인정한다 할지라도 여전히 '당사자의 합의'라는 당사자의 자치성에서 출발하는 만큼 계약법의 적용을 예상할 수 있다.

또한 전자소비자계약은 소비자계약에서 살펴본 것처럼 매매계약과 같은 전형계약처럼 어떤 특정한 내용을 가진 계약을 지칭하는 것이 아니고, 다양한 내용을 지닌 사업자와 소비자사이의 계약이다. 그렇다면 전자소비자계약은 어떠한 법적 성질을 지니는 것일까?[30]

전자소비자계약을 살펴보면, 그 체결과정은 다음과 같다. 먼저 사업자가 가상공간에 사이버몰을 개설하여 재화 내지 용역에 관한 정보를 게시한다. 이후 소비자가 사이버몰에 접속하여 사업자가 게시한 재화 내지 용역에 관한 정보를 보고 자신의 구매의사를 표시하면 사업자는 이의 승낙여부를 결정하여 소비자에게 전송하며, 승낙시 전자소비자계약은 체결된다. 이후 소비자는 재화나 용역의 대금을 지급할 의무를 부담하며, 사업자는 재화나 용역을 공급할 의무를 부담한다. 이의 절차는 자동화된 체결절차에 따라 전자문서의 교환으로 이루어지게 되고, 소비자는 재화나 용역에 대한 대가를 온라인상에서 인터넷뱅킹을 통한 송금이나 신용카드나 전자화폐 혹은 휴대폰결제를 할 수 있으며 오프라인상에서 입금을 할 수도 있다.

이상의 것을 종합하여 보면 전자소비자계약은 유상·쌍무·요식계약의 성질을 띠고 있는 것을 알 수 있다. 먼저 사업자의 재화나 용역의 제공에 대하여 소비자는 그에 대한 대가를 지급할 의무를 부담하므로 유상계약이고, 쌍무계약

30) 전자소비자계약의 법적 성질에 대해서는 고형석, 전자상거래의 성립시기에 관한 연구-전자소비자계약을 중심으로-, 비교사법 제13권 제3호(통권 34호), 2006.9., 21면 이하.

이다. 따라서 민법 제567조의 매매에 관한 규정의 유상계약에의 준용규정에 의하여 소비자는 사업자에게 담보책임 등을 추궁할 수 있다.[31)]

소비자의 대금지급의무와 사업자의 재화나 용역의 제공의무는 동시이행관계에 있지만, 통상 소비자는 전자소비자계약의 체결과정 또는 체결직후에 대금을 지급한다. 원칙적으로 우리 계약법은 계약방식의 자유를 인정하기 때문에 할부매매인 경우를 제외하고는 서면에 의할 것을 요하지 않는다. 그러나 전자소비자계약에서는 전자문서에 의한 의사의 합치를 요구하기 때문에 요식계약이라고 할 수 있다. 또한 할부매매의 서면성에 대하여 전자문서가 서면성을 충족하는지가 문제되는데, 입법적으로 해결하고 있음은 앞에서 살펴보았다.

전자소비자계약이 낙성계약인가에 대해서는 검토를 요한다.[32)] 전자소비자계약의 체결이 소비자와 사업자의 의사의 합치만으로 성립하며, 별도의 재화의 인도 기타의 급부를 이전하지 않더라도 성립한다면 낙성계약에 해당한다. 그러나 종전에는 통상 소비자가 전자소비자계약의 체결과정이나 직후에 대금을 지급하여야 하였으므로, 낙성계약이라기보다는 요물계약적인 측면이 있었고, 대금의 지급 후 재화나 용역의 공급이 이루어지지 않는 경우에 소비자보호가 문제되었다.

이를 해결하기 위하여 2005년에 선지급식 전자상거래나 통신판매의 경우 거래안전을 위해 결제대금 예치제도(Escrow)를 두고 있다. 즉 선지급식 통신판매업자는 소비자가 원하는 경우에는 소비자가 재화 등을 공급받을 때까지 그 결제대금을 제3자에게 예치하도록 하고, 통신판매업자(전자상거래업자) 본인이 소비자 피해보상보험계약 등을 체결하도록 하는 규정을 두고 있다. 단, 신용카드거래, 배송이 필요 없는 거래, 10만원 이하의 범위 안에서 대통령령이 정하는 금액 이하인 소액거래 등에 대하여는 그 적용을 제외하도록 하고 있다.

---

31) 김문환, 전자상거래법의 체계와 과제, 인터넷법연구 제2호, 2003, 한국인터넷법학회, 390-391면; 고영덕, 전자상거래의 법적 문제, 기업법연구 제7집, 2001, 한국기업법학회, 393면.

32) 전자소비자계약의 체결이 소비자와 사업자의 의사의 합치로 성립하며, 별도로 재화의 인도 기타의 급부를 이전하지 않더라도 성립하므로 낙성계약으로 보는 견해(고형석, 전게논문, 22면)도 있으나, 많은 전자상거래에서는 계약의 체결과 동시에 대금의 지급이 이루어지는 경우가 많기 때문에 일률적으로 낙성계약이라고 말하기는 어렵다.

(2) 전자소비자계약의 특성

전자소비자계약에서도 소비자계약의 특성을 대개는 갖는다. 즉, 사업자와 소비자의 비대칭성, 사업자와 다수당사자인 개인으로서의 소비자계약, 약관에 의한 계약, 변형계약 내지 비전형계약성의 특성을 갖게 된다. 이하에서는 전자소비자계약의 특성에 대하여 살펴본다.

가. 사업자의 정보제공의무와 정보접근의 용이성 및 개방성　소비자계약의 당사자인 사업자와 소비자는 비대칭성을 갖는다. 즉 정보와 기술조작, 조직력과 시장지배력 등에 있어서 사업자는 우월한 지위에 있고 소비자는 열등한 지위에 놓여 있다.[33] 소비자가 계약을 체결하고 그 결과를 자기책임 하에 부담하기 위해서는 충분한 정보가 주어지고 자발적인 의사결정이 전제조건일 것이다. 그러나 현대의 소비자거래에 관한 정보가 고도화 선문화되어 있는 상태에서, 소비자는 사업자에 비하여 정보력에 있어서 열위에 있을 수밖에 없다. 일본의 소비자계약법은 제1조에서 동법의 목적을 '소비자와 사업자간의 정보의 질, 양 및 교섭력의 격차를 감안하여'라고 하여 소비자계약의 비대칭적인 특성을 동법에 담고 있다.

따라서 사업자의 정보제공의무는 소비자계약에서 핵심요소로 등장하였다.

이러한 소비자의 정보의 열위와 정보의 편재는 전자소비자계약에서는 약간 다른 모습을 띠게 된다. 소비자는 정보의 바다인 인터넷에서 다양한 정보검색 포털사이트와 검색툴을 통해서 구매하고자 하는 상품과 용역에 대한 정보를 당해 사업자로부터 얻을 뿐만 아니라, 다른 사업자와 구매경력이 있는 다른 소비자로부터 얻을 수 있다. 따라서 전자소비자계약에서는 정보의 공유와 편재가 혼재한다는 면에서 전통적인 거래방식의 소비자계약과 차별성을 갖는다.

나. 비대면성과 전자문서에 의한 계약의 성립　전자소비자계약은 소비자와 생산자가 가상공간에서 계약을 체결한다는 특징을 가지고 있다. 이러한 비대면성은 익명성의 문제와 연결되어 당사자가 실제 존재하는지가 중요한 문제로

33) 竹內昭夫, 消費者保護法, 現代經濟構造と法(現代法學全集 52), 16면 이하; 大村敦志, 消費者··消費者契約の特性-中間報告(2), NBL 476號(1991), 44면. 이러한 소비자의 '약자론'에 대하여, 앞으로의 소비자보호는 공평·정의에 의한 약자론이 후퇴하고 자기책임주의로의 전환을 예견하는 견해(소재선, 전게논문, 201면)도 있으나, 본질적으로 양자간에 격차가 존재하기 때문에, 자기책임주의로의 전환은 한계가 있기 마련이다.

등장한다. 이러한 문제는 전자인증제도와 전자서명제도 실시로 해결하고 있다.

전자소비자계약은 소비자와 사업자 사이에 청약과 승낙의 의사표시가 디지털화된 전자문서(전자적 의사표시)에 의해 이루어진다. 문서란 문자 또는 이를 대신한 부호에 의하여 일정한 사상, 관념을 표시한 물체를 말한다. 전통적인 의미에서의 문서는 가시성, 가독성, 영속성을 중요한 특성으로 한다. 이러한 문서의 특성으로 말미암아 음반이나 테이프의 기록들은 무형물로서 문서성을 인정받지 못하였다.

이에 반해 전자문서는 컴퓨터와 같은 특별한 매체가 없으면 눈으로 볼 수 없고, 읽어서 인식할 수 없을 뿐만 아니라 새로운 데이터에 의해 기존의 데이터가 수정·보완될 수 있다는 특성을 지니고 있다. 전통적인 의미에서의 문서는 정보저장 및 전달의 기능, 증명적 기능, 상징적 기능의 세 가지 기능을 가지고 있는데,[34] 이런 면에서 전자문서도 위 세 가지의 기능을 수행할 수 있으며 특별한 경우에는 몇 가지의 조건 속에서 문서의 기능을 할 수 있다.

소비자의 의사표시는 사업자와의 자유로운 의사교환에 따른 의사형성보다는 사업자가 쇼핑몰에 일방적으로 제시한 Web문서에 의해 이루어지는, 일정한 방식에 따른 계약이다. 여기서는 전자문서의 문서성과 진정성, 전자소비자계약의 성립시기와 관련된 전자문서의 송·수신시기 등이 문제된다.

전자문서의 문서성에 대해서는 「전자문서 및 전자거래기본법」 제4조, 전자문서의 송·수신기와 관련하여서는 제6조부터 제10조까지 규정하고 있으며 전술하였다. 전자문서의 진정성은 전자문서의 사용자를 거래 상대방이 확인하는 것이다. 전자적 방식의 가상공간은 비대면의 특성을 가지고 있기 때문에 서로에 대하여 직접 확인할 수 없다. 이에 따라 사업자와 소비자 사이에 서로에 대한 신뢰를 확보하기가 매우 어렵다. 따라서 사업자가 제공하는 정보에 접근하는 소비자들을 통제하기 위하여 각 소비자를 통제하기 위한 기법이 필요한데, 이러한 기능은 전자서명을 이용해서 담보된다. 일반적으로 사용자 인증의 경우 비대칭 암호화기법을 기반으로 인증기관이 발급하는 인증서에 의하게 된다. 이에 관해서는 전자서명법에 의해서 규율되고 있다. 위의 법은 당사자와 전자문서의 진정성 확보를 위한 전자서명이나 전자인증의 기술적 발달에 따른 '기술

---

34) 김영갑·최성준, 정보사회에 대비한 상사법연구 서론, 정보화사회에 대비한 일반법연구(Ⅰ), 통신개발연구원, 1997.6., 150면.

적 중립성'을 채택한 점이 특징이다.

다. 전자약관에 의한 계약　전자소비자계약도 통상 사업자와 소비자 사이의 계약이기 때문에 계약 체결 이전 사업자로부터 약관이 제시되는데, 이를 전자약관이라고 부른다. 전자약관은 계약의 일방 당사자(사업자)에 의하여 사전에 작성된 전자적 기록의 형태로 된 약관을 말한다.[35] 전자약관은 사업자의 홈페이지 내에 게시되어 소비자가 모니터를 이용하여 이를 확인하는 것이 보통이고, 경우에 따라서는 사업자가 이를 고객에게 전자우편을 통하여 전달하고 고객은 이를 모니터나 프린터를 통하여 출력함으로써 확인할 수도 있다.

결국 전자약관은 그 성질과 내용면에서는 일반적인 약관과 동일한 실질을 지니는 것이고 다만 그것이 전자적 기록의 형태로 존재함으로 말미암아 그 명시 및 설명방법에 있어서 일반적인 약관과 달리 취급하여야 할 필요성이 있을 뿐이다.

현재 전자약관 조항 가운데는 개인정보 누출시 사업자 책임배제조항, 일방적인 계약 내용 결정 조항, 부당한 회원자격 정지 및 박탈조항, 청약철회권 행사 제한 및 환불일 지연조항, 고객이 주문한 상품·용역이 제공된 이후에 회사에 대하여 영수증 또는 세금계산서를 요구한 경우, 그 배송 및 제공비용을 고객의 부담으로 돌리는 조항 등 다수의 불공정 조항을 내포하고 있는 경우도 있다. 이러한 이유로 공정거래위원회에서는 전자상거래 표준약관을 만들어 게시하고 있다.[36]

전자상거래 표준약관[37]에서는 사이버몰의 신뢰성을 높이기 위해 정보제공의무를 부과하고 있는데, 약관의 내용과 상호, 대표자성명, 몰의 영업소 소재지 주소(소비자의 불만을 처리할 수 있는 곳의 주소를 포함), 전화번호·모사전송번호·전자우편번호, 사업자등록번호, 통신판매업 신고번호, 개인정보관리책임자 등을 게시하도록 하고 있다(표준약관 제3조 제1항). 몰이 약관을 개정할 경우에는 적용

35) 졸저, 전게서, 221면.

36) http://www.ftc.go.kr. 이외에도 보험회사에서는 전자보험거래표준약관을 사용하고 있다. 이에 대한 자세한 소개는 고형석, 사이버몰의 약관과 소비자보호에 관한 연구-전자상거래표준약관을 중심으로-, 민사법학 제26호, 2004.9., 391면 이하.

37) 표준약관은 사업자 등이 거래분야에서 자율적으로 소비자를 보호하기 위한 방안이므로 표준약관의 제정을 사업자 등이 자율적으로 할 수 있고, 표준약관의 내용이 약관규제법에 위반하는지 여부를 사업자 등은 공정거래위원회에 서면으로 심사를 청구할 수 있다.

일자 및 개정사유를 명시하여 현행 약관과 함께 몰의 초기화면에 그 적용일자 7일 이전부터 적용일자 전일까지 공지하여야 한다(표준약관 제3조 제4항).

또한 '몰'이 제공하기로 한 이용자와 계약을 체결한 서비스의 내용을 재화의 품절 또는 기술적 사양의 변경 등의 사유로 변경할 경우에는 '몰'은 이로 인하여 이용자가 입은 손해를 배상하되, 고의 또는 과실을 요하도록 하고 있다(제4조 제3항).

구매신청과 관련하여 몰은 이용자가 구매신청을 함에 있어서 재화 등의 검색 및 선택(1호), 성명, 주소, 전화번호, 전자우편주소(또는 이동전화번호) 등의 입력(2호), 약관내용, 청약철회권이 제한되는 서비스, 배송료·설치비 등의 비용부담과 관련한 내용에 대한 확인(3호), 약관에 동의하거나 3호의 사항을 확인하거나 거부하는 표시(예, 마우스 클릭)(4호), 재화 등의 구매신청 및 이에 관한 확인 또는 몰의 확인에 대한 동의(5호), 결제방법의 선택(6호) 등의 내용을 알기 쉽게 제공하도록 규정하고 있다(제9조).

지급방법에 대해서는 몰에서 구입한 재화 또는 용역에 대해서는 폰뱅킹, 인터넷뱅킹, 메일뱅킹 등의 각종 계좌이체, 선불카드, 직불카드, 신용카드 등의 카드결제, 온라인무통장입금, 전자화폐에 의한 결제, 수령시 대금지급, 마일리지 등 몰이 지급한 포인트에 의한 결제, 몰과 계약을 맺었거나 몰이 인정한 상품권에 의한 결제, 기타 전자적 지급방법에 의한 대금 지급 등 광범위한 지급결제 방법을 제시하고 있다(제11조).

배송에 대해서는 이용자가 구매한 재화의 배송수단, 배송비용부담, 배송기간 등을 소비자보호를 위하여 명시토록 하고 '몰'이 약정 배송기간을 지키지 못하는 경우 배상책임 규정을 두고 있다(제13조 제2항). 동조 제1항에서는 이용자와 재화 등의 공급시기에 관하여 별도의 약정이 없는 이상, 이용자가 청약을 한 날로부터 7일 이내에 재화 등을 배송할 수 있도록 주문제작, 포장 등 기타의 필요한 조치를 취하도록 하고 있고, 다만, '몰'이 이미 재화 등의 대금의 전부 또는 일부를 받은 경우에는 대금의 전부 또는 일부를 받은 날부터 2영업일 이내에 조치를 취하도록 하고 있다. 뿐만 아니라 '몰'은 이용자가 재화 등의 공급절차 및 진행 사항을 확인할 수 있도록 적절한 조치를 하도록 규정하고 있다(제14조).[38]

---

38) 사업자가 소비자에게 제공하여야 할 배송에 관한 정보 역시 소비자가 청약의 의사를 결정하

재판권 및 준거법에 대해서는 '몰'과 이용자간에 발생한 전자상거래 분쟁에 관한 소송은 제소 당시의 이용자의 주소에 의하고, 주소가 없는 경우에는 거소를 관할하는 지방법원의 존속관할로 하며, 제소 당시 이용자의 주소 또는 거소가 분명하지 않거나 외국 거주자의 경우에는 민사소송법상의 관할법원에 제기하도록 규정하고 있다. '몰'과 이용자간에 제기된 전자상거래 소송의 준거법에 대해서는 한국법으로 규정하고 있다(제24조).[39]

라. 특별법에 의한 규율　전자소비자계약을 계약으로 본다고 하더라도, 실제로 민법상의 계약법에 의해 규율되는 것은 별로 없다. 우선적으로 소비자보호에 관련된 개별 특별법이 적용되고, 사안에 대해 특별법을 적용할 수 없는 경우에 민법상의 계약법이 적용되게 된다. 민법상의 계약편에서도 매매, 소비대차, 임대차, 위임, 임치 등 극히 일부에 지나지 않는다. 전자소비자계약도 유상계약으로서 매매에 관한 규정이 준용되는데, 담보책임 정도에서 의의를 갖는다.

전자소비자계약에서는 청약의 철회가 인정되는 만큼 청약의 구속력을 인정하는 민법 제527조의 규정도 배제된다.[40] 또한 계약법에서 규정하고 있지 않지만, 원칙적으로 인정되고 있는 계약방식의 자유도 전자소비자계약에서는 전자문서에 의해 계약이 성립하기 때문에 서면주의를 요구하는 할부매매(할부거래법 제4조)처럼 예외적이다.

전자소비자계약은 이처럼 소비자계약이 전자거래로 이루어지는 경우 소비자계약에 관한 특별법과 전자거래에 관한 특별법에 의하여 규율되는 특징을 가진다.

마. 다양한 계약유형의 존재　전자소비자계약은 소비자와 사업자간에 전자적 방식을 통하여 계약을 체결하는 것을 일컫는 것으로, 민법의 전형계약처럼 특정의 계약유형에 한하지 않고 다양한 계약유형이 존재한다. 따라서 전자적으로 가능한 소비자계약은 모두 전자소비자계약의 범주에 속할 수 있다. ① 방문판매나 전화권유판매와 같은 것을 제외한 전자매매, 할부매매, 다단계판매와 같은 매매계약형, ② 여행계약이나 의료계약과 같은 역무제공형,[41] ③ 금융기

는데 있어서 중요한 사항이기 때문에 계약체결 전에 제공하여할 사항으로서 제14조에 규정할 것이 아니라 제9조에 규정해야 한다는 견해가 있다. 고형석, 전게논문, 417면.

39) 소비자계약의 준거법에 대해서는 국제사법 제27조에서 규정하고 있다.

40) 전자상거래등 소비자보호에 관한 법률 제17조 제1항

관, 제조업자, 판매업자가 최종소비자에게 소비생활에 필요한 자금을 대출해 주거나 판매대금의 지급유예를 통해서 신용을 제공해 주고 장래에 수수료나 이자를 덧붙여 이를 회수하는 소비자신용형,[42] ④ 스포츠시설 이용계약과 같은 시설제공형 ⑤ 소비자가 약정한 보험료를 지급하고 사업자가 재산 또는 생명이나 신체에 관하여 불확정한 사고가 생길 경우에 일정한 보험금액 기타의 급여를 지급할 것을 약정하는 보험계약형[43]으로 구분할 수 있다.

여행계약이나 인터넷서비스이용계약과 같은 소비자계약의 유형은 민법의 전형계약에 포섭할 수 없는 무명계약이나 혼합계약적 성질을 띠고 있다. 가상공간에서 이루어지는 전자소비자계약은 앞으로도 다양한 형태를 띠고 등장할 것으로 보인다.

Ⅱ. 전자소비자계약의 법적 규율

1. 민법의 적용

전자소비자계약은 소비자계약이다. 따라서 소비자계약 전반에 관한 법률을 가지고 있지 않은 현행 법제 하에서 소비자를 보호하기 위하여 소비자계약을 법적으로 규율하는 수단으로 우선 민법을 들 수 있다. 즉 전자소비자계약은 계약이기 때문에 일반적으로 민법의 총칙편이나 계약에 관한 규정의 적용을 받는다.

---

41) 매매계약은 매도인이 매수인에게 매매의 목적이 된 권리를 이전하고 매수인은 대금을 지급하는 것(민법 제568조)을 내용으로 하는 재산권이전형 계약이다. 따라서 매매의 목적물은 물건과 권리이다. 원칙적으로 용역 자체는 매매계약의 대상이 아니다. 그러나 소비자계약을 다루는 방문판매법과 할부거래법에서는 할부거래와 방문판매, 다단계판매, 통신판매의 적용대상으로서 재화 내지 상품과 용역 양자를 인정하고 있기 때문에 특별히 용역만 별도의 법적 규율을 받지 않는다. 또한 위의 법들은 용역에 일정한 시설을 이용하거나 용역의 제공을 받을 수 있는 권리를 포함하고 있어서 시설이용계약까지도 함께 규율하고자 하였다. 졸고, 소비자계약의 유형과 법적 규제, 법학논총 제27집 제1호, 전남대학교 법률행정연구소, 2007.6., 285면.

42) 유럽계약법의 소비자신용입법지침은 광고, 계약전 및 계약상 정보제공의무와 신용의 기한전 변제에 관한 권리에 관한 규정을 담고 있다. 소비자신용에 관한 회원국들의 법률규정과 행정규정의 조화에 관한 1986년 12월 22일 87/102/EWG 입법지침(Abl. 1987 L 42/48)

43) 상법 제638조. 유럽계약법에서는 보험계약에 관한 두 개의 입법지침이 있다. 소비자보험의 영역에 대해서는 첫 번째부터 세 번째 손해보험입법지침(ABl. 1973 L 228/3, ABl 1988 L 172/1. ABl 1992 L 228/1)과 생명보험입법지침(ABl. 1979 L 63/1, ABl 1990 L 330/50, ABl 1992 L 360/1)이 있다.

이에 따라 소비자에게 불리한 불공정한 내용의 소비자계약은 무효로 되거나(민법 제104조), 사기에 의한 의사표시를 한 경우 취소할 수 있다(민법 제110조). 착오로 인한 경우에는 취소할 수 있으나(민법 제109조), 전자계약의 특성상 표시주의의 입장에서 해석할 가능성이 높으므로,[44] 조작실수와 같은 명백한 경우가 아니면 착오로 인하여 취소할 가능성은 적다고 하겠다.[45] 제한능력자와 행해진 전자소비자계약은 법정대리인의 동의를 받지 않은 경우 취소할 수 있다(민법 제5조·제10조·제13조).

전자소비자계약은 사업자와 소비자간의 유상계약이기 때문에 담보책임이 발생하기도 한다. 민법규정의 적용을 통한 소비자보호는 주로 판례에 의하여 이루어지겠지만, 현재 소비자보호와 관련된 판례는 그다지 많지 않다. 이러한 현상은 소비자보호가 우리나라에서는 행정감독관청에 의한 행정규제에 의하여 사전에 분쟁예방을 하기 때문인 것으로 보인다.

2. 소비자보호 관련 특별법의 우선 적용

소비자계약에 관해서는 소비자보호에 관한 기본법인 소비자기본법이 적용되지만, 동법에서 소비자계약과 관련된 규정은 찾아보기 힘들다. 이는 동법의 입법목적이 소비자계약측면에서 소비자보호를 염두에 둔 것이 아니라, 공법적 규제의 측면에서 소비자보호를 바라보았기 때문이다. 소비자계약에 관한 법적 규율 입법례로서는 독일과 같이 민법전에의 편입, 일본과 같이 소비자계약법 내지 전자소비자계약법의 제정, 혹은 우리나라처럼 개개의 특별법으로 규율하

44) 입력된 정보자료에 흠이 있는 경우에, 그 흠 있는 정보에 의한 의사표시의 취소여부에 대해서는 동기의 착오의 문제로 보아 외관책임의 법리에 따라 상대방에게 책임을 지우자는 견해(김상용, 자동화된 의사표시와 시스템계약, 사법연구 제1집, 청헌법률문화재단, 1992, 51면)와 취소의 일반원칙에 따라 법률행위의 내용의 중요부분의 착오와 표의자의 중대한 과실이 없을 것을 요건으로 하여 취소할 수 있다고 하는 견해(지원림, 컴퓨터와 관련된 민사법적 문제: 컴퓨터법의 정립을 위한 시론-컴퓨터계약과 EDI를 중심으로, 성곡논총 제26집 상권, 성곡학술문화재단, 1995, 1485-1486면) 등이 있는데, 신속한 거래가 요구되고 대량·정형적으로 이루어지는 사업자의 사기나 과대·허위광고에 의하여 왜곡되지 않는 한, 전자소비자계약에서는 표시주의에 입각하여 의사표시의 해석을 도모해야 할 것이다.

45) 전자소비자계약은 전자적 수단의 사용으로 인하여 전통적인 거래에 비하여 그 체결과정이나 내용에 관하여 착오가 생기기 쉬울뿐더러 또한 그 착오를 발견하기도 용이하지 않다. 전자거래기본법 제8조는 '수신한 전자문서(의사표시)의 독립성을 규정하면서, 상당한 주의를 하였더라면 동일한 전자문서가 반복되어 송신된 것임을 알 수 있었을 때에는 독립된 의사표시로 보지 아니한다'고 규정하고 있다.

는 방법이 있다. 아직까지 우리나라에서는 개개의 특별법에 의하여 규율되는 만큼 소비자계약에 관한 특별법이 민법이나 상법에 우선하여 적용된다.

즉 전자소비자계약은 소비자와 사업자간에 전자적 방식(전자문서)을 통하여 성립되는 계약이고 통상 전자약관에 의하여 체결되고, 따라서 전자약관에 의하여 체결된 경우에는 약관규제에 관한 법률의 적용을 받게 된다. 또한 전자소비자계약이 각각 할부판매나 다단계판매, 또는 전자상거래와 같은 특수한 형태의 계약에 해당하는 경우에는 할부거래에 관한 법률, 전자거래법, 전소법의 적용을 받게 된다.

현재 소비자금융에 대한 법적 규율로는 민법의 소비대차계약에 관한 규정[46]이 있고, 특별법으로는 이자제한법(2007.3.29. 제정, 2007.6.30. 시행),[47] 대부업의 등록 및 금융이용자보호에 관한 법률, 종합금융이용자보호에 관한 법률, 은행법, 할부거래에 관한 법률, 신용카드와 관련하여서는 여신전문금융업법이 적용된다.[48] 이자제한법은 개인간의 금전대차나 미등록대부업체에게 적용되는데, 개인간의 금전대차는 소비자계약이 아니므로, 여기서는 미등록대부업체와 개인간의 계약만을 소비자계약으로 보아야 한다.

이러한 특별법들은 민법이나 상법에 우선하여 적용되며, 강행규정들을 내포하고 있다.

---

46) 독일민법에서는 제2편 제8장 제3절의 제목을 소비대차계약과 함께 사업자와 소비자 사이의 자금융통원조 및 분할공급계약이라는 부제를 달고, 제1관 소비대차계약에서 따로 소비자소비대차계약(제491조)을 규정하고 있다. 소비자금전소비대차계약이 되기 위해서는 ① 유상의 소비대차일 것 ② 대주가 사업자일 것 ③ 차주가 소비자일 것이라는 세 가지 요건이 충족되어야 한다(동조 제1항).

47) 구이자제한법(1962.1.15. 시행)은 I.M.F. 이후 1998.1.13.자로 폐지되었다가 이후 사채시장에서 초고리가 성행하고 불법적인 채권추심행위가 극성을 부리면서 「대부업의 등록 및 금융이용자 보호에 관한 법률」이 2002년 8월 26이 제정되어 동년 8월 27일부터 시행되었다. 그러나 동법은 등록된 대부업자에게만 적용이 되고, 등록되지 않은 대부업자와 일반 사인간에는 적용되지 않게 되어서 다시 이자제한법을 제정하게 된 것이다. 따라서 등록되지 않은 사업자와 사인간의 소비대차에서 소비자보호의 의의를 찾을 수 있다.

48) 소비자 신용거래의 실태와 관련하여 소비자보호라는 관점에서 공통적 문제로 제기되는 사항들은 신용가격(이자)의 적정성, 계약체결 전의 계약내용의 명시, 충동구매의 규제, 할부대부금의 연체로 인한 해제, 특히 3당사자관계에서의 소비자의 항변권, 연체이자의 적정률 보장, 연체금회수와 관련된 위법·부당행위의 방지 등이다. 김형배, 채권각론(계약법), 박영사, 2001, 553면.

3. 통신판매와 동법에 의한 규율

전자상거래는 전소법에서 통신판매와 함께 규율하고 있다. 전소법 제2장은 전자상거래 및 통신판매라는 제목하에 양자를 동일하게 규율하고 있다. 따라서 통신판매에서 소비자보호를 위한 권리 등이 동일하게 전자상거래에도 적용되게 된다. 통신판매 편에서 이미 다루었으므로 이하에서는 간단하게 설명한다. 다만 동법은 전자상거래와 통신판매를 구별하여 별도의 정의를 내리고 있고, 사업자의 금지행위를 규정하면서 통신판매업자와 구분되는 개념으로서 '전자상거래를 행하는 사업자'라는 용어를 사용하고 있다(동법 제21조 제1항). 양자를 구별하는 실익은 각각에 적용되는 규정들이 구별되는 점에 있다. 전자상거래소비자법상의 규정들은 그 조문의 문언만으로 판단할 때 그 적용대상을 달리 하는 세 가지 부류의 규정들이 있다. 첫째, 전자상거래만을 적용대상으로 정하고 있는 규정들이 있다(동법 제7조·제10조). 둘째, 전자상거래와 통신판매 모두를 적용대상으로 명시한 규정들이 있다(제6조·제8조·제9조·제11조·제21조·제23조 내지 제29조 등). 셋째, 전자상거래는 제외하고 통신판매만 그 적용대상으로 하는 규정들이 있다(제12조 내지 제20조, 제22조).

4. 전자상거래등 소비자보호에 관한 법률

전자소비자계약과 관련하여 가장 중요한 법으로는 2002년 3월에 제정되어 7월 1일부터 시행된 '전자상거래등 소비자보호에 관한 법률'을 들 수 있다. 동법은 전자소비자계약이란 용어를 사용하고 있지 않지만, 전자소비자계약을 규율하는 법이라고 할 수 있다. 그러나 동법은 전자상거래 뿐만 아니라 종전에 방문판매법에 있었던 통신판매를 함께 규정하고 있는데, 입법자의 의도는 양자가 비대면이라는 공통점을 가지고 있기 때문에 함께 규율한 것으로 보인다.[49)]

동법은 사업자가 상행위를 목적으로 구입하는 거래에 대하여는 적용되지 아니하고, 다만 사업자라 하더라도 사실상 소비자와 같은 지위에서 다른 소비

49) '전소법'은 여러 규정에서 전자상거래와 통신판매를 명백히 구분하고 있어서 동법이 순수하게 전자소비자계약만을 위한 법은 아니며, 규정에 있어서도 입법자는 양자를 구분하여 규율하고 있다. 예컨대, 통신판매업자에 관하여 통신판매를 업으로 하는 자 또는 그와의 약정에 따라 통신판매업무를 수행하는 자라고 용어 정의를 하고 있는 한편(동법 제2조 3호), 사업자의 금지행위를 규정하면서 통신판매업자와 구분되는 개념으로서 '전자상거래를 행하는 사업자'라는 용어를 사용하고 있다(동법 제21조 제1항).

자와 같은 거래조건으로 거래하는 경우에는 적용이 된다(제2조 5호 나목). 전소법의 소비자보호에 관한 규정이 다른 법률의 규정과 경합하는 때에는 다른 법률의 규정을 적용하는 것이 소비자에게 유리한 경우를 제외하고는 전소법상의 규정이 우선하여 적용된다(동법 제4조).

Ⅲ. 소셜커머스와 소비자보호[50)]

1. 서언

(1) SNS와 결합한 새로운 영업방식의 소셜커머스의 등장

인류역사는 네트워크 확대의 역사라고 말할 수 있다. 인간은 사회적 동물로서 가장 작은 공동체인 가족과 같은 혈연공동체로부터 마을과 국가와 같은 지역공동체의 일원으로서, 이제는 가상공간에서 네티즌으로서, 정보의 공유와 확산을 통하여 상호간 거래에서 '최대의 이익'을 추구하여 왔다. 정보통신수단의 발달, 특히 컴퓨터기술과 인터넷기술의 발달은 정보의 수집, 공유, 확산을 보다 용이하게 하였고, 소셜미디어나 온라인미디어의 등장은 마케팅에서 종래 사업자에 의하여 일방적으로 홍보와 광고가 이루어지던 관행을 페이스북과 트위터 등으로 대변되는 소비자 주도의 SNS를 통하여 신속하게 실시간 홍보와 광고를 하게 되었다.

예전부터 소비자들은 제품을 저렴하게 구입하는 방법으로 공동구매의 방법을 사용하여 왔지만, 한정된 공간과 인적 네트워크에 의존하여 왔다. 그러나 스마트폰의 보급으로 SNS 이용자가 증가하면서 2010년에 한국 땅에도 소셜커머스[51)]가 새로운 영업방법으로 등장하여 그 거래량도 대폭 증가하게 되었다.[52)]

---

50) 「소셜커머스와 소비자보호」 부분은, 졸고, 소셜커머스의 법률관계 : 공동구매형 소셜커머스에서 소비자보호를 중심으로, 재산법연구 28권 2호, 2011.8., 법문사, 201-234면을 수정 가필한 것이다; 저자의 논문 이후로 소셜커머스의 법률문제를 다룬 문헌으로는, 양동훈, 소셜커머스의 개념과 법적 쟁점-공정거래위원회 심결례를 중심으로-, 법제 653호, 2012.5., 34-47.

51) 소셜커머스를 우리 말로 '사회적 상거래' 혹은 '사회 상거래'라고 번역할 수도 있다. 인간을 사회적 동물이라고 할 때의 '사회적(social)'이라는 개념에는 '공동체의 구성원으로서 다른 사람과 관계를 맺으며 살아가는'이라는 의미가 포함되어 있기 때문이다. electronic commerce를 전자상거래라고 번역하여 사용한다면 social commerce도 사회적 상거래라고 번역하여 사용하는 것이 가능하다.

52) 국내의 소셜커머스는 소셜쇼핑 위주로 시장이 형성되어 있으며 현재 확인된 소셜쇼핑업체

소셜커머스는 최소한의 비용으로 최대한의 효용을 얻고자 하는 소비자의 욕구와 단시간에 제품 및 용역에 대한 홍보와 광고를 통하여 매출의 극대화를 꾀하고자 하는 사업자간의 욕구가 맞아떨어지면서 새롭게 등장한 영업방식이다. 소셜커머스는 기존의 E-Commerce 혹은 M-Commerce의 일종이지만 SNS를 이용하는 새로운 영업방식이라는 점에서 종전의 전자상거래와 구별된다 하겠다.

(2) 소셜커머스의 법적 쟁점들

이렇게 급작스럽게 들이닥친 소셜커머스의 열풍에 따라 소비자보호와 관련한 다양한 법적 문제점이 등장하고 있으며 이에 대한 법적 검토가 필요하게 되었다. 소셜커머스는 상품이나 용역을 제공하는 공급자와 소비자 사이에 소셜커머스 사업자가 관여한다는 점에서 직거래가 아닌 중개적 성격을 갖는 거래이다. 그리고 그러한 중개적 거래를 '영업'으로 하는 사업사에 의하여 거래가 이루어진다는 특징을 가지고 있다.

「전자상거래소비자법」에서는 각각 전자상거래와 통신판매, 통신판매업자, 통신판매중개 등을 규정하고 있는데, 소셜커머스가 어느 개념에 포섭되는지 검토되어야 한다. 한 때 공정거래위원회도 소비자보호를 위한 대책을 내놓으면서 소셜커머스업체를 통신판매중개자가 아닌 통신판매업자로 하는 지침을 내놓기도 하였는데,[53] 이는 소셜커머스를 어떻게 정의하느냐에 따라 소비자보호수준이 달라지기 때문이다.

공동구매형 소셜커머스에서는 대개 50% 정도의 대폭적인 할인쿠폰을 판매하기 때문에 소비자의 입장에서는 충동구매를 하게 될 염려가 많으며, 업체가 제공하는 정보와 지인의 정보에 의존하기 때문에 실제의 상품 및 제공되는 용역과 차이가 날 수 있다. 일반소비자와의 차별이나 판매의 회피 문제, 청약의 철회 문제, 불공정약관 및 면책약관의 문제 등이 존재하며, 과장광고나 허위광

수는 3~400개나 되는데 현재도 계속 증가하고 있다. 지난 해 국내 소셜쇼핑 시장 규모는 총 매출기준으로 600억원 정도였는데, 2011년에는 1, 2월 2개월 모두 400억원을 넘어서서 올해는 총 매출 5,000억원을 넘어설 것으로 예상하고 있다. 김철환, 소셜커머스 산업에 대한 고찰과 제언, 소비자원 발표논문, 2011.4.28., 11면 이하.

53) 공정거래위원회는 5월 6일 소셜커머스 사업자의 법적 지위를 전자상거래소비자법상의 통신판매임을 확인하고 5개 소셜커머스 사업자의 전자상거래소비자법 위반행위에 대하여 시정명령을 하였다. 즉 청약철회권의 인정, 구매안전서비스의 이용, 과도한 손해배상책임의 제한 내용의 면책금지, 허위 기만의 광고행위의 금지 등을 골자로 한 내용이다.

고의 문제,[54] 광고와 다른 상품이나 용역의 제공으로 인한 책임문제, 결제지급 수단에서도 신용카드, 선불카드, 핸드폰결제, 전자화폐, 스마트폰 앱 등 다양하기 때문에 결제와 관련하여서도 이용자보호의 문제가 있다. 또한 구매 후 소수에 의한 구매취소가 이루어지는 경우 전체 구매계약이 불성립하는 경우의 법률문제 등도 있다. 뿐만 아니라 인터넷서비스제공자의 책임과 유사하게 소셜오픈마켓이나 연결몰로서의 기능만 하는 소셜커머스[55]에 대해서 오픈마켓 사업자나 연결몰이 오픈마켓 거래나 피연결몰에서 이루어지는 거래에 대한 책임문제 등도 생각할 수 있다.

또한 소셜커머스 사업자는 홈페이지에 전자약관을 게시하여 일방적으로 이용자와의 계약조건을 정하고 있는데, 소셜커머스의 특성상 청약의 철회나 환불 또는 면책에 대하여 불공정한 내용의 약관을 내용으로 하고 있는 경우 약관의 효력과 관련하여 약관의 통제문제가 발생한다. 이 뿐만 아니라 소셜커머스 사업자의 입장에서는 SNS를 통한 소비자의 개인정보를 무제한 수집, 가공할 수 있는데 이러한 개인정보의 수준은 과거의 어떠한 개인정보보다 광범위하고 내밀하다는 점에서 개인정보보호의 문제도 중요한 쟁점으로 볼 수 있다.

2. 소셜커머스의 의의와 법적 성격

(1) 소셜커머스의 의의

가. 소셜커머스의 개념 소셜커머스[56]란 소셜과 커머스가 합쳐진, 다시 말

---

54) 소셜쇼핑에서 판매되는 상품이 주로 오프라인 서비스 상품이다 보니 공산품처럼 규격화되어 있지 않아서 허위 기만 광고를 하는 경우 소비자들이 서비스 품질을 감지하는데 어려움이 있다. 김철환, 전게논문, 16면.

55) 소셜쇼핑업체 수가 많아지자 그 정보들을 한데 모아 제공하는 메타소셜쇼핑 사이트들도 등장하였는데, 그런 곳만 30~40개 이르는데, 쿠폰셔틀, 티켓초이스, 쿠폰챠트가 대표적인 예이다. 이러한 사이트에서는 구매가 이루어지지 않고 소셜 쇼핑업체의 사이트로 이동하여 구매하도록 하고 있다.

56) 소셜커머스는 David Biesel이 전자상거래에서 사용자에 의하여 작성된 홍보 내용을 지칭하는 개념으로 개발하였고, Steve Rubel은 여기에 '구매자들이 재화나 용역을 구매할 때 신뢰할 수 있는 개인들로부터 조언을 얻을 수 있는 상호 협력적 전자상거래 도구'라는 의미를 첨가하였는데, 2005년 11월에 야후가 처음 소개한 용어이다. 당시 야후는 장바구니(Pick List) 공유서비스인 shoppersphere를 선보였는데, 야후는 이것의 범주를 '소셜커머스'라고 이름 붙였다. 이때부터 소셜커머스는 상거래 플랫폼을 소비자들에게 '개방'하고, 소비자들 각각의 상거래 경험을 서로 '공유'시킨다는 '소비자 영역에서의 커머스 2.0'을 의미하게 되었다.

해서 트위터, 페이스북과 같은 SNS(Social Network Service)의 '소셜'과 상거래의 영어표현인 '커머스'의 합성어이다. 따라서 소셜커머스의 정의에 대해서는 사회구성원들의 상호의사소통과 사용자공헌(user contribution)을 지원하는 소셜미디어나 온라인미디어를 활용하여 온라인상에서 상품과 용역을 구매하거나 판매하는 일종의 전자상거래로 보는 것이 일반적이다.[57] 요컨대 SNS를 통한 새로운 영업방법에 의한 전자상거래를 말한다.[58]

소셜커머스와 소셜쇼핑의 개념을 구분하기도 하는데, 전자는 온라인상 판매자들의 공동네트워크가 중심개념이며, 소셜쇼핑은 온라인 구매자들의 공동행위(공동구매행위)가 중심개념이라고 한다. 따라서 현재 가장 활발하게 이루어지는 온라인상 공동구매행위는 실제 소셜쇼핑이라고 한다.[59] 실제 소셜커머스의 상품들은 지역의 알려지지 않은 서비스업체들이 홍보를 노리고 많이 제공하기 때문에 로컬커머스(Local Commerce)라고 불리기도 한다.

실제로 오프라인의 인적 네트워크를 통해서도 다양한 커머스가 행해지고 있고, 온라인의 카페, 블로그 등에서도 다양한 형태의 커머스가 일어나지만 소셜커머스는 소셜미디어 내지 온라인미디어를 통해 상거래가 직·간접적으로 일어나는 것으로 그 의미가 축소된다.

종전의 거래나 상거래에서는 사업자가 상품 및 용역에 대한 광고와 홍보를 하여 소비자들로 하여금 구매하게 하지만, 소셜커머스에서는 소셜커머스 사업자 뿐만 아니라 소비자 스스로 자발적으로 SNS를 통하여 자신의 소셜네트워크상의 지인에게 적극적으로 홍보하고, 사업자의 신뢰성보다는 지인의 신뢰에 기반을 두어서 또 다른 소비자들이 제품을 구매하도록 한다는 점에서 차이가 있다. 소셜커머스의 정의에서 중요한 표지는 SNS이다. 즉 진정한 의미의 소셜커머스가 되기 위해서는 판매의 상당부분이 실제로 소셜네트워크를 통한 추천과 공유에서 비롯되어야 한다.[60]

---

57) http://en.wikipedia.org/wiki/Social_commerce. 2011.5.11. 방문

58) 소셜커머스가 이슈가 된 것은 미국의 그루폰의 흥행이 큰 역할을 하였다. 그루폰은 2008년 11월 미국 시카고 지역을 서비스 권역으로 창업을 하여 이후 전국으로 확대하였고, 이제 한국 등 세계 곳곳으로 영역을 확대하고 있다.

59) 김철환, 전게논문, 1면.

60) 국내 소셜커머스 1위 업체인 티켓몬스터의 SNS를 통한 사이트 유입율은 0.5가 안되는 미미한 수준에 머물고 있다. 김철환, 상게논문, 5면.

나. 소셜커머스의 유형 소셜커머스의 유형은 매우 다양하다. 소셜커머스의 정의를 SNS를 활용하여 상품과 용역을 구매하거나 판매하는 일종의 전자상거래라고 정의한다면, 그 유형도 기존 상거래의 종류만큼이나 다양해 질 수 있다는 것을 의미하게 된다. E-Commerce의 경우에도 독립쇼핑몰, 공동구매사이트, 오픈마켓,[61] 경매사이트, 소비자 직거래사이트, 회원제 쇼핑클럽, 디지털콘텐츠마켓, 이러닝 등 무수히 많은 서비스 모델이 있는데, 소셜커머스도 마찬가지로 다양한 형태의 영업방식이 존재가능하다.[62] 즉 소셜커머스의 정의를 SNS를 활용하여 상품과 용역을 구매하거나 판매하는 일종의 전자상거래라고 정의한다면, 그 유형도 기존 상거래의 종류만큼이나 다양해 질 수 있다는 것을 의미하게 된다.

소셜커머스에는 SNS와 연동된 독립쇼핑몰, 그루폰이나 티켓몬스터와 같은 소셜쇼핑, 다음 소셜쇼핑처럼 누구나 소셜 공동구매 이벤트를 진행할 수 있는 소셜 오픈 마켓, 신종 프라이빗쇼핑클럽, 경매사이트, 소비자 직거래사이트, 회원제 쇼핑클럽, 디지털콘텐츠마켓, 이러닝 등 무수히 많은 서비스 모델이 있는데, 소셜커머스도 마찬가지로 다양한 형태의 영업방식이 존재가능하다. 다만 차이가 있다면 기존의 인터넷쇼핑몰과 같은 E-Commerce에 비해서 소셜커머스는 할인율에서 많은 차이가 나는 점이다.

소셜커머스의 유형에 대해서는 소셜링크형, 소셜웹형, 공동구매형, 오프라인 연동형으로 구분하기도 하고,[63] 소셜미디어 연동형 소셜커머스, 공동구매형 소셜커머스, 직접판매형 소셜커머스, 프로모션형 소셜커머스의 유형으로 구분하기도 하는데,[64] 후자는 전자의 소셜링크형과 소셜웹형 양자를 소셜미디어 연동형 소셜커머스에 포함시키고 프로모션형 소셜커머스를 구분하는 점에서 차이가 있다. 그러나 프로모션형 소셜커머스는 직접적인 구매를 목적으로 하는

---

61) 일반적인 쇼핑몰 판매방식을 벗어나, 개인과 소규모 판매업체 등이 온라인상에서 자유롭게 상품을 거래하도록 하는 '중개'형 인터넷 쇼핑몰이다. G마켓, 옥션, 인터파크 등이 대표적 사이트로 이들은 시스템을 제공한 대가로 상품을 등록한 사용자에게서 수수료 수익을 얻는다. 오픈마켓은 인터넷 쇼핑몰에서의 중간 유통마진을 생략할 수 있어 기존보다 저렴한 가격으로 판매가 가능하다.

62) KT 올레샵과 같은 SNS와 연동된 독립쇼핑몰, 그루폰이나 티켓몬스터와 같은 소셜쇼핑, 다음 소셜쇼핑과 같은 소셜오픈마켓 등이 그 예이다.

63) 각주 7)의 위키피디아 사이트

64) 유윤수/윤상진, 소셜커머스, 무엇이고 어떻게 활용할 것인가, 더숲, 2011, 41면 이하.

것이 아니라 다양한 이벤트와 프로모션을 통하여 간접적으로 매출을 끌어올리는 것을 목적으로 하기 때문에 진정한 소셜커머스라고 보기 어렵다.

1) 소셜미디어 연동형 소셜커머스 가장 기본적인 형태의 소셜커머스로서 커머스사이트에 소셜네트워크로 이동할 수 있는 형식의 링크를 게재하는 방식인 소셜링크형과 커머스사이트 안에서도 소셜네트워크 기능을 구현하는 방식인 소셜웹형이 있다. 전자는 버튼을 클릭하면, 웹문서의 웹링크가 생성되어 해당 소셜네트워크 글쓰기에 자동으로 삽입되거나, 자신의 소셜네트워크에 웹문서가 그대로 복사되어 게시물로 생성되고, 후자는 커머스사이트에서 이루어지는 소비자의 구매, 평가, 리뷰 등의 활동이 소비자의 소셜네트워크에 자동으로 반영되어 친구들과 공유된다.[65] 소셜미디어 연동형 소셜커머스는 일반 쇼핑몰에서도 소셜미디어로 알릴 수 있는 공유버튼만 추가하면 되기 때문에 손쉽게 구현이 가능하다는 장점이 있다.

2) 공동구매형 소셜커머스 제품이나 서비스를 공동구매 형식으로 판매하는 형태의 커머스로서 공동구매사이트와 소셜네트워크가 결합한 것으로서, 보통 딜(deal)별로 정한 최소 구매수량이 달성되면 절반 수준의 할인 혜택을 받을 수 있도록 하여, 소비자들로 하여금 적극적으로 소셜네트워크를 통해 홍보하여 친구들을 공동구매에 참여하도록 하는 형태이다. 일반적으로 소셜커머스하면 떠올리는 형태가 공동구매형 소셜커머스이다. 초대한 친구가 회원 가입을 하거나 제품을 구매하면, 현금 또는 사은품이나 포인트를 적립해 주는 인센티브 프로그램을 운영하기도 한다.[66] 공동구매형 소셜커머스는 소비자의 충동구매를 유발하게 하여 매출을 극대화 할 수 있지만, 청약의 철회 및 환불과 관련한 문제와 지역 업소와 소비자간에 분쟁이 발생할 우려가 높다. 공동구매형의 가장 큰 장점은 커머스가 실제 행해지기 때문에 다른 인터넷영업방식에 비해서 사업자는 수익창출의 속도가 빠르고, 진입장벽이 낮다는 장점이 있다.

3) 직접판매형 소셜커머스 직접판매형 소셜커머스는 소셜미디어 내에서 제품이나 용역을 직접 판매하는 유형을 말한다. 국내에서도 오래 전부터 옥

65) 리바이스처럼 페이스북의 플러그인을 적용한 사이트나 게시물을 작성하면 자동으로 트위트로 배포되는 기능을 적용한 사이트들이 대표적인 사례이다.

66) 그루폰, 위폰 등이 대표적인 사례이다.

션이나 G마켓 등의 오픈마켓을 통해 개인이나 중소기업들이 자신의 제품을 판매하고 있기는 하지만 소셜네트워크를 이용한다는 점에서 차이가 있다. 즉 직접판매형 소셜커머스는 신뢰를 바탕으로 소셜미디어상의 친구들에게 직접 판매하는 방식의 커머스이다. 페이스북에서는 농산물직거래와 같은 다양한 시도들이 행해지고, 트윗모아는 누구나 소셜커머스 상품 판매자가 될 수 있도록 소셜커머스 플랫폼을 제공하기도 한다. 직접판매형 소셜커머스야말로 진정한 소셜커머스라고 할 수 있다. 사업자 뿐만이 아니고 누구나 커머스의 당사자가 될 수 있다는 점과 소셜커머스 사업자와 소비자간 직접거래가 이루어진다는 점에서 소셜미디어 연동형, 공동구매형과 차이가 나며, 전형적인 전자상거래이다.

이처럼 소셜커머스의 유형은 다양하게 구분할 수 있지만, 재화 또는 용역의 구매와 직접적으로 연관이 되며 소셜커머스 사업자가 관여하는 공동구매형에서 소비자보호문제가 주로 대두된다. 본고도 주로 공동구매형 소셜커머스를 염두에 두고 작성되었음을 밝혀둔다.

(2) 소셜커머스의 법적 성격

가. 일반론　　소셜커머스가 이루어지려면 상품 및 용역공급업자와 소셜커머스 사업자간의 계약과 소셜커머스 사업자와 소비자(이용자)간의 계약이 있어야 한다. 전자의 계약은 사업자와 사업자간의 계약이기 때문에 우선은 당사자간의 계약내용이 적용되고 계약 이외의 사항에 대해서는 상법 내지 민법상의 매매계약이 보충적으로 적용되게 된다.

문제는 후자인데, 소셜커머스 사업자와 소비자간의 계약인 소셜커머스의 법적 성질이 무엇이냐에 따라 적용법규 및 규율원리도 달라지기 때문에 소셜커머스에 대한 법적 성격이 우선 규명되어야 한다.

소셜커머스는 유상·쌍무·요물·요식계약이다. 또한 민법상의 전형계약 중 매입권을 판매한다 하더라도 구매자는 일정한 금액에 해당하는 부분의 대가를 지급하기 때문에 유상이면서 쌍무계약이라고 보아야 한다. 소셜커머스가 성립하려면 이용자는 구매계약시에 신용카드, 선불카드, 핸드폰결제, 전자화폐(이캐쉬) 등으로 결제를 하여야 하기 때문에 요물계약에 해당한다. 또한 전자문서를 통하여 계약이 성립하기 때문에 요식계약이다.

따라서 원칙적으로 소셜커머스의 사업자는 소비자(이용자)에게 담보책임을 지게되며, 소셜커머스의 쌍무계약성을 인정한다면 쌍무계약상의 견련성으로부터 나오는 동시이행항변권, 위험부담 등의 규정도 적용된다. 또한 친구나 지인에게 쿠폰이나 티켓을 선물한 경우에는 '제3자를 위한 계약'이 성립하여 제3자를 위한 계약에 관한 규정도 적용되게 된다.

소셜커머스는 이용자가 티켓(또는 쿠폰)을 구매하여 결제하였더라도 바로 계약상의 권리의무가 발생하는 것이 아니라, 만약 사업자가 제시한 재화나 용역에 대한 공동구매상의 목표인원을 충족시키지 못한 경우에는 이용자는 상품이나 용역에 대한 권리를 취득하지 못하므로, 공동구매의 목표인원 충족이라는 조건이 붙은 조건부매매계약으로 볼 수 있다.

소셜커머스의 법적 성격을 매매로 보는 경우에 매매의 목적이 재화와 같은 유형적 물건인지 그렇지 않으면 용역이나 이용권과 같은 권리냐에 따라 구분할 필요가 있다. 소셜커머스업체가 재화를 판매하는 경우에는 자기의 명의로 타인의 계산으로 타인 소유의 재화를 판매해 주고 수수료를 얻는 형태를 취하고 있어서, 상법 제101조의 위탁매매에 해당한다고 볼 수도 있다.[67] 물건 중 부동산에 대해서는 위탁매매의 대상이 되지 못하고 동산만 해당되는데, 매도위탁의 경우 매도목적물은 매도위탁과 함께 위탁매매인에게 점유가 이전된다.

하지만 상법 제103조는 위탁물의 귀속과 관련하여 위탁매매인이 위탁자로부터 받은 물건 또는 유가증권이나 위탁매매로 인하여 취득한 물건, 유가증권 또는 채권은 위탁자의 위탁매매인 또는 위탁매매인의 채권자간의 관계에서는 이를 위탁자의 소유 또는 채권으로 본다고 하여, 동산 물권변동의 요건으로서 점유의 이전이 있을지라도 소유권에 대해서는 위탁자에게 귀속되는 것으로 보고 있다. 그런데 소셜커머스의 거래에서는 소셜커머스 사업자가 동산상품을 판매할지라도 동산상품이 공급업자로부터 소셜커머스 사업자에게 점유의 이전이 이루어지지 않기 때문에 실제 소셜커머스 사업자는 동산을 판매하는 것이 아니고 동산구매권을 판매하는 것으로 보아야 할 것이다.

민법은 제568조에서 매매의 목적을 권리로 명시하고 있을 뿐만 아니라 매매의 효과로서 매도인에게 재산권이전의무를 부과하고 있는 점을 감안하면, 소셜커머스 사업자가 판매하는 동산구입권이나 용역구입권, 이용권의 판매를 매

67) 동지 오병철, 소셜커머스의 전자상거래소비자법상 법적 성격 -통신판매자인가? 통신판매중개자인가?-, 2011,5., 12면.

매로 이론구성하는데 별 어려움이 없다고 본다.[68] 따라서 소셜커머스 사업자는 권리의 하자가 있는 경우에 민법 제580조 이하의 하자담보책임이 아니라 제570조 이하의 추탈담보책임을 부담하는 것으로 보아야 한다.

나. 전자상거래 소셜커머스가 전자상거래라는 것에 대해서는 의문의 여지가 없다. 전자상거래라 함은 전자상거래소비자법상 전자거래의 방법으로 상행위를 하는 것을 말하고(동법 제2조 1호), 전자거래란 재화나 용역을 거래함에 있어서 그 전부 또는 일부가 전자문서에 의하여 처리되는 거래를 말한다(전자거래기본법 제2조 5호). 소셜커머스는 구매단계에서 전자문서에 의한 매매계약의 체결과 결제도 가상공간에서 이루어지기 때문에 전자상거래이다. 따라서 종전의 온라인으로 이루어지는 전자상거래나 스마트폰 이전의 모바일기기를 통한 M-Commerce 등이 전통적인 전자상거래의 모습이라고 할 수 있다. 만약 소셜커머스를 소비자계약으로 본다면 전자상거래 중 B2C에 해당하게 된다.

소셜커머스가 전자상거래인 이상 거래의 객체가 '재화 또는 용역의 거래'와 같이 특정한 유형의 거래일 필요가 없다. 이를 통하여 달성하려는 법적 효과의 유형은 전혀 문제되지 않는다. 다양한 유형의 법률관계를 그 내용으로 할 수 있다. 따라서 매매와 같은 양도거래나, 임대차와 소비대차와 같은 대차거래, 위임, 도급과 같은 노무공급거래를 유형으로 할 수도 있다. 재화는 대개 '동산'에 머무르고 있으나 부동산의 경우에도 가능하다 할 것이다.

다만 종전의 전자상거래가 광고나 홍보 등을 통한 고객의 유치가 주로 사업자에 의하여 이루어졌다면, 소셜커머스는 광고와 홍보가 SNS를 통해 사용자간에 순식간에 이루어질 뿐만 아니라 사용자가 적극적으로 제품구입을 권유한다는 점에서 전자상거래의 새로운 영업방식이라고 할 수 있다.

법적인 측면에서는 소셜커머스는 전자계약이다. 의사표시의 합치가 구두 또는 서면으로 이루어지는 것이 아니라 당사자간의 약정에 의하여 전자적인 형태의 의사표시(전자문서)의 합치로서 성립한다.[69]

---

68) 용역상품의 판매나 이용권의 판매를 매매로 본다면 권리양도의 이론구성을 하여 채권양도의 대항요건으로서 양도의 통지의 논의까지 전개할 필요는 없다고 본다. 오병철, 상게논문, 12면 참조.

69) 전자계약이란 매매계약이나 중개계약처럼 특정한 계약의 유형을 지칭하는 것이 아니라 계약체결의 한 형태를 말한다. 전자계약이라는 개념을 이렇게 정의한다면 전자거래라는 개념과 반드시 일치하는 것은 아니다. 졸저, 가상공간법, 전남대학교출판부, 2005, 85면 이하.

다. 소비자계약 　다음으로 소셜커머스는 소비자계약인가가 문제된다. 소비자계약이란 넓은 의미로는 소비자와 사업자 사이에 체결된 모든 계약을 의미하고, 통상은 좁은 의미로, '상품'과 '상품처럼 거래되는 용역'을 그 대상으로 하는 소비자와 사업자의 계약을 말하기도 하지만, 오늘날에는 그 적용범위가 일반적인 거래에까지 넓혀지고 있다. 우리 입법은 소비자계약이라는 용어를 사용하고 있지 않지만 소셜커머스는 사업자로서의 소셜커머스 사업자와 소비자간의 소비자계약으로 보아야 하고,[70] 또한 전자소비자계약[71]이라고 말할 수 있다.

3. 소셜커머스의 법적 규율

(1) 민법의 적용

소셜커머스는 민법상의 전형계약 중 매매계약에 해당한다. 계약의 당사자는 소셜커머스 사업자와 이용자이다. 계약이 성립하면 사업자는 상품이나 용역을 공급할 의무를 부담하는 것이 아니라 상품이나 용역을 구입할 수 있는 권리를 이전해 주어야 할 의무를 부담하고 이용자는 할인된 가격에 해당하는 대금의 지급을 하여야 할 의무를 부담하게 된다. 따라서 이용자의 궁극적인 목적이 상품의 취득이라 할지라도 사업자는 상품을 이전할 의무를 부담하는 것이 아니라 상품을 구입할 수 있는 권리를 이전해야 할 의무를 부담하게 된다. 따라서 법이론적으로는 소셜커머스의 목적물에 하자가 있는 경우에 '권리의 하자'로 보아야 하고 사업자는 민법 제580조 이하의 '하자담보책임'이 아닌 민법 제570조 이하의 담보책임을 지게 된다.

문제는 소셜사업자가 허위광고를 하는 경우라든가, 구입한 제품에 소셜사업자가 제공한 정보와 달리 하자가 있거나 서비스가 못 미치는 경우 소셜사업자에게 책임을 추궁할 수 있느냐이다. 일응 민법 제110조의 사기에 의한 의사표시로서 취소가 가능하다 할 것이다. 소셜사업자는 상품이나 용역을 구매할 수 있는 권리만 이전하면 채무의 이행을 한 것으로 보아야 하고, 만약 구매권

70) 독일민법 제310조에서는 사업자와 소비자간의 계약을 소비자계약(Verbrauchervertrag)으로 칭하며, 제355조에서도 「소비자계약에서의 철회권」이라는 표제어로 소비자계약이라는 용어를 사용하고 있다. 일본에서는 넓은 의미에서의 소비자계약을 입법하여 규율하고 있고, 미국 통일상법전에서는 소비자계약을 상인인 매도인과 소비자인 매수인 사이의 판매계약의 경우로 한정하기도 하지만 오늘날에는 그 적용범위가 일반적인 거래에까지 넓혀지고 있다.

71) 전자소비자계약에 대해서는 졸고, 전자소비자계약, 민사법학 제38호, 2007.9., 411면 이하.

(쿠폰)으로 제품의 취득이나 용역의 제공이 거부된 경우에는 소비자는 소셜사업자에게 담보책임의 추궁이 가능하지만, 제품의 하자나 서비스의 조악에 대해서까지 책임을 지울 수 있느냐가 문제되는데, 원칙적으로 제품 및 용역공급자에 대하여 책임추궁이 가능하다 할 것이고, 소셜사업자가 약관에 책임의 면제조항을 두는 경우에는 약관의 무효 내지 불공정성의 문제로 넘어가게 된다.

(2) 전자상거래소비자법의 적용

문제는 현재 특수한 형태의 매매유형으로 소비자를 보호하기 위하여 할부매매에 관해서는 「할부거래에 관한 법률」에서, 통신판매와 전자상거래에 관해서는 「전자상거래등에서의 소비자보호에 관한 법률」에서, 방문판매와 다단계판매에 관해서는 「방문판매법」에서 규율하고 있는데, 소셜커머스가 어떠한 특별법의 적용을 받는가이다.

공동구매형 소셜커머스의 적용법규에 대한 검토는 전자상거래소비자법이 그 대상이 될 것이고, 전자상거래인지 또는 통신판매인지가 검토대상이다. 왜냐하면 동법은 전자상거래와 통신판매를 구별하여 규정하고 있고 적용법규도 달리하고 있다. 동법은 소비자를 보호하기 위하여 둔 핵심적인 규정들은 통신판매에는 적용하면서도 전자상거래에는 적용하지 않고 있다.

전자상거래소비자법은 전술하였듯이 전자상거래와 통신판매를 구별하여 별도의 정의를 내리고 있고, 사업자의 금지행위를 규정하면서 통신판매업자와 구분되는 개념으로서 '전자상거래를 행하는 사업자'라는 용어를 사용하고 있다(동법 제21조 제1항). 양자를 구별하는 실익은 각각에 적용되는 규정들이 구별되는 점에 있다. 전자상거래소비자법상의 규정들은 그 조문의 문언만으로 판단할 때 그 적용대상을 달리 하는 세 가지 부류의 규정들이 있다. 첫째, 전자상거래만을 적용대상으로 정하고 있는 규정들이 있다(동법 제7조·제10조). 둘째, 전자상거래와 통신판매 모두를 적용대상으로 명시한 규정들이 있다(제6조·제8조·제9조·제11조·제21조·제23조 내지 제29조 등). 셋째, 전자상거래는 제외하고 통신판매만 그 적용대상으로 하는 규정들이 있다(제12조 내지 제20조, 제22조).

양자의 개념에 대해서 살펴보기로 한다. 전자상거래라 함은 전자거래기본법 제2조 5호에서 규정하고 있는 전자거래의 방법으로 상행위를 하는 것을 말한다(동법 제2조 1호). 전자거래의 정의가 재화나 용역을 거래함에 있어서 그 전부 또는 일부가 전자문서에 의하여 처리되는 거래임을 감안한다면 전자상거래는 「재화나 용역을 거래함에 있어서 그 전부 또는 일부가 전자문서에 의하여 처리되는 상행위」라고 정의할 수 있다.

전자문서 및 전자거래기본법은 전자문서란 '정보처리시스템에 의하여 전자적 형태로 작성되어, 송·수신 또는 저장된 정보'라고 정의하고 있다(동법 제2조 1호).[72] 그리고 동법은 정보처리시스템이란 '정보처리능력을 가진 전자적 장치 또는 체계'라고 정의하고 있다(동법 제2조 2호).

상행위에 대해서는 상법 제2편 상행위편에서 제46조에 기본적 상행위를 규정하고 제47조에서 보조적 상행위를 규정하고 있는데, 제46조에서는 각 호에서 기본적 상행위가 되는 것들을 열거하고 있다. 따라서 전자상거래란 전자문서에 의하여 행해지는 상행위로서 기본적 상행위에 해당하는 상행위이거나 상인에 의하여 행해지는 행위로서 거래의 이행과정 중에 일부라도 전자문서에 의해 행해지면 전자상거래로 본다.

전자상거래가 '재화 또는 용역의 거래'인 이상 특정한 유형의 거래일 필요는 없다. 전자상거래는 이를 통하여 달성하려는 법적 효과의 유형은 문제되지 않는다. 전자거래는 재화나 용역에 관한 '거래'인 한 다양한 유형의 법률관계를 그 내용으로 할 수 있다. 따라서 전자거래는 매매와 교환과 같은 재산권의 이전을 내용으로 하는 거래나, 임대차와 소비대차와 같은 대차거래, 위임이나 도급 등과 같은 노무공급거래, 중개계약, 운송계약, 출판계약 같은 민법전과 상법전상의 전형계약유형뿐만 아니라, 여행계약이나 리스계약, 숙박계약과 같은 비전형계약도 당연히 포함된다.

이에 대하여 통신판매는 우편·전기통신·광고물·광고시설물·전단지·방송·신문 및 잡지 등을 이용하는 방법 및 판매자와 직접 대면하지 아니하고 우편환·우편대체·지로 및 계좌이체 등을 이용하는 방법으로 재화 또는 용역(일정한 시설을 이용하거나 용역의 제공을 받을 수 있는 권리를 포함한다)의 판매에 관한 정보를 제공하고 소비자의 '청약'에 의하여 '재화 또는 용역을 판매'하는 것을 말한다

72) 정보통신망이용촉진법(제2조 5호)은 '전자문서라 함은 컴퓨터 등 정보처리능력을 가진 장치에 의하여 전자적인 형태로 작성되어 송·수신 또는 저장된 문서형식의 자료로서 표준화된 것을 말한다'고 규정함으로써, 기본적으로 전자거래기본법(제2조 1호)상의 전자문서의 개념을 차용하고 있다. 다만 동법은 '표준화된' 전자문서만을 규율의 대상으로 한다는 점에서 이러한 요구가 없는 전자거래기본법상의 전자문서와 차이가 있다.

(동조 2호, 동 시행규칙 제2조). 요컨대 통신판매란 광고물, 광고시설물, 전단지, 방송, 신문, 잡지 등 개인적 또는 공적인 '통신적 수단'이라는 비대면의 거래방법에 의하여 정보의 제공과 함께 '재화 또는 용역'을 판매하는 것이라고 볼 수 있다.

전자상거래와 통신판매의 양자의 개념에서 결정적 차이는 '거래'와 '판매'에 있다. 일응 거래는 판매를 포함하는 넓은 의미이고, 판매는 전형계약중의 하나인 매매로 해석될 수 있다. '판매'의 개념에 위탁 및 중개를 포함할 것인가. 원래 통신판매는 구방문판매법의 규율을 받다가, 통신판매와 전자상거래가 비대면거래라는 공통점을 가지고 있는 점에 착안하여 전자상거래소비자법에서 규율하게 되었다. 구방문판매법은 통신판매를 '상품 또는 용역'에 관하여 광고물 등의 매체를 이용하여 상품을 판매하거나 용역을 제공하는 것(구방문판매법 제2조 6호)이라고 정의하였고, 현행 방문판매법은 방문판매를 「방문판매에 의한 재화 또는 용역(일정한 시설을 이용하거나 용역의 제공을 받을 수 있는 권리를 포함한다)의 판매(위탁이나 중개를 포함한다)」라고 정의하고 있다. 방문판매의 개념에서는 판매에 위탁 및 중개를 포함한다고 규정하고 있다.

통신판매에 관하여 전자상거래소비자법이 위탁이나 중개를 포함한다는 규정을 두지 않은 점이나 통신판매중개를 거래당사자간의 통신판매를 알선하는 행위라고 정의하여 통신판매와 구별하여 정의를 내리고 있는 것을 보면 통신판매에서의 판매는 매매를 지칭하는 것으로서 거래보다는 협의의 개념으로 보아야 할 것이다.[73] 또한 전자상거래소비자법은 용역에 일정한 시설을 이용하거나 용역의 제공을 받을 수 있는 권리를 포함한다고 하여, 용역의 개념을 확대하여 사용하고 있다.

전자상거래에서의 통신적 수단은 디지털 네트워크이며, 전자상거래는 여기에서 형성된 전자문서에 의한 상행위로서 판매를 포함하는 전형·비전형 계약을 아우르는 넓은 의미이다. 이에 반해서 통신판매는 계약유형으로서는 '판매'에 한정되며, 통신적 수단이 디지털 네트워크인 경우에는 전자상거래에 포섭되

73) 이에 대해서 통신판매의 판매개념을 매매에 한정해서는 안되며, 방문판매와 달리 중개를 포함하고 있지 않더라도 통신판매의 판매의 개념을 확장하여 보고자 하는 견해가 있다. 남효순, 전자상거래등에서의 소비자보호에 관한 법률에 관한 몇 가지 쟁점 -전자상거래와 통신판매에 대한 적용법조의 차별, 전자상거래에서 청약과 승낙의 결정 및 이행하자로 인한 청약철회와 해제의 관계, 민법학의 현대적양상, 羅岩 서민교수정년기념논문집, 2006.5., 408면.

지만 전통적 방법인 우편이나 카탈로그에 의한 경우에는 전자상거래에 포섭되지 않는다. 이러한 의미에서 전자상거래를 통신판매의 특수한 형태로 보기도 한다.[74]

스마트폰의 보급으로 소비자는 실시간으로 인터넷 접속이 가능해져 정보를 검색하고 전자문서를 통한 재화와 용역의 구매가 가능하지만 소비자는 여전히 이러한 전자문서 이외의 방법에 의한 전통적 통신수단에 의하여도 비대면적 구매가 가능한데, 이 점에서 통신판매는 거래의 수단이나 방법에서 전자상거래보다 더 넓은 개념이다.

위에서 살펴본 전자상거래와 통신판매의 정의와 연관하여 소셜커머스는 전자상거래소비자법상의 전자상거래와 통신판매의 양자에 해당한다고 볼 수 있나. 통신판매에서의 특징을 '소극적 정보제공'이 아닌 '적극적 정보제공'으로 보더라도 소셜커머스에서는 기존의 전자상거래와 달리 소셜커머스 사업자는 한정된 상품에 대해 상당히 상세한 정보를 제공하고 있다. 소셜커머스를 이용하는 업체들은 대개 알려지지 않은 소규모 업체들이어서 소비자들의 신뢰확보를 위한 상세한 정보제공이 이루어지고 있는 실정을 감안할 때 통신판매해당성에는 문제가 없다 할 것이다. 소셜커머스가 전자상거래와 통신판매 양자에 해당한다고 본다면, 전자상거래소비자법의 전자상거래와 통신판매를 규율하는 모든 법규의 적용대상이 된다 할 것이다.

(3) 약관규제법의 적용

소셜커머스도 통상 사업자가 회원으로 가입할 때 전자약관을 제시하거나, 사이트의 초기화면에 전자약관을 게시하는 방법에 의해 거래가 행해지게 된다. 전자상거래가 대두하기 시작한 초기처럼 소셜커머스업체가 한국에서 2010년도부터 등장하여 활동하였기 때문에 소셜커머스업체가 일방적으로 정한 계약조건인 약관이 불공정하여 소비자가 피해를 입은 사례가 늘고 있다. 특히 공동구매형에서는 대개 절반가격에 재화와 용역의 공급가격이 정해지고 제한된 시간에 판매가 이루어지기 때문에 정상적인 거래에 비해서 소비자에게 불리하게 약관이 작성될 가능성이 높다.

소셜커머스도 다른 인터넷몰과 마찬가지로 전자약관을 사용하는데, 전자약

---

74) 남효순, 상게논문, 404면 참조.

관이란 거래의 일방당사자(사업자)에 의하여 사전에 작성된 전자적 기록의 형태로 된 약관을 말한다. 전자약관은 전자적 기록의 출력방식에 의하여 제시되는 것이 특징이다. 현재 소셜커머스 사업자가 작성한 전자약관 중 문제되는 것으로는 청약철회권의 제한, 환불의 금지, 면책조항 등을 들 수 있는데, 약관규제법에 의한 편입통제, 해석통제, 불공정성 통제를 통하여 규제가 행해지게 된다. 소셜커머스 사업자에 대한 표준약관의 제정도 고려할 수 있다.

(4) 그 밖의 특별법

소셜커머스를 이용하는 재화 및 용역의 공급업자는 대개 소비자들에게 알려지지 않은 지역 중소업체인 경우가 많다. 소셜커머스의 구매 첫단계에서 소비자는 전적으로 소셜커머스 사업자가 제공하는 정보에 의존하게 된다. 소셜커머스의 상품은 유형의 공산품이라기보다는 무형의 용역상품이기 때문에 소비자로서는 서비스의 품질에 대해서는 구매하기 전까지는 평가가 곤란하다. 심지어 공급업자와 다른 사업자의 객장 모습이나 서비스 등에 관한 정보를 제공하기도 한다. 공급업자는 소셜커머스를 이용하여 홍보의 극대화를 노리고, 소셜커머스 사업자는 판매를 통하여 수익의 최대화를 노리기 때문에 허위 또는 과장된 표시·광고를 할 수 있게 된다. 부당한 표시·광고행위의 유형으로서는 위에 든 것 이외에도 기만적인 표시·광고, 부당하게 비교하는 표시·광고 등이 있다. 이러한 부당한 광고를 규제하는 법률로는 「표시광고의 공정화에 관한 법률」이 있다. 대금의 결제 시 신용카드를 이용하여 할부로 구입한다면 할부거래에 관한 법률과 여신전문금융업법이 적용된다.

향후 소셜커머스에서 가장 쟁점이 될 사항으로 개인정보보호를 들 수 있다. 소셜미디어와 소셜네트워크를 통하여 용이하게 개인정보의 수집과 가공이 가능하기 때문에 향후 가장 뜨거운 이슈가 될 수 있다. 이에 대해서는 「정보통신망이용촉진 및 정보보호의 법률」과 2011년 9월에 시행된 「개인정보보호법」이 적용되게 된다. 이에 대해서는 후에 상술하기로 한다.

4. 소셜커머스 사업자의 법적 지위

(1) 법적 지위의 구별실익 : 통신판매자 또는 통신판매중개자

가. 통신판매와 통신판매중개자의 정의 소셜커머스 사업자와 관련하여 논

의의 핵심은 소셜커머스 사업자가 통신판매자인지 아니면 통신판매중개자인지에 있다. 소셜커머스 사업자의 법적 지위를 어떻게 보느냐에 따라 전자상거래소비자법상 책임이 달라지기 때문이다. 즉, 소비자보호에서 중요사항은 청약의 철회(동법 제17조),[75] 일정한 경우 손해배상책임의 면제(제20조의 2 제1항), 신고의무(제12조 제1항)[76] 등인데 청약의 철회와 신고의무는 통신판매업자에게 적용되는 규정이고, 통신판매중개업자인 경우에는 일정한 경우 손해배상책임이 면제된다.

전자상거래소비자법 제2조 3호와 4호에 각각 통신판매업자와 통신판매중개에 대한 정의를 하고 있는데, 전자에 대해서는「통신판매를 업으로 하는 자 또는 그와의 약정에 따라 통신판매업무를 수행하는 자를 말한다」고 규정하고, 후자에 대해서는「사이버몰(컴퓨터 등과 정보통신설비를 이용하여 재화 등을 거래할 수 있도록 설정된 가상의 영업장을 말한다. 이하 같다)의 이용을 허락하거나 그 밖의 총리령이 정하는 방법에 의하여 거래 당사자 간의 통신판매를 '알선'하는 행위를 말한다」고 규정하고 있다.

소셜커머스의 등장으로 소셜커머스업자가 통신판매업자 혹은 통신판매중개자인지의 여부와 그에 대한 청약철회가 가능한지의 문제가 대두하였다. 2012년 2월에 전자상거래소비자법 제20조의 2를 신설하여 통신판매업자인 통신판매중개업 소셜커머스 사업자인 경우에는 제20조 제1항의 고지를 한 경우에도 불구하고 통신판매업자의 책임을 부과함으로써 입법적으로 해결하였다(제20조의 2 제3항).

나. 통신판매중개자의 책임　통신판매중개자의 책임[77]은 전자상거래소비자법 제20조의 2 제1항에서,「통신판매중개자는 자신이 통신판매의 당사자가 아

75) 전자상거래소비자법 제17조에서는 두 종류의 청약철회를 규정하고 있다. 하나는 의사변경에 의한 청약철회이고 다른 하나는 이행하자로 인한 청약철회이다. 실제 양자의 성립요건은 다르기 때문에 달리 규율하여야 한다고 한다. 남효순, 전게논문, 414면; 소셜커머스에서의 청약철회에 대한 상세는 고형석, 소셜커머스에 있어서 청약철회권에 관한 연구, 연세대 법학연구원 의료과학기술과 법센터, 소셜커머스의 소비자보호 학술대회 발표문, 2011.5.

76) 동법 제12조에 따라 대통령령이 정하는 신고의무가 면제되는 통신판매업자가 있는데, 판례는 대통령령이 정하는 통신판매업자에 관하여 '부가가치세법 제25조 제1항의 규정에 의한 간이과세자인 사업자'를 말한다고 한다. 대판 2010.1.28., 2009도12663.

77) 이에 대한 상세는 고형석, 통신판매중개자의 책임에 관한 연구, 법학논고 제32집, 경북대학교 법학연구원, 2010.2., 119면 이하 참조.

니라는 사실을 소비자가 쉽게 알 수 있도록 고지하지 아니한 경우 통신판매의 중개를 의뢰한 자의 고의 또는 과실로 소비자에게 발생한 재산상의 손해에 대하여 그 통신판매중개자는 중개를 의뢰한 자와 연대하여 배상할 책임을 진다」라고 규정하고 있다. 바꾸어 말하면 통신판매중개자는 자신이 통신판매의 당사자(통신판매업자)가 아니라는 사실을 미리 고지한 경우에는 손해배상책임을 지지 않는다는 것이다.

또한 통신판매중개자는 소비자에게 정보 또는 정보를 열람할 수 있는 방법을 제공하지 아니하거나 제공한 정보가 사실과 달라 소비자에게 발생한 재산상 손해에 대하여 통신판매중개의뢰자와 연대하여 배상할 책임을 진다(제20조의 2 본문). 다만, 소비자에게 피해가 가지 아니하도록 상당한 주의를 기울인 경우에는 그러하지 아니하다(동조 단서)고 하여 통신판매중개자가 그의 귀책사유로 인하여 소비자에게 재산상 손해를 가한 경우에는 통신판매중개자라 할지라도 손해배상책임을 지우고 있다.

뿐만 아니라, 통신판매중개의뢰자가 사업자인 경우에는 통신판매중개자의 고의 또는 과실로 소비자에게 발생한 재산상 손해에 대하여 통신판매중개자의 행위라는 이유로 면책되지 아니한다. 다만, 소비자에게 피해가 가지 아니하도록 상당한 주의를 기울인 경우에는 그러하지 아니하다(동조 제4항)는 규정을 두어 소비자를 두텁게 보호하고자 하였다.

다. 통신판매자인 통신판매중개자의 책임 통신판매업자인 통신판매중개자는 고지 및 정보제공의무가 있다. 즉 통신판매업자인 통신판매중개자는 통신판매중개를 의뢰한 자가 사업자인 경우에는 그 성명(사업자가 법인인 경우에는 그 명칭과 대표자의 성명)·주소·전화번호 등 대통령령으로 정하는 사항을 확인하여 청약이 이루어지기 전까지 소비자에게 제공하여야 하고, 통신판매중개의뢰자가 사업자가 아닌 경우에는 그 성명·전화번호 등 대통령령으로 정하는 사항을 확인하여 거래의 당사자들에게 상대방에 관한 정보를 열람할 수 있는 방법을 제공하여야 한다(동법 제20조 제2항).

동법 제20조의 2 제3항에서는 「제20조 제1항의 규정에 의한 고지에도 불구하고 통신판매업자인 통신판매중개자는 제12조 내지 제15조까지, 제17조 및 제18조에 따른 통신판매업자의 책임을 면하지 못한다. 다만, 통신판매업자의 의뢰를 받아 통신판매의 중개를 함에 있어서 의뢰자가 책임을 지는 것으로 약정하여 소비자에게 고지한 부분에 대하여는 의뢰자가 책임을 진다」고 규정하여 통신판매중개자가 통신판매업자의 지위를 가지고 있는 경우에는 통신판매업자로서의 책임을 지는 것으로 하였다.

입법자는 통신판매업자에게는 소비자계약의 사업자로 보아 소비자계약상의 엄격한 책임을 부과하지만, 판매가 아닌 '알선'으로서 판매자와 소비자간의 매매를 단지 중개만 하는 경우에는 사업자에게 신뢰성 확보를 위한 신고 및 정보제공의무(시행령 제25조)를 부과하지만, 소비자에게 소비자계약에서 중요한 청약철회권을 인정하지 않고 있다.

이러한 쟁점과 관련하여 종전 소셜커머스 사업자들은 자신들을 통신판매중개자라고 주장하면서 이러한 법적 규제를 회피하고자 하였지만 전자상거래소비자법을 개정함으로써 이 문제는 해결되었다.

(2) 통신판매업자로서 소셜커머스 사업자

통신판매와 통신판매중개업자의 구별에 대해서는 전자상거래소비자법, 전자상거래소비자법 시행규칙, 공정거래위원회의 전자상거래등에서의 소비자보호지침에서 각각 규정하고 있다. 법에서는 통신판매업자를 통신판매를 업으로 하는 자와 '그와의 약정에 따라 통신판매 업무를 수행하는 자'로 정의하고 있고, 통신판매중개업자의 정의에 대해서는 따로 규정하지는 않았지만 제2조 4호(통신판매중개의 정의규정)에 따른다면 사이버몰의 이용을 허락하거나 거래 당사자간의 통신판매를 알선하는 행위를 업으로 하는 자라고 할 수 있겠다.[78]

동법 시행규칙 제2조에서는 법에서 위임한 사항에 대하여 보다 세부적으로 밝히고 있는데, 통신판매의 방법에 대하여 구체적인 통신판매의 방법을 열거하고 있고, 동 시행규칙 제3조에서는 통신판매중개의 방법에 대하여 '자신의 명의로 통신판매를 위한 광고수단을 제공하거나 그러한 광고수단에 자신의 이름을 표시하여 통신판매에 관한 정보의 제공이나 청약의 접수 등 통신판매의 일부를 수행하는 것'으로 규정하고 있다.

78) 통신판매중개의 경우에도 재화 등의 판매에 관한 정보를 제공하고, 거래의 상대방이 계약을 체결할 수 있도록 중개의뢰자에게 단순 연결하여 주는 소개형 통신판매중개와 거래관여형 통신판매중개로 구분할 수 있는데 문제되는 것은 거래관여형 통신판매중개이다. 고형석, 전게논문, 147면 이하.

동법과 시행세칙의 개념정의에도 불구하고 개념정의를 통한 구분의 모호함이 존재하므로 공정거래위원회는 지침을 통하여 더욱 구체화하였는데, 소비자보호지침 Ⅱ. 일반사항 2.에서 통신판매, 통신판매업자, 통신판매중개자의 개념정의 및 책임의 범위를 예시를 들어서 상세히 설명하고 있다.[79)]

전자상거래 소비자보호지침 Ⅱ. 2. 바에서는 양자의 판단기준을 제시하고 있다. 즉, 「어떠한 사업자가 통신판매업자인지 통신판매중개자인지 구별이 불분명한 경우에는 (ⅰ) 사업자가 자신은 통신판매중개자에 불과하며 통신판매에 따른 법적 책임은 제3의 의뢰인에게 있음을 소비자들이 알기 쉬운 방법으로 약정하거나 고지하였는지 여부, (ⅱ) 대금결제가 통신판매중개를 의뢰한 자와의 거래임을 소비자가 충분히 인식할 수 있도록 결제화면에서 표시하는 등 필요한 조치를 하였는지 여부, (ⅲ) 통신판매에 따른 매출이익이 직접 자신의 수익이 되는지 아니면 단순히 중개수수료 수익만을 얻는 것인지 등의 회계처리 방법 등을 종합적으로 고려하여 판단한다」고 규정하고 있다.

그러나 소셜커머스는 계약당사자의 자유로운 의사의 교환에 따라 계약이 이루어지는 것이 아니라 사업자가 제공한 계약내용이나 계약조건에 따라 소비자가 청약을 하기 때문에 통신판매업자인지 통신판매중개업자인지의 여부가 지침의 (ⅰ) (ⅱ) 에서처럼 사업자 자신의 표시(예컨대 약관 등)나 고지에 의하여 일방적으로 결정되어서는 안된다. 그나마 (ⅲ)의 수익귀속의 내용은 어느 정도 양자를 구분하는 표지로서 작용한다 할 것이나, 직접 자신의 수익이 되는지 아니면 단순히 중개수수료 수익만을 얻는 것인지 외부에서 객관적으로 인식하기도 어려울 뿐만 아니라 그 한계도 모호해서 소셜커머스 사업자들에게 단순히 중개수수료만을 얻고 있다고 주장할 근거만 제공할 뿐이다.

그렇다면 어떠한 표지로 양자를 구분할 것인가.

통신판매를 업으로 하는 자와 '그와의 약정에 따라 통신판매 업무를 수행하는 자'를 통신판매업자로 하고 있는 전자상거래소비자법의 입법취지까지 고려하여 해석하는 것이 필요하다.

먼저 누가 판매계약의 당사자인가의 결정문제로서 계약당사자의 확정과 관

79) 예컨대 A신용카드회사의 카탈로그에 B여행사의 여행상품의 판매정보만 제공하고 청약의 접수 및 판매를 B여행사가 행하면 A카드사는 통신판매중개자이지만, A카드사가 청약을 비대면으로 접수하여 여행상품 판매업무를 수행하면 통신판매업자와의 약정에 따라 통신판매 업무를 수행하는 자로서 통신판매업자에 해당한다고 한다.

련된다. 계약당사자의 확정문제는 계약의 효력을 누구에게 귀속시키느냐의 문제인데 여기서는 실제 계약의 당사자성이 문제가 되는 것이 아니고, 계약의 내용과 밀접한 관련을 맺는 문제이기 때문에 명의가 누구인지 또는 사업자의 일방적 표시나 고지에 의해 결정될 문제가 아니라 실질적인 계약 내용이나 급부의 귀속관계를 가지고 검토하여야 한다.

특별법상의 소비자계약법에서는 매매라는 용어 대신에 판매라는 용어를 사용하고 있지만(방문판매·통신판매 등[80]), 민법상의 매매에 해당한다고 볼 수 있다. 매매의 대상은 재산권으로서 물건이나 권리 모두 가능하다. 따라서 재화나 용역에 대한 구입권의 매매도 가능하다.[81] 매매계약 당사자의 급부 내용은 재산권의 이전과 대금의 지급이다. 매수인은 재산권의 가치와 대가적 의미있는 금원을 매도인에게 전액 지급하게 된다. 통상 소셜커머스에서 50%의 가격으로 재화나 용역을 공급하는 구입권의 가격을 책정한다 할지라도 이를 보수나 수수료라고 보기보다는 매매목적물과 일시적 계약관계인 매매계약에서는 당사자간에 계약이 체결되고 급부가 이행되면 당사자들은 계약의 목적을 달성하게 되고 당사자간의 법률관계는 종료하게 된다. 이를 종국적 계약관계라고 부를 수도 있겠다.

매도인이 소유권이나 처분권을 가져야 하는가에 대해서는 부정하여야 할 것이다. 우리 민법은 타인의 권리의 매매의 유효성을 전제로 한 제569조의 규정을 두고 있을 뿐만 아니라,[82] 매도인에게 물건이나 권리에 대한 소유권자이거나 처분권자임을 요구하고 있지 않기 때문이다. 다만 매도인은 권리를 취득하여 매수인에게 이전하면 되고, 만약 재산권이전의무를 위반하게 되면 담보책임 내지 채무불이행 법리에 의하여 책임을 부담하면 될 뿐이다. 판례도 수분양권의 매매에서 원칙적으로 매도인은 매수인으로 하여금 그 수분양권에 근거한 목적물의 소유권을 취득할 수 있도록 하여줄 의무가 있지만, 수분양권에 근거

80) 판매를 포함하는 넓은 의미로 사용하고자 하는 경우에는 거래라는 표현을 사용한다. 예컨대 할부거래, 전자거래 등이다.

81) 권리의 양도와 권리의 매매의 차이점은 권리의 양도에서는 채무자, 즉 소셜커머스상 공급자에 대한 통지만 있으면 대항요건을 갖추게 되지만(민법 제450조 제1항), 권리의 매매인 경우에는 소셜커머스 사업자와 소비자간 재화나 용역의 권리 이전과 대금의 지급에 대한 당사자간의 합의가 있어야 한다는 점에서 차이가 있다.

82) 판례도 타인 권리의 매매의 유효성을 인정하고 있다. 대판 1966.4.6. 66다267.

하여 목적물에 관한 소유권을 취득한 다음 매수인 앞으로 소유권이전등기를 마쳐 줄 의무까지는 없다고 하고 있다.[83)]

이에 대해서 중개계약의 급부내용은 계약체결의 기회 소개 및 계약체결의 알선과 보수(알선료)의 지급이다. 통상 보수는 재화나 용역의 가치에 상당하지 않은 가액이다. 중개계약의 내용이 매매의 알선인 경우에 의뢰인들은 중개인과 위임 혹은 중개계약을 체결하고, 중개인은 양 당사자에게 소개 및 알선을 하게 된다. 따라서 의뢰인과 중개인 사이에 중개계약에 따라 급부(소개 및 알선)가 이루어져도 의뢰인은 중개인의 소개 및 알선에 따라 의뢰인의 목적달성을 위한 진정한(본래의) 혹은 제2차적 계약체결로 나아가야 한다. 이러한 제2차적 계약체결로는 재화의 매매일 수도 있고(매매계약), 시설물에 대한 사용일 수도 있고(임대차계약), 노무의 제공(고용계약), 일의 완성(도급계약), 사무의 처리(위임계약)일 수도 있고, 혼합계약(숙박계약·여행계약)일 수도 있고 무명계약(의료계약·컨설팅계약)일 수도 있다.

오픈마켓에서 구매자는 오픈마켓사업자에게 대금을 지급하지 않고 오픈마켓상의 판매자에게 대금을 지급하고, 다만 오픈마켓은 결제가 용이하게 이루어지도록 방법을 제공하는 역할을 하는데 전형적인 통신판매중개업자로 보아야 한다. 중개계약에서는 이처럼 제2차적인 계약에 따라 급부가 이행되어야 의뢰인의 진정한 계약목적은 달성되는 것이다.

요컨대, 양자의 결정적인 구분 표지는 계약당사자 사이의 종국적인 계약인 것인지 여부, 재화나 용역의 가치에 상당한 정도의 대금의 수수인지 여부 및 그에 대한 귀속 등에 따라 판단되어야 할 것이다.

5. 개인정보보호의 문제

(1) SNS와 과도한 개인정보 노출

개인정보침해는 대형화·지능화·다양화되고 있으며, 2010년 한 해 동안 약 1억 건 이상의 개인정보침해사고가 발생하는 등 개인정보에 관한 사회적 경각심이 높아지고 있다.[84)] 특히 소셜커머스는 SNS를 기반으로 행해지는데, 사업

83) 대판 2006.11.23. 2006다44401.

84) 2010년에 한국인터넷진흥원 개인정보침해 신고센터 접수자료에 의하면 총 54,832건 중 개인정보 무단수집이 1,267건, 개인정보 무단이용제공이 1,202건, 주민번호 등 타인정보도용

자와 소비자 모두에게 재화와 용역에 대한 정보의 공유 및 단시간 내 확산을 통하여 양자의 이익을 극대화하는 반면에, 다른 한편으로는 개인정보유출의 가능성을 증대시키는 야누스와 같은 측면이 있다. 소셜커머스에 관여하는 자를 보면 소셜커머스 사업자, 네트워크 서비스제공자, 재화나 용역의 공급자, 통신사업자, 인증기관, 결제업자 등 다수의 관계자가 관여하기 때문에 개인정보의 노출기회가 그만큼 많게 된다.

이용자는 구매단계에서 성명, 주소, 전화번호, 이메일 정도를 입력하지만, 소셜커머스는 사업자들이 소비자들로 하여금 SNS로 참여하도록 함으로써 익명성이 보장되는 가상공간에서 익명의 가면을 벗도록 한다. SNS상에서 얼굴이 드러나고, 이름, 성별, 나이, 직업, 개인적인 관심사, 학벌, 결혼 여부 등 지극히 사적인 정보까지도 파악된다. SNS 이용자들도 자신의 신상정보를 기꺼이 공개하기 때문에 이러한 SNS상의 프로필만 봐도 그 사람의 외모, 성별, 직업, 나이, 관심사뿐만 아니라 인맥 정보들을 알 수 있게 된다. 서비스 이용자들은 실시간으로 다른 이용자들과 연결되어 있기 때문에, 정보의 공유와 확산이 순식간에 이루어지고 그만큼 정보의 수집과 가공이 유리한 측면이 있다.[85)]

이제 페이스북이나 트위터와 같은 소셜네트워크를 운영하는 회사는 소셜커머스를 통하여 획득된 정보를 결합하고 기존데이터베이스와 비교할 뿐만 아니라 용이하게 소비자의 행동을 추적하기도 하고, 개인의 신용등급도 파악하며 소비자의 내밀한 사적 정보까지도 축적한다. 소비자의 수입, 소비패턴, 거주지역, 교육수준, 종교, 취미활동뿐만 아니라 소셜네트워크상에서 가족관계, 친구관계, 혼인관계, 직장관계 등 민감하지 않은 정보에서부터 '민감한' 정보에 이르기까지 광범위하게 수집하여 가공이 가능하게 되었다.

더구나 스마트폰과 같은 이동전화는 전화기의 위치를 추적하는 위성항법장치(GPS)에 의하거나 와이파이와 같은 무선접속망을 통하여 소비자의 소재지까지 파악이 가능하게 되었다. 이제 소셜네트워크를 기반으로 한 소셜커머스의

이 10,137건, 회원탈퇴 또는 정정요구 불응이 826건, 법적용 불가 침해사례가 38,414건, 기타(고시·명시의무 불이행, 개인정보관리책임자 미지정 등 절차적 준수사항 위반) 2,986건으로, 전년 대비 약 55.9%가 증가한 것으로 나타났다.

85) LG전자 사건(서울고법 2008.11.25., 2008나25888)에서는 3,000명의 피해자가 발생하였는데 성명, 주민등록번호, 학력, 학점, 경력 등이 불특정다수에게 인터넷 열람이 가능하도록 방치하였다.

활성화는 가공할만한 개인정보가 수집, 축적되어 개인이 원하지 않는 형태로 가공되어 활용되는 것을 의미하게 되었다. 법의 세계에서는 모든 것이 '시간의 경과'에 따라 일정한 자에게 이익이든 불이익이든 시효로 소멸하는 것을 인정하는데 반해, 소셜네트워크의 세계에서 한 번 입력된 개인정보나 활동들은 데이터가 삭제되지 않는 한 영원히 개인의 정보를 간직하고, 활용가능하게 한다.

또한 SNS의 특성상 트위터나 페이스북의 친구들에게 그들이 원하든 원하지 않든 광고성 정보를 보내는 일이 가능한데, SNS상의 친구들은 직접적인 친구뿐만 아니라 친구와 연결된 친구들도 있기 때문에 사업자가 직접 광고정보를 보내지 않더라도 SNS상에서 원하지 않은 광고정보를 접하는 경우가 많아지게 되었다.

이제 소비자들은 자신에 관하여 어떤 정보가 수집되고 있는지, 그리고 수집된 정보는 어떤 처리절차를 거쳐 어디에, 어떻게 사용되는지를 알기 어렵게 되었을 뿐만 아니라 스스로 자신의 개인정보를 적절히 통제할 수 없는 지경에 이르렀다.

(2) 개인정보 보호법규

개인정보의 보호에 관하여 우리나라는 공공기관과 민간부문을 구분하여 공공기관이 보유하고 있는 개인정보에 대하여는 '공공기관의 개인정보보호에 관한 법률'을 적용하였고, 민간부문의 개인정보보호에 관한 포괄적·일반적 법률이 없는 가운데 개별 사안별로 입법이 진행되어 왔다. 개인정보관련 법률체계는 금융, 정보통신, 공공, 교육, 의료 등 주요 분야별로 나누어져 있다.[86] 즉, 개인의 금융정보를 보호하기 위한 「금융실거래 및 비밀보장에 관한 법률」, 개인의 신용정보를 보호하기 위한 「신용정보의 이용과 보호에 관한 법률」, 통신비밀은 「통신비밀보호법」, 「전기통신사업법」, 인증기관에 의한 개인정보보호에 관하여는 「전자서명법」, 개인의 의료정보에 대해서는 「의료법」등으로 산재되어 있다. 무엇보다도 날로 확장되어 가는 정보통신망상의 개인정보보호를 위해 제정된 「정보통신망이용촉진 및 정보보호 등에 관한 법률(이하 '정보통신망법'이라 한다)」이 민간부문에서 가장 비중있는 개인정보 보호법률이다.

---

86) 개인정보보호는 프라이버시와 밀접한 관련을 맺고 있는데, 전통적인 관념에서는 국가 내지 공공기관의 간섭에서 자유로울 권리를 의미하였다면 오늘날에는 개인의 자율권적 측면에서 접근하고 있다.

정보통신망법을 제외하고 각각의 개별법에서는 개인정보보호 관련 조항이 제한적이거나 선언적인 규정에 그치고 있어, 개인정보에 관한 일반법인 「개인정보보호법」의 필요성이 대두되었고, 이에 2008년 개인정보보호법안이 발의되었고, 2011년 3월 29일 공포되어 9월 30일부터 시행되고 있다.[87)]

동법의 주요내용을 보면 적용대상을 공공·민간부문의 모든 개인정보처리자로 확대하고(제2조 5호), 전자적으로 처리되는 개인정보 외에 수기문서까지 개인정보의 보호범위에 포함시키고 있다. 개인정보의 처리에 있어 수집·이용·제공·파기 등 단계별로 보호기준을 강화하고 있으며(제15조-제22조), 개인정보의 분실·도난·유출·변조 및 훼손을 방지하기 위하여 기술적·관리적·물리적 보호조치를 취하도록 의무화하고 있다(제29조).

개인정보치리지가 개인정보 유출사실을 인지하였을 경우 지체 없이 해당 정보주체에게 관련사실을 통지하고, 일정 규모 이상의 개인정보가 유출된 때에는 전문기관에 신고하도록 하고 있다. 정보주체의 권리를 보장하기 위하여 정보를 받을 권리, 개인정보 처리 동의 여부 및 동의 범위 결정권, 정보주체에게 개인정보의 열람청구권(제35조), 정정·삭제 청구권(제36조), 처리정지 요구권(제37조) 등을 부여하고 있다. 또한 표준개인정보 보호지침을 제정하여 개인정보처리자에게 그 준수를 권장할 수 있도록 하였다(제12조).

개인정보보호법은 개인정보보호에 관한 일반법으로서 정보통신망법 등 다른 법률에 특별한 규정이 있는 경우를 제외하고는 동법이 적용된다(제6조).

소셜커머스가 전자상거래이면서 통신판매에 해당한다고 보는 경우 전자상거래소비자법상 규정하는 개인정보 관련규정이 적용된다. 즉 동법은 사업사에게 전자상거래 또는 통신판매를 위하여 소비자에 관한 정보를 수집 또는 이용(제3자에게 제공하는 경우를 포함한다)하고자 하는 경우에는 정보통신망법 등 관련 규정에 따라 공정하게 수집 또는 이용하도록 하고 있고(전소법 제11조), 전자문서 및 전자거래기본법에서도 전자거래사업자는 개인정보를 수집·이용·제공 및 관리함에 있어서 정보통신망법 등 관련 규정을 준용하도록 하는 규정을 두고 있다(동법 제12조 제2항).

---

87) 동법의 시행으로 공공기관의 개인정보보호에 관한 법률은 폐지된다(부칙 제2조). 현재 동법 시행령에 대한 공청회 등이 열리고 있는데 동법 시행시기에 맞추어 향후 시행규칙, 관련 고시 및 지침 등을 통해서 동법 제정에 따른 금융권의 기술적·관리적·물리적 세부 조치사항 등이 구체화될 것으로 예상된다.

개인정보보호와 관련하여 정보통신망법과 동법 시행령, 동법 시행규칙 이외에도 방송통신위원회 고시(제2008-2호)로 개인정보보호지침이 제정되었으나 정보통신망법과 동법 시행령, 개인정보의 기술적·관리적 보호조치기준 고시(방송통신위원회 고시 제2009-21호)에 모두 반영되어서 특별히 새로운 사항이 없다는 지적에 따라 2011년 1월 5일 방송통신위원회 고시 제2011-3호에 따라 폐지되었다.

(3) 소셜커머스와 개인정보보호

소셜커머스 사업자는 전자상거래업자이면서 통신판매업자에 해당하기 때문에 전자상거래소비자법 제11조에 따라 정보통신망법에서 규정하는 개인정보보호에 관한 규정들을 준수해야 할 의무가 있다.

정보통신망법 제2조 제1항 6호는 「개인정보란 생존하는 개인에 관한 정보로서 성명·주민등록번호 등에 의하여 특정한 개인을 알아볼 수 있는 부호·문자·음성·음향 및 영상 등의 정보(해당 정보만으로는 특정 개인을 알아볼 수 없어도 다른 정보와 쉽게 결합하여 알아볼 수 있는 경우에는 그 정보를 포함한다)를 말한다」고 규정하여 '특정한 개인 식별정보'를 개인정보의 표지로서 제시하고 있다.[88]

소셜커머스에서는 다른 정보와 쉽게 결합하여 특정한 개인을 식별할 수 있는 경우가 많아졌으며, 특히 SNS를 통하여 무차별적으로 수집될 수 있는 개인의 정보에 대해서는 개인정보의 유형을 구분하여 제한할 필요가 있다.[89] 개인정보보호법 제23조도 민감한 정보로서 사상·신념, 노동조합·정당의 가입·탈퇴, 정치적 견해, 건강, 성생활 등에 관한 정보, 그 밖에 정보주체의 사생활을 현저히 침해할 우려가 있는 개인정보 등은 처리를 금하고 있다.

그 동안 인터넷 이용시 개인식별 및 신원확인과 성인인증 등을 위하여 주민등록번호를 관용적으로 요구하였고, 주민등록번호가 과도하게 사용되면서

---

88) 양재모, 전자거래상 개인정보보호에 대한 민사적 접근, 사이버커뮤니케이션학보 통권 제27권 제2호, 2010.6., 95면 이하.

89) 개인정보를 기본정보, 색인정보, 부가정보 및 민감한 정보의 형태로 구분하여 개인정보에는 개인의 성명과 생년월일, 주소 및 주민번호, 성별 등으로 직접 특정인의 동일성이 식별가능한 정보이고, 색인정보는 기본정보와 직접 결합되는 정보로서 색인정보의 사용방법에 따라 특정인의 신원을 식별할 수 있는 정보로서 지문이나 홍채를 든다. 부가정보는 개인의 신용등급, 금융자산, 자산규모, 납세액, 신용카드번호, 은행계좌내역 등을 들고, 민감한 정보로는 사상 및 양심과 관련된 자료, 성적 취향이나 DNA정보, 정신질환이나 특이한 유전질환의 진료정보 등을 들고 있다. 정영화, 인터넷상 개인정보보호 및 분쟁해결에 관한 연구, 인터넷법연구 제1호, 한국인터넷법학회, 2002, 22면.

유·노출 및 명의도용의 심각성이 제기되자 2008년 정보통신망법 제23조의 2에 정보통신서비스제공자등에게 일일이용자수가 일정 수 이상인 경우[90] 주민등록번호 외의 회원가입방법을 제공하도록 하였다.

또한 동법 제22조 제1항에서 개인에 관한 정보를 수집하는 경우에는 이용자에게 알리고 동의를 받도록 되어 있고, 제23조는 '사업자에게 사상, 신념, 과거의 병력(病歷) 등 개인의 권리·이익이나 사생활을 뚜렷하게 침해할 우려가 있는 개인정보를 수집하여서는 아니된다'라고 하여 개인정보의 수집을 제한하고 있다.

문제는 주민등록번호를 사용하지 않더라도 SNS를 사용하는 소셜커머스의 특성상 특정한 개인식별가능성이 상존한다는 점이다. 즉 소셜커머스의 특성상 소비자들이 자발적으로 개인의 정보를 노출시킬 뿐만 아니라 사업자는 손쉽게 개인정보를 수집할 수 있어서, 사업자의 입장에서는 개인정보 수집에 대한 소비자의 동의 추정 내지 묵시적 승인 등의 주장을 할 가능성이 높다. 특히 민감한 정보를 용이하게 수집할 수 있는 소셜커머스 사업자에 대한 개인정보 수집의 내용범위와 소비자의 동의에 대한 보다 상세한 개인정보보호 표준지침 등의 제정이 필요하다고 본다.

Ⅳ. 전자소비자계약에서의 책임과 분쟁 처리

전자소비자계약에서의 분쟁은 전자거래에서의 분쟁과 달리 소비자와 사업자간의 분쟁으로 한정된다. 그러나 통상 전자거래에서의 분쟁은 공통적으로 사이버 숍의 점포개설자는 물론, 사이버 숍의 자료를 축적하여 일반으로부터의 접근을 가능하게 하는 포털사이트개설자, 사이버 숍을 집합시키거나 복합시킨 사이버몰의 개설자, 인터넷과의 접속서비스를 제공하는 회사나 전자화폐 발행자나 중개자와 같은 결제기관, 또는 거래상의 주체의 동일성이나 송신되는 전자데이터의 동일성 등을 인정하는 인증기관 등 다수의 당사자가 관계하고 있

90) 정보통신망법 시행령 제9조의 2 제1항 3호에 의하면 '전자상거래 서비스(「전자상거래 등에서의 소비자보호에 관한 법률」 제2조 1호 및 2호에 따른 전자상거래 및 통신판매를 정보통신망을 이용하여 제공하는 서비스를 말한다)의 경우는 전년도 말 기준 직전 3개월간의 일일 평균 이용자수가 1만 명 이상인 정보통신서비스 제공자'인 경우에 주민등록번호 외의 회원가입방법을 제공하도록 규정하고 있다.

어 전자상거래에서 발생한 손실이 누구의 책임에 의해서 발생한 것인지 파악하기 어렵다고 하는 특색이 있다.

전자소비자계약 당사자 사이의 분쟁에 대해서는 전자약관이나 계약법원리나 혹은 전자상거래에 관한 특별법 내지 불법행위법에 따라 해결하면 되기 때문에 비교적 그 분쟁해결이 용이하다. 그러나 전자거래의 사회기반인 정보통신 네트워크는 대단히 복잡하고, 또한 기술적으로 수준 높은 것이기 때문에, 직접 거래당사자인 소비자와 사업자 쌍방에 책임이 없는 경우에도 손실이 생기는 경우도 있다. 그러나 일단 소비자 피해가 발생하면, 그 전파의 속도가 빠르고 그 피해는 짧은 기간에 광범위하게 파급될 우려가 있으며 그 손실은 클 가능성이 높다. 그러므로 이러한 전자상거래에서 예측되는 사고의 발생시 누가 위험을 부담하여야 하는가라는 문제에 관해 논의할 필요가 있다.

1. 전자소비자계약에서의 책임

전자소비자계약의 특성상 발생한 분쟁에 관해서 종래의 계약법이나 민사책임 법리를 적용하면 그 손실부담이 공평・공정하다고 말할 수 없는 경우가 발생한다.[91] 다량의 정보가 폭주해서 시스템 전체가 다운되는 경우도 있고, 사업자 측의 면책을 넓게 인정한 약관이 존재하는 경우, 이러한 경우의 손실은 소비자에게 부담이 된다.

이에 대해서 '네트워크 책임론'이나 '시스템 책임론'이라고 불리는 법리[92]가 주장되기도 한다. 이 견해의 핵심은 컴퓨터전문기술을 가지지 않은 피해자로서 소비자가 그러한 전문기술을 가지고 있는 사업자에 대하여 사업자의 고의·과실을 입증해야 하는 책임을 지지 않아야 한다고 하고, 거래관여자는 누구라도 자기의 지위 및 관여의 정도에 따라 네트워크의 전체의 안전성을 유지할 의무와 전자거래의 안전성 확보에 대한 배려의무를 부담하여, 네트워크 사고가 발생한 경우에 그 주의의무 해태에 따른 과실행위를 추정하여야 하며, 거래관여자는 자신의 관여도에 상응하는 범위의 손해배상책임을 져야 한다고 한다.

생각건대 전자소비계약당사자의 급부의무 위반인 경우에는 계약위반으로

91) 계약당사자가 대등하다는 전제가 유지될 수 없는 소비자계약에서는 계약자유의 보장이 계약의 공정성까지 담보하지 못한다는데 고민이 있는 것이다. Wermer Flume, Allgemeiner Teil des Bürgerlichen Rechts(Zweiter Band) -Das Rechtsgeschäft, Springer-Verlag, 1992, S.10.
92) 松本恒雄, 新版注釋民法, 有斐閣, 1996, 263面.

서 계약책임을 부담지우면 되고, 그 외에 전자약관과 소비자보호에 관한 특별법에 의하여 규율될 것이다. 그러나 전자소비자계약에서는 계약이 실시간으로 이루어지는 것처럼 보이지만, 거기에는 많은 네트워크가 연결되어 있고, 기술적 요소들이 작용하게 된다. 일응 거래과정에 관여하고 있는 주체에게 각각의 관여의 정도나 전자상거래를 통해 향유하는 이익의 내용·정도에 따라 손실을 부담하도록 하는 것이 공평하다 할 것이나, 관여의 정도를 어떻게 인정하여 그에 상응하는 손해배상책임의 범위를 결정하느냐는 용이하지 않다. 이는 실무에서 판례의 축적에 의하여 결정되어야 할 것이다.

다른 방안으로는 소비자가 부담하게 될 지도 모르는 손해에 대해 소비자의 책임을 한정시킴으로써, 소비자가 입는 손실을 최소한으로 억제하는 틀을 마련하여 전자상거래에서 소비자의 불안을 제거한다면 궁극적으로는 사업자에게도 이익이 될 것이다. 다른 각도에서 전자상거래의 당사자에게 무거운 책임을 지우기보다는 적절한 보험제도[93]를 개발하여 손해배상책임을 분산시킴으로써 전자상거래를 활성화시키는 방안도 생각할 수 있다.

2. 소비자 분쟁구제수단과 ODR(Online Dispute Resolution)

(1) 전자소비자계약 분쟁의 특수성

전자상거래는 소액 다수 거래라는 특수성에 의해 단기간에 광범위한 범위에서 일어날 가능성이 크고, 물리적 국경의 범위를 넘어서 국제적으로도 발생하게 된다. 또한 계약당사자간의 비대면 상황 하에서 계약이 체결되기 때문에 분쟁발생의위험이 상존한다. 소비자들은 불량품의 배송, 반품·환불·불이행, 사기거래 등으로 분쟁에 휘말린다. 전통적인 소송과 같은 분쟁해결방식은 오히려 전자상거래가 가지는 가장 큰 장점인 비용절감과 신속성을 지원하지 못하게 되는 결과를 낳는다.

또한 전자소비자계약의 당사자는 전통적인 계약 당사자와 달리 대면거래가 아닐뿐더러, 지역적으로 상당히 떨어져 있는 사업자에게 소비자가 책임을 추궁하는 것이 어렵게 된다. 당사자간에 분쟁이 발생할 경우, 국내거래이든 국제거

93) 우리나라는 전자상거래 업체들이 해커에 의해 피해를 보거나 고객들이 손해배상을 청구할 때 사용할 수 있는 '넷시큐어종합보험'과 일반소비자들을 대상으로 한 '네티즌안심보험 등이 있다.

래이든, 상품의 불도착 및 상품의 상위, 하자 등의 분쟁에 직면하게 되는 소비자로서는 최종적으로 의지할 수 있는 것은 재판제도이다. 재판제도는 분쟁해결 수법으로서는 대단히 투명성이 높고 공정성이 유지되지만, 비용과 시간이 걸린다. 또한 소액거래의 경우 재판제도를 이용하기가 어렵다. 국제거래의 경우, 일반소비자로서는 상대방사업자가 해외에 소재하고 있다면 재판절차를 이용한다는 것도 어렵게 된다.

다만 소액 다수의 소비자피해가 발생한 경우 최근에 2006년 9월 27일에 개정되어 2008년 1월 1일부터 시행되게 될 소비자단체소송의 도입으로 소액 다수의 피해자도 구제받을 수 있는 방법이 열렸는데, 전자소비자계약의 피해소비자들은 이제 소비자단체의 홈페이지나 소비자피해관련 홈페이지를 통해서 용이하게 피해정보나 사업자의 위법행위 정보를 교환하여 소비자단체소송을 제기할 수 있을 것으로 보인다.

그러나 우리나라의 소비자단체소송의 한계점은 정부에 등록된 한국소비자연맹, YMCA 전국연맹, 한국여성단체협의회 등 10곳에 불과한 소비자단체만이 소비자단체소송을 제기할 수 있다는 점(동법 제70조 1호),[94] 소송의 결과물이 피해소비자에 대한 손해배상이 아니라 사업자에 대한 소비자권익침해행위의 금지·중지라는 점(동법 제70조 본문), 소비자단체소송의 원고는 변호사를 소송대리인으로 선임해야 한다는 점(동법 제72조)을 들 수 있겠다.

(2) ADR과 Online 대체적 분쟁해결(ODR)

私法의 분쟁해결방법에는 소송과 동일한 기능을 하는 여러 가지 것들이 존재하는데, 그것을 전체로 대체적 분쟁해결(Alternative Dispute Resolution, ADR)이라고 부른다. 이러한 대체적 분쟁해결방식은 분쟁의 당사자들에게 종전의 소송절차보다 더 신속하게 분쟁해결을 가능케 한다는 장점을 가지고 있다.

전자소비자계약은 가상공간에서 이루어지기 때문에 상이한 국가의 소비자와 사업자 사이의 거래가 얼마든지 가능하다. 그러나 법체계가 상이한 경우 당사자간에 분쟁이 발생한 경우 소비자쪽에서는 구제가 용이하지 않게 된다.

이러한 가상공간에서의 분쟁을 전면적 또는 부분적으로 온라인에서 해결해

94) 다만 공정거래위원회에 등록한 소비자단체의 경우 정회원이 1,000명 이상으로서 등록 후 3년이 경과하면 소비자단체소송을 할 수 있다(소비자기본법 제70조 1호 나, 다).

야 한다는 접근 방법으로서는 중재[95]와 온라인 대체적 분쟁해결(Online Alternative Dispute Resolution, ADR)의 형태로 나타난다.

OECD는 1999년 12월 이사회에서 채택한 「OECD 전자상거래 소비자보호 가이드라인」에서 전자거래에 관한 법정 외 분쟁해결제도를 만들도록 회원국에게 권고했으며, WIPO(세계지적재산권기구)에서는 WIPO 분쟁조정센터를 통하여 지적재산권을 포함하는 도메인네임 분쟁의 처리를 위한 온라인시스템을 개발하여 1999년 12월부터 서비스하고 있다.

우리나라에서도 소비자기본법 제60조에 따라 한국소비자원에 소비자분쟁조정위원회가 설치되어 있으며, 동법 제68조 제1항에 따라 국가・지방자치단체・소비자단체 또는 사업자는 소비자의 피해가 다수의 소비자에게 같거나 비슷한 유형으로 발생하는 경우(50인 이상)에는 대통령령이 정하는 사건에 관하여 조정위원회에 일괄적인 분쟁조정(집단분쟁조정)을 의뢰할 수 있도록 한 소비자집단분쟁조정제도가 2007년 3월에 도입되었다. 전자거래기본법 제32조에 따라 2000년4월4일 한국전자거래진흥원 내에 '전자거래분쟁조정위원회'를 설치하였다.[96] 동위원회는 2005년 4월까지 4,000여건의 조정사건을 해결하였다.

각국은 기존의 전통적인 ADR 방식이 아닌 online ADR 쪽으로 관심을 가지고 있다. 이제 인터넷에서의 대체적 분쟁해결 규정들이 최근에 일반적이 되었고, 2004년 조사에 의하면 전세계에 115개의 ODR provider가 존재한다고 한다.[97]

그러나 온라인에서 해결하려는 접근방법에 대해서는 중재지의 결정상의 어

---

95) 국제분쟁을 해결하는 방법으로 소송 이외의 분쟁해결 수단이다. 거래분쟁시 재판외 분쟁해결 수단으로 그리고 국제거래상의 분쟁해결에도 널리 이용되고 있다. 국제상설 중재기관으로는 국제상업회의소(ICC), 미국중재협회(AAA), 일본의 국제상사중재협회 등이 있다. 중재는 당사자간의 중재합의에 기해 당사자가 선정한 중재인이 내린 중재 판정에 승복함으로써 분쟁을 해결하는 방법이다. 중재인은 중재법 제12조에 의해 국적에 관계없이 선정될 수 있으며, 반드시 법률가일 필요는 없고 분쟁된 업무영역에 능통한 전문가를 선정하여 해결을 도모할 수 있다. 그 절차가 공개되지도 않고 소송절차와 같이 엄격한 형식을 요하지도 않아서 유연하며 신속한 해결을 가능하게 한다. 중재판정은 중재법 제35조에 의해 당사자간에 있어서 법원의 확정판결과 동일한 효력을 갖는다. 홍기문 외, 인터넷 이용자의 법적 보호, 전남대학교출판부, 2002,

96) 전자거래법의 명칭이 전자문서 및 전자거래법으로 변경됨에 따라 전자문서·전자거래분쟁조정위원회로 명칭이 변경되었다.

97) Gralf. Peter Calliess, Online Dispute Resolution: Consumer Redress in a Global Market Place, German Law Journal No. 8(1 August 2006), 각주 12) 참조.

려움, 분쟁해결과 관련된 비밀보장의 어려움, 결정 집행의 어려움 등의 법적인 문제점이 지적된다. 그러나 장차 제도의 독립성, 공평성 및 투명성이 보장되고 대립당사자주의, 절차적 효율성, 결정의 적법성과 당사자자치 및 대리인을 이용할 수 있는 권리 등이 보장되고, 암호화에 의하여 소송문서의 비밀을 보장하기 위한 방안이 강구되는 등의 기술적·제도적 보완이 이루어진다면 온라인상의 분쟁해결방법은 신속한 분쟁해결 수단으로서 매우 중요한 역할을 할 수 있을 것으로 보인다.

제4절 구체적인 소비자보호 문제

Ⅰ. 계약체결 이전 단계에서의 광고 규제

실제 거래에 있어서 소비자는 상품의 구입에 필요한 소비자정보의 대부분을 사업자가 제공하는 당해 상품에 대한 표시나 광고를 통해 얻고 있다.[98] 그러므로 소비자의 기본적인 권리를 실질적으로 보장하고, 그가 필요로 하는 상품을 구입함에 있어서 정확한 판단을 할 수 있게 하기 위해서는 무엇보다도 사업자가 제공하는 광고가 진실해야 한다. 그런데 이러한 경향은 전자거래의 경우 더욱 두드러진다. 전자상거래에서는 실물확인이 근본적으로 불가능하기 때문이다.

오늘날 가상공간에서의 온라인광고 시장은 날이 갈수록 폭증하고 있다.[99] 그리고 온라인광고 개념은 종전의 광고[100]개념을 넘어서고 있다.

---

98) 광고는 그 전달매체별 분류기준에 따르면 전통적 4대매체광고와 옥외광고, 뉴미디어광고로 나누는 것이 일반적이다. 4대매체광고는 지상파텔레비전방송과 라디오방송, 신문, 잡지에 집행되는 광고를 지칭하며, 종합유선방송사업, 온라인, 위성방송, 이동멀티미디어방송(DMB: Digital Multimedia Broadcasting) 등에 집행되는 광고가 뉴미디어광고에 포함된다(조용혁, 인터넷규제의 법적 쟁점, 기업법무리뷰 제1권 제1호, 경희법학연구소, 2008, 97면).

99) 한국 온라인광고협회에서 실시하는 '2013 온라인광고 시장규모'에 따르면, 2013년 광고시장은 총 2조 4,602억원, 그 중 노출형광고 6,444억원(26%), 검색광고 1조 3,372억원(54%), 모바일광고 4,786억원(19%)으로 조사되었다. 온라인광고시장은 전년 대비 16% 성장한 것으로 나타났다. 동시에 2014년에는 온라인광고계에 커다란 생태계의 변화를 예고했는데, 구글과 페이스북 등의 글로벌 기업의 국내시장 점유율 증대, 대형광고회사의 빅 데이터 솔루션 출시 등 구조변화가 일어나고 있다.

사업자들이 상품이나 서비스를 제공함에 있어서 소비자들에게 정보만을 제공하는 것이 아니라 자신들의 유리한 사항만을 소비자에게 전달하거나 과장하여 보다 많이 판매욕구를 유도한다. 이러한 광고는 통상 사실과 다른 허위나 과장된 광고, 또는 부당한 비교, 기만광고 등 부당한 광고와 연결된다. 이러한 부당광고는 소비자를 오인시켜 재산상의 피해를 가져오게 하거나 또한 경쟁자와의 공정한 경쟁을 저해시킨다. 특히 가상공간에서의 피해는 그 광범성에서 심대할 우려가 있고 여기에 온라인광고 규제 필요성이 제기된다.

1. 온라인광고의 개념

온라인광고 혹은 인터넷광고라고도 널리 사용되고 있지만, 아직까지 일반적으로 통용되는 정의는 없다. 온라인광고 혹은 인터넷광고는 좁은 의미로는 인터넷이나 월드와이드웹을 이용하여 자사의 제품이나 서비스, 이벤트 등을 광고하는 배너 등을 게재함으로써 그 사이트에 자신의 사이트로 연결되도록 하이퍼링크 시키고 그에 대한 일정한 대가를 지불하는 경우로서, 결국 사이트를 광고하는 것을 말한다. 그러나 넓은 의미의 온라인광고는 기업이나 조직이 인터넷이라는 새로운 매체를 통하여 고객과의 일련의 커뮤니케이션 활동을 하는 것을 의미한다. 여기에서 인터넷을 통하여 상품 및 서비스의 제공, 이벤트, 프로모션, 전자상거래를 지원하는 특정 기업이나 조직의 포괄적인 마케팅 커뮤니케이션 활동을 온라인광고로 정의하기도 한다.[101]

2. 온라인광고의 특성

온라인광고의 목적은 기업에 관한 정보, 즉 기업이 생산하는 상품이나, 서비스에 관한 정보 혹은 기타 기업의 경영철학이나 이념 등에 관한 정보를 소비자에게 전달하는데 있다. 온라인광고는 기존의 인쇄매체 및 전파매체(예컨대

---

100) 표시·광고의 공정화에 관한 법률 제2조 2호는 광고에 대해서 "광고"란 사업자등이 상품등에 관한 1호 각 목(자기 또는 다른 사업자·사업자단체에 관한 사항과 자기 또는 다른 사업자·사업자단체의 상품 등의 내용·거래조건 기타 그 거래에 관한 사항)의 어느 하나에 해당하는 사항을 신문 · 인터넷신문, 잡지 등 정기간행물, 방송, 전기통신, 그 밖에 대통령령으로 정하는 방법으로 소비자에게 널리 알리거나 제시하는 것을 말한다고 규정하고 있고, 대통령령 제2조 2호에 '인터넷 또는 PC통신'의 방법을 규정하고 있다.

101) 오늘날에는 기업들은 다양한 방법으로 자사의 제품이나 상품을 광고하는데 예컨대, 검색엔진 결과 페이지, 웹 배너, 블로그, 리치 미디어 광고, 소셜 네트워크 광고, 전자 우편 광고 등이 그것이고 이들을 모두 온라인광고에 포함하는 것도 가능하다.

TV, 라디오)와 비교하여 많은 질적인 차이를 보인다.

온라인광고는 마케팅 커뮤니케이션 영역에 새로운 형태의 커뮤니케이션을 가능케 하였다. 먼저 종전의 소비자는 기업의 일방적인 정보제공에 수동적인 입장에서 정보에 참여하였으나 온라인광고를 통한 커뮤니케이션은 이러한 공급자 중심에서 소비자가 원하는 때에 원하는 정보를 선택하여 사용할 수 있는 사용자 중심으로 전환되었다. 뿐만 아니라 기존의 광고가 불특정 다수의 대중을 상대로 하였다면 인터넷을 통한 광고는 일대일 전달 방식으로 광고를 개인화·차별화하는 것을 가능하게 하였다. 종전의 인쇄광고는 일정한 지면을 통하여 행해졌고, 텔레비전이나 라디오는 제한된 시간에만 광고가 행해졌으나 온라인광고는 전달하려는 정보량에 대하여 제약을 받지 않고 다량의 정보를 소비자에게 정보를 제공할 수 있는 특성을 지닌다.[102)]

또한 온라인광고는 많은 정보를 제공할 수 있을 뿐만 아니라 정보를 소비자에게 정확히 전달하는 능력도 갖추고 있다. 이는 인터넷 이용자가 우연히 온라인광고를 접하기보다는 자신의 특정한 기대감으로 정보를 접근하기 때문이다. 온라인광고의 특성 중 가장 핵심적인 것은 인터넷이 상호작용의 효과를 얻을 수 있는 매체라는 데 있다. 즉 온라인광고는 소비자가 원하는 차별화된 정보를 소비자가 원하는 시간과 장소에서 전달받을 수 있는 동시에 소비자가 이에 즉각적으로 반응할 수 있다는 데 있다. 또한 온라인광고의 표현방식도 문자, 음성, 그리고 영상 모두를 갖춘 복합적인 멀티미디어형 매체를 지향하고 있어 이러한 속성을 바탕으로 인터넷을 통한 마케팅 커뮤니케이션은 정보 전달 및 교환이 기존의 광고에 비해 보다 높은 효과를 얻을 수 있다.

이 이외에도 온라인광고의 특성으로 꼽을 수 있는 것은 기존 광고에 비해 비용이 적게 든다는 것과 이 보다 더 중요한 쟁점 중의 하나는 온라인광고는 효과측정에 가장 용이하다는 것이다. 광고효과는 일반적으로 노출효과, 심리적 효과, 그리고 행동적 효과로 대별되는 데 이면에서 온라인광고는 다른 기존의 광고보다 노출효과 면에서 가장 뛰어난 장점을 보이고 있다.

---

102) 조은희, 온라인광고의 법적 과제, 한국법제연구원, 2002, 15면.

3. 온라인광고의 현행 법규상의 규제

우리 법령상 '인터넷광고'라는 용어는 공직선거법이 유일한데, 인터넷 언론사 인터넷 홈페이지의 선거운동을 위한 광고(동법 제82조의 7)로 규정하고 있는 것이 유일하다. 온라인광고는 기존 광고와는 다른 매체적 특성을 갖고 있음에도 불구하고 이들 광고의 목적이 여전히 상품이나 서비스를 판매하기 위한 것이라는 점에서 현재 우리나라에서 기존의 광고에 부과되었던 규제가 그대로 적용될 수 있다.

우리나라에서 광고와 관련된 규제로는 「표시·광고의 공정화에 관한 법률」을 비롯하여 「정보통신망이용촉진 및 정보보호등에 관한 법률」, 「전자상거래등에서의 소비자 보호에 관한 법률」 중 표시·광고에 관한 규정 등이 존재하고 기타 각종 법령에 의한 표시·광고에 관한 규제 또한 온라인상의 표시·광고에 그대로 적용된다고 볼 수 있다. 전자상거래 등에서의 소비자 보호에 관한 법률과 그 하위 시행령 및 시행규칙에서 비교적 상세하게 인터넷 상거래에서의 표시·광고 규제에 관해 규정하고 있다.

(1) 전자상거래 등 소비자보호에 관한 법률

전자상거래소비자법 제13조에서 통신판매업자는 재화 등의 거래에 관한 청약을 받을 목적으로 표시·광고를 행하는 경우에 상호 및 대표자 성명, 주소·전화번호·전자우편주소 등이 포함되도록 신원표시를 하여야 하고(제1항), 소비자가 계약체결 전에 재화 등에 대한 거래조건을 정확하게 이해하고 실수 또는 착오 없이 거래할 수 있도록 재화 등의 공급자 및 판매자에 관한 사항, 재화 등의 명칭·종류 및 내용, 재화 등의 가격과 그 지급 방법 및 시기, 재화 등의 공급 방법 및 시기, 청약의 철회 및 계약의 해제의 기한·행사방법 및 효과에 관한 사항, 재화 등의 교환·반품·보증과 그 대금 환불의 조건 및 절차 등의 사항 즉, 거래조건을 적절한 방법으로 표시·광고 또는 고지하고 그 각 사항이 기재된 계약내용에 관한 서면을 교부하여야 한다고 규정하고 있다(제2항). 또한 동법 제21조 1호는 전자상거래를 행하는 사업자 또는 통신판매업자는 허위 또는 과장된 사실을 알리거나 기만적 방법을 사용하여 소비자를 유인 또는 거래하거나 청약철회등 또는 계약의 해지를 방해하는 행위를 하여서는 아니 된다고 규정하여 사업자의 허위·부당한 광고를 규제하고 있다. 전자상거래등에서의 소비자보호지침에서도 위 제21조 제1항 5호와 관련하여, 「사업자는 공정거래위원회가 운영하는 구매권유광고수신거의부의사 등록대조확인시스템(www.nospam.go.kr) 등을 통해 구매거부의사를 밝힌 소비자들에 대하여 공정거래위원회가 제공한 명단 등을 통보 받은 후에는 그 소비자들에 대하여 구매권유광고를 하여서는 아니된다」고 규정하고 있다.

(2) 정보통신망이용촉진 및 정보보호등에 관한 법률

직접적인 온라인광고 규제라기 보다는 온라인으로 정보를 제공하는 것에 대한 간접적 규제로서 정보통신망법은 제50조 이하에서 영리목적의 광고성 정보의 전송에 대한 규제조항들을 두고 있다. 즉, 누구든지 전자적 전송매체를 이용하여 영리목적의 광고성 정보를 전송하려면 그 수신자의 명시적인 사전 동의를 받아야 한다(제50조 제1항).[103] 다만 일정한 예외를 인정하고 있는데 재화 등의 거래관계를 통하여 수신자로부터 직접 연락처를 수집한 자가 대통령령으로 정한 기간 이내에 자신이 취급하고 수신자와 거래한 것과 동종의 재화 등에 대한 영리목적의 광고성 정보를 전송하려는 경우(동조 제1항 1호), 방문판

103) [1] 구 정보통신망 이용촉진 및 정보보호 등에 관한 법률(2006.3.24. 법률 제7917호로 개정되기 전의 것) 제50조 제2항은 수신자의 전화·모사전송기기에 영리목적의 광고성 정보를 전송하려는 자는 당해 수신자의 사전 동의를 얻어야 한다고 정하고 있고, 제67조 제1항 1호는 위 규정을 위반하여 영리 목적의 광고성 정보를 전송한 자와 이를 하게 한 자는 3천만 원 이하의 과태료에 처한다고 정하고 있는바, 수신자의 전화에 영리 목적의 광고성 정보가 특정번호를 발신번호로 표시하여 전송된 경우, 그 발신번호는 인터넷 또는 이동전화로 정보를 전송하면서 쉽게 조작될 수 있는 점에 비추어 보면 처분청으로서는 위 정보에 표시된 발신번호와 관계없이 실제로 위 정보에 이용된 진정한 발신번호가 무엇인지를 조사하여 '정보를 전송한 자'를 확인한 후 과태료 처분을 하여야 하고, 위 정보에 발신번호와 별도로 이른바 회신번호가 표시되어 있거나 위 정보에 표시된 발신번호가 실제로는 회신번호에 불과한 경우, 위 정보를 직접 전송하지 않고 그 회신번호를 이용한 자에 대하여는 '정보를 전송하게 한 자'라는 이유로 과태료 처분을 할 수 있을 뿐이다.
[2] 발신번호(정보에 표시된 발신번호가 아니라 실제 정보 전송에 이용된 발신번호를 의미한다) 및 회신번호의 가입명의자 신원은 '정보를 전송한 자' 또는 '정보를 전송하게 한 자'를 판단하는 일응의 기준이 될 수 있으나, 특히 회신번호 가입명의자라는 사실만으로는 '정보를 전송하게 한 자'라고 단정할 수 없으므로, 처분청으로서는 가입명의자의 신원 이외에 회신번호 개설 및 제공 경위, 회신번호 개설주소와 명의인과의 관련성, 회신번호 요금의 납부 방법, 전송번호 명의자와의 관계 등에 관한 기초적인 조사를 거쳐 '정보를 전송하게 한 자'로서 과태료 처분을 하여야 한다. 그리고 과태료 재판에서 부과처분의 대상자가 이를 다툴 경우에는 법원은 위와 같은 사정을 종합적으로 심리하여 회신번호 명의자가 위 정보 전송에 관여하였는지를 직권으로 탐지하여야 하고, 다투는 자에게 그 주장사실에 대한 증명책임을 부담시킬 수 없다(대법원 2009.9.28. 자 2009마817,818,819,820,821 결정).

매법에 따른 전화권유판매자가 육성으로 전화권유를 하는 경우(2호)이다. 그러나 동조 제1항에도 불구하고 수신자가 수신거부의사를 표시하거나 사전 동의를 철회한 경우에는 영리목적의 광고성 정보를 전송하여서는 아니 된다(동조 제2항). 상세한 것은 스팸메일 쪽에서 설명하고자 한다.

(3) 기타

이 이외에도 「부정경쟁방지 및 영업비밀 보호에 관한 법률」이나 통신판매 표시광고에 관한 심사지침도 표시·광고에 관한 규정을 하고 있다. 예컨대 동법 제10조의 사이버몰 운영자의 표시·광고 및 고시방법은 거래방법이나 재화 등의 특성을 고려한 표시·광고 방법에 대한 별도의 고시라고 할 수 있다.

종래의 법규는 인터넷에서의 표시·광고에 관한 사항들이 상당부분 규제될 수 있으며 실제로 인터넷에서의 표시·광고에 관하여 규제한 사례들도 상당수 있다.[104)]

4. 스팸메일(Spam Mail)의 규제

(1) 의의 및 문제점

전자거래 광고의 특수문제로 스팸메일이 있다. 정보성 메일은 이용자에게 유용한 정보를 제공하는 기능도 하지만 프로그램에 감당할 수 없을 만큼의 데이터를 입력시켜 프로그램이 실행할 수 없도록 하거나 이용자가 원하지 않거나 쓸모없는 정보일 때도 있다. 일반적으로는 발신자가 자신과 아무런 관계가 없는 수신자에게 발송하는 전자 메시지를 스팸(spam)이라고 하며 쓰레기나 다름없다고 하여 정크메일(junk mail)이라고 한다.[105)] 따라서 이러한 스팸메일을 '인터넷 시대의 독버섯' 혹은 인터넷 환경오염의 주범으로 칭하기도 한다. 스팸메일을 요구하지 않은 벌크메일(Unsolicited Bulk Email), 요구하지 않은 상업메일(Unsolicited Commercial Email)로 구분하기도 한다. 최근에는 모바일을 통한 휴대폰 문자메시지(SMS)를 통해서도 스팸이 광범위하게 이루어지고 있다. 스팸메일을

---

104) 공정거래위원회에서는 2002년에만 34건(경고 8건, 시정명령 26건)의 인터넷상의 부당 표시광고행위에 대하여 심결을 행하였다. 이성구, 인터넷광고와 법, 법제연구원, 58-59면.

105) 스팸메일은 미국 기업들에 연 89억 달러, 유럽 기업들에 연 25억 달러, 미국과 유럽의 인터넷서비스제공업체(ISP)들에 5억 달러의 잠재 손실을 초래하는 것으로 추산되고 있다. 또 스팸메일 발송비용은 고스란히 메일 서버 운영업체로 전가된다. 메일을 발송하는 비용보다 메일 서버의 증설 및 운영에 더욱 많은 비용이 필요하기 때문이다.

통한 광고는 통신매체가 방송이나 우편이나 전화 등에 의한 광고보다 비용이 저렴하기 때문에 새롭게 등장한 광고매체이다. 이러한 스팸메일이 문제가 되는 것은 사용자가 요청하지 않은 정보가 사용자의 의지와 무관하게 전달된다는 점이다.

스팸메일은 그 비용의 저렴성과 더불어 언어의 차이 이외에는 국가간의 장벽도 장애가 되지 않는다.[106] 미국에서는 스팸메일의 문제를 해결하기 위하여 몇몇 법안을 통해서 개인의 표현의 자유와의 관계상 상업적 광고메일만을 통제하고 있으며, 메일 발송자에게 정확한 주소의 기록과 같은 의무를 부과하거나, ISP에게 일정한 권한을 주고 그에 따른 의무를 부과하게 하는 경우도 있다. 규제 방법으로는 형사·민사적 구제를 모두 가능케 하고 있으며 손해배상에 기한 민사적 해결방안을 중시하고 있음이 특징이다. 한편, 스팸메일 발송자를 상대로 한 소송으로까지 진행된 것도 있다.[107]

(2) 스팸메일의 규제

가. 스팸메일 규제 방법

1) Opt-in(지정 수신) 방식

수신자의 사전 동의를 얻기 이전의 메일 전송을 금지하며, 수신자가 동의하기 전에 정보를 전송하는 것은 위법으로 보는 규제방식이다. 즉 수신자의 사전 동의 없는 이메일 전송은 법의 규제대상이 되는 스팸메일에 해당한다. 이 방식을 따르면 수신자의 자발적 정보제공 없이는 메일 발송이 불가능하다.

2) Opt-out(지정 거부) 방식

수신자의 사전 동의 없이도 정보전송이 가능하지만, 수신거부 의사표시 후 전송을 금지하는 방식으로서 1회의 광고성 이메일 전송은 법의 규제대상이 되

106) 2013년을 기준으로 세계적으로 매일 약 1,200억 개의 스팸메일이 발송되고 있다고 한다. 세계에서 스팸메일이 가장 많이 발송되는 국가는 중국이며, 전세계에 유통되는 스팸메일의 22.97%를 차지하고, 2위는 미국으로 17.63%, 3위는 대한민국으로 12.67%라고 한다. 2014년 상반기 한국인터넷진흥원(KISA)의 스팸탐지시스템(가상의 이메일주소로 스팸을 탐지하는 시스템)에 탐지된 인터넷제공사업자의 이메일 스팸은 총 4,826만건(국내발신 2,180만건, 국외발신 2,646만건)에 달한다.

107) Cyber Promotion, Inc. vs. American Online, Inc. 948 F. Supp.436, 447(E.D.Pa. 1996) - 스팸메일의 발송자와 ISP간의 소송 http://www.epic.org/free_speech/cyberp_v_aol.html.; Computerserve, Inc. v. Cyber promotions, Inc. 962F.Supp.1015(S.D. Ohio Oct. 24, 1997).

는 스팸메일에 해당하지 않게 된다. 이 방식에 의하면 수신자의 자발적 정보제공 없이도 메일 발송이 가능하며, 수신거부 의사표시가 없으면 계속적인 전송이 가능하다.

(3) 우리나라의 스팸메일 규제 법령

스팸메일을 규제하는 법률로는 정보통신망이용촉진 및 정보보호 등에 관한 법률(이하 정보통신망법이라고 함)과 전자상거래 등에 관한 소비자보호에 관한 법률(이하 전자상거래소비자법이라고 함)이 있다.

가. 정보통신망이용촉진 및 정보보호 등에 관한 법률

원치 않는 영리성 광고메일, 즉 스팸메일로부터 소비자를 보호하기 위한 대표적인 법률로서 정보통신망법이 있다. 최근 정보통신망법 제50조부터 제50조의8까지가 스팸에 관한 규정을 두고 특히 정보통신망법 제50조 제1항부터 제8항까지는 광고성 정보의 전송을 위한 일반적인 요건 등을 규정하고 있다.

종래 정보통신망법은 휴대전화, 유선전화와 팩스에 의한 스팸정보에 대하여는 '옵트 인' 방식을 적용하고, 메신저와 이메일, 게시판에 의한 광고성 정보에 대하여는 '옵트 아웃' 방식을 적용하다가 지난 2014년 5월 정보통신망법 제50조를 대폭적으로 개정하여 현재는 모든 전자적 전송매체, 즉 유선전화, 휴대전화, 팩스, PC(메신저, 이메일, 게시판), 태블릿 PC 등 정보통신망을 통하여 전자적 형태로 정보의 전송이 가능한 모든 매체에 대하여 '옵트 인' 방식을 적용하여 사전에 수신자의 수신동의를 받아야 스팸메일 등 광고성 정보를 발송할 수 있다.

즉 동법 제50조 제1항에서는 '누구든지 전자적 전송매체를 이용하여 영리목적의 광고성 정보를 전송하려면 그 수신자의 명시적인 사전 동의를 받아야 한다' 고 규정하여 '옵트 인' 방식이 원칙임을 선언하고 있다. 다만 전자적 전송매체를 이용하여 영리목적의 광고성 정보를 전송하려는 자는 제1항에도 불구하고 수신자가 수신거부의사를 표시하거나 사전 동의를 철회한 경우에는 영리목적의 광고성 정보를 전송하여서는 아니 된다(동조 제2항).

또한 오후 9시부터 그 다음 날 오전 8시까지의 시간에 전자적 전송매체를 이용하여 영리목적의 광고성 정보를 전송하려는 자는 대통령령으로 정하는 매체의 경우를 제외하고 제1항에도 불구하고 그 수신자로부터 별도의 사전 동의를 받아야 한다(제3항). 영리목적의 광고성 정보를 전송할 때에는 전송자의 명칭 및 연락처, 수신의 거부 또는 수신동의의 철회 의사표시를 쉽게 할 수 있는 조치 및 방법에 관한 사항 등을 광고성 정보에 구체적으로 밝혀야 한다(제4항).

또한 광고성 정보를 전송하는 자는 광고성 정보 수신자의 수신거부 또는 수신동의의 철회를 회피·방해하는 조치, 숫자·부호 또는 문자를 조합하여 전화번호·전자우편주소 등 수신자의 연락처를 자동으로 만들어 내는 조치, 영리목적의 광고성 정보를 전송할 목적으로 전화번호 또는 전자우편주소를 자동으로 등록하는 조치, 광고성 정보 전송자의 신원이나 광고 전송 출처를 감추기 위한 각종 조치, 영리목적의 광고성 정보를 전송할 목적으로 수신자를 기망하여 회신을 유도하는 각종 조치를 해서는 아니 된다(제5항). 사전 동의, 수신거부의사 또는 수신동의 철회 의사를 표시할 때에는 해당 수신자에게 대통령령으로 정하는 바에 따라 수신동의, 수신거부 또는 수신동의 철회에 대한 처리 결과를 알려야 한다(제7항). 뿐만 아니라 수신동의를 받은 자는 대통령령으로 정하는 바에 따라 정기적으로 광고성 정보 수신자의 수신동의 여부를 확인하여야 한다(제8항).

광고성 정보를 타인에게 위탁하였더라도 위의 규정을 위반하지 않도록 관리·감독하여야 하며, 법을 위반하여 손해배상책임을 지는 경우 위탁받은 자를 위탁한 자의 소속직원으로 보아 위탁한 자가 손해배상책임을 지도록 하였다(제50조의 3). 정보통신서비스 제공자는 광고성 정보의 전송 또는 수신으로 역무의 제공에 장애가 일어나거나 일어날 우려가 있는 경우, 이용자가 광고성 정보의 수신을 원하지 아니하는 경우에는 해당 역무의 제공을 거부하는 조치를 할 수 있다(제50조의 4 제1항).

정보통신서비스 제공자는 영리목적의 광고성 정보가 보이도록 하거나 개인정보를 수집하는 프로그램을 이용자의 컴퓨터나 그 밖에 대통령령으로 정하는 정보처리장치에 설치하려면 이용자의 동의를 받아야 한다. 이 경우 해당 프로그램의 용도와 삭제방법을 고지하여야 한다(제50조의 5). 방송통신위원회는 영리목적의 광고성 정보 전송차단 소프트웨어의 보급을 할 수 있으며(제50조의 6), 영리목적의 광고성 정보 게시는 제한된다(제50조의 7). 즉, 누구든지 영리목적의 광고성 정보를 인터넷 홈페이지에 게시하려면 인터넷 홈페이지 운영자 또는 관리자의 사전 동의를 받아야 한다. 다만, 별도의 권한 없이 누구든지 쉽게 접근하여 글을 게시할 수 있는 게시판의 경우에는 사전 동의를 받지 아니한다(동조 제1항). 영리목적의 광고성 정보를 게시하려는 자는 제1항에도 불구하고 인터넷 홈페이지 운영자 또는 관리자가 명시적으로 게시 거부의사를 표시하거나 사전 동의를 철회한 경우에는 영리목적의 광고성 정보를 게시하여서는 아니 된다(제2항). 인터넷 홈페이지 운영자 또는 관리자는 제1항 또는 제2항을 위반하여 게시된 영리목적의 광고성 정보를 삭제하는 등의 조치를 할 수 있다(제3항). 불법행위를 위한 광고성 정보도 전송이 금지된다(제50조의 8).

나. 전자상거래 등 소비자보호에 관한 법률

전자상거래소비자법에서는 통신판매업자가 재화 등의 거래에 관한 청약을 받을 목적으로 표시·광고를 행하는 경우에 있어서 상호 및 대표자 성명, 주소·전화번호·전자우편주소·통신판매업 신고번호 등의 표시의무를 규정하고(제13조), 전자상거래를 행하는 사업자 또는 통신판매업자에게 소비자가 재화를 구매하거나 용역을 제공받을 의사가 없음을 밝혔음에도 불구하고 전화, 모사전송, 컴퓨터통신 등을 통하여 재화를 구매하거나 용역을 제공받도록 강요하는 행위를 금지시키고 있다(제21조 제1항 5호).

공정거래위원회는 통신판매업자가 위 전자상거래소비자법 조항에 위반할 경우 그 통신판매업자에 대하여 시정조치를 명할 수 있고(동법 제32조), 위 시정조치에도 불구하고 위반행위가 반복되거나 시정조치만으로는 소비자 피해의 방지가 곤란하다고 판단되는 경우에는 영업의 전부 또는 일부의 정지를 명하거나 이에 갈음하여 과징금을 부과할 수 있다(동법 제34조). 그리고 위 전자상거래소비자법 조항에 위반한 행위에 대하여는 1천만원 이하의 과태료에 처해진다(동법 제45조 제1항 3호).

전자상거래소비자법에 의한 스팸메일의 규제는 소비자 권익 보호를 목적으로 개별 소비자의 자기결정권을 침해하는 사업자(광고주)의 강요행위를 규제하는 것인 데에 반하여, 정보통신망법에 의한 스팸메일의 규제는 정보통신망의 안전한 이용을 목적으로 정보통신망에 장해를 가져올 수 있는 일방적이고 대량적인 형태의 전자메일 송신행위를 주로 규제하는 것으로서 사업자(광고주)뿐만 아니라 광고우편발송자를 규제대상으로 하고 있는 한편 전자우편 수신자 외에 역무제공 거부권의 인정을 통하여 정보통신서비스제공자까지도 보호하고자 하는 것이다.[108]

Ⅱ. 청약철회권(cooling off)과 반품의 인정

1. 청약철회권의 의의

전자거래에서 소비자가 일정 기간 내에 어떤 불이익을 받지 않고 이유 없이 계약을 철회할 수 있는 권리(right of withdrawal, cancellation right)를 부여할 것인지 여부가 제기된다. 전자거래는 가상공간의 특성으로 말미암아 소비자는 부적절하거나 충분하지 못한 정보에 의하여 충동구매를 하는 수가 있고, 잘못된 기술적 작동(마우스나 키의 오동작 등)으로 인하여 소비자가 의도하지 않은 계약이 성립되어 법적 책임이 발생하는 경우가 있다. 이러한 계약을 무효화하기 위해서는 의사표시가 없었거나 마우스나 키 작동의 잘못이라는 것을 주장하여 의사표시의 부존재 등을 주장하면 되겠지만 입증하기가 쉽지 않다.

물론 의사와 표시의 불일치에 의한 착오에 의한 의사표시(민법 제109조)를 주장하여 취소할 수도 있겠으나, 요건충족이 어려워 취소하는 것을 기대하기가 어렵다. 또한 의사표시가 상대방에게 도달하기 전까지는 임의로 철회하거나 변경할 수 있으나 전자거래의 특성상 소비자의 의사표시는 마우스의 클릭을 하는 것과 동시에 판매자에게 도달되고 즉시 자동화된 시스템에 의하여 물품이나 용역이 배달되는 경우가 많으므로 일단 송신된 소비자의 의사표시는 사실상 철회하거나 변경하기 어렵다.[109)]

그러므로 계약 성립을 위한 주문의 각 단계마다 상대방이 신중하고 확정적인 의사결정을 할 수 있도록 사업자로 하여금 확인장치를 설치하도록 하는 것이 바람직하다. 이와 동시에 소비자의 의사표시에 전혀 하자가 없더라도 일정기간 내에 자유롭게 청약을 철회하는 권리인 청약철회권을 인정하는 것이 필요하다. 청약철회기간 내에는 소비자가 단지 마음에 들지 않는다는 이유만으로 어떠한 불이익도 받지 않고 자유로운 반품 및 교환이 가능하여야 한다.

청약철회권이란 소비자가 상품 구입의 의사표시를 하여 계약이 체결된 후에도 소비자에게 진정한 구입의 필요가 있는가를 재고할 기간을 주고 일정한 기간 내에 그 의사를 철회한 경우 계약의 효력을 소멸시실 수 있는 권리이다. 이 권리의 특징은 소비자에게 일정 기간의 재고기간 또는 냉각기간을 주고 의

---

108) 사법연수원, 전게서, 2005, 309면.

109) 최창열, 전게논문, 765면.

사표시의 철회로 소비자에게 아무런 불이익을 주지 않고 계약이 처음부터 없었던 것과 같은 상태로 하여 준다는 점에 특징이 있다. 이는 우리 민법이 인정하는 '계약의 청약은 이를 철회하지 못한다'고 하는 청약의 구속력(민법 제527조)에 대한 예외를 인정하는 것이다.

유럽연합(EU)의 전자거래에 관한 소비자보호지침(1997.2.17) 제5조 제1항 2문에서는 소비자에게 최소한 7일 이상의 조건 없는 청약철회권을 인정하고 있으며, 이 경우 사업자는 3일 이내에 소비자로부터 지불 받은 금액 전부를 반환하도록 하고 있다.

2. 국내법의 규정

철회권 유보제도는 미국, 영국, 독일, 일본 등 세계 각국에서는 예외 없이 이를 도입하고 있고, 우리나라도 앞에서 이미 살펴 본 바와 같이 전자상거래등 소비자보호에 관한 법률과 할부거래법에서 상세하게 규정하고 있다. 즉 전자상거래소비자법 제17조에서는 청약철회에 대해서, 제18조에서는 청약철회 등의 효과에 대해서 규정하고 있다. 동법이 청약철회기간을 7일 이내로 하여 방문판매법에서 방문판매, 다단계판매의 경우 조건없는 청약철회 기간의 14일(방문판매법 제8조 제1항 1호, 제16조)보다 단기인 것은 전자거래나 통신판매는 비대면적인 거래이기 때문에 직접적인 사기 또는 강박에 의한 거래 가능성이 상대적으로 적으므로 거래관계의 조기 안정, 전자상거래사업자의 경제적 비용의 과다한 증가를 막기 위하여 청약철회기간을 보다 단기인 7일로 규정한 것이다.

한편 전자상거래가 할부계약에 의하여 이루어지는 경우 적용되는 할부거래법은 제5조에서 소비자가 계약서를 교부받거나 목적물을 인도받은 날부터 7일 이내에 할부계약에 관한 청약을 철회할 수 있음을 규정하고 있다. 다만 동법 시행령 제4조에 의하여 할부가격이 10만원 이하인 할부계약은 철회권이 제한되고, 자동차와 냉장고 및 세탁기, 낱개로 밀봉된 음반·비디오물 및 소프트웨어 등에 대한 할부계약은 사용에 의하여 그 가치가 현저히 감소될 우려가 있다는 점에서, 전기냉방기 등은 그 설치에 전문인력 및 부속자재 등이 요구된다는 점에서 모두 청약철회권이 부여되지 않는다.

또한 인터넷사이버몰 표준약관 제15조도 청약철회 등에 관하여 규정하고 있다. 즉 몰과 재화 등의 구매에 관한 계약을 체결한 이용자는 수신확인의 통지를 받은 날부터 7일 이내에는 청약의 철회를 할 수 있도록 하고 있다(동조 제1항). 다만 이용자에게 책임있는 사유로 재화 등이 멸실 또는 훼손된 때, 이용자의 사용 또는 일부 소비에 의하여 재화 등의 가치가 현저히 감소한 경우, 시간의 경과에 의하여 재판매가 곤란할 정도로 재화 등의 가치가 현저히 감소한 경우, 같은 성능을 지닌 재화 등으로 복제가 가능한 경우 그 원본인 재화 등의 포장을 훼손한 경우에는 반품 및 교환을 할 수 없도록 하고 있다(동조 제2항).

3. 청약철회권에 대한 각국의 규정이 상이한 경우

문제는 청약철회권에 대한 각국의 규정이 상이한 상황에서 국제 거래시 어떤 국가의 규정을 적용할 것인가 하는 문제가 발생한다. 이에 대해 미국은 강제적 법률규정에 의해 청약철회권을 부여하기보다는 그 대안으로서 시장에서 사업자들이 자발적으로 환불보증(money-back guarantee)을 하도록 유도하는 것이 바람직하다고 주장한다. 반면 다수의 유럽국가들은 소비자보호를 위해 가이드라인에 철회권 규정을 삽입하자고 주장했으나 OECD는 제5차 초안에서 미국의 주장을 받아들여 이 규정을 삭제하였다.

전자거래라고 해서 특별히 청약철회를 시장에 맡겨두자는 것은 전자거래의 국제적인 활성화에는 도움이 되겠지만, 소비자의 입장에서는 구매과정에서 컴퓨터의 오동작으로 인한 원치 않은 구매라든가, 인수받은 상품이 컴퓨터상에 나타난 제품과 다를 가능성이 있다. 또한 각국의 국내법에서는 대부분 청약철회권을 인정하고 있는데, 굳이 전자거래에서만 시장의 자율에 맡기자는 주장은 납득하기 어렵다고 할 수 있다.

문제는 전자거래 가운데서도 네트워크로 직접 다운로드 받을 수 있는 온라인거래에서는 청약철회나 매매목적물의 반품이 적합하지 않다는 점이다. 왜냐하면 소프트웨어 등이 일반적으로 다운로드 된 후 반품되는 것은 다운로드 시킨 소프트웨어가 다량으로 복제가 가능하므로 사업주가 반품을 확인하기가 어렵기 때문이다. 다만, 소프트웨어에 청약철회기간이 지나야만 완전한 기능을 수행할 수 있는 기능을 내장하여 철회기간 내에 다운받더라도 완전한 제품으로 기능을 못하게 하는 등의 기술적인 조치 등을 취할 수는 있을 것이다.[110]

110) 최창렬, 전게논문, 764-765면.

Ⅲ. 명의 도용과 무권한 거래

전자거래에서는 거래당사자의 익명성, 네트워크의 개방성으로 인하여 계약당사자의 동일성을 확인하는 것이 일반적인 거래보다 어렵다. 전자거래에서의 디지털 데이터는 종이로 쓰인 글자의 필적과 같은 개성이 전혀 없으므로 데이터 자체의 진정성 여부를 입증하기가 매우 곤란한 측면이 있다.[111] 이 때문에 계약당사자가 의사표시를 하지 않았음에도 불구하고 타인이 본인의 명의를 도용하여 사용하거나 정당한 권한이 없는 자가 권한이 있는 것처럼 위장한 무권한 거래가 발생하기 쉽고 소비자의 피해가 발생할 가능성이 높다. 따라서 전자거래에서 본인임을 확인하기 위한 대책이 필요한데 현재는 ID와 패스워드의 조합, 아이핀, 전자인증, 전자서명 등을 이용하고 있다. 명의도용이 문제되는 경우를 구체적으로 살펴보면 타인의 명의를 도용하여 등록하여 사용하는 경우, 타인의 ID와 패스워드 등을 도용하여 부정 사용하는 경우, 가공의 이름을 사용하는 경우, 타인의 신용카드나 전자화폐 등을 도용하여 부정하게 사용하는 것 등이 있다.

이와 같이 가상공간에서 명의를 도용당한 경우 진정한 당사자가 그러한 의사표시에 구속을 받는가가 문제가 된다. 미국의 통일상법전(U.C.C.)에서는 위조자의 서명은 명의를 도용당한 피위조자에게는 구속력이 없고 도용자에 대해서만 구속력이 있다[112]고 규정하고 있다. 다만, 그 진정한 당사자가 그 서명을 승인한 경우나 또는 진정한 당사자의 과실이 실질적으로 위조에 기여한 것으로 볼 수 있는 경우에는 피위조자가 일정한 책임을 진다고 하고 있다.[113] UNCITRAL 전자거래모델법에서는 데이터메시지가 발신인이나 그의 대리인에 의하여 송신된 경우와 정보시스템이 자동적으로 실행되도록 발신인이나 그의 대리인에 의하여 송신된 경우와 정보시스템이 자동적으로 실행되도록 발신인이나 그의 대리인에 의하여 프로그램화된 경우에는 발신인의 것으로 보고 있다(동법 제13조 제1항, 제2항).

또한 데이터의 메시지가 발신인의 것이라는 확인절차를 밟았거나, 수신된

---

111) 손경한, 한국사이버법의 최근동향, 「사이버법 시대의 법적 환경」(제4회 KITAL 정기국제학술심포지엄 자료), 1998.7., 244면.

112) U.C.C. §3-404.

113) U.C.C. §3-404 comment 3. 4.

데이터 메시지가 발신인이나 그의 대리인의 행위 결과로 수취되고 데이터 메시지의 동일성을 확인하기 위해 발신인이 사용한 방법을 허용한 경우에는 발신인의 것으로 본다. 다만 수신된 데이터 메시지가 발신인이 송신한 것이 아니라는 통지를 받거나 수신자가 약정된 절차나 상당한 주의를 기울이면 알 수 있었을 경우에는 그러하지 아니하다(동조 제3항, 제4항). 이러한 모델법 규정은 발신인에게 무권한자에 의한 거래의 책임을 부담시키는 것이 아니라, 특정한 상황에서 데이터 메시지가 발신인의 메시지로 추정됨으로써 데이터 메시지의 귀속문제로 취급하는 것으로 보아야 할 것이다.

전자거래에 있어서 이러한 명의도용과 무권한 거래가 발생할 경우, 민법상으로는 무권대리이론이나 표현대리이론을 적용할 수도 있으나, 전자거래의 특성상 그대로 적용하기에는 무리라고 본다. 이에 대해서 사업자가 소비자의 고의나 중대한 과실을 입증하지 못하면 사업자가 책임을 부담하도록 하고 소비자에게 고의·중과실이 있는 경우에 소비자가 책임을 지도록 하고, 다만, 신용카드의 분실의 경우처럼 적절한 기간 내에 자신의 ID나 패스워드, 서명 등이 유출된 사실을 신고하면 책임을 감면해주는 방법을 도입하는 것도 생각할 수 있다.[114)]

그리고 전자거래에서는 네트워크의 개방성·국제성 등으로 말미암아 ID나 패스워드 등을 분실할 경우 그 피해가 심대할 수 있다. 이러한 경우 약관에 의하여 사업자가 책임면제조항을 두는 경우가 있는데, 그러한 책임면제조항은 무효라고 하여야 한다. 특히 최근에는 대부분의 인터넷 접속프로그램이 자동이용개시조작(Auto login)할 수 있도록 ID나 패스워드 등이 자동으로 송신되도록 설정되어 있어 다른 사람의 ID나 패스워드를 몰라도 다른 사람의 컴퓨터를 사용하여 부당하게 인터넷을 이용할 수 있다. 이러한 경우 무단으로 타인의 명의를 도용할 수가 있게 된다. 이러한 경우에 그 사용자의 무단 방치 등에 의한 타인의 도용이 인정되지 않는 한, 책임면제조항을 두어 모든 도용의 책임을 소비자에게 지우는 약관은 무효라고 해야 할 것이다.

114) 이창범, 전자상거래의 법적 과제, 새울법학 제2호, 대전대법문화연구소, 1998, 457면.

Ⅳ. 제한능력자의 전자거래[115)]

1. 사이버공간과 미성년자

현대사회가 갖는 대량생산, 대량소비의 특성상 기업은 정형적·반복적 거래를 하는 경우가 많고, 특히 생활필수품인 경우에는 더욱 그러하다. 더군다나 전자거래의 경우에는 비대면적인 거래가 이루어지기 때문에 당사자로서는 상대방의 제한능력을 확인하기가 어렵다. 그럼에도 불구하고 인터넷은 그 특성상 양적인 측면에서는 청소년 및 미성년자의 사용이 압도적이며, 특히 1999년 이후 국내 인터넷 이용의 폭발적 증가를 주도하던 청소년층의 이용률은 이미 포화상태에 이르렀다. 반면, 인터넷 서비스는 점차 무료서비스에서 유료화로, 지불수단도 신용카드 이외에 휴대폰 등을 통한 소액결제시스템의 등장, 게임·영화·온라인학습(E-Learning)·온라인취업·아바타·벨소리 서비스 등의 다양한 콘텐츠의 개발 등으로 인해 거래규모의 증가하고 있고, 특히 이러한 새로운 형태의 거래에 대해서는 성인보다 청소년 등의 미성년자들이 한층 더 신속하게 반응하는 경향을 보이고 있으므로, 이로 인한 분쟁발생가능성도 점증되고 있다.

2. 전자거래와 제한능력제도

이러한 전자거래의 경우 일반적인 제한능력자의 법률행위에 의한 원칙을 고수할 것인지, 그렇지 않으면 전자거래의 특수성을 인정하여 전자거래에 있어서 행위능력에 관한 민법의 원칙을 배제할 수 있는지가 문제된다.

전자거래가 회원제로 운영되는 쇼핑몰에서는 회원으로 가입을 위한 가맹계약과 개별적인 거래를 위한 개별계약으로 두 단계의 법률행위가 요구된다. 미성년자는 통상은 가맹계약의 시점에서 연령에 대한 조회가 있으므로, 이 때 미성년자라는 사실이 밝혀지고, 따라서 법정대리인의 동의가 요구된다. 그런데 한정치산 및 금치산의 경우에는 이를 확인하는 특별절차도 없을뿐더러, 만약 전자거래가 국경을 넘어서 이루어진 경우에는 각국의 입법태도가 다르기 때문

115) 오병철, 인터넷에서의 미성년자의 행위능력과 그 보호, 인터넷법률, 2002년 통권 제12호, 44면 이하.; 유창호, 전자거래에서 행위제한능력제도의 실효성 확보에 관한 법제연구, 한국법제연구원, 2002년; 졸고, 인터넷상 미성년자의 불법행위와 민사책임, 인터넷 이용자의 법적 보호, 전남대학교출판부, 2002, 66면 이하.; Jonathan Bick, 101 things you need to know about internet, p.1.

에 문제가 되지만, 적어도 금치산자의 경우에는 당연히 취소권을 갖는다고 한다. 즉 행위능력에 관한 규정은 강행규정이며, 행위제한능력을 이유로 한 취소는 예상된 위험이므로 전자거래에 있어서도 행위제한능력을 이유로 한 취소권을 인정하는 태도를 취하고 있다.[116)]

그런데 전자거래의 정형적·반복적·대량적 거래라는 그 본질에서 사회정형적 행위 내지 사실적 계약이론의 적용여부가 문제된다. 전통적 이론에 따르면 계약관계는 그 성립과 내용이 당사자의 의사에 따라서 정해진다. 그런데 생산기술의 진보, 산업구조의 변화와 대규모화에 의해 시장거래는 대량·정형적인 것이 되고 있다. 여기서는 계약의 체결과 내용의 결정은 개별적 합의에 의해서 행해지는 것이 아니고, 대량거래를 정형화해서 행하기 때문에 기업이 일방적으로 정한 약관에 소비자가 무조건 따르지 않을 수 없는 실정이다.[117)] 그래서 대기업은 소비자에 대해서 생활필수품·서비스를 제공하는 사회적 의무를 부담하고, 소비자는 급부를 사실상 받아들이고 있는 것에 불과하다.

이와 같은 대량적이며 정형적으로 제공된 급부를 이용하는 관계(사회정형적 관계)가 성립하는 때에는, 급부를 제공함과 그것을 수령한다고 하는 사실이 있으면 족하고, 전통적인 계약이론에 의한 당사자의 의사표시는 요건으로 하지 않는다는 이론을 사실적 계약이론이라고 한다. 이 이론에 따르면, 보통 당사자의 합의를 요건으로 성립하는 계약관계는, 오늘날의 거래사회에는 사회정형적인 사실이 존재하면 인정하여야 한다고 한다. 여기에서는 당사자가 계약체결을 거부하는 의사를 표시한 경우가 있어도, 사회정형적 사실이 존재하고 있다고 인정되는 한, 당사자간의 계약상의 법률관계가 존재하는 것으로 된다. 또 행위

---

116) 정종휴, 전자상거래의 등장에 따른 계약이론의 변용, 인권과 정의(통권 268호), 1998.12., 79면.; 한웅길, 전자거래와 계약법, 비교사법 5권 2호(통권 9호), 1998.12., 31면 이하.; 김영갑·최성준, 정보사회에 대비한 상사법 연구 서론, 「정보사회에 대비한 일반법 연구(Ⅰ)」, 통신개발연구원, 1997, 160면.; 약관에 의해 미성년자의 취소권을 제한해도 무효라고 한다. 松本恒雄, 신판주석민법(13), 有斐閣, 1996, 262面.

117) 공정거래위원회에서 심의한 표준약관인 인터넷 사이버몰 이용표준약관에서도 미성년자의 회원가입 및 상품구매계약에 있어서 법정대리인의 동의에 관한 조항을 두고 있지 않다. 반면, 표준약관이 아닌 경우에도 14세 미만에 대해서는 회원가입을 허용하지 않거나 법정대리인의 동의를 요하는 경우가 있다. 인터파크 회원약관 제2장 제1조 제2항 4호(http://interpark.com) 참조. 한편 인터넷서점인 YES24에서는 14세 미만인 경우에는 원칙적으로 회원가입을 허용하지 않고, 다만 법정대리인의 동의가 있는 경우에는 허용하고 있다(YES24서비스 이용약관 제6조 제2항 3호. http://www.yes24.com).

제한능력과 의사표시의 하자, 흠결도 계약관계의 효력에 직접 영향을 미치지 않게 된다.

그러나 위와 같은 전자거래의 특성에도 불구하고, 행위제한능력제도는 우리 민법이 채택하고 있는 약자보호라는 실질적 정의실현의 수단으로 작용하는 것이므로 원칙적으로 전자거래라고 해서 배제하는 것은 타당하지 않을 것이다. 그러나 현실적으로 전자거래에 있어서 행위제한능력, 특히 미성년자의 취소권이 인정되는 경우는 매우 드물 것이다. 왜냐하면 일반적으로 전자거래에 있어서는 거래 상대방에 대한 인적 사항을 기재하거나 행위능력의 유무를 확인하는 절차를 거치도록 구성되어 있기 때문에, 미성년자가 성년자로서 허위 기재하는 경우에는 우리 민법 제17조의 '제한능력자가 사술로서 능력자로 믿게 한 때'에 해당되어 취소권이 배제되는 경우가 대부분일 것이다.

또한 전자거래 체결시 행위제한능력과 관련하여 일어나는 중요한 문제의 하나로서, 전자거래의 특징 중의 하나인 국경 없는 거래로부터 야기되는 문제가 있다. 이는 바로 각국의 상이한 미성년의 연령 규정에서 비롯되는 것으로 우리나라의 경우는 만 20세이지만, 미성년의 한계연령이 만 18세인 국가의 상대방과 전자거래를 체결할 경우, 어느 나라의 법에 의해 규율해 나갈 것인가의 준거법 및 재판관할의 문제가 야기된다.

Ⅴ. 개인정보보호

전자거래에서는 거래 및 결제에 필요한 의사표시나 정보가 전자화된 디지털신호로 교환되기 때문에 거래상대방, 즉 소비자나 이용자에 관한 정보를 수집·관리하기가 쉽고 일단 축적된 데이터는 다른 목적으로의 전용이 용이하다. 예컨대, 거래과정에서 소비자나 이용자가 직접 입력한 정보뿐만 아니라, 자신의 이름, 나이, 주소 등 어떤 개인정보도 입력하지 않고 단순히 그가 인터넷상에서 정보를 탐색하거나 가상몰에서 아이쇼핑한 사실밖에 없더라도 그 같은 행위 자체로부터 사업자는 자신의 비즈니스에 필요한 많은 정보를 파악할 수 있을 뿐만 아니라, 이들 정보는 종이문서나 아날로그신호와는 비교할 수 없을 정도로 간편한 정보처리방법에 의하여 축적되고 분석·가공됨으로써 다양한 사업목적을 위해 다양한 내용, 다양한 형태로 데이터베이스화가 가능하다.

호를 위한 가이드라인」의 정립이 필요하며, 후자에 관해서는 전자거래상의 사기예방을 위한 정부차원에서의 광범위한 소비자 및 사업자에 대한 교육이 요구된다. 예컨대, 미국에서는 소비자교육을 위해 연방거래위원회의 홈페이지에 검색엔진을 운영하면서 Consumerline이라고 하는 특별 코너를 마련해 두고 있는데, 소비자들은 이 코너에서 보도자료, 소비자에 대한 주의 사항뿐만 아니라 연방거래위원회의 모든 교육자료를 온라인으로 제공받을 수 있도록 하고 있다. 심지어 연방거래위원회는 '유혹 웹사이트'("teaser" web site)까지 만들어 사기꾼들과 유사하게 '단기간에 돈을 벌 수 있다'고 하는 등의 유혹을 하는 식의 웹사이트를 개설하여 소비자들이 유혹에 빠져들게 하고 마지막 페이지에 가서 경고 메시지를 보내는 방법을 취하고 있다.[121]

Ⅲ. 시장감시기관과 국제적 제휴

우리나라의 공정거래위원회 등과 같이 각국에는 시장에서의 사기적 거래 혹은 부정거래를 단속하기 위한 행정적 혹은 준사법적 기관이 존재한다. 그러나 이러한 시장감시기관의 활동은 당해국의 영역 내에 한정된다. 따라서 A국의 사업자가 A국 내에 머무르는 한, B국의 소비자를 상대로 하여 사기를 행한 경우에는 A국의 행정권은 B국에 미치지 않고, 또한 B국의 행정권도 A국에 미치지 않기 때문에 이러한 국내의 시장감시기능도 적절한 규제기능을 할 수 없게 되는 사태가 발생하게 된다. 이와 같은 단속의 한계성을 탈피하기 위하여 각국의 시장감시기관 상호간 제휴의 강화를 할 필요가 있다.

뿐만 아니라, 인터넷광고에서는 내용물을 제공하는 서비스와 광고 자체를 구별, 필요한 규제를 적절히 행할 수 없다. 현행 공정거래법상 허위광고와 과장광고를 구별하지 않고 규제하며, 비교광고에 대해서는 상당히 엄격한 제한하는 입장을 견지하고 있기 때문에, 외국 제품광고에 대한 규제의 실효성 문제도 있다. 이런 변화는 향후 국제적 공동조사, 자료의 교환, 해결책의 공동 모색 등 규제기관간 국제적 협력이 중시될 것으로 보인다.

---

121) 강성진, 전자상거래와 소비자보호, 전자상거래 국가전략 수립토론회 발표논문, 1998.5., 122면.

Ⅳ. 분쟁처리·구제시스템

1. 온라인상의 분쟁조정

전자거래는 소액 다수 거래라는 특수성에 의해 단기간에 광범위한 범위에서 일어날 가능성이 크고, 물리적 국경의 범위를 넘어서 국제적으로도 발생하게 된다. 또한 계약당사자간의 비대면(非對面)상황에서 계약이 체결되기 때문에 분쟁발생의 위험이 상존한다. 최근 많은 소비자들은 불량품 배송, 반품·환불·불이행, 인터넷 사기거래 등 관련피해를 호소하고 있다. 이와 같은 분쟁의 발생은 전자거래의 거래질서를 문란하게 하고 신뢰성을 해할 수 있을 뿐만 아니라, 전통적인 소송과 같은 분쟁해결방식은 오히려 전자거래가 가지는 가장 큰 장점인 비용절감과 신속성을 지원하지 못하게 되는 결과를 낳는다. 결국 변화속도가 빠른 정보통신기술 부분을 수용할 수 있기 위해서는 통상의 재판절차보다도 '대체적 분쟁해결제도(Alternative Dispute Resolution)'가 적합하다고 할 것이다. 전자문서법 제32조에 따라 2000년 4월 4일 한국전자거래진흥원 내에 '전자문서·전자거래분쟁조정위원회'를 설치하였다.

각국은 기존의 전통적인 ADR 방식이 아닌 online ADR 쪽으로 관심을 가지고 있다. OECD의 최근 조사에 의하면 B2C의 분쟁해결을 지원하는 40여 개 이상의 온라인 ADR 기관이 있다고 한다. 이중 26개는 비공식적·비구속력의 분쟁해결 방식이며, 24개는 공식적이고 구속력 있는 중재절차를 제공하고 있다. 또 40여 개 중 11곳은 자동화된 분쟁해결방식(컴퓨터의 프로그램에 의하여 분쟁해결)을 14곳은 복합적인 메커니즘을 제공한다고 한다.[122] 이처럼 전자거래는 세계경제의 혁명적 패러다임으로서 국경을 초월한 새로운 분쟁해결 메커니즘의 탄생을 예고하고 있다. 물론 국경을 넘는 분쟁을 online ADR을 통해 해결함에 있어서도 기존의 국제소송의 법적 장벽인 준거법의 확정과 재판관할권, 결정사항의 국가간 승인 및 집행문제는 여전히 존재하고 있다.

미국에서는 네트워크상에서 생기는 분쟁에 대해서 온라인에서 고충처리하는 시스템으로서 the Online Ombuds Office[123] 및 Virtual Magistrate[124] 등의

---

122) 헤이그 온라인 ADR분쟁해결 관련 국제 컨퍼런스 참가보고서(2000.12.12-13), 전자거래분쟁조정위원회, http://www.ecme.or.kr 자료실 참조.

123) 소비자피해의 사전적 예방제도로서는 흔히 소비자옴부즈만을 드는데, 스웨덴의 소비자옴부즈만은 시장행동법과 부당계약금지법의 준수를 위해 설치되었으며, 이러한 법률들을 근

ADR조직(재판외 분쟁처리기관)이 홈페이지를 개설하여, 가상공간에 있어서 여러 가지 분쟁에 법적 충고와 중재를 시도하고 있다.[125] 일본에서는 Virtual World Company Cyber Rescue라는 웹사이트가 인터넷상에서 발생하는 분쟁해결을 목적으로 개설되었다.[126] 우리나라에서도 소비자보호원의 홈페이지에서 이러한 일을 할 수 있을 것이다. 그러나 이와 같은 시스템에서 처리 가능한 분쟁은 온라인상에서의 명예훼손이나, 대개의 정상적인 거래에 있어서의 분쟁 등에 한정될 것으로 생각된다. 후자의 경우에는 소비자가 직접 전자메일에서 사업자에게 고충을 신청하면, 그 자리에서 대응하여 받는 정도의 크레임일 것이다.[127] 따라서 많은 소비자분쟁에서 이러한 종류의 구조는 별로 성과를 기대할 수 없는 것으로 생각된다.

2. 구제절차의 국제네트워크화

인터넷에 의한 전자거래의 경우엔 국경은 의미가 없고, 국제적인 거래가 아주 용이하게 이루어진다. 이에 따라 소비자는 해외의 다양한 상품을 구입할 수 있고, 또한 국내에서 동종의 상품이 존재하는 경우에도 보다 좋은 품질의 것을 보다 저렴한 가격으로 구입할 수 있다는 점에서 소비자에게 이익을 가져다준다. 그러나 일단 분쟁이 생기면 그의 해결을 위해 소비자는 많은 노력을 경주해야 한다.

국내거래이든 국제거래이든, 상품의 불도착 및 품질의 상위, 하자 등의 분쟁에 직면하게 되는 소비자로서는 최종적으로 의지할 수 있는 것은 재판제도이다. 재판제도는 분쟁해결수법으로서는 대단히 투명성이 높고, 공정성이 유지

거로 하여 활동한다. 이들의 소비자보호활동은 자체의 조사 및 감시활동에 의하여 직권을 수행하기도 하지만, 주로 소비자의 고발이나 불만호소에 기하여 행동을 개시한다.

124) http://vmag.law.vill.edu:8080

125) 町村泰貴,「インタ-ネット上の紛爭とその解決」法時 69巻 7號(1997), 18面.

126) http://www.asahi·net.or.jp/~de7t·kjm/cyber_rescue/cr_index.htm

127) 세계굴지 컴퓨터설계(CAD) 업체인 오토데스크사는 가상공간을 통해 주문·판매·설치·AS 등을 효율적으로 하고 있다. 전세계 3백여만 명의 고객과 4천7백여개의 전문취급점, 수만개 군소 소프트웨어 판매상이 보내는 구매신청, 불만제기를 감당할 수 없기 때문이다. 이에 따라 오토데스크는 자사 설계팀과 대리점의 전사적통합관리(ERP)에 인터넷을 연계, 하나로 연결된 공정관리시스템을 갖췄다. 소프트웨어의 새 버전을 개발하면 고객의 PC화면에 전자우편을 통해 자동으로 통보해준다. 따라서 고객은 새 버전 또는 수정모델이 나왔는지에 대해 전화로 문의할 필요가 없다. 또 고객이 잘못된 시스템을 고쳐달라거나 새 버전을 구입하겠다는 뜻을 알려주면 회사는 웹페이지를 통해 다운로드해준다.

되지만, 비용과 시간이 걸린다. 또한 소액거래의 경우 재판제도를 이용하기는 어렵다. 국제거래의 경우, 일반 소비자로서는 상대방사업자가 해외에 소재하고 있다면 재판절차를 이용한다는 것이 더욱 곤란하다.

이것은 해외의 다양한 제품을 저렴한 가격으로 구입한 대가로도 볼 수 있지만, 소비자가 안심하고 국제간의 전자거래를 즐길 수 있도록 하기 위해서는 분쟁처리에 대해서도 일정한 국제제휴가 필요하다. 예를 들면 소비자가 해외의 통신판매업자의 소재지국의 소비자 피해구제를 위한 행정기관 및 고충처리를 행하는 소비자단체, 사업자의 자주규제기관 등에게 고충처리를 의뢰함으로써 해외기관과의 네트워크를 형성할 수도 있다.

제7장

개인정보보호

제7장 개인정보보호

제1절 정보화시대와 개인정보보호

I. 전자거래와 개인정보보호

오늘날 정보기술기반(information infrastructure)의 발달과 인터넷 이용의 빠른 확산은 고도화된 정보사회로의 이행에 있어 없어서는 안 될 중요한 매개체로서의 역할을 담당하고 있다. 그런데, 이러한 컴퓨터와 인터넷의 등장에 따른 정보화사회는 야누스처럼 양면의 얼굴을 가지고 있다. 한편으로는 많은 양의 정보를 보다 쉽게 수집, 저장, 처리할 수 있는 효율성을 지닌 반면에 다른 한편으로는 개인정보의 상품화와 영리적 목적의 이용가능성 등 개인정보유출 위험이 상존하고 있는 것이다. 네트워크 상에서 교류되는 전자데이터는 종이문서 등에 비하여 복제가 용이할 뿐만 아니라, 데이터를 전송시키는 네트워크도 매우 취약하기 때문에 보관 또는 전송 도중 제3자에 의해 개인정보가 탈취될 가능성이 매우 높다. 즉 전자데이터는 컴퓨터와 네트워크 구조, 흐름에 대해 어느 정도 지식을 가진 자라면 용이하게 그리고 대량으로 복제나 탈취가 가능하며, 네트워크상에서 이루어지는 그 같은 정보복제·탈취행위는 흔적이 남지 않고 뒤늦게 정보유출을 확인한 경우에도 탈취자를 추적하기가 곤란하다.

종래에는 행정업무의 효율성 및 국민편의의 증진을 위하여 국가와 공공기관 등 공공부문에서 개인정보를 독점적으로 수집·활용하여 오고 있었던 관계로, 주로 공권력에 의한 개인정보 내지 프라이버시의 침해가 문제되었으나, 정보의 중요성이 인식되기 시작하면서부터 대기업, 신용조사기관, 광고우편물업자, 정보통신서비스업자, 쇼핑몰운영업자 등 민간부문에 있어서도 상업적인 목적의 개인정보의 수집·활용이 광범위하게 이루어지면서 개인정보의 무분별한 수집·이용·유통 사례가 많아지고, 개인정보의 침해유형 및 그 범위도 기술의 발전 및 정보유통의 급속화와 더불어 날로 다양해지고 개인정보의 상품화 현상까지 나타나면서 이로 인한 프라이버시 침해사례가 늘어나게 되었고, 인터넷이라는 범세계적 정보망이 일반에 자유롭게 개방됨과 함께 네트워크를 이용한 전자거래의 활성화 등으로 인하여 개인정보보호에 대한 국제적 유통에 관한 논의로 확산되게 되었다. 정보통신기술이 발달하면 할수록 개인정보의 침해도 갈수록 대형화·지능화·다양화되고 있다.

특히 전자거래에서는 숍운영자, 몰관리자, 네트워크 서비스제공자, 통신사업자, 인증기관, 결제업자(카드사 또는 전자화폐발행·관리업자) 등 다수의 관계자가 관여하기 때문에 개인정보의 노출 기회가 그만큼 많다. 이로 인해 소비자 또는 이용자의 개인정보에 접하는 사람도 다수일 수밖에 없으며, 따라서 이들에 의한 개인정보의 유용 또는 악용 우려도 크다. 더구나 CCTV, SNS, 빅데이타, 사물인터넷(IoT) 등의 등장으로 기업이 이를 개인정보의 수집에 적극 활용하면서 개인정보침해 가능성은 더욱 커졌으며, 전자상거래의 일종인 소셜커머스의 등장은 이제 기업으로부터 개인정보보호가 중요한 과제임을 인식시키고 있다.

따라서 개인정보의 수집·처리·이용 및 제공활동이 적절히 통제되지 않는다면 개인들은 그것이 사생활을 침해할 수 있는 위협적 요소라고 생각하게 될 것이고 이는 정보화사회의 발전을 저해할 수 있다. 따라서 개인들이 자신에 관하여 어떤 정보가 수집되고 있는지, 그리고 수집된 정보는 어떤 처리절차를 거쳐서 어디에, 어떻게 사용되는지를 알 수 있어야 하며 또한 스스로 자신의 개인정보를 적절히 통제할 수 있어야 한다.[1)]

개인정보의 축적·수집 그것이 프라이버시의 침해가 되는가의 문제와는 별도로, 개인정보가 네트워크에서 유통될 때, 어딘가에서 도취되거나, 무권한의 제3자가 사업자의 데이터베이스에 부정하게 접근하여 데이터를 입수하거나, 혹은 데이터를 변작하는 것도 있다. 뿐만 아니라 해커와 같은 불법침입자에 의해 온라인 정보가 공개되거나 변경, 파괴될 가능성도 상존하고 있다. 이것은 전자거래에 대한 소비자의 신뢰훼손으로 이어지고 전자거래는 위축되게 될 것이다. 이것은 적절한 보안유지의 문제로 연결된다.

EU에서는 1995년에 개인데이터보호에 관한 각료이사회지령을 채택하면서, 가맹국 이외의 제3국에도 「충분한 수준의 보호(adequate level of protection)」를 요구하고, 보호가 불충분한 나라와의 데이터 이전을 저지하기 위한 조치를 가맹국에게 의무지우고 있다.

---

1) 이창범, 전자상거래에 있어서 개인정보의 보호, ECSG 제6차회의 발표자료, 1998.1.23.

최근 신용카드사, 통신회사, 금융기관, 교육과학기술부와 같은 정부기관 등 전방위적으로 개인정보 유출 및 개인정보침해사례가 발생하여 다수의 소송까지 제기되었고, 현재 진행되고 있는 실정이다. 이에 따라 자연스레 개인정보보호에 관한 사회적 경각심 또한 높아졌고, 이러한 사회적 압력에 힘입어 개인정보보호와 관련한 일반법의 제정으로 이어졌다. 즉 2004년부터 수 차례 제안되었으나 성사되지 못하다가 표류하던 「개인정보보호법(2011.9.30. 시행, 법률 제10465호)」이 2011년 3월 국회를 통과하였고, 동년 9월 30일자로 시행되기에 이르렀다.

이 법에서는 개인정보 보호기준을 준수해야 할 대상을 공공기관과 정보통신서비스제공자 뿐만 아니라 모든 민간사업자와 단체로까지 확대했다. 또 다수의 정보주체가 피해를 입거나 피해를 입을 가능성이 높은 경우 소비자단체나 비영리단체를 통해 단체소송을 제기할 수 있도록 길을 열어주고 있는 것도 특징이다. 현재 개인정보 유출 피해자들은 다수당사자 소송의 형태인 선정당사자제도나 공동소송의 형태로 진행되고 있는데, 단체소송의 형태가 추가된 것이다.

종전 개인정보보호 관련 중요한 법으로서 「정보통신망 이용촉진 및 정보보호 등에 관한 법률」도 여전히 제4장에서는 개인정보의 보호를 규정하고 있고, 구체적으로 개인정보의 수집·이용 및 제공, 관리 및 파기 등에 대한 규정을 두고 있어서 개인정보보호를 위한 기능을 하고 있다.

이제 개인정보보호는 국가 및 지방자치단체로부터 오히려 개인정보를 많이 축적하고 활용하고 있는 사업자인 기업에 대한 소비자보호의 문제로 그 무게중심이 이동하고 있다. 따라서 소비자보호의 관점에서 기업에 의한 개인정보의 침해뿐만 아니라 개인정보의 유출과 기술적 문제로 인한 해킹까지 염두에 두고 법적 차원에서 보호수준을 높여야 하는 과제가 주어져 있다고 할 수 있다.

Ⅱ. 개인정보의 축적과 프라이버시 보호

네트워크에서 거래하는 당사자가 진정한 본인인가 어떤가를 확인하기 위한 인증제도가 여러 가지로 구상되고 있다. 본인확인을 위해서는 본인 이외에는 창출해 낼 수 없는 데이터(예를 들면, 지문, 장문, 성문, 홍채와 같은 생체인식 데이터)

등을 사전에 저장해 놓고 조회하는 것이 가장 확실하지만, 이렇게 하면 소비자 거래에 있어서 익명성은 없어지게 된다. 또한 인증기관에게는 대량의 개인데이터가 축적되어 있기 때문에, 프라이버시 침해 가능성이 상존한다.

개인정보보호와 프라이버시보호는 개념 구별의 모호성으로 인하여 종종 혼용해서 사용되기도 하고 구별되어 사용되기도 한다. 구별하는 경우에는 헌법적 근거를 제17조 '사생활의 비밀과 자유'에서 찾으며, '홀로 있을 권리'로서 수동적이고 소극적인 권리로 이해하나, 포함하는 설에서는 프라이버시권을 개인정보권의 상위개념으로 보아 개인정보권이 프라이버시권에 포함되는 개념으로 본다.[2] 정보화시대에 들어선 오늘날에는 프라이버시권의 개념에 개인정보권까지 그 영역을 넓혀가는 능동적이고 적극적인 권리로 발전했다고 볼 수 있다.

개인정보의 대량축적이 가능해진 빅데이터 시대인 오늘날에는 인증제도와 프라이버시 보호의 양자를 양립하게 하는 기술의 개발이 필요하다. 특히 전자거래에서는 거래 정보가 전부 망에 의해 관리, 유지되는 특성상 소비자의 신용정보를 보호하는 것은 단순히 신용카드 회사만의 일이 아니기 때문에 판매업자, 사업자, 그리고 정보주체가 연결된 유기적 보호시스템이 필요하다. 이와 같은 인식은 결국 신용정보 보호를 위한 법과 제도를 보완, 시행하려고 할 때 실행 가능성과 보호의 정도(사업자의 경제활동을 위축시키지 않는 효율적인 구제책의 마련), 방식(자율규제, 계약법의 원리를 응용하는 것 등), 그리고 기술발전을 촉진시킬 수 있거나 최소한 기술중립적 성격이 모두 고려되어져야만 한다는 것을 의미한다.[3]

생각건대, 가상공간에서는 위에서 본 것처럼 그 특유의 문제가 있지만, 전자적 의사표시에 의한 계약의 체결, 계약조항(약관)의 적정화를 비롯하여 현실거래의 문제와 공통점도 많다. 단지 그 거래가 전자적으로 통신네트워크상의 가상공간에서 이루어질 뿐이다. 따라서 실제 거래계에서의 소비자보호의 단계가 높아지면 자연히 가상세계에서의 소비자보호도 그에 따라 연계된다는 점에 주목할 필요가 있다. OECD에서는 소비자보호를 위하여 각국 정부, 기업, 소비

---

2) 성낙인, 프라이버시보호와 개인정보보호를 위한 입법정책적 과제, 영남법학 제5권, 영남대학교 법학연구소, 1999, 21면 이하; 서계원, 정보프라이버시와 개인정보보호, 세계헌법연구 제11권, 국제헌법학회, 2005, 195면 이하.

3) 방석호, 전게논문, 91면.

자 단체가 공동으로 노력할 것을 촉구하고 있고, 세계 각국은 국제 전자거래에 있어서 소비자의 신뢰구축이 전자거래 발전에 필수적이라고 공통적으로 인식하고 있고 노력을 경주하고 있다.

Ⅲ. 개인정보권의 의의

1. 개인정보권의 개념

개인정보의 주체가 개인정보에 대하여 가지는 권리를 일응 '개인정보권'이라고 한다면, 개인정보권은 개인정보 주체 자신에 관한 정보가 언제 누구에게 어느 범위까지 알려지고 또 이용되도록 할 것인지를 그 정보주체가 스스로 결정할 수 있는 권리, 즉 정보주체가 개인정보의 공개와 이용 등에 관하여 스스로 결정할 권리를 의미한다.[4] 오늘날 헌법재판소가 즐겨 사용하는 '자기결정권'[5]이 개인정보의 영역에서도 광범위하게 그리고 상당한 수준에서 인정되기에 이른 것이다. 본 논문에서는 개인정보권의 개념을 기본권으로서의 개인정보권으로서 뿐만 아니라 사권의 성격을 지닌 개인정보권으로 사용하고자 한다. 이는 초상권이나 성명권과 같은 권리가 헌법 제10조 인간의 존엄과 가치의 기본권에서 파생되었지만 오늘날 개별적 인격권으로서 사권으로 인정되고 있는 것처럼, 개인정보권의 경우에도 동일하게 기본권적 성격과 사권적 성격을 겸유할 수 있다고 보기 때문이다.

개인정보권은 그 용어에 있어서 독일에서 'Recht auf informationelle Selbstsimmung'라는 표현으로 처음 사용된 이래 여러 가지 용어로 정의되고 있으며,[6] 우리 헌법재판소와 대법원은 이를 '자기정보결정권' 또는 '개인정보자기결정권'이라는 용어를 사용하고 있는데, 국내에서의 논의는 주로 유럽에서의 기본권론을 수용한 것으로 보인다.

개인정보에 대한 권리의 파악에 있어서 미국의 시각과 유럽의 시각에는 차

4) 헌법재판소 2005.5.26. 선고 99헌마513, 2004헌마190(병합) 결정 전원재판부.

5) 자기결정권은 의사의 설명의무의 법적 근거로 작용하기도 하고, 성적 자기결정권은 간통제 폐지의 근거로서 언급되기도 한다(헌법재판소 2015.4.30. 2013헌마873 결정).

6) 개인정보자기결정권, 개인정보자결권, 정보의 자결권, 정보자기결정권, 자기정보통제관리권, 자기정보통제권, 자기정보관리권, 개인정보보호권, 개인정보권, 개인정보통제권 등으로 불리는데, 대개 헌법학자들에 의하여 다양한 용어로 불리고 있고, 사법학자들은 그 동안 개인정보침해에 대한 구제 측면에서 주로 접근하였다.

이가 있지만,[7] 기본적으로는 기본권 내지 인권 측면에서 접근한다는 점에서 공통적이다. 먼저 미국에서는 프라이버시권에서 도출된다고 보면서 개인정보보호에 관한 사인간의 법률관계는 기본적으로 시장에 맡기되 구체적인 분쟁해결이 필요할 때에는 주로 공정거래법이나 소비자보호법을 활용하고 있다. 이러한 태도는 개인정보의 보호필요성과 그 공유 및 활용의 필요성은 시장원리에 의하여 최적의 균형점을 찾을 수 있다고 하는 자유주의적 사고에 기초하고 있다.[8] 따라서 정보활용을 통한 경제적 효율성이나 표현의 자유와의 조화를 고려하여 개인정보보호에 접근한다.

한편 유럽연합은 개인정보에 대한 권리를 인권의 차원에서 접근하기 때문에 인권의 보호가 훨씬 더 중요하다고 하는 시각을 가진다. 이러한 점에서 개인정보의 보호와 이용에 관한 지침(Directive)을 제정하고, 회원국들로 하여금 국내법을 제정 내지 개정하도록 요구하였다.

생각건대 개인정보권은 헌법재판소가 적절히 지적한 것처럼 개인정보주체가 개인정보에 대하여 그것의 공개와 이용 등에 관하여 스스로 결정할 권리 내지 통제할 수 있는 권리라고 할 수 있다. 그러나 실제 그 행사에 있어서 그 결정권이 반드시 자기정보에 한정된다고 볼 수는 없다. 정보주체에게 직접 귀속된 개인정보에 대한 통제권 뿐만 아니라 타인에게 귀속된 개인정보일지라도 정보주체와 관련된 개인정보일 경우 일정 범위에서 통제권을 행사할 수 있다.

개인정보주체가 개인정보에 대하여 가지는 권리가 비록 기본권의 보호 차원에서 먼저 논의되고 권리로 자리를 잡았지만 이제 초상권이나 성명권과 같이 사권으로 인식되는데 이론이 없다. 그런데 비교적 최근에 권리로서 일컬어지는 초상권, 성명권, 일조권, 조망권과 같은 권리를 칭할 때 통상 권리의 객체를 중심으로 해당 권리에 대한 용어를 사용하는 점에 비추어 보면 개인정보에 관한 정보주체의 권리는 개인정보권으로 칭하는 것이 타당하다고 본다.[9] 이 경우 개인정보권은 기본권으로서의 성격과 사권으로서의 성격을 겸유한 권리라고 할 수 있다.[10] 가령 개인정보권을 개인정보주체가 자신에 관한 정보의 수

7) Joel R. Reidenberg, E-Commerce and Trans-Atlantic Privacy, 38 Hous L. Rev. 717 (2001) 참조.

8) 정상조·권영준, 개인정보의 보호와 민사적 구제수단, 법조 제630호, 법조협회, 2009.3., 12면 이하.

9) 동지 오대한, 앞의 박사학위논문, 9면 이하.

10) 공법학자로서 개인정보권의 용어를 사용하는 학자로는 권헌영, 개인정보권의 헌법적 수용,

집·이용·제공 등에 대해 동의 또는 반대할 수 있는 권리를 핵심적 내용으로 하고, 경우에 따라 자신에 관한 정보에 통제력을 행사하기 위하여 자신의 개인정보에 접근하여 열람하거나 그 정보의 정정, 삭제, 차단, 처리정지 등을 요구하는 권리로 나타난다고 할 때 거기에는 공적적 성격과 사권적 성격을 겸유하고 있는 것이다.

2. 개인정보권의 법적 근거

(1) 헌법적 관점

개인정보권의 법적 근거는 우선 헌법에서 찾을 수 있다. 개인정보권에 대한 용어로서 개인정보자기결정권, 자기정보통제권, 자기정보통제관리권, 정보자결권, 정보자기결정권 등 다양하게 사용되는데 이는 헌법적 관점에서 통용되는 용어이다. 통상은 정보주체가 자신에 관한 정보를 관리하고 통제할 수 있는 권리를 '개인정보자기결정권'으로 통칭하고 있다.

개인정보자기결정권의 헌법적 근거와 관련하여 독일에서는 처음에는 인간의 존엄과 개인의 인격을 자유롭게 발현할 권리로서 인정하는데 소극적이었으나 1983년에 「인격의 자유로운 발현은 현대적인 정보처리의 조건 아래에서도 개인정보의 무제한적인 수집, 저장, 사용 및 제공에 대하여 개인을 보호로 할 것을 전제로 한다」고 하여 이른바 정보자기결정권을 헌법상의 기본권으로 확인하였다.[11]

개인정보를 보호해야 하는 헌법적 근거는 소극적으로 보면 사생활의 비밀과 자유를 규정한 헌법 제17조에서 찾을 수 있고, 적극적으로 파악할 경우에는 인간의 존엄과 가치 그리고 행복추구권(제10조)의 전제가 되는 자기결정권의 일환으로서 파악할 수 있다.[12] 헌법 제10조는 "모든 국민은 인간으로서의 존엄

토지공법연구 제35집, 한국토지공법학회, 2007, 315면 이하.

11) BVerfGE 65, 1, 1983.12.5.

12) 우리나라 헌법학계의 다수설은 개인정보자기결정권의 헌법적 근거를 헌법 제17조의 사생활의 비밀과 자유의 한 내용으로 이해하는데(권영성, 헌법학원론, 법문사, 2010, 93면; 성낙인, 헌법학, 법문사, 2011, 415면; 강경근, 헌법, 법문사, 2002, 496면; 허영, 헌법이론과 헌법, 박영사, 2004, 503-505면) 헌법 제10조의 인간의 존엄과 가치에 그 근거가 있는 일반적 인격권과 행복추구권에서 찾는 견해(계희열, 헌법학(중), 2000, 193면)도 있다. 이 견해에서는 헌법 제17조의 사생활의 비밀에서 파생되는 특별한 정보의 자기결정권은 일반적 인격권에 근거를 두는 포괄적 정보 자기결정권에 대한 특별한 규정이라고 한다(정태호, 현행 인구주

과 가치를 가지며, 행복을 추구할 권리를 가진다. 국가는 개인이 가지는 불가침의 기본적 인권을 확인하고 이를 보장할 의무를 진다."고 규정하고, 헌법 제17조는 "모든 국민은 사생활의 비밀과 자유를 침해받지 아니한다."라고 규정하고 있는바, 이들 헌법 규정은 개인의 사생활 활동이 타인으로부터 침해되거나 사생활이 함부로 공개되지 아니할 소극적인 권리는 물론, 오늘날 고도로 정보화된 현대사회에서 자신에 대한 정보를 자율적으로 통제할 수 있는 적극적인 권리까지도 보장하려는 데에 그 취지가 있는 것으로 해석된다.[13)]

개인정보보호는 전통적으로는 전자의 관점, 즉 각 개인의 '비밀'이나 '프라이버시'를 보호해야 한다는 점에서 논의되었지만, 오늘날 정보처리기술의 발달에 따라 개인정보의 대량 수집·축적·처리·이용이 가능해지면서, 점차 '정보의 자기결정권 내지 자기통제권'의 관점에서 주로 논의되고 있다.[14)] 헌법재판소는 "개인정보자기결정권을 헌법 제10조나 제17조에 완전히 포섭시키는 것이 불가능하므로 헌법에 명시되지 않은 독자적인 기본권"이라고 하면서, "개인정보자기결정권은 자신에 관한 정보가 언제 누구에게 어느 범위까지 알려지고 또 이용되도록 할 것인지를 정보주체가 스스로 결정할 수 있는 권리"라고 규정하고 있다.[15)]

(2) 법률적 관점

가. 민법

1) 계약법

개인정보처리자와 이용자가 전자거래 계약, 정보서비스 이용 계약 등의 내용으로써 이용자의 개인정보를 적절하게 취급·관리할 의무를 규정한 경우 이러한 계약으로부터 직접적으로 개인정보를 보호해야 할 의무가 발생한다. 설사 그러한 의무를 계약 조항 속에서 명시적으로 규정하지 않았더라도 기본 계약(전자거래를 통한 물품 거래 계약, 정보통신 등 용역 이용 계약 등)에서 파생되는 신의칙상의 부수 의무 내지는 보호의무로서, 계약 상대방의 개인정보를 주의깊게

택 총조사의 위헌성, 법률행정논총 제20집, 전남대 법률행정연구소, 2000, 208-209면).

13) 동지, 양건, 헌법강의 제5판 법문사, 2014, 455-456면; 대판 1998.7.24, 96다42789.

14) 사법연수원, 전자거래법연구, 사법연수원, 2011년, 408면.

15) 헌법재판소 2005. 5. 26.자 99헌마513, 2004헌마190(병합) 전원재판부 결정.

처리해서 그러한 불측의 피해가 생기지 않도록 배려하여야 할 의무가 있다고 볼 수 있다.

2) 불법행위법

개인정보처리자의 고의 또는 과실에 의한 위법행위로 이용자의 개인정보를 유출하거나 수집하거나 동의 없이 제3자로 하여금 개인정보를 이용하게 하는 경우에는 개인정보보호법에 의하지 않더라도 민법 제750조 및 제751조에 따라 불법행위에 기한 손해배상책임이 발생할 수 있다. 또한 개인정보침해를 인격권 침해의 문제로 보아 사후적인 손해배상뿐만 아니라 사전적인 개인정보침해의 금지 및 침해예방을 청구하는 것도 가능하다. 개인정보침해의 경우에는 재산적 손해보다는 정신적 손해로서 위자료 이러한 불법행위법상의 조항들도 개인정보를 보호하는 법적 근거가 될 수 있다.

나. 개인정보보호법

종래 개인정보 관련 법률체계는 금융, 정보통신, 공공, 교육, 의료 등 주요 분야별로 소관 법령이 나누어져 있었다. 그런데 이와 같은 체계에서는 법적용의 사각지대가 존재하고, 개별법간 처리 기준이 상이하여 혼란을 초래하는 경우도 있었다. 또한 「정보통신망 이용촉진 및 정보보호 등에 관한 법률」을 제외하고 각각의 개별법에서는 개인정보보호 관련 조항이 제한적이거나 선언적인 규정에 그치고 있어, 개인정보보호에 관한 일반법인 '개인정보보호법'의 필요성이 대두되어 2011년 9월 30일부터 시행되고 있다. 개인정보법은 개인정보의 주체, 개인정보의 정의, 개인정보권의 내용, 개인정보 침해시 구제수단에 대하여 상세한 규정을 두고 있고, 단체소송, 집단분쟁조정 등의 제도를 확보하고 있어서 오늘날에는 개인정보보호에 관하여 일반법이라고 해도 무방하다.

다. 기타 개인정보보호 관련 특별법

분야별 개별 특별법률을 살펴보면, 먼저 공공부문에서는 종전 공공기관의 개인정보보호에 관한 법률은 폐지되었으며, 다만 「공공기관의 정보공개에 관한 법률」은 공공기관이 보유하고 있는 정보는 공개를 원칙으로 하지만 제9조에서 '당해 정보에 포함되어 있는 이름·주민등록번호 등 개인에 관한 사항으로서 공개될 경우 개인의 사생활의 비밀 또는 자유를 침해할 우려가 있다고 인정되는 정보(제6호)'를 비공개 대상 정보로 분류하여 정보공개청구에도 불구하고 공개하지 않을 수 있도록 하고 있다.

다음으로 민간부문에서는 여전히 「정보통신망 이용촉진 및 정보보호 등에 관한 법률」이 유효하게 시행되고 있는데 동법은 제4장에서 정보통신서비스 제공자[16]가 이용자의 개인정보를 수집·이용·처리·제공하는 경우 지켜야 할 사항들을 정하고 있다. 새로 제정된 「개인정보 보호법」은 일반법으로서 정보통신서비스 제공자에게도 적용되므로, 상당수의 규정은 일반법에 의해 동일하게 규율되는 내용이 되면서 그 독자적인 의미를 상실하게 되었다. 다만, 정보통신망법은 정보통신서비스 제공자의 특성을 고려하여 이용자의 동의 없이도 개인정보를 수집할 수 있는 예외조항[17]을 두고 있고, 제3자 제공 및 취급위탁에 관하여 규정하고 있는 등(동법 제24조의2, 제25조), 일부 특칙을 마련해두고 있다.

다음으로 「신용정보의 이용과 보호에 관한 법률」이 있다. 개인정보 중에서도 특히 신용에 관한 정보는 경제생활과 밀접하게 관련되어 그 유용성이 크지만, 그만큼 유출될 경우 피해가 커서 보안 대책 마련이 더욱 중요한 영역이다. 따라서 이 법에서는 "신용정보업자 등이 신용정보전산시스템에 대한 제3자의 불법접근 또는 입력된 정보의 변경·훼손·파괴 기타 위험에 대한 기술적·물리적 보안대책을 수립하여야 한다(제19조)"고 규정하고 있다. 신용정보업자 등의 손해배상 책임을 가리는 경우 고의 또는 과실에 대한 입증책임을 전환하고 있는 점은 개인정보법(동법 제39조), 정보통신망법과 같다.

또한 「금융실명거래 및 비밀보장에 관한 법률」이 있다. 동법에서는 원칙적으로 금융기관에 종사하는 자는 명의인(신탁의 경우에는 위탁자 또는 수익자를 말한다)의 서면상의 요구나 동의를 받지 아니하고는 그 금융거래의 내용에 대한 정

16) 「전기통신사업법」 제2조 제8호에 따른 전기통신사업자와 영리를 목적으로 전기통신사업자의 전기통신역무를 이용하여 정보를 제공하거나 정보의 제공을 매개하는 자를 말한다.(정보통신망법 제2조 제3호)

17) 제22조(개인정보의 수집·이용 동의 등) ① 생략
② 정보통신서비스 제공자는 다음 각 호의 어느 하나에 해당하는 경우에는 제1항에 따른 동의 없이 이용자의 개인정보를 수집·이용할 수 있다.
1. 정보통신서비스의 제공에 관한 계약을 이행하기 위하여 필요한 개인정보로서 경제적·기술적인 사유로 통상적인 동의를 받는 것이 뚜렷하게 곤란한 경우
2. 정보통신서비스의 제공에 따른 요금정산을 위하여 필요한 경우
3. 이 법 또는 다른 법률에 특별한 규정이 있는 경우

보 또는 자료(이하 "거래정보등"이라 한다)를 타인에게 제공하거나 누설할 수 없도록 하고 있다. 다만 범죄수사 등에 필요한 경우에는 법관의 영장을 발부받아 금융거래내역을 조사할 수 있도록 예외를 인정하고 있다. 이렇게 금융거래정보를 타인에게 제공할 때는 명의인에게 그 사실을 통지하도록 의무화하고 있는 등 금융거래정보가 보호 내지 명의인에 의해 통제되도록 규정하고 있다.

그 밖에 「전자문서 및 전자거래법」에서는 전자거래이용자의 개인정보를 수집·이용·제공·관리함에 있어서 「정보통신망 이용촉진 및 정보보호 등에 관한 법률」등 관련 규정을 준수하도록 규정하고 있다(제12조 제2항). 공정거래위원회의 '인터넷사이버몰이용표준약관'에서는 이와 관련한 구체적이고 상세한 규정을 마련하고 있다. 전자서명법에서도 공인인증기관이 정보통신망법에 따라 개인정보를 보호하라고 규정하고 있으나, 개인정보 보호법의 제정으로 상위법에 근거가 마련되어서 인터넷 사이버몰은 그러한 특별 규정이 없더라도 당연히 개인정보 보호와 관련된 이 법의 규정을 따라야 하는 것으로 해석해야 할 것이다. 「전자정부법」과 「출입국관리법」등 우리나라의 앞선 정보통신기술을 국가행정 절차에 적극적으로 활용하는 것과 관련된 법률에서도 개인정보 보호에 관한 규정을 두고 있었으나, 「개인정보 보호법」 제정으로 대부분 일반법 규정을 준용하는 것으로 법령이 정비되었다.

3. 개인정보권의 법적 성격

개인정보권을 어떤 권리로 파악해야 하는지에 대하여 아직까지 많이 논의되고 있지는 않다. 그러나 이를 논의하는 견해들을 보면, 헌법학자들은 기본권의 일환으로 보고 있으며,[18] 사법학자들은 대체적으로 인격권으로 파악하고 있다. 먼저 기본권으로서 개인정보권은 주관적 공권으로서 다른 기본권처럼 국가권력 내지 공권력에 대해서 직접 효력을 미친다. 그런데 오늘날 개인정보에 대한 권리침해는 과거와 달리 기업들의 개인정보의 활용과 공유가 확산되면서 오히려 민간부분에서 빈번하게 발생하고 있다. 특히 기업이 우월적 지위를 이

18) 다양한 용어를 사용하지만 기본권의 일환으로 보고 있다. 권영성, 헌법학원론, 법문사, 2010, 427면; 허영, 헌법이론과 헌법, 박영사, 2004, 505면; 정태호, 개인정보자결권의 헌법적 근거 및 구조에 대한 고찰, 헌법논총 제14집, 헌법재판소, 2003, 405면 이하; 권형준, 자기정보통제권에 관한 고찰, 헌법학연구 제10권 2호, 한국헌법학회, 2004, 89면 이하; 김승환, 정보자기결정권, 헌법학연구 제9권 3호, 한국헌법학회, 2003, 149면 이하.

용하여 소비자의 개인정보를 대량으로 수집하거나 업무의 필요에 따라 개인정보를 대량으로 보유하는 민간조직들이 정보주체의 명시적 혹은 묵시적 동의를 이유로 하여 개인정보의 유통을 사실상 좌우하는 경우가 빈번하다. 오히려 민간부문에서의 개인정보보호가 더욱 필요하게 되었다.

기본권은 주관적 공권인 동시에 객관적 가치질서로서의 의미를 지니고 있다. 객관적 가치질서로서 제3자의 기본권침해 시에도 기본권을 이를 방어해야 할 객관적 규범력을 가지고 있고, 이에 따라 사적 영역에서도 개인정보권의 보호 필요성을 인정해야 한다.[19] 그런데 기본권은 기본적으로 공권력에 대항하는 방어적 성격을 가지는 것으로서 사인간의 관계에서 직접적으로 효력을 미친다고 볼 수는 없다. 따라서 개인정보권은 정보주체간의 사적 영역에 있어서는 간접적 효력을 미치는 것으로 볼 수 있고, 구체적 법률관계를 규율하는 민법이나 개인정보법을 매개로 하여서만 그 효력이 있다고 할 것이다.

대법원도 "헌법상의 기본권은 제1차적으로 개인의 자유로운 영역을 공권력의 침해로부터 보호하기 위한 방어적 권리이지만 다른 한편으로 헌법의 기본적인 결단인 객관적인 가치질서를 구체화한 것으로서, 사법(사법)을 포함한 모든 법 영역에 그 영향을 미치는 것이므로 사인간의 사적인 법률관계도 헌법상의 기본권 규정에 적합하게 규율되어야 한다. 다만 기본권 규정은 그 성질상 사법관계에 직접 적용될 수 있는 예외적인 것을 제외하고는 사법상의 일반원칙을 규정한 민법 제2조, 제103조, 제750조, 제751조 등의 내용을 형성하고 그 해석 기준이 되어 간접적으로 사법관계에 효력을 미치게 된다."고 하고 있다.[20]

다만 사적 영역에서의 개인정보권의 보호영역과 공적 영역에서의 개인정보권의 보호영역이 동일하다고 볼 수는 없다. 기본적으로 사적 영역은 사적자치의 원칙 또는 계약자유의 원칙의 영향을 깊게 받을 수밖에 없고, 따라서 사인간의 관계에 있어서 국가가 과다하게 관여하는 것은 바람직하지 않고, 공적 영역과 사적 영역은 영역별로 프라이버시 법제가 추구하는 목적과 수단이 다르기 때문이다.

개인정보자기결정권을 바로 사권이라고 인정하는 견해도 존재하지만,[21] 사

19) Wolfgang Hoffmann-Reim, Informationelle Selbstimmung in der Informationsgesellschart, 1998, S. 524.

20) 대법원 2010.4.22. 선고 2008다38288 전원합의체 판결.

법의 영역에서는 자기결정권이 권리로 인식되지는 않는다. 다만 사적 자치의 영역에서 계약자유의 원칙을 인정하면서 그 헌법적 근거로 행복추구권과 거기에서 파생된 일반적 행동자유권을 들고 있으며, 계약자유의 내용으로 계약체결의 자유, 계약상대방선택의 자유, 계약내용의 자유, 계약방식의 자유를 들고 있을 뿐이다. 대개의 학자들은 개인정보권을 사권인 인격권의 일종으로서 구성하고 그에 대한 침해시 구제방안에 대하여 이론을 전개하고 있다.[22]

그렇다면 개인정보권을 사권으로 인정하는 실익은 어디에 있는 것일까. 개인정보권을 침해하는 경우 사후적인 손해배상뿐만 아니라 사전적인 개인정보침해의 금지 및 침해예방을 청구하는 것이 가능하다는 데에 있다. 종전 개인정보보호에 관한 민법학자들의 논문이 개인정보권을 사권인 인격권으로 파악하여 개인정보침해의 금지청구 내지 예방청구의 법적 근거로 삼고자 한 이유이다.[23]

물론 개인정보보호법 제36조에서 개인정보의 정정 및 삭제청구권에 대하여 규정하고 있고, 정보통신망 이용촉진 및 정보보호등에 관한 법률(이하 정보통신망법이라 한다.) 제44조의 2에 정보의 삭제요청 등을 규정하고 있는데, 이것은 개인정보의 정정 및 삭제를 통하여 개인정보권이 침해되는 것을 배제하려는 것으로 민법상 방해배제청구권과 유사한 측면이 있고, 개인정보보호법 제37조에서는 개인정보주체가 개인정보처리자에 대하여 자신의 개인정보처리의 정지를 요구할 수 있는 규정을 두고 있다. 이는 민법상 방해예방청구권과 유사한 규정이다. 다만 개인정보에 관한 특별법에서 규정하고 있는 정정·삭제청구권 이외에 금지청구권, 예컨대 정보게시금지청구와 같은 경우 개인정보에 대한 권리를 인격권[24]으로 보거나 사권으로서 개인정보권으로 구성하는 경우 그 입론이 보다 용이하게 된다.[25]

21) 정상조·권영준, 앞의 논문, 14-15면.

22) 송재일, 개인정보보호의 민사법적 쟁점, 법학연구 제54집, 2014, 35면 이하; 고형석, 개인정보침해와 피해구제에 관한 연구, 법조, 2011; 양재모, 전자거래상 개인정보보호에 관한 민사적 접근, 사이버커뮤니케이션학보 제27권 2호, 사이버커뮤니케이션학회, 2010.6.; 임건면, 개인정보침해에 대한 민사법적 대응, 비교사법 제3권 제1호, 한국비교사법학회, 2001.

23) 정상조·권영준, 위의 논문, 25-29면; 송재일, 개인정보보호의 민사법적 쟁점, 법학연구 제54집, 2014, 50-51면.

24) 대법원은 민법상 명문 규정이 없음에도 불구하고 통설과 같이 인격권침해에 대한 침해금지청구권을 인정하고 있다. 대법원 1996.4.12. 93다40614, 40621 판결; 대법원 2005.1.17. 2003마1477 결정 참조.

25) 대법원은 변호사 정보 제공 웹사이트 운영자가 변호사들의 개인신상정보를 기반으로 변호

4. 사권으로서 개인정보권의 법적 성격

(1) 인격권적 측면

개인정보권이 명문으로 규정되어 있지 않지만 우리 헌법 제10조인 인간의 존엄과 가치와 행복추구권과 제17조인 사생활의 비밀과 자유를 근거로 하여 보장되는 권리로서 기본권적 성격을 가질 뿐만 아니라 사권으로서 인격권의 일종이라고 하는 데에는 이견이 없다.[26] 다만 사생활의 비밀과 자유가 공권력 또는 제3자에 대한 소극적·방어적 성격이 있는 권리라면, 개인정보권은 적극적 프라이버시권으로서 청구권적 성격이 강한 능동적·적극적 권리이다. 개인정보는 정보주체의 인격에서 직·간접적으로 유래한 정보이며 이를 바탕으로 정보주체의 인격을 외부적으로 재구성하는 수단이 될 수 있다는 점에서 인격과 고도로 밀접한 속성이 있다.[27] 또한 개인정보의 공개와 이용에 대하여 결정하는 것 자체가 인격의 발현이라고 할 수 있다.[28]

실제 국내에서 제기된 개인정보침해소송에서, 개인정보주체인 원고는 대부분 개인정보 침해시 인격권이 침해되었음을 주장하면서 정신적 손해배상을 구하고 있고, 법원도 변호사 정보 제공 웹사이트 운영자가 변호사들의 개인신상정보를 기반으로 변호사들의 인맥지수를 산출하여 공개하는 서비스를 제공한 사안에서, 운영자의 인맥지수 서비스 제공행위는 변호사들의 개인정보에 관한 인격권을 침해하는 위법한 것이라고 하여, 개인정보를 인격권의 객체로 보아

사들의 인맥지수를 산출하여 공개하는 서비스를 제공한 사안에서, 인맥지수의 사적·인격적 성격, 산출과정에서 왜곡가능성, 인맥지수 이용으로 인한 변호사들의 이익 침해와 공적 폐해의 우려, 그에 반하여 이용으로 달성될 공적인 가치의 보호필요성 정도 등을 종합적으로 고려하면, (중략), 결국 운영자의 인맥지수 서비스 제공행위는 변호사들의 개인정보에 관한 인격권을 침해하는 위법한 것이라 하여 금지청구를 인정하였다. 대법원 2011.9.2. 선고 2008다42430 전원합의체 판결.

26) 임건면, 개인정보의 의의와 귀속관계, 중앙법학, 중앙법학회, 2005.12., 236-237면; 구재군, 인터넷 이용자의 개인정보 자기결정권, 정보화정책, 한국전산원, 2003년 가을, 제10권 제3호, 140면; 개인정보자기결정권의 사권성을 인정하면서 인격권성을 인정하되, 개인정보가 경제적으로 유통, 이용되는 현실을 도외시할 수 없기에 개인정보자기결정권은 순수하게 인격적 이익만 보호한다기보다는 자신의 개인정보가 영리목적으로 무단활용되지 않도록 제어한다는 의미에서 재산적 이익도 부수적으로 보호한다는 특수한 인격권으로 보는 견해(정상조·권영준, 앞의 논문, 14면, 19-22면 참조)도 있다.

27) 김현욱·이상경, 정보이용동의, 안암법학 제47권, 고려대학교 법학연구원, 2006, 90면.

28) 권태상, 개인정보보호와 인격권- 사법(私法) 측면에서의 검토-, 법학논집 제17권 제4호, 이화여자대학교법학연구소, 2013, 93면.

위자료의 지급을 명하고 있다.[29)]

다만 일반적인 인격권이 인간인 이상 모든 사람에게 보장되는 권리인데 대하여, 개인정보권은 당해 개인정보 주체에게만 보장되는 권리라는 점에서 차이가 있다. 이 점에서 일반적 인격권을 일종의 모권으로 하여 성명권,[30)] 명예권,[31)] 사생활권[32)] 등 개별적 인격권으로서 인정되는 권리들과 유사한 측면이 있다. 또한 일반적인 인격권의 보호대상이 인격 그 자체인데 대하여, 개인정보 인격권의 보호대상은 정보주체로부터 독립한 개인정보 그 자체라는 점에서 차이가 있다.[33)]

(2) 재산권적 측면

개인정보는 개인정보주체인 개인의 입장에서 보면 경제적 가치가 별로 크지 않지만, 기업의 입장에서 보면 소비자의 패턴을 파악하는 자료가 되고, 직접 마케팅을 위한 정보로 사용할 수 있는 등 중요한 기업 경영의 자원이 되는 재산적 가치를 지니고 있다. 미국에서는 Privacy에 기반한 재산권적 시각에서, 개인정보에 재산권을 인정할 수 있다고 보는 것이 지배적인 견해이다. 개인들이 프라이버시권에 대하여 쉽게 형성할 수 있는 능력과 그 기초로서 프라이버시에 대한 권리를 가진다고 하면서, 소유권 제도의 핵심은 소유권을 가진 사람에게 통제권을 주는 것이라고 한다.[34)] 또한 개인정보를 재산권의 객체로 이해할 경우, 개인정보는 시장논리에 의해 오히려 투명하게 이전될 수 있고, 정보주체는 본인의 개인정보를 처리·활용하고자 하는 제3자와의 협상 등을 통하여 개인정보의 종류·범위 등을 결정함으로써 스스로의 개인정보를 통제할 수 있게 된다[35)]고도 한다.

---

29) 대법원 2011.9.2. 선고 2008다42430 전원합의체 판결.

30) 대법원 2005.11.16. 2005스26 결정.

31) 대법원 2005.7.8. 2005두487 판결; 대법원 2005.1.17. 2003마1477.

32) 대법원 1998.9.4. 96다11327 판결.

33) 오승종, 저작권법, 박영사, 2013, 362면.

34) Lawrence Lessig, Code (Basic Books, 1999), p.160; 이 이외에도 개인정보의 가치가 시장의 논리에 의해서 결정되며, 개인정보의 가치는 수요와 공급의 법칙에 의해 결정되고, 이는 개인정보에 대한 가격으로 반영된다는 견해(Jerry Kang, Information Privacy in Cyberspace Transactions, 50 Stan. L. Rev. 1998, p. 1246-1247), 정보가 경제적 가치를 지니고 있고, 시장논리에 따라 유통되고 있기 때문에 정보는 경제적으로 보호할 가치가 있는 대상으로 다루어질 수 있다는 견해(Pamela Samuelson, A New Kind of Privacy? Regulating Uses of personal Data in the Global Information Economy, 87 Cal. L. Rev, 1999, p.751) 등이 있다.

개인정보에 관한 기본법인 「개인정보보호법」은 제1조에서 "개인정보의 수집·유출·오용·남용으로부터 사생활의 비밀 등을 보호함으로써 국민의 권리와 이익을 증진하고, 나아가 개인의 존엄과 가치를 구현함"을 그 목적으로 규정하여, 개인정보를 사생활의 비밀과 인격권에 대한 '보호'의 대상으로서만 파악할 뿐 '자유로운 유통'의 대상으로서의 관점은 결여되어 있다.[36)] 동법 제39조 제1항에서는 "정보주체는 개인정보처리자가 이 법을 위반한 행위로 손해를 입으면 개인정보처리자에게 손해배상을 청구할 수 있다"고 하여 정보주체의 손해배상청구권을 인정하고 있다. 동조항의 '손해'의 해석에 있어서 만약 개인정보권의 법적 성격을 인격권적 성격을 지닌 것으로만 본다면 정신적 손해로 한정해야 할 것이다. 그러나 동조항은 '손해'라고만 규정하고 있고 정신적 손해로 한정하고 있지 않기 때문에 재산적 손해가 발생한 경우에는 개인정보권자에게 재산적 손해의 청구의 길도 열어놓고 있다.

독일의 판례는 재산적 손해와 비재산적 손해의 구별이 애매하고 의심스러운 경우에는 재산적 손해가 발생한 것으로 보여 왔으며, 특히 연방최고법원은 상업화론(시장관련성이론, Kommerzialisierungslehre)과 비용무가치론(또는 목적부당성론, Frustrationslehre)을 발전시켜왔다.[37)] 상업화론에서는 금전으로 산정할 수 있는 손실이 발생했는가의 여부는 시장이 형성되어 있는가에 의하여 결정된다는 것이다.[38)] 즉 시장에서 거래에 의하여 취득될 수 있는 법익이 침해된 경우에는 금전으로 배상이 이루어질 수 있다는 것이다. 또한 시장관련성 여부를 판단할 때, 거래관념(Verkehrsauffassung)을 중요한 요소로 보고 있다.[39)]

---

35) Richard A. Posner, The right of privacy, 12 Ga. L. Rev. 1978, p.393.

36) 제17대와 제18대 국회에 제출된 개인정보 보호와 관련된 의원입법안들은 개인정보의 보호와 적절한 이용의 조화를 추구하였다는 점에서 현행 개인정보보호법과 차이가 있는데, 대표적으로 이혜훈 의원안의 경우 제1조에서 "이 법은 개인정보의 수집·처리와 관련하여 개인의 자유와 권리를 보호하고 개인정보의 적정한 이용을 보장함으로서 정보사회의 균형적인 발전에 이바지함을 목적으로 한다"고 밝히고 있고, 변재일 의원안 역시 제1조에서 "개인정보의 처리 및 보호에 관한 사항을 정함으로써 개인의 자유와 권리를 보호하고 개인정보의 안전한 이용을 보장함을 목적으로 한다."고 규정하고 있다. 자세한 내용은 정혜영, 개인정보보호법의 내용과 체계에 관한 분석, 공법학연구(12권 4호), 412면.

37) 이에 대한 상세한 소개로는, 임건면, 재산적 손해와 비재산적 손해- 독일에서의 논의를 중심으로-, 성균관법학 제17권 제1호, 2005.6, 176면 이하 참조.

38) BGHZ 63, 98, 102; BGHZ 92, 85, 90 f.; Grunsky, Aktuelle Probleme zum Begriff des Vermögensschaden, 1968, S. 36; Köndum, AcP 177(1977), 1 ff.

39) 이러한 판단에서 중요한 것은 경제생활에서 접할 수 있고, 거래의 대상 여부와 그 가격이다.

우리나라에서는 개인정보를 재산권의 대상으로 파악하는 것이 부적절하다는 견해가 유력하다. 즉 개인정보가 상업적으로 이용된다고 하여 곧 수집되기 전 상태의 개인정보를 물권적인 측면에서 곧 바로 재산이라고 하는 것은 논리적 비약인 것이고, 개인정보는 타인이 창조해 낸 객체라기보다는 권리주체인 개인의 인격적 표상의 성격이 강하다는 견해[40]나 개인정보는 해당 정보주체와 불가분의 관계에 놓여 있다는 견해[41]는 모두 개인정보의 재산권적 측면을 부정하고자 한다.

다른 측면에서 개인정보권의 재산권적 성격을 부정하기도 하는데, 재산권의 법리를 적용하기 어렵다는 것이다. 예컨대 개인정보의 주체는 자신의 개인정보를 타인에게 이용하게 한 이후에도 계속해서 자기의 정보를 스스로 이용할 수 있고 물권법상 아무런 제한을 받지 않으므로, 개인정보는 물권변동의 법리로 해결할 수 있는 대상이 아니라고 한다.[42]

그런데, '정보'가 자유로운 유통의 대상이 될 뿐만 아니라 현대 정보사회에서 정보가 제4의 자원, 중요한 가치창출요소로서 계약 등 거래의 대상이 되고 있음은 주지의 사실이다.[43] 오늘날 '정보'는 단독으로 또는 다른 요소와 결합하여 중요한 재화의 하나로 간주되고 있으며, 그런 의미에서 정보를 '정보재'로 파악하는 관점도 등장하게 되었다. 이러한 관점에서는 '정보'도 헌법이 보장하는 재산권의 객체가 될 수 있다.[44] 뿐만 아니라 '개인정보'가 다른 요소와

시장은 이익을 위해서 존재하며, 그 이익은 재산적 가치 있는 법익이며, 이 때 어떤 물건이 사용가치를 가지고 있는지의 여부와 그 사용가치의 정도는 전혀 문제되지 않는다.

40) 정상조·권영준, 앞의 논문, 18면; 정진명, 사법에 있어서 개인정보보호, 비교사법 8권 2호, 2001.12, 589면.

41) 임건면, 개인정보의 의의와 귀속관계, 중앙법학, 중앙법학회, 2005.12, 233면.

42) 임건면, 위의 논문, 241면에서 개인정보권의 경우 권리자(정보주체)와 분리할 수 있는 이익이 존재하지 않기 때문에 매매할 수 있는 것으로 취급할 수 없고, 따라서 개인정보권의 양도는 방어권의 포기 또는 개인정보의 이용에 대한 허용으로 보아야 한다고 주장한다.

43) 컴퓨터에 저장된 정보가 절도죄의 객체인 재물에 해당하는지와 관련하여, 대법원은 "절도죄의 객체는 관리가능한 동력을 포함한 '재물'에 한한다 할 것이고, 또 절도죄가 성립하기 위해서는 그 재물의 소유자 기타 점유자의 점유 내지 이용가능성을 배제하고 이를 자신의 점유 하에 배타적으로 이전하는 행위가 있어야만 할 것인 바, 컴퓨터에 저장되어 있는 '정보' 그 자체는 유체물이라고 볼 수도 없고, 물질성을 가진 동력도 아니므로 재물이 될 수 없다 할 것이며, 또 이를 복사하거나 출력하였다 할지라도 그 정보 자체가 감소하거나 피해자의 점유 및 이용가능성을 감소시키는 것이 아니므로 그 복사나 출력 행위를 가지고 절도죄를 구성한다고 볼 수도 없다."고 하여 부정하고 있다(대법원 2002.7.12. 2002도745 판결).

44) 동지 함인선, 개인정보처리와 관련한 법적 문제-우리나라 개인정보보호법과 EU의 2012년

함께 개인의 영업에 있어서 중요한 요소를 이루고 있는 경우에는 영업권과도 관련을 가지게 될 것이다.

그러나 '개인정보'가 재산권의 하나가 될 수 있다고 하여도 구체적으로 그 법적 성격이 무엇인지와 관련하여서는 논란이 있을 수 있다. 우선, 개인정보가 개인정보주체의 동의하에 제공되어도 개인정보는 소비되어 없어지거나 감가되는 성질을 가지지 않을 뿐만 아니라 동일한 개인정보가 여전히 개인정보권자에게 남아있게 된다는 점 등에서 개인정보는 민법상 소유권의 객체로 인정할 수 없는 것이다.[45)]

개인정보권의 객체인 개인정보가 물건이 아니라는 이유로 물권적인 의미에서의 재산이 아니라는 주장은 일응 타당하나 오늘날 재산권의 내용이나 범위는 종전의 물권적인 의미를 훨씬 뛰어 넘고 있다는 것을 간과하고 있다. 예전에는 재산적 가치를 인정하지 않았던 새로운 지적재산권의 유형들이 등장하고 있고, 일반적으로 성명이나 초상 등 자기동일성이 가지는 경제적 가치를 상업적으로 사용하고 통제할 수 있는 배타적 권리라고 설명되는 '퍼블리시티권'은 이를 명시적으로 규정한 실정법이 존재하지는 않으나, 퍼블리시티권을 인격권, 행복추구권으로부터 파생된 것이기는 하지만 재산권적 성격도 가지고 있다[46)]고 인정하는 추세로 보아서 개인정보권도 동일한 논리로 재산권적 성격을 가지고 있다고 볼 수 있다. 이러한 점에서 개인정보를 기존의 물권이나 채권과는 구별되는 독자적 지위를 가지는 것으로 볼 수 있을 것이다.

문제는 개인정보권에 재산권적 성질을 인정할 경우 그 가치산정을 어떻게 할 것이냐이다. 개인정보가 갖는 재산적 가치와 보통의 물건이 갖는 재산적 가

규칙안을 중심으로 하여- 경제규제와 법 제6권 제1호, 2013.5., 153면.

45) 최경진, "민법상 정보의 지위", 산업재산권 제15호, 한국산업재산권법학회, 2004.5., 19면.

46) "헌법상의 행복추구권과 인격권의 한 내용을 이루는 성명권에는 사회통념상 특정인임을 알 수 있는 방법으로 성명이 함부로 영리에 사용되지 않을 권리가 포함된다고 할 것인 점, 특정인의 성명 등에 관하여 형성된 경제적 가치가 이미 인터넷 게임업 등 관련 영업에서 널리 인정되고 있으므로 이를 침해하는 행위는 그 특정인에 대한 관계에서 민법상의 불법행위를 구성한다고 볼 것인 점 등에 비추어 보면, 특정인이 성명이나 초상 등 자기동일성의 상업적 사용에 대하여 배타적으로 지배할 수 있는 권리를 퍼블리시티권으로 파악하기에 충분하므로, 어떤 사람의 성명 전부 또는 일부를 그대로 사용하는 것은 물론 성명 전부 또는 일부를 그대로 사용하지 않더라도 그 사람을 나타낸다고 볼 수 있을 정도로 이를 변형하여 사용하는 경우에도 퍼블리시티권을 침해한 것으로 볼 것이며…" (서울서부지법 2010.04.21. 자 2010카합245 결정(영문 이니셜등 사용금지가처분신청).

치가 동일한 성격이라고 볼 수 없기 때문이다. 개인정보는 그 자체가 정보주체와 분리되어 독립된 가치를 갖는 것이 아니고, 오히려 이를 이용하여 정보주체에게 접근하는 것이 가능하게 되거나 정보주체의 성향을 파악하는 것이 가능하다는 점에서 기업측에서 재산적 가치를 갖게 되는 것이다. 그러므로 개인정보를 정보주체로부터 완전히 분리된 재산으로 보기는 어렵다 할 것이어서,[47] 개인정보권은 일신전속권적 성격을 갖는 것이다. 비록 정보주체의 동의하에 개인정보처리자에게 제공되거나 제3자에의 동의가 있더라도 여전히 일신전속권적 성격을 지닌 권리이다.

요컨대 개인정보권은 인격권적 성격과 재산권적 인격을 겸유한 혼합권으로 보아야 한다. 또한 개인정보보호법 제39조 제3항과 동법 제39조의 2에서 그동안 입법촉구 되었던 징벌적 손해배상과 법정손해배상규정이 2015년 7월 24일 신설됨으로써 비록 개인정보권 침해에 대하여 일부 제제적 내지 억지적 기능 차원에서 규정되었다 하더라도 개인정보권인 순수한 인격권적 색채를 띤 권리에서 더 나아가 재산권적 색채까지 아울러 지닌다는 주장의 법적 근거가 될 수 있다는 점이다.

5. 개인정보권의 대상

(1) 개인정보의 개념

정보란 어떤 형태로든지 공식·비공식적으로 전달·기록·출판·보급되는 아이디어, 사실 및 상상적인 일, 작용 등을 말한다. 그리고 어떤 사물에 관하여 알리는 것이나 어떤 것의 지식을 얻는 것을 의미하기도 한다.[48] 국가정보화기본법 제2조 제1호에서는 '정보란 특정 목적을 위하여 광(光) 또는 전자적 방식으로 처리되어 부호, 문자, 음성, 음향 및 영상 등으로 표현된 모든 종류의 자료 또는 지식을 말한다'고 규정하고 있다.

무엇을 개인정보라고 할 것인가는 개인정보보호에서 중요한 문제이다. 개인정보를 어떻게 정의하느냐에 따라 개인정보의 보호범위와 가벌성 및 손해배상의 범위가 확정되기 때문이다. 결국 그 시대의 상황에 따라 개인정보의 정의

47) 권태상, 앞의 논문, 87면.
48) 김영환, 정보화사회에서 개인정보보호에 관한 연구, 정보전자기술논총 Vol.1, 경주대학교 정보전자기술연구소, 2002, 181면.

와 개념표지가 정해질 것이다.[49] 우리나라 개인정보보호법에서는 "'개인정보'란 살아 있는 개인에 관한 정보로서 성명, 주민등록번호 및 영상 등을 통하여 개인을 알아볼 수 있는 정보를 발한다. 해당 정보만으로는 특정 개인을 알아볼 수 없더라도 다른 정보와 쉽게 결합하여 알아볼 수 있는 것을 포함하는 정보를 말한다"(동법 제2조 제1호)고 한다.[50] 즉 살아있는 개인, 정보의 임의성,[51] 식별가능성, 특정 개인과의 관련성 등을 그 개념표지로 하고 있다.[52]

이와 달리 「신용정보의 이용 및 보호에 관한 법률」에서는 개인신용정보에 대하여 보다 구체적으로 규정하고 있고 상세한 내용은 동법시행령에 위임하고 있다(동법 제2조 제2호). 이러한 방식을 취하고 있지 않은 관계상 해석을 통하여 개인정보에 포섭될 수 있는 개인정보의 내용을 정하는 작업이 필요하다. 이에 대하여 많은 학자들이 시도하였고 이미 어느 정도 정리되어 있다.[53]

우리 헌법재판소는 "개인정보자기결정권의 보호대상이 되는 개인정보는 개인의 신체, 신념, 사회적 지위, 신분 등과 같이 개인의 인격주체성을 특징짓는 사항으로서 그 개인의 동일성을 식별할 수 있게 하는 일체의 정보라고 할 수 있고, 반드시 개인의 내밀한 영역이나 사사의 영역에 속하는 정보에 국한되지 않으며 공적 생활에서 형성되었거나 이미 공개된 개인정보까지 포함한다."[54]고 판단한 바 있고 법원도 헌법재판소와 동일하게 판시하였다.

문제는 개인정보의 개념의 범위와 관련하여 개인정보보호법 제2조 제1호

---

49) 각국의 개인정보 정의에 대해서는, 손형섭, 개인정보의 보호와 그 이용에 관한 법적 연구, 법학연구 제54집, 2014.6., 12-13면 참조.

50) 독일 연방개인정보보호법률 제3조 1항은 '개인정보(Personenbezogene)'란 특정한 또는 특정할 수 있는 자연인의 인적 또는 물적 관계에 대한 개별적 사항을 말한다고 규정하고 있다.

51) 개인정보보호법은 개인정보를 성명, 주민등록번호 및 영상 등을 통하여 개인을 알아볼 수 있는 정보라고만 규정하고 있을 뿐 정보의 종류, 형태, 성격, 형식 등에 대해서는 특별한 제한을 두고 있지 않기 때문에 개인을 알아볼 수 있는 정보에 해당하는 한, 모든 종류 및 모든 형태의 개인정보가 될 수 있다.

52) 이러한 방식은 「정보통신망 이용촉진 및 정보보호 등에 관한 법률」 제2조 제6호, 「위치정보의 보호 및 이용 등에 관한 법률」 제2조 제2호 등에서도 사용하고 있다. 「위치정보법」에서는 개인위치정보를 위치정보만으로는 특정 개인의 위치를 알 수 없는 경우에도 다른 정보와 용이하게 결합하여 특정 개인의 위치를 알 수 있는 것을 포함한 특정 개인의 위치정보로 보고 있다.

53) 대표적인 개인정보의 분류방법으로는 Weibe, R.J. Privacy and Data(doctoral dissertation), Mississipi State Univ., 1993, pp.166-168.

54) 헌법재판소 2005.5.26. 99헌마513, 2004헌마190(병합) 결정 전원재판부.

중 괄호의 '해당정보만으로는 특정개인을 알아볼 수 없더라도 다른 정보와 쉽게 결합하여 알아볼 수 있는 것' 부분의 경우 다른 정보와의 용이한 결합 가능성의 의미와 기준 등이 명확하지 않아 개인정보의 경계를 불분명하게 하는 측면이 있다.[55] 특히 빅데이터시대에 빅데이터의 활용과정에서 다른 정보와의 결합으로 '식별가능성'이 높아지기 때문에 논란의 여지가 있다.

'개인정보'라는 표현은 '연방데이터보호법'이라고 불리는 1977년 독일의 '데이터처리에 있어서의 개인데이터의 남용방지에 관한 법률'에 사용된 '개인관련정보'에서 비롯된 것으로 보이는데 이는 '프라이버시'나 '개인의 비밀'이라는 표현이 불분명하여 가벌성의 범위를 확정하기 어려운 문제점을 위한 해결책이었고,[56] 1980년 9월 23일 경제협력개발기구(OECD) 이사회가 채택한 '프라이버시보호와 개인데이터의 유통에 관한 가이드라인에 관한 이사회의 권고'[57]에서는 개인정보를 "식별된 또는 식별될 수 있는 개인(데이터 주체)에 관한 모든 정보"라고 정의하고 있다.

유럽연합(EU)의 '개인정보보호지침'[58]은 개인정보를 "자연인을 식별시키거나 식별시킬 수 있는 모든 정보"라고 정의하고 있고, 미국 캘리포니아주 법에서는 개인정보를 "개인의 이름, 주민등록번호, 신체외형기록, 주소, 전화번호, 교육정도, 재정상태, 의료기록 및 고용기록 등을 포함하나, 이에 한정되지 아니하며, 개인을 식별시키거나 묘사하는 것으로서 기관에 의해 보관되는 정보"라고 정의하고 있다.

개인정보보호법에 의하면 개인정보의 개념표지는 살아있는 개인, 식별가능성, 특정 개인과의 관련성인데, 동법의 개인정보 정의 방시은 「정보통신망 이용촉진 및 정보보호등에 관한 법률」(동법 제2조 제6호, 이하 '정보통신망법')[59]과 「위

55) 이에 대한 상세는 오대한, 개인정보권의 침해에 대한 사법적 구제, 전남대학교 박사학위청구논문, 2015.8., 25면 이하 참조.

56) 졸고, 전자거래에서의 개인정보보호, 법률행정논총 제20집(閑道 정환담 교수 화갑기념 특별호, 전남대학교 법률행정연구소, 2000, 172면.

57) Guidelines on the Protection of Privacy and Transborder Flows of Personal Data.

58) EU Directive 95/46/EEC on the Protection of Individuals with regard to the Processing of Personal Data and on the Free Movement of Such Data, OJ 1995 L282/31; 졸고, 상게 논문, 172면.

59) 정보통신망법에서는 생존하는 개인에 관한 정보로서 성명·주민등록번호 등에 의하여 특정한 개인을 알아볼 수 있는 부호·문자·음성·음향 및 영상 등의 정보(해당 정보만으로는 특정 개인을 알아볼 수 없어도 다른 정보와 쉽게 결합하여 알아볼 수 있는 경우에는 그 정보를

치정보의 보호 및 이용 등에 관한 법률」(동법 제2조 제2호) 등에서도 동일하게 취하고 있다.[60] 개인정보에 해당할 수 있는 것으로는 개인의 신념, 신체, 재산, 사회적 지위, 신분 등에 관한 사실 판단·평가를 나타내는 일체의 정보를 말하며, 내면의 비밀(사상, 신조, 종교, 가치관, 양심 등), 심신상태(체력, 건강상태, 신체적 특징, 병력 등), 사회경력(학력, 범죄경력, 직업, 자격, 소속정당이나 단체 등), 경제관계(재산상황, 소득, 채권채무관계 등), 생활·가정·신분관계(성명, 주소, 본적, 가족관계, 출생지, 본관 등) 등이다.[61]

개인정보보호법에서는 개인정보에 대한 구체적 내용이 없다. 다만 「개인신용정보의 이용 및 보호에 관한 법률」에서는 개인신용정보에 대하여 구체적으로 규정하고 있는데, 즉 '개인신용정보'란 신용정보 중 개인의 신용도와 신용거래능력 등을 판단할 때 필요한 정보를 말하는데, 여기서 신용정보는 신용정보, 금융거래 등 상거래에 있어서 거래 상대방의 신용을 판단할 때 필요한 특정 신용정보주체를 식별할 수 있는 정보, 신용정보주체의 거래내용을 판단할 수 있는 정보, 신용정보주체의 신용도를 판단할 수 있는 정보, 신용정보주체의 신용거래능력을 판단할 수 있는 정보, 그 밖에 위와 유사한 정보를 의미하고, 개인신용정보는 신용정보 중 개인의 신용도와 신용거래능력 등을 판단할 때 필요한 정보로서 기업 및 법인에 관한 정보를 제외한 개인에 관한 신용정보를 의미한다.

6. 개인정보 개념의 범위에 대한 견해들

개인정보의 개념의 범위를 어디까지 인정할 것인가와 관련하여 개념확대설, 개념축소설, 개념유지설 등이 주장되고 있다. 먼저 기술의 발전에 따라 식별성이 없는 이질적인 정보를 종합하여 특정된 개인의 컴퓨터 또는 기기를 식별하는 것이 가능해진 점을 고려하여, 개인을 식별할 수 있는 정보뿐만 아니라 개인에 대한 식별가능성은 없지만 개인이 이용하는 특정한 컴퓨터 및 기타 정보통신기기와 연계될 수 있는 정보 역시 개인정보의 개념에 포함하자고 하여 개념 확대를 주장하는 견해가 있다.[62]

포함한다)를 말한다고 규정하여 같은 정의개념을 사용하고 있다.

60) 따라서 개인의 특정성이 사상된 빅데이터라 할지라도 다른 데이터와의 결합으로 개인의 식별가능성이 있다면 개인정보로서 보호대상이 될 수 있다.

61) 김영환, 앞의 논문, 181면.

62) 장주봉, 개인정보의 의미와 보호범위, 법학평론 제3권, 서울대학교 법학평론 편집위원회,

이와 반대로 개인정보보호법 제2조 제1호 중 괄호에 해당하는 부분과 관련하여 현행 개인정보의 범위가 너무 넓고 이와 연동되는 형사처벌의 대상이 너무 광범위하여 일반국민을 잠재적 범죄자로 만들 수 있다는 비판을 고려하여 아예 이를 삭제하자거나,[63] 괄호부분의 문구는 그 자체로서도 매우 불명확한 조항일뿐더러 데이터의 통합을 원칙적으로 차단할 가능성이 있기 때문에 빅데이터의 활용을 매우 위축시킬 우려가 있으므로, 괄호부분을 삭제하고 데이터 통합자체의 위법성 및 개인정보권 침해에 관한 조항을 신설하거나 익명화기술을 통해 사전에 식별성을 제거하는 예방적인 대책이 보다 바람직하다고 하여 개념 축소를 주장한다.[64]

그러나 개인정보 개념을 규정하고 있는 개인정보보호법의 표현이 다소 포괄적이고 모호한 측면이 있더라도 이는 구체적인 사회현상을 추상적인 언어적 표현으로 담아낼 때 필연적으로 발생하는 것이고, 비교법적으로 검토해 보더라도 그 범위 역시 우리 법에 비해 축소되어 있다고 보기 어려운 점 등을 고려할 때 개념 자체가 문제가 아니라 동 규정의 해석을 통해 해결해야 한다[65]고 하거나, 개인정보 보호를 통해 궁극적으로 달성하고자 하는 프라이버시를 침해하거나 침해할 우려가 있는 정보를 규제 대상에서 제외하게 되면 개인정보보호를 통해 궁극적으로 달성하고자 하는 개인 사생활의 비밀과 자유 등 각종 권리보호에 미흡하게 될 우려가 상당하므로 현재의 정의규정을 유지하자고 한다.[66]

판례는 개념확대설에 입각한 해석을 통하여 개인정보보호의 범위를 넓게 인정하고 있다. 용어의 정의에 관한 해석기준으로 "법령 자체에 법령에서 사용하는 용어의 정의나 포섭의 구체적인 범위가 명확히 규정되어 있지 아니한 경

2012, 54-56면; 빅데이터 환경에서 개인정보의 개념범위를 확대할 필요성이 있다는 견해로는 성준호, 빅데이터 환경에서 개인정보보호에 관한 법적 검토, 법학연구 제21권 제2호, 경상대학교 법학연구소, 2013, 326면; 심지어 개인정보는 정보주체와 관련된 모든 정보라고 주장하기도 한다. Viviane Reding, Eur. Comm'n Proposal for a Regulation of the European Parliament and of Council, at art. 4(2), COM (2012) 11 final (Jan. 25, 2012).

63) 최경진, 빅데이타와 개인정보, 성균관법학 제25권 제25호, 성균관대학교법학연구소, 2013, 212-213면.

64) 이징수, 빅데이터 시대 도래에 따른 개인정보보호법의 문제점 및 개선방안, 서강로리뷰 제5호, 서강대학교법학연구소, 2013, 219면.

65) 오길영, 빅데이터 환경과 개인정보의 보호방안-정보주체의 관점에서 바라본 비판적 검토를 중심으로, 일감법학 제27권, 건국대학교 법학연구소, 2014, 170-174면.

66) 김진환, 개인정보보호의 규범적 의의와 한계, 저스티스 제144권, 한국법학원, 2014, 64면.

우, 그 용어가 사용된 법령 조항의 해석은 그 법령의 전반적인 체계와 취지·목적, 당해 조항의 규정 형식과 내용 및 관련 법령을 종합적으로 고려하여 해석하여야 한다"[67]는 일반적 해석기준을 제시하고 있고, 직접 개인을 식별할 수 있는 정보뿐만 아니라, 당해 정보만으로는 특정개인을 식별할 수 없을지라도 다른 정보와 결합하여 특정 개인을 식별할 수 있는 정보 역시 개인정보의 범주에 넣고 있다. 또한 식별정보 뿐만 아니라 정보의 내용에 관한 정보도 개인정보에 포함하기도 한다.[68]

또한 정보와 결합 가능한 다른 정보가 모두 동일인에게 보유되고 있는 것을 전제로 하지는 않고 있다. 여기서 '쉽게 결합하여 알아볼 수 있다'는 것을 쉽게 다른 정보를 구한다는 의미이기보다는 구하기 쉬운지 어려운지와는 상관없이 해당정보와 다른 정보가 특별한 어려움 없이 쉽게 결합하여 특정 개인을 알아볼 수 있게 되는 것을 말한다고 한다. 따라서 이메일 주소는 당해 정보만으로는 특정 개인을 알아볼 수 없을지라도 다른 정보와 용이하게 결합할 경우 당해 개인을 알아볼 수 있는 정보라 할 것이므로 위 규정상의 '개인정보'에 해당하고,[69] imei[70]나 usim[71] 일련번호는 모두 특정 개인의 소유로 귀속되기 전까지는 기기나 특정카드에 부여된 고유번호로서 그 자체로는 당해 개인을 알아볼 수 있는 정보라 보기는 어렵다고 하더라도, 위 각 번호정보를 가지는 휴대폰이 어느 개인의 소유로 귀속되는 순간부터 위 각 번호는 '기기나 특정카드에 부여된 고유번호'라는 의미 이외에 '특정 개인 누가 소유하는 휴대폰의 기기번호 및 usim카드의 일련번호'라는 의미를 함께 지니게 된다 할 것이

67) 대법원 2013.12.12. 선고 2011도9538 판결. 의료법 제23조 제3항의 적용 대상이 되는 전자의무기록에 저장된 '개인정보'의 범위와 관련한 판결이다.

68) 대법원 2013.12.12. 선고 2011도9538 판결에서는, "의료법 제23조 제3항의 적용 대상이 되는 전자의무기록에 저장된 '개인정보'에는 환자의 이름·주소·주민등록번호 등과 같은 '개인식별정보'뿐만 아니라 환자에 대한 진단·치료·처방 등과 같이 공개로 인하여 개인의 건강과 관련된 내밀한 사항 등이 알려지게 되고, 그 결과 인격적·정신적 내면생활에 지장을 초래하거나 자유로운 사생활을 영위할 수 없게 될 위험성이 있는 의료내용에 관한 정보도 포함된다고 새기는 것이 타당하다."고 판시하였다.

69) 서울중앙지방법원 2007.2.8. 선고 2006가합33062, 53332(병합) 판결.

70) International Mobile Equipment Identity의 약자. WCDMA(이른바 3G) 휴대폰에 내장되어 있는 15자리 숫자로 된 번호이며 단말기 고유 일련번호이다. 이 번호는 단말기의 제조사, 모델 등의 정보를 포함하고 있다.

71) 범용사용자식별모듈(universal Subscriber Identification Module)을 일컫는다. 각자의 고유한 번호가 있고 가입자정보를 담고 있다.

고, 위 각 imei나 usim 일련번호는 휴대폰 가입신청서 등 가입자정보에 나타난 다른 정보와 어려움 없이 쉽게 결합됨으로서 개인을 특정할 수 있게 되는 이상 이들을 개인정보라고 판단하였으며,[72] 휴대전화번호 뒷자리 4자리 번호도 다른 정보와 쉽게 결합하여 개인을 알아볼 수 있는 정보여서 개인정보보호법 제2조 제1호에 규정된 '개인정보'에 해당한다[73]고 판단하고 있다. 이 이외에도 아이디와 비밀번호,[74] 노동단체 등 특정단체의 가입현황,[75] 화상[76] 등도 다른 정보와 쉽게 결합하여 정보주체를 식별할 수 있는 경우 개인정보로 판단하고 있다.

7. 개인정보 개념 범위 확대의 필요성

개인정보보호법 제2조 제1호에 규정된 개인정보의 개념의 범위 해석문제는 동법이 혼합법으로서 민사적인 손해배상책임뿐만 아니라 형사적인 제재와 아울러서 행정법적인 행정처분규정까지 담고 있기 때문에 개인정보처리자[77]와 소비자인 개인의 이해관계에 매우 밀접하게 관련되어 있다. 물론 개인정보보호법의 개인정보에 대한 정의 규정이 다소 모호하고 추상적인 내용을 담고 있더라도 비교법적으로 검토해 보았을 때 우리 법이 지나치게 정의개념을 확대하고 있다고 보이지 않는다.[78]

72) 서울중앙지방법원 2011.2.23. 선고 2010고단5343 판결.

73) 대전지방법원 논산지원 2013.8.9. 선고 2013고단17판결.

74) 서울중앙지방법원 2006.4.28. 선고 2005가단24005판결.

75) 대법원 2012.4.26. 선고 2007나33059, 33066판결.

76) 서울고등법원 2008.11.25. 선고 2008나25888, 25895, 25901 판결에서 화상은 가장 오래되고도 확실한 개인 식별수단으로서 성명 및 주민등록번호화 마찬가지로 당해 개인을 식별할 수 있는 정보라 할 것이며, '개인을 식별할 수 있는 정보'는 당해 정보에 의하여 개인을 식별할 가능성만 있으면 되는 것이고 정보를 취득한 자가 당해 개인이 누구인지 구체적으로 특정할 것은 요하지 않으며, 이 점은 성명이나 주민등록번호의 경우도 마찬가지라고 할 것이다고 한다.

77) 개인정보처리자란 업무를 목적으로 개인정보파일을 운용하기 위하여 스스로 또는 다른 사람을 통하여 개인정보를 처리하는 공공기관, 법인, 단체 및 개인을 말하는 것(개인정보보호법 제2조 5호)이어서, 인터넷 신문기자가 뉴스사이트에 甲에 관한 기사를 게재하면서 취재중에 알게 된 甲의 성명, 지위, 주소 등의 개인정보를 누설하였다고 하여 개인정보보호법 제71조 5호, 제59조 위반으로 기소된 사건에서, 개인정보 파일을 운용하기 위한 목적 없이 개인정보를 처리하는 자와 구별되어야 한다고 한다(서울서부지방법원 2015.12.18. 선고 2015고정1144 판결).

78) 일본 등 다수의 해외의 법제도 이러한 점을 고려하여 결합이 용이한 비식별정보를 개인정보로 보고 있다.

동법 제2조 제1호 중 괄호에서 '해당정보만으로는 특정 개인을 알아볼 수 없더라도 다른 정보와 쉽게 결합하여 알아볼 수 있는 것을 포함한다'라고 규정함으로써 비식별정보의 개인정보성을 어느 범위까지 인정할 것인가의 문제로 귀결되는데, 단순한 법해석학적인 측면뿐만 아니라 법경제학, 법사회학적 측면도 고려하고 IT 정보기술의 추이도 고려할 필요성이 있다고 생각한다. 공공기관의 직무행위나 기업의 영업활동의 일환으로 민감하지 않은 정보부터 민감한 정보에 이르기까지 수집·가공이 용이할 뿐만 아니라 개인정보의 제3자에의 제공이 이루어지고 있는 현실을 감안한다면 최소한 현재의 입법태도는 유지되는 것이 옳다고 본다.

또한 오늘날 고성능 대용량 컴퓨터의 등장으로 대규모정보의 처리속도 향상은 빅데이타 산업의 융성을 가져왔다. 종전에는 정형적인 데이터만을 대상으로 하였다면, 빅데이터에서는 반정형적인 데이터 혹은 비정형적인 데이터까지 그 형태가 다양하다는 점이다.[79] 예컨대, 고정된 시스템에 저장되어 있지 않은 XML, HTML 등과 같이 데이터베이스 스키마[80]를 포함하는 반정형 데이터를 이용한 분석뿐만 아니라 사진, 오디오, 비디오 형식의 소셜미디어 데이터나 로그파일(Database log) 같은 비정형 데이터도 처리할 수 있는 능력을 포함한다. 이러한 향상된 기술은 비록 가공하기 전에는 비식별정보라 할지라도 다양한 데이터의 조합으로 얼마든지 식별이 가능한 정보로 전환될 수 있다.

또 다른 상황은 사물인터넷(IoT)의 등장이다. 사물인터넷은 외면적으로는 비식별정보의 교환처럼 보이지만 내면에는 무수한 식별가능한 개인정보의 교환이 이루어지게 된다. 따라서 빅데이터 산업에 관여하는 자나 사물인터넷에 관여하는 자, 혹은 기술의 발달로 인하여 비식별정보의 식별정보로의 전환이 가능한 정보처리자에게 개인정보의 취급에 있어서 주의를 환기시키며 전문가 책임에서와 같은 보다 고도의 주의의무를 부과할 필요성이 있다.

---

79) 증가하는 데이터를 분류해 보면 정형 데이터가 15%, 비정형 데이터 85%로 비정형데이터가 훨씬 많다.

80) 데이터베이스 시스템에서 데이터베이스라는 이름을 통하여 DBMS에 의하여 관리되고 있는 대량의 자료들을 표현하기 위하여 사용되는 방법을 말한다. Schema는 데이터베이스에 존재하는 자료의 구조 및 내용 그리고 이러한 자료들에 대한 논리적, 물리적 특성에 대한 정보들을 표현하는 데이터베이스의 논리적 구조를 지칭한다. 일반적으로 데이터베이스에서는 자료의 독립성을 위하여 여러 계층의 스키마를 사용하여 데이터베이스를 표현하고 있다(NEW 경제용어사전).

개인정보 개념의 범위와 관련된 개인정보보호법 제2조 제1호의 해석은, 특정될 필요까지는 없을 것, 다른 정보와 쉽게 결합할 수 있을 것, 특정개인과 연결지어 알아볼 수 있을 것을 기본요소로 하여 그 개념범위를 유연하게 설정할 필요가 있으며, 개인정보법의 기본취지가 개인정보주체의 보호에 있는 점을 감안하면 여러 정보의 결합으로 식별가능성이 있는 정보가 된다면 개인정보로 취급하는 것이 타당하다.[81] 다만 지나치게 개인정보의 개념 범위를 확대함으로 말미암아 빅데이터산업의 위축을 가져오지 않도록 조화를 꾀할 필요는 있다.

(1) 개인정보의 개념표지

개인정보보호법에서의 개인정보의 개념을 기초로 하여 개인정보의 개념표지를 살펴보면 다음과 같다.[82]

가. 생존하는 개인에 관한 정보

개인정보는 자연인으로서 현재 생존하고 있는 개인에 관한 정보만을 말한다. 따라서 이미 사망하였거나 사망으로 추정되는 자 또는 법인 기타 단체에 관한 정보는 개인정보의 보호대상에서 제외된다고 보아야 한다. 법인의 정보에 대해서 인적 관련이 인식되어질 수 있으면 개인정보에 포함되어 개인정보보호법의 대상이 된다고 하는 긍정설[83]도 있으나 우리 법에서는 명백히 개인인 자연인으로 한정하고 있으므로 법인의 정보가 개인정보보호의 대상이 될 수 없다고 하여야 한다. 다만, 사망자의 정보 중 사망자와 유족간의 관계를 나타내는 정보는 사망자의 정보인 동시에 관계되는 유족의 정보이기도 하므로 유족이 생존하고 있는 경우에는 개인에 관한 정보가 된다.

나. 개인 식별이 가능한 정보

개인정보보호법에 의하면 당해 개인을 '알아볼 수 있는' 또는 당해 정보만으로는 특정 개인을 알아볼 수 없는 경우에는 다른 정보와 용이하게 결합하여 '알아볼 수 있는 것'으로 표현하고 있다. 여기에서 개인을 알아볼 수 있는' 정

---

81) 오대한, 앞의 박사학위논문, 30면.

82) 이에 대한 상세는, 오대한, 앞의 논문, 19-30면 참조.

83) Tinnefeld/Ehmann, Einführung in das Eatenschutzrecht, 3. Aufl., 1998, S. 183.; 길준규, 개인정보의 보호에 관한 연구, 한양대학교 박사학위논문, 2004, 13면.

보라는 것은, 사전에 친분관계 등이 있는 사람이 특정 개인을 알아보는 것뿐만 아니라, 그 특정 개인을 전혀 모르던 사람이더라도 객관적으로 그 특정 개인을 다른 사람과 구분·구별할 수 있다면 모두 개인정보에 포함될 수 있다는 의미이다.[84)]

또한 다른 정보와의 용이한 결합을 통한 식별가능성을 인정하고 있는데, 다른 정보와의 결합으로 용이하게 식별할 수 있는지의 여부는 주관적·상대적 개념일 뿐만 아니라 기술적 수준에 따라 달라질 수 있으나, 보통 데이터처리를 통한 집적 등을 통해 새롭게 만들어지는 과정 자체가 IT 기술의 연산작용에 의해 산출되는 만큼 개인정보 생성과정보다는 기 생성된 결과를 기준으로 하여 고려한 것으로 보인다. 구체적인 예로서 지문이나 주민등록번호 등은 전자의 대표적인 것이고, 주소와 본적만을 가지고는 당해 개인을 알아볼 수 없으나, 성명 및 주민등록번호 등과 조합할 경우 특정인을 알아볼 수 있기 때문에 주소와 본적 등도 개인정보에 해당한다고 보아야 한다.

실제 식별가능성의 판단에서 개인식별정보인지 아닌지의 여부에 대한 판단에서 이를 명확하게 구별하는 것은 용이하지 않다. 양자의 차이는 취득주체, 취득정보, 해당 정보 단독의 개인식별성, 다른 정보와의 관련성 및 조합의 정도 등 다양한 요인에 의해 종합적으로 고려되기 때문이다. 다만 개인을 식별할 수 있는 정보는 당해 정보에 의하여 개인을 식별할 가능성만 있으면 되는 것이고, 정보를 취득한 자가 당해 개인이 누구인지 구체적으로 특정할 것을 요하지 않는다.[85)]

생체정보인 '지문'이나 성문(聲紋)의 경우와 같이 개인의 동일성(identity)이나 고유성을 나타내는 경우에는 식별가능성을 인정할 수 있으며,[86)] 또한 전화를 통한 대화, 일기, 편지 등과 같이 개인이 의도적으로 정보를 만들어 낸 경우, 개인이 영속적이거나 오래 지속되는 생물학적 또는 사회적 상황을 나타내거나,[87)] 개인의 일시적 행동[88)]들을 기록하는 등 개인을 묘사한 경우, 네트워크나

84) 행정안전부, 개인정보보호법령 및 지침·고시 해설, 2011.12., 13-14면.

85) 서울고등법원2008.11.25. 선고 2008나25888판결에서 성명·주민등록뿐만 아니라 화상의 경우에도 '개인을 식별할 수 있는 정보'는 당해 정보에 의하여 개인을 식별할 가능성만 있으면 되는 것이고 정보를 취득한 자가 당해 개인이 누구인지 구체적으로 특정할 것은 요하지 않으며, 이 점은 성명이나 주민등록번호의 경우도 마찬가지라 할 것이다고 한다.

86) 헌법재판소 2005.5.26., 선고 헌마99513, 2004헌마190 결정.

현급지급기의 비밀번호 등과 같이 제도적 신원확인, 재화와 서비스의 공급 등을 위해 정보가 수단으로서 개인과 연결되는 경우 등에 식별가능성을 인정할 수 있다고 한다.[89] 그리고 본래 특정한 개인을 식별할 수 있는 정보를 취득할 수 있는 경우가 아니지만, Web상 입력된 정보로부터 직·간접적으로 특정한 개인을 식별가능한 정보가 취득되는 경우라면 비개인식별정보라도 개인정보에 해당할 수 있다.[90]

개인정보의 개념의 범위에 대한 문제로서 개인정보보호법 제2조 제1호에 있는 괄호의 '해당정보만으로는 특정개인을 알아볼 수 없더라도 다른 정보와 쉽게 결합하여 알아볼 수 있는 것'의 해석과 관련하여 기술의 발전에 따라 식별성이 없는 이질적인 정보를 종합하여 특정된 개인의 컴퓨터 또는 기기를 식별하는 것이 가능해진 점을 고려하여 개인에 대한 식별가능성은 없지만 개인이 이용하는 특정한 컴퓨터 및 기타 정보통신기기와 연계될 수 있는 정보 역시 개인정보의 개념에 포함하자고 하여 개인정보개념을 확대하자는 견해,[91] 축소하자는 견해,[92] 유지하자는 견해[93]로 나누어지고 있다.

---

87) 이에는 성별, 키, 몸무게, 혈액형, 지문, 망막패턴(홍채), DNA와 같은 유전자정보, 콜레스트롤이나 혈압 수치, 치아상태 등 건강상태와 같은 생물측정학적 상태를 나타낼 수 있고, 출생일, 결혼 지위, 성적 지향성, 이민 지위, 범죄기록, 교육정도와 같은 전기적 사실에 관계될 수 있도 있으며, 종교단체나 정치단체의 회원과 같은 사회적 관계를 나타낼 수도 있다.

88) 예컨대 특정인이 특정가게를 특정한 시간에 방문하여 특정한 상품을 구입하였다는 사실이나 온라인상 사이트의 접속기록정보 등.

89) 권태상, 개인정보보호와 인격권-사법측면에서의 검토-, 법학논집 제17권 제4호, 이화여자대학교법학연구소, 2013, 73-74면.

90) AOL LLC에 의한 검색쿼어리 누설사건이 대표적인 예인데, 2006년 3월부터 5월까지 3개월간 약 65만여명의 회원이 행한 약 2,000만건의 검색 쿼어리 데이터가 실수로 Web 상에 업로드 된 사건으로, 이용자는 단순히 키워드를 입력하였으나, 이 키워드가 특정 개인을 식별할 수 있는 개인정보로 될 수 있다고 밝혀진 경우이다. Doe 1 v. AOL LLC, 552 F.3D 1077 (9th Cir Cal, 2009).

91) 장주봉, 개인정보의 의미와 보호범위, 법학평론 제3권, 서울대학교 법학평론 편집위원회, 2012, 54-56면; 빅데이터 환경에 맞게 개인정보의 개념범위를 확대하자는 견해로는 성준호, 빅데이터 환경에서 개인정보보호에 관한 법적 검토, 법학연구 제21권 제2호, 경상대학교 법학연구소, 2013, 326면.

92) 최경진, 빅데이터와 개인정보, 성균관법학 제25권 제25호, 성균관법학연구소, 2013, 212-213면; 이정수, 빅데이터 시대 도래에 따른 개인정보보호법의 문제점 및 개선방안, 서강로리뷰 제5호, 서강대학교법학연구소, 2013, 219면.

93) 오길영, 빅데이터환경과 개인정보의 보호방안-정보주체의 관점에서 바라본 비판적 검토를 중심으로-일감법학 제27권, 건국대학교 법학연구소, 2014, 170-174면.

판례는 동법 제2조 제1호 중 괄호에 해당하는 부분을 넓게 해석하여 개인정보보호의 범위를 넓게 인정하고 있다. 여기서 '쉽게 결합하여 알아볼 수 있다'는 것은 쉽게 다른 정보와 결합하여 특정 개인을 알아볼 수 있게 되는 것을 말한다. 예컨대 이메일 주소는 당해 정보만으로는 특정 개인을 알아볼 수 없을지라도 다른 정보와 용이하게 결합할 경우 당해 개인을 알아볼 수 있는 정보라 할 것이므로 위 규정상의 '개인정보'에 해당한다고 하였고,[94] 게임사이트의 아이디와 비밀번호 역시 가상공간에서 그 행위자의 인격을 표상한다고 할 것이므로 개인에 관한 정보에 해당한다고 판단하였다.[95] 또한 imei나 usim 일련번호는 모두 특정 개인의 소유로 귀속되기 전까지는 기기나 특정카드에 부여된 고유번호로서 그 자체로는 당해 개인을 알아볼 수 있는 정보라고 보기 어렵지만, 위 각 번호정보를 가지는 휴대폰이 어느 개인의 소유로 귀속되는 순간부터 위 일련번호는 휴대폰 가입신청서 등 가입자정보에 나타난 다른 정보와 어려움 없이 쉽게 결합됨으로써 개인을 특정할 수 있게 되는 이상 이들을 개인정보라고 보았고,[96] 휴대전화 사용이 보편화되면서 휴대전화번호 뒷자리 4자리 번호에 전화번호 사용자의 정체성이 담기는 현상이 심화되고 있어 휴대전화번호 뒷자리 4자리만으로 전화번호 사용자가 누구인지 식별할 수 있는 점 등을 종합할 때, 휴대전화번호 뒷자리 4자는 살아있는 개인에 관한 정보로서 식별정보이거나, 적어도 다른 정보와 쉽게 결합하여 식별할 수 있는 정보여서 개인정보보호법 제2조 제1호에 규정된 '개인정보'에 해당한다고 판단하였다.[97]

다. 특정개인과의 관련성

개인정보는 살아 있는 개인에 '관한' 정보이어야 한다. 즉 특정한 개인에 대한 사실, 판단, 평가 등 그 개인과의 관련성을 지닌 정보이어야 한다. 특정 개인과 '관련성'을 지니는 정보란, 일반적으로 성명, 주민등록번호, 생일, 주소, 생체정보 등 특정 개인의 정체성을 구별하거나 밝혀낼 수 있는 정보 및 교육상황, 신용상태, 재정상황, 진료 및 건강 상태 등 특정 개인의 과거 및 현재의 상

94) 서울중앙지방법원 2007.2.8. 선고 2006가합33062, 53332 판결.
95) 서울중앙지방법원 2006.4.28. 선고 2005가단240057 판결.
96) 서울중앙지방법원 2011.2.23. 선고 2010고단5343 판결.
97) 대정지방법원 논산지원 2013.8.9. 선고 2013고단17판결.

황이나 상태를 나타낼 수 있는 정보가 이에 해당할 수 있다. 그러나 빅데이터처럼 특정 개인을 알아볼 수 없도록 가공되었거나 통계적으로 변환된 경우에는 특정 개인과의 관련성이 없고 식별이 어려우므로 개인정보에 해당하지 않는다.[98]

개인에 관한 정보이면 되므로 정보 주체 본인이 직접 게시한 개인정보는 물론, 제3자가 게시한 정보일지라도 개인과 관련된 정보는 개인정보로 볼 수 있다.

개인정보의 유형

구 분	예 시
신 분 관 계	성명, 주민등록번호, 주소, 본적, 가족관계, 본관 등
내면의 비밀	사상, 신조, 종교, 가치관, 정치적 성향 등
심신의 상태	건강상태, 신장, 체중, 신체적 특징, 병력, 장애정도 등
사 회 경 력	학력, 직업, 자격, 전과 여부 등
경 제 관 계	소득규모, 재산보유상황, 거래내역, 신용정보, 채권·채무관계 등
신 체 정 보	얼굴, 생체인식정보(지문, 홍채, 음성, DNA 등)
기 타	위치정보

한국인터넷진흥원 2011년 분류방식 토대

라. 개인정부의 임의성

개인정보보호법은 개인정보를 '성명·주민등록번호 및 영상 등을 통하여 개인을 알아볼 수 있는 정보'라고만 규정하고 있을 뿐 정보의 종류, 형태, 성격, 형식 등에 대해서는 특별한 제한을 두고 있지 않기 때문에 개인을 알아볼 수 있는 정보에 해당하는 한, 종류나 형태에 구애받지 않고 모두 개인정보가 될 수 있다.[99] 또한 개인정보가 되기 위해서는 그 정보가 반드시 사실이거나 증명

98) 행정안전부, 앞의 책, 12면. 특정 임원들의 평균연령, 특정 대학의 해당연도 졸업생의 취업률 등의 정보는 단지 전체적인 통계적 정보만을 보여줄 뿐 특정 개인과의 관련성이 없는 정보이므로 개인정보에 해당하지 않는다.

99) 특정 개인의 신장, 체중 나이, 병력, 종교와 같은 객관적 사실에 관한 정보에서부터, 직장에서 직원에 대한 근무평가나 금융기관에서의 개인의 신용도평가 등 그 사람에 대한 제3자의 의견·평가와 같은 주관적 정보도 개인정보에 해당한다.

될 필요는 없으며, 심지어 부정확한 정보 또는 허위의 정보라도 특정한 개인과 관련성을 지닌다면 개인정보가 될 수 있다. 개인정보 관련성만 지닌다면 처리형식이나 처리 매체에도 제한이 없다. 따라서 컴퓨터 등에 저장된 문서·파일 등 전자적 형태의 정보뿐만 아니라 종이문서에 기록된 수기(手記)형태의 정보, 녹음정보, CCTV 영상정보, 기타 문자·부호·그림·숫자·사진·그래픽·이미지·음성·음향·영상·화상[100] 등의 형태로 처리된 정보도 모두 개인정보관련성을 가질 수 있다. 이러한 입법형식은 향후 정보통신 환경이 지속적으로 변화하는 속성이 있고, 관련 산업이 끊임없이 확대·발달되는 측면이 있으므로 이러한 개인정보의 확장가능성을 열어놓고자 한 의도로 볼 수 있다.

(2) 개인정보 정의의 탄력성

이미 앞에서 개인정보의 개념지표로서 살아있는 자연인으로서 개인, 식별가능성, 특정개인과의 관련성 등은 살펴보았다. 현재 개인정보법의 개인정보 개념의 변화가능성은 존재하는 것일까. 학자에 따라서는 자연인으로서 개인뿐만 아니라 사자, 단체에 대하여도 적용을 주장하기도 한다. 이 중에서 특히 논란이 되는 것이 '식별가능성'이다. 식별가능성에 대해서는 그 판단주체가 정보주체인지 아니면 일반인지의 여부에 따라 달라진다. 또한 어느 단계까지 식별가능성을 요구하는지, 식별가능성의 판단기준은 어떻게 되는지가 문제된다. 개인정보보호법 제2조 제1호 괄호 부분의 '해당정보만으로는 특정 개인을 알아볼 수 없더라도 다른 정보와 쉽게 결합하여 알아볼 수 있는 것'을 어떻게 볼 것인지 등 그 해석에 따라 개인정보의 범위가 달라지게 된다. 개인정보의 특성상 정보화의 진전과 기술의 발달에 따라서 비식별정보가 얼마든지 식별정보화가 가능해진다. 그렇다면 개인정보의 개념 정의는 열려있는 개념이라고 할 수 있고 이러한 점에서 개인정보는 정보주체와 관련된 모든 정보라고 정의하는 것도 일응 수긍할 수 있게 된다.

8. 개인정보의 분류

개인정보는 그 영역에 따라 공공부문의 개인정보와 민간부문의 개인정보로

---

100) '화상'은 가장 오래되고도 확실한 개인 식별수단으로서 성명 및 주민등록번호와 마찬가지로 당해 개인을 식별할 수 있는 정보라고 한다. 서울고등법원 2008.11.25. 선고 2008나25888판결.

나눌 수 있지만 다양한 분류방법이 있다.

(1) 식별가능성에 따른 분류

가. 단일 개인정보

단일 개인정보란 하나의 개인에 관한 정보 자체만으로 당해 개인을 식별할 수 있는 정보를 말한다. 예를 들면 주민등록번호, 신용카드번호, 유전자정보, 전자이메일 주소 등이 이에 해당한다.

나. 복합 개인정보

두 개 이상의 개인에 관한 정보가 결합됨으로써 개인을 알아볼 수 있게 되는 정보를 말한다. 정보보호법에서는 '다른 정보와 용이하게 결합하여 알아볼 수 있는 것'으로 표현되어 있다. 그러나 여기에서 '용이하게'의 의미가 부정확하다. 정보통신의 기술은 날로 발전해 가고 있어서 기술의 발달에 따라 '용이하게'의 의미가 달라질 수 있기 때문이다. EU 및 독일법에서는 이를 '특정한 또는 특정할 수 있는'으로 표현하고 있다. 여기에서의 용이하게는 '현재의 기술수준에서 다른 정보와 결합하여 개인을 특정할 수 있는'으로 해석해야 할 것이다.

복합개인정보는 주로 개인정보와 비개인정보가 결합하여 식별가능하게 되지만, 비개인정보와 비개인정보간의 결합으로 인하여 식별이 가능하게 되는 경우도 있다. 일반적으로 수집되는 개인정보는 복합개인정보로서 결합되는 정보의 수가 많을수록 정보의 가치가 증대된다.

(2) 개인정보의 성질에 따른 분류[101]

가. 민감한 정보

민감한 정보는 개인의 인격적 요소와 관련 정도가 높은 정보로서 사상, 종교, 인종, 정치적 신념 등에 관한 개인정보가 이에 해당한다. 독일 '연방개인정보보호법'에서는 인종, 윤리적 출처, 정치적 의견, 종교적·철학적 신념, 노동조합원 유무, 건강 또는 성생활에 대한 정보를 특별한 정보로 하여 달리 취급하고 있다.

---

101) 황인호, 공공기관 개인정보보호법의 개정방향과 고찰, 중앙법학 제5집 제3호, 2003, 74면 참조.

나. 민감한 정도가 낮은 정보

민감한 정도가 낮은 정보란 기본적인 개인정보로 일상생활에 있어서 일반인들에게 공개된 정보를 말한다. 이런 정보들은 대개 묵시적인 동의에 의해서 수집되는 경우가 많았다. 예를 들어 과거에 전화번호부에는 성명과 주소, 집전화번호가 동의 없이 등록되는 경우가 있었다. 그러나 현재는 이러한 기본적인 개인정보들도 보호의 필요성이 증대되고 있다. 뿐만 아니라 민감성이 낮은 정보들이 수 개 결합하여 민감한 정보가 되는 경우가 더욱 더 증가하고 있다. 따라서 민감성이 낮은 정보라도 정보주체의 통제 아래 있어야 할 것이다.

(3) 정보 처리형식과 내용에 따른 분류

정보처리형식에 따라 자동화된 정보(Data)와 수작업으로 된 정보(Document)로 분류할 수도 있다. 개인정보보호법에서는 양자를 구분하지 않고 동일하게 취급하고 있다. 다만 '개인정보파일'이라함은 특정개인의 신분을 식별할 수 있는 사항에 의하여 당해 개인정보를 검색할 수 있도록 체계적으로 구성된 개인정보의 집합물을 말한다(동법 제2조 4호)고 하여 자동화된 정보를 염두에 둔 규정을 두고 있다.

정보의 내용에 따라서는 일반정보, 가족정보, 교육정보, 병역정보, 소득정보, 신용정보, 의료정보 등으로 구분할 수 있다. 민간부문에서의 각종 정보들은 개별법에서 그 보호를 명시하고 있다. 특히 신용정보는 오늘날 개인의 경제생활에 지대한 영향을 미치므로 그 중요성이날로 증대되어 가고 있다. '신용정보의 이용 및 보호에 관한 법률'에서도 신용정보의 오·남용과 사생활 보호를 하고 있다. 교육정보는 교육행정시스템의 시행과 더불어 각종 문제가 계속 발생하고 있어서 더욱 주의가 요구되어지고 있다.

Weible의 개인정보 분류표[102)]

분 류	예 시
일반정보	성명, 주민등록번호, 운전면허번호, 주소, 전화번호, 생년월일, 출생지, 본적지, 성별, 국적 등
가족정보	부모의 성명 및 직업, 배우자의 성명 및 직업, 부양가족의 성명, 가족구성원의 출생지 및 생년월일, 가족구성원의 주민등록번호 등
교육 및 훈련정보	학생기록부, 학력, 학교성적, 기술자격증, 전문면허증, 서클활동, 상벌사항, 성격 및 행태보고 등
병역정보	군번, 계급, 제대 유형, 주특기, 근무부대 등
부동산정보	소유주택, 소유토지, 소유상점 및 건물 등
동산정보	자동차, 보유현금, 저축현황, 현금카드, 주식, 채권, 유가증권, 수집품, 고가의 예술품, 보석 등
소득정보	연봉, 이자소득, 임대소득, 기타 소득의 원천 등
기타 수익정보	보험가입현황, 보험 수익자, 회사의 판공비, 투자프로그램, 퇴직프로그램, 휴가, 병가 등
신용정보	대출상황, 저당권설정여부, 신용카드 연체 및 미납의 수담보설정 여부 등
고용정보	고용형태, 고용주, 회사주소, 상관의 성명, 직무수행 평가기록, 훈련기록, 상벌기록 등
법적정보	전과기록, 교통위반기록, 파산 및 담보기록, 구속기록, 이혼기록, 납세기록 등
의료정보	본인 및 가족병력, 과거의 의료기록, 정신질환기록, 신체장애, 혈액형 등
조직정보	노조가입, 종교단체 가입, 정당가입, 클럽회원 등
습관 및 취미정보	흡연량, 음주량, 취미의 종류, 여가활동, 도박성향, DVD 대여 기록

102) 권헌영, "정보사회에서의 개인정보보호: 개인정보권의 의의와 입법체계", 「연세법학연구」, 제12집 제1권, 2005. 8., 32쪽. 이 논문에서 저자는 Weible의 다음과 같은 저술 내용을 표로 재정리하였다.(Weible, R.J., Privacy and Data(doctoral dissertation), Mississipi State Univ(1993), pp. 166~168.)

제2절 개인정보보호에 관한 국제기구 및 외국 입법례[103)]

개인정보보호문제는 정보화의 진전과 함께 각국이 관심을 갖는 분야이다. 특히 이 문제는 1970년대 말부터 유럽과 미국을 중심으로 논의가 이루어졌다. 1973년 스웨덴의 데이터법의 제정을 시작으로 외국에서는 개인정보보호를 목적으로 하는 입법을 계속해 왔다. 그 입법방향은 하나의 법률에 의하여 국가, 지방자치단체와 같은 공적부문과 민간기업 등의 민간부문 양 부문을 포함하는 방식(옴니버스방식)과 공적 부문과 민간부문을 분리하여 개별적인 법률로 규율하는 방식(분리방식)으로 나뉘어져 있다. 전자의 방식은 유럽의 여러 나라가 채택하고 있는 방식이며, 후자는 미국에서 채택되고 있는 방식이다.

Ⅰ. OECD

1980년 9월 OECD에서 「프라이버시보호와 개인정보의 국제유통에 대한 가이드라인에 관한 이사회권고」가 작성되었다. OECD 이사회가 1980년 채택한 프라이버시보호와 개인정보의 국제유통에 대한 지침[104)]은 개인정보의 수집 및 관리에 관한 국제사회의 일치된 의견을 반영한 것으로써, 회원국이 준수해야 할 일반적인 가이드라인을 규정한 것이다.[105)] 이 가이드라인은 장래의 기술발전을 충분히 수용할 수 있는 기술 중립적인 가이드라인 원칙을 반영했고, 현재 동 가이드라인에서 규정된 원칙들이 각 회원국에서 제대로 시행되기 위한 조치를 강구하는데 중요한 지침이 되고 있으며, 인터넷상에서 동 원칙이 원활하게 시행되도록 하기 위한 기술과 방법의 개발에 논의가 집중되고 있다. 그리고 OECD 정보·컴퓨터·통신정책위원회(ICCP)는 1999년에 「범세계적 네트워크

---

103) 이에 대해서는 김진아, 전게논문, 61면; 김일환, 개인정보보호법제의 정비방안에 관한 연구, 한국법제원 연구보고 97-5(1997.12); 정찬모, 개인정보보호에 관한 국제적 입법동향 및 우리의 대응, 정보사회연구-19(97.12.31) 등 참조.

104) Guidelines Governing the Protection of Privacy and transborder Flows of Personal Data.

105) 이 가이드라인에서 권고한 개인정보보호의 원칙은 ① 수집제한의 원칙, ② 정보내용 정확성의 원칙, ③ 목적명확화의 원칙, ④ 이용제한의 원칙, ⑤ 안전보호의 원칙, ⑥ 공개의 원칙, ⑦ 개인참가의 원칙. ⑧ 책임의 원칙 등이다.

상의 프라이버시보호에 관한 각료선언」에서 촉구한 일련의 조치들을 구체화하기 위한 활동을 해오고 있다. 그 중 「온라인을 통한 국제적 정보이전에 관하여 계약적 해결책의 이용과 계약적 해결모델을 개발하도록 권장하는 조치」와 관련하여 1999년 3월 및 12월 ICCP WISP 검토보고서에서는 전자거래의 활성화에 따라 개인정보의 국경간 이동이 빈번해지고 있는데 반하여, 개인정보보호관련 법·제도는 국가별로 상이하여 분쟁발생 및 개인정보 침해의 우려가 있다는 것을 지적하고, 보완방법으로서 당사자간 계약에 의한 개인정보 유통방안과 정보주체인 당사자가 외국의 정보수입업체가 저지른 잘못에 대하여 국내정보수출업자를 제소할 수 있는 당사자자격 부여 방안(DRAFT)을 제안하고 있다.

Ⅱ. 유럽연합(EU)

유럽연합은 개인정보보호에 관하여 강력한 정책을 추진하고 있다. 유럽연합의 유럽의회와 유럽이사회는 일반적인 개인 정보 취급에 대한 규정으로 회원국 국민의 기본권과 자유를 보장하고 개인정보 처리와 관련한 프라이버시권을 보호하며 유럽연합 국가간의 개인정보의 자유로운 유통을 촉진하기 위하여, 1995년 10월 「개인데이터의 처리와 개인데이터의 자유로운 유통에 관련된 개인정보 지침」[106]을 채택하였다. 동 지침은 특별히 전자거래나 인터넷만을 위해 제정된 것은 아니지만, 경제활동이나 행정목적, 기타 모든 영역에 있어서 개인정보를 수집하고 축적·이전하는 활동에 적용된다. 1997년 12월에는 동 지침을 보완하기 위하여 「정보통신부무에서의 개인정보 처리 및 프라이버시보호에 관한 지침」[107]을 채택하였는데, 주로 ISDN이나 디지털 이동 네트워크(public digital mobile network)를 통한 정보통신 서비스에 적용되었다. 이 지침은 개인데이터의 처리와 관련한 기본적 인권과 자유, 특히 프라이버시권의 균등한 보호수준을 보장하고 있다. 또한 1999년 2월에는 인터넷에서의 프라이버시 보호를 위한 각료위원회 권고인 「정보고속도로에서의 신상정보의 수집처리와 관련한 개인

---

106) Direcitve 95/46/EC of the European Parliament and Council of 24 October 1995 on the protection of individuals with regard to the processing of personal data and on the free movement of such data.

107) Directive of the European Parliament and the Council Concerning the Processing of Personal Data and the Protection of Privacy in the Telecommunications Sector.

의 보호를 위한 지침」을 채택하고 있다. 동 지침은 인터넷 이용자와 서비스 제공자(ISP)의 권리와 의무를 담고 있다. 서비스이용자의 권리로 자신들에 관한 어떠한 개인 정보가 수집·처리·저장되는지를 알아볼 수 있으며 특정한 목적을 위하여 필요에 따라 이러한 정보를 변경하거나 삭제하도록 요구할 수 있음을 규정하고 있다. 서비스 제공자(네트워크 운용자, 네비게이션 소프트웨어 설계자 및 게시판 이용자 포함)의 의무로는 개인정보를 합법적으로 공정하게 이용하고, 데이터 통합성·기밀성·네트워크 보안을 보장하며 개인정보의 은밀한 수집, 기록 또는 월경 전송을 금지하는 것에 대한 책임을 인식하도록 권고하고 있다.

그러나 1995년의 EU의 정보보호지침은 소셜 네트워크와 클라우드 컴퓨팅과 같은 세계화와 기술적 발전과 같은 중요한 양상을 충분히 고려하지 않았기 때문에 유럽위원회는 개인정보보호를 위한 새로운 가이드라인이 필요하다는 인식에 도달하였다. 이에 2012년 1월, EU는 회원국 국민들의 온라인 프라이버시권을 강화하고 유럽의 디지털 경제를 활성화하기 위하여 1995년 개인정보지침에 대한 전면개정안을 제안하였다. 이는 27개국 회원국(2013.7.1. 크로아티아가 28번째 회원국이 됨)이 1995년 개인정보보호지침을 국내 입법화하면서 서로 다르게 규정한 것에 대한 반성으로 역내 개인정보보호를 일원화하려는 시도였다. 이를 위하여 회원국에 구속력이 있는 규칙(Regulation)제정안도 지침안과 함께 제안되었다.[108)]

2012년 규칙안은 1995년 개인정보지침과 2002년 채택된 '전자통신영역에서 개인정보처리 및 프라이버시보호에 관한 지침(Directive 2002/58/EC)에 근거하여 마련되었다. 2012년 규칙안의 특징은 ① 법형식에서 '지침'(Directive)이 아니라 '규칙'(Regulation)의 형식을 취하고 있는 점, ② 새로운 정보기본권으로서 '잊혀질 권리'(Right to be forgotten)를 명시적으로 도입하고 있는 점, ③ 개인정보 감독기관의 강화, 특히 단일의 '유럽정보보호위원회(European Data Protection Board)를 설치하고 있는 점, ④ 위반시에 강력한 제재규정(최고 1백만 유로 또는 회사의 연간 전세계 매출액의 2%)를 두고 있는 점, ⑤ 규정이 11장 91조의 상당히 방대한 체계를 띠고 있는 점 등을 들 수 있다. 이러한 점에서 2012년 규칙안은 1995

108) http://ec.europa.eu/justice/data-protection/document/review2012/com_2012_11_en.pdf; 국내 소개문헌으로는 함인선, EU 개인정보보호법제에 관한 연구-2012년 개인정보보호규칙안을 중심으로 하여-, 저스티스 통권 133호, 한국법학원, 2012, 5면 이하 참조.

년 지침에 비하여 그 내용과 효력이 더욱 강화된 것이라고 할 수 있다.

Ⅲ. 미국

미국의 개인정보보호정책은 시장의 자율규제에 입각하여 소비자의 권리 보호측면에서 접근하고 있다.[109)] 개인정보와 관련하여 미국은 연방정부기관이 보유하고 있는 개인정보에 관한 보호법규인 프라이버시법(Federal Privacy Act 1974)을 1974년에 제정한 이래, 1978년 금융프라이버시권리법, 1986년 전기통신보호법, 1988년 컴퓨터자료의 상호비교 및 프라이버시보호법, 1994년 전기통신프라이버시법, 1996년 통신법 및 의료기록비밀보호법을 각각 제정하였다. 미국은 국가정보통신기반정책을 추진하고 있으며 정보통신기반 전담팀의 정보정책위원회를 구성하여 3개의 작업반 가운데 하나인 프라이버시 작업반이 1995년 6월에 '프라이버시와 개인정보제공 및 이용의 원칙'을 작성하였다. 이 원칙은 계약법 접근 방법에 의하여 제공자의 통지와 소비자의 동의라는 두 개의 필수요건의 성립에 기반을 두고 업계의 자율적인 규제가 우선함을 강조한 점이 특색이다.

1998년 11월 미국 상무부는 개인정보보호를 위한 세이프하버 원칙(Safe Harbor Principles)을 제시하였다. 이 원칙은 7가지 항목[110)]으로 구성되어 있는데, 이 원칙을 충족하는 미국기업은 EU 기준에 적합한 개인정보보호에 충실한 기업으로 추정되어 향후 아무런 제재없이 EU와의 개인 데이터를 이전할 수 있도록 하기 위하여, 미국 산업계에 이행을 권고하고 한편으로는 EU와 협상하기 위하여 만들어진 것이다. 이 원칙은 1998년 처음 발표된 이래 1999년 11월 15일 'International Safe Harbor Privacy Principles(Draft)'로 수정 제안되고 있다. 또한 미국에서는 표준 프라이버시 준수 운영방안을 제시하고 일정조건을 충족하는 업체에 'TRUSTe'나 'BBB 온라인 마크'와 같은 인증마크를 부여하는 제도를 시행해 오고 있으며, 정부 및 비영리단체는 'Privacy Policy'를 작성하여 홈페이지에 게시함으로써 그들 기관의 개인정보취급방침 등에 관하여 자세히 설명하

109) 미국 개인정보보호 소개 문헌으로는, 전은정·김학범·염흥열, 미국의 개인정보보호 법·제도 동향, 정보보호학회지 제22권 제1호, 2012.2., 47면 이하.

110) 고지(notice), 선택권(choice), 제3자에의 정보 이전(onward transfer) 안전성(security), 무결성(data integrity), 접근(access), 실효성 담보(enforcement) 7가지 항목이다.

고 있다.

최근 미국 연방통신위원회(FTC)는 2011년 11월 30일에 페이스북과 개인정보보호를 실행하는데 합의했다. 페이스북은 향후 20년간 보다 엄격한 조건으로 개인정보보호를 실행하기로 하였고, 매년 독립적으로 개인정보보호를 위한 실행평가를 받기로 하였다. FTC는 구글, 트위터로 인한 사생활 침해 문제 제기 등으로 인터넷업체들과 개인정보보호법을 강화해 오고 있다.

미국의 경우에는 공공과 개인을 아울러 총괄하는 법은 존재하지 않지만 다양한 영역별로 접근방식을 택하여 세부적으로 공공, 금융, 통신, 교육, 의료, 비디오감시, 근로자 정보 등 각 영역별로 제정하여 시행하고 있는 점이 특색이다.

Ⅳ. 일본

일본에서는 공공부문의 개인정보보호를 위하여 1988년 12월에 「행정기관이 보유하는 전자계산기 처리에 따른 개인정보의 보호에 관한 법률」을 제정하였으며, 민간부문에서의 개인정보 처리시 개인정보보호는 1997년 3월에 개정된 「민간부분에서의 전자계산기 처리에 관련된 개인 정보 보호에 관한 가이드라인」에 기초하고 있다. 일본의 각 사업자단체는 통산성의 가이드라인을 참고하여 자체적인 가이드라인을 제정 운영하고 있다. 1997년 사이버산업연합회의 「사이버산업에서의 개인정보보호를 위한 가이드라인」, 1998년 3월 전자상거래실증추진협의회의 「전자거래에 있어서의 개인정보보호 가이드라인」 등이 그것이다. 한편, 일본은 EU 지침에서 규정한 '적절한 개인정보보호 수준 확보'의 한 방안으로서 일본 산업규격인 개인정보보호규격(JIS Q 15001)을 1999년 3월 제정하여 개인정보보호에 관한 인식을 제고하였다. 또한 EU 등 국제간 거래환경 조성을 위해 개인정보보호의 중요성을 부각시키기 위한 다각적인 노력을 하고 있으며 이와 아울러 통산성 산하 재단법인 일본정보처리개발협회에서는 1998년 4월 1일부터 '개인정보보호지침'을 근거로 하여 개인정보 취급 관련 전 사업자를 대상으로 민간부문에서 자율적으로 개인정보보호를 위해 프라이버시마크 제도를 시행하고 있다.

한편 일본은 공공부문과 민간부문에 포괄적으로 적용되는 개인정보보호에 관한 기본법을 제정하기 위하여 1997년 7월 고도정보통신사회추진본부산하에

'개인정보보호검토부회'가 설치되었는데, '개인정보보호검토부회'가 1999년 11월에 발표한 중간보고서에서는 개인정보보호에 관한 기본법을 제정하기 위한 방침으로서 (1) 전분야를 포괄하는 기본법을 제정, 관민 모두에게 적용할 수 있는 원칙의 확립, (2) 신용정보, 의료정보, 전기통신의 3개 분야는 개별법을 제정하여 대응, (3) 보도·출판, 학술·연구 분야에 대해서는 원칙의 적용을 제외하는 것을 검토하는 것 등을 그 내용으로 하고 있다.

일본정부는 2001년 3월에 '개인정보보호기본법안'을 중의원에 제출하였으나 표현의 자유를 침해할 소지가 있다는 지적이 있어 2002.12. 폐안되었다. 이에 일본 정부는 2003.3. 폐안된 법률을 기본으로 하여 수정한 개인정보보호법안 등 개인정보보호 관련 5건의 법안을 제출하였다. 동년 5월 23일 개인정보보호에 관한 법률 등 5개 법안이 중의원 본회의를 통과하여 같은 달 30일 공포되었다.

Ⅴ. 독일

독일의 경우 1970년 헤센주가 세계최초로 개인정보보호법을 입법하였고, 이후 1977년 연방개인정보보호법(Bundesdatenschutzgesetz, BDSG)이 제정되었다. 이 연방개인정보보호법을 기초로 하여 각 주에 개인정보보호법이 제정되었고, 연방과 주에 정보보호관이 임명되고 해당감독관청이 설립되었다. 이 법은 연방헌법재판소의 인구조사판결[111], 정보·통신기술의 발달로 인한 문제점 등으로 인하여 1991년에 개정되었다. 그 후 1995년 제정된 EU의 개인정보보호준칙을 반영하기 위하여 2001년에 개정하였다. 독일의 연방개인정보보호법의 개정은 크게 2단계의 목표를 가지고 있는데, 제1단계는 EU의 개인정보보호준칙의 반영이고, 제2단계는 개인정보보호법의 현대화, 즉 법의 간이화를 통하여 국민들이 자신의 권리를 알고 이해하며 실제로 행사할 수 있도록 해야 한다는 목적을 가지고 있다. 2단계 목표는 현재 진행 중이며, 개별영역에서 100개가 넘는 개인정보보호법률들을 통합하려고 하고 있다.[112]

---

111) 1983년 인구조사법상의 규정이 일반적 인격권을 침해한다고 연방헌법재판소가 판결하였다(BVerfGE 65, 1, 1983.12.5.).

112) 박병섭, 독일정보보호제도에 관한 연구, 민주법학, 제25호, 2004, 414면 참조.

제3절 우리나라의 개인정보보호법제

우리나라에서 지금까지 개인정보관련 법률체계는 금융, 정보통신, 공공, 교육, 의료 등 주요 분야별로 소관 법령이 나누어져 있었다. 또한 공공부문과 민간부분 양자를 분리하여 규율하였으나, 앞에서 이미 언급한 것처럼 양자를 아우르는 개인정보보호 일반법으로서 「개인정보보호법」이 있으며, 기타 특별법으로서 「정보통신망 이용촉진 및 정보보호 등에 관한 법률(이하 '정보통신망법'이라 한다)」, 「신용정보의 이용 및 보호에 관한 법률」, 「위치정보의 보호 및 이용 등에 관한 법률」 등이 있다.

정보통신망법은 OECD의 개인정보보호원칙에 맞춰 인터넷 등 가상공간에서의 개인정보를 보호하기 위하여 이용자의 동의에 기초한 적절한 개인정보 수집·이용·처리·제공 및 이용자의 권리보장을 규정하고 있다. 정보통신망법에서 개인정보의 보호에 관해 구체적으로 규정하기 전에는 개인신용정보의 누출에 대해서조차도 신용정보의 이용 및 보호에 관한 법률(1995.1.5. 법률 제4866호)의 일부조항과 「부정경쟁방지 및 영업비밀보호에 관한 법률」(1986.12.31. 전개법률 제3879호)의 영업비밀침해에 해당하는 경우를 제외하고는 벌칙규정은 없었고, 겨우 민법에 의한 불법행위책임의 문제로서 프라이버시 침해자에게 손해배상을 청구하는 방법 정도가 남아 있었다.

그러나 현재 정보통신망법(동법 제32조), 신용정보법(동법 제43조), 위치정보법(제27조) 뿐만 아니라 개인정보보호 일반법인 개인정보보호법(동법 제39조)에서도 손해배상책임규정을 두고 있어서 입법적으로 해결하였다.

Ⅰ. 개인정보보호법

1. 개인정보보호법 제정 배경

정보통신망을 통한 거래나 사회활동이 점차 대중화 보편화되면서 개인정보의 경제적 가치도 점차 증대되는 추세다. 이제는 공공기관이나 기업뿐만 아니라 사회의 모든 영역에 걸쳐 개인정보의 수집과 이용이 보편화되고 있다. 그동안 개인정보와 관련하여 국가사회 전반을 규율하는 법률이 없다보니, 개인정보 취급 원칙과 처리 기준이 분명하지 않아서 개인정보보호의 사각지대가 생기고,

개인 정보의 유출·오용·남용 등 침해 사례가 빈번하게 발생하고 있다는 지적이 많았다. 개인정보보호법은 이러한 문제를 해소하기 위하여 약 350만개 모든 공공기관과 민간 사업자를 망라하여 규율대상을 확대하고, 국제기준에 부합하는 개인정보 처리원칙 등을 규정하며, 개인정보 침해로 인한 국민의 피해 구제를 강화할 목적으로 제정되었다. 개인정보 보호법 제3조에 나타난 개인정보 보호 원칙의 내용을 살펴보면 경제협력개발기구(OECD) 가이드라인에 맞춰서 제정되었음을 알 수 있다.

표 6-1. 개인정보 보호법 기본원칙

OECD 가이드라인	개인정보보호법(제3조)
1. 수집제한의 원칙	목적에 필요한 최소한 범위 안에서 적법하고 정당하게 수집
2. 정보정확성의 원칙	처리목적 범위 안에서 정확성, 완전성, 최신성 보장
3. 목적명확화 원칙	처리목적의 명확화
4. 이용제한의 원칙	필요 목적 범위 안에서 적법하게 처리, 목적 외 활용 금지
5. 안전보호의 원칙	정보주체의 권리 침해 위험성 등을 고려, 안전성 확보
6. 공개의 원칙	개인정보 처리사항 공개
7. 개인참가의 원칙	열람청구권 등 정보주체의 권리 보장
8. 책임의 원칙	개인정보처리자의 책임 준수·실천, 신뢰성 확보노력

2. 개인정보보호법의 성격

(1) 개인정보보호 관련 일반법

앞에서 살펴 본 것처럼 공공행정, 정보통신, 신용 등 분야별로 개별법에 따라 개인정보처리행위를 규율함에 따라 사회 전반을 규율하는 개인정보보호원칙과 개인정보 처리기준이 부재하였고, 또한 개인정보보호를 공공부분 중심으로 규율하였으나 민간부분에서의 개인정보보호가 중요한 과제로 인식되면서 양자를 아우르는 개인정보보호법의 제정이 요구되었다. 개인정보보호법은 이러한 의미에서 개인정보보호에 관한 한 일반법이라고 할 수 있다.

(2) 소비자법

개인정보보호법이 과연 소비자법인가. 동법 제1조는 제정목적을 '개인정보의 수집·유출·오용·남용으로부터 사생활의 비밀 등을 보호함으로써 국민의 권리와 이익을 증징하고, 나아가 개인의 존엄과 가치를 구현하기 위하여 개인정보 처리에 관한 사항을 규정함을 목적으로 한다'고 하여 소비자 보호가 아닌 국민의 권리와 이익 보호라고 하고 있다. 그러나 동법에서의 적용대상자로서 개인정보처리자는 공공, 민간 모든 개인을 포함하고 있다. 특히 민간부분에서는 전자거래를 하는 사업자가 가장 동법의 적용을 받게 될 것으로 보인다. 따라서 개인으로서 소비자는 동법을 통하여 개인정보침해에 대한 사전 및 사후적 권리구제가 가능하게 된다. 이 점에서 동법이 전적으로 소비자법이라고 말하기는 곤란한 점이 있지만 상당부분 동법을 통하여 소비자들의 개인정보보호 증진이 꾀해질 수 있다는 점에서 소비자법 특히 개인정보침해의 경우 손해배상 등의 문제를 다루고 있기 때문에 소비자불법행위법이라고 할 수 있다.

(3) 복합법

개인정보보호법은 복합법으로서의 성격을 지닌다. 공공부분과 민간부분까지 대상으로 하고 있으며, 개인정보처리자가 동법을 위반하는 경우 손해배상책임(동법 제39조)과 함께 집단분쟁조정(제49조), 개인정보단체소송(제51조), 시정조치(제64조), 벌칙규정(동법 제70조 이하), 과태료 규정(제75조) 뿐만 아니라 조직규정까지 두고 있어서 민사법, 형사법, 행정법, 소송법적인 내용들로 혼합된 복합법적 성격을 지니고 있다.

3. 개인정보보호법의 주요내용

(1) 개인정보의무의 주체 : 공공·민간부문의 모든 개인정보처리자(제2조 5호)

공공기관뿐만 아니라 비영리단체 등 업무상 개인정보파일[113)]을 운용하기 위하여 개인정보를 처리하는 자는 모두 이 법에 따른 개인정보 보호규정을 준수하여야 하고, 전자적으로 처리되는 개인정보 외에 수기(手記) 문서까지 개인정보의 보호범위에 포함시켰다. 따라서 동사무소에서 민원을 신청할 때 작성하는 서류에 적혀 있는 개인정보도 이 법에 의하여 보호되는 개인정보에 포함되게 되었다. 그리고 「정보통신망 이용촉진 및 정보보호 등에 관한 법률」 제67조에서 개인정보보호에 관한 제반규정을 정보통신서비스제공자 이외에 재화 또

113) 구 「공공기관의 개인정보보호에 관한 법률」 제2조 제4호에서 규정하던 '개인정보파일'과 동일한 개념이다.

는 용역을 제공하는 자(일반서비스제공자)에게까지 준용하도록 한 규정은 삭제했다. 개인정보보호법 제정으로 인하여 모든 개인정보처리자로 적용범위가 확대되었기 때문이다. 따라서 정보통신망을 이용하지 않는 순수한 오프라인 사업자와 협회, 동창회 등 비영리단체 등도 법 적용대상에 들어오게 되었다.

(2) 개인정보보호위원회 설치(제7~8조)

개인정보 보호 기본계획, 법령 및 제도 개선 등 개인정보에 관한 주요 사항을 심의·의결하기 위하여 대통령 소속으로 위원장 1명, 상임위원 1명을 포함한 15명 이내의 위원으로 구성하는 개인정보보호위원회를 설치했다.

(3) 개인정보보호원칙 규정(제3조)

앞의 표에서 예시한 바와 같이 동법 제3조에서 개인정보보호원칙을 규정화하였다. 즉 최소한 수집의 원칙(제1항), 처리목적에 필요한 범위에서 적합처리원칙(제2항), 개인정보의 정확성, 완전성 및 최신성 보장원칙(제3항), 안전관리의 원칙(제4항), 개인정보처리 공개의 원칙(제5항), 사생활침해 최소의 원칙(제6항), 익명처리의 원칙(제7항), 정보주체 신뢰를 얻기 위한 노력 책무(제8항) 등을 규정하고 있다.

(4) 개인정보의 수집, 이용, 제공 등 단계별 보호기준 마련(제15~22조)

개인정보권은 재산권적 성격을 지니고 있는 것으로서 개인정보권자에게 그 사용·수익·제공의 권능이 있다. 개인정보에 대한 권리는 전통적으로 소극적인 의미를 가지는 프라이비시권과는 달리 적극적으로 개인정보를 처분하고 서비스 등 이익을 누릴 수 있는 권리라고 하는 점에서 물권과 유사한 재산권에 해당한다.[114] 원칙적으로 개인정보의 주체는 개인정보에 대하여 배타적 권리를 가지며 자신에 관한 정보가 누구에 의하여, 언제, 어떻게 어느 범위까지 타인에게 넘겨지고 이용되는지에 대하여 개인정보권자 스스로 결정할 권리가 있다. 다만 개인정보의 특성으로 인하여 소유권의 객체인 물건과 달리 개인정보권자는 개인정보를 동의의 형식으로 타인에게 위탁하거나 제공하게 된다. 정보주체는 인격적 성격뿐만 아니라 재산적 성격이 있는 개인정보에 대하여 자신의 개인정보를 사용·수익할 수 있다. 그러나 개인정보는 주체와 분리될 수 없는 특

114) 송재일, 개인정보보호의 민사법적 쟁점, 법학연구 제54권, 한국법학회, 2014, 43면.

성상 동의를 하였다 하더라도 개인정보를 수집·가공한 후 이를 제3자에게 이용케 하여 경제적 이득을 취하는 경우에도 정보주체로부터 개인정보의 이용을 완전히 배제하지는 못한다. 그러므로 개인정보를 처분하는 것과 같은 법적 효과를 가지는 법률관계가 있다 하더라도 이는 개인정보를 처분하는 것이 아니라 이용권만을 제공하는 것으로 볼 수 있다.

개인정보의 사용·수익·제공권은 정보 주체가 스스로 본인의 개인정보를 사용·수익·처분할 수 있는 권리를 의미하는 것으로, 주로 개인정보가 누설되거나 분실·도난·누출·변조 또는 훼손되어 정보 주체에게 피해를 입힌 경우가 문제된다.

광의의 사용·수익·제공권에는 정보주체가 자신의 개인정보권을 스스로 사용·수익·제공할 수 있는 권리 뿐만 아니라, 타인이 자신의 개인정보권을 사용·수익할 수 있도록 하는 '동의권', 개인정보처리자가 자신의 개인정보를 처리함에 있어 스스로 관여할 수 있는 '관리참여권', '잊혀질 권리(삭제요구권)' 등 정보주체가 타인에게 본인의 개인정보를 처리할 수 있도록 한 권리에 관한 것도 포함한다.

개인정보법 제4조에서는 개인정보권자의 권리를 구체적으로 열거하고 있다. 즉 개인정보의 처리에 관한 정보를 제공받을 권리(동조 제1호), 개인정보의 처리에 관한 동의 여부, 동의 범위 등을 선택하고 결정할 권리(제2호), 개인정보의 처리 여부를 확인하고 개인정보에 대하여 열람(사본의 발급을 포함한다)을 요구할 권리(제3호), 개인정보의 처리 정지, 정정·삭제 및 파기를 요구할 권리(제4호), 개인정보의 처리로 인하여 발생한 피해를 신속하고 공정한 절차에 따라 구제받을 권리(제5호) 등이다. 이하에서는 앞의 열거한 권리 내용에 대하여 상세하게 살펴본다.

가. 동의권

개인정보보호법은 개인정보권의 개념을 사용하여 개인정보의 주체를 보호하고자 하는 대신에 개인정보처리자의 입장에서 개인정보의 수집·이용 및 제공을 위하여 개인정보권자의 동의 등을 얻도록 하고 있다.

즉 개인정보를 수집, 이용하거나 제3자에게 제공할 경우에는 정보주체의 동의 등을 얻도록 하고(제15조), 개인정보의 수집·이용 목적의 달성 등으로 불필요하게 된 때에는 지체 없이 개인정보를 파기하도록 했다(제21조). 「정보통신망 이용촉진 및 정보보호 등에 관한 법률」에서도 정해 놓았던 절차이지만, 개인정보보호법에서는 개인정보의 수집, 이용, 제공, 파기에 이르는 각 단계별로 개인정보처리자가 준수하여야 할 처리기준을 구체적으로 규정했다는 점에서 차이가 있다. 향후 개인정보 침해 관련 소송에서 과실이나 위법성 판단을 할 때 중요한 판단기준이 될 것으로 예상된다.

먼저 개인정보의 수집·이용을 위해서는 정보주체의 동의, 법률에 특별한 규정이 있거나 법령한 의무를 준수하기 위하여 불가피한 경우, 공공기관이 법령 등에서 정하는 소관업무의 수행을 위하여 불가피한 경우, 정보주체와의 계약의 체결 및 이행을 이하여 불가피하게 필요한 경우, 정보주체 또는 그 법정대리인이 의사표시를 할 수 없는 상대에 있거나 주소불명 등으로 사전동의를 받을 수 없는 경우로서 명백히 정보주체 또는 제3자의 급박한 생명, 신체, 재산의 이익을 위하여 필요하다고 인정되는 경우, 개인정보처리자의 정당한 이익과 상당한 관련이 있고 합리적인 범위를 초과하지 않은 경우로서 개인정보처리자의 정당한 이익 달성이 개인정보권자보다 우선하는 경우이다(제15조 제1항).

개인정보처리자가 위의 동의를 받을 때에는 개인정보의 수집·이용목적, 수집하려는 개인정보의 항목, 개인정보의 보유 및 이용기간, 동의를 거부할 권리가 있다는 사실 및 동의거부에 따른 불이익이 있는 경우에는 그 불이익의 내용 등을 알려야 한다(제15조 제2항).

후발적 개인정보에 대한 동의권의 문제가 있다. 즉 개인정보 수집 시에는 식별가능성이 없었으므로 개인정보법의 규율대상이 되는 개인정보가 아니어서 동의가 필요하지 않았으나 정보의 이용 및 가공 과정에서 식별가능성이 생긴 경우에 동의를 요하는가의 문제이다. 이러한 것은 실별력이 없는 개개의 정보들이 조합되고 가공되면서 개인정보로서 식별력을 갖게 되는 경우 즉 빅데이터나 사물인터넷과 같은 경우에 발생하게 된다. 이에 대해서는 opt-in방식[115]을 취하자는 견해, opt-out방식[116]을 취하자는 견해, 개인정보는 opt-in 방식을 취

115) 개인정보를 처리하는 과정에서 개인정보권자로부터 동의를 받아야만 개인정보처리자가 개인정보를 수집, 제공, 이용할 수 있는 규제방식이다.

116) 개인정보처리자가 개인정보권자로부터 별도의 동의 없이도 개인정보를 처리할 수 있는 방식으로 사후에 개인정보권자의 철회권 보장이 의미를 띠게 된다. 즉 개인정보권자가 개인정보 제공에 대한 거부의사를 밝히면 개인정보처리자는 개인정보 처리대상에서 바로 제외

하고 2차적 정보는 opt-out 방식을 취하자는 견해, 정보의 내용에 따라 구분하자는 견해 등으로 구분된다.

개인정보보호법은 정보의 수집·이용에 대하여 종래 사전동의방식(opt-in) 방식을 취하고 있다. 사전동의방식은 개인정보권을 최대한 보장하고 개인정보권자의 개인정보에 대한 관리·통제권을 충실히 보호하는 것이나, 개인정보처리자에게는 개인정보권자의 동의와 관련하여 동의를 형식적이고 귀찮은 절차로 여기게 하는 부작용의 원인이 될 수 있다.[117] 빅데이터, 사물인터넷, CCTV, SNS 등 새로운 개인정보관련 쟁점등을 고려한다면 개인정보처리자에게 민감정보,고유식별정보 등 그 보호의 필요성이 큰 기본 개인정보는 opt-in 방식으로 사전동의를 받도록 하돼, 빅데이터나 사물인터넷 정보와 같은 개인식별성이 사상된 2차적 정보에 대해서는 opt-out 방식을 통해 사후 통지를 하도록 하는 것이 적절하다고 생각한다.

나. 관리참여권

관리참여권에는 개인정보열람청구권 개인정보정정청구권, 개인정보처리정지청구권, 개인정보형성참여권이 있다.

먼저, 정보주체는 개인정보처리자가 처리하는 자신의 개인정보에 대한 열람을 해당 개인정보처리자에게 요구할 수 있는 개인정보열람청구권을 가진다.[118] 이 때 개인정보권자는 열람하려는 사항을 표시한 개인정보열람요구서를 개인정보처리자에게 제출함으로써 개인정보의 항목 및 내용, 개인정보의 수집·이용의 목적, 개인정보 보유 및 이용기간, 개인정보의 제3자 제공 현황, 개인정보처리에 동의한 사실 및 내용 등을 열람할 수 있다(동법시행령 제41조 제1항).[119]

둘째, 개인정보권자는 개인정보처리자에게 개인정보의 정정을 요구할 수 있고, 개인정보처리자는 개인정보권자의 요구를 받았을 때에는 개인정보의 정

해야만 한다.

117) 고학수 외, 개인정보보호의 법과 정책, 박영사, 2014, 210면.

118) 열람에는 사본의 교부를 포함한다. 개인정보권자가 직접 제공한 개인정보 이외에 제3자 또는 공개된 소스부터 수집한 개인정보, 개인정보처리자가 생산한 개인정보(예컨대, 신용정보, 인사평가, 거래내역, 진료기록 등), 서비스제공 등의 과정에서 자동적으로 생성된 개인정보(수발신내역, 입출기록, 쿠키, 로그기록 등) 등도 열람요구의 대상이 된다. 행정안전부, 앞의 책, 2011, 286면.

119) 헌법재판소는 개인정보열람청구권을 알권리의 일환으로 정보공개청구권으로 보장하였다. 헌법재판소 1991.5.13. 90헌마133.

정에 관하여 다른 법령에 특별한 절차가 규정되어 있는 경우를 제외하고는 지체 없이 그 개인정보를 조사하여 개인정보권자의 요구에 따라 정정 등 필요한 조치를 한 후 그 결과를 개인정보권자에게 알려야 한다(동법시행령 제43조). EU 개인정보처리규정(2012)도 '개인정보권자는 자신과 관련한 부정확한 개인정보를 수정하도록 개인정보처리자에게 요청할 수 있는 권리가 있으며, 개인정보권자는 정정권의 행사로 인하여 불완전한 개인정보가 완전하게 되었는지 여부를 확인할 수 있는 권리가 있다'는 개인정보를 수정할 수 있는 권리인 정정권을 규정하고 있다.

셋째, 개인정보처리정지청구권이 있다. 개인정보는 정당한 수집목적으로 필요한 범위 내에서, 공정하고 합리적인 방식으로 개인정보권자의 분명한 인식 또는 동의 아래 수집되어야 한다. 또한 개인정보를 수집하는 목적은 수집 당시에 명확히 특정되어 있어야 하고, 그 후의 이용은 이 특정된 수집 목적과 일치하여야 하며, 함부로 제3자에게 제공 또는 전달되어서는 안 된다(동법시행령 제44조) 이러한 개인정보처리의 원칙이 충족되지 않은 경우에 개인정보권자는 개인정보의 수집·이용·제공 등의 정보처리를 금지하도록 요구할 수 있다.

넷째, 개인정보형성참여권이 있다. 개인정보를 형성하고 개개의 정보를 결합하여 새로운 개인정보를 만드는 과정에서 개인정보권자가 참여하여 본인의 개인정보에 대해 관여할 필요성이 있다. 현재는 이에 대한 규정이 없으나 고려할 만하다. 어느 정도, 어느 범위까지 참여시킬지에 대하여는 개인정보처리자의 개인정보의 이용과 처리에 지장이 없는 합리적인 선에서 결정하여야 할 것이다.

다. 개인정보 삭제(검색차단)요구권 : 잊혀질 권리[120]

1) 필요성 및 개념

개인정보가 갖는 특성인 영구성, 복제성, 무형성 등과 인터넷의 결합은 사이버스페이스상에서 오늘날 새로운 법적 쟁점을 야기시키고 있다. 이른바 잊혀

120) 이에 대한 상세는 김세진, 개인정보에 관한 잊혀질 권리의 개념 : 그 법적 근거와 한계, Law & Technology 제10권 제2호, 2014.3., 18-32면; 오대한, 잊혀질 권리에 대한 법적 고찰, 민사법연구 제22권, 대한민사법학회, 2014, 153-192면; 동, 개인정보권의 침해에 대한 사법적 고찰, 전남대 박사학위청구논문, 76면 이하; 빅토르마이어 쇤베르거/구본권역, 잊혀질 권리, 지식의 날개, 2011. 참조.

질 권리로 더 잘 알려진 이른바 개인정보삭제권의 문제이다.[121] 종전 종이문서 시대에서는 한동안 떠들썩했던 사건들이 시간이 지나가면 사람들의 뇌리에서 사라지고, 그러한 기록을 찾기 위해서는 도서관이나 문서기록실 등을 방문하여야 하는 수고가 뒤따르기 때문에 특별한 사유가 없는 한 대개 잊혀지게 된다. 그러나 기하급수적으로 증가하는 컴퓨터 저장장치의 대용량화와 검색 툴의 발달은 언제든지 우리의 손 안에 있는 스마트폰을 통하여 어떠한 정보든지 마음만 먹으면 검색이 가능하기 때문에 개인정보권자로서는 원하든 원하지 않는 노출된 개인정보로 인하여 피해를 입을 가능성이 있다. 예컨대 유죄판결을 받은 자가 그 유죄 판결을 받은 사실을 공개할 것을 반대하면서 과거 범죄로 인해 나빠진 평판을 회복하기 위해 자신의 범죄사실이 노출되는 것을 차단할 것을 요구할 수 있어야 한다는 것이다.

이른바 '잊혀질 권리'는 프랑스법의 망각권(droit q l'oubli)에서 유래된 개념으로 삭제할 권리(the right to delete), 망각의 권리(the right to oblivion), 사라질 권리(the right to disappear) 등 다양한 용어로 불리지만, 그 개념에 대해서는 아직 확정되는 않았다. 다만 잊혀질 권리의 개념 범위에 대해서는 정정·삭제권으로만 파악하느냐 그 밖에 검색차단 등의 부가적인 권리를 포함하느냐에 따라 그 범위는 달라질 수 있다.

2) 잊혀질 권리의 개념 범위

먼저 협의설에서는 잊혀질 권리를 개인정보 삭제요구권의 확장된 개념으로 보는 견해이다. 즉 인터넷 상에 잠재적으로 나타나 있는 자신과 관련된 정보를 포함하는 각종 자료의 삭제를 요구하여 해당 자료로부터 자유로워질 수 있는 권리로 파악한다. EU 개인정보처리규정(안)에서는 협의설의 입장을 취하고 있

121) 잊혀질 권리를 촉발시킨 사건은 스페인 변호사인 Mario Costeja Gonzalez가 재정적 어려움으로 1998년 그의 재산에 대한 재산매각경매가 행해졌는데, 상세한 소식이 지역신문에 실렸고 온라인상에서도 검색이 가능해졌다. 이에 대해 곤잘레스 변호사는 구글과 신문사를 상대로 자신의 이름을 구글(google)에서 검색했을 때 예전의 부채와 재산 강제매각 정보가 담긴 신문기사가 검색됨으로 인해 자신에 대한 계속되는 평판의 훼손이 있다는 것을 주장하며 그 기사가 검색되지 않도록 삭제를 요구했다. 구글과 신문사는 '사실을 적시했으므로 삭제할 수 없다'고 맞섰고, 결국 스페인 법원에서 결론을 내지 못한 채 유럽사법재판소로 보내졌다. 2014년 5월 13일 유럽사법재판소(ECJ, the Luxembourg-based Court of Justice of the European Union)는 누구에게나 잊혀질 권리(right to be forgotten)가 보장되어야 한다"고 판결함으로써 '잊혀질 권리'를 인정한 주요한 선례를 만들었다.

다. 제17조에서 잊혀질 권리 및 삭제권(right to be forgotten and to erasure)의 제목하에 정보주체는 관리자에게 개인정보의 삭제를 요구하고, 그러한 정보가 더 확산되는 것을 방지할 권리를 인정하여 잊혀질 권리를 삭제요구권의 확장된 개념으로 보고 있다.

이에 대하여 광의설은 잊혀질 권리를 인터넷 상에서 자신 또는 타인에 의하여 창출되고 지속적으로 검색되는 자신과 관련된 정보를 포함하는 자료에 대하여 각종조치를 통하여 타인이 접근할 수 없도록 하는 권리이자, 타인에 의하여 해당 자료가 삭제되어 이로부터 자유로울 수 있게 하는 권리로 보는 견해로서 최근 강력한 검색엔진을 가진 인터넷 포털사이트의 등장[122]으로 잊혀질 권리의 실효성 확보를 위해서는 검색차단이 필요하다는 인식하에서 나온 논의이다.

그렇다면 잊혀질 권리의 내용으로서 어디까지 인정할 것인가. 실제 잊혀질 권리를 행사하고자 하는 경우 두 가지 측면에서 접근할 수 있다. 하나는 개인정보를 직접 생성하여 보유하는 정보처리자에 대한 것과 다른 하나는 검색엔진을 통하여 개인정보관련 정보를 나타내주는 정보처리자에 대한 것이 그것이다. 전자에게는 삭제권이 문제될 것이며 후자에게는 검색차단권이 문제될 것이다. 따라서 이 문제에 대하여는 일률적으로 접근할 것이 아니라 이러한 측면까지 고려하여 검토하여야 하고 뉴스 기상 등 객관적인 사실에 대해서까지 인정해야 하는지 여부 등 어떠한 개인정보관련 정보가 그 대상이 될 수 있는지 검토되어야 할 것이다. 지나치게 개인정보권자의 이익을 고려하게 되면 표현의 자유와 정보처리자의 이익(영업의 자유)이 제한될 수 있기 때문에 만약 잊혀질 권리를 포괄적으로 인정하려면 그 기준이 마련되어야 할 것이다.

3) 잊혀질 권리의 내용

잊혀질 권리의 내용으로는 우선 삭제요구권을 생각할 수 있다. 삭제요구권은 가장 일차적이고 직접적인 내용이다. 개인정보법에서는 개인정보권자에게 개인정보의 처리정지, 정정·삭제 및 파기를 요구할 권리를 인정하고 있다(제4조 4호). 이에 따라 개인정보권자는 다른 법령에서 그 개인정보가 수집대상으로 명

122) Google의 경우에는 다른 포털사이트와 달리 초기 화면에서 검색에 초점을 맞추고 있음을 강조하고 있는 점이 특색이다.

시되어 있는 경우를 제외하고는 개인정보처리자에게 그 개인정보의 정정 또는 삭제를 요구할 수 있으며, 개인정보처리자는 이에 따른 개인정보권자의 요구를 받았을 때에는 개인정보의 정정 또는 삭제에 관하여 다른 법령에 특별한 절차가 규정되어 있는 경우를 제외하고는 지체 없이 그 개인정보를 조사하여 개인정보권자의 요구에 따라 정정·삭제 등 필요한 조치를 한 후 그 결과를 개인정보권자에게 알려야 한다(동법 제36조 제1항, 제2항). 이 때 삭제요구가 받아들여지지 않았을 경우 개인정보권자는 개인정보처리자에게 동법 위반을 이유로 손해배상을 청구할 수 있다(동법 제39조).

정보통신망법에서도 특히 정보통신망을 통하여 일반에게 공개를 목적으로 제공된 정보로 사생활침해나 명예훼손 등 타인의 권리가 침해된 경우 침해받은 자는 해당정보를 취급한 정보통신서비스제공자에게 침해사실을 소명하여 그 정보의 삭제 또는 반박내용의 게재를 요청할 수 있고, 정보통신서비스 제공자는 해당정보의 삭제 등을 요청받으면 지체 없이 삭제·임시조치 등의 필요한 조치를 하고 즉시 신청인 및 정보게재자에게 알려야 한다(정보통신망법 제44조의 2 제1항, 제2항).

다음으로 '검색차단권'의 문제이다. 인터넷환경에서 검색차단권은 삭제요구권보다 더 중요할 수 있다. 원본인 정보자료가 삭제요구권을 행사하여 삭제되었다 하더라도 인터넷상에서는 수많은 복제본이나 수정본 등이 여전히 존재가능하고 계속적으로 검색할 수 있기 때문이다. 개인정보법 제37조에서 개인정보권자는 개인정보처리자에 대하여 자신의 개인정보 처리의 정지를 요구할 수 있고, 개인정보처리자는 이에 따른 요구를 받았을 때에는 지체 없이 개인정보권자의 요구에 따라 개인정보 처리의 전부를 정지하거나 일부를 정지하여야 한다고 규정하고 있다.

그런데 처리정지요구권은 개인정보처리자로 하여금 개인정보처리를 더 이상 하지 말아 달라는 권리로서 개인정보권자와 직접적인 개인정보처리자에게 요구하는 것을 의미한다. 따라서 개인정보권자와 직접 개인정보처리자간에 위탁된 개인정보가 링크를 통해 검색엔진이나 포털 사이트 등에서 검색이 가능한 경우, 정보처리자에게 해당 자료가 검색이 되지 않게 검색 차단을 요구하는 것은 현재 인정되지 않는다.[123] 다만 정보통신망법 제44조의 2에서는 정보통

123) 다만 링크의 경우 특정 사이트를 링크한 자는 링크를 통하여 타인의 권리침해가 이루어진

신서비스 제공자는 정보의 삭제요청에도 불구하고 권리의 침해 여부를 판단하기 어렵거나 이해당사자 간에 다툼이 예상되는 경우에는 해당 정보에 대한 접근을 임시적으로 차단하는 임시조치를 할 수 있다고 규정하고 있다. 다만 그 적용범위에 대해서는 정보통신망을 통하여 일반에게 공개를 목적으로 제공된 정보로 사생활침해나 명예훼손 등 타인의 권리가 침해된 경우로 한정하고 있다.

4) 잊혀질 권리의 한계

잊혀질 권리를 개인정보권자의 인격권 등을 이유로 인정한다고 하더라도 거기에는 한계가 있게 마련이다. 정보처리자의 표현의 자유, 영업의 자유 등과 충돌할 우려가 있다. 정보의 바다인 인터넷은 오늘날 다양한 형태로 진화하면서 개인정보의 유통창구역할을 한다. 인터넷은 기본적으로 대량의 의사소통을 위한 대중매체의 하나이다. 인터넷은 이른바 정보통신매체로서 종래의 인쇄매체, 영상매체, 전파매체 등과 대비하여 '진입장벽이 낮고, 표현의 쌍방향성이 보장되며, 그 이용에 적극적이고 계획적인 행동이 필요하다는 특성'을 지니고 있어, '오늘날 가장 거대하고 주요한 표현매체'로 정의되고 있다.[124)]

더구나 직접적인 정보서비스업체 뿐만 아니라 인터넷 종합정보제공사업자들과 검색엔진을 제공하는 사업자, 페이스북이나 트위터, 유투브, 인스타그램과 같이 개인들이 자발적으로 제공한 정보들이 공유되거나 확산되고 이를 통하여 수익을 올리는 구조를 취하고 있다. 과거처럼 조직적인 언론미디어의 형태가 아니라 사이버스페이스상에서는 얼마든지 1인 매체(뉴스미디어)가 가능하기 때문에 사회적 책임을 묻는 데에도 한계가 있다. 또한 인터넷 포털사업자들은 '카페 또는 클럽', 미니홈피, 블로그 등 개인들에게 일정한 사이버공간을 제공하여 회원들간에 다양한 모습으로 시간과 장소에 구애받지 않고 용이하며 자유롭게 정보를 공유하고 있다. 결국 이러한 사업자에 대한 법적 책임은 표현행위 내지 영업의 자유라는 법익과 개인의 인격적 법익의 비교형량이라는 관점에서 두 법익의 조화를 이루는 접점에서 그 한계가 설정되어야 할 것이다.[125)]

경우, 방조의 형태로 민법 제760조 제3항의 공동불법행위 책임을 지우게 할 수는 있다. 김민중, 인터넷의 법률학, 소리내, 2015, 426면.

124) 헌법재판소 2002.6.27. 선고 99헌마480 결정 참조.

125) 다만, 표현의 자유와의 관계에서 잊혀질 권리를 인정한다고 하더라도 신문이나 뉴스의 기록 등 모든 역사적 기록의 삭제요구는 인정되지 않는다고 할 것이다. 정영화, 헌법상 정보프라이버시로 '잊혀질 권리', 법학논고 제39집, 경북대학교 법학연구원, 2012, 571면 이하.

5) 잊혀질 권리의 적용범위

개인정보권자가 구체적으로 잊혀질 권리를 어느 범위에서 주장할 수 있는지가 문제된다. 이러한 논의는 유럽에서 먼저 촉발되었는데, EU 개인정보보호지침(1995) 제12조 (b)항에서는 불완전하거나 부정확한 정보에 대해서 생성된 정보의 정정, 삭제 및 생성 정리를 요구할 권리가 있다고 규정하고 있다. 또한 제14조 (a)에서는 공공이익을 위한 정보의 생산 혹은 개인정보처리자나 제3자에게 전송이 위임되어 작업을 실행하기 위해 필요한 정보의 생산 혹은 개인정보처리자나 정보를 전송받은 제3자의 이익을 실현하기 위한 정보의 생산의 경우에 있어서 정보 주체에게 보호받을 만한 가치가 있는 상황의 경우에 정보생산에 대한 반론을 인정해야 한다고 규정하고 있다.

유럽사법재판소는 곤잘레스 변호사 사건에서, EU 개인정보보호지침 제12조 (b) 및 제14조 (a)에 따른 개인정보권자의 권리보호를 위하여, 제3자에 의해 게시된 정보 및 개인정보를 포함하는 웹페이지에 대한 특정 개인의 성명에 기초한 검색결과를 보여주는 검색엔진의 운영자는 원래의 정보나 웹페이지의 삭제 여부와 관계없이 그 사람에 관한 정보를 검색 목록에서 제거할 의무가 있다고 판단하였다.[126]

잊혀질 권리의 문제는 국내뿐만 아니라 국제적으로 문제가 된다. 오늘날 유럽연합과 미국이 이 문제를 가지고 첨예한 대립을 보이고 있는 것도 이 때문이다. 국내 포털사이트뿐만 아니라 외국의 검색사이트에 대하여 검색차단요구를 할 수 있을 것인가. 현재 개인정보보호법에서는 그 근거규정을 가지고 있지 않기 때문에 인정할 수 없음은 앞에서 언급하였다.

(5) 민감정보와 고유식별정보의 처리제한 강화(제23조-24조)

개인정보보호법에서는 사상·신념, 노동조합·정당의 가입·탈퇴, 정치적 견해, 건강, 성생활 등에 관한 정보와 같은 민감정보[127](제23조) 개인을 고유하게 구별하기 위하여 부여된 식별정보(제24조), 주민등록번호(제24조의 2)에 대해서 원칙적으로 처리를 금지했다. 여기서 제23조는 민감정보에 대한 예시규정으로

126) PRESS RELEASE No. 70/14 Luxembourg, 13 May 2014 Judgment in Case C-131/12 Google Spain SL, Google Inc. v Agencia Espanola de Proteccion de Datos, Mario Costeja Gonzalez.

127) 폐지된 구 「공공기관의 개인정보에 관한 법률」 제4조에서 수집을 금지하고 있던 '민감한 정보'와 유사한 내용이다.

보아야 한다. 판례는 학력사항(학점 포함), 어학성적, 경력사항, 연구실적 등은 물론 채용 및 인사담당자만 볼 것으로 믿고 작성·제출하였을 개인사나 가족관계, 가치관이나 장래계획 등을 사적인 영역의 민감한 정보라고 한다.[128)] 여기에서 고유식별정보란 주민등록번호, 여권번호, 면허번호, 외국인등록번호를 말한다(동법시행령 제19조).

개인정보처리자가 고유식별정보를 처리하는 경우에는 그 고유식별정보가 분실·도난·유출·변조 또는 훼손되지 아니하도록 대통령령으로 정하는 바에 따라 암호화 등 안정성 확보에 필요한 조치를 하여야 한다.

다만 별도의 동의를 얻거나 법령에 의한 경우 등에 한하여 제한적으로 예외를 인정하고 있다. 고유식별정보와 관련해서는 개인정보처리자가 제24조의 2 제1항 각호에 따라 주민등록번호를 처리하는 경우에도 정보주체가 인터넷 홈페이지를 통하여 회원으로 가입하는 단계에서는 주민등록번호를 사용하지 아니하고도 회원으로 가입할 수 있는 방법(아이핀 등)을 반드시 제공하도록 의무화했다(제24조의 2 제3항). 주민등록번호를 무심코 입력토록 하는 관행을 제한함으로써 주민등록번호 오·남용과 유출에 따른 피해를 사전에 차단하려는 목적이다.

(6) 영상정보처리기기(CCTV)의 설치 제한근거 마련(제25조)

영상정보처리기기 운영자는 법령에서 구체적으로 허용하고 있는 경우(제1호), 일반적으로 공개된 장소에 범죄예방 및 수사를 위하여 필요한 경우(제2호), 시설안전 및 예방을 위하여 필요한 경우(제3호), 교통단속을 위하여 필요한 경우(제4호), 교통정보의 수집·분석 및 제공을 위하여 필요한 경우 등 특정 목적으로만 영상정보처리기기를 설치할 수 있도록 했다. CCTV의 설치·운영 근거를 마련하고 기준을 구체화함으로써 무분별한 설치를 방지하여 개인영상정보 보호를 강화하려는 목적에서다.

따라서 불특정 다수가 이용하는 목욕실, 화장실, 발한실, 탈의실 등 개인의 사생활을 현저히 침해할 우려가 있는 장소의 내부를 볼 수 있도록 영상정보처리기기를 설치·운영하여서는 아니 된다.

---

128) 서울고등법원 2008.11.25. 선고 2008나25888 판결.

(7) 안전조치의무(제29조)

개인정보처리자는 개인정보가 분실·도난·유출·변조 또는 훼손되지 아니하도록 내부 관리계획 수립, 접속기록 보관 등 대통령령으로 정하는 바에 따라 안전성 확보에 필요한 기술적·관리적 및 물리적 조치를 하여야 한다. 개인정보의 안전성 확보조치로서는 개인정보의 안전한 처리를 위한 내부 관리계획의 수립·시행(동법시행령 제30조 제1항 제1호), 개인정보의 접근 통제 및 접근 권한의 제한 조치(동조 제2호), 개인정보를 안전하게 저장·전송할 수 있는 암호화기술의 적용 또는 이에 상응하는 조치(제3호), 개인정보 침해사고 발생에 대응하기 위한 접속기록의 보관 및 위조·변조 방지를 위한 조치(제4호), 개인정보에 대한 보안프로그램의 설치 및 갱신(제5호), 개인정보의 안전한 보관을 위한 보관시설의 마련 또는 잠금장치의 설치 등 물리적 조치(제6호) 등을 들 수 있다.

(8) 개인정보 영향평가제도 도입(제33조)

공공기관의 장은 대통령령으로 정하는 기준에 해당하는 개인정보파일의 운용으로 인하여 정보주체의 개인정보 침해가 우려되는 경우에는 그 위험요인의 분석과 개선 사항 도출을 위한 평가(이하 영향평가)를 하고 그 결과를 행정자치부장관에게 제출하여야 한다(동조 제1항)고 하여 공공기관에는 영향평가를 의무화했다.

(9) 개인정보 유출사실의 통지/신고제도 도입(제34조)

개인정보처리자는 개인정보 유출 사실을 인지하였을 경우 지체 없이 해당 정보주체에게 관련 사실을 통지하고, 일정 규모 이상의 개인정보가 유출된 때에는 전문기관에 신고하도록 하는 한편, 피해의 최소화를 위해 필요한 조치를 하도록 했다. 최근 해킹 등에 의한 개인정보 유출 피해가 많아지고 있는 데에 따른 대응책이다. 이와 같은 통지 신고를 제대로 했는가는 민사상 손해배상 소송 등에서 개인정보 처리자의 과실 유무 판단에 중요한 영향을 미칠 것으로 보인다.

(10) 정보주체의 권리 보장(제35-39조)

정보주체에게 개인정보의 열람청구권(제35조), 정정·삭제 청구권(제36조), 처리정지 요구권(제37조), 손해배상청구권(제39조) 등을 부여하고, 그 권리행사 방법 등을 규정했다. 손해배상책임에 관해서는 고의·과실에 대한 입증책임을 전환하여 개인정보처리자가 부담하도록 하였다(제39조 제1항). 개인정보처리자는 동법에 따른 의무를 준수하고 상당한 주의와 감독을 게을리하지 아니한 경우에는 개인정보의 분실·도난·유출·변조 또는 훼손을 인한 손해배상책임을 경감받을 수 있도록 하였다(제39조 제2항). 2015년 7월에 법정손해상제도가 도입되어 300만원 이하의 범위에서 상당한 금액을 손해액으로 하여 손해배상을 청구할 수 있다(제39조의 2). 이와 더불어 징벌적 손해배상제도도 도입되어 개인정보처리자의 고의 또는 중대한 과실로 인하여 개인정보가 분실·도난·유출·변조 또는 훼손된 경우에는 그 손해액의 3배를 점지 않는 범위에서 손해배상액을 정할 수 있도록 하고 있다(제39조 제3항).

(11) 개인정보 분생소성위원회 실치 및 집딘분쟁조정제도의 도입(제40-50조)

개인정보에 관한 분쟁조정 업무의 신속·공정한 처리를 위하여 개인정보 분쟁조정위원회를 설치하고, 개인정보 분쟁조정위원회의 조정결정에 대해 수락한 경우 재판상 화해의 효력을 부여[129]하며, 개인정보 피해가 대부분 소액 다수 사건인 점을 고려하여 집단분쟁조정제도를 도입했다.

(12) 개인정보 단체소송의 도입(제51-57조)

최근의 개인정보는 인터넷 기술의 향상으로 집중적, 기술적인 관리조치로 대규모화하는 경향을 띠고 있으며 그에 따른 유출 피해도 극대화되는 현상을 보여준다. 또한 개인정보권 침해 분쟁은 피해 규모가 광범위하다는 점, 그 피해의 사실적 관계가동일 또는 유사하고 법률석 생섬노 공동되며, 피해의 다수 관련성이나 사실관계 및 법적 쟁점의 공통에도 불구하고 각각의 개별적 피해 정도는 미미하고, 특히 개인정보 유출의 경우 유출 그 자체의 1차적 피해는 물론이고 유출로 인한 2차적 피해의 위험이 훨씬 높다는 것을 특징으로 한다.

이러한 점을 감안하여 개인정보처리자로 하여금 개인정보의 수집·이용·제공 등에 대한 준법정신과 경각심을 높이고, 동일·유사 개인정보 소송에 따른 사회적 비용을 절감하기 위해 개인정보 단체소송제도를 도입했다. 즉 개인정보

129) 그간 「정보통신망 이용촉진 및 정보보호 등에 관한 법률」에 따라 '개인정보분쟁조정위원회'를 두고, 그 조정 결과에 '민사상 화해'와 같은 효력을 부여해왔다. 이번에 개인정보보호법 제정으로 그 효력을 '재판상 화해'로 강화했으며 정보통신망법상 개인정보분쟁조정위원회는 신법상 위원회로 흡수되었다.

처리자가 집단분쟁조정을 거부하거나 집단분쟁조정의 결과를 수락하지 아니한 경우에는 법원에 권리침해 행위의 금지·중지를 구하는 단체소송을 제기할 수 있다(제51조). 단체소송을 제기할 수 있는 원고적격자로는 「소비자기본법」 상의 소비자단체와 「비영리 민간단체 지원법」상의 비영리 민간단체로서 이러한 단체가 피해자들을 대신하여 단체소송을 제기할 수 있다. 다만, 단체소송이 남발되는 것을 막기 위해 단체소송 전에 반드시 집단분쟁조정제도를 거치도록 하고(필요적 전치주의), 단체소송의 대상을 권리침해행위의 중단·정지 청구소송으로 제한했다.

단체소송의 소는 피고의 주된 사무소 또는 영업소가 있는 곳, 주된 사무소나 영업소가 없는 경우에는 주된 업무담당자의 주소가 있는 곳의 지방법원 본원 합의부의 관할에 전속한다(동법 제52조 제1항). 단체소송의 원고는 변호사를 소송대리인으로 선임하여야 하고(동법 제53조), 단체소송을 제기하는 단체는 소장과 함께 원고 및 그 소송대리인, 피고, 정보주체의 침해된 권리의 내용을 기재한 소송허가신청서를 법원에 제출하여야 하며(동법 제54조 제1항), 소송허가신청서에는 소제기 단체가 제51조 각호의 어느 하나에 해당하는 요건을 갖추고 있음을 소명하는 자료와 개인정보처리자가 조정을 거부하였거나 조정결과를 수락하지 아니하였음을 증명하는 서류를 첨부하여야 한다(동법 제54조 제2항).

법원은 ① 개인정보처리자가 분쟁조정위원회의 조정을 거부하거나 조정결과를 수락하지 아니하였을 것, ② 소송허가서의 기재사항에 흠결이 없을 것의 요건을 모두 갖춘 경우에 한하여 결정으로 단체소송을 허가한다(동법 제55조 제1항).

원고의 청구를 기각하는 판결이 확정된 경우에 판결이 확정된 후 그 사안과 관련하여 국가·지방자치단체 또는 국가·지방자치단체가 설립한 기관에 의하여 새로운 증거가 나타난 경우 또는 기각판결이 원고의 고의로 인한 것임이 밝혀진 경우가 아니고서는 이와 동일한 사안에 관하여는 제51조에 따른 다른 단체는 단체소송을 제기할 수 없다(동법 제56조). 단체소송에 관하여 특별한 규정이 없는 경우에는 민사소송법을 적용하고(법 제57조 제1항), 단체소송의 허가결정이 있는 경우에는 민사집행법 제4편에 따른 보전처분을 할 수 있다(동법 제57조 제2항).

문제는 개인정보 단체소송이 손해배상청구를 배제하고 있는 상황에서는 민사소송절차를 이용할 수밖에 없는 것이 현실이고, 상당수의 피해자가 '집단적 소송'이라는 형식으로 손해배상소송을 진행하고 있지만 여전히 대부분의 피해자는 손해전보를 위한 법적 절차를 포기하고 있다. 대다수의 피해자가 손해전보 등의 법적 절차를 포기하는 이유는 피해액이 소액임에 비하여 소송비용은 상대적으로 크고, 그에 비하여 소송절차에서 개인정보처리자 또는 가해자의 위법성이나 책임을 입증하는 것이 매우 어렵기 때문이다.[130)]

(13) 개인정보 침해사실의 신고(제62조)

개인정보처리자로부터 권리 또는 이익을 침해받은 자는 행정자치부장관에게 그 침해사실을 신고할 수 있고, 행정자치부장관은 신고 접수 및 업무처리 지원을 위해 개인정보 침해신고센터를 설치·운영하도록 했다.

4. 기존 법령과의 관계

개인정보 보호법 부칙 제4조는 "이 법 시행 전에 다른 법령에 따라 적법하게 처리된 개인정보는 이법에 따라 처리된 것으로 본다"고 규정하고 있어서, 기존 개별법규의 기준에 따라 동의 수집된 개인정보는 그대로 보유할 수 있다.

5. 분야별·사안별 개별 법규

(1) 공공부문

가. 공공기관의 개인정보보호에 관한 법률 : 폐지

나. 공공기관의 정보공개에 관한 법률 : 공공기관이 보유하고 있는 정보는 공개를 원칙으로 하지만 제9조에서 '당해 정보에 포함되어 있는 이름·주민등록번호 등 개인에 관한 사항으로서 공개될 경우 개인의 사생활의 비밀 또는 자유를 침해할 우려가 있다고 인정되는 정보(제6호)'를 비공개 대상 정보로 분류하여 정보공개청구에도 불구하고 공개하지 않을 수 있도록 하고 있다.

(2) 민간부문

가. 정보통신망 이용촉진 및 정보보호 등에 관한 법률 : 유지

동법의 제정배경은 민간부분에 적용되는 개인정보보호법으로서, 원래 전산

---

130) 황창근, 개인정보 보호 관련 분쟁해결방안 고찰-개인정보단체소송을 중심으로-. 공법연구 제41집 제4호, 2013.6., 240면.

망의 개발보급과 이용 등을 촉진하여 정보화사회의 기반을 조성함으로써 국민생활의 향상과 공공복리의 증진에 이바지함을 목적으로 하여 1986년 5월 12일에 제정된 「전산망보급확장과 이용촉진에 관한 법률」을 그 모법으로 한다. 이후 개인정보의 보호에 관한 제도가 신설됨에 따라 법률의 명칭을 「정보통신망 이용촉진 등에 관한 법률」로 1999년 2월 8일 변경하였다.

그러다가 다시 2001년 1월 16일에 정보통신서비스이용자의 개인정보를 보호하기 위하여, 정보통신서비스제공자에 대한 규제를 강화하며, 인터넷상의 음란·폭력물로부터 청소년을 보호하기 위하여 미래창조과학부장관이 소프트웨어의 개발 및 보급 등의 시책을 마련하도록 하고, 타인의 정보통신서비스제공을 위하여 집적된 정보통신시설의 안정적 운영을 위한 제도를 신설하는 등 현행 제도의 운영상 나타난 일부 미비점을 개선·보완하기 위하여 「정보통신망 이용촉진 및 정보보호 등에 관한 법률」로 개정되었다.

원래 논의과정에서 이 법률에서는 개인정보보호에 관한 사항을 중점적으로 다루고 불법정보에 대한 대책으로서의 건전한 정보통신윤리에 관한 사항은 새로운 법률을 제정하는 방향으로 설계되어 있었으나 개인정보보호와 불법정보의 문제를 동법에서 통합적으로 규제함으로 인하여 법률의 명칭이 개인정보보호가 아닌 정보보호로 규정되게 된 것이다. 이제 「개인정보보호법」의 제정으로 상당부분 개인정보보호에 관한 한 개인정보보호법에 의하여 규율되고 정보통신망법은 그 지위가 약화되었다고 할 수 있다.

동법에서 개인정보에 관한 규정은 제4장에 집중적으로 규정하고 있다. 즉 정보통신서비스 제공자[131)]가 이용자의 개인정보를 수집·이용·처리·제공하는 경우 지켜야 할 사항들을 정하고 있다. 새로 제정된 「개인정보 보호법」은 일반법으로서 정보통신서비스 제공자에게도 적용되므로, 상당수의 규정은 일반법에 의해 동일하게 규율되는 내용이 되면서 그 독자적인 의미를 상실하게 되었다. 다만, 정보통신망법은 정보통신서비스 제공자의 특성을 고려하여 이용자의 동의 없이도 개인정보를 수집할 수 있는 예외조항[132)]을 두고 있고, 제3자 제공

131) 「전기통신사업법」 제2조 제8호에 따른 전기통신사업자와 영리를 목적으로 전기통신사업자의 전기통신역무를 이용하여 정보를 제공하거나 정보의 제공을 매개하는 자를 말한다.(정보통신망법 제2조 제3호)

132) 제22조(개인정보의 수집·이용 동의 등) ① 생략
② 정보통신서비스 제공자는 다음 각 호의 어느 하나에 해당하는 경우에는 제1항에 따른

및 취급위탁에 관하여 규정하고 있는 등(동법 제24조의2, 제25조), 일부 특칙을 마련해두고 있다.

나. 신용정보의 이용과 보호에 관한 법률 : 개인정보 중에서도 특히 신용에 관한 정보는 경제생활과 밀접하게 관련되어 그 유용성이 크지만, 그만큼 유출될 경우 피해가 커서 보안 대책 마련이 더욱 중요한 영역이다. 따라서 이 법에서는 "신용정보업자 등이 신용정보전산시스템에 대한 제3자의 불법접근 또는 입력된 정보의 변경·훼손·파괴 기타 위험에 대한 기술적·물리적 보안대책을 수립하여야 한다(제19조)"고 규정하고 있다. 신용정보업자 등의 손해배상 책임을 가리는 경우 고의 또는 과실에 대한 입증책임을 전환하고 있는 점은 정보통신망법과 같다.

다. 금융실명거래 및 비밀보장에 관한 법률 : 원칙적으로 금융기관에 종사하는 자는 명의인(신탁의 경우에는 위탁자 또는 수익자를 말한다)의 서면상의 요구나 동의를 받지 아니하고는 그 금융거래의 내용에 대한 정보 또는 자료(이하 "거래정보등"이라 한다)를 타인에게 제공하거나 누설할 수 없도록 하고 있다. 다만 범죄수사 등에 필요한 경우에는 법관의 영장을 발부받아 금융거래내역을 조사할 수 있도록 예외를 인정하고 있다. 이렇게 금융거래정보를 타인에게 제공할 때는 명의인에게 그 사실을 통지하도록 의무화하고 있는 등 금융거래정보가 보호 내지 명의인에 의해 통제되도록 규정하고 있다.

라. 기타 : 공정거래위원회의 '인터넷사이버몰이용표준약관'에서는 이와 관련한 구체적이고 상세한 규정을 마련하고 있다. 구 「전자문서법(현 전자문서 및 전자거래기본법)」, 「전자정부법」과 「출입국관리법」 등 우리나라의 앞선 정보통신기술을 국가 행정 절차에 적극적으로 활용하는 것과 관련된 법률에서도 개인정보 보호에 관한 규정을 두고 있었으나, 개인정보보호법 제정으로 대부분 일반법 규정을 준용하는 것으로 법령이 정비되었다.

동의 없이 이용자의 개인정보를 수집·이용할 수 있다.

1. 정보통신서비스의 제공에 관한 계약을 이행하기 위하여 필요한 개인정보로서 경제적·기술적인 사유로 통상적인 동의를 받는 것이 뚜렷하게 곤란한 경우
2. 정보통신서비스의 제공에 따른 요금정산을 위하여 필요한 경우
3. 이 법 또는 다른 법률에 특별한 규정이 있는 경우

Ⅱ. 개인정보의 침해와 구제방안

1. 개인정보의 침해의 유형

개인정보의 침해의 유형은 관련부문별로 약간의 차이가 있다. 공공부문의 경우 정보의 수집이 대부분 강제적으로 이루어지는 반면, 민간부문에 있어서 정보의 수집은 개인의 명시적·묵시적 동의에 이루어지는 경우가 많기 때문이다. 따라서 공공부문의 경우에는 개인정보의 비밀수집, 정보의 과다수집, 정보의 오류, 목적 이외의 사용, 제3기관으로의 유통, 정보의 비공개 등의 침해가 발생할 것이다. 따라서 정보주체인 개인의 자기정보에 대한 접근권 보장이 중요하다.

반면, 민간부문에 있어서는 개인정보의 부당한 유출 및 판매, 이용자의 동의 없는 수집, 고지 및 명시 범위를 벗어난 사용, 법정대리인의 동의 없는 아동의 개인정보 수집 등이 문제되고 있다.

(1) 침해주체별 분류

침해주체별 분류의 실익은 침해주체자에 따라서 적용되는 법규가 다른 데에 있다. 즉 공공기관을 수 있으며, 정보통신서비스제공자 등에 의한 침해가 발생하는 경우에는 대개 민사적 구제절차를 거쳐야 한다.

가. 공공기관에 의한 개인정보침해

공공기관의 개인정보 침해는 수집단계, 정보처리단계, 열람청구권 등의 행사단계에서 각각 일어날 수 있다. 수집 단계에서의 침해로는 크게 불법수집과 과다한 정보수집을 들 수 있다. 불법 수집은 법령 등에 의해 수집이 금지된 정보(민감정보, 고유식별정보 등)를 수집하는 것을 의미하고, 과다한 정보수집은 '필요한 범위'를 넘어선 수집을 말한다.[133) 정보처리단계에서는 분실·도난·누출·변조 또는 훼손하는 것을 들 수 있다. 개인정보 보호법 제29조는 이를 '안전조치의무'로 구체화하고 있다. 그리고 정보주체가 자신의 정보에 대한 열람 및 정정을 청구하였을 때 이를 거부하는 것도 침해가 될 수 있다. 개인정보 보호법은 제35조 내지 제38조에 이러한 열람 정정 삭제 처리정지 등의 청구권을

---

133) 개인정보 보호법 제16조 제1항은 "개인정보를 수집하는 경우 그 목적에 필요한 최소한의 개인정보를 수집하여야 한다."고 명문으로 규정하고, "최소한의 개인정보 수집이라는 입증책임은 개인정보처리자가 부담"하도록 하고 있다.

상세하게 규정하였다. 그러나 그러한 열람청구권 등을 제한할 수 있는 경우를 광범위하게 설정했던 구 공공기관정보보호법의 해당 조문을 거의 그대로 가져와서, 그 실효성에 대한 의문[134]을 끝내 해소하지 못하였다.

나. 정보통신서비스 제공자 등 민간사업자에 의한 침해

개인정보 수집시 사전 동의를 받지 않거나, 과거 동의했던 것을 철회하지 못하도록 하는 것은 개인정보에 대한 침해라고 볼 수 있다. 또한 열람 내지 정정 요구에 응하지 않는 것, 사생활 침해 우려가 있는 민감한 정보를 수집하는 것, 타 사업자에게 판매 또는 제공하는 것 등의 방법으로 개인정보 침해가 있을 수 있다. 공공 민간을 포괄적으로 규율하는 개인정보 보호법의 제정으로 대부분의 개인정보보호 준칙들이 공공기관과 다를 바 없이 적용되게 되었다.

다. 다른 이용자 기타 사인에 의한 침해

개인정보처리자의 고의 또는 과실에 의하여 개인정보가 침해되는 것이 아니라 제3의 이용자에 의한 해킹 등으로 침해가 발생되는 유형으로서, 최근 현대카드 정보 유출, 네이트 해킹 사건 등에서 그 예를 찾을 수 있다. 점차 비중이 늘어나는 추세이다. 개인정보처리자의 과실이 일부 개입된 경우와 개인정보처리자가 주의의무를 다했는데도 어쩔 수 없는 외부의 공격으로 침해가 발생

---

134) 졸저, 전게서, 288면. "열람을 제한할 수 있는 경우가 광범위하게 열거되어 있어서 그 실효성에 대한 의문이 있다."고 지적하였다.

<열람청구권의 제한>

개인정보보호법 제35조 ①~③ 생략

④ 개인정보처리자는 다음 각 호의 어느 하나에 해당하는 경우에는 정보주체에게 그 사유를 알리고 열람을 제한하거나 거절할 수 있다.

1. 법률에 따라 열람이 금지되거나 제한되는 경우
2. 다른 사람의 생명·신체를 해할 우려가 있거나 다른 사람의 재산과 그 밖의 이익을 부당하게 침해할 우려가 있는 경우
3. 공공기관이 다음 각 목의 어느 하나에 해당하는 업무를 수행할 때 중대한 지장을 초래하는 경우

가. 조세의 부과·징수 또는 환급에 관한 업무

나. 「초·중등교육법」 및 「고등교육법」에 따른 각급 학교, 「평생교육법」에 따른 평생교육시설, 그 밖의 다른 법률에 따라 설치된 고등교육기관에서의 성적 평가 또는 입학자 선발에 관한 업무

다. 학력·기능 및 채용에 관한 시험, 자격 심사에 관한 업무

라. 보상금·급부금 산정 등에 대하여 진행 중인 평가 또는 판단에 관한 업무

마. 다른 법률에 따라 진행 중인 감사 및 조사에 관한 업무

하는 경우가 모두 있을 수 있으며, 각각의 경우에 따라 그 구제수단이나 책임 범위가 달라지게 된다.

(2) 대상에 따른 분류

침해의 대상이 되는 개인정보가 무엇이냐에 따라 ① 정부기록에 대한 침해 ② 통신기록에 대한 침해 ③ 의료기록에 대한 침해 ④ 소비자정보에 대한 침해 등으로 분류하는 방법도 제시된다.[135]

(3) 행위에 따른 분류

개인정보의 침해 분류 방법 중 가장 의미가 있는 분류방법이다. 개인정보 보호법에서도 이러한 행위를 대상으로 보호수단을 강구하고 있다. 개인정보의 비밀수집, 정보의 과다수집, 정보의 오류, 정부수집 목적 이외의 사용, 제3기관으로의 유통, 정보의 (이용주체에 대한) 비공개, 개인정보의 부당한 유출 및 판매,[136] 이용자의 동의 없는 수집, 고지 및 명시 범위를 넘어선 사용, 법정 대리인의 동의 없는 아동의 개인정보 수집 등이다.

OECD의 개인정보보호지침을 기준으로 하여 각각의 가이드라인에 위배되는 행위를 그 유형별로 정리할 수도 있다.[137] 이중에서 전통적으로 가장 문제가 되었던 것은 개인정보의 '수집 목적 외 사용'이다. 예를 들어 백화점 고객데이터가 의료보험 광고 선전에 이용되거나, 자동차관리전산망을 통하여 외제 고급승용차의 차주가 노출되어 강도의 표적이 되는 등이다. 최근에는 개인정보 처리자가 스스로 고객정보를 부당하게 이용하는 것에 더해져, 관련자를 통해 유출 또는 판매되거나, 전혀 관련 없는 제3자에 의하여 해킹되는 등의 피해사례가 점차 늘어가고 있다.

---

135) 사법연수원, 앞의 책, 412쪽.

136) 개인정보유출사건 현황을 보면, 2005년 엔씨소프트 리니지사건 40만명, 2006년 국민은행 사건 32,377명, LG 전자 사건 3천명, 2007년 다음커뮤니케이션 사건 7천명, 2008년 옥션 사건 1,800만명, 하나로텔레콤 사건 600만명, LG텔레콤 사건 370건, GS 칼텍스 1,125만명, 다음 55만명, 2010년 신세계 몰 등 25개 사이트 2,000만명, 교육과학기술부 636만명(전국 초·중·고생의 약 85%에 해당하는 숫자), 2011년 현대캐피탈 42만명, SK 커뮤니케이션즈 3,500만명, 삼성카드 20만명, 넥슨 메이플 스토리 1,320만명, 2012년 KT 873만명, EBS 400만명 등이다.

137) OECD 기준에 따라서 침해유형을 분류하면, ① 과도한 정보 수집 ② 내용의 부정확 ③ 수집목적 불분명 ④ 정보의 오·남용 ⑤ 안전조치의 미흡 ⑥ 비공개주의 ⑦ 개인의 권리 외면 등으로 나눌 수 있다.

대법원은 개인정보의 부당한 유출의 경우와 관련한 이른바 'GS칼텍스사건' 판결에서, 정신적 손해발생 판단기준으로 개인정보를 처리하는 자가 수집한 개인정보를 피용자가 정보주체의 의사에 반하여 유출한 경우, 그로 인하여 정보주체에게 위자료로 배상할 만한 정신적 손해가 발생하였는지의 여부는 ① 유출된 개인정보의 종류와 성격, ② 개인정보 유출로 정보주체를 식별할 가능성 발생 여부, ③ 제3자가 유출된 개인정보를 열람하였는지 또는 제3자의 열람 여부가 밝혀지지 않았다면 제3자의 열람 가능성이 있었거나 앞으로 열람 가능성이 있는지 여부, ④ 유출된 개인정보의 확산 범위 여부, ⑤ 개인정보 유출로 추가적인 법익침해 가능성의 발생 여부, ⑥ 개인정보를 처리하는 자가 개인정보를 관리해온 실태와 개인정보가 유출된 구체적인 경위, ⑦ 개인정보 유출로 인한 피해 발생 및 확산을 방지하기 위하여 추가적 조치가 취하여졌는지 여부 등 여러 사정을 종합적으로 고려하여 구체적 사건에 따라 개별적으로 판단하여야 한다고 한다.[138]

위의 판례에서 대법원은 「주유 관련 보너스카드 회원으로 가입한 고객들의 개인정보를 데이터베이스로 구축하여 관리하면서 이를 이용하여 고객서비스센터를 운영하는 甲 주식회사로부터 고객서비스센터 운영업무 등을 위탁받아 수행하는 乙 주식회사 관리팀 직원 丙이, 丁 등과 공모하여 무 등을 포함한 보너스카드 회원의 성명, 주민등록번호, 주소, 전화번호, 이메일 주소 등 고객정보를 빼내어 DVD 등 저장매체에 저장된 상태로 전달 또는 복제한 후 개인정보 유출사실을 언론을 통하여 보도함으로써 집단소송에 활용할 목적으로 고객정보가 저장된 저장매체를 언론관계자들에게 제공한 사안에서, 개인정보가 丙에 의하여 유출된 후 저장매체에 저장된 상태로 공범들과 언론관계자 등에게 유출되었지만 언론보도 직후 개인정보가 저장된 저장매체 등을 소지하고 있던 사건 관련자들로부터 저장매체와 편집 작업 등에 사용된 컴퓨터 등이 모두 압수, 임의제출되거나 폐기된 점, 범행을 공모한 병 등이 개인정보 판매를 위한 사전작업을 하는 과정에서 위와 같이 한정된 범위의 사람들에게 개인정보가 전달 또는 복제된 상태에서 범행이 발각되어 개인정보가 수록된 저장매체들이 모두 회수되거나 폐기되었고 그 밖에 개인정보가 유출된 흔적도 보이지 아니하여 제3자가 개인정보를 열람하거나 이용할 수는 없었다고 보이는 점, 개인정

138) 대판 2012.12.26. 2011다59834,59858,59841.

보를 유출한 범인들이나 언론관계자들이 개인정보 중 일부를 열람한 적은 있으나 개인정보의 종류 및 규모에 비추어 위와 같은 열람만으로 특정 개인정보를 식별하거나 알아내는 것은 매우 어려울 것으로 보이는 점, 개인정보 유출로 인하여 무 등에게 신원확인, 명의도용이나 추가적인 개인정보 유출 등 후속 피해가 발생하였음을 추지할 만한 상황이 발견되지 아니하는 점 등 제반 사정에 비추어 볼 때, 개인정보 유출로 인하여 무 등에게 위자료로 배상할 만한 정신적 손해가 발생하였다고 보기는 어렵다」고 판시하였다.

(4) 수단에 따른 분류

가. 쿠키(Cookie)

쿠키란 고객이 특정 홈페이지를 접속할 때 생성되는 정보를 담은 임시파일로서 애초 인터넷 사용자들의 홈페이지 접속을 돕기 위해 만들어졌다. 하지만 각 사업자들의 자사 홈페이지를 방문한 이용자의 컴퓨터에 쿠키를 심어, 여기에 이용자의 인터넷 이용 행태, 즉 어떤 내용을 봤는지, 어떤 상품을 샀는지 등이 기록되도록 해서 장차 마케팅 자료로 사용되는 경우가 생겨났다. 물론 쿠키로 인해 이용자의 각 홈페이지 접속이 편리해지는 측면도 있으나, 이용자의 동의 없이 개인정보가 유출된다는 점에서 침해라고 평가할 수 있다.

나. 해킹(악성코드, 스파이웨어 등)

개인정보와 관련해서는 스파이웨어를 이용하는 해킹 기법이 주류를 이룬다. 스파이웨어란 이용자의 컴퓨터에 잠복하면서 정보처리장치나 저장매체에 수록되는 정보를 해커가 지정한 원격 컴퓨터에 전송하는 악성 프로그램을 말한다. 쿠키처럼 인터넷 이용자의 사용 행태를 수동적으로 기록 보관하는 것에서 더 나아가, 능동적으로 개인정보를 빼내가는 형태의 침해도 크게 늘고 있다.

다. 봇(bot)에 의한 개인정보 무단 수집

프로그래머가 지정한 특정 알고리즘에 따라 웹상에서 자동화된 정보처리를 하는 장치를 '봇'이라고 한다. 개인정보 수집 '봇'의 경우, 웹상에 연쇄적으로 형성되어 있는 링크를 타고 다니면서 각 서버에 수록되어 있는 이용자들의 이름, 전화번호, 전자우편 주소 등 이용가치 있는 개인정보를 수집한다. 통상 검색엔진 등에서 가동시키는 '봇'은 표준 인터넷 프로토콜에 의하여 '이메일 주소 등 개인정보 수집을 거부한다'는 내용의 코드가 삽입되어 있는 웹사이트는 관련 정보를 수집하지 않고 건너 뛰도록 설계되어 있으나, 해커들은 이러한 코드를 무시하고 개인정보를 무차별적으로 수집하도록 '봇'을 설계하고 있다. 이렇게 수집·축적된 개인정보는 스팸메일 발송자 등에게 판매된다. 인터넷 게시판, 뉴스댓글, 토론광장 등을 실명인증으로 운영하는 정보통신서비스 제공자는 이러한 '봇'의 수집 활동으로 인하여 위와 같은 서비스를 이용하는 네티즌들이 고유식별정보가 침해당하지 않도록 적당한 보안조치를 강구할 주의의무가 있다고 할 수 있다.

라. 전자우편의 검열

고용주가 서버 관리자를 통하여 종업원의 컴퓨터에서 오가는 전자우편 정보를 검열하는 방식으로 개인정보 침해가 일어날 수 있다.

제4절 개인정보 침해 구제방안

Ⅰ. 서

개인정보침해행위는 다른 불법행위와 차별성을 갖는다. 다른 법익의 침해는 피해자가 침해에 대하여 비교적 명확하게 인식하는 반면 개인정보침해의 경우에는 피해자가 침해에 대하여 명백하게 인식하지 못하거나 인식하는데 시간이 경과하는 경우가 많다. 또한 개인정보침해가 일어나는 경우에도 손해배상액의 결정이 용이하지 않을 뿐만 아니라 다수의 개인은 소액의 손해배상을 위하여 소송까지 감수하려고 하지 않는 경향이 있다.

또한 가상공간의 정보처리시설에서 일어나는 개인정보의 침해는 한번 일어나고 나면 걷잡을 수 없이 피해 규모가 커지는 경우가 많고, 사후적 구제방법인 손해의 전보만으로는 피해 예방에 효과적이지 못한 측면이 있다.[139] 따라서 사전적·예방적 구제수단이 매우 중요하다. 특히 전자거래에서는 거래 정보가

---

139) 민간사업자의 개인정보침해와 관련한 민사소송에서 인정된 1인당 위자료 액수를 보면, 최저 7만원(국민은행 사건)에서 최고 70만원(LG전자 사건 제1심, 항소심에서 30만원으로 감액) 사이에서 형성되고 있다.

전부 망에 의해 관리, 유지되는 특성상 소비자의 신용정보를 보호하는 것은 단순히 신용카드 회사만의 일이 아니기 때문에 판매업자, 사업자, 그리고 정보주체가 연결된 유기적 보호시스템이 필요하다.[140)]

Ⅱ. 민사적 구제

1. 사전적 권리구제로서 방해배제·방해예방청구권

(1) 일반론

우리의 통설과 판례는 아직까지 일반 불법행위법의 효과로서 사전적 방해배제 내지 방해예방청구권을 인정하는데 주저하고 있으나,[141)] '인격권'에 기해서는 침해행위의 정지·방지 등의 금지청구권이 인정된다고 한다.[142)] 따라서 개인정보침해가 있는 경우 이론적으로는 인격권을 그 근거로 하거나 혹은 불법행위의 효과로서 금지청구권을 행사할 수 있다.[143)] 개인정보의 목적 외 이용이나, 해킹 등에 의한 개인정보의 유출 등이 발생하였거나, 발생할 우려가 있을 때 정보주체는 자신의 인격권에 기하여 개인정보처리자나 기타 제3의 침해자를 상대로 그 행위의 중지 또는 피해 예방에 적당한 조치를 할 것을 청구할 수 있다. 이와 같은 청구는 가처분을 통해서도 할 수 있고, 본안인 민사소송을 통해서도 가능하다.

개인정보침해 우려가 있는 경우 금지청구권을 인정하기 위한 요건으로는 ① 법률상 가치가 있는 이익(개인정보이익)이 침해될 우려가 있을 것 ② 침해의 현실성에 대한 우려가 높을 것 ③ 금전배상만으로는 피해자 구제의 실효성을 기대하기 어려울 것 ④ 금지로 인하여 보호되는 피해자의 이익과 그로 인한 가해자의 불이익을 비교 교량할 때 피해자의 이익이 더 큰 경우 등을 들 수 있겠다.

---

140) 졸저, 전게서, 258면.

141) 대법원 2010.8.25. 2008마 1541 결정에서 비록 가처분사건이었지만 불법행위의 효과로서 금지청구권을 인정하고 있다.

142) 대판 1996.4.12. 93다40614 판결(이른바 '남양유업 대 파스퇴르분유' 사건). "인격권은 그 성질상 한번 침해된 후의 구제수단(명예회복이나 명예회복에 적당한 처분 등)만으로는 그 피해의 완전한 회복이 어렵고 손해전보의 실효성을 기대하기 어려우므로 인격권의 침해에 대해서는 사전(예방)적 구제수단으로 침해행위의 정지·방지 등의 금지청구도 인정된다"고 판시하였다.

143) 금지청구권과 예방청구권은 구별되는 개념이다. 금지청구권의 경우에는 아직 침해가 발생하지 않은 경우의 예방청구권과는 달리 이미 침해가 존재할 것을 필요로 하므로

(2) 개인정보보호법상 방해배제·방해예방청구권

개인정보보호법 제36조에서 개인정보의 정정 및 삭제에 대하여 규정하고 있다. 이는 개인정보의 정정 및 삭제요구를 통하여 개인정보권이 침해되는 것을 배제하려는 것으로 민법상 방해배제청구권과 유사한 측면이 있다. 이 경우 개인정보처리자는 개인정보의 정정 또는 삭제에 관하여 다른 법령에 특별한 절차가 규정되어 있는 경우를 제외하고는 지체 없이 그 개인정보를 조사하여 정보주체의 요구에 따라 정정·삭제 등 필요한 조치를 한 후 그 결과를 정보주체에게 알려야 한다.

또한 법률에 특별한 규정이 있거나 법령상 의무를 준수하기 위하여 불가피한 경우, 다른 사람의 생명·신체를 해할 우려가 있거나 다른 사람의 재산과 그 밖의 이익을 부당하게 침해할 우려가 있는 경우, 공공기관이 개인정보를 처리하지 아니하면 다른 법률에서 정하는 소관 업무를 수행할 수 없는 경우 등을 제외하고 정보주체가 개인정보처리자에 대하여 자신의 개인정보 처리의 정지를 요구할 수 있는데(동법 제37조), 이는 방해예방청구권과 유사한 규정이다.

(3) 침해제거청구로서 삭제 요청과 임시조치

정보통신망법에서도 정보통신망을 통하여 일반에게 공개를 목적으로 제공된 정보로 사생활 침해나 명예훼손 등 타인의 권리가 침해된 경우 그 침해를 받은 자는 해당정보를 취급한 정보통신서비스 제공자에게 침해사실을 소명하여 그 정보의 삭제 또는 반박 내용의 게재를 요청할 수 있도록 하고 있다(동법 제44조의 2 제1항). 정보통신서비스제공자는 위 제1항의 정보의 삭제 요청에도 불구하고 권리의 침해 여부를 판단하기 어렵거나 이해당사자간에 다툼이 예상되는 경우에 해당 정보에 대한 접근을 임시적으로 차단하는 조치(이하 임시조치)를 할 수 있고, 임시조치 기간은 30일 이내이다(동조 제4항).

뿐만 아니라 정보통신서비스제공자는 자신이 운영·관리하는 정보통신망에 유통되는 정보가 사생활 침해 또는 명예훼손 등 타인의 권리를 침해한다고 인정되면 임의로 임시조치를 할 수도 있다(제44조의 3 제1항). 이 경우 정보통신서비스 제공자는 임시조치를 취했다는 사실을 권리침해 주장자 및 정보게재자에게 알려야 하고, 이용자도 알 수 있도록 해당 게시판에 공시하는 등의 조치를 취하여야 한다(제44조의 2 제2항). 정보통신서비스 제공자가 자신의 정보통신망에 유통되는 정보에 대하여 법률의 규정에 의거한 임시조치를 하게 되면 이로 인한 배상책임이 경감되거나 면제를 받을 수 있게 된다(제44조의 2 제6항).

(4) 일반적인 금지청구권의 인정 여부

다만 위의 규정들은 일반적인 방해배제·방해예방청구권 규정이 아니기 때문에 그 범위가 한정적이라 할 수 있어서 개인정보법의 규정 외에 개인정보권의 침해에 대한 일반적인 금지청구권이 인정되는지가 문제된다. 우리 통설과 판례는 아직까지 일반 불법행위의 효과로서 사전적 방해배제 내지방해예방청구권을 인정하는데 주저하고 있으나,[144] 인격권에 기해서는 침해행위의 정지·중지 등의 금지청구권을 인정하였는데,[145] 특히 개인정보권 침해에 대해서 헌법 제10조, 제17조, 제21조 제1항, 제4항 등의 인격권을 법적 근거로 하여 변호사 정보 제공 웹사이트 운영자가 변호사들의 개인신상정보를 기반으로 변호사들의 인맥지수를 산출하여 공개하는 서비스를 제공한 사안에서, 인맥지수의 사적·인격적 성격, 산출과정에서 왜곡가능성, 인맥지수 이용으로 인한 변호사들이 이익침해와 공적 폐해의 우려, 그에 반하여 이용으로 달성될 공적인 가치의 보호필요성 정도 등을 종합적으로 고려하면, 운영자가 변호사들의 개인신상정보를 기반으로 한 인맥지수를 공개하는 표현행위에 의하여 얻을 수 있는 법적 이익이 이를 공개하지 않음으로써 보호받을 수 있는 변호사들의 인격적 법익에 비하여 우월하다고 볼 수 없어, 결국 운영자의 인맥지수 서비스 제공행위는 변호사들의 개인정보에 관한 인격권을 침해하는 위법한 것이라고 하여 금지청구를 인정하였다.[146]

따라서 개인정보침해가 있는 경우 이론적으로는 인격권을 그 근거로하거나 혹은 불법행위의 효과로서 금지청구권을 행사할 수 있다.

---

144) 대법원 2010.8.25. 2008마1541 결정에서 비록 가처분사건이었지만 불법행위의 효과로서 금지청구권을 인정하였다. 다만 그 후 이와 관련하여 쟁점이 되었던 것에 대하여 부정경쟁방지 및 영업비밀보호에 관한 법률 제2호 차목에 위법한 부정경쟁행위를 추가함으로서 입법적으로 해결함으로써 일반적인 금지청구권이 확립된 판례라고 보기 어려운 측면이 있다.

145) 대판 1996.4.12. 93다40614(이른바 '남양유업 대 파스퇴르분유' 사건). "인격권은 그 성질상 한번 침해된 후의 구제수단(명예회복이나 명예회복에 적당한 처분 등)만으로는 그 피해의 완전한 회복이 어렵고 손해전보의 실효성을 기대하기 어려우므로 인격권의 침해에 대해서는 사전(예방)적 구제수단으로 침해행위의 정지·방지 등의 금지청구도 인정된다"고 판시하였다.

146) 대판(전) 2011.9.2. 2008다42430.

(5) 금지청구권의 인정요건

개인정보침해의 우려가 있는 경우 금지청구권을 인정하기 위한 요건으로는 ① 법률상 가치가 있는 이익(개인정보이익)이 침해될 우려가 있을 것(위법성), ② 침해의 현실성에 대한 우려가 높을 것, ③ 금전배상만으로는 피해자 구제의 실효성을 기대하기 어려울 것,[147] ④ 금지로 인하여 보호되는 피해자의 이익과 그로 인한 가해자의 불이익을 비교 교량할 때 피해자의 이익이 더 큰 경우[148] 등을 들 수 있다. 다만 인격권이라는 대세적인 절대권에 기초한 방해배제 또는 방해예방으로서 금지청구를 하는 것이므로 가해자의 주관적 요건은 필요하지 않다고 본다.[149] 다만 위법성 판단에 있어서 금지청구는 사전적 예방을 목적으로 하고 있는데 반해 손해배상은 사후적인 손해전보를 목적으로 하고 있기 때문에 위법성 판단기준에 대해서는 손해배상청구권에 비하여 보다 엄격하게 판단할 필요가 있다.[150]

사전적인 금지청구권과 사후적인 손해배상청구권은 의무위반 행위를 기준으로 보면 시간적 순서에 따라 법적으로 보호할 가치가 있는 이익의 실현에 기여한다. 양자의 차이점은 손해배상청구권은 사후적인 손해배상책임을 묻는 방식을 통해 침해행위에 작용함으로써 행위의무의 준수를 간접적으로 실현하려는 반면, 금지청구권은 보다 직접적으로 위반행위에 영향을 미쳐 행위의무의 직접적인 준수를 강제한다는 점이다.

2. 계약상의 채무불이행 책임

앞에서 기술한 바와 같이 계약법 역시 개인정보보호의 법적 근거가 될 수 있으므로, 개인정보를 침해당한 이용자는 계약법상의 채무불이행 책임을 물어 손해배상을 청구할 수 있다(민법 제390조). 약관 및 계약 조항에서 직접 현출되는 개인정보보호의무의 위반, 즉 '주된 급부의무의 불이행'을 근거로 할 수도 있고, 계약상의 부수의무 즉 신의칙상 침해자에게 일반적으로 요구되는 안전배

---

147) 대법원 2010.8.25. 자 2008마 1541 결정.

148) 대판 2013.3.28. 2010다60950.

149) 위의 대판 2013.3.28. 2010다60950에서도 피고가 그 기사가 진실이라고 믿은 데 상당한 이유가 있었다는 등의 사정은 형사상 명예훼손죄나 민사상 손해배상책임을 부정하는 사유는 될지언정 기사삭제를 구하는 방해배제청구권을 저지하는 사유는 될 수 없다고 한다.

150) 김상용, 불법행위법, 법문사, 1997, 80-81면; 김상중, 불법행위에 대한 금지청구권의 판례법적 형성과 발전, 민사재판의 제문제 22권, 2013, 345면.

려의무를 위반한 것을 들어 손해배상을 청구하는 방법도 있다. 우리 민법은 불법행위법에서만 위자료를 규정(제751조)하고, 채무불이행 책임에 있어서도 정신적 손해에 대한 위자료 청구가 가능한지에 대해서는 명문의 규정을 두고 있지 않으나, 학설과 판례[151]는 이를 인정하고 있다.

3. 불법행위책임

(1) 개설

개인정보의 침해가 불법행위를 구성하는 경우에는 불법행위에 의한 손해배상책임이 발생함은 물론이다. 이때는 민법 제750조, 제751조가 근거 규정이 된다. 개인정보보호법 제39조에서도 개인정보처리자에게 손해배상책임을 인정하는 규정을 두고 있다. 다만 제764조에 규정된 원상회복의 특칙, 즉 '명예회복에 적당한 처분' 조항은 개인정보 침해와 관련해서는 그 성격상 적용되기 어려운 점이 있다.[152] 개인정보 침해는 그것이 원치 않게 공개되어 있다는 사실 자체가 중요한 것이고 이러한 사실 상태를 제거하는 데에 목적이 있는 것이지, 명예훼손의 경우처럼 특정인에 대한 사회적 평가가 저하된 상태를 회복시켜 줄 수 있는 조치(예컨대 가해자의 비용으로 정정광고를 하는 등)를 취할 필요는 없기 때문이다.

그렇다면 개인정보처리자의 주의의무 판단은 어떻게 할 것인가. 개인정보법 제39조 제1항 역시 본인의 과실에 대해 책임을 질 것을 규정한 과실책임의 원칙을 받아들이고 있다. 동법의 과실과 민법 제750조의 과실을 동일한 성질을 가지는 과실로 인정할 것인가. 오늘날 과실 개념의 이해는, 사회평균인으로서의 주의의무를 위반한 경우를 가리키는 것이지만, 여기서의 사회평균인이라 하는 것은 추상적인 일반인을 말하는 것이 아니라, 그 때 그 때의 구체적인 사례에 있어서의 보통인을 말하는 것이고,[153] 주의의무 위반행위자는 직업, 사회적

---

151) 대판 2004.11.12. 2002다53865. ("일반적으로 계약상 채무불이행으로 인하여 재산적 손해가 발생한 경우, 그로 인하여 계약 당사자가 받은 정신적인 고통은 재산적 손해에 대한 배상이 이루어짐으로써 회복된다고 보아야 할 것이므로, 재산적 손해의 배상만으로는 회복될 수 없는 정신적 고통을 입었다는 특별한 사정이 있고, 상대방이 이와 같은 사정을 알았거나 알 수 있었을 경우에 한하여 정신적 고통에 대한 위자료를 인정할 수 있다.")

152) 사법연수원, 전게서, 416면.

153) 대판 2001.1.19. 2000다12532.

지위 등에 있어서의 평균인을 기준으로 산정하여야 한다고 한다. 따라서 개인정보처리자의 과실을 판단할 때 만약 개인정보처리자가 기업이나 기관 등 정보주체에 비해 경제력이나 정보력 등에서 우위에 있는 경우에는 개인정보를 통한 이익 역시 대부분의 경우에 개인정보처리자가 얻는다는 점, 인터넷 환경하에서 개인정보의 유통에는 필연적으로 위험이 수반된다는 점 등을 감안할 때 보다 엄격한 주의의무가 요구된다 할 것이다.

개인정보처리자는 개인정보 취급시 개인정보의 분실·도난·누출·변조 또는 훼손을 방지하기 위한 기술적·관리적 조치를 하여야 할 주의의무가 있으므로, 개인정보처리자는 개인정보권자의 의사에 반하여 개인정보가 공개되거나 이용되지 아니하도록 관리할 주의의무가 있다.[154] 이러한 주의의무의 법적 근거는 민법의 불법행위법, 개인정보보호법, 정보통신망법, 신용정보법, 위치정보법 등 개별법과 그 하위 법령, 고시 등이다. 다만 주의의무에 관한 규정이 여러 법에 산재되어 있고, 그 우선순위에 관하여 개인정보보호법 제6조, 정보통신망법 제5조, 신용정보법 제3조의 2 등에 따라 각 해당법률이 적용되는 경우도 있지만, 기본적으로 개인정보보호법 제39조가 개인정보처리자의 주의의무의 법적 근거가 된다고 보아야 한다.

따라서 정보통신서비스 제공자 등이 개인정보를 취급할 때에는 개인정보의 분실·도난·누출·변조 또는 훼손을 방지하기 위하여 개인정보를 안전하게 취급하기 위한 내부관리계획의 수립·시행, 개인정보에 대한 불법적인 접근을 차단하기 위한 침입 차단시스템(방화벽) 등 접근 통제장치의 설치·운영, 접속기록의 위조·변조 방지를 위한 조치, 개인정보를 안전하게 저장·전송할 수 있는 암호화기술 등을 이용한 보안조치, 백신 소프트웨어의 설치·운영 등 컴퓨터 바이러스에 의한 침해 방지조치, 그 밖에 개인정보의 안전성 확보를 위하여 필요한 보호조치의 '기술적·관리적 조치'를 하여야 한다(정보통신망법제28조).[155] 정보통신망법 시행령 제15조 6항에서는 필요한 보호조치의 구체적인 기준을 정하여 고시하여야 함을 규정하고 있는데, 이에 따른 개인정보의 기술적·관리적 보호조치기준(방송통신위원회 고시 제2015-3호)에서 내부관리계획의 수립·시행, 접근통

---

154) 서울중앙지판 2010.9.16. 2008가합88370, 89960, 94641, 99363, 102245, 104814, 110932.

155) 세부적인 기준에 대하여는 정보통신망법 시행령 제15조에서 개인정보의 보호조치에 대해서 규정하고 있다.

제, 접속기록의 위·변조방지, 개인정보의 암호화, 악성프로그램방지, 출력·복사시 보호조치, 개인정보표시 제한 보호조치 등에 대하여 세부적으로 규정하고 있다.

(2) 개인정보처리자의 주의의무의 내용

개인정보처리자의 주의의무 역시 주로 법령과 계약에 따라 결정된다. 계약에 따른 주의의무는 개별적 계약내용에 의하여 구체적으로 결정될 것이다.[156] 우리나라 개인정보보호법과 이에 기초한 하위규범들은 상당히 포괄적이고 체계적인 방식으로 개인정보처리자의 주의의무를 규정하고 있다.[157]

개인정보의 침해가 불법행위를 구성하는 경우에는 불법행위에 의한 손해배상책임이 발생함은 물론이다. 이 경우 민법 제750조, 제751조가 근거규정이 된다. 이 때 과실 여부를 인정함에 있어서 주의의무위반을 판단하는 것이 중요하며, 주의의무위반의 판단 기준이 문제되는데, 불법행위의 성립요건으로서 주의의무위반행위자의 과실을 판단할 때는 직업, 사회적 지위 등에 있어서의 평균인을 기준으로 판단하여야 할 것이다.[158] 그러나 같이 일반인보다 높은 지적인 능력이나 판단과 전문가적인 식견을 갖춘 것으로 기대되는 경우에는 일반인의 기준이 아닌 전문가에게 요구되는 주의의무를 적용하여야 할 것이다. 따라서 개인정보처리자에게 요구되는 주의의무는 추상적인 일반인으로서의 주의의무가 아니라 개인정보업무를 다루는 자[159]로서 요구되는 주의의무라고 보아야

---

156) 이용약관에서 개인정보보호에 관한 주의의무를 규정하는 예도 많다. 그러나 약관은 본래 사업자에 의해 일방적으로 작성되어 제시되는 것이므로 행정안전부의 '표준개인정보보호지침'에 따라 작성되는 경우가 많아 법령에 규정되지 않은 추가적인 주의의무까지 포함시킬 가능성은 그다지 크지 않다.

157) 권영준, 해킹사고에 대한 개인정보처리자의 과실판단기준, 저스티스 통권 제132호(2012. 10.), 50면; 개인정보호법, 동법시행령, 동법 시행규칙 이외에도 행정자치부 장관의 표준개인정보보호지침(법 제12조 제1항 참조), 개인정보 안전성 확보조치 기준고시(법 제24조 제3항 및 제29조, 시행령 제21조 및 제30조), 개인정보 영향평가에 관한 고시(시행령 제38조)가 마련되어 있다. 더 나아가 중앙행정기관의 장이나 헌법기관별로 분야별 지침을 제정하는 경우가 많다.

158) 주의의무의 판단은 조심성 있고 합리적인 일반인을 기준으로 하는 객관적인 기준에 의해야 하는 것으로, 일반적으로 요구되는 기준은 합리적인 일반인이 예측할 수 있는 위험인가 여부이다. 즉 결과예견가능성과 결과회피가능성이 과실의 주요내용을 이룬다.

159) 개인정보보호법 제2조 5호에서 개인정보처리자란 "업무를 목적으로 개인정보파일을 운용하기 위하여 스스로 또는 다른 사람을 통하여 개인정보를 처리하는 공공기관, 법인, 단체 및 개인 등을 말한다"고 하여 업무와의 관련성에 대하여 언급하고 있다.

한다.

공공부문과 민간부문을 아우르는 개인정보에 관한 한 일반법이라고 할 수 있는 개인정보보호법 제39조에서의 과실의 판단기준도 위와 동일하다 할 것이다. 주의의무의 발생근거는 민법, 개인정보보호법, 정보통신망법, 신용정보법, 위치정보보호법 등 개별법과 그 하위법령, 고시 등이다. 다만 주의의무에 관한 규정이 여러 법에 산재되어 있고, 그 우선순위 역시 사안에 따라 다르므로, 개인정보보호법 제6조, 정보통신망법 제5조, 신용정보법 제3조의 2 등의 규정에 비추어 각 해당법률이 개인정보보호법의 특별법적 성격을 갖는 경우 우선하여 주의의무의 근거가 된다.

(3) 주의의무에 대한 구체적 판단 기준

민지 행위단계에 따른 주의의무 위반여부이다. 수집에 관한 주의의무 위반여부의 판단은 대체로 수집시 정보주체의 동의 또는 법률의 규정 등 정당한 수집권원이 있느냐의 인식가능성에 있다. 따라서 수집시 정보주체의 동의가 없었음에도 불구하고 있었다고 볼 수 있을만한 명확한 사유가 없다면 개인정보처리자의 주의의무 위반이 존재한다고 볼 수 있다. 또한 법령(개인정보보호법 제16조·정보통신망법 제23조)에서 정한 최소한의 수집의무를 위반하는 경우에도 주의의무 위반이 있다고 보아야 한다. 따라서 정보통신제공자는 사상, 신념, 과거의 병력 등 개인의 권리·이익이나 사생활을 뚜렷하게 침해할 우려가 있는 개인정보를 수집하여서는 아니된다.

다음으로 개인정보의 제3자 제공은 정보주체의 동의가 있는 경우에 수권범위에서 하거나 법령에 규정되어 있는 경우 법령의 범위에서 하여야 한다. 대개 약관에서 정하고 있고 이 경우 약관의 내용을 가지고 판단하면 된다. 개인정보의 관리에 관한 주의의무에서 주로 문제가 되는 것은 해킹에 관한 것으로서, 정보통신서비스 제공자의 해킹 사고방지를 위한 주의의무의 정도에 대하여 법원은 '정보통신서비스 제공자가 정보통신서비스를 제공하기 위해 이용자로부터 수집한 개인정보를 해킹으로 인해 도난당하였을 때 정보통신서비스 제공자에게 이용자들에 대한 손해배상책임을 지우기 위하여는, 정보통신서비스 제공자가 해킹 사로를 방지하기 위해서 선량한 관리자로서 취해야 할 기술적·관리적 조치의무를 위반함으로써 해킹 사고를 예방하지 못한 경우여야 한다'[160]고

라고 볼 만한 증거가 없고, 피고가 사용한 암호화방식이 구식이어서 상대적으로 해독가능성이 크다고 하더라도 정보통신망법 등 법령에서 정한 기술적·관리적 보호조치를 이행하였고 피고의 행위와 원고등 주장의 손해 발생 사이에 상당인과관계가 인정되지 않는 이상 피고가 암호화기술의 사용과 관련한 기술적·관리적 보호조치를 위반한 것으로 볼 수 없다」[166]고 판단하여 암호화를 했다는 것 자체를 주의의무의 판단기준으로 보았다. 이에 대하여 MD5는 그 보안 강도가 다른 해시함수에 비해 낮아서 일반적으로 권고되지 않는 암호화 방법인 사실을 인정할 수 있으므로, 비밀번호 등 개인정보를 안전한 방법으로 저장할 의무를 위반하였다고 하면서 단순히 암호화조치를 취하는 것으로는 부족하고, 평균적인 수준 이상의 보안강도를 가지는 암호화조치를 취할 것을 판단기준으로 보아 얼마나 높은 보안수준을 지니는 것인지 여부까지를 기준으로 보고 있다.[167]

개인정보보호법에서 규정하고 있는 개인정보처리자의 구체적인 주의의무의 규정을 보면, 개인정보처리 목적 외의 용도 사용금지의무(동법 제3조 제2항), 개인정보를 안전하게 관리할 의무(제3조 제4항), 정보주체의 사생활 침해를 최소화하는 방법으로 개인정보처리할 의무(제3조 제5항), 개인정보 익명처리가 가능한 경우 익명처리의무(제3조 제6항), 개인정보수집시 정보주체의 동의를 받을 의무(제15조 제1항), 정보주체의 동의 없는 개인정보의 제3자 제공 금지의무(제19조), 고유식별정보의 처리에 있어서 암호화 등 안전조치의무(제24조 제3항), 법률에서 정한 사유 외에 주민등록 처리금지의무(제24조의 2), 개인정보 취급 시 개인정보의 분실·도난·누출·변조 또는 훼손되지 아니하도록 안전성 확보를 위한 기술적·관리적·물리적 조치의무(제29조), 개인정보 유출 통지의무(제34조) 등이 있다. 이하에서는 개인정보처리자의 주의의무의 내용 중 기술적·관리적 주의의무를 중심으로 살펴보고자 한다.[168]

166) 서울서부지판 2014.4.17. 2013가합30752; 대전지판 2014.8.14. 2012가합101743·102499.
167) 대구지판 2014.2.13. 2012나9865.
168) 정보통신망법상 개인정보의 기술적·관리적 보호조치기준에 대해서는 방통위고시 제2015-3호, 개인정보보호법상 개인정보의 안전성확보조치 기준에 대해서는 행안부고시 제2014-7호 참조.

가. 주의의무의 내용으로서 기술적 주의의무

개인정보처리자는 개인정보 취급시 개인정보의 분실·도난·누출·변조 또는 훼손되지 아니하도록 안전성 확보를 위한 기술적 조치의무가 있는데, 이러한 안전성 확보를 위한 기술적·관리적 의무는 법률상 의무이기도 하지만 이용계약으로부터 도출될 수도 있다.[169] 기술적 주의의무에서 문제되는 것으로 접근통제, 암호화, 악성프로그램 등의 방지가 있다.

첫째, 접근통제는 정보통신망을 통해 개인정보처리시스템에 대해 인가되지 않은 불법적인 접근을 차단하는 것으로, 정보통신망, 인터넷 홈페이지, 업무용 컴퓨터나 모바일단말기 등 개인정보를 처리하는 각 요소에서 적절한 접근통제 정책의 구현을 통해 불법적인 접근이 적절히 차단되도록 하는 것을 그 목적으로 한다.[170] 개인정보법 시행령 제30조에서는 구체적으로 개인정보의 안전성 확보 조치에 대한 규정을 두고 있는데, 제1항 2호에서 개인정보에 대한 접근통제 및 접근권한의 제한 조치를 하도록 하고 있다. 따라서 개인정보처리자는 정보통신망을 통한 불법적인 접근 및 침해사고 방지를 위해 개인정보처리시스템에 대한 접속권한을 IP 주소 등으로 제한하여 인가받지 않은 접근을 제한해야 하고, 개인정보처리시스템에 접속한 IP 주소 등을 분석하여 불법적인 개인정보 유출 시도를 탐지하는 조치를 하여야 한다.

또한 개인정보처리자는 개인정보취급자가 정보통신망을 통해 외부에서 개인정보처리시스템에 접근하려는 경우에는 가상사설망(VPN) 또는 전용선 등 안전한 접속수단을 적용하여야 하고, 개인정보처리자는 취급중인 개인정보가 인

---

169) 대법원은 정보통신서비스제공자는 정보통신망법 시행규칙에서 정하고 있는 개인정보의 안정성 확보에 필요한 기술적·관리적 조치를 취하여야 할 법률상 의무를 부담하기도 하지만, 이용자와 정보통신서비스 이용계약을 체결하면서, 이용자로 하여금 이용약관 등을 통해 개인정보 등 회원정보를 필수적으로 제공하도록 요청하여 이를 수집하였다면, 정보통신서비스제공자는 위와 같이 수집한 이용자의 개인정보 등이 분실·도난·누출·변도 또는 훼손되지 않도록 개인정보 등의 안전성 확보에 필요한 보호조치를 취하여야 할 정보통신서비스 이용계약상의 의무를 부담한다고 한다(대법원 2015.2.12. 선고 2013다43994 판결).

하급심판결에서도 개인정보처리자는 개인정보 취급 시 개인정보의 분실·도난·누출·변조 또는 훼손을 방지하기 위한 조치를 하여야 할 안전조치의무가 있고, 정보주체의 의사에 반하여 개인정보가 공개되거나 이용되지 아니하도록 관리할 주의의무를 위반한 경우 손해배상책임을 인정하고 있다(서울중앙지방법원 2010.9.16. 선고 2008가합88370, 89960, 94641, 99363, 102245, 104814, 110932, 2009가합43565, 2010가합11250(병합) 판결).

170) 한국인터넷진흥원, 개인정보의 안정성 확보조치 기준해설서, 한국인터넷진흥원연구보고서, 2015.2., 41-42면.

터넷 홈페이지, P2P, 공유설정, 공개된 무선망 이용 등을 통하여 열람권한이 없는 자에게 공개되거나 유출되지 않도록 개인정보처리시스템, 업무용 컴퓨터 및 모바일기기 등에 조치를 하여야 한다. 또한 개인정보처리자는 업무용 모바일 기기에 비밀번호 설정 등의 보호조치를 하여야 한다.[171)]

특히 정보통신서비스제공자의 경우는 전년도 말 기준 직전 3개월간 그 개인정보가 저장·관리되고 있는 이용자 수가 일일평균 100만명 이상이거나 정보통신서비스 부문 전년도 매출액이 100억원 이상인 정보통신서비스 제공자 등은 개인정보처리시스템에서 개인정보를 다운로드 또는 파기할 수 있거나 개인정보처리시스템에 대한 접근권한을 설정할 수 있는 개인정보취급자의 컴퓨터 등을 물리적 또는 논리적으로 망분리하여야 한다.[172)]

하급심 판결에서는 해킹에 의하여 개인정보가 유출된 사안에서 기술적·관리적 조치의무를 다하였는가를 판단함에 있어서, 개인정보보호 업무지침서에서 개인정보관리책임자의 허가를 받아 개인정보 접근권한이 부여될 수 있도록 하고 있고, 개인정보 접근권한 대장과 관련 기록을 작성하여 보관하도록 규정함과 동시에, 업무특성에 따른 접근권한 부여기준, 접근권한의 변경과 말소에 대한 기준, 접근권한 프로그램의 보안을 위한 비밀번호의 작성 규정, 개인정보 접근 로그 저장, 로그의 보관·관리, 로그에 대한 확인·감독을 통한 불법적인 접근·사용 감시 등에 대한 규정이 있는 사실, 개인정보취급자가 외부에서 개인정보관리시스템에 접근하는 경우 가설사설망(VPN)을 통해 접근하도록 하고, 보안전문업체 등과 개인정보시스템에대한 침입차단시스템 또는 침입탐지시스템을 설치, 유지보수 계약을 체결하여 운영하였다는 사실, 개인정보처리시스템에 아이디와 비밀번호를 입력한 후 계속해서 2차 로그인을 위해 이메일로 OPT 번호를 발송하여 로그인하도록 하고, 개인정보처리시스템에 대한 접속 권한을 IP주소 등으로 제한하여 인가받지 않은 접근을 제한하는 방화벽을 설치하는 방법으로 침입차단시스템을 설치·운영하고 있는 사실, 침입 차단시 개인정보처리시스템에 접속한 IP주소 등을 재분석하여 불법적인 개인정보 유출시도를 탐지하도록 하는 침입탐지시스템을 설치·운영한 사실을 들어 주의의무위반을 부정하였다.[173)]

---

171) 안전성 조치기준 제5조.

172) 기술적·관리적 조치기준 제4조 제6항.

둘째, 암호화의 문제이다. 개인정보처리자는 고유식별정보의 처리에 있어서 그 고유식별정보가 분실·도난·유출·위조·변조 또는 훼손되지 아니하도록 암호화 등 안전성 확보에 필요한 조치를 하여야 한다(제24조 제3항). 특히 주민등록번호인 경우에는 분실·도난·유출·위조·변조 또는 훼손되지 아니하도록 암호화 조치를 통하여 안전하게 보관하여야 한다(제24조의 2 제2항).[174] 또한 개인정보처리자는 개인정보를 안전하게 저장·전송할 수 있는 암호화 기술의 적용 또는 이에 상응하는 조치를 해야 하는데, 특히 개인정보를 정보통신망을 통하여 송·수신하거나 보조저장매체 등을 통하여 전달하는 경우, 개인정보처리자는 인터넷 구간 및 인터넷 구간과 내부망의 중간지점(DMZ)에 고유식별정보를 저장하는 경우에는 이를 암호화하여야 한다. 또한 개인정보처리자는 개인정보를 암호화하는 경우에도 안전한 암호알고리즘으로 암호화하여 저장하여야 하며, 개인정보처리자는 업무용 컴퓨터 또는 모바일 기기에 고유식별정보를 저장하여 관리하는 경우 상용 암호화 소프트웨어 또는 안전한 암호화 알고리즘을 사용하여 암호화한 후 저장하여야 한다.[175]

판례는 피고회사가 게임 서버의 업데이트 과정에서 이용자들의 개인정보인 아이디와 비밀번호가 암호화되지 않은 상태에서 로그파일에 저장되도록 함으로써, 컴퓨터에 관한 상당 수준의 전문지식이 있는 사람이라면 누구라도 그에 접근하여 이용자들의 아이디와 비밀번호를 알 수 있는 상황을 발생시킨 것은 이용자들의 개인정보를 유출되도록 한 것으로서 이는 게임 서비스 이용계약 및 법에서 요구하는 주의의무를 다하지 않은 과실이 있다고 하여 손해배상책임을 인정하였다.[176]

셋째, 악성 프로그램 등의 방지이다. 개인정보처리자는 컴퓨터바이러스 등

173) 대전지방법원 2014.8.14. 선고 2012가합101743, 2012가합102449(병합) 판결.

174) 이 경우 암호화 적용대상 및 대상별 적용시기 등에 관하여 필요한 사항은 개인정보의 처리 규모와 유출 시 영향 등을 고려하여 대통령령으로 정하도록 하고 있다. 동법시행령 제21조의 2에서 암호화조치를 하여야 하는 암호화 적용 대상은 주민등록번호를 전자적인 방법으로 보관하는 개인정보처리자로 하고 있으며, 암호화적용시기에 대해서는 100만명 미만의 정보주체에 관한 주민등록번호를 보관하는 개인정보처리자는 2017년 1월 1일, 100만명 이상의 정보주체에 관한 주민등록번호를 보관하는 개인정보처리자는 2018년 1월 1일로 하고 있다.

175) 안전성 조치기준 제6조.

176) 서울중앙지방법원 2006.4.28. 선고 2005가단24005 판결.

을 방지·치료할 수 있는 백신 소프트웨어 등의 보안 프로그램을 설치·운영하여야 하며, 보안 프로그램의 자동업데이트 기능을 사용하거나, 또는 일 1회 이상 업데이트를 실시하여 최신의 상태로 유지해야 하며, 악성프로그램 관련 경보가 발령된 경우 또는 사용 중인 응용 프로그램이나 운영체제 소프트웨어의 제작업체에서 보안 업데이트 공지가 있는 경우, 즉시 이에 따른 업데이트를 실시해야 한다.[177)]

대법원은 2008년 1월 초경 옥션 사이트에 해킹사고가 발생하여 개인정보가 유출되는 사고가 발생한 사건[178)]에서, 2015년 2월에 정보통신서비스제공자의 보호조치의무와 관련하여 시금석이 되는 판결을 내놓았다. 먼저 정보통신서비스제공자가 해킹 사고 방지를 위해 취해야 할 선량한 관리자로서의 주의의무를 위반하였는지 여부는 ① 해킹 등 침해사고 당시 보편적으로 알려져 있는 정보보안의 기술수준, ② 정보통신서비스제공자의 업종·영업규모와 정보통신서비스제공자가 취하고 있던 전체적인 보안조치의 내용, 정보보안에 필요한 경제적 비용 및 효용의 정도, ③ 해킹기술의 수준과 정보보안기술의 발전 정도에 따른 피해발생의 회피 가능성, ④ 정보통신서비스제공자가 수집한 개인정보의 내용, ⑤ 개인정보의 누출로 인하여 이용자가 입게 되는 피해의 정도 등의 사정을 종합적으로 고려하여 정보통신서비스제공자가 해킹 등 침해사고 당시 사회통념상 합리적으로 기대 가능한 정도의 보호조치를 다하였는지 여부를 기준으로 판단하여야 한다고 판시하였다.[179)]

대법원은 위의 판결에서 "특히 구 정보통신망 이용촉진 및 정보보호 등에 관한 법률 시행규칙 제3조의3 제2항의 위임에 따라 정보통신부장관이 마련한 개인정보의 '기술적·관리적 보호조치 기준'(정보통신부 고시 제2005-18호 및 제

---

177) 안전성 조치기준 제8조.

178) 이 사건에서 어플리케이션 서버인 톰캣 서버의 아이디와 비밀번호는 모두 초기설정 상태인 'admin'이었는데, 톰캣은 아파치 소프트웨어 재단에서 무료로 공급하는 오픈소스 소프트웨어로 초기 설정 아이디와 비밀번호가 'admin'이라는 점은 아파치 소프트웨어 재단 홈페이지나 매뉴얼에 공개되어 있었다. 이 사건 해커는 2008.1.3.경 옥션의 웹 어플리케이션 서버(톰캣 서버)에 초기설정상태인 아이디와 비밀번호로 접속하여 관리자 페이지에 '백도어 프로그램'을 올린 후, 다른 서버에 침입하고 데이터베이스 서버의 관리자 아이디와 암호화된 비밀번호를 알아낸 다음, 2008.1.4.경부터 2008.1.8.경까지 네 차례에 걸쳐 데이터베이스 서버에 저장되어 있던 약 1800만 회원의 개인정보를 누출하였다.

179) 대법원 2015.2.12. 선고 2013다43994 판결.

2007-3호)은 해킹 등 침해사고 당시의 기술수준 등을 고려하여 정보통신서비스제공자가 구 정보통신망법 제28조 제1항에 따라 준수해야 할 기술적·관리적 보호조치를 구체적으로 규정하고 있으므로, 정보통신서비스제공자가 고시에서 정하고 있는 기술적·관리적 보호조치를 다하였다면, 특별한 사정이 없는 한, 정보통신서비스제공자가 개인정보의 안전성 확보에 필요한 보호조치를 취하여야 할 법률상 또는 계약상 의무를 위반하였다고 보기는 어렵다"고 하여옥션이 보호조치를 위반하지 않았다고 판단하였다.

그러나 위의 대법원 판결은 기술적 주의의무의 판단기준을 제시하였다는 점에서 의의가 있지만 그 세부적 판단에서는 문제가 있는 판결이다.[180] 해킹사고 당시 옥션의 실제 정보보안의 기술수준은 대법원 스스로 밝히고 있는 '해킹 등 침해사고 당시 보편적으로 알려져 있는 정보보안의 기술 수준'이라는 기준에 비추어, 이 사건 해킹사고가 몇 년 전부터 널리 알려진 보안 취약점을 제대로 방비하지 않은 것을 보호조치 위반이 아니라고 판단한 것은 스스로 정한 기준에도 부합하지 않는다는 점이다.[181]

다음으로 이익형량 판단의 타당성 여부이다. 개인정보보호에서 이익형량을 판단함에 있어서는 개인정보처리자가 기술적 주의의무를 준수하기 위하여 들이는 비용과 개인정보권자가 갖는 이익을 고려하여야 할 것이다. 그러나 위 사안에서는 서비스 제공자가 아주 약간의 수고로 아이디와 비밀번호를 바꿔 보안수준을 높일 수 있는 것과 달리 서비스 이용자는 서비스 제공자의 환경설정 상태를 기준으로 서비스를 선택할 수 없는데, 초기화된 아이디와 비밀번호를 이용한 공격이 이루어져서 개인정보가 유출되었을 때의 위험을 서비스 제공자가 아닌 이용자에게 부담시키는 것이 과연 이익형량 관점에서 타당한가 하는

180) 이에 대해서는 이용재, 옥션 개인정보 유출 판결에 대하여, 법률신문, 2016.2.22.자 참조.
181) 옥션이 사용한 톰캣은 오픈소스 소프트웨어에 해당하고, 오픈소스 웹 어플리케이션 보안 취약점을 발표하는 세계적인 비영리기구 OWASP(The Open Web Application Security Project)에서는 일정한 주기를 기준으로 취약점 중에서 빈도가 많이 발생하고, 보안상 영향을 크게 줄 수 있는 것들 10가지를 선정하여 발표를 한다(10대 웹 애플리케이션의 취약점, OWASP TOP 10). 2004년에는 '부적절한 환경 설정(Insecure Configuration Management)'을 10대 취약점 중 하나로 발표하였는데(A10), 초기설정 계정과 비밀번호를 사용하는 것(Default accounts with their default passwords)을 10대 취약점에 포함시켰다. OWASP는 보안업계에서 적어도 이 사건 해킹사고가 일어나기 몇 년 전부터 알려져 있었고, OWASP TOP 10 자체는 한글로도 문서가 번역되어 있었다.

점이다. 아이디와 비밀번호를 바꾸는 것은 몇 초면 가능하기 때문에 그와 같은 보안수준을 요구하는 것이 서비스 제공자에게 과도한 시간과 비용을 요구하는 것이 아니며, 대법원이 밝힌 바와 같이 '사회통념상 합리적으로 기대 가능한 정도의 보호조치'에 포함된다는 점에서 해당 취약점을 점검 목록에 포함시키지 않았다면, 포함시키지 않았다는 점 자체가 보호조치 위반이라고 보아야 함에도, 불구하고, 취약점 점검 목록에 포함되어 있지 않아 보호조치 위반이 아니라는 판단을 내리고 있음은 이익형량 판단을 그르친 것이라 할 수 있다.[182] 대법원의 판결은 1,800만 명이란 회원의 개인정보의 유출로 인한 개인정보권의 침해사실을 인정하여 작은 금액이라도 손해배상책임을 인정할 경우 사회경제적으로 미치는 파급효과와 기업이 입게 될 손해를 염두에 두고 정보소비자의 입장보다는 기업의 입장에서 판단을 하고 있다는 의구심을 지울 수 없다.

대법원은 기술적 주의의무의 판단기준으로서 '해킹기술의 수준과 정보보안기술의 발전 정도에 따른 피해발생의 회피 가능성'을 제시하고 있다. 이 판단기준은 제조물책임법 제2조 2호 나목의 설계상의 결함 규정과 궤를 같이 한다. 동규정에서 "설계상의 결함이란 제조업자가 합리적인 대체설계를 채용하였더라면 피해나 위험을 줄이거나 피할 수 있었음에도 대체설계를 채용하지 아니하여 해당 제조물이 안전하지 못하게 된 경우를 말한다"고 하여 설계상의 결함 판단기준으로 '합리적인 대체설계'와 '위험회피가능성'을 들고 있다. 여기서 합리적인 대체설계인지의 여부는 비용편익분석을 통하여 판단할 수밖에 없다. 대법원이 해킹기술의 수준과 정보보안기술의 발전 정도에 따른 피해발생의 회피 가능성을 언급하고 있는 것도 해킹사고 당시의 합리적인 기술수준을 의미하는 것이고, 비용편익적 측면도 고려대상이 된다고 보아야 한다.

나. 관리적 주의의무

관리적 주의의무는 기술적 주의의무와 달리 개인정보 처리의 관리적 측면에서 요구되는 주의의무이다. 개인정보보호법시행령 제5장에서 개인정보의 안전한 관리라는 제목하에 제30조에서 규정하고 있다. 즉 내부관리계획의 수립·시행(개인정보보호법 시행령 제30조 제1항 1호), 접근권한의 관리(제2호), 물리적 접근방지, 개인정보의 파기, 출력·복사시 보호조치 등이 이에 해당한다. 기술적

182) 동지 이용재, 앞의 기사.

주의의무가 위험책임적 요소가 있는 주의의무임에 반하여 관리적 주의의무는 보다 과실책임적 요소가 강한 주의의무라고 할 수 있다.

먼저 내부관리계획의 수립·시행에 대하여 살펴보면, 개인정보처리자는 개인정보의 안전한 처리를 위하여 개인정보 보호책임자의 지정에 관한 사항, 개인정보 보호책임자 및 개인정보취급자의 역할 및 책임에 관한 사항, 개인정보의 안전성 확보에 필요한 조치에 관한 사항, 개인정보취급자에 대한 교육에 관한 사항, 개인정보 처리업무를 위탁하는 경우 수탁자에 대한 관리 및 감독에 관한 사항을 포함하는 내부관리계획을 세워야 한다. 다만 소상공인[183]에게는 이 계획 수립이 면제될 수 있다.[184]

다음으로 접근권한의 관리이다. 개인정보처리자는 개인정보처리시스템에 대한 접근권한을 업무 수행에 필요한 최소한의 업무 담당자에 따라 차등 부여하여야 하고, 전보 또는 퇴직 등 인사이동이 발생하여 개인정보취급자가 변경되었을 경우 지체 없이 개인정보처리시스템의 접근권한을 변경 또는 말소하여야 한다.[185] 대법원은 甲 주식회사가 개인휴대통신서비스를 제공하는 乙 주식회사로부터 서버와 연동하는 웹사이트의 시스템 점검을 위하여 서버와 연동할 수 있는 아이디와 비밀번호를 임시로 부여받았으나 시스템 점검 후 아이디와 비밀번호를 삭제하지 아니하여 위 웹사이트의 폰정보 조회 페이지에 휴대폰번호를 입력하면 휴대폰 번호 가입나의 개인정보가 서버로부터 전송되는 상태에 있었음을 이유로, 을 회사가 제공하는 개인휴대통신서비스에 가입한 병 등이 을 회사 등을 상대로 개인정보 누출로 인한 손해배상을 구한 사안에서 개인정보의 기술적·관리적 보호조치 의무를 이행하지 않았음을 이유로 주의의무 위반을 인정하였다.[186]

183) 소상공인은 광업·제조업·건설업 및 운수업의 경우 상시근로자 수가 10명 미만, 그 외의 업종의 경우 5명 미만인 경우이다(소기업 및 소상공인 지원을 위한 특별조치법 시행령 제2조 제1항).

184) 안전성조치 기준 제3조.

185) 2013년 6월경 KCB 신용평가사 직원 한 명이 KB카드, 농협은행, 롯데카드의 1억 400만건이 넘는 개인정보를 유출한 사건이 이 경우이다. KB카드, 농협은행, 롯데카드에 파견되어 이들 회사의 보안 프로그램 개발프로젝트를 총괄관리 담당하던 직원이 파견과정에서 위 회사들의 전산망에 접근하여 개인정보주체들의 정보를 포함한 위 회사들의 고객정보를 USB에 몰래 복사하여 가져가는 수법으로 개인정보권자들의 개인정보를 불법수집하였고, 이를 대출광고업자에게 팔아넘겼다. 고객정보가 유출된 카드3사는 2014년 2월 17일부터 그 해 5월 16일까지 부분 영업정지 처분을 받았다.

셋째, 개인정보의 파기와 관련한 주의의무이다. 개인정보처리자는 개인정보를 파기할 경우 완전파괴(소각·파쇄 등), 전용 소자장비를 이용하여 삭제,[187] 데이터가 복원되지 않도록 초기화 또는 덮어쓰기 수행[188] 중 어느 하나의 조치를 하여야 하고,[189] 개인정보의 일부만을 파기하는 경우, 앞의 방법으로 파기하는 것이 어려운 때에는 전자적 파일 형태인 경우는 개인정보를 삭제한 후 복구 또는 재생되지 않도록 관리 및 감독하고, 그 외의 기록물, 인쇄물, 서면, 그 밖의 기록매체인 경우는 해당 부분을 마스킹, 천공 등으로 삭제하는 등의 조치를 하여야 한다.[190]

개인정보보호분야에서 기술적 주의의무와 관리적 주의의무가 엄격하게 구분되는 주의의무는 아니고 양자가 중첩되는 부분이 있는 주의의무이다. 개인정보의 기술적·관리적 보호조치 기준 등은 가이드라인이나 지침과 같은 권고가 아니며 법률에 의하여 반드시 준수해야 하는 의무사항을 구체화한 것으로, 동 기준을 위반할 경우 민사책임으로서 손해배상책임과 별도로 형사처벌이나 행정처분이 부과된다. 따라서 이러한 고시에 따른 의무를 준수할 경우 법상 기술적·관리적 보호조치는 다한 것으로 볼 수 있으며, 개인정보보호법이나 정보통신망법 등 특별법상 손해배상에서의 주의의무는 문제되지 않는다고도 볼 수 있다. 이 문제는 개인정보보호법 제39조의 해석과도 연관된다. 이하에서는 손해배상책임을 규정하고 있는 개인정보보호법 제39조의 손해의 해석과 관련하여 기술하고자 한다.

186) 대법원 2014.5.16. 선고 2011다24555 판결. 다만 동 판결은 피고인 엘지유플러스가 주의의무를 위반하였다 하더라도 그 자체만으로는 원고들의 사생할의 비밀과 자유를 침해하였다고 볼 수 없고, 나아가 이와 같은 주의의무를 위반하여 원고들의 주민등록번호가 누출되었거나 원고들이 정신적 고통을 받았다고도 볼 수 없으므로 손해배상책임이 없다고 판시하였다.

187) 예컨대, 디가우저(Degausser)를 이용해 하드디스크나 자기테이프에 저정된 개인정보 삭제하는 방법 등이다.

188) 예컨대, 개인정보가 저장된 하드디스크에 대해 완전포맷(3회 이상 권고), 데이터 영역에 무작위 값, 0, 1 등으로 덮어쓰기(3회 이상 권고), 해당 드라이브를 안전한 알고리즘 및 키 길이로 암호화 저장 후 삭제하고 암호화에 사용된 키 완전 폐기 및 무작위 값 덮어쓰기 등의 방법 사용 등이다.

189) 복원이 불가능한 방법이란 사회통념상 현재의 기술수준에서 적절한 비용이 소요되는 방법을 의미한다. 행정자치부·한국인터넷진흥원(KISA), 개인정보의 안전성 확보조치기준 해설서, 64면.

190) 개인정보의 안전성 확보조치기준 제10조.

(4) 입증책임의 전환

일반불법행위의 요건 중 고의·과실과 관련하여 원칙적으로 피해를 주장하는 이용자가 가해자인 개인정보처리자의 고의·과실을 입증해야 할 것이나 개인정보보호법은 제39조 제1항 단서에서 '개인정보처리자가 고의 또는 과실이 없음을 입증하지 아니한 경우에는 책임을 면할 수 없다'고 하여 입증책임을 전환시키고 있다. 이는 「정보통신망 이용촉진 및 정보보호 등에 관한 법률」 제32조에서 규정하던 것과 실질적으로 같다. 다만 개인정보 보호법은 제39조 제2항의 규정을 신설하여, '개인정보처리자가 이 법에 따른 의무를 준수하고 상당한 주의와 감독을 게을리 하지 아니한 경우에는 개인정보의 분실·도난·유출·변조 또는 훼손으로 인한 손해배상책임을 감경받을 수 있다.'는 조항을 뒀다. 즉, 공공기관이나 사업자 등 개인정보처리자가 특정 이용자의 피해에 대한 개별적인 주의의무를 위반하지 않았다는 점을 입증하는 대신, ① 개인정보 보호법에 정해진 취급 절차 등을 준수하였다는 점과 ② (일반적으로) 상당한 주의와 감독을 게을리하지 아니하였다는 점을 입증하면, 손해배상책임을 줄여주도록 하고 있는 점이 눈에 띄는 변화이다.

더 나아가 정보통신서비스제공자가 설치한 하드웨어 또는 소프트웨어의 기능을 활용하지 않았고, 그 기능을 활용하였더라면 해킹을 충분히 막을 수 있었다는 사유만으로 정보통신서비스 제공자가 기술적·관리적 보호조치를 다하지 못한 잘못이 있다고 추정할 수는 없고, 정보통신서비스제공자가 설치한 하드웨어 또는 소프트웨어의 특정한 기능을 기술적·관리적 보호조치로서 사용할 정보통신망 관련 법령상 또는 계약상 의무가 있었다는 점에 관하여 이를 주장하는 자가 증명하여야 한다.[191]

4. 개인정보보호법 제39조의 손해의 해석

정보주체가 개인정보권을 침해받았을 때 손해배상청구권을 갖게 되는데, 이 때 특별법인 개인정보보호법 제39조, 정보통신망법 제32조 등과 민법 제750조, 제751조가 근거규정이 된다. 공공부문과 민간부문을 아우르는 개인정보에 관한 한 일반법이라고 할 수 있는 개인정보보호법 제39조 제1항에서 "정보주체는 개인정보처리자가 이 법을 위반한 행위로 손해를 입으면 개인정보처리

---

191) 서울고등법원 2015.3.20. 2013나20047·20054·20061·20078(병합).

자에게 손해배상을 청구할 수 있다. 이 경우 그 개인정보처리자는 고의 또는 과실이 없음을 입증하지 아니하면 책임을 면할 수 없다"고 규정하여 개인정보권을 침해한 자에게 손해배상책임을 인정하는 규정을 두고 있다. 동법상 손해배상책임의 요건으로서 고의 또는 과실, 동법의 위반(위법성), 손해의 발생, 위법한 행위와 손해의 발생 사이의 인과관계를 들 수 있다.

손해배상책임의 요건 중 고의·과실과 관련하여 원칙적으로 피해를 주장하는 자가 가해자인 개인정보처리자의 고의·과실을 입증해야 할 것이나 개인정보보호법 제39조 제1항 단서에서 개인정보처리자에게 입증책임을 전환시키고 있다. 이는 정보통신망법 제32조에서 규정하는 것과 실질적으로 같다. 다만 개인정보보호법은 '정보주체'에게 손해배상청구권을 부여하고 있는데, 정보통신망법에서는 '이용자'에게 그러한 권리를 인정하고 있다는 점에 차이가 있다.[192] 개인정보침해에 대한 손해배상청구권자로서 개인정보보호법과 정보통신망법은 각각 '정보주체'와 '이용자'로 규정하고 있는데, 정보통신망법 제2조 4호는 "이용자란 정보통신서비스 제공자가 제공하는 정보통신서비스를 이용하는 자를 말한다"라고 규정하고, 개인정보보호법 제2조 3호는 "정보주체란 처리되는 정보에 의하여 알아볼 수 있는 사람으로서 그 정보의 주체가 되는 사람을 말한다"라고 규정하고 있어서, 정보통신망법상 이용자는 정보통신망서비스제공자와 이용계약을 체결한 것을 전제로 하고 있는 반면에 개인정보보호법상 정보주체는 이용계약의 체결과 관계없이 보호대상이 될 수 있다고 일응 해석된다.

개인정보보호법상 제39조 제1항의 손해 개념에 정신적 손해인 위자료 이외에 재산적 손해도 포함된다고 해석해야 할까. 특히 제2항에 3배 징벌적 손해배상책임규정을 둠으로써 체계적인 해석이 필요하게 되었다. 개인정보보호법 제39조 제1항과 제2항 모둔 손해의 발생을 손해배상책임의 요건으로 정하고 있다. 일응 동조 제1항은 전보적 손해배상규정이고 제2항은 징벌적 손해배상규정이라고 할 수 있다.

192) 이용자의 개념은 사업자로부터 물품이나 용역을 제공받는 자인 소비자라는 개념보다 좀 더 넓은 범위로 이해할 수 있으므로 단순히 정보주체 자체에 머무르지 않고 사업자에게 개인정보를 제공한 정보주체라는 의미로 이해할 수 있으므로 정보주체의 용어 대신에 이용자로 보호대상을 넓힐 필요가 있다는 주장(송재일, 앞의 논문, 52면)도 있으나 오히려 이용계약의 당사자로서 이용자보다는 이용계약과 무관한 정보의 주체가 더 넓은 개념이라고 할 수 있다.

민법 제750조의 손해에는 재산적 손해와 정신적 손해가 포함되고 제751조는 제1항에서 "타인의 신체·자유 또는 명예를 해하거나 기타 정신상 고통을 가한 자는 재산 이외의 손해에 대하여도 배상할 책임이 있다"고 규정하여 비재산적 손해에 대하여도 손해배상청구를 인정하고 있다. 개인정보보호법에서는 재산적 손해와 비재산적 손해에 대한 언급이 없이 다만 '손해'라고만 규정되어 있어서 재산적 손해와 정신적 손해 양자를 포함하는 것으로 해석하는 것도 가능하다.

그런데 개인정보의 경우 개인정보가 지닌 특수성으로 인하여 현실적으로 손해가 발생하였는지 판단하기가 용이하지 않다. 예컨대 병적기록, 신체정보 등 개인의 사생활과 관련된 개인정보가 유출된 경우 그 자체로 심리적인 불쾌감을 느낄 수 있으며, 금융정보 등 경제생활에 영향을 미치는 개인정보가 유출된 경우 2차 범죄에 대한 불안감 등을 느낄 수 있으며, 경우에 따라서는 유출 자체가 직접적인 손해로 연결되는 경우도 발생하고 있다. 개인정보권이 침해된 경우에 일응 손해의 발생을 인정할 수 있을 것인가. 학설과 판례[193]는 인격권인 초상권이나 성명권이 침해된 경우 사생활의 비밀과 자유 또는 초상권의 침해를 당한 사람에게는 특별한 사정이 없는 한 정신적 고통이 따르므로 그에 따른 손해가 발생하여 위자료를 배상할 책임이 있다고 보고 있으므로 개인정보권의 침해가 인정된다면 위와 동일한 이유를 들어 위자료를 인정할 수 있을 것이다.[194]

다음으로 불법행위로 인한 재산상 손해에 대하여 다수설과 판례는 차액설에 입각하여 설명하고 있다. 즉 위법한 가해행위로 인하여 발생한 재산상 불이익, 즉 그 위법행위가 없었더라면 존재하였을 재산상태와 그 위법행위가 가해진 현재의 재산상태의 차이라고 말한다.[195] 다만 위자료의 산정은 재산적 손해

193) 대법원 2013.6.27. 선고 2012다31628 판결.

194) 다만 미국에서는 개인정보권의 침해가 인정되더라도 손해배상을 청구하려면 실제로 손해가 발생하였다는 것이 증명되어야 한다. 따라서 손해의 발생이 증명이 중요한데, 실제 손해가 발생하였음을 증명하는데 실패하였다는 이유로 당사자 적격이 없다고 본 판결(Hammond v. Bank of N.Y Mellon Corp., No. 08 Civ. 6060(RMB)(RLE); 2010 WL 2643307 (S.D.N.Y. Mar. 31, 2009)과 손해를 입었을 것으로 예상은 되지만 이를 구체적으로 증명하지 못하여 각하한 경우(Bell v. Acxiom Corp., No.4:06-cv-00485-WRW, 2006 WL2850042 (E.D.A.W.D. Oct. 3, 2006)가 있다.

195) 대법원 1992.6.23. 선고 91다33070 전원합의체 판결.

의 산정에서와 같은 특별한 기준은 없으며, 법관의 자유재량에 맡겨져 있다. 그러므로 위자료액의 산정에는 증거를 요하지 아니하며, 사실심이 제반사정을 참작하여 직권으로 결정한다. 그러나 구체적으로 위자료액을 산정함에는 가해의 동기, 가해자의 고의, 과실의 정도, 피해자와 가해자 쌍방의 사회적 지위, 직업, 자산상태 등을 고려하여 결정하고 있다고는 하지만, 현재 우리나라의 경우 현실적으로 적은 액수만을 인정하고 있다는 점을 감안할 때, 피해자의 보호 및 개인정보권침해행위의 억지에는 한계가 있다.196)

5. 위자료 산정기준

개인정보의 침해는 인격권적 색채가 강하기 때문에 원고의 입장에서는 손해를 증명하거나 재산적 손해처럼 산술적으로 명확하게 산정하기 어려운 측면이 있다. 따라서 대개 위자료를 청구하게 되는데, 이 경우 정신적 손해배상의 특성상 법관의 재량적인 판단이 가능하며, 경우에 따라 위자료 금액이 일관적이지 못할 우려도 있다.197) 이에 대하여 발생한 피해의 처리 및 배상기준을 정함으로써 개인정보침해와 관련된 분쟁을 원활하고 형평성 있게 해결할 필요성이 있고, 기업의 경우 사전에 개인정보권 침해 사고에 따른 위자료를 산출해 봄으로써 기업의 개인정보보호 인식을 제고하고, 투자에 대한 의사결정에 도움을 줄 수 있으며, 관련 보험 상품 개발 및 보험가입에 따른 효율성을 예측하는데 도움을 줄 수 있다.198) 또한 개인정보권 침해에 따른 손해배상은 다른 불법행위유형에 비해 그 형태가 정형적인 측면이 있다. 따라서 개인정보권침해에 대하여 국가배상법 시행령 별표199)와 같은 위자료 기준이나 자동차보험표준약관상의 위자료 지급기준 또는 자동차보험표준약관상의 위자료 지급기준과 같

---

196) 이런 측면에서 재산적 손해와 비재산적 손해의 명확한 구별은 법적 안정성에 기여할 뿐만 아니라, 피해자의 보호에 충실할 수 있다고 한다. 임건면, 재산적 손해와 비재산적 손해-독일에서의 논의를 중심으로-, 성균관법학 제17권 제1호, 성균관대학교 비교법연구소, 177면.

197) 실제 법원에서 인정한 위자료에 관한 손해액은 많게는 100만원에서부터 적게는 8만원까지 천차만별이다.

198) 권홍·김태성, 개인정보침해사고에 대한 정량적 위자료 산정 모델 고찰, 한국경영학회 학술대회논문집, 한국경영정보학회, 2010.6., 433면.

199) 국가배상법 시행령 별표는 명예 등의 침해에 대한 위자료 기준을 정한 별표 6의 2와 같이 "명예를 침해 당하거나 기타 정신상의 고통을 받은 자에 대하여는 별표 4 내지 별표 6에 의한 위자료가 지급되지 아니하는 경우에 한하여 1천만원을 초과하지 아니하는 범위 안에서 상당하다고 인정되는 금액"의 형식으로 위자료 산정의 기준을 규정하고 있다.

은 기준의 제정을 통하여 배상액을 일정하게 산출할 필요가 있다.[200)]

위와 같은 점을 고려하여 일본 네트워크 보안협회(JNSA)는 손해배상으로 예상되는 금액의 산출식을 고안했는데, 손해배상액은 기초정보가치에서 예민정보도와 본인 특정 난이도, 정보유출의 원조직의 사회적 책임도, 사후평가를 각 곱하는 것으로 산출된다. 일한 일본의 손해배상 산출식을 참고하여 우리 판례의 동향을 고려한 산출기준을 제시한 국내 연구도 있다.[201)] 손해배상액 산정의 고려요소로 기초 정보가치, 정보의 민감성, 고유식별정보, 침해된 개인정보의 수, 개인정보처리자의 지위 및 규모, 침해원인, 2차 피해 여부, 사후 조치 등을 고려하여 각 요소를 곱한 것을 손해배상액으로 한다.

구체적으로 살펴보면 기초정보가치는 1만 포인트로 하고 민감정보는 민감도에 따라 각 3포인트부터 1포인트로 하고, 고유식별정보 역시 식별도에 따라 3포인트부터 1포인트로 한다. 침해된 개인정보는 그 수에 따라 10%씩 가산하고, 개인정보처리자의 지위 및 규모에 있어서는 기업의 규모에 따라 10%씩 가산하고, 개인정보처리자의 지위 및 규모에 있어서는 기업 규모에 따라 2.5, 2, 1.5, 1.2 포인트로 하되(중소사업자의 경우 1.5, 이를 초과하는 규모의 기업의 경우 2, 소상공인의 경우 1.2포인트로 한다.), 금융업의 경우 한 단계씩 상향한다는 것이다. 침해원인의 경우 고의나 중과실에 의한 경우 2, 경과실에 의한 경우 1로 하고, 2차 피해의 유무에 따라 각 2, 1 포인트로 한다. 사후조치의 정도에 따라 각 3, 2, 1 포인트로 한다.[202)] 그리고 위 수식에 따라 엘지전자입사지원사이트 사건의 경우 이름, 주소, 주민등록번호, 학력사항, 어학성적, 경력사항, 연구실적, 가족관계, 가치관, 장래계획이 유출된 경우 36만원의 위자료가 예상된다고 한다.

위자료의 산정에서 위와 같은 손해배상액 산출기준은 재판부에 따라 위자료액수가 크게 차이가 나는 것을 방지한다는 측면에서 바람직하다 할 것이고, 향후 관련 보험 상품 개발 및 보험가입에 따른 효율성을 예측하는데 도움을 줄 수 있을 것이다. 다만 통계학적으로 의미있는 위자료산정기준이 되기 위해서는

200) 오대한, 앞의 박사학위논문, 242면.

201) 오대한, 위의 박사학위논문, 244-245면 참조.

202) 손해배상액 산출식을 수식으로 표현하면, 손해배상액 = 기초정보가치[10,000] × 민감정보 [3, 2, 1] ×고유식별정보[3, 2, 1] × 10% * 침해된 개인정보의 수 × 개인정보처리자의 지위 및 규모 [2.5, 2, 1.5, 1.2] × 침해원인 [2, 1] × 2차 피해 여부 [2, 1] × 사후 조치 [2, 1.5, 1]

축적된 자료와 표준산출식의 도출이 필요하다 할 것이다

6. 법정손해배상제도의 도입과 검토

불법행위로 인한 재산상 손해는 위법한 가해행위로 인하여 발생한 재산상 불이익, 즉 그 위법행위가 없었더라면 존재하였을 재산상태와 그 위법행위가 가해진 현재의 재산상태의 차이라고 말한다.[203] 개인정보권의 법적 성격을 재산권으로 인정한다 하더라도 개인정보권 침해에 따른 손해는 그 차액에 따른 손해를 명확히 증명하기가 쉽지 않을 뿐만 아니라 대개는 재산상의 손해보다는 위자료의 문제로 귀결된다. 그러나 법원에서 인정하는 개인정보권의 침해에 대한 위자료는 소액에 그치고 있다. 재산상의 손해를 청구한다 하더라도 개인정보권자는 손해의 발생, 인과관계증명 및 손해액의 정확한 산정 등이 어려워 전통적인 손해배상제도를 통하여 손해배상을 받는 것에는 한계가 있다. 이에 개인정보권자가 소송을 통해 구제받기 어려운 문제점을 극복하고자 법정손해배상제도의 도입이 우리나라에서도 이루어졌다.

법정손해배상(statutory damages)제도는 미국에서 보통법(Common Law)상의 손해배상과 구별되는 사법상 손해배상제도로서, 손해배상액은 원고에게 발생한 손해 정도에 기초하여 산정되기보다는 법률에 규정되어 있다는 점이 특색이다.[204] 법률의 규정에 따라 인정되는 손해배상을 말한다. 법정손해배상은 입법자들이 피해자가 입은 손해를 정확히 산정하기 곤란한 경우에 법률로 규정하게 된다. 침해정도를 규명할 수 없는 지적재산권소송에서처럼 가액산정이 곤란한 경우 법정손해배상을 인정할 실익이 있다. 또한 인격권의 침해와 같이 침해의 성질이 주관적인 경우에도 실익이 있고, 법정손해배상은 배상적인 기능뿐만 아니라 침해행위에 대한 억지적 기능에도 초점이 맞추어져 있다.

우리나라에서는 2011년에 한미 FTA협정에 따라 저작권법 제125조의 2와 상표법 제67조의 2의 입법으로 법정손해배상제도가 최초로 도입되었고,[205]

---

203) 대법원 1992.6.23. 선고 91다33070 전원합의체 판결.

204) wikipedia, https://en.wikipedia.org/wiki/Statutory_damages.

205) 권리자가 손해배상과 선택하여 청구할 수 있는 점, 고의침해에 대한 손해배상액의 가중 등 미국의 제도와 유사한 측면이 있으나, 배상액의 하한이 부존재하고, 변론의 취지와 증거조사를 통해 법관의 재량에 따라 손해액을 산정할 수 있다는 점에서 미국과 차이점이 있다. 조영선, 저작권침해로 인한 법정손해배상- 개정 저작권법 제125조의 2에 대한 검토, 법조 제61권 제4호, 법조협회, 2012, 132-136면.

2014년 5월에 신설된 정보통신망법 제32조의 2에서는 법정손해배상의 청구라는 제목 하에 “정보통신서비스 제공자 등이 고의 또는 과실로 이 장의 규정을 위반하여 개인정보가 분실·도난·누출된 경우 이용자가 개인정보의 누출 등의 사실을 안 날부터 3년 이내 또는 개인정보의 누출 등이 발생한 날부터 10년 이내에 정보통신서비스 제공자 등에게 제32조에 따른 손해배상을 청구하는 대신 300만원 이하의 범위에서 상당한 금액을 손해액으로 하여 배상을 청구할 수 있다”고 규정하고 있으며, 신용정보법 제43조의 2에도 규정하고 있다. 개인정보보호법에서도 2015.7.24.에 제39조의 2의 규정에 법정손해배상책임규정을 신설하였다.

정보통신망법과 신용정보법, 개인정보보호법 모두 고의 또는 과실로 개인정보의 보호에 관한 규정을 위반한 경우에 법정손해배상을 인정하는 규정으로서 피해당사자는 불법행위에 따른 손해배상(정보통신망법 제32조) 혹은 법정손해배상(동법 제32조의 2)을 선택적으로 청구할 수 있다. 또한 정보통신망법 제32조 개인정보보호법 제39조 제1항의 손해배상규정과 동일하게 고의·과실에 대한 입증책임을 전환하여 정보 주체의 보호를 도모하고 있다.

위의 법정손해배상제도는 재산적 손해의 산정 및 증명이 어려운 경우 손해배상을 받기 어려운 측면을 고려한 제도로서 민법 제750조 불법행위에 기한 손해배상 또는 개인정보보호법 제39조 제1항의 손해배상과 그 목적이 상이하며, 법정손해배상을 인정하는 규정을 별도로 두게 된다. 따라서 법정손해배상은 일반 손해배상과 그 소송물이 다르다.[206] 그러므로 일반 손해배상과 법정손해배상을 예비적으로 청구할 수도 있으며, 청구의 변경도 가능하다고 볼 수 있다. 다만 그 손해배상액 산정에 있어서 위자료 청구가 인정될 경우 별도로 법정손해배상을 인정해야 할지에 대해서는 개인정보권 침해에 따른 손해배상의 경우 대개 재산적 손해 산정의 어려움을 이유로 재산적 손해를 감안한 위자료 청구를 하는 경향이 있으므로, 법정손해배상책임 판단에 있어서는 이를 고려할 필요가 있다.[207]

정보통신망법과 신용정보법, 개인정보보호법은 손해액의 상한을 300만원을

206) 따라서 이론적으로는 일반 손해배상소송에서 패소하였다 하더라도 법정손해배상의 소송을 제기할 수 있다.

207) 오대한, 앞의 박사학위논문, 282-283면.

정하고 있는 반면 하한에 대한 규정을 두고 있지 않다. 상한의 경우 개인정보권 침해로 인한 위자료를 대부분의 경우 100만원 이하로 인정하고 있는 점을 감안하면 어느 정도 타당한 입법이라고 생각되나 하한에 대한 제한이 없기 때문에 법원에서 법정손해배상액을 0원으로 선고할 수도 있게 되는 문제점이 있다. 법정손해배상의 목적은 단순히 손해액 증명의 어려움을 감경시키는 것에 있지 않고, 이를 통해 개인정보권침해를 억제하거나 예방하는 것도 있음을 감안한다면 적절한 금액의 하한선을 규정하는 것이 필요하다.[208] 다만 그 적용범위를 개인정보가 분실·도난·누출된 경우로 제한한 것은 동제도의 실효성을 저해할 우려가 있으므로 그 적용범위를 확장하여 위법성이 큰 개인정보권의 침해의 경우에도 인정하여야 할 것이다.

7. 징벌적 손해배상제도의 도입과 검토

인터넷이나 정보통신망의 발달로 인해 개인정보의 침해가 날이 갈수록 심각해지고 있는 현대사회에서 침해구제에 대한 실효성 확보 및 제재적 기능 관점에서 징벌적 손해배상[209]제도의 도입을 하는 것이 개인정보보호에 충실할 것이라는 주장[210]과 입법론이 꾸준히 있어 왔다. 징벌적 손해배상제도의 기능이 단순히 제재적인 기능뿐만 아니라 위법행위의 억지적 기능도 가지고 있는 점, 빅데이터 시대에 개인정보처리자가 개인이 아니라 기업인 경우 개인정보의 대량유출이나 대량피해가 발생한다는 점, 특히 기업에 의해 이루어지는 이러한 위법행위는 이익추구와 밀접하게 결부되어 있다는 점을 고려할 때, 만약 악의나 중과실로 행해지는 경우 징벌적 손해배상을 부과한다면 효과적이라는 것이다.

징벌적 손해배상이란 피해자가 받은 손해를 대상으로 하는 것이 아니라 가

208) 손해액 증명이 쉽지 않은 소송의 경우 보통 법원은 화해나 조정을 요구하는 경우가 많은데, 화해나 조정에 의할 경우 법정손해배상액의 상한과 하한은 그 기준이 될 가능성이 크다.

209) 영국에서는 주로 exempalry damages라는 용어를 많이 사용하고, 또 vindictive damages, retribute damages 혹은 smart money로도 쓰인다. 미국에서는 punitive damages가 많이 쓰인다. 이러한 용어는 초기에는 금전적으로 평가·회복이 불가능한 손해에 대한 전보, 즉 비재산적 손해에 대한 배상의 의미로 사용되었다. B. Großfeld, Die Privatrechtstrafe ein Beitrag zum Schutz allgemeinen persönlichkeitsrechts, 1961, S.37ff.

210) 이에 대한 문헌으로는 송동수·성기만, 개인정보유출에 대한 구제방안으로서의 징벌적 손해배상,토지공법연구 제67집, 한국토지공법학회, 2014.11., 177면 이하; 오대한, 앞의 박사학위논문, 284면 이하.

해자가 행한 행위의 부당성·비행성을 대상으로 하는 것이며 이러한 사고방식은 영미법 전반에 흐르고 있다. 위와 같이 징벌적 손해배상이 순수하게 가해자의 비행을 처벌하고 장래 유사행위의 재발을 억제하기 위한 것이라는 점에서 통설에서 말하는 위자료 즉 피해자가 받은 정신적 손해에 대한 보상적 손해배상과 구별된다.

개인정보보호에 관한 특별법들은 개인정보처리자나 정보통신망서비스업자 신용정보업자 등이 위법한 개인정보침해시에 징벌적 과징금[211)]이나 형사처벌을 하도록 하고 있다. 그러나 이러한 징벌적 과징금이나 형벌적 제재만으로는 위법행위의 억제면에서는 실효성에 한계가 있다. 따라서 징벌적 손해배상을 통하여 오늘날 빈번하고 대량으로 행해지는 기업들의 개인정보권 침해행위에 대하여 그 실효성을 확보할 필요성이 있었다.[212)]

그 동안 징벌적 손해배상의 도입에 대해서 우리나라에서는 원고가 전보적 손해배상 이상의 손해배상을 받는다는 점, 우리 법제가 영미법계와는 법적 구조가 다르다는 점, 징벌적 손해배상의 취지가 일반적 손해배상의 목적과 크게 다르지 않다는 점, 피고에게 이중위험의 우려가 있다는 점 등을 이유로 부정하는 견해[213)]와 징벌적 손해배상의 여부 및 배상액에 대한 판단을 전문적인 법관이 함으로써 어느 정도 판결의 예측가능성이 존재하며, 징벌적 손해배상이 가해자의 고의나 중과실을 특히 규율하려는 점에서 일반적인 손해배상과는 다르다는 점, 가해행위를 한 타인이 다시 동종의 위법행위를 하는 것을 억제하는 기능이 있다는 점 등을 이유를 들어 긍정하는 견해[214)]로 나뉘어졌고 입법방향

---

211) 개인정보보호법 제34조의 2 제1항에서 "행정자치부장관은 개인정보처리자가 처리하는 주민등록번호가 분실·도난·유출·위조·변조 또는 훼손된 경우에는 5억원 이하의 과징금을 부과·징수할 수 있다"고 규정하고 있다.

212) 다만 과도한 징벌적 손해배상은 미국의 예에서 보듯 건전한 기업의 활동을 위축하게 할 가능성이 있으므로, '사회적 비용의 최소화'라는 관점에서 징벌적 손해배상의 억제기능을 긍정적으로 받아들이면서 배상액의 폭등에 따른 부작용을 막기 위한 '합리적인 산정기준'을 확립하기 위한 법경제학적 접근이 필요하다 할 것이다.

213) 윤용석, 징벌적 손해배상에 관한 미국의 최근동향, 재산법연구 제23권 제1호, 한국재산법학회, 2006, 247면 이하; 김재형, 언론과 법의 지배, 박영사, 2007, 171-176면; 권영준, 불법행위법의 사상적 기초와 그 시사점-예방과 회복의 패러다임을 중심으로-, 저스티스 109호, 2009.3., 101면.

214) 윤정환, 징벌적 손해배상에 관한 연구, 재산법연구 제9권 제1호, 1992, 한국재산법학회, 146면; 송오식, 불법행위책임의 새로운 전개, 법률행정논총 제17집, 전남대학교 법률행정연구소, 1997, 207-209면.

에 대해서도 필요한 경우 각각의 특별법에 산재하는 방안, 개인정보보호에 관한 일반법적 성격을 가진 개인정보보호법에 규정하는 방안, 아예 민법의 불법행위편에 규정하는 방안[215] 등이 거론되었으나 개인정보보호에 관한 일반법인 개인정보보호법에 신설되었다.

우리나라에서 징벌적 손해배상은 2011년에 「하도급거래 공정화에 관한 법률」 제35조 제2항에서 3배를 넘지 않은 범위에서 배상책임을 인정하는 규정을 둠으로써 처음으로 도입되었다. 그 후 개인정보의 유출 등으로 개인 신용정보가 누설되거나 분실·도난·누출·변조 또는 훼손되어 신용정보주체에게 피해를 입힌 경우가 다수 발생하여 정보주체의 피해가 확산되는 사태가 빈번하자 2015.3.11. 신용정보법 제43조 제2항에서 3배를 넘지 않은 범위에서 배상책임을 인정하였다. 동규정에 따르면 신용정보회사 등이나 그 밖의 신용정보 이용자, 신용정보 수탁자가 고의 또는 중대한 과실로 이 법을 위반하여 개인신용정보가 누설되거나 분실·도난·누출·변조 또는 훼손되어 신용정보주체에게 피해를 입힌 경우 징벌적 손해배상을 인정하고 있다.[216]

그러나 침해의 위험성이 신용정보에 한정된다고 할 수 없고, 의료정보, 교육정보, 공적 정보 등도 침해 시 정보주체의 피해가 상당하고, 소송 시 소가가 소액이고 소송당사자가 다수라는 점에서 공통점을 가지고 있으므로 개인정보보호법에서 징벌적 손해배상을 도입하여 이를 개인정보 전반에 걸쳐서 규율할 필요가 있다는 주장이 제기되었고 드디어 2015.7.24.에 개인정보법 제39조 제3항에 "개인정보처리자의 고의 또는 중대한 과실로 인하여 개인정보가 분실·도난·유출·위조·변조 또는 훼손된 경우로서 정보주체에게 손해가 발생한 때에는 법원은 그 손해액의 3배를 넘지 아니하는 범위에서 손해배상액을 정할 수 있다. 다만, 개인정보처리자가 고의 또는 중대한 과실이 없음을 증명한 경우에는 그러하지 아니하다."라고 하여 징벌적 손해배상을 인정하는 규정이 신설되

215) 김성돈, 징벌적 손해배상제도의 법이론적 문제점과 극복방안, 성균관법학 제25권 제4호, 성균관대학교법학연구소, 2013.12., 295-296면; 최현태, 환경침해영역에서의 징벌적 손해배상제도의 기능, 한양법학 제24권 제2호, 한양법학회, 2013, 503, 527면.

216) 이 이외에도 다양한 분야에서 징벌적 손해배상제도의 도입이 논의되고 있다. 소비자법에서 개인정보처리자의 징벌적 손해배상을 인정하자는 의견도 있고, 금융소비자보호법, 독점규제 및 공정거래에 관한 법률, 대리점거래의 공정화에 관한 법률, 제조물책임법, 최저임금법, 특허법 등 여러 법률에 징벌적 손해배상제도를 도입하자는 법안이 국회에 제출되었다.

었다.

동규정의 타당성을 검토하여 보면, 징벌적 손해배상의 요건으로서 악의적인 침해에 대한 징벌적 의미의 취지를 고려하여 고의 또는 중과실로 한정한 것은 타당한 입법이다. 또한 침해태양에 있어서도 동의권 등 개인정보권 전반에 대한 침해보다는 침해 시 그 손해의 발생이 상대적으로 중하고, 2차적 피해가 예상되는 개인정보의 누설, 분실, 도난, 누출, 변조, 훼손한 경우[217]에 한정한 것은 적절하다 할 것이나 이 이외에도 영리 또는 부정한 목적으로 개인정보를 제공받은 경우 등도 추가할 필요성이 있다.

동조 제4항에서는 법원이 징벌적 배상을 정할 때 고려사항을 열거하고 있다. ① 고의 또는 손해 발생의 우려를 인식한 정도, ② 위반행위로 인하여 입은 피해 규모, ③ 위법행위로 인하여 개인정보처리자가 취득한 경제적 이익, ④ 위반행위에 따른 벌금 및 과징금, ⑤ 위반행위의 기간·횟수 등, ⑥ 개인정보처리자의 재산상태, ⑦ 개인정보처리자가 정보주체의 개인정보 분실·도난·유출 후 해당 개인정보를 회수하기 위하여 노력한 정도, ⑧ 개인정보처리자가 정보주체의 피해구제를 위하여 노력한 정도를 들고 있다.[218]

4호에서 위반행위에 다른 벌금 및 과징금도 배상액을 정할 때 고려사항으로 규정하고 있는데,[219] 징벌적 손해배상도 비록 민사적 손해배상의 일종이지만 그 기능과 목적면에서 '손해의 전보'가 아닌 '위법행위의 억제 내지 제재'로서 벌금과 동일하기 때문에 재산권에 대한 과도한 이중제재에 해당하여 위헌 논란의 소지가 있다.

---

217) 오대한, 앞의 박사학위논문, 295면.

218) 미국에서 징벌적 손해배상의 인정여부 및 그 금액을 산정함에 있어서 대체적으로 배심원에게 권고되는 사항으로 ① 징벌적 배상을 인정하는 경우 불법행위를 억제하는 효과가 있는가, ② 실제로 손해가 발생되었는가, ③ 피해자의 연령·성·건강상태·가해자의 성격, ④ 피해자와 가해자의 관계, ⑤ 가해자의 재산정도, ⑥ 가해자의 불법행위의 빈도, ⑦ 가해자의 그러한 행위가 통상 손해배상의 가능성이 있는지 여부 ⑧ 제조물책임의 경우 제조자가 제품의 결함·위험 및 안전한 제품의 제작가능성 등을 인식하고 있었는지 여부 또는 그 사용자에게 위험을 경고하였는지의 여부, 제품의 제작비용·기술수준·업계의 관행·제품의 효용성과 실효성, 안전기준 준수여부·안전도에 대한 부실허위표시여부, 수익의 의도여부, 법위반으로 인하여 얻은 이익, ⑨ 형법상의 증거와 동일한 정도의 확고한 증거의 유무 등이다. 이점인, 징벌적 손해배상제도의 도입필요성과 가능성에 대한 일고찰, 동아법학 제38권, 동아대학교법학연구소, 2006, 225면

219) 제39조 제4항 4호의 입법취지가 벌금 및 과징금이 부과된 경우 손해배상액을 감경하여 결정하라는 것인지, 혹은 오히려 손해배상액을 가중하라는 것인지 불분명하다.

(1) 위법성의 판단

개인정보권을 침해하면 개인정보 주체의 승낙[220]이나 정당행위,[221] 공익성의 충족 등 위법성조각사유가 존재하지 않는 한 침해행위는 위법성을 띠게 된다.[222] 비록 '권리성'이 인정되지 않는다 하더라도 개인정보에 대하여 갖는 법익이 인정된다면 위법하다고 판단되어야 할 것이다.

위법성판단에서 개인정보의 이익과 다른 법익이 충돌하는 경우에 위법성 판단은 어떻게 되는가. 표현의 자유 내지 언론·출판의 자유의 기본권과 개인정보권이 침해되는 경우에는 양 법익을 비교형량하여 판단한다.[223]

(2) 손해의 판단

불법행위로 인한 손해배상청구권은 현실적으로 손해가 발생한 때에 성립한다고 하는 것이 종래 통설·판례의 입장이다. 현실적으로 손해가 발생하였는지 여부는 사회통념에 비추어 객관적이고 합리적으로 판단하여야 한다.[224] 그런데 개인정보의 경우 개인정보가 지닌 특수성으로 인하여 현실적으로 손해가 발생하였는지 판단하기가 쉽지 않다. 현재의 손해의 개념에서 '차액설'을 취하는

---

220) 개인인물정보인 성명, 직업, 학력, 경력 등을 당사자의 동의 없이 불특정 다수의 제3자에게 유료로 제공한 행위는 개인정보자기결정권을 침해하는 불법행위에 해당한다. 서울중앙지판 2014.11.4. 2013나49885.

221) 예컨대 차량 등이 언제 어느 곳으로 지나가고, 이동시간 및 이동 지점 등을 파악할 수 있는 교통정보는 사물인터넷 마케팅에 있어서 중요하게 사용될 수 있는 위치개인정보인데 개인정보보호법 제25조 제1항 5호의 교통정보의 수집·분석 및 제공을 위하여 필요한 경우에 해당된다면 영상정보처리기기의 설치·운영이 가능한 경우로서 정당행위에 해당하여 위법성이 조각된다.

222) 대법원은 전교조 조합원 명단공개사건(대판 2012.4.26. 2012다2255; 대판 2014.7.24. 2012다49933)에서 전국교직원노동조합에 가입한 교원들의 학교명, 교사명, 담당교과, 교원단체 및 노동조합 가입현황을 인터넷 홈페이지를 통하여 공개한 것은 교원들의 개인정보자기결정권을 침해하는 것으로 불법행위를 구성한다고 판시하였다.

223) 대판(전) 2011.9.2. 2008다42430 이른바 로마켓 사건의 다수의견은 변호사 정보제공 웹사이트 운영자가 변호사들의 개인신상정보를 기반으로 변호사들의 인맥지수를 산출하여 공개하는 서비스를 제공하는 것은, 인맥지수의 사적·인격적 성격, 산출과정에서 왜곡가능성, 인맥지수 이용으로 인한 변호사들의 이익침해와 공적 폐해의 우려, 그에 반하여 이용으로 달성될 공적 가치의 보호 필요성 정도 등을 종합적으로 고려하면, 운영자가 변호사들의 개인신상정보를 기반으로 한 인맥지수를 공개하는 표현행위에 의하여 얻을 수 있는 법적 이익이 이를 공개하지 않음으로써 보호받을 수 있는 변호사들의 인격적 법익에 비하여 우월하다고 볼 수 없다고 판단하였다.

224) 대판 2004.11.26. 2003다58959.

경우 더더욱 그렇다. 실제 개인정보권의 침해로 인하여 손해가 발생한다 하더라도 개인의 입장에서는 그 손해가 미미한 수준이다.

개인정보권의 침해시에는 정신적 손해로서 위자료가 문제된다. 판례는 사생활의 비밀과 자유 또는 초상권이 침해를 당한 사람에게는 특별한 사정이 없는 한 정신적 고통이 수반된다고 봄이 상당하다고 하여 침해가 발생하면 이는 정신적 고통이 따르므로 그에 따른 손해가 발생하여 위자료를 배상할 책임이 있다고 보고 있다. 개인정보권의 침해시에도 정신적 손해의 발생을 인정하여 위자료를 지급하여야 할 것이다.[225)]

또한 개인정보권의 침해와 손해의 발생을 분리하여 판단하고 있다. 예컨대 GS칼텍스 사건에서「개인정보가 저장매체에 저장된 상태로 공범들과 언론관계자 등에게 유출되었지만 위자료를 배상할 만한 정신적 손해가 발생하였다고 보기는 어렵다」[226)]고 판시하여 개인정보의 유출은 인정하면서도 정신적 손해의 발생은 부정한 바 있다. 나아가 손해의 발생을 단순한 개인정보의 유출과 같은 침해로 판단하지 않고 경험칙[227)]과 수일한도[228)]를 기준으로 하여 구체적인 사건에 따라 개별적으로 판단하면서,[229)] 정신적 손해가 인정되는 개인정보의 누출에 대하여 구체적인 기준을 설시하고 있다.[230)]

---

225) 이른바 ㈜ NHN사건에서 인터넷 종합정보제공 사업자가 인터넷 포탈사이트에 새설된 카페 사이트에 ID를 사용하여 익명으로 게시한 사람에 대한 인적 정보를 수사기관으로부터 제공해 달라는 요청을 받고 ID, 이름, 주민등록번호, 이메일, 휴대폰 번호, 가입일자를 제공한 경우, 위와 같은 개인정보 제공행위로 인해 원고가 정신적 고통을 받았을 것임은 경험칙상 명백하고, 피고로서도 그러한 사정을 충분히 알 수 있었을 것이므로, 정신적 손해에 대한 위자료를 지급할 의무가 있다고 한다. 서울고판 2012.10.18. 2011나191012.

226) 대판 2012.12.26. 2011다59834·59841·59858.

227) 서울고판 2012.10.18. 2011나19012; 서울고판 2007.11.27. 2007나33059·33066; 서울고판 2008나25888.

228) 서울중앙지판 2010.9.16. 2008가합88370·89960·94641·99363·102245·104814·110932.

229) 대판 2012.12.26. 2011다59834·59858·59841.

230) 대판 2014.5.15. 2011다24555·24563 판결에서「'휴대폰정보 조회' 페이지에서 주민등록번호가 조회되어 원고들의 개인정보가 누출되었다고 할 것이지만, 원고들은 소외인의 친구로서 원고가 먼저 소외인에게 '폰정보 조회' 페이지로 주민등록번호를 알 수 있다고 알려준 점, 원고가 소외인을 위하여 수사기관에 탄원서까지 제출한 점 등을 종합하면, 소외인에 의해 위 원고들의 개인정보가 누출되었다고 하더라도 위 원고들이 금전으로 위사하여야 할 정도의 정신적 고통을 받았다고 볼 수 없다」고 하고,「피고 엘지유플러스가 원고들의 동의를 받지 아니하고 코디너스에 원고들의 개인정보를 제공하여 사생활의 비밀과 자유가 침해되어 정신적 고통을 받았다는 원고들의 주장에 대해, 코디너스가 피고 엘지유플러스의 2G 서버에 접속할 수 있는 아이디와 비밀번호를 부여받아 그 서버가 2G 서버와

즉 정신적 손해가 발생하였는지는 유출된 개인정보의 종류와 성격이 무엇인지, 개인정보 유출로 정보주체를 식별할 가능성이 발생하였는지, 제3자가 유출된 개인정보를 열람하였는지 또는 제3자의 열람 여부가 밝혀지지 않았다면 제3자의 열람 가능성이 있었거나 앞으로 열람 가능성이 있는지, 유출된 개인정보가 어느 범위까지 확산되었는지, 개인정보 유출로 추라적인 법익침해 가능성이 발생하였는지, 개인정보를 처리하는 자가 개인정보를 관리해온 실태와 개인정보가 유출된 구체적인 경위는 어떠한지, 개인정보 유출로 인한 피해발생 및 확산을 방지하기 위하여 어떠한 조치가 취하여졌는지 등 여러 사정을 종합적으로 고려하여 구체적인 사건에 따라 개별적으로 판단하여야 한다고 한다.[231]

다만 위자료의 산정이 문제이다. 개인정보의 침해 시 대부분의 경우에는 단순히 개인정보권 침해에 따른 손해발생의 위험성이 증대되는 것에 불과한 것이고, 곧바로 손해가 발생한다고 볼 수는 없다. 예컨대 개인정보처리자가 서버의 관리를 잘못하여 서버 상에 개인정보가 노출된 경우, ① 개인정보처리자의 고의·과실로 개인정보가 노출된 상태, ② 제3자가 이러한 정보에 접근할 수 있는 가능성이 존재하는 상태, ③ 타인이 이를 열람한 상태, ④ 타인이 이를 이용하여 후속 피해를 야기한 상태 등을 상정할 수 있는데, 최소한 손해의 발생이라고 하려면 ③의 단계여야 할 것이다.

또한 개인정보의 성격에 따라 '민감한 정보'인 경우에는 위자료 액수의 산정에 있어서 고려하여야 할 것이다.[232]

Ⅲ. 형사적 구제

개인정보 침해 피해자나 관련자는 형사상 고소·고발을 통하여 간접적으로 피해 구제를 받을 수 있다.

연동하고 있어 2G 서버에 저장된 원고들의 주민등록번호가 코디너스에 제공될 수 있는 상태에 있었다 하더라도 실제로 원고들의 주민등록번호가 코디너스에 제공되지 아니한 이상, 원고들의 사생활의 비밀과 자유가 침해되었다거나 원고들이 정신적 고통을 받았다고 볼 수 없다」고 판단하였다.

231) 대판 2012.12.26. 2011다59834·59841·59858.

232) 공개한 개인정보가 이미 공개된 개인정보로서 개인정보보호법 소정의 민감정보나 고유식별정보는 포함되어 있지 아니한 것으로 보이는 점을 위자료 산정요소로 보았다(서울중앙지판 2014.11.4. 2013나49885).

1. 형법

개인정보 침해 시 개인정보를 침해 당한 이용자는 형법 제127조 공무상비밀누설죄, 제227조의2 공전자기록 위·변작죄, 제232조의2 사전자기록 위·변작죄, 제316조 비밀침해죄, 제317조 비밀누설죄, 제313조 신용훼손죄 등으로 형사처벌을 하는 방안을 고려할 수 있으나, 위 구성요건은 개인정보 침해 중에서도 일부 특수한 경우(공무원의 고의에 의한 정보 누설, 전자기록의 진실성 훼손, 서신침해, 전문직 종사자의 누설, 영업상 신용 훼손하는 정보 유통 등)만을 규율하고 있어서 일반적인 구제수단으로는 기능하기 어렵다.

2. 행정 형법

개인정보 보호법은 제9장 벌칙에서 형사처벌 규정을 두고 있다. 공공기관의 업무를 방해할 목적으로 개인정보를 변경·말소한 자는 10년 이하의 징역 또는 1억원 이하의 벌금으로 비교적 중하게 다스리고 있다(동법 제70조). 이는 일반 형법상의 공전자기록 위·변작죄, 그리고 민감정보 고유식별정보 등을 무단 처리하거나, 설치 목적과 다른 CCTV 운용, 개인 정보의 무단 이용·제공 등 중대 법익 침해에 대하여 최대 5년 이하의 징역 또는 5천만원 이하의 벌금에서부터 최하 2년 이하의 징역 또는 1천만원 이하의 벌금을 부과하는 형사처벌 규정(제71조 내지 제73조)을 두고 있다. 제74조는 양벌규정을 두어 법인 또는 사용자의 감독책임도 묻는다. 정보통신망법에서도 개인정보 침해에 대하여 정보통신서비스 제공자의 형사 책임을 규정한 조항을 두고 있고, 구성요건이나 처벌 수준은 개인정보보호법과 유사하다.[233)]

Ⅳ. 행정법적 구제

1. 시정조치

안전행정부장관은 개인정보가 침해되었다고 판단할 상당한 근거가 있고 이

233) 2010년 3월 신세계몰, 아이러브스쿨 등 25개 기업사이트에서 성명, 주민등록번호, 주소, 아이디, 비밀번호 등 약 2천만건의 개인정보가 해킹으로 인해 유출되었다는 사실이 밝혀졌다. 개인정보 유출기업들 중 개인정보를 안전하게 보호하기 위한 기술적·관리적 보호조치를 제대로 이행하지 않은 업체들이 처벌을 받았는데, 중요정보를 암호화하지 않은 업체 경영진들은 불구속 입건되었고, 개인정보처리자에 대한 보안교육을 실시하지 않은 업체들은 과태료 처분을 받았다(연합뉴스 2010년 3월 12일자 보도).

를 방치할 경우 회복하기 어려운 피해가 발생할 우려가 있다고 인정되면 이 법을 위반한 자(중앙행정기관, 지방자치단체, 국회, 법원, 헌법재판소, 중앙선거관리위원회는 제외한다)에 대하여 ① 개인정보 침해행위의 중지, ② 개인정보 처리의 일시적인 정지, ③ 그 밖에 개인정보의 보호 및 침해 방지를 위하여 필요한 조치를 명할 수 있다(동법 제64조 제1항).

또한 관계 중앙행정기관의 장은 개인정보가 침해되었다고 판단할 상당한 근거가 있고 이를 방치할 경우 회복하기 어려운 피해가 발생할 우려가 있다고 인정되면 소관 법률에 따라 개인정보처리자에 대하여 제1항 각 호에 해당하는 조치를 명할 수 있다(제2항). 지방자치단체, 국회, 법원, 헌법재판소, 중앙선거관리위원회는 그 소속 기관 및 소관 공공기관이 이 법을 위반하였을 때에는 제1항 각 호에 해당하는 조치를 명할 수 있다(제3항).

보호위원회는 중앙행정기관, 지방자치단체, 국회, 법원, 헌법재판소, 중앙선거관리위원회가 이 법을 위반하였을 때에는 해당 기관의 장에게 제1항 각 호에 해당하는 조치를 하도록 권고할 수 있다. 이 경우 권고를 받은 기관은 특별한 사유가 없으면 이를 존중하여야 한다(제4항).

2. 고발 및 징계권고

안전행정부장관은 개인정보처리자에게 동법 등 개인정보 보호와 관련된 법규의 위반에 따른 범죄혐의가 있다고 인정될 만한 상당한 이유가 있을 때에는 관할 수사기관에 그 내용을 고발할 수 있고(제65조 제1항), 동법 등 개인정보 보호와 관련된 법규의 위반행위가 있다고 인정될 만한 상당한 이유가 있을 때에는 책임이 있는 자를 징계할 것을 그 소속 기관·단체 등의 장에게 권고할 수 있다. 이 경우 권고를 받은 사람은 이를 존중하여야 하며 그 결과를 안전행정부장관에게 통보하여야 한다(제2항).

또한 관계 중앙행정기관의 장은 소관 법률에 따라 개인정보처리자에 대하여 제1항에 따른 고발을 하거나 소속 기관·단체 등의 장에게 제2항에 따른 징계권고를 할 수 있다. 이 경우 제2항에 따른 권고를 받은 사람은 이를 존중하여야 하며 그 결과를 관계 중앙행정기관의 장에게 통보하여야 한다.

3. 의견제시 및 개선권고

안전행정부장관은 개인정보 보호에 영향을 미치는 내용이 포함된 법령이나 조례에 대하여 필요하다고 인정하면 보호위원회의 심의·의결을 거쳐 관계 기관에 의견을 제시할 수 있고(제61조 제1항), 개인정보 보호를 위하여 필요하다고 인정하면 개인정보처리자에게 개인정보 처리 실태의 개선을 권고할 수 있다. 이 경우 권고를 받은 개인정보처리자는 이를 이행하기 위하여 성실하게 노력하여야 하며, 그 조치 결과를 안전행정부장관에게 알려야 한다(제2항).

관계 중앙행정기관의 장은 개인정보 보호를 위하여 필요하다고 인정하면 소관 법률에 따라 개인정보처리자에게 개인정보 처리 실태의 개선을 권고할 수 있다. 이 경우 권고를 받은 개인정보처리자는 이를 이행하기 위하여 성실하게 노력하여야 하며, 그 조치 결과를 관계 중앙행정기관의 장에게 알려야 한다(제3항).

중앙행정기관, 지방자치단체, 국회, 법원, 헌법재판소, 중앙선거관리위원회는 그 소속 기관 및 소관 공공기관에 대하여 개인정보 보호에 관한 의견을 제시하거나 지도·점검을 할 수 있다(제4항).

Ⅴ. 특별절차에 의한 구제

1. 개인정보분쟁조정위원회

기존 정보통신망법에 근거를 두고 설치되었던 동 위원회가 개인정보보호법에 근거규정을 두게 되었는데(동법 제40조), 이로써 공공기관과 민간사업자 모두를 상대로 분쟁조정을 신청할 수 있도록 대상이 확대됐다. 분쟁조정위원회는 당사자 일방으로부터 분쟁조정신청을 받았을 때에는 그 신청내용을 상대방에게 알려야 하며(동법 제43조 제2항), 공공기관이 분쟁조정의 통지를 받은 경우에는 특별한 사유가 없으면 분쟁조정에 응하여야 한다(동법 제43조 제3항).

분쟁조정위원회는 ① 조사대상 및 침해행위의 중지, ② 원상회복, 손해배상, 그 밖에 필요한 구제조치, ③ 같거나 비슷한 침해의 재발을 방지하기 위하여 필요한 조치 중 어느 하나의 사항을 포함하여 조정안을 작성할 수 있고(동법 제47조 제1항), 분쟁조정위원회는 조정안을 작성하면 지체 없이 각 당사자에게 제시하여야 하며(동법 제47조 제2항), 조정안을 제시받은 당사자가 제시받은 날로부터 15일 이내에 수락 여부를 알리지 아니하면 조정을 거부할 것으로 보며(동법 제47조 제3항), 조정내용은 재판상 화해와 동일한 효력을 갖는다(동법 제47조 제5항).

조정 성립의 효력도 정보통신망법에서는 민사상 화해로 보았으나, 개인정보 보호법에서는 '재판상 화해'로 강화했다. 따라서 조정이 성립된 내용을 뒤집는 주장을 하면서 어느 당사자가 민사소송으로 다투더라도 과거에는 본안판단을 하여야 했으나, 이제는 기판력이 미쳐 '소 각하' 판결을 받게 된다. 더불어 정보주체의 피해가 다수에게 같거나 유사하면 집단분쟁조정을 신청할 수 있도록 해서 분쟁을 일거에 해결하는 길을 열어뒀다.

2. 단체소송

동법에서는 개인정보단체소송제도를 도입하였다(제51조). 다수의 정보주체가 피해를 입거나 피해 가능성이 높은 경우, 일정 자격을 갖춘 단체[234]가 이들의 권리보호를 위해 개인정보 침해행위의 금지·중지를 구하는 소송을 제기할 수 있다. 손해배상 청구는 할 수 없다는 점, 소제기와 소장 부본의 송달이 아니라 법원의 소송허가로서 소송계속이 발생한다는 점은 '소비자단체소송'과 같다. 그러나 개인정보처리자가 분쟁조정위원회의 조정을 거부하거나 조정결과를 수락하지 않은 경우에만 단체소송을 제기할 수 있다는 점은 다른 부분이다.

234) 「소비자기본법」상의 소비자단체, 「비영리민간단체 지원법」상의 비영리단체.

제8장

가상공간과 지적재산권

제8장 가상공간과 지적재산권[1)]

Ⅰ. 서설

전 세계적으로 네트워크 사용자들이 증가함에 따라, 인터넷은 불법으로 취득한 정보를 전송할 좋은 기회를 제공하고 있다. 과거에는 불법 복제된 교재, 오디오와 비디오테이프의 내용은 질이 떨어졌었다. 그러나 디지털화로 복제본은 더 이상 그 질에 있어서 원본보다 떨어지지 않을 뿐만 아니라 온라인상으로 무제한 복제하여 전송할 수 있게 되었다. 또한 인터넷 비즈니스[2)]의 성격상, 아이디어와 디지털 컨텐츠가 비즈니스 전반에 미치는 영향이 매우 크다. 이러한 환경에서 인터넷 비즈니스 혹은 전자상거래의 핵심적인 법률분쟁 중의 하나가 지적재산권과 관련된 문제이다. 전자상거래의 활성화로 인하여 저작권, 프로그램보호, 특허권, 상표권 등의 지적재산권 분야는 디지털 환경에 맞춘 변화가 필요한 시점이라 하겠다.

널리 알려진 문제로서 인터넷으로 유통되는 디지털저작물의 저작권문제로부터 시작해서 데이터베이스, 특허권의 문제, 도메인네임(domain name)의 상표권 문제, 영업비밀, 퍼블리시티권, 트레이드 드레스(trade dress) 등의 문제와 그 외에도 인터넷과 전자우편(E-mail), 암호기술, 인터넷광고, 초상권, 사적비밀(privacy), 시장지배적 지위의 남용 등을 들 수 있다.

Ⅱ. 인터넷과 저작권

컴퓨터는 정보가 전이되고 사용되는 과정에서 정보의 가감과 바꾸는 행위

1) 이에 대해서는 이대희, 한국저작권법제와 인터넷, 저작권 100호, 2012 겨울호, 155면 이하.; 동, 인터넷과 지적재산권법, 박영사, 2002; 정상조, 전자상거래와 지적재산권법, 비교사법 제5권 2호(통권 9호), 1998.12., 85면 이하.; 최경수, 전자상거래와 지적재산권, 전자상거래 국가전략 수립 토론회(한국전산원), 1998.5., 132면 이하.; 졸고, 인터넷 기술의 발전과 디지털 음악저작권 분쟁-소리바다사건을 통해 본 P2P 파일공유와 저작권 문제- 민사법연구 제15집 제2호, 대한민사법학회, 2007.12., 161면 이하.

2) 인터넷 비즈니스는 일반적으로 콘텐츠(Contents), 커뮤니티(Community), 거래(Commerce)의 3C가 결합된 형태로 이루어진다. 그중에서 콘텐츠는 저작권법과 매우 밀접한 관계를 맺고 있다.

를 용이하게 하였고, 이것이 인터넷과 결합하면서 여러 가지 저작권과 관련한 문제들을 발생시키고 있다. 이제 저작권법도 디지털기술을 기초로 하는 컴퓨터 기술과 통신기술에 대응할 것이 요구되고 있다. 즉 디지털기술의 발전에 따라 창의적인 저작물이 복제·저장·수정·배포되는 방법이 근본적으로 변화되고 있으며, 이러한 기술은 저작권법에도 커다란 영향을 미치고 있다. 따라서 우리 저작권법도 이러한 상황에 맞추어 일부가 계속해서 개정되고 있으며 이러한 내용들이 반영되고 있다.

디지털환경 하에서의 저작권법은 디지털형태로 이용될 수 있는 저작물, 곧 디지털 저작물을 효과적으로 보호할 수 있어야 함과 동시에 저작물의 이용자도 저작권을 침해하지 않고서 저작물을 공정하게 이용할 수 있어야 한다.[3] 이처럼 서로 상충하는 이해관계를 어떻게 조절할 것인가 하는 문제는 정책적인 차원에서 신중하게 검토되어야 할 문제이다.

저작권과 관련하여 문제되는 것으로는 독창성이 없는 데이터베이스의 보호문제, 새로운 권리를 신설할 것인가의 문제, 기술조치 및 권리관리정보, 온라인상에서의 공정(fair use)의 문제, 온라인 서비스제공자(Online Service Provider, OSP), BBS 운영자(Bulletin Board Service), 웹사이트 운영자와 같은 온라인 사업자의 책임문제, 링크(link)와 프레이밍(framing)에 의한 저작권 침해문제, 캐싱(cashing)에 의한 저작권침해문제 등 많은 문제들이 있다.

1. 디지털 저작물의 특성

(1) 복제의 저렴 및 용이

디지털기술의 가장 큰 특징은 저작물의 복제가 대량으로 저렴하게 가능하게 되었다는 점이다. 일단 인터넷에 올려진 저작물은 인터넷에 접근할 수 있는 자는 누구든지 접근하여 전 세계적으로 무제한으로 쉽게 복제될 수 있으며, CD나 DVD와 같은 새로운 기록매체의 등장과 MP3와 같은 새로운 압축기술의 등장은 인터넷에서 다운로드한 정보를 저렴하게 저장하고 복제하는 것을 가능하게 하였다.

---

3) 저작권법의 목적은 '저작자의 권리와 이에 인접하는 권리를 보호하고 저작물의 공정한 이용을 도모함으로써 문화 및 관련산업의 향상발전에 이바지하는 것'이라고 규정되어 있다(동법 제1조).

(2) 복제물과 원본의 질적 동일성

아날로그에 의한 정보의 저장과 복제는 복제가 거듭될수록 그 질적 수준이 저하되었으나 디지털기술은 이러한 문제점을 해소하였다. 예컨대 카세트 테입과 비디오 테입의 복제에서 볼 수 있듯이, 복제를 하면 일정 비율 이상 음질이나 화질이 떨어질 수밖에 없어서 복제 자체가 어느 정도 제약되었으므로 저작권의 침해는 자연적으로 억제되었다. 그러나 디지털기술의 등장은 아무리 복제를 하여도 원본과 질적으로 차이가 없으므로 무제한적으로 복제가 가능하게 되었다.

(3) 수정의 용이

디지털 저작물은 수정하는 것이 용이하다. 다양한 디지털 저작 내지 수정도구 나 프로그램들은 이러한 수정작업을 용이하게 해준다. 저작물이 수정되었는지 여부는 원저작물에 접속하기 전에는 수정여부를 파악하기 어려우며, 심지어 원저작물을 정의하는 것도 매우 어려워진다. 기존의 저작권법이 사실상 고정된 저작물을 전제로 하는 것이라면, 디지털환경 하의 저작권법은 그 수정이 용이한 디지털 저작물을 전제로 해야 하는 이유도 여기에 있다.[4)]

(4) 멀티미디어성

디지털 저작물이 등장하기 전에는 저작권의 객체로서는 어문, 사진, 음성과 같은 단일한 것이 주류를 이루었으나 저작물의 디지털화는 새로운 유형으로서 혼성적인 멀티미디어 저작물을 발생시키게 된다. 이 경우 종전의 저작권법 하에서는 음악저작물, 어문저작물, 음향저작물, 회화저작물, 시청각저작물 등으로 각각 명명할 수 있으나 디지털화에 의하여 여러 매체가 집중되며 이에 따라 멀티미디어와 하이퍼미디어로 인하여 저작물은 멀티미디어성을 띠게 된다.

(5) 저장의 용이

텍스트, 정지화상이나 동화상, 그리고 음악 등의 정보를 디지털형태로 저장하는 것은 인쇄술에 버금갈만한 혁신적인 발전으로 인식되고 있다. 디지털형태로 된 정보는 전자적으로 저장되거나 디스크에 저장될 수 있고, 이것은 데이터를 저장하는 매체나 데이터가 전송되는 방법을 혁신화하고 있다. 또한 디지털

4) 이대희, 전게서, 338면.

기술, 특히 압축기술은 많은 양의 데이터를 적은 분량으로 저장하는 것을 가능하게 하였으며, CD나 DVD 등은 종전에는 생각할 수 없었던 많은 양의 정보를 저장할 수 있게 하였다.

2. 디지털 콘텐츠와 관련한 저작권법의 내용

(1) 저작권의 의의

저작권법은 저작자의 권리와 관련하여, 창작적인 표현을 권리로서 보호하고자 한다. 소설, 시, 논문 등의 어문저작물(제4조 제1항 1호)과 음악저작물(2호), 연극·무용 등의 연극저작물(3호), 미술 저작물(4호), 건축저작물(5호), 사진저작물(6호), 영상저작물(7호), 도형저작물(8호), 컴퓨터프로그램저작물(9호) 등을 예시하고 있으며, 원저작물을 번역, 편곡, 변형, 각색, 영상제작 등의 방법으로 작성한 창작물은 2차적 저작물로서 독자적인 저작물로 보호된다(제5조 제1항). 그리고 2차적 저작물의 보호는 그 원저작물의 저작자의 권리에 영향을 미치지 아니한다(제5조 제2항). 또한 편집저작물은 독자적인 저작물로서 보호된다(동법 제6조 1항)고 규정하고 있다. 편집저작물이란 편집물로서 그 소재의 선택·배열 또는 구성에 창작성이 있는 것을 말한다(제2조 18호).

이와 같은 저작물의 규정을 통하여 홈페이지 또한 편집저작물로서 저작권법상의 보호를 받는다. 그러나 헌법·법률·조약·명령·조례 및 규칙, 국가 또는 지방공공단체의 고시, 공고, 훈령 그 밖의 이와 유사한 것, 법원의 판결, 국가 또는 지방자치단체가 작성한 것으로서 1호 내지 3호에 규정된 것의 편집물 또는 번역물, 사실의 전달에 불과한 시사보도 등은 저작물로 보호받지 못한다(동법 제7조).

(2) 기술의 발전과 저작권

저작권 보호의 대상을 정보·아이디어의 표현에 두고 정보·아이디어 자체는 제외시키는 기본법리는 변화하는 환경 속에서 보호의 대상인 표현 자체의 파악과 이에 따른 저작권 적용을 어렵게 하고 있다. 이에 따라 정보 자체가 보호할 만한 재산적 가치가 있다면 저작권법을 개정해야 하는지 아니면 새로운 법체계를 필요로 할 정도의 전면적 개편이 필요한가의 의문이 제기될 수 있다.

위와 같이 새로운 저작권의 등장과 혁명적인 정보유통 등을 고려하고 기술

발전에 대응한 저작권법의 변화의 필요성과 국제적 입법추세를 반영하여 2006년에 저작권법의 전면개정이 이루어졌다.

(3) 보호대상

디지털화가 가능한 것은 온라인 거래의 대상이 된다. 그 대상은 헤아릴 수 없이 많으나, 일정한 매체에 수록되어 일반 공중이 지각할 수 있는 것만을 보더라도 소프트웨어(컴퓨터프로그램), 게임, 영상물, 음악, 미술, 서적 등이 있다. 이들은 일정한 요건을 충족하는 경우 저작권법상의 보호대상으로서 '저작물성'을 가진다고 할 수 있다.

저작물이 되기 위해서는 창작성 내지 독창성이 있는 것으로서 저작자의 사상이나 감정을 표현한 것이어야 한다. 독창성과 관련하여 문제되는 것이 '데이터베이스'이다. 데이터베이스는 소재를 체계적으로 배열 또는 구성한 편집물로서 개별적으로 그 소재에 접근하거나 그 소재를 검색할 수 있도록 한 것(제2조 19호)을 말하는데, 상당한 노력과 비용을 투입하여 제작하게 된다. 데이터베이스에 저작권성을 인정함으로써 입법적으로 해결하였다.

(4) 권리의 신설

이제까지 일반 공중은 정해진 시간에 동일한 저작물을 동시에 제공받아 왔으나, 디지털 기술의 등장으로 자신이 원하는 시간에, 스스로 선택한 장소에서 저작물을 직접 접근하여 이용할 수 있게 되었다. 이러한 디지털 송신은 주문형 내지 쌍방향을 특징으로 하고 있는 바, 이제 전형적인 저작물 이용형태로 자리잡았다.

WIPO 저작권조약과 실연음반조약은 새로운 개념의 공중전달권 내지 이용제공권을 인정하고 있다. 즉 WIPO 저작권조약 제8조는 '… 모든 문학·예술 저작물에 접근할 수 있는 방법으로 공중이 이용할 수 있도록 제공하는 것을 포함하여, 유선 또는 무선의 수단에 의하여 저작물을 공중에 전달하는 것을 허락할 배타적인 권리를 향유한다'고 하고 있다.

일본에서는 국제적으로는 최초로 '97년 6월 개정 저작권법에서 자동 공중송신에 대하여 저작자의 배타적인 권리를 인정하였다. 또한 실연자와 음반제작자에게는 송신권을 부여하였다. 우리 저작권법도 제2조 3호에서 공연의 정의를 '저작물 또는 실연·음반·방송을 상연·연주·가창·구연·낭독·상영·재생 그 밖의 방법으로 공중에게 공개하는 것을 말하며, '동일인의 점유에 속하는 연결된 장소 안에서 이루어지는 송신(전송을 제외한다)을 포함한다'라고 규정하고 있다.

(5) 저작권과 관련한 구체적인 경우

가. 소프트웨어 개발을 외부 용역업자에게 위탁하는 경우

A사가 소프트웨어의 개발제작을 외부의 B사에 위탁하는 경우, 실제 창작한 사람이 저작자이고, 저작권자가 되는 것이 원칙이므로, 단순히 제작의 장소 및 자금을 제공한 자는 저작자가 될 수 없다. 따라서 A사가 B사에 위탁할 때에 제작비를 제공한 것만으로는 A사가 저작권을 취득하지 아니한다. 의뢰를 받은 B사가 B사의 직원인 b1, b2, b3에 지시하여 소프트웨어를 작성시킨 경우, 그 소프트웨어는 b1, b2, b3가 직무상 작성한 것이므로, 저작권은 B사에 귀속한다(이른바 업무상 저작물). 따라서 A사가 당해 소프트웨어의 제작권을 취득하고자 하는 경우엔 B사와 양도 계약을 맺어 저작권을 양도받아야 한다. 일반적으로 A가 B사에 소프트웨어의 제작을 의뢰하는 경우엔, 제작된 소프트웨어의 소유권 뿐만 아니라 저작권도 함께 A사의 귀속으로 하는 계약을 체결한다. 물론 계약에 의해 A사가 양도받은 것은 '재산권으로서의 저작권'에 한정되는 것으로서, 일신전속권으로서의 성질을 가지고 있는 저작자 인격권은 포함되지 아니한다. 저작자 인격권 중에서도 공표권에 대해서는, 저작권을 A사에 양도하는 것에 의해 B사는 A사에 의한 공표에 대해서 동의한 것으로 추정되고(동법 제11조 제2항), B사는 '동일성 유지권'을 행사할 수는 있다.

나. 프로그램의 백업·카피의 경우 복제권의 침해 여부

컴퓨터의 오작동 및 시스템의 문제로 인하여 프로그램이 파괴되는 것에 대비해 프로그램을 백업·카피하는 것이 일반화되고 있다. 복제기술의 발전에 따라 저비용으로 대량의 복제가 가능해짐에 따라 복제권의 한계가 문제된다. 위의 경우 원칙적으로 이것도 저작권자의 동의 없이는 복제권의 침해다. 그러나 사적 이용을 위한 복제에 해당하면 저작권의 제한범위에 해당되어 그 복제가 가능하지만(동법 제30조 본문), 기업이 구입한 프로그램을 사원이 백업·카피를 취하는 등의 행위는 사적 이용을 위한 복제로 볼 수 없다.

다. 저작물로서의 홈페이지의 보호

홈페이지란 월드와이드웹(WWW)의 초기화면 또는 WWW가 제공하는 화면을 총칭한다. 인터넷은 여러 가지 형태의 서비스를 제공하는데 그 중 가장 대표적인 서비스가 웹(월드와이드웹의 준말)서비스이다. 홈페이지는 URL(인터넷주소) 접속 시 최초에 표시되는 화면이나, 광의로는 홈페이지에 포함되는 일련의 파일 모두, 즉 모든 콘텐츠를 포함한다. 웹 사용자에게 홈페이지는 인터넷 익스플로러나 크롬과 같은 웹 브라우저를 실행시켰을 때 나타나는 웹 페이지를 말한다. 웹사이트 개발자의 입장에서 홈페이지는 사용자가 웹상에서 어떤 사이트를 선택했을 때 제일 먼저 보여지는 웹 페이지를 말한다. 보통 웹 사이트의 주소는 홈페이지의 주소를 의미한다. '도메인 네임'이라고도 한다. 기업에서 홈페이지는 그 회사가 인터넷을 통하여 전 세계인과 만날 수 있는 만남의 장이며, 제품전시실도 되며 전 세계인을 위하여 가상세계에 설치한 사무실이기도 하다. 개인이 만들어 놓은 홈페이지라면 수억 명의 네티즌(netizen)과 교감할 수 있는 대화의 장이며, 정보를 주고받을 수 있는 창구라 할 수 있다

홈페이지는 텍스트 파일로부터 사진, 동영상 등의 화상 데이터와 음성을 포함하는 파일 등 다양한 내용을 가진다. 이것들이 저작물로서 저작권법에 의한 보호를 받을 수 있을 것인가?

홈페이지에서는 디지털화된 저작물에 대한 저작권침해, 주로 저작권자의 복제권의 문제가 발생하고 있다. 예컨대 갑이 무단으로 을의 아날로그 형식의 저작물을 디지털화하고 이것을 인터넷서비스 제공자 병의 서버에 홈페이지를 개설하여 게재한 경우, 저작권법상 문제가 등장한다. 더 나아가 위의 홈페이지에 접속한 사용자가 그러한 디지털정보를 다운로드 받았을 경우 그 사용자에게 책임을 물을 수 있을 것인가 하는 문제와 자신의 홈페이지에 타인의 홈페이지를 링크시킨 경우(특히 갑이 자신의 홈페이지에 타인의 정보를 스스로 독자적으로 송신하고 사용자가 수신하는 것과 같은 형태를 취하고 있는 경우)에 그러한 링크행위에 대하여 책임을 물을 수 있는가 하는 문제가 발생한다.

1) 디지털콘텐츠

인터넷 홈페이지를 작성할 때는 원래 아날로그의 형태로 존재하고 있던 어문저작물, 음악저작물, 미술저작물, 사진저작물, 도형저작물 등을 디지털 파일 형태로 바꾸는 이른바 '디지털화'가 수반되는 경우가 많은데, 정보를 디지털화하고 이를 상품화하기 위해서는 당해 디지털콘텐츠가 정보기반에서 잘 활용될 수 있는 많은 기술들을 사용하여야 하고, 적지 않은 시간과 자본을 투자하여야

하며, 정보기술에 대한 지식을 필요로 한다.

'콘텐츠'라고 하면 부호·문자·도형·색채·음성·음향·이미지 및 영상 등(이들의 복합체를 포함한다)의 자료 또는 정보를 말한다(콘텐츠산업진흥법(구 온라인컨텐츠산업발전법) 제2조 제1항 1호). 디지털 콘텐츠란 '부호, 문자, 음성, 음향, 영상 등을 디지털방식으로 제작하거나 처리한 자료, 정보'라고 정의할 수 있다. 동법에서는 "콘텐츠제작"이란 창작·기획·개발·생산 등을 통하여 콘텐츠를 만드는 것을 말하며, 이를 전자적인 형태로 변환하거나 처리하는 것을 포함한다(3호)라고 하여 디지털콘텐츠의 개념을 포섭하고 있다.

디지털 저작물의 보호와 관련하여 '기술적 보호조치'가 있다. 기술적 보호조치란 일반적으로 저작자 등 권리자가 자신의 저작물의 보호를 위한 자구의 수단으로 강구하는 기술적인 통제장치를 말하는데, 저작권법 제2조 28호 가목에서는 '저작권 그 밖에 이 법에 따라 보호되는 권리의 행사와 관련하여 이 법에 따라 보호되는 저작물 등에 대한 접근을 효과적으로 방지하거나 억제하기 위하여 그 권리자나 권리자의 동의를 받은 자가 적용하는 기술적 조치'라고 하고, 나목에서는 '저작권, 그 밖에 이 법에 따라 보호되는 권리에 대한 침해행위를 효과적으로 방지하거나 억제하기 위하여 그 권리자나 권리자의 동의를 받은 자가 적용하는 기술적 조치'라고 정의하고 있다.

이러한 기술적 보호조치를 무력화해서는 안되는데(동법 제104조의 2), 무력화행위금지를 실효성 있게 하기 위하여 기술적 보호조치 무력화를 위한 장치, 제품 또는 부품을 제조, 수입, 배포, 전송, 판매, 대여, 공중에 대한 청약, 판매나 대여를 위한 광고, 또는 유통을 목적으로 보관 또는 소지하거나, 서비스를 제공하여서는 아니 된다(동조 제2항). 이에 위반한 경우에는 침해의 정지·예방, 손해배상의 담보 또는 손해배상이나 이를 갈음하는 법정손해배상을 청구할 수 있으며, 침해의 정지·예방의 경우에는 고의·과실이 없는 경우에도 가능하다(제104조의 8).

2) 디지털화권

이러한 디지털화와 관련하여 '디지털화권'의 문제가 있다. '디지털화권'이라는 용어는 두 가지의 서로 다른 의미로 사용되고 있다.[5] 하나는 디지털 콘텐

5) 사법연수원, 전게서, 213면.

츠[6]를 제작한 자에게 일종의 저작인접권 혹은 부정경쟁행위 금지청구권으로서 인정하고자 하는 디지털화권이다. 기존의 아날로그 정보를 디지털화하는 데에는 많은 노력과 기술과 비용이 드는 경우가 있는데, 이러한 디지털화된 자료를 제3자가 무단히 이용하게 되면 맨 처음 디지털화한 사람은 경쟁상 불이익한 처지에 놓이게 되고 디지털 산업을 위하여도 바람직하지 않다는 이유로 정보를 디지털 형태로 처음 전자매체에 고정한 자에 대하여 저작인접권의 일종으로서 '디지털화권'을 인정하자는 것이다. 이에 대해서는 창작성이 없는 디지털화의 노력에 대하여 배타적 권리를 인정하는 것은 너무 지나치다는 반대의 견해가 있었다.

다른 하나는 아날로그 정보의 저작권자에게 부여되는 '아날로그 저작물을 디지털로 변환하는 것을 허락하거나 금지할 수 있는 배타적인 권리'라는 의미로 '디지털화권'이라는 말을 사용하는 경우가 있다.[7] 이러한 의미에서 사용하는 디지털화권을 복제권과 별도로 인정할 필요가 있는가 하는 문제가 제기되고 있는데, 이는 '디지털화'가 '복제'의 개념에 포함하는가의 문제와 직결된다. 만약 디지털화가 복제에 해당한다면, 저작권법상의 '복제권'의 규정으로 해결되고 별도의 권리를 인정할 필요가 없기 때문이다. 이에 대하여 저작물의 디지털화 행위는 '무형복제'에 해당하므로 '유형물에의 고정'을 요건으로 하는 저작권법상의 '복제'개념에 해당하지 않기 때문에 별도의 권리로 디지털화권을 인정하여야 한다는 견해[8]와, 컴퓨터 하드디스크 등의 전자적 기록매체도 유형물에 포함되고, 아날로그 정보를 디지털신호로 변환하는 과정은 거의 필연적으로 그러한 기록매체에의 저장이 수반된다는 점에서, 저작권법상의 복제에 해당한다고 보는 견해[9]가 있다. 후자의 견해에 따른다면 디지털화권을 굳이 인정할

6) 디지털 콘텐츠를 크게 인터넷 영화·음악·서적 등의 문화콘텐츠, 의료·진료정보, 원격진료 등의 보건콘텐츠, GIS·부동산 중개 등의 건설콘텐츠, 온라인뱅킹·사이버증권거래 등의 금융컨텐츠, ASP·VOD·화상회의 등 정보콘텐츠, 공공·지역정보, 인터넷교육 등 생활콘텐츠, 온라임게임·e-Book 등의 신규콘텐츠로 나누는 견해도 있다. 이상정·오승종·신재호·김윤명 외, 디지턴컨텐츠산업발전법(안) 종합해설서, 한국소프트웨어진흥원, 2001, 2면.

7) 온라인디지털콘텐츠법이 디지털권을 인정했다는 주장도 있다. 송영식·이상정, 제3판 저작권법 개설, 세창출판사, 2003, 247-248면.

8) 김행남·김홍수·정상기, 정보통신망의 발달과 지적재산권법의 대응-저작권법을 중심으로-, 계간 저작권 제39호(1997년 가을호), 7면.

9) 사법연수원, 전게서, 215면.

필요가 없기 때문에 홈페이지 작성 등 과정에 수반되는 디지털화는 별도의 디지털화권에 대한 입법을 할 필요가 없이 저작권자의 복제권의 범위에 포함되므로 저작권자의 허락 없이 디지털화하여 인터넷에 올리는 행위는 일차적으로 저작권자의 '복제권'을 침해하는 행위가 된다.

디지털화권이 복제권에 포함되는가?

복제권은 채권적 권리가아니라 배타적인 권리이며, 복제라 함은 '인쇄·사진촬영·복사·녹음·녹화 그 밖의 방법으로 '일시적' 또는 영구적으로 유형물에 고정하거나 다시 제작하는 것을 말한다(저작권법 제2조 22호). 2006년 전면개정 저작권법에서는 '일시적으로' 유형물에 고정하는 것도 복제의 개념에 포섭함으로써 저작물의 디지털화 즉 디지털 복제도 저작권법상의 복제에 해당한다고 해석해야 할 것이고 별도의 디지털화권을 인정해야 할 실익은 별로 크지 않다.[10)]

3) 링크, 프레이밍의 문제

링크란 어떤 서버내에 있는 정보와 다른 서버(또는 동일한 서버내의 다른 장소)에 있는 정보의 접속을 말한다. A의 내용 중에서 B에 연결된 주소(adress)를 조회하고자 하면 A로부터 B의 정보로 이동할 수 있도록 구성된 구조를 말한다.

특히 월드와이드웹을 사용한 링크를 하이퍼링크(Hyperlink)라고 한다. 홈페이지 등의 웹 사이트상의 정보를 검색(surfing)하면 보통 발광으로 강조된 문자가 포함되어 있는데 이 강조는 그것이 하이퍼링크된 다른 html(Hyper Text Markup Language)의 정보원에 연결되어 있는 것을 표시한다. 따라서 이 강조부분에 커서를 갖다 대어 링크하면 하이퍼링크된 앞의 html에서 만들어진 정보가 컴퓨터 화면에 현출(display)되어 나타난다. 이 기능이 하이퍼링크이다.[11)] 그렇다면 A로부터 B의 정보로 이동할 수 있도록 인터넷 홈페이지에 다른 웹사이트(타킷 사이트)를 그 운영자의 허락 없이 링크시키는 경우 법적인 문제는 없는가가 논의된다.

링크의 경우에는 타킷 사이트로부터 적극적인 협력이 없더라도 실행할 수 있다. 무단으로 편리하게 링크할 수 있는 것이다. 일반적으로는 상대방의 승인 없이 링크하여도 문제되지 않는다. 링크를 하면 그만큼 많은 사람들이 홈페이

10) 용어에 대한 설명은 이상정, 저작권법상 일부 용어 정의 및 개정문제에 관한 고찰, 저작권법 전면 개정을 위한 조사연구 보고서(2), 저작권심의조정위원회, 2002.12, 439-440면 참조.

11) 예컨대 누가 자신의 홈페이지에서 하이퍼링크로 송오식 교수의 홈페이지의 세부적인 페이지인 공지사항의 문서인 http://law.chonnam.ac.kr/prof/ohsik04.html로 해 놓았다면 세부적인 내용에 바로 링크되는 것이다. 이를 deep link라고 부르기도 한다.

지를 방문하는 것이 되기 때문이다. 그리고 웹사이트를 공개하는 사람들은 통상 가능한 한 많은 사람들이 보아주기를 바라기 때문이다.

이와 같이 원칙적으로 링크를 하도록 하는 것은 공공적인 것, 예컨대 학술이나 공공기관에 한하지 않고 상업적인 활동에서 마찬가지라고 할 수 있다. 대개의 상업적인 웹사이트들은 대부분 일반사용자에 대하여 무료로 다양한 정보만을 제공하는 것이 아니라 그러한 콘텐츠가 실린 곳에는 배너 광고와 같은 많은 양의 광고도 게재되기 때문이다.

프레이밍이란 인터텟 홈페이지를 제작할 때 프레임 기능을 사용하여 자신의 홈페이지 화면을 둘 이상의 영역으로 나누어, 예컨대 화면의 좌측 창과 우측 창을 나누어서 좌측 창에는 홈페이지 메뉴가 나타나게 하고 우측 창에는 선택된 메뉴의 내용이 나타나게 하는 것을 말한다. 프레임 기능을 사용한 홈페이지에서 별다른 주의 없이 타인의 사이트를 링크하면 화면 좌측에는 자신의 홈페이지 메뉴가 그대로 나오고 화면 우측에만 타인의 홈페이지가 나타나서 마치 우측의 내용도 자신의 홈페이지의 일부처럼 보이게 된다. 이 경우 그림파일 링크의 경우와 마찬가지로 이용자의 오인, 혼동을 야기할 수 있다는 점에서 저작권 침해 여부가 문제된다.

링크나 프레이밍에 의하여 복제물(copy)이 만들어지고 이 경우 저작권의 복제권이나 배포권이 침해되는지 여부가 문제된다. 다수의 견해들은 이에 대하여 부정적인 견해를 취하고 있다. 링크나 프레이밍을 만드는 사이트가 복제권이나 배포권을 침해하는지 여부를 판단함에는 ① 링크나 프레임을 만드는 사이트와 ② 이에 의하여 연결되는 사이트(저작권자의 사이트) ③ 링크나 프레임을 만드는 사이트를 이용하는 자 3자간의 관계를 분석하여야 한다.[12)]

저자권법상의 복제권이 침해되기 위해서는 링크나 프레이밍을 만드는 자가 복제물을 만들어야 하는데, 기술적으로 보면 링크나 프레이밍을 만드는 사이트가 복제물을 만드는 것은 아니며,[13)] 일시적으로 유형물에 고정되는 것도 아니다. 복제와 배포가 이루어지는 것은 저작권자의 서버와 이용자의 컴퓨터 간에 이루어진다. 또한 저작물의 전송의뢰를 하는 지시 또는 의뢰의 준비행위로 보

12) 이대희, 전게서, 415면 이하.

13) 다만 링크를 하면서 허락 없이 타킷 사이트에 있는 그래픽 아이콘 등을 복제하여 이용할 경우에는 그 부분에 한하여 복제권의 침해가 될 수 있다.

아야 하는 것이고, 제2조 10호의 '전송'이나 '송신'으로 보기도 어렵다.

링크가 진행되는 것을 기술적인 측면에서 보자면, 링크에 의하여 이용자의 검색프로그램은 링크를 설치한 사이트와 통신을 정지하고 링크로 연결된 페이지가 송신될 것을 요구한다. 그러므로 링크를 설치한 사이트가 링크로 연결된 사이트나 페이지의 내용을 이용자에게 송신하는 것이 아니며 그 내용을 저장하는 것도 아니다. 각 웹 페이지는 웹상의 주소를 이용자에게 알려 주는 주소 또는 URL을 가지고 있는데, 웹 이용자가 링크를 클릭하면 이용자의 검색프로그램은 링크를 만드는 HTML 프로그래밍의 코드를 읽어서 인터넷상에서 주소에 일치하는 웹페이지를 찾아서 그 웹페이지의 복제물을 요구한다. 이에 따라 링크로 연결된 사이트(저작권자의 사이트)는 복제물을 이용자의 검색프로그램으로 보내고, 검색프로그램은 코드를 읽어서 이용자의 컴퓨터 화면에 페이지를 나타내도록 한다. 따라서 링크나 저작물을 만드는 사이트는 저작물의 복제와, 배포에 직접적으로 관계하지는 않는다. 또한 링크나 프레이밍은 어떠한 웹 페이지나 사이트를 가르키는 것에 불과하다고 할 수 있다. 그러므로 링크나 프레이밍을 만드는 사이트가 복제권이나 배포권을 침해한다고 보기는 어려울 것이다.[14] 미국 연방법원도 '링크는 특정한 목록을 찾기 위하여 도서관의 카드색인을 찾는 것과 유사한 것으로서 복제가 관계되지 않는다'고 판시한 바 있다.[15]

그렇다면 링크가 저작권법상의 전송에 해당하지는 않는가? 이 경우 WIPO 저작권조약에 따라 그 사이트의 저작물에 승낙을 받지 않고 접속·전송하게 되거나, 승낙을 받지 않고 저작물을 일반인이 이용할 수 있도록 하는 것이 되어서 저작자의 전송권을 침해한 것인지의 문제가 있다.

우리나라의 저작권법과 컴퓨터프로그램보호법은 각각 전송권을 규정하고 있다. 저작자는 그 저작물을 전송할 권리를 가지며(저작권법 제18조의 2), 전송이란 일반 공중의 구성원이 개별적으로 선택한 시간과 장소에서 접근할 수 있도록 저작물 등을 이용에 제공하는 것을 말하며, 그에 따라 이루어지는 송신을 포함한다(동법 제2조 10호).

이에 대해서 전송하는 행위는 당해 링크사이트의 문서 기타 정보를 웹서버에 올려 일반공중이 이용할 수 있도록 제공하는 측에서 전송행위를 하는 것이

---

14) 이대희, 전게서, 416면.

15) Ticketmaster Corp. v. Tickets.com Inc., 127 Fed. Appx. 346, C.A.9th Cir.(Cal. 2005)

고, 그 사이트의 주소로 연결시키기 위해 HTML문서에 태그를 기재하여 올려두는 행위는 단지 '저작물의 전송의뢰를 하도록 하는 지시 또는 의뢰의 준비'에 불과할 뿐이므로 저작권법상의 '전송'에 해당하지 않는 것으로 보아야 할 것이다.[16] 판례도 같은 입장이다.[17]

4) 링크 관련 판례(대판 2010.3.11. 2009다4343)

온라인서비스제공자로서 인터넷 포털사이트인 웹사이트를 개설·운영하고 있는 야후코리아(피고)가 웹사이트에서, 홈페이지와 '이미지박스' 웹페이지에서 이미지 검색서비스를 제공하고 있으며, 피고의 이미지 검색서비스를 통해 제공되는 이미지는 그 출처에 따라, ㉠ 피고 웹사이트가 아닌 다른 일반 인터넷 웹사이트에 게시된 이미지가 검색로봇과 같은 이미지 수집 프로그램을 통해 수집되는 경우(외부이미지)로서 '웹이미지'라는 분류를 통해 검색되는 원고의 사진작품 또는 그 복제물인 외부이미지(이하 이미지 또는 그 전자파일을 '이미지'라고만 한다) 63점에 관하여, 인터넷 이용자가 그 썸네일 이미지(thumbnail image)를 선택(click)하면 피고 웹사이트의 화면 창(window)을 상·하단으로 나눈 다음, 상단에는 검색 결과에 해당하는 썸네일 이미지 목록 등을, 하단에는 인터넷 이용자가 선택한 썸네일 이미지의 원래 이미지가 저장된 인터넷 주소에 연결(link)하여 원래의 웹페이지의 모습을 각 보여 주는 방식으로 이미지 검색 서비스를 제공하였고, ㉡ 피고의 사이트에 회원으로 가입한 이용자에게 제공되는 '블로그', '이미지박스', '재미존' 등의 이미지를 업로드할 수 있는 전자게시판 서비스를 통해 피고의 회원들이 피고의 서버에 업로드한 이미지가 검색프로그램을 통해 검색되는 경우의 두 가지로 나뉜다.

대법원은 링크방식에 의한 외부이미지 제공 부분에 관하여 구 저작권법(2006.12.28. 법률 제8101호로 전부 개정되기 전의 것. 이하 같다) 제2조 제14호는 '복제'는 인쇄·사진·복사·녹음·녹화 그 밖의 방법에 의하여 유형물에 고정하거나 유형물로 다시 제작하는 것을 말하며, 같은 조 제9의2호는 '전송'은 일반공중

16) 동지 이대희, 전게서, 417면.; 사법연수원, 전게서, 251면.

17) 대판 2010.3.11. 2009다80637에서 「만약 홈페이지에 링크를 다는 것을 전송에 해당하는 것으로 보아 공중송신권(전송권)으로 규율할 경우 인터넷의 기술적 특성 중의 하나인 하이퍼링크의 활용을 지나치게 억압함으로써 다양한 형태의 정보유통을 통해 얻어질 수 있는 공중의 편익에 큰 위협을 가하게 될 것이다」고 하여 단순히 링크를 하는 것은 저작권침해에 해당하지 않는다고 보았다.

이 개별적으로 선택한 시간과 장소에서 수신하거나 이용할 수 있도록 저작물을 무선 또는 유선통신의 방법에 의하여 송신하거나 이용에 제공하는 것을 말한다고 규정하고 있고, 한편 구 저작권법은 같은 법 제19조 소정의 '전시'에 관하여는 별도의 정의 규정을 두고 있지 않지만, 그 입법취지 등을 고려하면 위 법조에서 말하는 '전시'는 미술저작물·건축저작물 또는 사진저작물(이하 '미술저작물 등'이라 한다)의 원작품이나 그 복제물 등의 유형물을 일반인이 자유로이 관람할 수 있도록 진열하거나 게시하는 것을 말한다고 할 것이다.

그런데 이른바 인터넷 링크(Internet link)는 인터넷에서 링크하고자 하는 웹페이지나, 웹사이트 등의 서버에 저장된 개개의 저작물 등의 웹 위치 정보 내지 경로를 나타낸 것에 불과하여, 비록 인터넷 이용자가 링크 부분을 클릭함으로써 링크된 웹페이지나 개개의 저작물에 직접 연결한다 하더라도, 이는 구 저작권법 제2조 제14호에 규정된 '유형물에 고정하거나 유형물로 다시 제작하는 것'에 해당하지 아니하고, 또한 저작물의 전송의뢰를 하는 지시 또는 의뢰의 준비행위로 볼 수 있을지언정 같은 조 제9의2호에 규정된 '송신하거나 이용에 제공하는 것'에 해당하지 아니함은 물론, 같은 법 제19조에서 말하는 '유형물을 진열하거나 게시하는 것'에도 해당하지 아니한다. 그러므로 위와 같은 링크를 하는 행위는 구 저작권법이 규정하는 복제, 전송 및 전시에 해당하지 않는다고 판시하였다.[18]

라. MP3 파일과 저작권법 문제

1) MP3의 의의 및 문제점

MP3는 'MPEG Audio Layer-3'의 약어로서 오디오 파일을 디지털 방식으로 압축시킬 수 있는 방법으로서 그 압축율이 매우 높아 1:10 내지 1:12에 이르는 점이 특징이다. 보통 MP3 파일이라고 하면, 위와 같은 MP3 기술에 의하여 압축되어 그 확장자가 mp3인 파일을 말한다. MP3 파일은 그 높은 압축율에도 불구하고 음악과 같은 경우 거의 원음에 가까운 수준의 음질을 보장하기 때문에 네티즌들의 큰 호응을 얻었다.

일반적으로 웹상에서 음성이나 화상을 전송하는 방식은 스트리밍(streaming) 방식과 디지털방식에 의한 전송을 들 수 있다. 첫째로, 스트리밍 기술은 청취·

---

18) 대판 2009.11.26. 2008다77405 참조.

시청을 위한 파일의 필수적인 부분을 연속적으로 다운로드받을 수 있도록 하는 기술이다. 청취·시청은 다운로드가 완료되지 않고 시작된 직후부터 가능하며, 다운로드과정이 계속되는 동안 청취·시청이 가능하다. 스트리밍에 의한 전송은 다운로드를 받는 자의 컴퓨터에 영구적인 복제물(permanent copy)이 만들어지지 않는다. 두 번째로, 디지털방식에 의한 전송은 음성파일의 전부를 다운로드하여 컴퓨터에 저장하는 방식이다. 디지털방식에 의하여 다운로드받는 방식은 a2b, realaudio, Liquid Audio, Windows Media Audio, MP3등이 있는데 이중에서 가장 많이 사용되고 있는 방식이 위에서 설명한 MP3이다. 이 기술방식을 이용하면 650MB 공CD 한 장에 최소한 100여곡(7시간) 이상의 노래를 담을 수 있다고 한다.[19)]

문제는 이러한 MP3기술이 인터넷과 결합하여 음악저작물의 대중전달수단으로 이용되고 있다는 점에 있다. 즉, MP3기술은 종전의 'WAV'파일형식으로 10시간 걸려 다운로드받아야 할 양을 그 음질에 전혀 손상이 없이 단지 10분 이내에 다운로드받을 수 있게 할 정도인 바, 이는 인터넷상의 음악은 물론 컴퓨터 CD롬에 있는 음악저작물까지 MP3로 압축하여 인터넷으로 신속하게 저비용으로 대량복제 및 전송이 가능하게 되었다는 것을 의미하며, 결국 음악저작물을 무단 복제할 수 있는 기회와 가능성, 즉 저작권자의 권익이 침해할 가능성 또한 그만큼 커졌다는 것을 뜻한다.[20)]

또한 저작권자 등의 허락을 받아 MP3서비스를 제공하고자 하는 기업들은 그 파일에 내포된 음악저작권 및 저작인접권 귀속주체가 통일되어 있지 않음으로 인하여 이용허락을 받는 데 커다란 난관을 겪고 있는 실정이다. 예컨대 어느 가수가 부른 노래를 MP3파일로 만든 경우, 그 노래의 작곡가와 작사자는 각각 악곡과 가사에 대한 저작권을, 노래를 부른 가수 등은 실연자로서의 권리(저작인접권)를, 음반제작사는 음반제작자의 권리(저작인접권)를 가진다. 저작권자의 권리와 저작인접권자의 권리는 그 권리 내용 및 범위 등이 차이가 있지만, MP3의 제작 및 배포와 관련하여서는 모두 자신의 허락 없이 그러한 행위를 하는 것을 금지할 수 있는 권리를 가지고 있는 것으로 판단된다. 우리나라에서는 한국음악저작권협회가 음악저작권자들의 권리를 신탁 받아 관리하는 일을

---

19) 이대희, 인터넷과 지적재산권법, 박영사, 2002, 369면.

20) 정상기, MP3파일의 인터넷전송과 저작권자 등의 보호, 1999.

하고 있으므로 음악저작권협회에서 관리하고 있는 음악작품의 경우는 대외적으로 음악저작권협회를 저작권자로 보게 되므로, 일일이 원래의 저작권자를 찾아서 교섭할 필요는 없으나, 저작인접권자의 경우는 아직 교섭창구가 충분히 정돈되어 있지 않은 상태여서 이 분야의 콘텐츠 산업발전에 걸림돌로 작용한 면이 있었다. 그러나 최근 한국 음원제작자협회 등 저작인접권자 단체[21]가 신탁권리단체로 활발하게 활동하고 있다.

마. P2P 파일공유와 저작권 문제[22]

1) P2P서비스와 법적 문제

P2P(Peer to Peer)란 네티즌들이 직접 파일을 교환, 공유할 수 있도록 하는 인터넷 서비스를 말한다. 기존 네트워크 방식이 송신자와 수신자가 명확히 구분되는 일방적 구조인데 비하여, P2P 방식에서는 인터넷 이용자들은 직접 이용자들끼리 쌍방향으로 정보를 주고받게 된다. P2P 방식의 경우 파일 전송이 서버의 개입 없이 이용자들 사이에 직접 이루어지게 되므로 이용자의 개인 컴퓨터의 공유 폴더에 파일을 위치시키는 것만으로도 파일의 공유가 가능하게 되고 별도의 파일을 서버에 업로드할 필요가 없게 된다. 즉 P2P 방식에서는 자신의 컴퓨터 공유 폴더에 파일을 이동시키는 것이 '업로드'에 해당한다.

미국에서 법정분쟁으로 비화된 냅스터(Napster)의 경우가 대표적인 P2P 서비스에 해당하고 우리나라에서는 '소리바다'의 경우가 이에 해당한다. 양자의 차이점은 냅스터의 경우에는 냅스터의 서버가 MP3파일의 리스트를 보관하면서 이를 검색할 수 있도록 하였지만, 소리바다는 그에 대한 리스트를 갖고 있지 않고 소리바다의 서버가 일일이 다른 사용자에게 파일 보유여부를 의뢰, 해당 사용자의 위치를 알려 주기만 할 뿐 누가 어떤 음악파일을 가지고 있는지에 대한 정보는 자체적으로 보유하고 있지 않다. 이 서비스에 의하여 종전에 소비자에 머물렀던 이용자들은 직접 생산자가 될 수 있게 되었다.

위와 같은 P2P 서비스는 실질적으로 저작권자의 권리에 상당한 위협을 가할 수 있다는 점에서 큰 논란을 빚고 있다. 서비스제공자가 단순히 파일공유

---

21) 저작인접권의 권리자 단체로는 한국음원제작자협회, 한국예술실연자단체연합회, 한국방송연자협회 등이 있다.

22) 이와 관련해서는 졸고, 인터넷기술의 발전과 디지털 음악저작권 분쟁-소리바다사건을 통해 본 P2P 파일공유와 저작권 문제-, 민사법연구 제15집 제2호, 2007.12, 161-201면 참조.

프로그램을 제공한 것만으로는 저작권침해의 책임을 질 이유가 없다는 주장과 실질적으로 저작권침해를 조장하는 서비스를 그러한 사실을 알면서 운영하는 것이라면 저작권침해의 공동불법행위로서 저작권법에 의하여 금지되는 것이라는 주장이 있다.[23]

2) 소리바다 Case

2001년 1월말 한국음반산업협회는 산하 4개 음반사의 이름으로 저작권법 제 97조의 5 위반혐의로 인터넷 기업인 소리바다 사이트의 운영자를 고소했다. 소리바다 사이트의 이용자들로 하여금 저작권법을 위반하여 불법복제 된 디지털 음악파일을 교환하도록 방조함으로써 자신들의 저작권을 침해했다는 내용이었다. 냅스터의 경우 민사책임 측면에서 문제가 되었지만, 소리바다사건은 형사책임을 제기한 최초의 사건이다. 검찰에서는 저작권위반에 대한 방조죄로 공소를 제기하였다.

① 소리바다의 운용원리 및 미국 '냅스터'와의 비교

소리바다도 냅스터와 마찬가지로 전용프로그램을 이용하여 음악파일을 검색한 후, 서버를 거치지 않고 개인 대 개인으로 직접 다운로드 받을 수 있지만, 운영자의 서버에는 이용자의 개인정보만 입력되어 있고 어떠한 음악을 가지고 있는지에 대한 정보는 보관되어 있지 않다는 점에서 넵스터와 다르다. 따라서 소리바다는 사용자가 다른 사용자의 파일 목록을 검색하는 과정에서 사이트 운용자의 개입정도가 냅스터에 비해 적은 편이다.

② 관련 저작권법의 규정

저작권법 제97조의 5는 "저작재산권 및 그 밖의 이 법에 의하여 보호되는 재산적 권리를 복제·공연·방송·전시·전송·배포·2차 저작물 작성의 방법으로 침해한 자는 5년 이하의 징역 또는 5천만원 이하의 벌금에 처하거나 이를 병과할 수 있다"고 규정하고 있다. 한편 저작권법은 일정한 경우 저작재산권을 제한하는 규정을 두고 있는데, 제26조에 의하면 영리를 목적으로 하지 않고 또한 청중이나 관중 또는 제3자로부터 어떤 명목으로든지 반대급부를 받지 아니하는 경우에는 공표된 저작물을 공연 또는 방송할 수 있고, 청중이나 관중으로부터 당해 공연에 대한 반대급부를 받지 아니하는 경우에는 판매용 음반을 재

---

23) 사법연수원, 전게서, 228면.

생하여 일반공중에게 공연할 수 있다. 또한, 제27조에 의하면 공표된 저작물을 영리를 목적으로 하지 아니하고 개인적으로 이용하거나 가정 및 이에 준하는 한정된 범위 안에서 이용하는 경우에는 그 이용자는 이를 복제할 수 있으나, 다만 일반공중의 사용에 제공하기 위하여 설치된 복사기기에 의한 복제는 할 수 없도록 하고 있다.

③ 당사자들의 주장

ⓐ 음반제작사측(고소인)의 주장

고소인들은 자신이 제작한 음반에 대한 복제 및 배포권자로서 먼저 소리바다 이용자들의 침해행위를 지적하고 있다.

먼저 복제 및 배포에 관하여, 음반제작사에서 제작한 CD음반을 프로그램을 이용하여 wav파일로 만들고 이것을 압축프로그램을 이용하여 MP3파일로 전환한 후 CD 또는 하드디스크와 같은 유형물에 고정시키는 행위는 '복제'에 해당하고, 이를 일반인들이 복제할 수 있도록 사이트에 업로드 함으로서 '배포'하였다는 것이다.

다음으로 영리목적 여부에 관하여 이용자들의 MP3파일간의 물물교환형태로 불법 복제한 당해 저작물이 아니라 다른 저작물을 무상으로 취득할 수 있는 적극적인 이익을 얻었다고 한다.

또한 소리바다 이용자의 공유 디렉토리 내에 존재하는 MP3파일에 대해서는 소리바다의 다른 이용자가 이를 다운로드 받는 것을 허용하고 있으므로 개인, 가정 또는 이에 준하는 한정된 범위에서 사적으로 이용하고 있다고 볼 수도 없다고 주장한다.

다음으로 소리바다 운영자의 저작권침해행위에 대해서는, 이용자 甲의 요청을 받고 서버는 보관하고 있는 음악파일정보와 정보보유자의 인적사항을 이용자 甲에게 보내고, 甲은 그 중 이용자 乙을 선택하면 서버는 甲의 요청을 받아서 乙로부터 파일을 다운로드 받아 甲에게 복제하여 주는 것으로 주장하면서, 이용자들의 복제, 배포행위가 서버를 경유하여 이루어짐으로서 실행행위의 일부를 분담하여 소리바다 운영자는 공동정범으로서 또는 방조범으로서 책임이 있다고 주장한다.

ⓑ 소리바다 운영자(피고소인)의 주장

먼저 이용자들의 행위에 관하여 파일을 공유디렉토리에 보관하는 것 자체가 '전송'은 아니고, 복제하는 입장에서는 개인적인 목적으로 사용하는 것이기 때문에 소리바다 이용자들의 각 행위가 저작권침해에 해당하지 않는다고 한다.

그리고 만약 이용자의 행위가 저작권침해에 해당한다고 하더라도 위법행위의 책임은 이용자에게 있는 것이지 파일공유를 가능하게 한 컴퓨터프로그램이나 프로그램 저작자에게는 없다고 한다. 또한 모든 MP3파일의 복제나 전송이 금지된 것이 아니고 저작권자의 의사에 의하여 제공되는 무료 MP3파일도 있으므로 소리바다 프로그램을 사용한다거나 서버를 운영하는 것 자체가 불법은 아니라고 주장한다.

마지막으로 파일의 검색과 전송은 해당 이용자 2인 상호간에만 알 수 있도록 되어 있어 온라인 접속여부만 관리하는 운영자로서는 이용자들 사이에서 실제 불법 복제행위를 하는지 여부를 확인할 방법이 없으며 이용자들의 파일 공유행위를 관리하거나 통제할 수단이 없다고 주장한다.[24)]

④ 법적 책임의 검토

ⓐ 소리바다 이용자의 책임

소리바다 서버에 접속한 개개인은 음악파일 전송행위자이면서 다운받은 음악파일의 복제행위자에 해당하는 것으로 보이고, 프로그램 설치시 공유디렉토리를 지정하게 되어 있고, 공유디렉토리에 저장된 음악파일은 회원 누구나 복제, 전송이 가능하므로 사적인 이용범위를 일탈하였다고 보인다. 따라서 이용자들의 행위를 저작권의 침해행위로 보기에는 충분하다.[25)] 그러나 이용자의 처벌필요성에 대하여는 음반제작사측의 고소가 없으며, 설사 고소가 있더라도 이용자들에게는 인터넷상에 공개된 서비스를 이용한다는 인식과, 저작권 자체에 대한 사회적인 인식이 부족한 점, 우리나라에서만 엄청난 수의 이용자에게 책임을 묻는 것이 곤란하다는 점을 고려할 때 처벌하기 힘든 것으로 판단된다.

ⓑ 소리바다 운영자의 책임

MP3파일의 공유를 가능케 한 파일공유시스템 제공자의 민사책임은 서버

---

24) 이광형, 인터넷상 파일 공유프로그램의 저작권법상 문제, 사이버지적재산권법, 법영사, 2004.
25) 이대희, 전게서, 398면.

에 저작물의 복제물을 보유하거나 이를 통하여 전송케 한 경우의 직접책임, 이용자의 저작권 침해행위에 기초한 간접책임, 이용자와의 공동불법행위에 기초한 직접책임으로 논의할 수 있다.

직접책임의 경우 시스템제공자는 이용자들이 파일을 공유할 수 있도록 도와주는 것에 불과하므로 직접적인 저작권 침해책임은 인정할 수 없다.

시스템제공자의 간접책임과 관련하여서 미국법처럼 이용자의 침해행위에 기하여 저작권을 간접적으로 침해했다고 할 수 있는가가 문제된다. 기여·대위책임의 법리를 인정하는 미국과 달리 우리법상으로는 민법상의 불법행위 규정에 따라서 책임을 논할 수밖에 없는데 민법은 과실책임주의 내지 자기책임의 원칙에 대한 예외로서, 책임무능력자의 감독자의 책임(민법 제755조), 사용자의 배상책임(제756조), 공작물 등의 점유자·소유자의 책임(제758조), 동물점유자의 책임(제759조) 등의 규정을 두고 있다. 그러나 이용자의 저작권 침해행위에 기초하여 시스템제공자의 책임을 논함에 있어서 이러한 규정이 적용될 여지는 없다. 따라서 이용자의 행위에 기초하여 시스템제공자에게 간접적으로 저작권 침해책임을 지우기는 어려울 것으로 보인다.

마지막으로 위에서 논의한 직접침해나 간접침해가 인정되지 않는 경우에 논할 수 있는 민사책임은 공동불법행위이다. 즉 직접적으로 침해한 이용자와 이를 가능하게 한 프로그램이나 시스템 등을 제공한 주체의 행위에 대하여 공동의 불법행위의 성립여부를 논의할 수 있다.

파일공유시스템 제공자의 형사책임 가능성을 보면 우리 저작권법은 제97조의 5에서 "저작재산권 그 밖의 이 법에 의하여 보호되는 재산적 권리를 복제·공연·방송·전시·전송·배포·2차적 저작물 작성의 방법으로 침해"한 행의에 대하여 형사책임을 규정하고 있다. 과연 MP3 파일공유시스템을 제공한 자는 이러한 저작권법상의 형사책임을 지는가? 시스템 제공자가 이용자들 사이의 MP3공유를 가능케 한 것은 사실이나, P2P기술에 의하여 이용자들이 시스템제공자의 중앙서버를 통하지 아니하고 파일을 공유하며 따라서 시스템 제공자의 중앙서버에는 저작물의 복제물이 존재하지 않고 또 중앙서버를 통하여 이를 전송한 것도 아니라면, 시스템 제공자가 "복제·공연·방송·전시·전송·배포·2차적 저작물 작성의 방법"으로 저작권을 직접 침해한 것으로 볼 수는 없다.[26]

26) 이대희, 전게서, 404면.

그러므로 시스템 제공자의 형사책임으로서는 이용자들에 의한 저작권 침해행위를 가능하게 만든 간접 침해책임으로 공동정범, 교사범, 종범(從犯)을 고려할 수 있다.

불법행위의 방조의 방법에는 제한이 없으므로 불법복제물에의 링크가 불법복제물의 확산에 도움을 준 경우에는 방조책임을 질 수 있다. 다만, 방조책임도 불법행위책임의 하나이므로 불법행위성립의 일반 요건에 따라 방조자에게 위법행위에 대한 고의 또는 과실이 있어야 한다. 과실 판단에 관한 통설적 견해인 객관적 과실설에 의하면 과실이 폭넓게 인정되므로 단지 링크한 대상이 침해물인지 몰랐다고 주장하는 것만으로는 과실 책임을 면하기 어려울 것이다.

바. 홈페이지 제작과정에서 타인의 저작물을 이용하는 경우

홈페이지를 제직힐 때, 타인의 저작물을 컨텐츠로 하는 경우, 전사적 신호에 의해 컴퓨터의 하드디스크와 플로피 등에 복제하는 것이 되므로 복제권의 고려가 있어야 한다.

다른 홈페이지에 수록된 음악이 일반적으로 알 수 있는 작품이거나 음악이어서 그 홈페이지 운영자가 창작한 것이 아니라는 것을 쉽게 알 수 있는 경우에는 고의 또는 과실이 인정되어 비록 당해 침해물을 직접 복제 또는 전송하지 않았다고 하더라도 저작권 침해의 방조책임을 지게 된다.

합법적인 사이트에서 월 사용료를 내고 스트리밍 서비스를 듣거나, 또는 한곡에 일정액을 지불하고 구입을 하더라도 이는 구입한 개인들이 사용할 수 있는 권리(사용권)을 부여받는 것이지, 이를 복제하거나(사적복제 부분 제외), 배포, 전송, 대여, 방송, 공연 등의 할 수 있는 권리가 부여 되는 것이 아니다. 따라서 자신이 구입한 음악 곡이라도 서버에 올리거나, 또는 타인이 올린 것을 링크하는 것 자체가 불법으로 보아야 한다.

사. 독창성 없는 데이터베이스의 경우[27]

우리 사회가 정보화 사회로 이전하고 정보기술이 발전함에 따라서 정보의 편집물 즉 데이터베이스의 경제적 가치가 커지고, 그러한 변화에 따라서 정보

---

27) 이에 대해서는 박익환, “데이터베이스의 보호”, 사이버지적재산권법, 법영사, 2004; 정상조, “저작권법에 의한 데이터베이스 보호의 문제점”, 데이터베이스의 보호, 서울대학교 법학연구소 기술과 법센터, 2003.

를 생산하거나 수집·가공하는 자와 그러한 정보를 소비하는 자와의 사이에 이해관계의 대립이 첨예화되고 있다. 정보를 생산하거나 수집·가공하는 자가 계약체결을 통해서 이익의 극대화를 도모하거나 보다 적극적으로 재산권을 주장하는 경우가 급증함에 따라서 데이터베이스를 둘러싸고 충돌하는 이해관계를 조정하기 위한 저작권법에 대한 해석론 또는 입법론이 다양하게 제기되었고 일부는 입법으로 해결하기도 하였다. 특히, 데이터베이스 산업은 정보화 사회의 핵심적인 기반산업분야로 정보통신 관련 산업의 발전을 선도할 뿐만 아니라 개인, 공공기관, 기업 등 모든 부문의 경제 산업활동의 효율성에 직결되기 때문에, 데이터베이스의 보호여부에 관한 이해관계의 첨예한 대립은 심각한 문제로 제기되고 있고 그 합리적인 보호방안은 결과적으로 21세기의 산업 전반에 커다란 영향을 미치는 문제로 많은 관심과 논쟁의 대상이 되고 있다.

저작권법상 독창성 요건을 갖추지 않은 데이터베이스에 대해서는 저작물로서 보호해야 할 것인가에 대하여 종래 논란이 있었다. 96년 3월 유럽연합은 독창성 없는 데이터베이스에 관하여 저작권이 아닌 독자적인 권리를 창설하여 제작자를 보호하겠다는 지침을 제정하였다. 이 지침에 의하면 데이터베이스 제작자는 데이터베이스 내용을 취득, 검증 또는 표현하기 위하여 질적으로나 양적으로 상당한 투자를 한 경우 해당 데이터베이스 내용의 전부나 상당 부분을 추출하거나 재이용하는 행위를 금지시킬 수 있는 권리를 가진다.

종전에는 우리 저작권법이 저작권보호의 요건으로서 '소재의 선택 또는 배열의 독창성'을 요구했기 때문에 상당수의 데이터베이스가 저작권 보호 밖에 놓여 있었다. 그러나 정보사회에서 데이터베이스의 중요성이 갈수록 커져가고 이러한 데이터베이스가 디지털화에 의해서 그 보호의 필요성이 커지게 되자, 2003년의 개정 저작권법에서는 창작성이 없는 데이터베이스의 경우에도 보호하는 규정을 신설하였다. 즉 동법 제2조 19호는 데이터베이스에 대한 정의 규정에서 '소재를 체계적을 배열 또는 구성한 편집물로서 그 소재를 개별적으로 접근 또는 검색할 수 있도록 한 것을 말한다'고 하고 있고, 동조 20호는 데이터베이스제작자 정의규정에서 '데이타베이스의 제작 또는 그 소재의 갱신·검증 또는 보충에 인적 또는 물적으로 상당한 투자를 한 자'라고 함으로써 데이트베이스제작자에게도 복제, 배포 등에 관한 배타적 권리를 부여하는 규정을 두고 있는데 일종의 저작인접권을 인정하고 있다.

개정법을 좀 더 구체적으로 살펴보면, 소재의 수집 및 배열에서의 창작성 여하에 관계없이 투자의 상당성이 인정되는 데이터베이스 제작자에 대하여 저작권과는 별도의 독립한 권리로써 당해 데이터베이스의 전부 또는 상당한 부분을 복제·배포·방송 또는 전송할 수 있는 배타적 권리를 부여하되 그 보호기간은 데이터베이스의 제작 혹은 갱신 후 5년 동안 보호해 줌으로써(동법 제95조) 데이터베이스 제작에 소요된 투자보호의 문제를 저작인접권보호의 법적 구조로 입법하였다. 데이터베이스 제작자에게 소정의 배타적 권리를 부여함으로써 투자에 따른 보상을 보장하는 한편, 데이터베이스가 보호된다고 하여도 구성부분인 소재자체를 보호하는 것이 아님을 분명히 하였으며(동법 제93조 2항) 데이터베이스에 수록된 정보를 이용할 수 있는 공중의 권리를 배려하여 데이터베이스를 전부 혹은 그 상당한 부분을 이용하지 않는 경우 그 데이터베이스의 통상적인 이용과 저촉하지 않거나 그 데이터베이스 제작자의 권리를 부당하게 해치지 않는다면 데이터베이스의 부분적인 이용에는 데이터베이스 제작자의 권리가 행사될 수 없도록 하였다(동조 2항). 나아가 저작물에 접근하여 공중이 이를 이용해야 할 공익이 배려되는 저작권제한의 대부분의 경우가 데이터베이스 제작자의 권리에도 준용되고 있으며(동법 제94조), 데이터베이스 제작자의 권리의 양도·행사, 데이터베이스 이용의 법정허락 및 데이터베이스 제작자의 권리의 등록과 관련하여 저작권에서의 상응규정이 각 준용되고 있다(동법 제96조, 제97조, 제98조). 또한 권리침해 시 민사적인 구제와 관련하여 데이터베이스 제작자의 권리는 그 밖의 저작권법에 의하여 보호되는 권리의 하나로써 침해의 정지 및 손해배상을 청구할 수 있으며(동법 제104조의 8, 제123조), 데이터베이스 제작자의 권리보호를 위하여 행해진 기술적 보호조치를 무력화하는데 사용되는 기술 등을 제공하는 행위(이하 "무력화 행위"라고 한다)는 위 제작자의 권리침해로 간주된다(동법 제104조의 2). 형사적 구제로서는 고의로 데이터베이스 제작자의 권리를 침해한 자는 그 밖의 저작권법위반죄보다는 경미한 3년 이하의 징역 혹은 3천만원 이하의 벌금으로 처벌될 수 있으며 동 범죄는 친고죄이다(동법 제136조 제2항 참조).

Ⅲ. 도메인네임의 법적 보호와 분쟁[28)]

도메인 이름(domain name)과 관련한 분쟁의 핵심은 도메인 이름에 관하여 '선접수·선등록(first come, first served)의 원칙'이 적용되는 것을 악용하여 타인의 상표나 상호, 서비스표나 캐릭터의 이름으로 도메인 이름을 등록·사용하는 경우 타인의 상표권을 침해하는 것은 아닌지, 부정경쟁행위를 하는 것은 아닌지 하는 것들이 주종을 이루고 있다.

도메인 이름과 관련한 논의의 세계적인 추세는 도메인 이름의 등록·사용이 상표권 등 타인의 권리와 저촉시 어떻게 상표권자 등을 보호할 것인가 하는 점에 관점이 맞추어져 있고, 이에 관한 입법이 계속 추진되고 있는 실정이다.

이와 관련하여, 우리나라도 도메인 이름의 분쟁을 규율하기 위하여 「부정경쟁방지 및 영업비밀보호에 관한 법률」을 일부 개정하고, 인터넷주소자원에관한법률을 제정하였으나, 이를 규율하기 위한 입법이 완료되기 전에는 기존의 오프라인 세계에 적용되던 상표법, 「부정경쟁방지 및 영업비밀보호에 관한 법률」, 상법 등의 해석 및 적용이 중요 문제로 대두될 수밖에 없다.

이하에서는 도메인 이름에 관한 다양한 문제점들 가운데 도메인 이름의 의의, 구조, 종류 및 등록, 특성 및 기능을 개관하고, 도메인 이름과 상표를 비교한 후, 도메인 이름과 상표와의 충돌 및 분쟁유형을 살펴본다. 이외에도 도메인 이름의 보호의 필요성 및 그 한계에 관하여 알아보고, 도메인 이름의 등록 · 사용으로 인한 상표권 등 침해와 구제수단이 어떤 것이 있는지 알아보고자 한다.

1. 도메인네임의 정의

모든 컴퓨터에는 고유한 IP 주소[29)]가 부여되어 있는데, 번호는 기억하기

---

28) 이에 대해서는 한국전산원, 도메인 이름 분쟁 사례집, 1998.4.; 정찬모, 인터넷 도메인 네임의 법적 문제, 한국정보법학회, 1998, 171면 이하.; 정진섭, 인터넷 도메인네임과 상표권 분쟁실태, 정보법학, 1997.; 김종민, 도메인네임의 분쟁과 상표보호의 문제점, 서울대학교 지적재산권교실; 손경한, 사이버지적재산권법, 법영사, 452면 이하.

29) 인터넷에서 정보를 제공하는 중대형 컴퓨터를 Host Computer라고 하는데 사람에게 이름이 있듯이 각각의 호스트 컴퓨터를 구분하기 위하여 이름을 부여하는 바, 이것을 IP Adress (Internet Protocol Adress) 라고 한다. IP 주소는 000.000.000.000라는 12자리 숫자로 구성되며 각각의 000에는 0부터 255까지의 숫자가 들어갈 수 있다. 같은 네트워크 하에 존재하는 컴퓨터는 비슷한 앞 번호를 갖게 되고, 두 번째 이하의 000는 하부 네트워크와 장래 하부

어려울 뿐만 아니라 사용하기도 불편하므로 각 IP Adress마다 고유한 이름을 문자(단어)나 알파벳으로 표현한 것이다. 이 이름을 도메인네임이라 하며 이 이름을 관리하는 컴퓨터가 따로 인터넷에 산재되어 있다. 이 컴퓨터를 도메인네임 서버라고 부른다.[30)]

인터넷주소자원에관한법률 제2조 제1호는, 도메인이름보다는 포괄적인 용어로 볼 수 있는 인터넷주소라는 용어를 사용하는데, '인터넷주소라 함은 인터넷에서 국제표준방식에 의하여 일정한 통신규약에 따라 특정 정보시스템을 식별하여 접근할 수 있도록 하는 숫자·문자·부호 또는 이들의 조합으로 구성되는 정보체계로서 인터넷 프로토콜(Protocol) 주소[31)]. 도메인(domain) 이름[32)], 그 밖에 인터넷상에서 특정 정보시스템을 식별할 수 있도록 하기 위하여 만들어진 것을 말한다.'고 정의하고, 「부정경쟁방지 및 영업비밀보호에 관한 법률」 제2조 제4호는, "도메인 이름이라 함은 인터넷상의 숫자로 된 주소에 해당하는 숫자·문자·기호 또는 이들의 결합을 말한다."고 정의하고 있다.

현재 이러한 도메인네임은 동일 도메인네임의 동시사용이 금지되고 있기 때문에 InterNIC은 선등록 우선주의(First come, First served)를 채택하고 있다. 도메인네임의 등록은 등록을 위하여 특별한 요건이나 입증이 필요 없고 기술적 제한의 범위 내에서 이미 선점된 도메인네임이 아닌 한 어떠한 도메인 네임도 등록할 수 있다. 일반적으로 도메인네임의 등록·관리는 NIC(National Information Center) 산하에 있는 NSI(Network Solution Inc.)에서 하는 바, NIC은 국가별로 따로 있다.

그러나 도메인네임을 NIC에 등록하여도 이러한 등록은 DNS(Domain Name System)[33)]의 운영을 위한 것에 불과하다. 즉 등록에 있어서 InterNIC의 선등록 우선주의도 「도메인네임 분쟁 정책」이라는 지침의 일부에 불과하고, 실정법에 근거가 있는 것은 아니다. 한편 영업활동과 관련이 있는 '.com'의 도메인은 미

네트워크 아래의 개인컴퓨터까지를 나타낸다.

30) 우리나라에서의 IP주소의 할당에 대해서는 http://www.nic.or.kr/regist/ip/new/regi_ip.html

31) 인터넷상에서 컴퓨터 및 정보통신설비가 인식하도록 만들어진 것

32) 인터넷상에서 인터넷 프로토콜 주소를 사람이 기억하기 쉽도록 하기 위하여 만들어진 것

33) 이것은 실제 통신망에서는 영문 이름 대신 숫자들의 조합으로 구성된 IP주소가 사용되기 때문에 사용되는 도메인네임 서버이다. 이 서버를 통해 영문 도메인 네임과 숫자 IP주소 사이에 변환작업을 수행한다.

국 기업에게만 발급되던 것이 1995년 말부터 미국 이외의 기업에 대하여도 등록이 허용되고 있다. 이러한 '.com', '.net', '.org'를 최상위 도메인네임이라 한다.

분쟁이 일어나는 인터넷 도메인 네임은 「www.000.com」의 형태인 것이 대부분이다. 이 중에서 실질적으로 상표권과 충돌을 일으키는 부분은 차상위 도메인 네임(Second Level Domain; SLD)인 이름(000) 부분이다. 이러한 SLD의 분쟁은 최상위 도메인네임이 세분화되어 있지 않아서 유통업체이건, 사회교육업체이건, 웹사이트업체이건 모두 '.com'이라는 이름을 선호하기 때문이다.

2. 도메인 이름의 구조, 종류 및 등록[34]

(1) 도메인 이름은 도메인으로부터 아래로 가지를 쳐 나가는 역(逆)트리 구조를 이루고 있다. 가장 오른쪽에서부터 왼쪽으로 최상위, 2단계, 3단계 도메인으로 나아가는데, 예컨대 law.chonnam.ac.kr라는 도메인 이름 중에서 kr은 최상위 도메인(TLD, Top Level Doman)이고 ac는 2단계 도메인(SLD, Second Level Doman)이라고 부른다.

(2) 최상위 도메인은 일반 최상위 도메인(gTLD, Generic Top Level Doman)과 (country code Top Level Doman)의 두 가지로 구분되는데, 먼저 일반 최상위 도메인(gTLD)은 .com, .net, .org, .biz, ac, info, name 등 모두 14개의 도메인이 있고, 다음으로 국가 최상위 도메인(ccTLD)은 ISO3166 국가코드 체계에 의거하여 세계 각 국가 이름을 두 개의 영어 알파벳 약자로 표현한 것으로서 한국을 위한 .kr, 일본을 위한 .jp, 중국을 위한 .cn, 영국을 위한 .uk 등 2478개의 도메인이 있다.

(3) 일반 최상위 도메인(gTLD)에 관하여는 비영리 민간기구인 국제 인터넷 주소관리기구(ICANN, Internet Coperration for Assigned Names and Numbers)가 그 업무를 총괄하고. 그에 관한 등록기관은 국제 인터넷주소관리기구(ICANN)에 의해 인증된 여러 기관이 경쟁적으로 수행하고 있으며, 국가 최상위 도메인(ccTLD)에 관하여는 국가별로 해당 국가의 NIC(Network Information Center)에서 관리하고 있다. 우리나라의 .kr에 관하여는 비영리 민간기구인 한국인터넷정보센터(KRNIC, Korea Network Information Center)가 그 등록 및 관리업무를 담당하였는데, 현재

34) 김정호·이완재, "사이버공간의 법경제학", 법문사 2004, 139-141 참조; 손경한, 사이버지적재산권법, 법영사, 2004. 453쪽(최성준, 도메인이름의 법적성격과 그 보호)

주식회사 가비아(http://www.gabia.co.kr) 등 여러 회사에서 등록업무를 대행한다. 현재 사용하고 있는 .kr 밑의 2단계 도메인으로는 .co.kr, .or.kr, .pe.kr 등을 비롯하여 29개의 2단계 영문도메인이 있으며 명시적으로 각각의 신청자격을 정해놓고 있다. 등록기관은 등록 신청된 이름이 이미 등록되어 있지 아니하는 "선접수 선처리의 원칙"에 따라 바로 등록신청인에게 도메인 이름을 할당하여 등록한다. 다만 등록약관으로 이를 제한하는 경우도 있다.

(4) 도메인이름은 shinan.org와 같이 TDL의 2단계도메인이 일반적으로 영어로 등록되고 사용되어 왔다. 그러나 .com .net .org의 2단계도메인에는 영어에 한정되지 않으며, '도메인정보센터.com'과 같이 한국어 외에 중국어, 일본어 등 여러 국가의 언어에 의하여 등록될 수 있다. 2000년 11월 .com, .net, org TLD의 등록소(registry) 역할을 하고 있는 VeriSign Global Registry Services (NSI를 인수)는 한국어 등을 사용할 수 있도록 지원하기 시작하였다. 한글도메인도 영어도메인과 마찬가지로 ① 전세계적으로 중복되지 않는 유일한 것이어야 하며, ② 한글, 영문자, 숫자 및 하이픈(-)으로 표현될 수 있으며, ③ 길이는 최소 2자에서 최대 63자까지 가능하며, ④ 콤마(,)나 언더바(_) 등은 사용할 수 없다.

3. 도메인 이름의 특성 및 기능[35)]

(1) 특성

가. 인터넷과 관련된 특성

도메인 이름을 입력하면 인터넷을 통하여 누구나 언제, 어디서든지 자기가 원하는 네트워크 및 웹사이트에 접속할 수 있고 가상공간에서 활동할 수 있다. 이 특징은 일반 도메인(.com, .net 등)이든, 국가 도메인(.kr, .jp 등)이든 상관없다.

나. 도메인 체계에 의한 특성

1) 유일성

도메인 이름은 각각의 컴퓨터를 특정 하는 것이고 역트리의 계층적 구조를 가지므로 전 세계적으로 유일하게 하나만 존재한다. 위 사례에서 "www.rolls-royce.com"

35) 조정욱, "인터넷 도메인 분쟁연구", 박영사, 2004, 16-20면 참조.

은 오직 하나일 뿐이고, "www.rolls-royce.co.kr"은 전혀 다른 도메인 이름으로 파악된다. 서로 다른 지역이나 다른 영업 또는 상품에 관하여 동일한 명칭의 병존이 가능한 상표와 다르다. 유일성은 도메인 이름의 대표적 특성이면서 도메인 분쟁의 중요한 원인이 된다.

2) 희소성

동일한 도메인 아래에서 특정 도메인 이름은 지역, 상품에 관계없이 1개만 존재하므로 동일한 명칭의 상표, 상호에 수요가 집중되고 이로 인한 자원 부족 현상이 심화된다. 예컨대, www.samsung.com을 등록한 이상 삼성출판사나 삼성물산, 삼성식당, 삼성병원 등의 상표나 상호를 가진 자는 상표나 상호와 달리 www.samsung.com을 등록할 수 없고 다른 도메인 이름을 등록해야 한다. 그리고 당해 상표가 저명한 경우에는 「부정경쟁방지 및 영업비밀보호에 관한 법률」 제2조 제1호 다목의 희소화 방지조항에 의하여 금지될 수 있기 때문에 결국 선택될 수 있는 표현은 매우 제한되고, 금지를 피하기 위해 도메인 이름의 표현이 매우 길어지게 된다.

3) 독점성

도메인 이름의 유일성은 식별력을 강화할 뿐만 아니라 등록인으로 하여금 그 표지에 대하여 독점적 사용을 할 수 있게 한다. 다만 독점적 사용은 유일성에 기한 것일 뿐이고 도메인 이름의 등록 및 이용에 관한 권리는 등록기관과의 등록약관에 기한 채권적 성질을 가지므로, 등록상표처럼 법률이 정한 배타적 효력을 당연히 가지는 것은 아니다.

(2) 기능

가. 인터넷상 주소로서의 기능

도메인 이름은 숫자와 구분자(.)로 된 프로토콜의 변환으로서 인터넷에서 각 웹사이트를 찾기 위한 "번지"와 같은 역할을 하는 주소(Internet Protocol Address)로 등장하였고 현재에도 그 기능을 여전히 담당하고 있다.

나. 식별 기능

도메인 이름은 문자로 되어 있고 유일성을 가지고 있기 때문에 고유한 식별자로서의 역할을 할 수 있다. 하나의 도메인 이름만 가능하다는 점에서 다수의 동일명칭으로 된 상표가 병존하는 것과 다르고 이는 식별표지로서의 가치를 높게 한다.

다. 상품이나 서비스의 출처로서의 기능

도메인 이름은 상표처럼 상품에 부착되지는 않으나, 전자상거래에서 소비자로 하여금 자신이 구입한 상품이나 제공받는 서비스의 출처로서 인식될 수 있다.

라. 유도적(통로적) 기능

도메인 이름은 네트워크를 구성하는 각 컴퓨터의 주소로서의 기능을 가진다. 하지만 그 주소만으로는 그 웹사이트가 무엇을 하고 어떤 서비스를 제공하는지 알 수 없고, 실제 그 도메인 이름을 인터넷 주소창에 입력하여 그 웹사이트로 이동하여야만 구체적으로 인식할 수 있다. 따라서 도메인 이름은 인터넷 주소나 식별표지로서의 기능 이외에 자신의 컴퓨터를 선택한 이용자로 하여금 접근통로(예컨대, 고속도로에서 목적지를 찾아가도록 하는 진입로에 비유할 수 있다)를 유지하게 하는 역할도 한다.

4. 인터넷 도메인 네임의 법적 보호[36)]

(1) 도메인 이름과 상표의 충돌

도메인네임은 엄밀한 의미에서 명칭이라고 하기보다는 전화번호 등과 같은 식별번호에 해당한다. 그러나 실제로는 도메인네임을 컴퓨터보유자의 명칭처럼 활용하고 있으며 흔히 그러한 도메인네임이 그 보유자에 의해서 제공되는 상품이나 서비스의 출처표시로서 기능하고 있음을 부인할 수는 없다. 즉 기업의 입장에서는 도메인이름의 특성을 이용하여 자신의 회사명, 상표, 기타 저명한 호칭을 도메인이름으로 등록하려고 시도하고 그것이 상표처럼 인식되기도 한다. 이와 같이 도메인네임이 상품이나 서비스의 출처표시로서 사용된 경우에 상표의 사용에 해당되는 한도에서는 상표권의 침해도 될 수 있다.[37)]

---

36) 조정욱, 인터넷 도메인 분쟁연구, 박영사, 2004, 16-20면 참조.

37) 상표는 일반적으로 자타상품의 식별표지이며 상품의 얼굴이라고 할 수 있고, 상표법상으로는 상품을 생산·가공·증명 또는 판매하는 것을 업으로 영위하는 자가 자기의 업무에 관련된 상품을 타인의 상품과 식별하기 위하여 사용되는 '기호·문자·도형·입체적 형상 또는 이들을 결합한 것'과 '위의 각각에 색채를 결합한 것'을 말한다고 규정하고 있다(상표법 제2조 1호).

(2) 분쟁유형

도메인 이름과 상표권 등의 충돌 사안은 통상 상표권자등이 자기가 권리를 가지고 있는 상표, 서비스표, 상호 등의 문자열을 사용한 도메인 이름을 취득하고자 했음에도 불구하고, 그 도메인 이름이 누군가에 의해 이미 선점되어 그와 동일한 도메인 이름을 등록할 수 없을 때 구체화된다. 이러한 분쟁은 도메인 이름 취득자의 이용태양·목적에 따라 대체로 아래와 같이 분류할 수 있다.

가. 불법점거

불법점거란 저명한 상표, 서비스표, 상호 등과 동일한 문자열을 사용한 도메인 이름이 아직 등록되어 있지 않음을 기회로 위 상표 등의 권리자가 위 상표 등을 장차 자신의 도메인 이름으로 사용하려고 할 때에는 이를 사실상 고가로 매입하지 않을 수 없도록 이를 미리 자신의 도메인 이름으로 등록하는 것을 말한다. 전형적인 사례에 인터매틱 판결 및 파나비죤 판결의 공동피고인 Toeppen은 britishairways.com, lufthansa.com 등 저명상표를 포함, 도메인네임을 240개 이상 취득하고 있었다고 한다. 불법점거자는 대부분의 경우 도메인네임을 등록하고 있을 뿐, 이를 이용하여 실제로 활동하는 경우는 거의 없다.

나. 악의사용

악의 사용이란 타인의 상표, 서비스표, 상호 등의 존재를 인식하면서 스스로가 사이버세계에서 이용할 목적으로 타인의 상표등과 동일·유사한 문자열을 사용한 도메인 이름을 취득·사용하고 있는 경우를 말한다. 악의 사용에는 상표 등의 권리자와 도메인네임취득자가 경쟁관계에 있는 경우[38]와 그렇지 않은 경우[39]로 나눌 수 있다.

다. 선의사용

선의사용이란 자신의 인터넷 활동에 이용할 목적으로 취득한 도메인 이름의 문자열이 우연히 타인의 상표, 서비스표, 상호 등과 일치하거나 유사한 경

---

38) 경쟁관계에 있는 경우: 도메인네임 취득자는 경쟁상대의 홈페이지라고 오신한 고객을 유인하고자 하는 의도가 있거나, 혹은 경쟁 상대의 홈페이지로 위장해서 경쟁상대에 관한 불리한 정보를 유포하려고 하는 의도 등이 있다고 추정된다.

39) 경쟁관계가 아닌 경우: 경쟁관계가 아닌 경우에도 위 상표 등의 지명도를 이용해서 스스로의 홈페이지의 고객흡인력을 높이고자 하는 의도 등이 있다고 추정된다.

우를 말한다.

(3) 도메인네임에 대한 상표법상 상표로서의 보호여부

우리나라의 법상 도메인 이름의 분쟁에 대하여 적용될 수 있는 규정은 ① 상표법상의 상표(서비스권) 침해(상표법 제66조), ②「부정경쟁방지 및 영업비밀보호에 관한 법률」상의 상품주체 혼동행위(동법 제2조 1호 가목), ③「부정경쟁방지 및 영업비밀보호에 관한 법률」상의 영업주체 혼동행위(동법 제2조 1호 나목), ④「부정경쟁방지 및 영업비밀보호에 관한 법률」상의 식별력이나 명성을 손상하는 행위인 희석(동법 제2조 1호 다목) 등이다.

가. 상표권 등 침해의 법적 근거

1) 상표법 제66조의 상표권 침해

상표법 제66조에 따라 상표권 침해가 성립하기 위해서는 등록된 상표(또는 서비스표)[40]와 동일·유사한 상표(또는 서비스표)를 타인이 동종 또는 유사 지정상품(또는 서비스표)에 사용할 것을 요한다. 즉 "등록상표일 것", "상표로서의 사용일 것", "상표와 동일 · 유사할 것"등을 요건으로 하고 있기 때문에 상표법의 적용범위는 상당히 제한적이다.

① '등록상표'일 것

상표법은 '등록상표' 또는 '등록서비스표'만을 그 보호대상으로 하고 있음에 반하여,「부정경쟁방지 및 영업비밀보호에 관한 법률」은 주지성을 갖춘 일체의 상품표지 또는 영업표지를 보호대상으로 하고 있다. 따라서 도메인 이름이 비등록의 상표와 동일 또는 유사한 경우에는 그것이 주지성을 갖춘 상표인 경우에「부정경쟁방지 및 영업비밀보호에 관한 법률」 위반의 문제가 제기될 수 있어도 상표법 위반의 문제는 제기되지 아니한다.

② '상표로서의 사용'일 것

도메인 이름의 등록 또는 사용이 상표권의 침해로 인정될 수 있으려면, 우선 그 행위가 상표법 제2조 제1항 제6호의 "상표로서의 사용"에 해당하여야 하는데, 인터넷 도메인 이름에 의한 상표사용이 상표의 사용에 해당하는지는 주로 위 제6호 다목의 상표사용행위에 해당하는 것으로 볼 수 있는가 하는 점

---

40) 상표법은 정형적 · 획일적 보호를 위해 등록된 상표만을 보호한다.

에 초점이 모아진다.

도메인 이름의 사용이 '상표의 사용'에 해당하는지 여부는 당해 도메인 이름이 사용되고 있는 구체적 태양이나 그것으로 연결되는 홈페이지의 표시내용 등으로부터 종합적으로 판단하여야 한다고 할 수 있다. 상표로서의 사용은 기본적으로 사업적, 영리적인 목적으로 사용하는 것만 이에 해당한다. 다만, "정보제공"과 관련하여, 타인의 상표와 동일 · 유사한 도메인 이름으로 웹사이트(홈페이지)를 개설하고 당해 정보 제공에 대하여는 대가를 받고 있지 않지만, 당해 웹사이트(홈페이지) 중에 배너광고를 게재하여 광고 수익을 얻고 있는 경우에는 비록 그 정보 제공 자체는 무상이라 할지라도 배너광고의 이익이 현존하는 한 상표로서의 사용에 해당한다고 할 수 있을 것이다.

③ 상표와의 동일·유사

상표권(또는 서비스표권)침해가 성립하려면 사용된 상표가 등록상표와 동일 또는 유사한 상표(또는 서비스표)이어야 한다. 유사상표인지 여부는 상표의 외관(appearance), 칭호(sound), 관념(idea) 등을 대비하여 판단한다. 이때 상표의 유사여부를 판단함에 있어서 다른 경우와 마찬가지로 이격적 관찰 및 전체적 관찰의 원칙, 결합상표에 있어서의 분리관찰 및 요부관찰 등 방법으로 판단하여야 할 것이다. 상표법상의 유사는 이른바 '혼동적 유사'이므로 결국 궁극적인 판단기준은 그 유사성이 출처혼동의 우려를 야기할 것인가의 여부에 달려 있다. 우리나라의 사례 중에서 '하이마트 사건'의 경우 기존의 상호인 하이마트(HI-MART)와 도메인 이름인 himart.co.kr이 정확히 일치하지는 않으므로 '유사 여부'의 판단이 문제되었는데, 하급심 법원(서울지방법원 1999. 11. 24. 선고 99카합2819 결정)은 호칭의 동일성 면에서 거의 동일하다고 하였다.

④ 상품의 동일·유사

상표를 사용한 상품(또는 서비스)이 등록상표의 지정상품(또는 서비스)과 동일하거나 유사하여야 한다. 상품의 유사 여부에 대한 판단에 대하여 대법원의 주류적 판례는 원칙적으로 상품의 객관적인 속성의 공통성이 인정되면 상품출처에 관한 오인, 혼동의 염려가 있는 것으로 보아 동일·유사상품으로 인정하는 경향을 보이고 있다.[41] 그러나 상품의 유사 여부도 상표의 유사 여부와 마찬가

41) 대판 2004.2.13, 2001다57709 판결에서 대법원은 도메인네임으로 rolls-royce.com과 rolls-royce.

지로 궁극적으로는 출처에 관한 혼동 가능성을 방지하기 위한 판단이므로 그 판단에 있어 상품의 객관적인 속성 이외에 수요자 일반의 혼동가능성 여부도 종합적으로 고려되어야 할 것이다.

위와 같이 우리 상표법은 상표권의 효력을 적극적 효력(동법 제50조)과 소극적 효력(제65조·제66조)으로 규정하고, 상표의 침해와 관련하여 혼동 내지 혼동가능성이라는 표현을 하고 있지 않다. 그러나 상표권의 적극적 효력 이외에 상표권의 금지적 효력을 유사상표 및 유사상품에까지 미치는 것으로 하고 있는 것은, 기본적으로 상표권의 침해기준이 소비자의 혼동 내지 혼동가능성에 기초한다는 것을 의미한다.[42)]

2) 혼동이론

① 혼동의 의의 및 요건

혼동이라 함은 대상의 동일성에 관한 오인을 뜻하는데, 이에는 다시 협의의 혼동과 광의의 혼동으로 나누어 볼 수 있다. 협의의 의미의 혼동에는 상표의 외관·칭호·관념 등 구성상의 근사성이 오인이 되어 상표 그 자체가 동일한 것으로 오인되는 직접혼동과 상표 그 자체에의 오인은 없지만 양 상표가 지닌 외관·칭호·관념 및 그 밖의 공통점 때문에 상품의 출처에 관한 혼동이 생기는 간접적 혼동이 있다.

광의의 의미의 혼동이란 상표가 비슷하기 때문에 구매자의 심리에 당해 상품의 출처가 상표권자의 기업과 업무상·계약상·조직상 또는 그 밖의 특수한 관계에 있는 것처럼 오인되는 경우를 말한다. 현행 상표법이 사용하고 있는 혼동의 개념은 이러한 광의의 혼동을 포함하고 있는 것으로 해석된다.[43)] 저명상표의 경우에는 어느 상표가 저명상표와 약간만 비슷하여도 상품의 출처에 관한 결합관계가 즉시 연상된다. 이런 특수한 사정으로 인하여 저명상표의 경우에는 비유사상품의 경우에도 혼동의 염려를 인정하는 범위가 넓다.

혼동에 대한 판단의 전제조건은 우선 상표 및 상품의 동일·유사성과 동일

---

net를 사용하고 있는 영국의 자동차회사인 ROLLS-ROYCE사가 rolls-royce.co.kr라는 도메인네임을 사용하고 있는 한국의 삼진정밀에 대하여 제기한 소송에서 타인의 등록상표와 유사한 상표를 그 지정상품과 동일 또는 유사한 상품에 사용하는 행위가 없다는 논거로 상표권 침해를 부정하였다.

42) 이대희, 인터넷과 지적재산권법, 박영사, 2002, 105면.

43) 이상정·송영식·황종환, 지적소유권법, 육법사, 1996.

한 장소에서 판매되어질 가능성·개연성이다. 또 경쟁적인 관계가 설정되어져야 하는데, 경쟁적인 관계가 설정되어지지 않는다면 혼동이론의 적용은 할 수 없을 것이다.

② 현행법상 혼동이론에 의한 상표보호

상표법 제7조 1항 10호는 '수요자간에 현저하게 인식되어 있는 타인의 상품이나 영업과 혼동을 일으키게 할 염려가 있는 상표는 등록받을 수 없다고 규정하고 있다.

「부정경쟁방지 및 영업비밀보호에 관한 법률」(이하 '부정경쟁방지법'이라 한다)에서는 등록받지 아니한 상표를 주지성을 갖추는 요건 하에서 보호하고자 한다. 제2조 1호 가목에서 혼동이론과 관련하여 부정경쟁행위를 '국내에서 널리 인식된 타인의 성명·상호·상표·상품의 용기·포장 기타 타인의 상품임을 표시한 표지와 동일 또는 유사한 것을 사용하거나 이러한 것을 사용한 상품을 판매·배포 또는 수입·수출하여 타인의 상품과 혼동을 일으키게 하는 행위'로 규정하여 상품주체 혼동행위에 관하여 정하고 있다. 또한 나목에서도 '국내에 널리 인식된 타인의 성명·상호·상표 기타 타인의 영업임을 표시한 표지와 동일 또는 유사한 것을 사용하여 타인의 영업상의 시설 또는 활동과 혼동을 일으키게 하는 행위'로 규정하여 영업주체 혼동행위에 관하여 명시하고 있다. 따라서 혼동의 우려가 없는 사용행위라도 유명상표의 표지의 식별력이나 명성을 부당하게 손상하게 하는 행위에 대하여 법적 대응이 가능하게 되었다. 단 이러한 손상행위에 대하여는 다른 부정경쟁행위와 달리 고의가 있는 경우에만 손해배상 및 신용회복의 책임을 물을 수 있도록 규정하고 있다(동법 제5조 단서 및 제6조 단서).

동법에서 말하는 혼동은 협의의 혼동뿐만 아니라 광의의 혼동도 포함하는 것으로 해석되고 있으며, 대법원 판례도 마찬가지 입장이다.[44)]

③ 혼동이론의 적용사례

혼동이론의 적용사례로서 상표권보호로서 샤넬 사건[45)]을 들 수 있다. 이 사건에서는 저명한 샤넬(chanel)이라는 상호 또는 상표를 프랑스의 샤넬사와 무관한 피고가 「chanel.co.kr」이라는 인터넷 도메인 네임을 등록한 다음 그 홈페

44) 대판 1999.4.23, 97도322.

45) 서울지방법원 1999.10.8 선고 99가합41812판결.

이지 여러 곳에 'ChanelInternational' 또는 '샤넬인터네셔널'이라는 상호를 표시한 사건에서 법원은 피고의 영업행위가 원고 샤넬의 영업과 관련하여 「부정경쟁방지 및 영업비밀보호에 관한 법률」 제2조의 타인의 영업표지가 갖는 저명성에 편승하여 수요자를 유인하여 부정한 이익을 얻고자 하는 영업주체의 혼동으로 보아 원고의 청구를 인정하면서 도메인네임의 등록에 있어서 선등록주의 우선주의는 한국인터넷정보센터의 방침 또는 지침에 불과한 것으로 그에 따른 도메인네임 등록이 「부정경쟁방지 및 영업비밀보호에 관한 법률」 등의 일반 법률질서에 위반한 경우까지 적법하게 허용된다고 할 수 없다고 판시하였다.

3) 도메인이름과 상표의 희석

① 의의

희석화이론은 원고상표의 강한 공공적인 식별력에 어떤 위험을 가져오는 위험을 제거하고, 식별력·독점력·명성·영향력 등 식별력 있는 상표에 다른 사용자가 편승하여 사용하는 것을 막기 위한 것이다.

희석화란 주지·저명한 동일·유사한 상표를 동일·유사하지 아니한 상품에 사용하여, 주지·저명한 상표주가 그 동안의 비용과 노력으로 쌓아놓은 상표의 신용에 편승하여 부당한 이득을 얻는 행위를 말한다. 즉 동일·유사하지 않은 상품에 상표를 사용하여 혼동의 위험이 전혀 없다고 하더라도 저명상표를 비유상품에 자유롭게 사용할 수 있게 하면 저명상표주가 막대한 비용과 노력을 들여 쌓아올린 당해 상표의 신용·고객흡인력 등이 각종의 상품에 분산 사용되고 그것으로 인하여 저명상퓨의 이미지·광고선전력·고객흡인력 등이 다른 상품에 흡수되어 희박하게 되는 현상을 희석화 현상이라 한다.[46)]

희석화행위에 대한 구제방법에는 입법적인 규제가 주된 방법이다. 가장 대표적인 경우가 미국의 연방상표희석화법인데, 이것은 판례법상 일정하게 유지된 상표혼동과 출처혼동 등에 대한 이론이 입법화된 것이다. 동법에서는 구제방법으로 변호사비용, 손해배상, 징벌적 성격의 3배 배상을 청구할 수 있도록 하고 있다. 일본 및 영국의 경우 상표법에 표장제도를 도입함으로서, 사용의사가 없는 상품류에도 동일표장으로 출원하는 것을 허용하고 있다. 독일의 경우에는 「부정경쟁방지 및 영업비밀보호에 관한 법률」에 관련 내용을 두도록 하

46) 이상정·송영식, 황종한, 전게서, 348면.

고 있다.

② 현행법상 희석화 규정에 의한 상표보호

상표법 제7조 1항 12호에서 '국내 또는 외국의 수요자간에 특정인의 상품을 표시하는 것이라고 현저하게 인식되어 있는 상표(지리적 표시를 제외한다)와 동일 또는 유사한 상표로서 부당한 이익을 얻으려 하거나 그 특정인에게 손해를 가하려고 하는 등 부정한 목적을 가지고 사용하는 상표'를 부등록상표로 규정함으로써 희석화이론을 적용하고 있는 것으로 보인다. 수요자간에 현저하게 인식되어진 상표에 한정하여 보호함으로써, 그 명성에 의존하여 부정한 이익을 얻으려는 것을 방지하려는 것이다.

부정경쟁방지법에도 희석화 규정을 포함하는 개정이 2001년에 이루어져서 도메인이름의 무단점유에 대한 새로운 전기가 마련되었다. 즉 '…비상업적 사용 등 대통령령이 정하는 정당한 사유 없이 국내에 널리 인식된 타인의 성명, 국호, 상표, 상품의 용기, 포장 그 밖에 타인의 상품 또는 영업임을 표시한 표지와 동일하거나 이와 유사한 것을 사용하거나 이러한 것을 사용한 상품을 판매, 반포 또는 수입, 수출하여 타인의 표지의 식별력이나 명성을 손상하게 하는 행위'를 부정경쟁행위로서 신설하였다(동법 제2조 1호 다목). '고의'에 의한 이러한 부정경쟁행위에 대해서는 손해배상책임 및 신용회복에 대한 청구권을 부여하였다(제5조·제6조).

희석화규정은 그 남용을 방지하기 위하여 국내에 널리 인식된, 곧 주지성이 있는 상표만을 보호한다. 주지성의 범위는 대한민국 전역에 걸쳐 있을 필요는 없으며, 다만 적어도 경쟁관계에 있는 당사자의 영업활동이 미치는 지역이면 된다.[47] 희석에 의한 부정경쟁행위에 대해서는 다른 유형의 부정경쟁행위와 같이 부정경쟁행위의 금지청구권 및 예방청구권이 인정된다. 또한 손해배상청구권과 신용회복 청구권이 인정되지만(동법 제5조·제6조), 다른 부정경쟁행위와는 달리 '고의'가 있는 경우에만 청구권이 인정된다.

③ 희석화이론의 적용 사례

이 이론의 적용사례로는 미국의 연방상표희석화법의 발효 이후 최초로 제기된 아본(Avon) 사건[48]이 있다. 이 사건에서 Avon 화장품회사는 Carnetta Wong

47) 송영식·이상정·황종환, 지적소유권법(하), 360면.

Associate(CWA)가 avon.com을 도메인네임으로 등록하자 자신의 상표의 희석화로 인한 상표권침해를 이유로 CWA의 도메인네임의 사용중지와 도메인네임의 독점적인 사용을 요구하였다.

이에 대해 법원은 도메인네임이 Avon 화장품회사의 상표권이 침해되었음은 입증하였으나, 도메인네임이 원고에게 이전되어 사용될 수 있는 권한의 근거에 대해서는 적절히 논증하지 않고 단지 도메인네임의 이전을 명하였다. 미국에서만도 avon이라는 상표를 가진 기업이 수 개에 이르므로 이 중 어느 한 회사가 avon.com이라는 도메인을 소송을 제기했다는 이유만으로 독점적으로 사용할 수 있는지를 충분히 검토해야 할 것이라고 명시하였다. 법원의 판시 후 원고인 Avon화장품회사는 획득된 도메인네임은 avon.com이었지만 avon.avon.com으로 도메인네임을 사용하였다.

④ 구체적 분쟁 사례

ⓐ 선취득된 도메인네임이 보호된 사례

이러한 사례로는 에스콰이어 사건[49]이 있다. 이 사건은 Esquire잡지를 발행하는 The Hearts사가 Ari Goldberger를 상대로 제소한 것이다. 피고는 필라델피아에 소재하는 법률회사 Pepper, Hamilton & Scheet에서 근무하는 변호사로서 변호사들에 대한 경칭으로 사용되는 'esquire'를 사용하여 'ESQ.wire'라는 도메인네임을 만들어 사용하고 있었다. 이에 원고 The Hearts사는 esquire.com과 유사한 도메인을 사용함으로써 다른 사람들에게 피고의 사이트가 원고 잡지사로부터 재정지원을 받는다든가 또는 승인을 받은 것처럼 믿게 하였다고 주장하였고, 피고는 사전에 나오는 일반적인 단어에 대하여 원고가 독점할 이유가 없다고 주장하여 소 각하신청을 하였다. 법원은 'esq.wire' 또는 'esquire'의 도메인이 법률서비스를 위해서 사용될 경우 이러한 도메인이 Esquire잡지의 상표권을 침해하지 않는다고 판시하였다. 그리고 그 이름이 서비스마크, 상표권, e-mail주소로서 사용될 경우에도 마찬가지로 허용된다고 하였다. 그 대신 피고에 대해 자신의 홈페이지 상에 있는 내용이 법률서비스에 한정되어 있다는 사실을 명시해야 하며, Esquire잡지의 상징물이나 표어는 사용해서는 안된

---

48) http://www.patents.com/nylj8.sht

49) http://www.ljx.com/LJXfiles/domainsuits.esqwire.html
http://wwww.jmls.edu/cyber/cases/esquirel.html

다고 판시하였다.

ⓑ 협상으로 마무리된 사건

이러한 사건으로는 맥도널드 사건(mcdonals.com)이 있다. 이 사건은 인터넷 주소역할을 하는 도메인 네임에 관련된 최초의 분쟁이다. 미국의 인터넷 잡지사인 와이어드 지의 기자가 악의 없이 mcdonls.com을 등록하고, 맥도널드사에게 도메인 네임을 제공하는 대가로 초등학교에 컴퓨터를 기부하라는 조건을 잡지에 공개적으로 게재하자 맥도널드사(http://www.mcdonals.com)가 이에 굴복하여 컴퓨터를 기증하고 도메인네임을 돌려받았다.

⑤ 도메인의 무단점유행위(사이버스쿼팅)과 희석

부정경쟁방지법 제2조 1호 아목에는 부정경쟁행위에 '정당한 권원이 없는 자가 부정한 이익을 얻거나 타인에게 손해를 가할 목적으로 국내에 널리 인식된 타인의 성명·상호·상표 그 밖에 타인의 상품 또는 영업임을 표시한 표지와 동일하거나 유사한 도메인이름을 등록·보유·이전 또는 사용행위'를 추가하고 있다. 이 규정은 2004년 1월 20일에 신설된 규정이다. 이는 이른바 '사이버스쿼팅'[50]으로 불리는 도메인이름의 무단점유에 대하여 분명하게 입법적으로 부정경쟁행위로 선언함으로서 희석화행위에 대한 논란을 해결한 규정이다. 정당한 권원이 없을 것, 부당한 이익을 얻거나 타인에게 손해를 가할 목적이 있을 것 등의 요건이 있지만, 이러한 것들은 국제적으로 도메인이름의 무단점유에 관한 보편적 요건인 'bad faith'와 일목상통한 것으로서 해석과 적용에 있어서 UDRP 등의 국제적인 룰이 크게 원용될 수 있을 것으로 보인다.[51] 부정경쟁방지법은 '국내에 널리 인식된'상표 기타 표지 등과 동일, 유사한 도메인이름에 한하여 규정하고 있어서 그러한 '주지성'이 없는 경우에도 적용되는가가 문제되는데, 그에 대하여는 별도로 최근에 제정된 인터넷주소자원에 관한 법률 제12조에서 ① 누구든지 정당한 권원이 있는 자의 도메인이름 등의 등록을 방해하거나 정당한 권원이 있는 자로부터 부당한 이득을 얻을 목적으로 도메인이름 등을 등록하여서는 아니 된다. ② 정당한 권원이 있는 자는 제1항의 규정을

50) 그 동안 사이버스쿼터와 정당한 소유권자 사이에 많은 도메인 분쟁이 있었는데, 샤넬(shanel.co.kr), 하이마트(himart.co.kr), 비아그라(viagra.co.kr), 조용필(choyongpil.com) 등이 대표적인 사례들이다.

51) 사법연수원, 전게서, 260면.

위반하여 도메인이름 등을 등록한 자에 대하여 법원에 그 도메인이름 등의 등록말소를 청구할 수 있다'라고 규정하여 일반적인 해결을 가능하도록 하고 있다. 다만, 인터넷주소자원에 관한 법률은 .kr도메인에 대해서만 적용되는 것으로 해석되므로, 국제도메인의 경우에는 주지성을 갖출 경우에 한하여 부정경쟁방지법에 의하여 보호되고, 그렇지 않으면 UDRP에 의하여 해결할 수밖에 없다.[52)]

(4) 인터넷 도메인 네임 침해에 대한 구제

가. 상표법상의 구제수단

상표법에 의하여 도메인네임 침해가 상표권침해로 인정되는 경우 상표권자는 침해금지청구권, 손해배상청구권, 신용회복청구권을 가지며 형사처벌도 가능하다.

1) 도메인 이름 사용금지청구 내지 등록말소청구

도메인네임에 의한 상표권침해가 발생하였거나 발생할 우려가 있다고 인정되는 경우에 상표권자는 그 침해의 금지 또는 예방을 청구할 수 있다(상표법 제65조 1항). 또한 상표권자 등이 이러한 금지청구를 할 때에는 침해행위를 조성한 물건의 폐기, 침해행위에 제공된 설비의 제거 기타 침해의 예방에 필요한 행위를 청구할 수 있다(동조 2항). 이 권리는 상표권자에게 배타적 권리로서 인정되는 권리이며, 침해하는 자에게는 누구에게든지 주장할 수 있는 권리이다.

금지청구권은 침해행위를 중단할 것을 청구하는 것이므로 상대방에 대하여 부작위를 청구하는 것이 일반적이나, 도메인이름에 의한 침해의 경우에는 도메인이름의 등록말소절차 이행 청구는 금지청구권 행사에 포함되는 것으로 보아야 할 것이다. 우리 법원도 침해금지를 위한 필요한 조치로서 도메인 이름의 등록말소를 명하고 있으며,[53)] 인터넷주소자원에 관한 법률 제12조 2항은 명문으로 '도메인 이름의 등록 말소'를 구제조치에 포함하고 있다.

상표권자 등은 긴급을 요하는 경우에는 본안소송에 앞서 위와 같은 금지청구권을 피보전권리로 하여 침해자를 상대로 침해행위의 금지를 구하는 가처분 신청을 할 수도 있다.

52) 사법연수원, 전게서, 261면.
53) 서울고등법원 2000.11.15. 99나61196

2) 손해배상의 청구

도메인네임의 침해행위에 의하여 상표권자에게 손해가 발생하였다면 상표권자는 손해배상을 청구할 수 있다(민법 제750조). 침해금지의 경우에는 고의·과실을 필요로 하지 않으나 손해배상청구에는 고의·과실이 필요하다. 따라서 원칙적으로 상표권자는 침해자의 고의·과실에 대한 입증책임을 부담한다. 단 상표법에서는 상표권자의 입증의 부담을 경감하기 위하여 손해액 추정규정(상표법 제67조)와 고의 추정규정(동법 제68조)을 두고 있다. 그러나 손해배상의 범위를 산정함에 있어, 도메인 이름의 등록 및 사용으로 인하여 상표권자에게 어떠한 손해가 발생하였고 그 액수는 어느 정도인지를 입증하기 곤란하다.[54)]

3) 신용회복청구

상표법 제69조에서는 '법원은 고의 또는 과실에 의하여 상표권 또는 전용사용권을 침해함으로써 상표권자 또는 전용사용권자의 업무상의 신용을 실추하게 한 자에 대하여는 상표권자 또는 전용사용권자의 청구에 의하여 손해배상에 갈음하거나 손해배상과 함께 상표권자 또는 전용사용권자의 업무상의 신용회복을 위하여 필요한 조치를 명할 수 있다'고 규정하고 있다. 과거에는 신용회복에 필요한 조치로서 사죄광고를 인정하였으나 사죄광고를 헌법상의 양심의 자유에 반하는 것으로 본 헌법재판소의 위헌결정이 내려진 후로는 사죄광고는 불가능하게 되었다. 다만 판결문의 공시나 웹사이트 상에 그 취지를 일정기간 동안 게재하도록 하는 등의 방법을 사용할 수 있다. 한편 신용회복청구를 가처분으로 신청한 경우 법원은 그 가처분신청이 잠정적인 조치로서의 임시의 지위를 정하는 가처분에 해당하므로 적절하지 않다고 설시하였다[55)].

4) 형사처벌

상표법 제93조는 상표권 및 전용사용권의 침해행위를 한 자는 7년 이하의 징역 또는 1억원 이하의 벌금에 처하는 것으로 규정하고 있다. 따라서 도메인이름에 의한 상표권의 침해의 경우에도 위 규정에 의거하여 형사처벌이 가능하다.

나. 부정경쟁방지법상의 구제수단

인터넷 도메인이름의 사용이 부정경쟁방지 및 영업비밀보호에 관한 법률

---

54) 서울고등법원 2002.7.3., 2001나19884

55) 서울지방법원 남부지원 2001.9.20., 2001카합1626

(이하 부정경쟁방지법이라 한다)상의 부정경쟁행위로 인정되기 위해서는 그것이 상품주체혼동행위 또는 영업주체혼동행위로 인정될 수 있거나 유명상표의 희석화행위 도는 부정경쟁방지법 제2조 1호 아목의 행위에 해당하여야 함은 위에서 살펴보았다.

1) 부정경쟁행위의 금지청구 및 등록말소청구

부정경쟁행위로 인하여 자신의 영업상의 이익이 침해되거나 침해될 우려가 있다고 인정하는 자는 부정경쟁행위를 하거나 하고자 하는 자에 대하여 법원에 그 행위의 금지 또는 예방을 청구할 수 있다(부정경쟁방지법 제4조 1항). 위와 같은 청구를 할 때에는 그 부정경쟁행위를 조성한 물건의 폐기, 부정경쟁행위에 제공된 설비의 제거 기타 부정경쟁행위의 금지 또는 예방을 위하여 필요한 조치를 함께 청구할 수 있다(동조 2항). 따라서 상표권자는 이와 같은 부정경쟁방지법상의 금지청구권에 기하여 도메인 이름 사용금지청구를 할 수 있으며, 금지청구권을 피보전권리로 하여 도메인 이름의 사용에 대한 금지가처분을 할 수 있음은 상표법상의 보호와 같다. 그룹명칭의 경우 계열사 중 한 회사, 프랜차이즈에 있어서 그 본부와 가맹점 등은 금지청구를 행사할 수 있는 것으로 본다.[56]

금지청구권을 행사하기 위해서는 부정경쟁행위가 있을 것이라는 요건 외에, 그로 인하여 영업상의 이익이 침해되었거나 또는 침해될 우려가 있을 것이라는 요건을 추가적으로 요한다. 침해될 우려는 객관적일 것을 요하므로 추상적 염려만으로는 부족하다.

금지청구의 내용에는 현재 계속중인 침해행위 즉, 혼동야기행위 일체의 금지, 장래 침해행위의 금지, 침해행위로 인한 조성물의 제거, 폐기 등이 모두 포함된다. 금지의 대상은 구체적으로 특정되어야 하고 폐기, 제거청구는 부정경쟁행위의 금지에 필요한 한도 내에 그쳐야 한다.[57]

도메인이름의 등록·사용이 부정경쟁행위에 해당할 경우에 그 도메인이름에 대한 등록말소절차 이행을 청구할 수 있을 것인가? 도메인이름의 단순등록을 부정경쟁행위로 보지 않고 동법은 도메인이름을 사용한 혼동행위를 금지하는 것으로 하고 있으므로, 굳이 등록말소절차까지 이행을 청구할 수 없다는 견해도 있을 수 있으나, 도메인이름을 이용한 부정경쟁행위가 발생한 이상 그 말소

56) 송영식·이상정·황종환, 지적소유권법(하), 제5전정판, 373면.

57) 송영식·이상정·황종환, 전게서, 375면.

일 이내에 그 수락 여부를 분쟁조정위원회에 통보하여야 하며, 당사자가 그 조정안을 수락한 때에는 분쟁조정위원회는 당사자 사이에 합의된 사항을 기재한 조정서를 작성하여야 하는데, 조정서를 작성한 때에는 당사자 간에 조정서와 동일한 내용의 합의가 성립된 것으로 본다(동법 제 20조).

분쟁조정위원회는 분쟁의 성질상 분쟁조정위원회에서 조정함이 적합하지 아니하다고 인정하거나 부정한 목적으로 신청되었다고 인정하는 경우에는 당해 조정을 거부할 수 있다. 이 경우 조정거부의 사유 등을 신청인에게 통보하여야 한다. 분쟁조정위원회는 신청된 조정사건에 대한 처리절차의 진행 중에 일방 당사자가 소를 제기한 때에는 그 조정을 중지하고 이를 당사자에게 통보하여야 한다(동법 제21조).

(5) 인터넷 도메인네임 분쟁해결방안

인터넷 도메인 네임을 둘러싼 상표법적 분쟁을 해결하기 위한 가장 분명한 방법은 도메인 네임 자체를 상표로 등록하는 것이다. 이에 미국 특허상표청(PTO)은 1996년 2월에 도메인네임의 상표등록에 관한 기준을 마련하여 공표한 바 있다.

동 등록기준에 의하면 도메인 네임을 단순한 인터넷 IP주소로만 사용하는 경우에는 상표법상 상표의 개념에 해당되지 않기 때문에 등록될 수 없고, 당해 도메인네임을 실질적으로 상품이나 서비스(대개의 경우에는 인터넷을 통한 서비스의 판매를 위한)의 표장으로 사용되는 경우에 한해서 등록될 수 있다. 미국은 사용주의에 입각하고 있기 때문에 등록단계에서 도메인네임이 상품이나 서비스의 표장으로 사용된다는 것을 소명하는 것이 필요한 바, 단순히 도메인네임을 전화번호와 나란히 하여 사용하는 것만으로는 도메인네임을 상표로 사용한 것이라고 볼 수 없고, 당해 도메인네임을 상품이나 서비스의 출처를 표시하기 위한 표장으로 명료하게 사용한 경우에만 상표로 등록될 수 있는 것이다.

Ⅳ. 특허법과 전자상거래

1. 특허권의 의의

특허가 부여되면 특허된 발명이 특허소유권자의 실시에 대한 동의 없이는 소유권자 이외의 타인에 의해 국내에서 실시되어지지 않게 하는 것으로, 소유권자는 그의 발명을 실시하는 것을 막을 수 있는 법적 권리를 받는다. 즉 특허는 다른 사람들이 발명의 이익을 얻을 수 있도록 발명을 공개하는 대가로 일정기간 동안 발명자가 정부로부터 부여받는 독점권이라 할 수 있다.

특허법 제2조 1호는 발명의 정의에 대해서 '발명이라 함은 자연법칙을 이용한 기술적 사상의 창작으로서 고도한 것을 말한다'고 규정하고 있다. 1998년 7월부터 시행하고 있는 특허청의 개정심사기준은 발명 성립성을 판단하는 방법을 다음과 같이 제시한다. 특허법 제2조 1호에서의 '기술'이란 '일정한 목적을 달성하기 위한 구체적 수단이며, 실제로 이용할 수 있는 것'을 말한다. 또 특허법 제29조(특허요건) 제1항 본문에서는 발명을 '산업상 이용할 수 있는 발명'이라고 한다.

따라서 김퓨디 관련 발명의 심사에서 그 발명이 [산업상 실제로 이용할 수 있는 구체적 수단]으로 청구되었는지를 판단하는 것이 중요하다.

2. 현행 기준상 인정되는 컴퓨터 관련 발명의 종류

(1) 발명방법

컴퓨터 관련 발명은 시계열적(時系列的)으로 연결된 일련의 처리 또는 조작, 즉 절차로서 표현할 수 있을 때에는 그 절차를 특정함으로써 '방법'발명으로서 청구항에 기재할 수 있다.

(2) 물건발명

컴퓨터 관련 발명은 그 발명이 하나 또는 둘 이상의 기능에 의해 표현될 수 있을 때에는 그 기능을 특정함으로써 '물건'의 발명으로서 청구항에 기재할 수 있다.

(3) 기록매체

'프로그램을 기록한 기록매체' 또는 '데이터구조를 기록한 기록매체'는 '물건'의 발명으로서 청구항에 기재할 수 있다.

개정된 심사기준의 특징은 매체특허를 인정하는 점이다. 또 하나의 특징은 발명의 성립성판단에 있어서 '자연법칙 이용성'이라는 문구에도 불구하고 판단의 중점은 '산업상 실제로 이용할 수 있는 구체적 수단'으로 구성되었는지에 기초할 것으로 보인다. 어느 의미에서는 미국 판례가 즐겨 사용하는 '태양 아래 인간이 만든 모든 것'에 특허를 부여할 가능성마저 보인다. 그러나 우리 특허법은 '자연법칙 이용성'을 명정하고 있고, 따라서 특허의 대상에는 한계가 있다.[62]

3. 인터넷상 사용되는 기술과 특허

인터넷상 사용되는 기술로는 통신, 암호화, 전자우편, 전자적인 지급, 전자문서교환, 사용자 환경 등을 들 수 있다.[63]

첫째, 온라인상의 기술은 보통 통신을 더욱 더 강력하고 편리하도록 하기 위한 것으로서, 통신기술은 디지털화된 음성이나 디지털 데이터 등을 보다 효율적으로 압축하거나 음성이나 데이터를 동시에 보내는 'show and tell'과 관련되는 발명은 개인 컴퓨터와 통신 모듈을 연결시킨다. 통신모듈은 컴퓨터, 전화선, 마이크 등에 대한 환경을 포함하며, 음성을 디지털 데이터 또는 그 반대로 전환시키는 수단, 송·수신되는 데이터를 압축하거나 압축을 푸는 수단, 음성데이나나 디지털 데이터를 다중 송신하는 수단 등도 포함한다.

둘째, 온라인상의 통신이나 상거래가 증가함에 따라 메시지나 거래의 비밀에 대한 관심이 매우 증가되었는데, 이러한 문제와 관련한 것이 암호화 기술이다. 암호화기술은 인터넷상으로 송금을 하거나 정보를 송부하는 데 있어서 매우 중요하며, 또한 항공기, 의료보험 및 금융시장 등의 네트워크를 보호하기 위한 필수적인 역할을 한다.

셋째, 전자우편과 관련되는 기술로서는 전자우편의 수신자가 수령했다는것을 송신자에게 보내거나, 송신자가 이를 수령한 후에는 메시지를 변경할 수 없다거나 수신자가 메시지를 수령했다는 것을 부정할 수 없도록 하는 기술 등인데 이러한 기술은 미국에서 특허를 받은 것이다.[64]

넷째, 요금청구서를 송부받은 지급자가 개인 컴퓨터에 의하여 지급인이나 기타 정보를 송부하여 자신의 구좌에서 요금을 지급하도록 하는 기술이나 기타 전자적으로 지급하는 전자지급에 관한 기술이 특허받는 것이 증가하고 있다.

다섯째, 전자문서교환(EDI)은 컴퓨터와 컴퓨터간의 문서, 보통 계약, 주문,

---

62) 이상정, 전게논문, 182-183면.

63) 이에 대해서는 이대희, 전게서, 560-561면.

64) U.S. Patent No. 4,458,109, Method and Apparatus Providing Registered Mail Features in an Electronic Communication System(Jul 3, 1984).

상품송장 등을 전송하는 것이다. 예컨대 상품의 선적을 통지받으면, 수령이나 검사를 통지하도록 하는 기술이 미국에서 특허를 받은 적이 있다.

마지막으로 통신을 하거나 상거래를 위하여 온라인상의 기술을 보편적으로 채택하도록 하는 데 중요한 역할을 하는 것이 그래픽 사용자환경(Graphic User Interface, GUI)이다. 예컨대 사용자가 지적하는 아이콘의 기능을 설명해 주는 기술이나 기타 사용자환경은 역시 특허의 대상이 될 수 있다.

4. 특허의 대상

특허법에서는 특정한 목적을 달성할 수 있는 알고리즘에 대해서 방법특허로 특허를 인정하고 있다. 즉 산업상 소기의 목적을 달성하기 위한 일련의 과정이 플로우챠트에 의하여 작성되고 그 플로우챠트에 의한 각 단계의 수순 또는 과정이 특허 청구 범위에 상호연관관계에 의하여 기능적으로 연관성을 가지고 기재되어 그 과정에 나타난 기술적 사상이 보호되는 것이다. 특허의 대상이 되는 소프트웨어로서는 컴퓨터 자에 또는 외부장치나 기기를 제어하는 S/W, 처리대상의 물리적, 기술적 성질에 따라 처리되는 S/W, 수학적 연산의 산업상 이용가능성이 한정된 프로세스 등이다.

이에 반해서 컴퓨터프로그램 그 자체를 청구하는 경우라든가 정보의 단순한 제시에 해당되는 것, 데이터와 컴퓨터의 프로세스와의 기능적 상호관계를 정의하고 있는 것이나 산업상 이용가능성을 한정하지 않은 수학적 알고리즘을 청구하는 경우에는 특허가 인정되지 않는다.

5. 비즈니스 모델의 특허

특허법 제2조에 정의된 발명의 정의인 자연법칙을 이용한 기술적 사상의 창작에서 기술적 사상이란 점을 특히 강조함으로써 네트워크상의 사업 아이디어인 '비즈니스 모델의 특허가 인정되기 시작하였다. BM 특허(Business Method Patent)는 인터넷상에서의 영업방법이 컴퓨터 기술과 결합한 것으로서, 인터넷 비즈니스에서 행하여지는 다양한 영업방식이나 사업 아이디어를 특허로서 보호하는 것이다. 소프트웨어가 그 동안 특허의 대상이 되지 않는다는 구체적인 근거는 ① 소프트웨어 특허가 수학 알고리즘을 표현한다는 것, ② 소프트웨어가 물리적인 형태나 물리적인 변형을 일으키지 않는다는 것, ③ 소프트웨어가 영업방법의 여기에 해당한다는 것이었다.

BM 특허는 인터넷 상거래의 주도권을 쥐고 있는 미국의 특허 정책에 다분히 영향을 받은 결과로서, 향후 여러 가지 점에서 법적 논란의 여지가 있을 수 있다.

우리나라에서도 특허청이 2000년 4월 특허의 5대 쟁점에 대한 입장을 밝힌 적이 있다. 이에 의하면, ① BM 특허도 컴퓨터 기술을 기초로 한 것으로서 산업상 유효한 기술이 될 수 있으므로 특허대상이 된다는 것, ② 단순한 아이디어에 불과하고 구체적 기술이 없는 BM은 특허를 받을 수 없다는 것, ③ 전자상거래활성화종합대책에 따라 전자상거래 특허 심사가 빨라진다는 것, ④ 인터넷 특허권의 존속기간이 20년이라는 것, ⑤ 컴퓨터 관련 발명의 심사기준을 모체로 전자상거래 심사기준이 2000년 8월에 발간될 것이라는 것 등이며, 이러한 입장이 향후 인터넷 관련 특허의 심사기준이 될 것이라고 하였다.

현재 실무상으로 BM 특허에 대한 정확한 개념이 없으며, 영업방법이 보통 시스템과 함께 출원도는 것이 일반적이기 때문에, 한국에서 BM 특허가 정확히 얼마만큼 출원되고 허가되는지에 대한 통계를 내는 것은 불가능하다.[65]

(1) 프라이스라인상의 역경매 방식특허

비즈니스 모델 특허 중 가장 대표적인 것이 '프라이스라인의 역경매방식 특허'이다. 미국 코네티컷주의 프라이스라인사(www.priceline.com)는 전자상거래의 기본 골격이나 다름없는 인터넷 비즈니스 방식에 관한 특허를 98년 8월 미 특허청으로부터 취득 하였는바, 컴퓨터라는 구체적인 수단을 통하여 구매자와 판매자간의 거래를 연결시키는 영업 방법에 관하여 기재하고 있다. 즉, 구매자가 구매희망 가격을 부르면 이 가격에 응할 판매자를 찾아 소비자와 연결시켜주는 온라인상에서 비즈니스를하는 모델에 관한 것으로 프라이스라인사는 이를 발판으로 최근에는 항공권 예약부터 중고트럭 판매, 호텔예약, 금융업, 식료품 판매에까지 사업범위를 확대하였다.

Priceline.com은 Microsoft사가 Expedia Web이라는 여행사이트에서 호텔객실에 대한 역경매를 실시하자 1999년 10월 MS를 제소하였다.[66] Priceline.com

---

65) 이대희, 전게서, 590면.

66) No. 299CV1-991(D. Conn. filed Oct. 13, 1999)

에 의한 서비스가 시작된 지 몇 개월 후 MS는 Pricelime.com에 의한 서비스가 시작된 지 몇 개월 후 MS는 Pricelime.com의 영업에 관심을 표명하였는데, 이 당시 MS의 자회사인 Expedia Web의 Expedia.com을 통하여 Pricelime.com과 같이 구매자가 주도하는 서비스를 제공한 것이 아니라 전통적인 여행서비스를 제공하고 있었다. 양사는 비밀합의가 있었는데 Expedia가 호텔서비스를 제공함으로써 이 합의를 위반하였다고 주장하면서 자사가 가지고 있는 BM 특허의 중요한 부분을 모방한 것으로서 특허권을 침해하였다고 하면서 소송을 제기하였다.

(2) 전자지불수단(전자화폐)에 관련된 특허

전자상거래 요소기술의 핵심이라 할 수 있는 지불수단에 관한 특허로는 오픈마켓(www.openmarket.com)의 디지털 쇼핑카트 기술이 있다. 미국 메사츄세추의 진자싱거래 소프트웨이 개발업체 오픈미켓은 온라인상에서 여러 가지 상품을 고른 뒤 이에 대한 비용을 한꺼번에 지불할 수 있는 '디지털 쇼핑카트(Digital shopping cart) 기술을 찾아내어 특허를 등록하였다. 오픈마켓의 대표적인 특허를 살펴보면 인터넷상에서 신용카드를 이용한 리얼타임 보안지불시스템(전자결제시스템)에 관한 것과, 고객이 구매한 물품을 계산시 상점주인이 구매물품 정보를 제공할 수 있는 '전자쇼핑카트'시스템(네트워크판매시스템), 고객이 자사의 웹사이트를 방문한 기록을 분석하여 효과적인 마케팅 수단으로 활용하는 등의 기술내용에 관한 것이 있다.

(3) 인터넷 광고와 관련한 특허

인디넷 IP 업체 수익의 상당부분을 치지히는 인터넷 광고에 대한 특허로는 사이버골드사의 특허 기술이 대표적이라 할 수 있다. 사이버골드사(www.cybergold.com)는 인터넷 상점에서 물건을 구입한 뒤 인터넷 광고를 일정량 클릭하는 것으로 대금의 일부를 지급하는 온라인 인센티브 광고를 개발하여 특허를 받은 것으로 유명하다. 즉 소비자들이 시간을 투자하고 웹사이트에 방문하는 것에 대하여 Cybergold는 소비자들에게 현금, 점수, 항공마일 기타 여러 형태의 보상을 제공하는 것이다.

(4) 웹페이지 고정고객에 대한 우대혜택(마일리지) 특허

항공사 마일리지와 같은 고정고객 우대방식에 관하여는 사이버골드사와 경쟁관계에 있는 넷센티브(www.netcentive.com)사가 인터넷을 통해 상품을 사는 고객들에게 항공사 마일리지와 비슷한 혜택을 주는 기술로 특허를 취득했다. 이는 자사의 홈페이지를 주기적으로 방문하는 웹상의 고객에 대하여 넷(net)상에서 인센티브를 주는 방식이다. Cybergold는 단순히 광고를 보는 것만으로 보상을 제공하지만, 넷센티프의 특허는 온라인상 구매한 것에 대하여 항공 마일리지나 기타 인센티브를 제공하는 것이기 때문에 양자는 서로 구별된다.

(5) 인터넷 원격교육 특허

이것은 삼성전자가 '인터넷상에서의 원격교육방법 및 그 장치'에 대하여 1996년 10월 23일 등록되어 1999년 1월 25일 특허가 허가되었다. 이 특허는 컴퓨터 및 네트워크상에서의 웹 규정 및 그 관련 기술을 응용하여, 원격 교육 장치를 구현하고, 학습평가 및 관리기증을 내장하여 시간과 공간의 제약을 극복하고, 사용자들의 학습을 평가 및 관리하는 효과가 있다고 하고 있다. 이러한 방법은 과거의 네트워크를 이용한 교육과 달리, 웹을 기반으로 하여 사용자가 원하는 데이터를 서버장치에 요구하며 그 데이터를 화면에 현시하여 검색하고, 단말부포부터 요구된 데이터를 전송하며 사용자가 수행한 데이터를 평가하여 관리 및 저장하는 서버장치를 포함하는 것을 특징으로 한다. 이 발명은 사용자의 입력데이터를 처리하는 제1단계, 사용자의 학습데이터를 처리하는 제2단계, 사용자의 시험데이터를 처리하는 제3단계로 이루어져 있다. BM에 해당하는 것은 각 단계에 해당하는 인터넷상에서의 원격교육방법이다.

이상 열기된 대부분의 많은 전자상거래의 기본 기술들이 이미 선진국(대부분 미국)의 사업자에 의해 취득되어 있으며 향후 한국에서도 인터넷원격교육처럼 특허 취득이 유력하다. 즉, 현재 우리나라 전자상거래 업체들의 사이트에 구축되어 있는 비즈니스 모델의 많은 부분은 선진국의 특허권자의 특허를 침해하게 될 가능성이 많다. 따라서 이미 등록된 비즈니스모델 특허와 유사한 서비스를 계획 중에 있거나 또는 현재 서비스 중인 사업자라면 가급적 방어 목적의 특허출원을 서두르는 것이 향후 분쟁을 막거나 또한 그러한 분쟁이 일어났을 때 피해를 최소화할 수 있는 방법이겠다. 다른 방법으로는 기등록된 비즈니스모델 특허의 기술보다 개량된 부분이 있으면 이러한 개량부분의 특허출원을 통하여 자사의 기술을 보호받을 수 있다.

제9장

제3자의 불법행위에 대한 온라인서비스제공자의 책임

제9장 제3자의 불법행위에 대한 온라인서비스제공자의 책임

Ⅰ. 서론

1. 논의의 필요성

온라인상 불법행위는 주로 저작권침해, 명예훼손, 불법적인 컨텐츠의 제공 방법으로 행하여지고 있으며, 먼저 저작권침해는 디지털형태의 저작물에 대한 저작권침해가 아날로그형태의 저작물에 비하여 저작권침해가 용이할 뿐 아니라 그 침해과정에서 소요되는 노력이나 비용과 시간이 미미하다는 점, 복제물의 품질이 원본과 동일하고 그 피해가 단시간 내에 국경을 초월하여 광범위하게 발생할 수 있다는 점에서 심각한 문제이다.

다음으로 명예훼손과 관련하여 많은 사람이 자유롭고 쉽게 인터넷에 접근하여 이용하는 과정에서 특정인 또는 특정단체의 명예를 훼손하는 글들이 난무하게 되었고, 이러한 글들이 확대 재생산되어 광범위하게 유통됨으로써 그 특정인 또는 특정단체에게 회복할 수 없을 정도로 피해를 입게 하는 경우가 자주 발생하는바, 인터넷이 제공하는 익명성이라는 특성으로 온라인 환경은 오프라인 환경에 비하여 보다 안전한 도피처가 되면서 많은 정보발신자들의 명예훼손적인 표현을 부추기거나 그들의 실질적인 책임추궁이 어려웠던 면도 있었다.

이와 같은 상황에서 온라인서비스제공자가 전자게시판을 제공한다든가 하여 타인의 명예를 훼손하는 경우의 책임문제가 등장하게 되었다. 위와 같은 경우 게시자를 특정하기도 어려울 뿐 아니라 자력여부도 불투명한 직접침해자 대신에 특정이 가능하고 자력이 있는 경우가 많으며, 비교적 용이하게 불법행위를 방지하거나 차단할 수 있는 지위에 있어서 어느 정도 침해행위에 관여되었다고 볼 수 있는 온라인서비스제공자에 대한 책임문제가 제기된다.

그러나 현실적 요청만으로 온라인서비스제공자에 대한 책임을 부담시킬 수는 없다할 것이므로 법리상의 근거를 찾아야 하지만 이들이 온라인에서 차지하는 비중에 비추어 볼 때, 온라인서비스제공자에 대한 규제와 책임강화는 그들에 대한 주의의무강화를 의미하는 것이고 이로 인하여 곧바로 검열, 삭제, 내용규제 등 표현의 자유나 자유로운 정보유통에 직접적인 영향을 미치는 조치가 행해져 결국 인터넷의 본래 가치를 퇴색시켜 더 많은 것을 잃는 것이 아닌가 하는 우려도 있다. 한편 인터넷의 폭발적인 규모팽창에 비례한 불법행위의 증가는 곧바로 소송을 통한 온라인서비스제공자의 책임추궁의 증가를 초래할 것이고 이를 막기 위한 서비스제공자측의 과다한 사전통제작업은 통신망이용에 대한 비용 상승으로 이어져 업체 전반의 생존을 위협하는 요소가 되거나 경제적 부담이 이용자들에게 전가되는 사태로 연결될 수도 있다.

이와 같은 문제의 미묘함 때문에 온라인서비스제공은 두 가지 상반된 가치 또는 이해관계에서 합리적 조정과 절충의 어려움이 있고, 그 정책적 특수성 때문에 온라인서비스제공자의 책임론은 단순히 민법상 공동불법행위이론이나 형법상 공범이론을 기계적으로 적용할 문제라기보다는 인터넷 전반을 관통하는 특수한 가치체계들을 충분히 고려하여 기존 법리들을 적용하거나 그렇지 않으면 새로운 법리를 찾아야 할 것이다.[1]

2. 온라인서비스제공자의 개념

온라인서비스제공자(Online Service Provider)의 개념은 상당히 다양하게 파악되고 있다. 미국에서 초창기에는 인터넷서비스제공자(Internet Service Provider : ISP)라고 하여 전자게시판서비스(Bulletin board service : BBS), 인터넷접속서비스(internet access service), 온라인정보제공과 인터넷접속서비스의 결합 등의 세 가지 유형의 인터넷사업자가 거론되었다. 그러나 그 후 1998. 10. 28.에 온라인서비스제공자의 책임을 대폭 완화하는 디지털밀레니엄저작권법(Digital Millennium Copyright Act : DMCA)을 제정하면서 온라인서비스제공자의 개념을 상당히 광범위하게 정의하였다.[2] 이러한 흐름을 반영하여 우리나라의 개정 저작권법(2003. 5. 22. 법률

1) 권영준, 사법연수원, 전게서, 400-402면.

2) 미국 디지털 밀레니엄 저작권법에서는 "서비스 제공자(service provider)"라는 용어를 사용하면서 그 개념을 "이용자가 선택한 내용물에 대하여 그 송 수신 과정에서 아무런 내용수정도 가하지 않은 채, 이용자에 의하여 특정된 양 지점간, 또는 여러 지점 사이의 디지털 온라인 통신을 위하여 송신, 라우팅 또는 접속을 제공하는 실체(an entity offering the transmission, routing, or providing of connections for digital online communications, between or among points specified by a user, of material of the user's choosing, without modification to the content of the material as sent or received)" 및 "위에서 설명된 실체를 포함하여, 온라인서

제6881호) 제2조 제22호는 온라인서비스제공자의 개념에 관하여 "다른 사람들이 저작물이나 실연·음반·방송 또는 데이터베이스(정보통신망이용촉진및정보보호등에관한법률 제2조 제1호의 정보통신망을 말한다)를 통하여 복제 또는 전송할 수 있도록 하는 서비스를 제공하는 자"라고 정의하고 있다. 컴퓨터프로그램보호법(2002.12.30. 법률 제6843호로 개정된 것) 제2조 제11호에서도 동일하다.

미국 DMCA의 서비스제공자에 관한 광의의 정의규정 및 우리나라 저작권법상의 온라인서비스제공자에 관한 정의규정은 상당히 폭넓은 의미를 상정하고 있으므로 종래 논의되어 왔던 세 가지 유형의 인터넷사업자 외에도 야후, 라이코스, 네이버, 다음 등과 같은 검색서비스제공자를 비롯하여 새로운 유형의 인터넷사업자에게도 적용될 수 있는 가능성이 높다.[3)]

Ⅱ. 미국의 온라인서비스제공자 책임[4)]

미국에서는 온라인상의 불법행위에 대하여 인터넷서비스제공자의 책임문제가 수많은 판례를 통하여 형성된 판례이론이 입법화하는 과정을 거치게 된다. 그에 관한 입법으로는 저작권에 관한 인터넷서비스제공자의 책임문제는 DMCA, 그 외의 경우는 통신품위법(The Communication Decency Act of 1996 : CDA)에 규정되어 있다.

1. 저작권침해에 관한 법리

저작권침해에 대해서는 직접침해, 기여침해, 대위침해의 법리를 적용할 수 있는데, 먼저 직접침해(direct infringement)에 대해서는 미국 저작권법이 저작권자의 배타적인 권리(exclusive right)를 침해하는 경우에 대하여 규정하고 있다.[5)] 이

비스나 네트워크 접근의 제공자 및 이를 위한 설비 운영자(a provider of online services or network access, or the operator of facilities therefor, and includes an entity described in subparagraph (A)"로 정의하고 있다. 위 용어는 위 법 제2편 "온라인 저작권침해 책임제한"이라는 표제아래 규정되어 있어 온라인서비스제공자를 의미함을 알 수 있다.

3) 소성규, 인터넷상 명예훼손에 대한 온라인서비스제공자의 민사책임, 비교사법, 2004. 9. 208면.

4) 각국의 온라인서비스제공자 책임에 대해서는, 권영준, 사법연수원, 전게서, 404면 이하; 소성규, 전게논문, 212면 이하; 이인석, 명예훼손에 대한 온라인서비스제공자의 민사책임, 저스티스, 통권 제67호(2002.6), 181면 이하; 권상로, 온라인서비스제공자의 책임 제한에 관한 국제적 동향과 개선방안, 민사법연구, 12권 2호(2003.12), 67면 이하 채만식, 인터넷상의 명예훼손과 인터넷서비스 제공자의 책임 -미국의 사례를 중심으로-, 비교사법 제6권 1호, 1998, 242면.

는 행위자가 직접적으로 저작권을 침해하는 경우이다. 온라인서비스제공자로서는 직접침해에 해당하는 경우는 별로 없을 것이다.

두 번째로 기여침해(Contributory Infringement)의 문제인데, 미국 저작권법에서는 직접침해자가 아닌 자가 그 침해책임을 질 수 있는 경우에 관하여 따로 규정하고 있지 않다. 따라서 간접침해에 관한 법리는 법원의 판례들을 통하여 발전되어 왔다. 그 중 하나가 여러 판례를 통하여 저작권법의 영역에 도입된 기여책임의 법리이다. 원래 기여책임은 특허법상 규정된 성문의 법리인데,[6] 판례법상 저작권침해에도 적용되게 되었다. 이러한 기여침해가 있었음을 입증하기 위해서는 원고는 ① 피고가 그와 같은 (직접)침해행위를 알았거나 알 수 있었던 점, ② 피고가 다른 사람의 침해행위를 유인, 유발하거나 중대하게 기여하였다는 점을 입증하여야 한다. 물론 기여침해가 성립되기 위해서는 그 논리적 전제로서 직접침해가 성립되어야 하는 것이고, 이는 대위침해의 경우에도 마찬가지이다.[7]

셋째로, 직접침해자가 아닌 자에 대하여 침해의 책임을 부담시키기 위한 또 다른 법리로서 판례법상 형성, 발전되어 온 법리로 대위침해(Vicarious Infringement)가 있다. 대위침해가 성립하기 위하여 원고는 ① 피고가 직접침해자의 행위를 통제할 수 있는 권리와 능력이 있다는 점과 ② 침해행위를 통하여 직접적인 재정적 이익을 얻었다는 점을 입증하여야 한다. 침해행위에 대한 인식 여부는 따지지 않는다. 우리나라의 사용자책임과 비교하면, 특히 ②의 요건에 있어서 그 차이점을 발견할 수 있다.[8]

2. 관련 입법

(1) 디지털밀레니엄저작권법(DMCA, 1998)

급증하는 온라인상의 저작권침해문제 및 이에 대한 온라인서비스제공자의 책임문제에 대하여 명확한 기준을 제시함으로써 불필요한 분쟁 및 이에 대한 불안으로부터 인터넷 관련업체들을 보호하기 위하여 1998. 10. 28. DMCA가 시행되었으며, 같은 법 제2편에서 온라인상의 저작권침해에 대한 서비스제공자

---

5) 17 U.S.C § 501.

6) 35 U.S.C. § 271 (C).

7) 권영준, 사법연수원, 전게서, 404면.

8) 권영준, 전게서, 406면.

의 책임제한에 대하여 다루고 있다. 이 법은 크게 두 가지 목적을 가지고 있다. 하나는 1996년 WIPO에서 체결한 두 개의 조약을 국내적으로 시행하는 것이고, 둘째는 조약상의 직접적인 의무 이행은 아니지만 디지털 환경에 맞는 국내 법제도를 정비하는 것이었다.

(2) 온라인서비스제공자의 책임제한(DMCA 제2편)

가. 인터넷서비스제공자의 책임과 관련하여 중요한 것이 제2편이다. 동법은 온라인서비스제공자를 자신이 직접 행하지 않은 저작권침해로부터 광범위하게 면제시켜 줌으로써 정보통신분야의 발전을 도모하기 위한 것이다. 즉, 온라인 서비스 제공자측에 대하여서도 저작권침해방지를 위한 일정한 주의의무 또는 면책요건을 부과하되 그 요건들을 충족하기만 하면 원칙적으로 면책되는 것으로 규정함으로써 저작권침해방지에 대한 온라인서비스제공자의 협력을 끌어냄과 동시에 이들에 대한 과도한 책임부과로부터의 보호를 함께 도모하고 있다.

한편 면책요건은 모든 경우에 통용되는 일반적 요건과 각 특수한 개별적 요건으로 나누어지며, 면책범위는 온라인서비스제공자가 어떠한 청구로부터 면책되는 지를 다루고 있다. 특이한 것은 서비스제공자측으로 하여금 저작권침해 통보를 수령하고 조치를 취할 지정대리인을 선임하게 하고 이와 관련된 조항들을 두고 있으며, 비영리적 교육기관의 책임을 제한하는 규정을 두고 있다는 점이다. 제2편에는 제201조(법의 명칭), 제202조(저작권침해에 대한 책임제한), 제203조(효력발생일)로 구성되어 있는데, 동법상의 면책요건[9]에는 일반적 면책요건과 개별적 면책요건이 있다.

나. 일반적 면책요건

제202조는 일반적 면책요건으로서 두 가지를 들고 있다. 하나는 종료정책[10]이고, 다른 하나는 기술조치의 수용[11]이다.

---

9) 미국의 디지털밀레니엄저작권법상의 인터넷서비스제공자의 책임에 대한 자세한 논의는 Online Copyright Infringement Liability for Internet Service Providers: Context, Cases & Rocently Enacted Legislation, 1999, Boston College Intellectual Property and Technology Forum 060499 ; http://www.bc.edu/bc_org/avp/law/st_org/iptf/articles/content/1999060401.html.

10) 종료정책(Termination Policy)은 온라인서비스제공자가 반복적인 저작권침해행위를 하는 가입자들과 계정소유자들에 대한 서비스제공을 종료하는 정책을 시행하고, 당해사실을 가입자 또는 계정소유자에게 통보하는 것을 말한다.

11) 기술조치의 수용이란 온라인서비스제공자는 저작물을 식별, 보호할 목적으로 저작권자에 의

다. 개별적 면책요건(Safe Harbors)

일반적 면책요건 이외에 DMCA는 각각의 침해유형별로 개별적 면책요건을 상정하고 있다. 결국 면책여부를 따지기 위해서는 우선 일반적 면책요건을 충족하는 가를 검토한 후, 사안에 따라 각 해당유형별로 개별적 면책요건을 충족하는 가를 검토하는 순서의 작업이 이루어져야 할 것이다. DMCA는 우선 침해행위의 유형을 모두 네 가지로 분류한 후, 각 유형에 상응하는 개별적인 면책요건을 설명하고 있다. 이러한 면책요건들은 상당히 상세하게 규정되어 있다.

① 제1유형 : 이용자의 지시에 의해 시스템 등에 저장된 정보에 의한 침해행위의 면책요건은 ㉠ 온라인서비스제공자에게 침해행위에 대한 인식이 없을 것, ㉡ 인식하였거나 침해의 고지를 받은 경우에는 신속하게 내용물의 제거 또는 접근금지 등의 필요한 조치를 취할 것, ㉢ 온라인서비스제공자가 내용물에 대한 통제의 권리 및 능력을 가지고 있는 경우에 있어서는 침해행위로 인하여 재정적 이익을 받지 않았을 것

② 제2유형 : 정보경로도구에 의한 침해행위의 면책요건은 위 제1유형의 ㉠과 같다.

③ 제3유형 : 시스템캐싱에 의한 침해행위의 면책요건은 자료가 온라인서비스제공자 이외의 다른 사람에 의하여 온라인으로 제공되어, 이를 요청하는 제3자의 지시에 따라 그에게 송신된 후, 그 자료에 다시 접근을 요청할 이용자들의 이용에 제공할 목적으로 자동적인 기술적 과정을 통하여 그 저장이 수행되는 경우

④ 제4유형 : 순간적 디지털 네트워크 통신(자료의 전송 및 라우팅)에 의한 침해행위의 면책요건은 ㉠ 자료전송이 온라인서비스제공자 이외의 자에 의하여 시작되어, 내용물의 수정없이 이루어질 것, ㉡ 자료전송, 라우팅, 연결제공, 저장이 온라인서비스제공자의 자료선정행위가 개입되지 않은 가운데 자동기술절

하여 사용되는 표준적인 기술조치를 수용하고 이에 간섭하지 않는 것을 말한다(DMCA Title Ⅱ § 512 i). 한편 DMCA는 온라인서비스제공자가 적극적으로 자신의 서비스를 모니터링하거나 침해행위를 인지하기 위한 활동을 하는 것은 일반적 면책요건으로 하지 않고, 그와 같은 모니터링 및 삭제행위가 법률에 의해 금지되어 있는 경우에는 더욱 더 그러한 조치에 의하면서까지 저작권침해를 방지할 의무가 없음을 명문화하고 있다. 따라서 모니터링 등 저작권침해방지를 위한 적극적인 활동은 면책요건이 아니므로 이와 같은 활동을 하지 않은 온라인서비스제공자도 위 일반적 면책요건 및 개별적 면책요건을 충족하면 면책될 수 있다. 권영준, 전게서, 각주 507) 참조.

차에 의하여 이루어질 것, ㉢ 온라인서비스제공자는 타인의 요청에 따른 자동적인 응답의 경우를 제외하고는 내용물의 수신인을 선정하지 않을 것, ㉣ 중간적이고 일시적으로 저장된 내용물이 원래 예정된 수신인 이외의 사람들이 접근할 수 있도록 시스템이나 네트워크에 유지되지 않고, 수신인을 위하여 저장된 경우라도 전송이나 라우팅 등에 필요한 기간을 초과하여 시스템이나 네트워크에 유지되지 아니할 것

라. 면책범위

온라인서비스제공자들이 위와 같은 일반적, 개별적 면책요건을 충족하였을 때에 다음과 같은 책임으로부터 면책된다.

① 금전적 청구에 대한 면책 : 손해, 법정 및 변호사 비용, 기타 금전적 지급형태가 모두 포함된다.

② 일정한 범위의 금지처분으로부터 면책 : DMCA에서는 온라인서비스제공자들이 면책요건을 충족한 경우에 법원이 발할 수 있는 금지명령의 유형을 열거함으로써 역으로 그 이외의 금지명령으로부터는 온라인서비스제공자들을 보호하고 있다.

마. 통보 및 제거 조항

온라인서비스제공자는 저작권침해사실의 고지를 수령할 수 있는 지정대리인을 지정하여 이를 온라인상 공개하는 한편 저작권청장에게 통지하여야 한다. 저작권자가 저작권침해사실을 고지할 때에는 위 지정대리인에게 정해진 사항들에 대하여 서면으로 구체적 내용을 기재하여 하여야 하며, 이 고지를 받은 온라인서비스제공자는 당해 자료의 제거나 접근금지 등의 조치를 통하여 면책요건을 충족시켜야 한다. 그 이외에도 DMCA는 저작권침해사실의 통지가 허위인 경우 그 통지자에게 이로 인한 손해에 대한 책임을 부담시키고 있으며, 한편 저작권자가 침해자를 특정하는 데에 필요한 정보를 온라인서비스제공자로부터 획득할 수 있도록 영장을 발부받는 절차에 대하여 규정하고 있다.

바. 그 밖에 DMCA는 고등교육기관 또는 기타 비영리 교육기관이 온라인서비스제공자일 때에는 그 기관의 피고용인인 교수요원 내지 대학원생은 학문의 자유를 핵심으로 하는 교육기관의 특성상 기타 온라인서비스제공자와 같은

상하의 고용관계를 기대하기 어려우므로 일정한 경우에 있어서는 그 교수요원 내지 대학원생의 침해행위는 기관의 책임으로 귀속되지 않는 것으로 규정하고 있다.

(2) 통신품위법(Communication Decency Act: CDA)

통신품위법[12]은 외설적이고 품위가 떨어지는 메시지에 대하여 그 온라인 접근제공자에게 민형사책임을 부담시키기 위한 것이었다. 이에 따라 위반자에 대하여는 최고 10만불의 벌금과 2년의 징역형을 처하는 내용이었고, 인터넷을 라디오방송과 동일하게 보아 그 표현의 자유를 제한하는 것이 주된 내용이었다.[13] 그러나 동법에 대하여 음란물의 창조자를 벌하기보다 인터넷사업자에게 책임만을 부과하여 진짜 범죄자에 대하여는 처벌을 하지 못한다는 비판이 있었고, 표현의 자유와 관련하여 위헌소송이 제기되었다.

1996.6.26. 대법원은 통신품위법의 일부 조항이 수정헌법 제1조에 위반한다고 판결하였다. 통신품위법의 위헌판결은 '품위 없는'과 '명백하게 불쾌한'이란 표현이 지나치게 광범위하고 추상적이어서 이를 위반했는지의 여부가 검열자의 자의적인 판단에 의할 여지가 많다는 것이었다. 따라서 위 두 내용과 관련 없는 음란물의 경우에는 당연히 처벌의 대상이 된다. 그러나 통신품위법이 위헌판결을 받기 전부터 이미 온라인서비스제공자의 책임에 대하여는 이를 면책하는 규정을 두고 있었다. 위헌판결로 인하여 품위 없거나 불쾌한 정보 등에 대하여도 당연히 면책되어지며 책임을 구성하지 않게 된다. 즉 통신품위법에 대한 위헌판결은 형사법적으로는 큰 의미를 가지나 민사법적으로는 범위의 확대라는 측면밖에 없다.

통신품위법 제230조의 규정에 의하면 면책되는 범위는 제230조의 규정에 따라 모르고 행한 경우에는 면책되지만 알고 있었음에도 그에 대한 적절한 조치를 취하지 않은 경우에는 책임이 면책되지 않는다고 보아야 할 것이나 판례는 알고 있으면서도 행한 경우에 면책이 된다고 판시하고 있다.[14]

---

12) The Communication Decency Act of 1996 47 U.S.C.

13) 이태규, 인터넷사업자책임에 관한 사례연구, 연세법학연구, 연세법학회, 2002, 380면.

14) 소성규, 전게 논문, 212-214면. Kenneth M. Zeran v. America Online Inc., 958F. Supp. 1124(E. D. Va. 1997)

3. 명예훼손에 관한 법리와 입법

(1) 미국의 전통적 이론

명예훼손에 대한 중개자의 책임으로서 전통적인 이론으로서는 중개자의 속성에 따라 3분하는 3분법이 존재한다.15)

첫째, 서적, 잡지, 신문 등의 출판자 또는 발행자(publisher)는 발행하는 내용에 대하여 그 저자와 마찬가지의 책임을 지게 된다. 이와 같이 책임을 지게 되는 근거는 출판자는 편집 및 출판의 과정에서 출판물의 내용에 대한 편집 및 통제권한을 행사할 수 있기 때문이다.

둘째, 서점, 도서관 등 제3자에 의하여 발행, 출판된 것을 배포하기만 하는 배포자(distributor)는 자신이 배포하는 서적 등에 명예를 훼손하는 표현이 있다는 것을 알고 있었거나 알아야 할 합리적인 이유가 있었음에도(had reason to know) 합리적 시간 내에 그 것을 제거하지 못한 경우에 한하여 책임을 진다. 배포자는 자기가 취급하는 출판물 중에 명예훼손적 표현이 있는지를 상시 조사할 의무가 없으므로 저작권의 기여책임(Contributory Infringement)의 주관적 요건과 동일하고 과실(negligence)과는 다른 개념이다.

셋째, 전화회사와 같은 공중통신업자(common carrier)의 경우에는 비록 그 서비스를 통하여 명예훼손 등의 사태가 발생하였다고 하더라도 책임을 지지 않는다. 이것은 공중통신업자에게 원칙적으로 어떠한 이용자에 대하여도 서비스를 제공하여야 할의무가 부과되기 때문이라고 한다.

미국에서 명예훼손 소송을 심리하는 법원들은 서비스제공자의 속성을 고려하여, 위와 같은 전통적 범주로 분류하는 경향을 보이고 있다.16)

(2) 입법 및 판례

저작권에 관한 온라인서비스제공자의 책임문제는 DMCA에 의해 규정되고 있고 그 외의 경우에는 통신품위법(The Communication Dencency Act : CDA)에 의하여 규율되고 있다.

통신품위법은 서비스제공자가 출판자로서의 책임을 지지 않는다고 규정하

15) 이인석, 명예훼손에 대한 온라인서비스의 민사책임, 저스티스 67호(2002.6), 181면 이하.

16) Steven J. Davidson, Jerry S. Podkopacz and Laurie J. Dechery, 사이버스페이스법 : ,ISP책임, 인터넷법률, 창간호, 법무부, 2000, 160면.

고 있기 때문에 배포자로서의 책임여부에 대하여 논란이 있었으나, 법원은 Zeran v. America Online, Inc. 사건[17]에서 서비스제공자는 출판자로서 뿐만 아니라 배포자로서도 책임을 지지 아니한다고 판결하였고, 이와 같이 서비스제공자를 면책시키는 것은 Sidney & Jacqueline Bluementhal v. Matt Drudge and America Online Inc. 사건[18] 등을 통하여 유지되고 있다.

Ⅲ. 기타 국가의 온라인서비스제공자의 책임

1. 독일

독일에서 인터넷서비스를 규율하고 있는 법은 연방정보통신사업법(Informations und Kommunikationsdienste Gesetz : IUKDG)과 각주 사이의 미디어서비스에 관한 연방협약(Mediendte-Staatsvertrag vom 20. Januar/12. Februar 1997. MDStV)이 존재하는데 1997. 8. 1.부터 시행하였다.

책임에 대해서는 통신서비스법(TDG)과 미디어서비스연방협약(MDStV) 제5조에 규정되어 있다.[19]

위 법은 독일의 정보통신사업이 보다 잘 발전할 수 있도록 연방차원의 새로운 규범적인 토대를 제공하기 위한 목적에서 제정된 것으로, 그 주된 내용으로 서비스제공자가 그 제공정보의 내용으로 인하여 지게 되는 책임에 대한 한계, 정보통신사업에 있어서 정보유통에 대한 자기통제원칙의 확립, 디지털 서명에 대한 법적 근거마련 등을 담고 있다.

위 법은 모두 11장으로 이루어져 있고 여러 영역에 대한 내용들을 포괄하는 기본법의 형태를 띠고 있다. 따라서 각각의 장은 기본법에 대한 일종의 하위법의 형태로 나누어져 각 영역에 대한 조항들을 두고 있고, 그 중에서 제1장 통신사업법에서는 전자통신 서비스의 내용물 공급업자인 온라인서비스제공자의 책임에 대하여 직접 다루고 있다. 명예훼손과 저작권침해, 음란물유통 등 불법행위의 유형을 한정하지 않고 모든 유형의 불법행위에 대한 일반조항의 형태로 규정하고 있다는 점에서 미국의 입법례와 구별된다.

---

17) Zeran v. America Online, Inc. 129 F. 3d. 327(4th Cir. 1997)

18) Sidney & Jacqueline Bluementhal v. Matt Drudge and America Online Inc. 992 F. Supp. 44. 52(D.D.C)

19) http://www.iid.de/rahmen/iukdg.html에서 전문을 볼 수 있다.

제1장 제5조는 온라인서비스제공자의 책임에 대하여 다음과 같이 규정하고 있다.

1항에서 서비스제공자는 그들이 스스로 이용에 제공한 내용물에 관하여 일반법에 따라 책임을 진다고 규정하고, 2항에서 서비스제공자는 그들이 이용 가능하게 한 제3자의 내용물에 대하여는 그와 같은 내용물을 인식하고, 또 그 내용물에 대한 이용을 기술적으로 차단할 수 있으며 그와 같은 조치를 합리적으로 기대할 수 있는 경우에 한하여 책임을 진다고 규정하고, 3항에서 서비스제공자는 제3자의 내용물에 대한 단순한 접속매개사실만으로는 그 내용물에 관한 책임을 지지 않는다. 이용자의 요청에 따른 제3자의 내용물의 자동적이며 일시적인 저장은 접속매개로 본다고 규정하고, 4항에서 서비스제공자는 연방통신법 제85조의 통신비밀보호규정에 저촉되지 않으면서 그와 같은 내용물을 인식하고, 그 내용물을 차단하는 것이 기술적으로 가능하며 또 합리적으로 기대할 수 있는 경우에는 불법적인 내용물의 이용을 차단하기 위한 일반법에 따른 의무를 부담한다고 규정하고 있다.

이와 같은 독일의 온라인서비스제공자의 책임제한조항은 온라인서비스제공자 스스로 제공한 내용물과 제3자가 제공한 내용물을 구분한 다음 그 유형에 따라 책임요건을 달리 상정한 것도 특징이라고 할 수 있다.

한편 위 법 제6조에서는 미국의 지정대리인 제도와 유사하게, 요청이 있을 경우 온라인서비스제공자 스스로나 또는 그 대표자(대리인)의 명칭, 주소를 제공할 의무를 명시하고 있다. 결국 미국이나 독일은 모두 정보통신사업의 중흥이라는 시대적 요청 및 불합리한 정도의 결과책임을 온라인서비스제공자에게 부담시킬 수 없다는 규범적 요청을 종합하여, 상당한 정도까지 온라인서비스제공자의 법적인 책임을 면제해 주고 있다는 점에서 비슷한 기반위에 서 있다고 할 것이다.

2. 일본

일본에서의 온라인서비스제공자 책임론은 온라인서비스제공자가 전기통신사업법의 적용을 받는 전기통신사업자로서 비밀유지의무를 부담하는 데 따른 책임을 지는가, 혹은 비밀유지의무를 부담하지 않아 작위의무를 부담하는 경우가 있는가 하는 문제를 비롯하여 온라인서비스제공자에게 명예훼손이나 행위를 방지하거나 그로 인한 손해확대를 막아야 할 작위의무 내지 주의의무가 있는가에 그 논의가 집중되고 있다.

(1) 저작권침해에 관한 판례[20)]

일본에서는 저작권침해에 대한 온라인서비스제공자의 책임을 다룬 일명 파일로그(File Rogue)사건이 있었다. 일본의 File Rogue 시스템은 이용자들끼리 자신의 컴퓨터 공유폴더에 있는 파일들을 서로 주고받을 수 있고 이 과정에서 File Rogue 서버는 접속하고 있는 이용자의 컴퓨터로부터 송신된 정보를 바탕으로 다운로드할 수 있는 파일의 데이터베이스를 작성하고 이를 이용하여 이용자의 검색지시에 따른 목록을 제공하는 역할을 수행하는 것으로 냅스터와 유사하다. 한편 19개 음반제작업체는 2002. 2. 자신들의 복제권 및 송신기능화권 등 저작인접권이 침해되었음을 이유로 'File Rogue는 각 음반업체가 저작인접권을 보유하고 있는 음반에 대하여 mp3 파일을 송신하여서는 아니된다'라는 가처분을 신청하였고, 이에 동경지방재판소 제29민사부는 2002. 4. 9. 담보제공을 조건으로, 'File Rogue 서비스에 있어서 mp3 방식에 의해 복제되고 송신가능한 상태로 전시파일의 존재 및 내용을 나타내는 이용자를 위한 파일 정보 중 파일명 및 폴더명에 신청회사들이 저작인접권을 가지는 음반상의 타이틀명, 실연자명이 표기된 파일정보를 이용자에게 송신하여서는 아니된다'라는 가처분결정을 내렸다. 법원은 ① File Rogue 서비스는 시중의 음반을 복제한 파일이 대다수인 mp3 파일을 송신가능화 상태로 하기 위한 서비스로서 File Rogue로서도 서비스 개시 당시부터 위 서비스를 통하여 송수신되는 mp3 파일의 대부분이 불법복제에 관련되는 상태에 이르게 되는 것을 충분히 예상할 수 있었고 ② 이용자가 자동공중송신행위 또는 수신행위를 함에 있어서 클라이언트 소프트웨어가 필요할 뿐만 아니라 File Rogue 서버에의 접속이 필수적이므로 이용자의 송신가능화행위는 File Rogue의 관리하에서 행해지고 있으며 ③ File Rogue가 배너광고에 의한 수입을 얻고 있고 향후 유료화로 전환하려는 계획을 세우고 있는 점 등에 미루어 보아 File Rogue가 이용자들을 자사의 웹사이트에 접속시켜서 mp3 파일의 공중송신행위를 하게 하는 것은 자신의 영업상 이익

---

20) 東京地裁, 平成 14年 4月 9日 判決, 이에 대한 소개는 권영준, 사법연수원, 전게서, 423면 이하.

을 증대시키는 행위이므로 File Rogue는 가처분을 신청한 음반업체들의 송신가능화권을 침해하고 있다고 판단하였다.

(2) 명예훼손에 관한 학설과 판례

가. 학설

일본 학계에서 온라인서비스제공자 책임론은 온라인서비스제공자에게 저작권침해와 같은 행위를 방지하거나 그로 인한 손해확대를 막아야 할 주의의무가 있는가의 점에 논의가 집중되어 있고, 온라인서비스제공자가 사실상 모니터링 및 불법저작물의 삭제가 가능한 유일한 주체인 점, 아울러 당해 통신망상의 정보유통을 통하여 어느 정도의 경제적 이익을 향유하고 있는 점 등에 비추어 볼 때에 적어도 조리상의 작위의무는 인정가능하다고 설명하는 것이 대체적 입장이다.

구체적으로 언제 주의의무위반이 있다고 인정할 것인가의 점은 결국 그 불법행위를 예견하거나 회피할 가능성이 있는가의 점으로 귀착되고, 이 점에 대하여는 주로 온라인서비스제공자의 법적 지위 및 성격, 명예훼손이나 저작권침해의 현저성 또는 명백성 여부, 직접침해자가 이전에도 유사한 침해행위로 인하여 문제를 일으킨 전력이 있는 사람인가의 여부, 회원규약 등에 의거하여 임의로 게시물을 삭제할 수 있는 권한이 온라인서비스제공자에게 주어져 있는가의 여부 등을 종합적으로 참작하여 판단하여야 할 것이라고 한다.[21)]

나. 판례

이에 대한 최초의 판례(일명 NIFTY Serve 사건이라고 한다)는 PC통신 내에 개설된 포럼(토론방)에서 행해진 명예훼손적 발언에 대하여 그 포럼의 시삽 및 PC통신회사의 책임여부가 문제된 사건[22)]이었다. 좀더 구체적으로 살피면, 일본 컴퓨터 통신사업회사인 NIFTY에 개설된 포럼인 "PSHISO"내에서 甲이라는 개인이 이 사건 원고인 乙의 명예를 훼손하는 비상성 발언을 약 4개월 동안 무려 28회에 걸쳐 게재하였다. 위 포럼의 시삽(SYSOP)인 丙은 이 문제를 인식하고 있으면서도 이를 약 1개월 동안 방치하다가 그 이후 통신망 운영위원회에 이 문제가 안건으로 부의되어 결국 문제가 된 명예훼손 발언을 삭제하기에 이르렀다.

21) 山口勝之, サービス·プロバイダーの 法的 責任(下), NBL 643호, 1998, 47면.

22) 東京地裁, 平成 9年 5月 26日 判決(判例時報 1610號)

이 사건에서 1심 법원은 시삽이 게시판의 발언들을 항상 감시할 주의의무를 부담하지는 않지만 명예훼손사실을 구체적으로 알았다고 인정된다면 그 때에는 필요한 조치를 취할 조리상의 작위의무가 발생한다고 하면서, 원고로부터 명예훼손적 발언에 대한 조치를 요구받고서도 필요한 조치를 취하지 않은 시삽의 행위는 위 작위의무를 위반한(부작위에 의한) 불법행위에 해당한다고 판단하였다. 또한 PC통신회사에 대하여서는 내부규약상 시삽에 대한 지시권 및 해임권을 가지고 있는 이상 실질적인 지휘감독관계가 인정되어 사용자책임을 진다고 판시하였다. 그런데 위 사건의 항소심인 동경고등법원에서는 2001. 9. 5. 제1심 판결 중 시삽 및 PC통신회사에 대하여 책임을 인정한 부분을 파기하고 그 부분에 관한 원고의 청구를 기각하였다. 즉 동경고등법원은 직접침해자의 명예훼손책임은 인정하면서도, 명예훼손의 피해자가 자신을 구제할 수단을 가지지 않은 예외적인 경우에만 관리자에게 삭제의무가 발생한다는 전제 위에서 이 사건의 경우 삭제의무가 발생하지 않는다고 판시하였다. 이는 기본적으로 인터넷상 발언의 삭제는 예외적인 경우에 그쳐야한다는 생각에서, 표현의 자유를 보다 중시한 판단이라고 할 수 있을 것이다.[23)]

다음으로 대학의 전산시스템내에 명예훼손에 해당하는 목적과 내용을 가진 홈페이지가 개설되었고, 피해자인 원고들로부터 그 홈페이지의 제거에 대한 요구를 받았음에도 불구하고 제거조치가 취하여지지 않은 사례에서 네트워크 관리자들의 책임을 부정한 판례[24)]가 있다. 이 판결에서는 제3자에 의하여 행해진 온라인상의 명예훼손에 관하여 네트워크 관리자들이 책임을 지는 경우를, 명예훼손행위의 존재를 현실적으로 인식하였을 뿐만 아니라 그 내용이 명예훼손에 해당하고 가해행위의 상태가 극히 악질적이며, 피해의 정도가 막대할 것 등이 일견 명백한, 극히 예외적인 경우에 한정된다고 판시하면서, 네트워크 관리자들의 책임을 부정하였다. 이 판결은 니프티 사건과는 달리 일회적인 명예훼손 문서의 홈페이지 게재가 문제되었던 사안으로 니프티 사건과는 사안을 달리하고 있다.

23) 니프티 사건의 항소심 판결에 대한 소개와 평가는 山下幸夫, ニフテイ事件·控訴審判決 紹介 分析, NBL, 723號, 2001, 34-39面 참조.

24) 東京地裁, 平成 11年 9月 24日 判決(判例時報 1707號)

(3) 온라인서비스제공자에 대한 책임제한법의 제정

가. 일본에서는 인터넷 웹페이지 등 특정전기통신에 의하여 유통된 정보로 인하여 권리가 침해된 경우, 그 특정전기통신의 서비스제공자의 손해배상책임을 명확히 함과 동시에 당해 정보의 유통에 의하여 권리를 침해당하였다고 주장하는 자가 발신자정보의 개시를 구할 수 있는 청구권 등을 규정하고 있는 특정전기통신역무제공자의 손해배상책임의 제한 및 발신자정보의 게시에 관한 법률이 2001. 11. 22. 공포되어 2002. 5. 27.부터 시행되고 있다.

나. 온라인서비스제공자에 대한 책임의 명확화(위 법 제3조)

온라인서비스제공자는 발신자와 권리가 침해되었다고 주장하는 자 사이의 분쟁에 있어, 문제가 되는 당해 정보를 삭제하지 않는다면 권리침해를 주장하는 자로부터, 정보를 삭제한다면 발신자로부터 각각 책임을 추궁당할 가능성이 있다.

① 권리를 침해당하였다고 주장하는 자에 대한 책임(제1항) : 온라인서비스제공자는 정보에 대한 삭제 등의 조치가 기술적으로 가능함을 전제로, ⓐ 타인의 권리가 침해되고 있다는 것을 알고 있었던 경우와 ⓑ 정보의 존재를 알고 있는 당해 정보의 유통으로 타인의 권리가 침해되리라는 것을 알았다고 인정할 만한 상당한 이유가 있는 경우가 아니라면 권리를 침해당하였다고 주장하는 자에 대한 손해배상책임을 지지 않는다.

② 발신자에 대한 책임(제2항) : 온라인서비스제공자가 문제되는 정보를 삭제하는 등의 송신방지조치를 강구하였지만 당해 정보가 사실은 권리를 침해하는 것이 아니었던 경우에 온라인서비스제공자가 취한 송신방지 등의 조치가 필요한 최소한의 것이고, ⓐ 타인의 권리가 침해된 것이라고 믿을 만한 상당한 이유가 있는 경우 ⓑ 권리를 침해당하였다고 주장하는 자로부터 정보의 송신방지조치를 취하여 달라는 요구가 있어 발신자에 대하여 이러한 송신방지조치에 동의할 것인지 여부를 보내고 7일 이내에 발신자로부터 당해 방지조치에 동의하지 않는다는 취지의 답신이 없었던 경우에 해당한다면 손해배상책임을 지지 않는다. ⓐ의 사유는 온라인서비스제공자가 실질적인 판단을 한 경우 ⓑ의 사유는 형식적인 절차에 의하여 판단을 한 경우 각 면책될 수 있는 사유를 규정한 것이다.

③ 위 각 규정은 온라인서비스제공자에 대한 책임이 발생하는 경우를 명확히 한 것이고 손해배상책임에 관한 입증책임을 전환한 규정은 아니다. 어디까지나 위 법 소정의 요건에 합치한다면 온라인서비스제공자는 손해배상책임을 부담하지 않는다는 규정에 불과한 것이다.

다. 발신정보의 개시(제4조)

① 온라인서비스제공자가 보유하고 있는 발신자에 대한 정보의 개시를 청구할 수 있는 요건 등을 정한 규정으로 발신자정보는 당해 정보의 발신자를 특정하기 위하여 필요한 정보로서 총무성령으로 정하는 것인데, 구체적으로 직접 발신자의 특정이 가능한 것, 이름과 주소 외에 발신자의 IP 주소, 전자메일 주소 등 합리적으로 다른 정보와 합쳐서 발신자를 특정하는 것이 가능하다고 인정되는 정보 및 발신자의 성명이나 소재 등을 파악할 수 없다고 하더라도 어떠한 형태로든 발신자와의 연결이 되는 정보 등이 해당한다.

② 발신자 프라이버시의 보호와 권리를 침해당하였다고 주장하는 자의 피해구조의 필요성과의 균형을 고려하여 ⓐ 청구하는 자의 권리가 침해된 것이 명확한 경우(1호) ⓑ 손해배상청구권의 행사를 위하여 필요한 경우 그 청구를 할 만하다고 볼 수 있는 정당한 사유가 있는 경우(2호)의 두 가지 개시의 요건을 두고 있다.

③ 발신자에 대한 정보의 개시는 프라이버시와 표현의 자유라고 하는 중대한 권리를 침해할 가능성이 있어 그 성격상 일단 개시되면 그 원상회복은 불가능하기 때문에 잘못된 개시가 이루어지지 않도록 할 필요가 있고 이러한 발신자의 이익을 보호하기 위한 필요한 조치로서 ⓐ 온라인서비스제공자는 개시의 청구를 받는 경우 발신자에 대하여 그 의사의 확인을 반드시 구하도록 하여야 하고 ⓑ 개시가 이루어진 경우에도 개시를 받은 자는 그 정보를 부당하게 사용할 수 없도록 하고 ⓒ 온라인서비스제공자는 재판 외 절차에서 청구를 받은 경우에는 개시에 응하지 않았다고 하더라도 이때 고의 또는 중대한 과실이 없다면 면책되도록 하고 있다(제2 내지 4항).

④ 저작권관계 및 명예훼손과 프라이버시에 관한 가이드라인의 제정 : 위 법률이 제정, 시행된 후 총무성 산하의 프로바이더책임법가이드라인등검토협의회에서 2002. 5. 프로바이더책임법저작권관계 가이드라인 및 프로바이더책임법

명예훼손·프라이버시가이드라인이 만들어 졌다. 저작권관계가이드라인은 정보발신자, 저작권자 등 및 온라인서비스제공자 등의 각각의 위치에 따른 입장을 고려하여 저작권자 등 및 온라인서비스제공자 등의 행동기준을 보다 명확하게 하기 위한 하나의 해석기준을 제시하고 있다. 그리고 명예훼손·프라이버시 가이드라인은 권리가 침해되었다고 주장하는 자로부터 송신방지의 조치를 요청받았을 때 온라인서비스제공자가 취할 수 있는 기준을 제시하여 이에 따라 신속하고 적절한 대응을 가능하게 하기 위한 실무상의 지침에 해당된다.[25)]

Ⅳ. 우리나라의 온라인서비스제공자 책임

1. 서언

(1) 제3자의 불법행위에 대한 온라인서비스제공자의 책임 인정 여부

제3자에 의한 온라인상의 불법행위에 대하여 온라인서비스제공자에게 책임을 물을 수 있을 것인가. 인터넷이 갖는 비대면성의 특성상 가상공간에서의 명예훼손이나 사기거래의 증가는 그 필요성에 대해서 진지한 논의를 요구한다. 찬성론자 측에서는 피해자 보호의 필요성과 명예보호를 그 논거로 들고 있으며, 반대론자 측에서는 인터넷 산업의 위축, 헌법상 보장된 개인의 정보에 대한 자유를 과도하게 제한할 우려가 있다는 점을 그 논거로 한다.

우리나라에는 명예훼손과 관련하여 온라인서비스제공자를 완전 면책시켜주는 미국의 CDA 제230조나 이와 유사한 법률상 면책근거가 없을 뿐만 아니라 표현의 자유에 대한 문화나 법의식이 미국과는 다른 우리나라에 그대로 수용할 수 있을지 의문이나[26)], 이를 제외한 논의들, 특히 저작권침해와 관련된 외국에서의 논의는 우리나라에서도 상당 부분 수용할 수 있을 것으로 본다.

위에서 언급한 다른 나라들의 입법, 판례는 온라인상의 불법행위에 관한 온라인서비스제공자의 책임에 관하여 그 정도의 차이가 있을 뿐 기본적으로는 온라인서비스제공자에게 불법행위에 대한 회피가능성이 인정된다면 책임을 부과하겠다는 입장에 있는 것이고, 이러한 책임부과의 기준으로서 주로 ① 침해사실에 대한 인식여부 ② 침해방지 또는 제거에 대한 합리적 기대가능성 ③ 침

25) 권영준, 전게서, 426-427면.

26) 동지, 이인석, 전게논문, 188면.

해에 대하여 실제로 취한 조치의 세 가지 요소가 문제된다는 점에서 공통적이다.

우리나라에서도 완전면책 또는 무과실책임의 양극단의 중간, 즉 일정한 불법행위의 기여인자가 존재하는 경우에 한하여 온라인서비스제공자에게 책임을 부담시키는 방향으로 나아가되, 귀책근거로서 작위의무의 존재 여부는 관련 법령의 규정 및 조리에 의하여 구체적 사안별로 발견해 나가야 할 것이다.[27]

(2) 입법현황

가. 정보통신망이용촉진및정보보호등에관한법률

동법 제44조(정보의 삭제요청 등)에서는 ① 정보통신망을 이용하여 일반에게 공개를 목적으로 제공된 정보로 인하여 법률상 이익이 침해된 자는 해당 정보를 취급한 정보통신서비스제공자에게 당해 정보의 삭제 또는 반박내용의 게재를 요청할 수 있다. ② 정보통신서비스제공자는 제1항의 규정에 의한 당해 정보의 삭제 등의 요청을 받은 때에는 지체 없이 필요한 조치를 취하고 이를 즉시 신청인에게 통지하여야 한다고 규정하고 있다. 위 조항은 그 보호대상을 '법률상 이익이 침해된 자'로 폭넓게 규정하고 있어 명예훼손이나 저작권침해의 경우에 모두 적용될 수 있을 것이다. 동법률은 추상적으로나마 온라인서비스제공자들에게 명예훼손을 하는 내용의 통신행위를 하지 말아야 할 주의의무를 부과함과 동시에 타인의 명예를 훼손하는 게시물에 대한 통지를 받은 다음에는 이를 방지할 의무가 발생한다고 보아야 할 것이다.

나. 저작권법

저작권법 제102조(온라인서비스제공자의 책임제한)에서는 "온라인서비스제공자는 다음 각호의 행위와 관련하여 저작권, 그 밖에 이 법에 따라 보호되는 권리가 침해되더라도 그 호의 분류에 따라 각 목의 요건을 모두 갖춘 경우에는 그 침해에 대하여 책임을지지 아니한다"라고 하여 면책을 인정하고 있다.

컴퓨터프로그램보호법 제34조의 2, 3에서도 위와 같은 취지의 규정을 두고 있다.

다. 전기통신사업법의 규정

전기통신사업법 제33조 2항은 '전기통신사업자는 전기통신역무에 관하여

---

27) 권영준, 전게서, 428면.

이용자로부터 제기되는 정당한 의견이나 불만을 즉시 처리하여야 한다. 이 경우 즉시 처리가 곤란한 경우에는 이용자에게 그 사유와 처리일정을 통보하여야 한다'고 규정하고 있으며, 제53조(불법통신의 금지 등)에서는 전기통신을 이용하는 자는 사람을 비방할 목적으로 공연히 사실 또는 허위의 사실을 적시하여 타인의 명예를 훼손하는 내용의 통신을 하여서는 아니 되고(제1항 제2호), 이 경우 미래창조과학부장관은 정보통신윤리위원회의 심의를 거쳐 전기통신사업자로 하여금 그 취급을 거부·정지 또는 제한하도록 명할 수 있다(제2항)고 규정하고 있고, 제71조 제8호에서는 그 명령을 이행하지 아니할 경우 처벌대상이 된다고 규정하고 있다. 같은 법 제53조의2(정보통신윤리위원회), 동법 시행령 제16조의4(시정요구 등)에서는 전기통신회선을 통하여 일반에게 공개되어 유통되는 정보에 대하여 정보통신윤리위원회가 이에 대한 심의를 할 수 있고, 전기통신사업자에 대하여 이용자에 대한 경고나 정보의 삭제 또는 이용자에 대한 이용정지 및 이용해지 등 시정요구를 할 수 있도록 규정하고 있다.

2. 온라인서비스제공자 책임의 종류 및 요건

온라인서비스제공자의 책임으로서 민사책임은 침해배제책임 및 손해배상책임으로 분류될 수 있다.

(1) 침해배제책임

명예훼손과 같은 인격권의 경우에는 사후적인 금전에 의한 손해배상만으로는 그 피해의 완전한 회복이 어렵고 손해전보의 실효성을 기대하기 어려우므로, 사전예방적 구제수단으로 침해행위에 대한 예방청구와 정지·제거청구권을 인정할 필요성이 있다. 현실적으로는 '임시의 지위를 정하기 위한 가처분'의 형태로 온라인서비스제공자에 대한 침해금지가처분의 형태로 부작위 내기 작위의무를 부담하게 할 가능성이 크다.

우선 침해배제책임에 관하여는 직접적인 침해행위를 하지 않은 온라인서비스제공자가 침해배제책임의 주체가 될 수 있는가의 문제가 있다. 저작권침해와 관련하여서는 저작권법 제91조 제1항은 저작권자에게 침해정지청구권을 인정하고 있고, 컴퓨터프로그램보호법 제31조에서도 같은 취지의 규정을 두고 있다. 명예훼손행위는 인격권침해로 연결되고 문제되고, 인격권은 배타적 권리이므로 비록 명예훼손행위의 금지를 구할 수 있는 명문규정은 없다고 하더라도 해석상 침해배제책임의 청구가 가능하다고 할 수 있고 판례[28]에 의해서도 인정되고 있다. 그런데 온라인서비스제공자는 침해자가 아니므로 침해배제청구의 상대방이 될 수 없고, 오직 직접침해자만 그 청구에 따른 책임을 부담한다고 할 수도 있으나, 저작권법에서 침해배제책임의 주체로 규정하고 있는 권리를 침해하는 자는 반드시 직접침해자에 한정하여 볼 것이 아니고, 이와 같은 논리는 명예훼손에 있어서도 마찬가지이다. 이 경우에는 요건으로서 침해자의 위법성만 요하고 귀책요건을 요하지 않는다고 해야 할 것이다. 따라서 ① 권리침해상태(또는 우려)의 존재, ② 권리침해상태를 지배하는 지위에 있을 것이라는 요건을 필요로 한다.

침해배제책임에 있어 기본조항이라고 할 수 있는 민법 제214조에서 소유권방해배제청구의 상대방은 소유권을 '방해하는 자'인데, 이에 관하여 판례[29]는 타인의 지배에 속하는 사정으로 인하여 방해를 받을 경우에 그 방해하는 사정을 지배하는 지위에 있는 자에 대하여 방해의 제거를 청구할 수 있다고 판시하고 있다. 학설은 여기서 '방해하는 사정을 지배하는 지위'에 있는지 여부는 그 방해를 발생시켰다는 사실과는 무관한 것이라고 보고 있다. 이와 같은 민법상의 일반론은 인격권 또는 준물권적 성격을 가지는 저작권에도 그대로 적용될 수 있을 것이다. 따라서 일단 온라인서비스제공자가 그 침해상태를 직접 야기하지 않았다고 하더라도 그 권리침해상황을 지배하는 지위에 있다고 인정된다면, 저작권법 제91조 제1항에서 책임주체로 규정하고 있는 '권리를 침해하는 자'에 해당하는 것이고, 명예훼손에 있어서도 마찬가지이므로 그에게 침해배제책임을 부담시키는 데에는 이론적으로 가능하다고 할 것이다. 결국 온라인서비스제공자가 권리침해상태를 지배하는 지위에 있는가의 여부는 사안마다 구체적으로 결정하여야 할 문제이지만, 결국 서비스 유형에 따라 그 내용을 통제, 관리할 권한이 있는가 하는 문제로 귀착된다.

(2) 손해배상청구

손해배상책임의 경우 침해배제책임과 비교할 때, 침해자의 귀책사유(고의,

---

28) 대판 1997.10.24, 96다17851.

29) 대판 1966.1.31, 66도218.

과실), 손해의 발생 및 인과관계를 추가적인 요건으로 한다는 점에서 차이가 있다. 만약 법률이나 판례에 의하여 입증책임의 전환을 인정하지 않는다면 원칙적으로 피해자 측에서 이러한 요건들을 입증하여야 할 부담을 지게 된다. 온라인서비스제공자에 대하여서는 서비스이용자와 함께 공동불법행위에 의한 손해배상책임이 문제될 것인데, 민법 제760조 제3항에서 교사자나 방조자를 공동행위자로 본다는 규정이 있고, 대부분의 경우에 있어서는 방조에 의한 공동불법행위가 문제될 것이다. 공동불법행위에 있어서 방조라 함은 불법행위를 용이하게 하는 직접, 간접의 모든 행위를 말하는 것인데, 구체적으로 어떠한 경우에 온라인서비스제공자가 '불법행위를 용이하게 하는 행위'를 한 것인지에 대한 기준을 정립할 필요가 있다. 특히 온라인서비스제공자가 침해행위를 알지 못하였을 경우가 문제인데, 판례에 의하면 과실에 의한 방조도 가능하고, 이 경우 과실의 내용은 불법행위에 도움을 주지 않아야 할 주의의무가 있음을 전제로 하여 이 의무를 위반하는 것을 말하는 것이므로, 온라인서비스제공자에게 어떠한 주의의무를 인정할 것인가의 문제가 될 것이다.[30]

3. 온라인서비스제공자의 책임

(1) 저작권침해에 대한 온라인서비스제공자의 책임

가. 책임요건

온라인서비스제공자가 침해사실을 알거나 알 수 있었고(침해사실에 대한 주관적 인식, 예견가능성), 침해행위가 온라인서비스제공자의 통제나 관리 하에 이루어져 침해의 방지나 제거가 기술적, 경제적으로 기대 가능함에도 불구하고(침해배제의 객관적 기대가능성, 회피가능성), 침해에 대하여 필요한 조치를 취하지 않은 경우(침해배제의무 불이행)에는 온라인서비스제공자의 '침해상황지배성' 및 '주의의무위반'이 충족된다. 외국의 입법례나 판례들도 위 요건들을 주된 책임요건으로 들고 있고, 개정된 저작권법도 마찬가지 입장이다. 위 세 가지 요소 이외에도 온라인서비스제공자가 침해행위로부터 직접적인 재산상 이익을 얻었는가 하는 점도 중요한 요소로 고려하는 경우도 많다. 이러한 이득요소를 고려하는 것도 당연하지만 우리나라의 현행법상 온라인서비스제공자의 책임은 침해배제

---

30) 권영준, 사법연수원, 전게서, 431-433면.

책임과 손해배상책임으로 대별할 수 있는데, 어떠한 유형도 침해자가 직접적인 재산상 이익을 취득하였을 것을 책임요건으로 하고 있지는 않다. 따라서 위 이득요소를 침해배제의 객관적 기대가능성의 요건에 포섭시켜 고려하는 것은 별론으로 하고, 직접적인 재산상 이익취득 여부 자체를 독립적인 책임요건으로 보기는 어렵다고 할 것이다.

나. 절차규정

개정 저작권법에서는 권리주장자의 요구에 따른 조치에 대한 면책규정을 두고 있으나, 면책을 위하여 요구되는 절차규정들은 침해사실을 알고 필요한 조치를 취한 경우에만 면책된다. 다만 침해의 사실을 알았더라도 이에 대한 어느 정도의 규범적 판단단계를 거치지 않으면 안 되므로, 현실적으로 저작권침해가 있는 것인지의 여부를 판단하는 것은 결코 쉽지 않은 점을 고려한 것이다. 위 절차규정들은 권리주장자의 고지에 의하여 일정한 절차를 거쳐 자동적으로 중단조치를 취할 수 있게 하고 그 조치로 인한 일련의 책임에서 온라인서비스제공자를 면책시켜 준다는 점에서 온라인서비스제공자의 부담을 덜어주는 규정들이다.

다. 책임의 내용

위에서 기술한 바와 같이 침해배제책임과 손해배상책임이 주요한 책임의 내용이다.

즉, 온라인서비스제공자는 침해배제책임의 요건이 충족된 경우, 침해계속 시에는 그 침해를 정지할 의무를 부담하게 되고, 그 침해의 우려가 있는 경우 침해를 예방하거나 손해배상의 담보를 제공할 의무를 부담하게 될 것이다. 또한 저작권침해에 있어서는 저작권자의 청구에 따라 침해행위에 의하여 만들어진 물건 및 침해행위에 제공된 도구 등의 폐기나 그 밖의 필요한 조치를 행하여야 할 의무를 부담하게 될 수도 있을 것이다. 디지털 환경 하에서의 저작권침해에 대한 가처분에 있어서 또 다른 문제는 가처분의 신속성이라 할 것인데, 이는 인터넷을 통하여 이루어지는 저작권침해는 순식간에 대량으로 발생하기 때문에 신속한 보전처분이 뒷받침되지 않을 경우에는 회복불가능한 정도의 손해가 단시간 내에 발생할 우려가 있기 때문이다.

다음으로 손해배상책임에 대해서는 불법행위의 성립 및 인과관계가 있는 손해에 대하여 온라인서비스제공자는 금전의 형태로 손해를 배상할 의무를 부담하게 될 것이다. 특히 저작권침해와 관련하여 저작권자가 손해액을 정확하게 입증하는 것이 문제될 것인바, 그러한 입증부담을 덜기 위하여 손해액의 추정에 관한 규정들이 있으나, 그 추정의 전제되는 사실들도 때때로 입증이 곤란한 때가 있다. 그런데 저작권법 제94조와 컴퓨터프로그램보호법 제27조 제5항에서는, 손해가 발생한 사실은 인정되나 침해자가 침해행위에 의하여 얻은 이익액이나 프로그램 저작권자가 그 권리의 행사로 통상 얻을 수 있는 금액에 기하여 손해액을 산정하기 어려운 때에는 변론의 전취지 및 증거조사의 결과를 참작하여 상당한 손해액을 인정할 수 있다고 규정하였다.

저작권법 제95조에서는 저작인격권침해의 경우 침해자에게 명예회복을 위히여 필요한 조치를 청구할 수 있다고 규정하고 있고, 민법 제764조도 명예회복을 위하여 명예회복을 위하여 적당한 처분을 명할 수 있다고 규정하고 있어서, 이론상으로는 온라인서비스제공자에게도 이러한 청구가 가능하지만 현실적으로 직접침해자가 아닌 온라인서비스제공자에게 이러한 조치를 명할 실익이나 구체적 타당성이 있는지의 여부에 대한 검토가 필요하다.

(2) 명예훼손에 대한 온라인서비스제공자의 책임

가. 명예훼손의 경우에도 온라인서비스제공자는 위에서 기술한 바와 같은 책임이 발생하나 저작권과 달리 법령에 구체적으로 규정되어 있지 않기 때문에 민사 법리에 의하여 해결할 수밖에 없다.

나. 명예훼손에 특유한 사항들

명예훼손에 대한 온라인서비스제공자의 책임과 관련하여서는 개정 저작권법과 같은 구체적인 근거규정은 없지만, 정보통신망이용촉진및정보보호등에관한법률 제44조나 전기통신법 제33조 제2항, 제53조 제1항 등은 온라인서비스제공자가 명예훼손적 내용물의 삭제를 요청받은 경우 부담하게 되는 주의의무의 근거규정으로 작용하게 될 것이다.

온라인서비스제공자의 민사책임을 추궁하는 방법으로 채무불이행에 의할 경우 회원이 다른 회원에 의하여 전자게시판에 명예훼손을 당하고 있는 경우 사업자와 회원사이의 입회계약의 효력에 의하여 사업자가 회원의 안전을 배려할 계약상의 채무가 있고, 그 안전배려의무의 불이행을 이유로 회원의 명예훼손적인 게시를 방치한 경우, 사업자에 대하여 계약상의 손해배상책임을 청구할 수 있는지 여부가 문제이나, 안전배려의무는 원래 고용계약 등에서 발전한 이론인데 최근의 경향은 그 적용범위를 확대하고 있지만 온라인서비스제공자에 대하여 이를 적용하기에는 무리가 있어 보인다.

그렇다면 불법행위에 의한 방법으로 귀결되는바, 민법상 불법행위책임을 추궁하기 위해서는 자신의 행위가 고의·과실에 의하여야 귀책되는 과실책임주의를 취하고 있으나, 온라인서비스제공자는 명예훼손행위를 직접적으로 한 자가 아니기 때문에 명예훼손행위에 대하여 직접적인 책임을 부담할 수는 없다. 따라서 온라인서비스제공자가 명예훼손행위를 저지할 권리나 의무가 있는지 내지 주의의무가 있는지 여부는 결국 부작위로 인한 불법행위의 성립 여부로 귀결되고, 부작위로 인한 불법행위를 인정하기 위해서는 온라인서비스제공자에게 작위의무가 있는지가 문제이다.

이와 관련하여 법령상의 작위의무로서는 전기통신사업법 제33조 2항, 제53조, 제33조의 2, 정보통신망 이용촉진 및 정보보호등에 관한 법률 제44조 1항과 2항을 둘 수 있고, 온라인서비스제공자는 명예훼손의 예견가능성·회피가능성이 있는 경우에는 그것을 방지하여야 할 조리상의 작위의무가 있다고 할 것이다.[31)]

1) 책임요건

명예훼손의 경우에 있어서도, 온라인서비스제공자가 명예훼손행위의 존재를 알고, 그 행위의 배제가 가능함에도 불구하고 아무런 조치를 취하지 않았다면 법리상 온라인서비스제공자에 대한 책임추궁이 가능하리라고 본다. 다만 그 인식의 대상 및 정도에 대해서는 검토가 필요할 것이다.

한편 나아가서 침해행위를 실제 알지 못하였으나, 알 수 있었을 것이라고 판단되는 경우까지 온라인서비스제공자에게 책임을 부과할 것인가의 문제는 보다 깊은 검토와 논의가 필요하다고 본다. 현대사회에 있어서 표현의 자유가 차지하는 비중이 매우 커서 명예훼손과 관련한 온라인서비스제공자의 책임에 대한 논의는 신중한 접근이 필요하다고 할 것이기 때문이다. 미국이나 일본의 입법 및 판례의 태도라든가, 직접침해자는 대부분 고의로 명예훼손을 하는데,

31) 소성규, 전게논문, 223면.

간접침해자라고 주장되어지는 온라인서비스제공자에게 과실책임을 광범위하게 지우는 것이 타당한 것인지에 대하여도 검토가 필요한 점 등에 비추어 볼 때 향후 온라인서비스제공자가 명예훼손행위를 과실로 알지 못한 경우에도 책임을 부담시킬 것인가의 문제에 대하여 깊은 논의가 필요할 것이다.

2) 반론권보장의 문제

저작권침해의 경우와는 달리 명예훼손에 있어서는 반론권의 보장이 보다 직접적이고 효율적인 구제수단으로 가능할 수도 있다는 점이 감안되어야 한다. 정보통신망이용촉진및정보보호등에관한법률 제44조에서도 법률상 이익을 침해당한 자가 정보통신서비스제공자에게 반박내용의 게재를 요청할 수 있게 하고, 정보통신서비스제공자는 이에 대하여 지체 없이 필요한 조치를 취하고 그 요청주체에게 통지할 의무를 부담시키고 있다.[32)]

4. OSP의 책임에 대한 제한

(1) 책임 제한론의 대두

OSP가 온라인에서 차지하는 비중에 비추얼 볼 때, OSP에 대한 규제와 책임강화는 그들에 대한 주의의무 강화를 의미하는 것이고 이로 인하여 곧바로 검열, 삭제, 내용규제 등 표현의 자유나 자유로운 정보유통에 직접적인 영향을 미치는 조치가 행해져 결국 인터넷의 본래 가치를 퇴색시켜 더 많은 것을 잃는 것이 아닌가 하는 우려도 있다. 한편 인터넷의 폭발적인 규모팽창에 비례한 불법행위이 증가는 곧바로 소송을 통한 OSP의 책임추궁의 증가를 초래할 것이고 이를 막기 위한 서비스 제공자측의 과다한 사전통제작업은 통신망 이용에 대한 비용 상승으로 이어져 업체 전반의 생존을 위협하는 요소가 되거나 경제적 부담이 이용자들에게 전가되는 사태로 연결될 수도 있다.[33)]

이러한 문제의 미묘함 때문에 OSP는 두 가지 상반된 가치 또는 이해관계의 중심에서 아슬아슬한 균형잡기를 하여야 할 운명에 있다. 또한 그 정책적 특수성 때문에 OSP의 책임론은 단순히 민법상 공동불법행위이론이나 형법상 공범이론을 기계적으로 적용할 문제라기 보다는, 위와 같이 인터넷 전반을 관

32) 권영준, 사법연수원, 전자거래법연구, 2012. 435면.

33) 송오식, 앞의 책, 361쪽.

통하는 특수한 가치체계들을 충실히 고려한 위에서 기존의 법리들을 적용하거나, 또는 새로운 법리를 창출해야 할 문제이기도 하다.[34)]

이러한 특수성 때문인지 최근의 이론 및 판례의 동향, 그리고 이를 토대로 한 입법은 '어떤 경우에 OSP가 책임을 지는지'를 직접 규율하기 보다는, '어떤 경우에는 OSP가 책임을 지지 않는지'를 규율하는 측면, 즉 책임의 제한이라는 관점에서 전개되고 있다. '온라인서비스제공자의 책임 제한'을 표제로 삼고 있는 저작권법 제6장(제102조~제104조)이 대표적인 경우이다.

미국은 1998.10.28.부터 시행된 DMCA 제2편에 제512조를 신설하여 온라인상의 저작권침해에 대한 서비스제공자의 책임제한에 대하여 명확한 기준제시를 하였다. 그런데 여기서도 '언제 그리고 어떠한 조건 하에서 OSP가 책임을 부담하는가', 즉 책임요건에 대해서는 규정하지 않고 OSP의 면책요건만 정하고 있다.[35)]

그런데 책임의 요건을 명확히 하지 않은 가운데서 책임 제한 규정만을 두는 형식의 입법은 OSP의 책임 범위를 명확히 하는 데에 있어서는 일정한 한계를 지닌다. 논리적으로만 보면 책임 제한 요건의 불이행이 곧바로 OSP의 책임 인정으로 이어지는 것은 아니므로, 면책의 영역에서 벗어난 경우에는 또 다시 책임요건의 입론과 해당 여부에 대한 사실판단이 뒤따라야 하기 때문이다. 최근에는 판례와 학설을 통하여 책임 인정 요건이 대체로 확립되어 가고 있는 추세이나, 이를 수용하는 범위 내에서 책임 인정 요건에 대한 최소한의 입법이라도 하는 것이 바람직하다고 본다.[36)]

(2) 정보통신망법상의 책임 제한

정보통신망법 제44조의 2 제6항 정보통신서비스 제공자는 자신이 운영·관리하는 정보통신망에 유통되는 정보에 대하여 제2항에 따른 필요한 조치를 하면 이로 인한 배상책임을 줄이거나 면제받을 수 있다.

위와 같이 정보통신망법 제42조의 2 제1항에서는 그 보호대상을 '타인의 권리가 침해된 경우'로 폭넓게 규정하고 있어 명예훼손, 저작권침해의 경우에

34) 사법연수원, 앞의 책, 487-488쪽.

35) 사법연수원, 앞의 책, 493쪽.

36) 同旨, 김상현, 이용자의 불법행위에 대한 온라인서비스제공자의 민사책임, 법학연구 제27편, 한국법학회, 2007년, 555쪽 이하 참조.

모두 적용될 수 있을 것이나[37], 저작권침해와 관련하여서는 아래에서 보는 바와 같이 훨씬 자세하게 규정된 저작권법의 관련조항들이 우선 적용될 것이어서 위 조항의 효용이 감소될 것이다[38].

하지만 저작권 침해를 제외한 명예훼손 등의 경우에는 정보통신망법의 이러한 규정들이 OSP의 주의의무에 관한 가장 주된 근거 규정으로 기능할 것이다. 실제로 법원은 상표권 침해가 문제가 된 사건에서 구 정보통신망법 제44조 제1항의 '타인의 권리를 침해'하는 경우에는 오픈마켓에 올라온 위조 상품으로 인하여 유명 상표권자의 상표권이 침해되는 경우를 포함한다고 판시한 사례[39]가 있다.

(3) 저작권법상의 책임제한

가. 입법의 연혁[40]

우리나라에서는 2003년 개정 저작권법에 처음으로 OSP의 책임 제한에 관한 규정을 도입하였으며, OSP가 서비스 제공과 관련하여 다른 사람에 의한 무단 복제·전송으로 인해 권리침해가 이루어진다는 사실을 알고서 자발적으로 복제·전송의 중단 등의 조치를 취하는 경우 또는 권리자의 요청을 받아 그러한 조치를 취한 경우에는 권리침해에 관한 OSP의 책임을 법원이 감경 또는 면제할 수 있도록 하였다.

이후 2006년 개정 저작권법에서는 온라인서비스제공자를 일반 온라인서비스제공자와 특수한 온라인서비스제공자로 구분하여 규정하였으며, 특히 특수한 유형의 온라인서비스제공자에게는 저작물 등의 불법적인 전송을 차단하는 기술적 조치의무를 부과하고 있다.

2011년에는 한·EU FTA와 한·미 FTA가 연이어 체결되면서 그 이행을 위한 두 차례 개정작업이 이루어졌는데, 종전과 달리 온라인서비스제공자를 네 가지 유형으로 나누고 각 유형별 면책요건을 규정함으로써 인터넷서비스제공자의 책임제한에 관한 체계적인 면모를 일단 갖추게 되었다.

---

37) 송오식, 앞의 책, 379쪽.

38) 사법연수원, 앞의 책, 514쪽.

39) 서울중앙지방법원 2009.2.10. 2008카합3997 결정.

40) 김정완, 저작권법상 온라인서비스제공자의 책임 제한, 법학논총 제33권 제2호, 전남대학교 법학연구소, 2013년, 252-253쪽.

나. 제102조 : 책임 제한 요건

우선 저작권법 제102조에서는 OSP가 저작물등의 복제·전송과 관련된 서비스를 제공하는 것과 관련하여 다른 사람에 의한 저작물등의 복제·전송으로 인하여 그 저작권 등이 침해된다는 사실을 알고 당해 복제·전송을 방지하거나 중단시킨 경우에는 다른 사람에 의한 저작권 등 침해에 관한 OSP의 책임을 면제하도록 규정하고 있으며,[41] 저작권 등이 침해된 사실을 알고 당해 복제·전송을 방지하거나 중단시키고자 하였으나 기술적으로 불가능한 경우에는 OSP의 책임을 면제시키고 있다. 2011.6.30. 개정 법률에서는 종래와는 달리 온라인서비스의 유형을 도관서비스, 캐싱서비스, 저장서비스, 정보검색도구로 유형화하여 책임 면제의 요건을 세부적으로 규정하여 OSP가 사업을 안정적으로 영위할 수 있도록 한편 자신의 서비스를 통하여 발생할 수 있는 저작권 침해에 대하여 보다 적극적으로 억지할 수 있도록 유도하고 있다.[42]

저작권법의 OSP의 서비스 유형 분류

OSP의 서비스 유형	기술적 특성
인터넷 접속서비스 [단순도관(mere conduit)] (제1항제1호)	네트워크와 네트워크 사이에 통신을 하기 위해서 서버까지 경로를 설정하고 이를 연결해 주는 서비스(KT, SK브로드밴드, LG데이콤 등)
캐싱(caching) (제1항제2호)	OSP가 일정한 콘텐츠를 중앙서버와 별도로 구축된 캐시서버에 자동적으로 임시 저장하여 이용자가 캐시서버를 통해 해당 콘텐츠를 이용할 수 있도록 하는 서비스
저장서비스 (제1항제3호)	카페, 블로그, 웹하드 등 일정한 자료를 하드디스크나 서버에 저장·사용할 수 있게 하는 서비스(인터넷 게시판 등)
정보검색도구 서비스 (제1항제4호)	인터넷에서 정보를 검색하여 정보를 제공하여 주는 서비스(네이버, 다음, 구글 등의 검색 서비스)

41) 종래 '감경 또는 면제할 수 있다'고 규정한 것을 2011.6.30. 개정법에서 '책임을 지지 아니한다'고 수정하였다.

42) 문화체육관광부, 한-EU FTA 이행 개정 저작권법해설, 2011년.

표 8-1. OSP유형별 책임 제한 요건

책임 면제 요건 \ 온라인서비스 유형	도관 서비스	캐싱 서비스	저장 서비스	정보 검색도구
저작물의 송신을 개시 않을 것(제1호 가목)	○	○	○	○
저작물과 수신자를 지정 않을 것(제1호 나목)	○	○	○	
저작물 등을 수정 않을 것(제2호 나목)		○		
일정조건 충족하는 이용자만 캐싱된 저작물에 접근허용(제2호 다목)		○		
복제·전송자가 제시한 현행화 규칙 준수 (제2호 라목)		○		
저작물 이용 정보를 얻기 위해 업계에서 인정한 기술사용을 방해 않을 것(제2호 마목)		○		
본래의 사이트에서 접근할 수 없게 조치된 저작물에 접근할 수 없도록 조치(제2호 바목)		○		
침해행위 통제 권한 있는 경우, 직접적 금전적 이익 없을 것(제3호 나목)			○	○
침해행위 인지시 해당 저작물 복제·전송 중단 (제3호 다목)			○	○
복제·전송 중단 요구 대상자 지정 및 공지 (제3호 라목)			○	○

다. 제103조 : 복제 및 전송의 중단 요구와 그에 따른 후속절차

한편 제103조는 OSP의 서비스를 이용한 저작물등의 복제·전송에 의하여 저작권 등이 침해됨을 주장하는 자는 그 사실을 소명하여 OSP에게 그 저작물 등의 복제·전송을 중단시킬 것을 요구할 수 있고, 이러한 중단요구가 있는 경우 OSP는 즉시 그 저작물등의 복제·전송을 중단시키고 당해 저작물등을 복제·전송하는 자에게 그 사실을 통보하여야 하며, 위 통보를 받은 복제·전송자가 자신의 복제·전송이 정당한 권리에 의한 것임을 소명하여 그 복제·전송의 재개를 요구하는 경우 OSP는 재개요구사실 및 재개예정일을 권리주장자에게 지체 없이 통보하고 그 예정일에 복제·전송을 재개시켜야 한다.

또한 OSP가 이러한 공지를 하고 복제·전송을 중단시키거나 재개시킨 경우에는 그 손해배상책임을 감경 또는 면제할 수 있고 다만 권리침해사실을 안 때부터 중단을 요구하기 전까지 발생한 책임에는 적용하지 아니한다. 그리고 개정 저작권법은 제102조의 개정과 발맞추어 제103조에서도 OSP의 유형별로 통보여부를 달리 규정하고 있다.

표 8-2. OSP유형별 복제·전송 중단의 통보 여부에 대한 비교표

<table>
<tr><th rowspan="2">구 분</th><th colspan="2">종전법</th><th colspan="2">개정법</th></tr>
<tr><th>권리주장자</th><th>복제·전송자</th><th>권리주장자</th><th>복제·전송자</th></tr>
<tr><td>도관서비스
(제102조1항1호)</td><td colspan="2" rowspan="4">• (종전에는 OSP 구분없이 권리주장자 및 복제전송자에 대해 통보하도록 하고 있으나, 실제 적용 대상은 저장 및 검색 서비스 사업자가 대상이었음)</td><td>X</td><td>X</td></tr>
<tr><td>캐싱서비스
(제102조1항2호)</td><td>○</td><td>X</td></tr>
<tr><td>저장서비스
(제102조1항3호)</td><td>○</td><td>○</td></tr>
<tr><td>검색서비스
(제102조1항4호)</td><td>○</td><td>○</td></tr>
</table>

라. 제104조 : 특수한 유형의 OSP 관련 규정

제104조 제1항은 다른 사람들 상호 간에 컴퓨터를 이용하여 저작물 등을 전송하도록 하는 것을 주된 목적으로 하는 OSP인 특수한 유형의 OSP는 권리자의 요청이 있는 경우 해당 저작물 등의 불법적인 전송을 차단하는 기술적인 조치 등 필요한 조치를 하여야 하며, 이 경우 권리자의 요청 및 필요한 조치에 관한 사항은 대통령령으로 정한다고 규정하여 특수한 유형의 OSP에게 불법전송을 차단하기 위한 기술적 조치를 해야 할 의무를 부담시켰다. 문화체육관광부장관은 제1항의 규정에 따른 특수한 유형의 OSP의 범위를 정하여 고시할 수 있다(법 제104조 제2항).

(4) 약관에 의한 OSP의 면책가능성[43)]

약관이란 그 명칭이나 형태 또는 범위에 상관없이 계약의 한쪽 당사자가 여러 명의 상대방과 계약을 체결하기 위하여 일정한 형식으로 미리 마련한 계약의 내용을 말한다(약관의 규제에 관한 법률 제2조). 약관은 그 자체로 구속력 등의 효력을 가지는 것이 아니라 당사자 간에 체결되는 계약에 그 내용으로서 편입되어야 효력을 갖게 된다고 보는 것이 일반적이다.

---

43) 김용섭, 저작권법상 온라인서비스제공자의 책임에 대한 고찰, 한양법학 제40집, 2012년, 222쪽 이하.

이러한 일반론에 따를 때 OSP의 통신서비스에 가입한 회원이 직접적으로 타인의 저작권을 침해하는 행위를 하였으며, 한편 그 회원과 OSP간의 계약조항에 따르면 통신망 이용시 당해 회원으로 인하여 발생하는 저작권 침해행위에 대한 모든 책임은 회원에게 있고 OSP는 면책된다는 내용이 존재할 때에 그 계약조항의 효력은 어떠한가의 문제이다. 일반적으로 OSP들은 회원과 이용계약을 체결할 때 약관에 그와 같은 조항을 두고 있으며, 가입희망자들은 모두 이 약관에 동의할 때에 비로소 회원이 될 수 있다.

그러나 민법상 일반이론에 의하더라도 위와 같은 약관은 OSP와 가입자간에만 구속력을 가지고 제3자인 저작권자와의 관계에서까지 구속력을 가지는 것은 아니므로, 저작권자와의 관계에서는 OSP가 위와 같은 약관조항을 근거로 면책을 주장할 수는 없을 것이다. 나만, 그 이후 OSP가 위와 같은 조항을 근거로 가입자에게 구상권을 행사할 수 있는가의 문제는 별도로 논의될 대상이다.

5. 관련판례

(1) 저작권 관련 판례

가. 서울지방법원 1999.12.3. 선고 98가합111554 판결(2000.1.1. 확정)

1) 사실관계

소프트웨어 벤처기업인 (주)칵테일에서 개발한 멀티미디어 제작용 소프트웨어인 '칵테일 98'이 특정인에 의하여 중앙대 홈페이지의 자료실게시판에 업로드되었으며 한 달 이상 공개된 상태로 약 400회의 조회건수를 기록하면서 다수인이 다운로드받아갔고, 중앙대측은 위 회사의 항의를 받아 즉시 자료실게시판을 폐쇄하였다. 이와 관련하여 (주)칵테일 및 프로그램 개발자는 중앙대측이 등록자료의 저작권침해여부를 수시로 확인하여야 할 주의의무를 해태함으로써 1개월 이상 위 자료의 불법복제를 방치하였다고 주장하면서 학교법인 중앙대학교에 대하여 3억원의 손해배상을 청구하였다.

2) 판결요지

법원은 가상공간에서 저작권침해의 결과를 발생시키는 자료의 전송 등이 이루어지는 경우 직접 침해자가 아닌 제3자가 그 장소와 시설을 제공하고 이용자의 요구에 의하여 이용자의 행위를 매개하여 주는 것만으로 침해에 따른 책임을 지는 것이 아니고, 다만 예외적으로 이들이 이용자의 침해행위를 적극적으로 야기하였다거나 침해행위를 인식하고도 이를 방치한 경우 또는 이들이 침해행위를 통제할 권리와 능력이 있고 그 침해행위로부터 직접적인 재산상 이익을 얻는 경우 등과 같이 이용자의 직접적인 침해행위와 동일하게 평가할 수 있을만한 특별한 사정이 있는 경우에 한하여 그 책임을 인정할 수 있다고 판시하였다. 또한 피고가 운영하는 위 자료실은 모든 이용자에게 개방되어 있는데다가 그 자료의 등록과정이 자동화된 기술적 과정을 통하여 수행되는 체계로 운영된 점, 피고는 교육기관으로서 위 게시판의 설치목적이 영리성의 추구에 있다고 보기 어려운 점, 피고가 원고측의 항의를 받고 즉각적인 조치를 취한 점 등에 비추어 볼 때에 피고에게 위 게시판을 설치 운영함에 있어서 불법복제물의 등록여부를 수시로 확인, 통제하여야 할 구체적인 주의의무가 있다고 보기 어렵고 또한 피고에게 직접적 침해행위와 동일하게 평가할 수 있을만한 특별한 사정이 존재한다고 보기 어렵다고 하면서, 원고의 청구를 기각하였다.

나. 서울지방법원 2001.8.24. 선고 2000가합83171 판결

1) 사실관계

원고는 각 음반제작사로서 유명 그룹들과 전속계약을 체결하고 그 뮤직비디오를 기획, 제작한 회사들이고, 피고는 음악관련 파일의 무상공유를 목적으로 하는 웹사이트를 개설, 운영하고 있는 회사인데, 피고의 웹사이트 자료게시판에서는 인터넷 이용자들에 의하여 원고의 허락 없이 위 뮤직비디오 동영상 파일들이 유통되고 있었다.

2) 판결요지

원고는 위 뮤직비디오의 제작권자인데, 다수의 인터넷 이용자들이 원고의 저작재산권을 침해하였다고 할 것이고, 한편 피고는 처음부터 이용자들 사이에 음악관련 파일을 무상으로 공유하게 할 목적으로 웹사이트를 개설하여 운영하였던 점, 이러한 웹사이트의 특성상 다수의 이용자들이 뮤직비디오 동영상 파일들을 비롯하여 각종 음악관련 파일들을 빈번하게 업로드하거나 다운로드받게 되는데, 통상적으로 이러한 과정에서 저작권자나 저작인접권자의 허락을 받지 아니한 불법적인 음악관련 파일들이 유통될 개연성이 상당히 높은 점, 위 웹사이트에서 동영상 파일들에 대한 업로드 및 다운로드가 이루어진 기간도 상당히 장기간인 점, 그런데 피고는 위 기간 동안 자신이 운영하는 웹사이트에서 취급되는 음악관련 파일들이 저작권법에 위반되는가의 여부에 대하여 검토하거나 그 검토결과에 따른 필요한 조치를 취하지 아니한 점, 오히려 피고는 이용자들이 보다 편리하게 동영상 파일들을 업로드하거나 다운받을 수 있도록 각 음악장르별로 서브디렉토리를 만들어 주기까지 한 점에다가 피고 및 피고의 대표이사가 이로 인하여 저작권침해방조혐의로 약식명령을 받아 그 약식명령이 확정된 사실까지 종합하여 보면, 비록 피고가 직접 위 동영상 파일들을 복제, 전송하여 원고의 저작권을 침해하지는 않았다고 하더라도, 위 웹사이트를 운영, 관리함에 있어서 위와 같은 이용자들의 저작권침해행위를 알거나 알 수 있었고, 그 동영상 파일들을 삭제하는 등의 필요한 조치를 취할 수 있었음에도 불구하고, 상당한 기간 동안 그러한 조치를 취하지 아니하였으며, 오히려 위와 같이 서브디렉토리의 분류 등을 통해 저작권침해행위를 용이하게 하기까지 한 이상 이용자들의 저작권침해행위에 대하여 온라인서비스제공자로서 책임을 지게 된다고 할 것이므로, 피고는 원고에게 저작권침해로 인한 손해를 배상할 의무가 있다.

다. 수원지방법원 성남지원 2003.2.14. 선고 2002카합284 판결

1) 사실관계

소리바다 운영자 2명(채무자들)들은 미국에서 음악파일 공유프로그램인 냅스터가 인기를 끌고 있는 점에 착안하여 2000.5. 중순경 국산 음악파일 공유프로그램인 "소리바다"를 개발하여 소리바다 웹사이트에서 P2P 방식의 MP3 음악파일 공유서비스를 제공하기 시작하였다. 소리바다 시스템은 중앙서버가 존재하기는 하지만 IP주소와 같은 이용자들간 연결에 필요한 정보만 관리하고, 공유대상이 되는 MP3 파일 자체는 관리하지 않을 뿐만 아니라 냅스터와는 달리 MP3 파일의 목록도 보관하고 있지 않다. 이용자들은 소리바다 웹사이트에서 소리바다 프로그램을 다운받아 자신의 컴퓨터에 이를 설치하고, 등록절차 및 공유폴더의 지정절차를 거쳐 소리바다를 이용하게 된다. 소리바다 서버는 접속 이용자에게 그 이용자의 접속 직전에 접속하였던 다른 5,000명의 이용자들의 컴퓨터 IP주소를 당해 이용자에게 제공하여 주고, 접속 이용자는 그 이용자들이 공유폴더에 가지고 있는 음악파일을 다운받을 수 있는데, 자신의 공유

폴더에 있는 음악파일도 동일한 방법으로 다른 접속 이용자들에게 다운받을 수 있게 하여 주는 셈이 된다. 이러한 소리바다 시스템은 약 450만명 이상의 등록회원 수, 하루 평균 30만명 이상의 접속자 수, 약 5,000명 이상의 동시접속자 수 등의 수치에서 알 수 있듯이 큰 인기를 얻게 되었고, 소리바다는 무료로 운영되었으나 2001. 초부터 배너광고 등으로 인한 사이트 운영수입을 얻고 있고 향후 유료화를 통한 수입방식도 고려하고 있다. 그러나 공유파일 대부분이 시중판매음반에서 복제한 것으로서 국내 11개 음반사(채권자들)들은 2001.1. 경 채무자들을 저작권법 위반죄로 고소하기도 하는 등 저작권침해문제가 제기되었다.

2) 판결요지

채권자들은 노래목록 기재 각 노래의 음반제작자이거나 독점적 판매·배포권을 가지는 실시권자로서, 복제권·배포권의 저작인접권을 직접 또는 대위하여 행사할 수 있는 지위에 있다. 소리바다 이용자들의 행위가 저작인접권 침해에 해당하는지 여부가 문제되는바, 이용자들의 행위는 복제권, 배포권 침해행위에 해당하고, 이를 저작권법 제27조의 사적 이용에 해당한다고 할 수 없으므로, 소리바다 이용자들의 행위는 채권자들의 음반 복제권·배포권을 침해하는 행위에 해당한다. 채무자들은 이용자들의 침해행위를 알면서, 프로그램공급과 서버운영을 통하여 그와 같은 침해행위가 가능하도록 계속 관여하였고, 채무자들의 관리 하에서 그와 같은 침해행위가 행하여지고 있으며, 또한 그와 같은 침해행위를 이용하여 이익을 얻고 있다 할 것이고, 나아가 그 규모와 기간에 비추어 이용자들의 침해행위는 채무자들에 의하여 야기되고 유인되었다 할 것이므로, 채무자들은 소리바다 이용자들과 일체가 되어 채권자들의 복제권·배포권의 침해행위를 하고 있는 것으로 평가할 수 있다. 그러므로 채권자들은 채무자들에 대하여 저작권법 제91조 제1항 전단의 침해정지청구권을 행사할 수 있어 피보전권리가 인정되고, 그 보전의 필요성도 있다할 것이다.

라. 대법원 2013.9.26. 선고 2011도1435 판결

【저작권법위반(인정된죄명:저작권법위반방조)·저작권법위반방조】

1) 판시사항

① 온라인서비스이용자의 저작권 침해행위에 대하여 온라인서비스제공자의

책임 감경 또는 면제를 규정한 구 저작권법 제102조 제1항, 제2항, 제103조 제5항 이 형사상 책임에도 적용되는지 여부(적극)

② 구 저작권법 제102조 제2항 에서 정한 '기술적으로 불가능한 경우'의 의미와 온라인서비스이용자의 저작권 침해행위에 대하여 온라인서비스제공자가 구 저작권법 제102조 제1항, 제2항, 제103조 제5항에 의하여 형사상 책임을 감경 또는 면제받기 위한 요건

2) 사실관계

피고인들은 이용자들에게 인터넷상의 저장공간을 제공하는 웹스토리지 업체들로서(이른바 '웹하드'), 해당 웹스토리지 서비스를 통하여 이용자들이 저작권이 보호되는 영화 동영상 파일을 교환한 것에 대하여, 저작권 침해 행위 이용자들과 더불어 저작권법위반죄의 공동정범으로 기소되었으나, 원심에서 '방조범'으로만 인정되었다. 피고인들은 저작권법상의 면책 조항에 의하여 방조 책임도 지지 않는다는 취지로 대법원에 상고하였다.

3) 판결요지

① 구 저작권법(2008.2.29.법률 제8852호로 개정되기 전의 것)은 제102조 제1항에서 '온라인서비스제공자가 저작물의 복제·전송과 관련된 서비스를 제공하는 것과 관련하여 다른 사람에 의한 저작물의 복제·전송으로 인하여 그 저작권이 침해된다는 사실을 알고 당해 복제·전송을 방지하거나 중단시킨 경우에는 다른 사람에 의한 저작권의 침해에 관한 온라인서비스제공자의 책임을 감경 또는 면제할 수 있다'고 규정하고, 같은 조 제2항에서 '온라인서비스제공자가 저작물의 복제·전송과 관련된 서비스를 제공하는 것과 관련하여 다른 사람에 의한 저작물의 복제·전송으로 인하여 그 저작권이 침해된다는 사실을 알고 당해 복제·전송을 방지하거나 중단시키고자 하였으나 기술적으로 불가능한 경우에는 그 다른 사람에 의한 저작권의 침해에 관한 온라인서비스제공자의 책임은 면제된다'고 규정하고, 같은 법 제103조 제5항에서 '온라인서비스제공자가 저작권자로부터 불법 저작물의 복제·전송을 중단시킬 것을 요구받고 즉시 그 저작물의 복제·전송을 중단시킨 경우에는 온라인서비스제공자의 책임을 감경 또는 면제할 수 있다'고 규정하고 있는데, 위 각 조항의 입법 취지나 위 각 조항의 해당 문구상 별다른 제한이 없는 점 등에 비추어 보면,위 각 조항은 형사상

책임에도 적용된다고 보아야 한다.

② 구 저작권법(2008.2.29.법률 제8852호로 개정되기 전의 것,이하 같다) 제102조 제2항 이 규정하고 있는 '기술적으로 불가능한 경우'란 온라인서비스의 제공 자체는 유지함을 전제로 이용자들의 복제·전송행위 중 저작권의 침해행위가 되는 복제·전송을 선별하여 방지 또는 중단하는 것이 기술적으로 불가능한 경우를 말하므로, 비록 온라인서비스이용자들이 해당 온라인서비스를 이용하여 저작물을 복제·전송함으로써 그 저작권을 침해하였다고 하더라도, 온라인서비스제공자가 그와 같은 침해사실을 알고 저작권의 침해가 되는 복제·전송을 선별하여 이를 방지 또는 중단하는 기술적 조치를 다하였다고 인정되는 경우에는 해당 침해행위에 대한 형사상 책임이 면제된다. 그리고 온라인서비스제공자가 구 저작권법 제103조 제5항 에 의하여 그 책임을 감경 또는 면제받을 수 있기 위해서는 저작권자로부터 중단 요구를 받은 즉시 그 저작물의 복제·전송을 중단시켜야 하는 점에 비추어, 온라인서비스제공자가 스스로 저작권 침해사실을 알게 된 경우에도 그 즉시 당해 복제·전송을 중단시켜야 구 저작권법 제102조 제1항 에 의하여 그 책임을 감경 또는 면제받을 수 있다고 보아야 한다.

마. 대법원 2010.3.11. 선고 2009다80637 판결[44)]

1) 판시사항

① 인터넷 링크를 하는 행위가 저작권법에 정한 복제, 전송 및 공중송신에 해당하는지 여부(소극)

② 구 저작권법 제12조 제2항 본문에서 규정한 '저작물을 이용'한다는 것의 의미

③ 인터넷 포털사이트를 운영하는 온라인서비스제공자가 제공한 인터넷 게시공간에 타인의 저작권을 침해하는 게시물이 게시된 경우, 온라인서비스제공자에게 위 게시물을 직접 게시한 자의 행위에 대하여 부작위에 의한 방조자로서 공동불법행위책임이 성립하기 위한 요건

44) 이 사건에서는 위와 같은 법리를 적용하였을 때, 야후코리아가 이용자들이 블로그에 올리는 각종 이미지에 대해서까지 필터링을 할 수 있는 기술적인 수단이 없고, 저작권자가 특별히 표시되지 않은 이미지가 대부분이므로 게시 행위가 저작권을 침해하는지 여부를 쉽게 알 수도 없다는 이유로 원고의 청구를 기각한 원심 판결을 그대로 수긍하였다.

④ 구 저작권법 제93조 제2항 에서 규정하는 '그 권리의 행사로 통상 받을 수 있는 금액에 상당하는 액'의 의미 및 위 금액의 산정 방법

2) 사실관계

야후코리아 이용자가 자신의 블로그에 타인이 저작권을 가진 사진을 무단으로 게시한 것과 관련하여 저작권자는 이를 방치한 야후코리아 역시 공동불법행위자로서 책임을 진다고 주장하면서 공동피고로 삼아 손해배상을 청구한 사건이다.

3) 판결요지

① 이른바 인터넷 링크(internet link)는 인터넷에서 링크하고자 하는 웹페이지나, 웹사이드 등의 서버에 저장된 개개의 저작물 등의 웹 위치 정보 내지 경로를 나타낸 것에 불과하여, 비록 인터넷 이용자가 링크 부분을 클릭함으로써 링크된 웹페이지나 개개의 저작물에 직접 연결된다 하더라도, 이는 구 저작권법 제2조 제14호에 규정된 '유형물에 고정하거나 유형물로 다시 제작하는 것'에 해당하지 아니하고, 또한 저작물의 전송의뢰를 하는 지시 또는 의뢰의 준비행위로 볼 수 있을지언정 같은 조 제9의2호에 규정된 '송신하거나 이용에 제공하는 것'에 해당하지도 아니한다. 그러므로 위와 같은 링크를 하는 행위는 구 저작권법이 규정하는 복제 및 전송에 해당하지 않는다고 할 것이고(대법원 2009. 11. 26. 선고 2008다77405 판결 참조), 이러한 법리는 개정된 저작권법 제2조 제22호 소정의 '복제' 및 개정된 저작권법에서 신설된 공중송신권의 내용을 이루는 같은 조 제10호 소정의 '전송'의 경우에도 마찬가지라고 할 것이다.

② <생략>

③ 인터넷 포털사이트를 운영하는 온라인서비스제공자가 제공한 인터넷 게시공간에 타인의 저작권을 침해하는 게시물이 게시되었고 그 검색 기능을 통하여 인터넷 이용자들이 위 게시물을 쉽게 찾을 수 있다 하더라도, 위와 같은 사정만으로 곧바로 위 서비스제공자에게 저작권 침해 게시물에 대한 불법행위 책임을 지울 수는 없다. 다만 저작권 침해 게시물이 게시된 목적, 내용, 게시기간과 방법, 그로 인한 피해의 정도, 게시자와 피해자의 관계, 삭제 요구의 유무 등 게시에 관련한 쌍방의 대응태도, 관련 인터넷 기술의 발전 수준, 기술적 수단의 도입에 따른 경제적 비용 등에 비추어, 위 서비스제공자가 제공하는 인터

넷 게시공간에 게시된 저작권 침해 게시물의 불법성이 명백하고, 위 서비스제공자가 위와 같은 게시물로 인하여 저작권을 침해당한 피해자로부터 구체적·개별적인 게시물의 삭제 및 차단 요구를 받은 경우는 물론, 피해자로부터 직접적인 요구를 받지 않은 경우라 하더라도 그 게시물이 게시된 사정을 구체적으로 인식하고 있었거나 그 게시물의 존재를 인식할 수 있었음이 외관상 명백히 드러나며, 또한 기술적, 경제적으로 그 게시물에 대한 관리·통제가 가능한 경우에는, 위 서비스제공자에게 그 게시물을 삭제하고 향후 같은 인터넷 게시공간에 유사한 내용의 게시물이 게시되지 않도록 차단하는 등의 적절한 조치를 취하여야 할 의무가 있다 할 것이므로(대법원 2009. 4. 16. 선고 2008다53812 판결 참조), 이에 위반하여 게시자의 저작권 침해를 용이하게 해주는 경우에는 위 게시물을 직접 게시한 자의 행위에 대하여 부작위에 의한 방조자로서 공동불법행위책임이 성립된다고 봄이 상당하다.

바. 대법원 2010.3.11. 선고 2009다76256 판결【저작권침해로인한손해배상】

1) 판시사항

인터넷 포털사이트를 운영하는 온라인서비스제공자가 회원들이 게시판에 올린(upload) 이미지에 대하여 상세보기 이미지 검색서비스를 제공한 것이 저작권자의 복제권, 전시권 및 공중송신권을 직접 침해한 것으로 볼 수 없다고 한 사례[45].

(2) 명예훼손 관련판례

가. 대법원 2001.9.7. 선고 2001다36810 판결[46]

이 대법원판결은 온라인서비스제공자에게 명예훼손에 대한 책임을 인정한 최초의 대법원 판결로 주목을 끈다.

1) 사실관계

한국통신하이텔(주)의 가입자인 소외인이 하이텔 공개게시판에 인기가수

45) 이미지 검색서비스의 제공방식(링크 방식, 미리보기 제공방식, 큰 사진 슬라이드쇼 제공 방식, 프레임 링크 방식, 인라인 링크 방식 등)에 따른 여러 가지 저작권법상의 쟁점들에 관해서는, 박준석, 이미지 검색엔진의 인라인 링크 등에 따른 복제, 전시, 전송 관련 저작권 침해책임, 민사판례연구 33(상), 박영사, 2011년.

46) 이 대법원 판례에 대해서는 이인석, 전게논문의 판례평석이 있다.

박지윤을 비방하는 글을 올렸고, 이에 박지윤 팬클럽 회원인 원고는 그러한 비방이 모욕이나 명예훼손에 해당한다는 취지의 경고문을 위 공개게시판에 올렸다. 그러자 소외인은 5일간에 걸쳐 원고를 비방하는 내용의 글들을 계속하여 게시하였고, 원고는 이틀째 되는 날 하이텔의 게시판 관리담당자에게 소외인의 글들을 삭제해 줄 것을 요구하였고, 정보통신윤리위원회에서도 원고의 요청을 받아들여 피고 하이텔에 시정조치를 취할 것을 요구하였는데도 하이텔은 약 5-6개월간 소외인의 글들을 그대로 방치하여 두었다. 한편 하이텔 이용자간에 적용되는 정보서비스이용약관에서는, 이용고객으로부터 제기되는 의견이나 불만이 정당하다고 인정될 경우 회사가 이를 즉시 처리하여야 한다는 점과 게시물이 타인의 명예를 손상시키는 내용인 경우 등에는 회사가 이용자에게 사전통지없이 게시물을 삭제할 수 있다는 점이 규정되어 있다.

2) 판결요지

전자게시판을 설치, 운영하는 전기통신사업자는 그 이용자에 의하여 타인의 명예를 훼손하는 글이 전자게시판에 올려진 것을 알았거나 알 수 있었던 경우에 이를 삭제하는 등의 적절한 조치를 취해야 할 의무가 있고, 판시 하이텔의 공개게시판 플라자에 게재된 글들은 피고회사의 정보서비스이용약관 제21조에 정한 '다른 이용자 또는 제3자를 비방하거나 중상 모략으로 손상시키는 내용인 경우'에 해당하고, 피고회사로서는 원고와 정보통신윤리위원회의 시정조치 요구에 따라 그러한 글들이 플라자에 게재된 것을 알았거나 알 수 있었음에도 불구하고, 무려 5, 6개월 동안이나 이를 삭제하는 등 적절한 조치를 취하지 아니한 채 그대로 방치함으로써 원고로 하여금 정신적 고통을 겪게 하였을 것임은 경험칙상 명백하므로, 피고는 특별한 사정이 없는 한 원고에게 위와 같은 전자게시판 관리의무 위반행위로 인한 손해배상책임을 져야 한다.

나. 대법원 2003.6.27. 선고 2002다72194 판결

온라인서비스제공자인 인터넷상 홈페이지 운영자가 자신이 관리하는 전자게시판에 타인의 명예를 훼손하는 내용이 게재된 것을 방치하였을 때 명예훼손으로 인한 손해배상책임을 지게하기 위해서는 그 운영자에게 그 게시물을 삭제할 의무가 있음에도 정당한 사유없이 이를 이행하지 아니한 경우여야 하고, 그의 삭제의무가 있는지는 게시의 목적, 내용, 게시기간과 방법, 그로 인한 피해의 정도, 게시자와 피해자의 관계, 반론 또는 삭제의 요구의 유무 등 게시와 관련한 쌍방의 대응태도, 당해 사이트의 성격 및 규모, 영리목적의 유무, 개방정도, 운영자가 게시물의 내용을 알았거나 알 수 있었던 시점, 삭제의 기술적·경제적 난이도 등을 종합하여 판단하여야 할 것으로서 특별한 사정이 없다면 단지 홈페이지 운영자가 제공하는 게시판에 다른 사람에 의하여 제3자의 명예를 훼손하는 글이 게시되고 그 운영자가 이를 알았거나 알 수 있었다는 사정만으로 항상 운영자가 그 글을 즉시 삭제할 의무를 지게된다고 할 수 없다.

위 판결은 온라인서비스제공자의 책임에 관한 대법원의 구체적 판단기준을 최초로 설정해 주었다는 점에서 의미를 가지고 있지만, 삭제의무의 근거가 법령에 의한 것인지, 아니면 조리에 의한 것인지를 밝히지 않은 것은 논리구성에 문제가 있다할 것이다.

다. 대법원 2009.4.16. 선고 2008다53812 전원합의체 판결

1) 사실관계[47)]

① 회사원인 A씨(1976년생 남자, 원고)는 2004.4.17.경부터 약 1년간 B라는 여자와 교제하다가 2005.4. 초경 이별을 요구하였다. 그 과정에서 B의 어머니 C는 A가 임신한 상태인 B를 학대하고 버리려 한다는 이유로 A의 뺨을 세 차례 때리고 A의 회사와 학교생활에 위해를 가할 것이라고 협박하였으며, 이에 A는 C를 경찰에 신고하여 C가 경찰 조사를 받던 중 쓰러져 병원에서 치료를 받기도 하였다.

② A의 이별 요구에 정신적 충격을 받은 B는 2005.4.16. 유서를 남기고 자살하였다.

③ B의 어머니 C는 2005.5.6. SK커뮤니케이션(피고 1)이 운영하는 싸이월드 내에 있는 B의 미니홈피에 '지난 1년간의 일들'이라는 제목으로 다음과 같은 내용의 글을 올리면서 이러한 사연을 널리 퍼뜨려 줄 것을 호소하였다.

「김모씨(A를 지칭함)가 B와 결혼을 약속하여 동거하면서 두 번이나 임신을 시키고도 일방적으로 헤어질 것을 요구하고, 이를 따지기 위해 찾아 간 C에게

47) 사실관계와 하급심 경과에 관한 정리는, 이상우, 명예훼손에 대한 인터넷서비스제공자(ISP)의 불법행위 책임 -대법원 2009.4.16. 선고 2008다53812 전원합의체 판결-, 영남법학, 영남대학교 법학연구소, 2012년 논문에서 인용한 것이다.

도 불손한 언행을 하여 C가 뺨을 때리자 경찰에 C를 신고하였고, B와 경찰이 합의할 것을 종용하였음에도 불구하고 이를 거부하여 C가 정신적 충격으로 입원치료까지 받게 하였으며, 급기야 A를 자살에 이르게 하였다.

④ 이후 B의 미니홈피에는 방문자 수가 급증하고, 그 게시판에는 B의 명복을 빌고 A를 비방하는 글들이 폭발적으로 게시되었으며, 그 중에는 A의 실명을 밝히고 A의 학교와 회사 이름, 전화번호 등을 적시한 글들도 있었다.

⑤ 2005.5.8. '자살한 딸 유서 인터넷공개 파문 일파만파'라는 쿠키 뉴스가 다음커뮤니케이션 뉴스면 사회란에 게재되었다.

⑥ 2005.5.11. '현대판 베르테르, 서모양(B를 지칭함)의 죽음 슬퍼하는 네티즌'이라는 제목의 기사가 NHN(피고 2)이 운영하는 네이버 뉴스 면에 게재되었다. 같은 날 "'내 딸이 자살한 사연' 모정에 네티즌들 와글와글"이라는 조선일보 기사가 네이버를 비롯한 다음커뮤니케이션(피고 3)과 야후코리아(피고 4)의 뉴스 면에 게시되었다. 또한 비슷한 시기에 '자살한 내 딸의 억울함을 호소합니다'라는 제목의 donga.com 기사가 네이버와 다음 및 야후코리아에 게시되었다. 2005.5.13. "'억울하게 죽은 내 딸' 미니홈피글 일파만파"라는 제목의 스타뉴스 기사가 SK케뮤니케이션에 실렸으며, 기사마다 수많은 댓글이 달렸다.

⑦ 위 피고들은 인터넷 종합 정보제공 사업자로서, 신문사 등 정보제공자로부터 뉴스 기사를 제공받아 이를 게시하는데, 전송받은 기사들을 분야별로 구분하고 시의성, 속보성, 영향성 등의 자체 기준에 따라 뉴스 기사를 선별하여 뉴스 서비스 초기화면에 배치하고, 기사의 제목을 수정하는 경우도 있다. 또한 이용자들이 원하는 검색결과에 쉽게 도달할 수 있도록 검색어와의 관련성에 따라 자료에 차등을 두는 등 검색방법과 관련하여 일정한 검색시스템을 마련하고 있다. 커뮤니티의 운영은 자율이고, 피고들은 부정기적으로 커뮤니티 서비스 내 모니터링을 실시할 수 있고, 약관 및 관련 법규 위반 사실을 발견할 경우에는 해당 게시물의 삭제·커뮤니티 이용금지·강제 폐쇄 등 적절한 조치를 취할 권한이 있다.

⑧ 피고들은 위 게시물의 일부를 자진 삭제하기도 하였으나, A가 2005. 6. 27. 피고들에게 A와 관련된 정보의 전면적 차단 및 그 삭제를 요구하였음에도 게시물 특정이 어렵다는 이유로 이에 적극적으로 응하지 아니하였다.

⑨ 2005.7.7. A가 기자회견을 열어 피고들에 대한 소 제기 의사를 밝히자, 피고들은 그 직후부터 금칙어 설정에 의한 검색 차단, 커뮤니티 서비스 공간에 대한 모니터링 실시 등의 방법으로 A의 신상정보 및 게시물을 모두 삭제하였다.

⑩ 2005.7.19. A는 피고들을 상대로 5억원의 손해배상을 청구하는 소를 제기하였다.

2) 소송의 경과

① 제1심 : 피고들의 원고 관련 기사 게재 및 게시물 등 방치에 따른 불법행위책임을 인정하면서, 피고 NHN에게 500만원, 피고 다음커뮤니케이션과 야후코리아에게 각각 400만원, 피고 SK커뮤니케이션에게 300만원의 위자료 지급을 명하였다.

② 항소심 : 위자료를 상향하고(NHN 1,000만원, SK커뮤니케이션 800만원, 다음커뮤니케이션 700만원, 야후코리아 500만원), 판시의 내용을 '관련기사 게재로 인한 불법행위', '게시물 등 방치로 인한 불법행위', '공동불법행위의 성립 여부 및 피고들의 책임범위' 순으로 구성하여 체계화하였다.

ⓐ 관련 기사 게재로 인한 불법행위 성립 여부에 관하여, 피고들은 편집과 배포라는 측면에서 언론 매체의 기능을 하고 있으므로 언론사들과 함께 공동불법행위자로 손해배상 책임을 진다고 보았다.

ⓑ 게시물 등 방치로 인한 불법행위와 관련하여, 피해발생의 인식 또는 예견가능성, 침해행위의 회피가능성, 주의의무 위반 등이 모두 인정된다고 보았다.

ⓒ 그러나 피고들 상호간의 공동불법행위는 인정되지 아니하며(언론매체, 게시물 작성자들과 각 사이트별로 개별적인 공동불법행위는 인정됨), 불법행위와 원고의 손해 발생 사이에 인과관계가 있다고 보았다.

3) 판결요지

① 관련 기사 게재로 인한 불법행위 책임에 관하여

인터넷 종합 정보제공 사업자가 보도매체가 작성·보관하는 기사에 대한 인터넷이용자의 검색·접근에 관한 창구 역할을 넘어서서, 보도매체로부터 기사를 전송받아 자신의 자료저장 컴퓨터 설비에 보관하면서 스스로 그 기사 가운데 일부를 선별하여 자신이 직접 관리하는 뉴스 게시공간에 게재하였고 그 게재된 기사가 타인의 명예를 훼손하는 내용을 담고 있다면, 이는 단순히 보도매체의 기사에 대한 검색·접근 기능을 제공하는 경우와는 달리 인터넷 종합 정보제공 사업자가 보도매체의 특정한 명예훼손적 기사 내용을 인식하고 이를 적극적으로 선택하여 전파한 행위에 해당하므로, 달리 특별한 사정이 없는 이상 위 사업자는 명예훼손적 기사를 보도한 보도매체와 마찬가지로 그로 인하여 명예가 훼손된 피해자에 대하여 불법행위로 인한 손해배상책임을 진다.

② 게시물의 방치에 따른 불법행위 책임에 관하여

[다수의견] 명예훼손적 게시물이 게시된 목적, 내용, 게시 기간과 방법, 그로 인한 피해의 정도, 게시자와 피해자의 관계, 반론 또는 삭제 요구의 유무 등 게시에 관련한 쌍방의 대응태도 등에 비추어, 인터넷 종합 정보제공 사업자가 제공하는 인터넷게시공간에 게시된 명예훼손적 게시물의 불법성이 명백하고, 위 사업자가 위와 같은 게시물로 인하여 명예를 훼손당한 피해자로부터 구체적·개별적인 게시물의 삭제 및 차단 요구를 받은 경우는 물론, 피해자로부터 직접적인 요구를 받지 않은 경우라 하더라도 그 게시물이 게시된 사정을 구체적으로 인식하고 있었거나 그 게시물의 존재를 인식할 수 있었음이 외관상 명백히 드러나며, 또한 기술적, 경제적으로 그 게시물에 대한 관리·통제가 가능한 경우에는, 위 사업자에게 그 게시물을 삭제하고 향후 같은 인터넷 게시공간에 유사한 내용의 게시물이 게시되지 않도록 차단할 주의의무가 있고, 그 게시물 삭제 등의 처리를 위하여 필요한 상당한 기간이 지나도록 그 처리를 하지 아니함으로써 타인에게 손해가 발생한 경우에는 부작위에 의한 불법행위책임이 성립한다.

[대법관 박시환, 김지형, 전수안의 별개의견] 인터넷 종합 정보제공 사업자의 명예훼손 게시물에 대한 삭제의무는 특별한 사정이 없는 한 위 사업자가 피해자로부터 명예훼손의 내용이 담긴 게시물을 '구체적·개별적으로 특정'하여 '삭제하여 달라는 요구'를 받았고, 나아가 그 게시물에 명예훼손의 불법성이 '현존'하는 것을 '명백'히 인식하였으며, 그러한 삭제 등의 조치를 하는 것이 '기술적·경제적으로 가능'한 경우로 제한하는 것이 합리적이고 타당하다.

③ 명예훼손적 게시물에 대한 포괄적 평가

인터넷 종합 정보제공 장소는 특정 기사에 대한 댓글들, 지식검색란에서의 특정질문에 대한 답변들, 특정 사적(私的) 인터넷 게시공간 등과 같이 일정한 주제나 운영주체에 따라 정보를 게시할 수 있는 개별 인터넷 게시공간으로 나누어져서 그 각 개별 인터넷 게시공간별로 운영 및 관리가 이루어지고 있고, 위와 같은 개별 인터넷 게시공간 내에서의 게시물들은 서로 관련을 맺고 게시되므로, 불법 게시물의 삭제 및 차단 의무는 위 개별 인터넷 게시공간별로 그 의무의 발생 당시 대상으로 된 불법 게시물뿐만 아니라 그 후 이와 관련되어 게시되는 불법 게시물에 대하여도 함께 문제될 수 있다. 따라서 그 의무 위반으로 인한 불법행위책임은 개별 인터넷 게시공간별로 포괄적으로 평가될 수 있다.

(3) 상표권 침해[48)]

가. 히노키 사건(서울중앙지방법원 2009.2.10. 2008카합3997 가처분이의 결정)

상표권 침해행위에 대한 방조책임의 일반적 법리와 관련하여 히노키 사건에서 법원은, 민법 제760조 제3항은 교사자나 방조자는 공동행위자로 본다고 규정하여 교사자나 방조자에게 공동불법행위자로서 책임을 부담시키고 있는바, 타인의 상표권 침해행위 중에 이를 방조하는 경우는 물론 상표권 침해행위에 착수하기 전에 장래의 상표권 침해행위를 예상하고 이를 용이하게 해 주는 경우도 포함된다고 판시하였다. 그리고 과실에 의한 방조에 있어서 그 과실의 내용은 상표권 침해행위에 도움을 주지 않아야 할 주의의무가 있음을 전제로 하여 이 의무에 위반하는 것을 말하는데, 위와 같은 침해의 방조행위에 있어서 방조자는 실제 상표권 침해행위가 실행되는 일시나 장소, 침해의 객체 등을 구체적으로 인식할 필요가 없으며 실제 침해행위를 실행하는 자가 누구인지 확정적으로 인식할 필요도 없다고 판시하였다.

오픈마켓 운영자에게 판매자의 상표권 침해행위에 도움을 주지 않아야 할 주의의무가 있는지 여부와 관련하여, 먼저 정보통신망법 제44조 제1항(현행 제44조의2 제1항에 해당)은 유통금지정보를 '사생활 침해 또는 명예훼손 등 타인의 권리를 침해하는 정보'라고 규정하고 있는데, 여기서 말하는 타인의 권리를 침해하는 정보에는 타인의 상표권 등 지적재산권을 침해하는 정보도 포함됨을 전제로, 오픈마켓 운영자는 정보통신망법 소정의 '정보통신서비스제공자'로서 자신이 운영·관리하는 인터넷사이트에 타인의 상표권을 침해하는 판매정보가

48) 박영규, 앞의 논문, 295쪽 이하.

유통되지 아니하도록 노력하여야 할 법적 의무가 있다고 판시하였다. 나아가 자신의 영업활동을 위하여 상표권 침해행위가 발생할 위험성을 안고 있는 오픈마켓을 오픈마켓 운영자 스스로 제공하고 관리·지배하면서 그 대가로 등록수수료, 판매수수수료를 징수하는 등 경제적 이익을 얻고 있으므로, 오픈마켓 운영자는 자신이 운영하는 인터넷사이트를 통해 타인의 상표권이 침해되는 경우가 생기지 않도록 주의의무를 다하여야 할 법령상, 조리상의 작위의무가 있다고 판시하였다.

하지만 법원은 판매자의 상표권 침해행위에 대한 오픈마켓 운영자의 주의의무의 내용과 관련하여, 오픈마켓에서 등록·판매되는 상품이 타인의 상표권을 침해할 수 있다는 일반적인 권리침해 가능성 또는 개연성만을 들어 오픈마켓 운영자에 대해 판매자의 상품 등록·판매행위가 타인의 상표권을 침해하는지 여부를 전면적, 사전적으로 감시할 일반적인 주의의무를 부담시킬 수는 없다고 판시하였다.

오픈마켓 운영자에게 판매자의 상표권 침해행위에 대하여 과실에 의한 방조책임을 묻기 위해서는, 첫째 오픈마켓 운영자가 당해 상표권 침해행위를 알았거나 알 수 있었다고 인정하기에 충분한 상당한 이유가 있어야 하고(예견가능성), 둘째 오픈마켓 운영자가 당해 상표권 침해행위를 방지하거나 제거하는 것이 법적·기술적·경제적으로 가능하여야 하며(회피가능성), 셋째 그럼에도 불구하고 오픈마켓 운영자가 정당한 이유 없이 그 주의의무를 위반함으로써 판매자의 상표권 침해행위를 용이하게 하였다는 사정이 인정되어야 한다고 판시하였다. 이러한 요건을 고려할 때 동 사건에서 오픈마켓 운영자는 오픈마켓 사이트를 통해 상표권이 침해되고 있음을 알 수 있었고, 나아가 그 침해행위를 방지하거나 제거하는 것이 법적·기술적·경제적으로 가능하였음에도 불구하고 정당한 이유 없이 그 주의의무를 위반하였다는 점을 근거로, 법원은 판매자의 상표권 침해행위에 대하여 오픈마켓 운영자의 과실에 의한 방조책임을 인정하였다.

나. K2 사건(서울중앙지방법원 2008.11.20. 선고 2006가합46488 판결)

위 '히노키 사건'과 비슷한 맥락에서, 법원은 오픈마켓에서 판매되는 상품이 타인의 권리를 침해할 수 있다는 일반적인 권리침해 가능성 내지는 개연성만을 들어 오픈마켓 운영자에 대해 판매자의 상품의 등록·판매행위가 부정경쟁행위 등 타인의 권리를 침해하는지를 일일이 검색하여 미리 삭제하는 등과 같이 판매자의 부정경쟁행위 등을 방지할 일반적인 주의의무를 부담시킬 수는 없다고 판시하였다.

또한 오픈마켓 운영자가 운영하는 오픈마켓에서 부정경쟁행위 등 타인의 권리를 침해하는 행위가 실제로 발생하고, 오픈마켓 운영자가 그 권리침해행위의 발생사실을 알았거나 알 수 있었다고 인정할 상당한 이유가 있으며, 오픈마켓 운영자가 그 침해행위의 발생 내지 위험성을 방지하거나 제거할 수 있는 구체적인 수단을 가지고 있는 경우에만 오픈마켓 운영자에게 그 침해행위를 방지할 구체적인 방지의무가 발생한다고 판시하였다(위반한 때에는 과실에 의한 방조책임을 부담).

이 경우에 오픈마켓 운영자가 그 침해행위의 발생 내지 위험성을 알았거나 알 수 있었다고 볼 상당한 이유가 있는지 여부는 권리침해행위라고 주장되는 해당 상품의 등록과 판매의 행태, 기간, 횟수, 오픈마켓 운영자가 권리자에 의해 권리침해행위라고 주장되는 해당 상품의 등록과 판매 등을 알고 있었는지 여부, 피해자의 오픈마켓 운영자에 대한판매중지요청 등 구체적인 권리침해방지의 노력과 그와 관련해 오픈마켓 운영자가 취한 조치의 내용, 피해자와 침해자 이외의 제3자가 볼 때에 해당 상품의 등록과 판매 등이 부정경쟁행위 등 권리침해행위에 해당함을 알 수 있는지 여부 등을 종합적으로 고려하여 판단하여야 한다고 판시하였다.

(4) 기타 판례

저작권침해나 명예훼손의 경우는 아니지만, 음란물의 게재와 관련한 온라인서비스제공자의 형사책임이 문제된 하급심 판결들이 있다.

가. 수원지방법원 98고단6633,10456호 사건 (전기통신기본법위반방조 및 컴퓨터프로그램보호법위반방조)

이 사건에서는 한국전기통신공사 및 데이콘 천리안 등의 인포샵 정보제공 등록업체 등록 및 관리책임을 맡고 있는 직원들이, 정보제공업체의 음란도화·문서 판매 및 저작권침해를 방지하지 않았다는 이유로 형사책임을 부담하게 될 것인가에 대하여 수원지방법원은 위 직원들에게 위와 같은 불법행위를 방지하여야 할 작위의무가 있다고 보기 어렵고, 또한 방조범에게는 정범의 실행을 방조한다는 인식, 즉 방조의 고의와 정범의 행위가 구성요건에 해당하는 행위라는 인식인 정범의 고의가 있어야 하는데 이러한 이중고의를 인정할 증거가 있다고 보기 어렵다는 이유로 무죄를 선고하였다.

나. 서울지방법원 2000고단5907호 사건(음란·비디오물및게임물에관한법률위반방조)

인터넷 경매사이트인 옥션의 회원 51명이 1999. 12. 1.부터 2000. 3. 29.경까지 약 4개월 동안 위 경매사이트를 이용하여 음란시디 1,173장을 합계 금 14,310,200원에 판매하였고, 옥션은 이를 중개하였는데, 검찰은 경매사이트 운영자인 주식회사 옥션 및 그 이사를 음란·비디오물및게임물에관한법률위반방조죄로 기소하였다. 이에 대하여 서울지방법원은 검찰이 기소한 바에 따라, '위 옥션사이트의 운영자인 피고인으로서는 고아고문구나 물품명을 통해 공소외인이 판매하는 물품이 등록 없이 제작되는 음란시디라는 점을 알고 있었고, 나아가 이를 방지할 지위에 있었음에도 불구하고, 경매물품으로 등록을 받아주고, 낙찰자에게 이메일을 통해 낙찰사실을 알려줌과 아울러 낙찰대금을 피고인이 지정하는 옥션의 은행계좌로 입금토록 한 다음… 낙찰자가 입금한 금액에서 수수료로 판매가의 1.5%를 공제한 금액을 판매자인 공소외인에게 송금하여 주는 등 공소외인이 음란시디를 판매하는 것을 중개하여 주었다'라고 하여 그 공소사실을 인정한 후, 주식회사 옥션 및 이사에 대하여 각 벌금 500만원을 선고하였다.

Ⅴ. 결론

온라인서비스제공자의 책임문제는 인터넷인구의 폭발적 증가에 따른 온라인상 불법행위의 급증으로 이어져 빈번하게 문제될 것이라는 점에서 논의의 필요성이 있다할 것이고, 법적 규제의 필요성 역시 점차 증대되고 있다. 저작권침해와는 달리 명예훼손에 대하여 우리나라에서는 규제하는 법률이 존재하지 않는다.[49] 뿐만 아니라 온라인의 특성상 사후적 구제보다는 사전적 예방에 주안점을 두는 입법이 필요할 것이다.

미국은 품위를 잃은 표현이나 명백하게 불쾌한 표현을 청소년에게 송신하

49) 명예훼손에 대한 입법론으로서는 황찬현, 사이버명예훼손에 있어서 인터넷사업자의 책임에 관한 입법시론, 사법정보화웹진 제7호 참조(http://web.scourt.go.kr/jiweb/07/body2.htm)

는 것을 금지하는 통신품위유지법(CDA)이 제정되었다. 그러나 연방대법원은 동 법률이 표현의 자유를 보장한 수정헌법 제1조에 반한다고 하여 무효가 되었다. 통신품위유지법은 ISP의 명예훼손 책임을 면제하는 근거조항을 마련했고, 이에 따라 인터넷서비스제공자의 책임을 전면 부인한 Zeran판결 등이 나왔다. 현재 미국은 자주규제에 의한 방향으로 나가고 있다. 그 예로서 DCMA를 들 수 있는데, 우리나라도 상습적 불법행위자에 대한 가입종료 및 기술보호조치의 수용 등 권리침해에 대한 사전적인 예방조치를 이행할 것을 면책요건으로 설정하는 것도 고려하여 보아야 할 것이다.

한편 법적 규제 또는 법리상의 논의를 벗어나 사회적으로 보호할 가치가 있는 부분에 대하여는 행정적 규제의 필요성이 있다할 것이며, 사전적 예방을 위한 조치로 국민들에게 온라인상에서 지켜야 할 최소한의 윤리기준을 설정하여 교육할 필요가 있다할 것이다.

제10장

전자적 지급결제

제10장 전자적 지급결제

Ⅰ. 서언

전자거래의 전개과정을 살펴보면 광고와 홍보, 계약교섭단계를 거쳐 계약이 체결되고 이행단계에서 일방의 대금지급의무가 발생하는데 이는 필연적으로 대금 지급문제를 수반한다. 그런데 아무리 전자거래가 시간과 공간을 뛰어넘는 훌륭한 거래방식이라 하더라도 거래의 마지막 단계인 대금지급에 있어서 안전성과 신뢰성 등에 치명적인 약점을 가지고 있다면 전자거래는 이루어질 수 없다. 종전의 지급방법은 온라인상에서 카드로 결제하거나 오프라인으로 대금을 지급하는 것이 고작이었고, 각자가 갖는 한계 때문에 전자거래의 활성화에 걸림돌이 되었다.

그러나 오늘날에는 전자적 지급결제수단의 등장과 발전이 빠른 속도로 진행되고 있다. 인터넷 뱅킹, 인터넷 증권거래, 휴대전화를 통한 모바일결제 및 모바일뱅킹 등 온라인 지급결제와 인터넷지불대행서비스, 전자채권(전자금융거래법 제2조 16호)[1], 전자어음[2] 등 각종 다양한 전자금융거래[3]가 등장하고 있다.

이제 전자거래의 본격적인 실용화를 위한 중요한 과제 중의 하나는 안정성 높은 전자결제 시스템의 구축이다. 지급시스템이란 거래에서 매도인과 매수인 간에 가액을 이전하는 약정된 방식을 의미하는데, 종전의 결제수단을 살펴보면 현금, 어음, 수표와 신용, 직불카드 등이었다. 특히 전통적 시스템의 중심요소

---

1) 전자채권이란 전자문서에 기재된 채권자의 금전채권으로 정의되어 있다.

2) 전자어음을 규율하는 법률로는 “전자어음의 발행 및 유통에 관한 법률”이 있으며, 동법 제2조 2호에서 “전자어음이란 전자문서로 작성되고 전자어음기관에 등록된 약속어음을 말한다”고 규정하고 있다.

3) 전자금융거래법 제2조 1호에 의하면, "전자금융거래란 금융회사 또는 전자금융업자가 ‘전자적 장치’를 통하여 금융상품 및 서비스를 제공(전자금융업무)하고, 이용자가 금융회사 또는 전자금융업자의 종사자와 직접 대면하거나 의사소통을 하지 아니하고 자동화된 방식으로 이를 이용하는 거래를 말한다"고 규정하고 있다. 여기서 전자적 장치란 현금자동지급기(CD), 자동입·출금기(ATM), 지급용 단말기(POS), 컴퓨터(PC), 전화기(ARS), 기타 전자금융거래 정보를 전자적·자기적으로 전송 또는 처리하는데 이용하는 장치를 말한다. 전자금융거래 기본약관 제2조 참조.

인 실물화폐는 3가지 중요한 기능을 가지고 있는데, 그것은 ① 양당사자의 거래를 단순화하기 위한 교환매개체, ② 가치의 척도, ③ 미래의 소비를 위한 현재 수익의 가치 저장이며 그 밖에 부수적 특징으로는 가분성과 이전성을 들 수 있다. 기존의 결제시스템의 문제점을 살펴보면 인터넷을 통한 전자거래의 경우 크레디트 카드의 정보누설, 부정사용, 데이터의 무단사용에 의한 프라이버시의 침해 등을 문제점으로 지적하고 있다. 이러한 문제점에 비해 전자지급시스템[4]을 사용하면 지급시스템의 사용자가 거래의 청산을 위하여 은행과 접촉할 필요도 없이 타 사용자들 간에 자금을 이전할 수 있게 되는 장점이 있다.

전자금융거래 중 자금을 주는 자가 금융회사 또는 전자금융업자로 하여금 전자지급수단을 이용하여 자금을 받는 자에게 자금을 이동하게 하는 것을 전자지급거래(전자금융거래법 제2조 2호)라고 할 수 있고, 이러한 전자지급수단으로는 전자자금이체, 직불전자지급수단, 선불전자지급수단, 전자화폐, 신용카드, 전자채권 그 밖에 전자적 방법에 따른 지급수단을 말한다고 규정하고 있다(동법 제2조 11호).

Ⅱ. 전자적 지급결제 수단

현재 이용되고 있는 주요한 전자결제수단으로는, 전통적인 전자자금이체(EFT), 신용카드의 온라인 이용, 직불카드, 선불전자지급수단, 전자어음, 전자화폐, B2B거래에서 이용되는 전자외상매출채권, 모바일결제 등이 있다.

1. 온라인 신용카드[5]

(1) 의의

온라인 신용카드란 '신용카드 회원이 인터넷과 같은 정보통신망을 통하여 물건을 구입하거나 서비스의 제공을 받고 카드가맹점에게 자신의 신용카드정

---

4) 전자지급제도에 대하여는 손진화, 「새로운 전자지급제도의 법률문제와 입법론」, 정보사회에 대비한 일반법연구(Ⅱ), 1998, 228면 이하 참조; 정진명, 전자화폐의 법적 문제, 인터넷법률 4호(2001.1), 법무부, 109-131면; 졸고, 전자화폐의 법적 과제, 법문사, 한도 정환담교수 화갑기념논문, 2000, 603-622면; 민병훈, 전자금융거래와 전자결제제도, 재판자료 100집(2003.7)-CYBERLAW의 제문제(下), 법원도서관, 121-192면.

5) 이에 대해서는 민병훈, 전게논문, 144면 이하. 손진화, 온라인 신용카드의 법적 문제, 경영법무 통권 111호, 2003.60, 141-153면.

보를 전송하여 결제하는 방법'을 말한다. 현재 B2C 전자거래에서 가장 일반적으로 사용되고 있는 방법인데, 아직까지 모바일 결제는 한도금액이 낮기 때문에 온라인 신용카드 결제비율이 높은 편이다.

온라인 신용카드에 의한 결제는 신용카드정보와 거래정보가 개방된 네트워크인 인터넷을 통하여 전달된다는 점에서만 기존의 결제방식과 다를 뿐 기존의 신용카드 결제에 대한 법리가 일반적으로 적용된다.

(2) 신용카드정보의 남용 문제

전자거래에서는 신용카드의 제시나 본인의 확인, 서명의 대조 등 통상적인 확인절차가 모두 생략되므로 신용카드의 부정사용의 위험성이 크다. 권한이 없는 제3자에 의한 신용카드 정보의 남용시 카드업자는 보상관계에 있는 카드회원에게 이미 지급한 카드회원의 대금채무를 구상할 수 있는지 여부와 그 입증책임을 누가 질 것인지가 문제된다. 또한 카드업자와 카드가맹점 사이에서는 신용카드 남용에 대한 책임을 누가 부담할 것인지의 문제가 생긴다.

가. 카드회원과 카드업자 사이의 책임문제

1) 신용카드 자체가 제3자에 의하여 위조·변조되어 사용되는 경우

카드회원의 신용카드정보 전송에 대해서 카드회원의 유효한 지시가 없기 때문에 카드회원은 카드업자의 카드가맹점에 대한 결제에 대하여 책임을 부담하지 않는다는 견해가 유력하며[6] 이 견해에 따를 경우 카드업자는 카드회원에게 매출채권에 대한 구상권을 행사할 수 없게 된다. 따라서 신용카드를 현금 없는 거래에 도입한 카드업자가 신용카드의 위조·변조를 방지할 기술적 조치를 취하여야 하며, 또한 카드업자는 정보통신망을 통하여 거래승인을 하기 때문에 신용카드의 변조·위조에 대한 위험은 카드업자가 부담한다고 하여야 할 것이다.

만일 이러한 위험을 카드업자가 신용카드회원 계약(약관)을 통하여 카드회원에게 전가하는 경우 이러한 조항은 무효(약관규제에 관한 법률 제7조 2호)이다. 다만 신용카드의 위조·변조에 대하여 카드회원에게 고의 또는 중과실이 있는 경우 카드회원이 그 책임의 일부 또는 전부를 부담하여야 하며, 이 경우에도

---

6) Rossa, Mißbrauch beim electronic cash, CR 1997, 144; Taupiz, Kreditkartenmißbrauch: Thesen zur zulässigen Verteilung des Haftungsriskos in AGB, NJW 1966, 219.

카드회원의 고의 또는 중과실에 대한 입증책임은 카드업자가 부담한다(여신전문금융업법 제16조 제3항).

이에 반하여 카드업자가 신용카드를 주의 깊게 심사하였음에도 불구하고 위조·변조를 발견할 수 없었고, 또한 위조·변조가 고객의 영역에서 발생한 경우 카드업자는 책임을 지지 않는다는 견해[7]도 있다.

2) 신용카드정보가 제3자에게 유출되어 무권한자가 본인의 신용카드로 결제하는 경우

전자거래에 있어서는 신용카드의 제시와 본인의 확인, 서명의 대조 등 오프라인상의 통상적인 확인절차가 모두 생략되므로 부정사용의 위험이 크다. 이 경우에 무권한자가 사용한 신용카드정보가 본인의 것과 일치한다는 이유만으로 카드회원 본인에게 그 책임을 지운다는 것은 부당하다.[8] 즉, 카드회원이 신용카드와 암호정보를 주의 깊게 관리하였으며, 또한 자신의 책임 있는 사유로 전송된 신용카드정보와 같은 권리외관을 발생시키지 않는 한 그 책임을 카드회원에게 부담시킬 수 없다. 즉, 카드회원이 자신의 주의의무를 위반하지 않았고 그리고 신용카드사용에 어떠한 유책사유도 없다면 카드업자가 신용카드의 사용정지 이전에 발생한 모든 손해를 부담하여야 한다.

그러나 카드회원이 신용카드정보와 관련하여 자신의 주의의무를 위반한 경우, 즉 신용카드계약상의 의무를 자신의 책임 있는 사유로 침해하고 그리고 이로 인하여 손해가 발생한 경우 카드회원은 카드업자에게 적극적 채권침해에 의한 손해배상의무를 부담한다.[9] 인터넷을 통한 신용카드정보의 전송에 있어서 카드회원이 이러한 주의의무 위반을 인식하지 못한 경우에도 동일하다. 카드회원의 신용카드정보가 제3자의 해킹 등으로부터 보호되는 암호화된 신용카드를 사용하는 경우 카드회원에게는 신용카드정보의 입력에 근거한 주의의무 위반이 인정되지 않는다.

3) 신용카드남용에 대한 입증책임

카드업자와 카드회원 사이에서 암호화된 신용카드사용은 무엇보다도 입증법상 의미가 있다. 온라인 신용카드 거래에서는 '전자서명은 실제로 모조될 수

---

7) Canaris, Großkomm z. HGB, Bankvertragsrecht, 4. Aufl. 1988, Rd. 315.
8) 동지, 정진명, 가상공간법연구[1], 법원사, 2003, 353면; Rossa, CR 1997, 144.
9) Pichler, NJW 1988, 3238.

없으며, 또한 원칙적으로 카드회원에게만 인식되며 그 사용은 개별적인 ID를 통하여 보호된다.'는 전제가 있는바, 카드회원이 신용카드정보가 제3자에 의하여 남용되었음을 주장하는 경우 위 전제사실과 관련하여 누가 신용카드 남용에 대한 입증책임을 부담하는냐에 관하여 다음과 같은 견해가 있다.

① 카드회사가 입증책임을 진다는 견해

위 전제사실은 신용카드정보의 전송이 카드회원의 신용카드와 전자서명에 의하였다는 것이지 권한 있는 자에 의하여 전송이 행하여졌다는 것을 입증하는 것은 아니라는 견해이다. 이 견해에 따르면, 암호화된 신용카드를 사용한 경우에 제3자의 남용으로부터 발생한 손해는 카드회사가 부담한다.

② 카드회원이 부담한다는 견해

암호화된 신용카드정보의 전송은 카드회원 자신이 행한 것이므로 카드회원은 자신이 신용카드정보를 전송하지 않았다는 사실 및 제3자가 신분확인번호를 어떻게 인지하였는지에 대하여 입증함으로써 간접증명을 깨뜨릴 수 있다는 견해이다. 카드회원이 이러한 간접증명을 깨지 못하면 신용카드사용으로 인한 모든 손해를 카드회원이 부담한다.

생각건대, 신용카드정보를 일반적 방법으로 전송한 경우, 신용카드정보에 대하여 최소한 또는 경우에 따라서는 전혀 안전조치가 없으므로 남용의 위험은 원칙적으로 카드업자가 부담하여야 한다.[10] 암호화된 신용카드의 경우에는 제3자가 권한 있는 카드회원의 행위가 없이 암호정보를 인지할 수 없으므로 카드회원은 암호정보를 과실 없이 보관하였다는 것을 입증하여야 한다.

카드회원이 패스워드를 신용카드와 함께 보관하여 신용카드의 남용이 된 경우에는 카드회원이 신용카드계약상의 주의의무를 위반, 즉 카드업자에 대하여 계약상의 보관의무를 위반한 것이 되어 이로 인한 모든 손해를 부담하여야 한다. 이러한 경우에 카드회원을 보호하기 위하여 책임최고액을 제한하든지 아니면 보험제도를 통하여 손실을 전보해 주는 방법을 고려하여야 할 것이다.

(3) 카드업자와 카드가맹점 사이의 책임문제

인터넷을 통한 신용카드 결제에 있어서는 카드업자는 신용카드 남용의 위

10)Martinek, BankR-Hdb. Ⅰ, §67 Rd. 27.

험에 대하여 요구되는 주의의무가 모두 이행되는 경우에만 그 책임을 부담한다. 즉, 이러한 절차에 있어서 카드업자와 카드가맹점 사이에 특별한 합의가 없는 경우 카드업자의 지급의무는 원칙적으로 발생하지 않는다. 신용카드의 제시와 매출전표에 대한 서명 없이, 특히 신용카드정보가 전화에 의한 전송 시 또는 인터넷을 통한 전송에 있어서는 카드가맹점의 단독위험만 발생한다고 볼 수 있다.

인터넷을 통한 신용카드 거래에 있어서 카드가맹점만 카드회원과 계약관계에 있고, 카드가맹점만이 상대방을 신뢰할 수 있는지 판단할 수 있다. 이에 반하여 카드업자는 단지 누구에게 신용카드를 발급하였는가를 알 수 있을 뿐이고, 신용카드정보가 남용되었는지 여부는 결제 시에 비로소 알 수 있으므로 신용카드 남용에 대한 책임을 지울 수 없다고 본다.

암호화된 신용카드 결제에 있어서는 시스템 상 서명된 매출전표의 심사는 불필요하며, PIN(비밀번호)을 가진 신용카드의 사용과 마찬가지로 카드가맹점의 매출전표에 대한 심사의무도 현저히 감소된다. 또한 전자서명의 모사위험은 통상 서명된 매출전표에 있어서보다 낮다. 따라서 카드업자의 카드가맹점에 대한 지급의무가 발생한다고 볼 수 있다.

(4) 온라인 신용카드의 보안성 강화방안

현재 전자상거래 결제수단으로 가장 많이 이용되고 있는 온라인 신용카드 방식은 초기에는 카드번호와 유효기간만을 입력하여 결제함으로써 보안상 많은 문제점을 야기하였다. 즉 오프라인에서 신용카드사용 시 알게 되는 신용카드번호와 유효기간만으로 온라인 신용카드의 이용이 가능함으로써, 신용카드 정보의 유출에 의한 사고가 발생하게 된 것이다.

이에 신용카드사는 신용카드번호, 유효기간 외에 비밀번호(앞 2자리) 및 주민등록번호(앞 6자리)가 일치할 경우에만 거래를 승인해 주도록 본인인증 서비스를 강화하였다. 또한 일부 신용카드사는 PC에서 결제정보를 입력할 때 결제정보의 유출을 방지하기 위하여 미리 신용카드와 카드비밀번호에 해당하는 비밀번호를 입력하는 ISP 서비스를 제공하고 있다.[11]

---

11) 민병훈, 전게논문, 147면.

2. 전자화폐

(1) 전자화폐의 개념[12)]

전자화폐는 지폐나 동전 형태가 아닌 전자형태로 화폐가치를 저장한 것으로 즉각적인 지급과 교환이 가능한 전자지급수단이다. 전자금융거래법 제2조 15호에서는 "전자화폐라 함은 이전 가능한 금전적 가치가 전자적 방법으로 저장되어 발행된 증표 또는 그 증표에 관한 정보로서 대통령령이 정하는 기준 이상의 지역 및 가맹점에서 이용될 것, 제14호 가목의 요건을 충족할 것, 구입할 수 있는 재화 또는 용역의 범위가 5개 이상으로서 대통령령이 정하는 업종 수 이상일 것, 현금 또는 예금과 동일한 가치로 교환되어 발행될 것, 발행자에 의하여 현금 또는 예금으로 교환이 보장될 것 등의 요건을 모두 갖춘 것을 말한다"고 규정하고 있다.

우리나라의 종전의 전자지급제도는 최근 괄목할만한 성장을 하였다. 이러한 것으로는 현금자동지급기(CD), 자동입출금기(ATM), 자동계좌이체 등 사전수권이체가 행하여지며, CD/ATM 공동망과 타행환공동망에 의한 전국은행 온라인화를 바탕으로 한 계좌이체, 자금이체기능을 가진 판매점포단말기(POS terminal)와 현금카드와 자동입출금기카드와 직불카드 등이 있다. 이에 반해서 전자화폐는 은행 기타 전자화폐 발행자가 카드 또는 컴퓨터시스템을 통하여 일정한 화폐가치를 전자기호(proton)로 저장하고 그 지급을 보장하는 것으로서 정보통신회선을 통해 자금결제가 이루어지는 화폐를 말한다.[13)] 그러나 전자화폐는 각양각색으로 발행되고 있기 때문에 일률적으로 전자화폐의 법적 정의를 내리기는 어렵다. 특히 법제의 측면에서 전자화폐에 대한 정의를 내리는 것은 다른 법률들과의 관계에서 고찰할 필요가 있다. 이러한 여러 가지 점을 고려하여 전자화폐를 법적으로 정의하여 '은행 기타 전자화폐 발행자가 카드 또는 컴퓨터시스템을 통하여 일정 화폐가치를 전자기호로 저장하고 그 지급을 보장하는 것으로 정보통신회선을 통하여 자금결제가 이루어지고 다수간에 여러 목적

---

12) 전자화폐 관련 문헌으로는, 김재두, 전자화폐의 법적 문제, 경영법률 제18집 3호, 2008, 147면 이하; 문종진, 전자화폐의 도입에 따른 법적 과제, 금융법연구 1권 1호, 2004.6., 271면 이하; 졸고, 전자화폐의 법적 과제, 민사법의 실천적 과제: 한도 정환담 교수 화갑기념, 2000.2. 603면 이하.

13) 한국은행자료, 전자화폐의 영향과 대응방향, 시사금융 vol.12-13(시사금융사), 1996.3., 64면.

으로 이용되는 화폐'라는 견해[14)]와 전자화폐의 매체적 특성에 의미를 두어 '정보나 데이터를 전송하거나 보존하기 위하여 사용하는 물리적 매체'라고 정의하기도 하고, '금전적 가치를 IC카드 또는 컴퓨터시스템에 저장하여 이를 이전함으로써 결제 등에 사용하는 디지털 정보라는 견해[15)]도 있다. 전자화폐의 특징으로서는 결제에 사용된다는 점, 물건으로서 사용가치보다는 금전적 가치를 저장하고 있다는 점, 재충전이 가능하다는 점 등을 꼽을 수 있다.[16)]

전자화폐는 선불카드의 형태라는 점에서 직불카드나 후불카드인 신용카드와 성격을 달리하고, 금전적 가치를 저장한다는 측면에서 전자자금이체와 구분된다. 네트워크형 전자화폐를 제외한 IC카드형 전자화폐의 경우 그 명칭은 가치저장카드, 자기 띠를 이용한 기존의 카드들과는 달리 IC칩을 내장한 카드라는 의미에서 스마트카드(smart card: 일명 IC카드), 지갑처럼 수시로 보관 및 인출이 가능하다는 의미에서 전자지갑(electronic purse), 다양한 용도로 사용될 수 있는 선불카드라는 의미에서 범용선불카드, 전자현금 등 다양하게 불리고 있다.[17)]

(2) 전자화폐의 특성

종전의 실물화폐의 특성이 양도성, 익명성(비추정성), 이동성(휴대성)에 있다면 전자화폐의 특성으로서는 다음을 들 수 있다. 첫째, 전자화폐는 가치저장, 재충전이 가능하고 광범위한 지역에서 사용이 가능하고 교환수단이 된다는 점이다. 둘째, 전자화폐거래는 가치의 이전과 거의 동시에 이루어진다. 셋째, 전자화폐는 눈에 보이는 물리적 형체가 없다. 위의 두 번째와 세 번째 특성은 신용카드 및 직불카드와 같은 전자적 자금지불수단과 같은 특성이나, 첫째 특성이 가치저장 및 교환수단이 전자화폐와 기존의 전자적 자금지불수단과 본질적으로 구별된다.

---

14) 김은기, 전자화폐의 법적 문제, 상사법연구 제16권 2호, 한국상사법학회, 1997, 91면.

15) 정진명, 전게서, 312면.

16) 전자화폐가 되기 위해서는 적어도 전자성, 유통성, 지급수단성, 환금성이 요구된다고 하는 견해도 있다. 정경영, 전자화폐의 법적 구조, 21세기 상사법의 전개(정동윤선생 화갑기념), 법문사, 525면 이하.

17) 전자화폐는 향후 가장 중요한 소액거래지급수단이 되어, 지폐와 동전을 대체할 것으로 예상된다. 전체거래에서 차지하는 소액거래비중은 65% 내외 수준이다. 또한 소매거래의 80% 이상은 현금거래이다. 따라서 전자화폐가 현금을 대체하게 되면 거래대금의 50% 내외 수준을 차지하는 지급수단으로 자리잡게 될 것이다. 지동현/함유근, 전자화폐, 금융정보화 추진방향, 한국금융연구원, 14-15면.

결제시점과 관련하여 전자화폐의 특성을 살펴보면 전자화폐는 가치가 카드에 이미 저장된 형태로 결제시점이 선불[18]이라는 점에서 후불인 신용카드, 직불인 직불카드와는 다르다. 또한 전자화폐는 다양한 용도를 갖고 있는 범용카드라는 점에서 단일용도 혹은 제한적 용도의 카드와는 구분된다. 전자화폐는 범용의 선불카드로 교통, 전화, 소액구매 등 다목적으로 사용될 수 있다. 즉 특정지역 및 특정용도로만 사용가능한 교통카드, 전화카드와는 달리 전자화폐는 일반적으로 사용되는 교환수단이다. 사용에 제한이 없다는 측면에서 전자화폐는 화폐의 명칭을 갖고 있다고도 볼 수 있다.

이러한 전자화폐는 안정성과 신뢰성의 강화, 더 많은 저장능력, 비용경제면에서 인간의 실수와 계약과정에서 관련된 비용감소, 더 적은 서류작업, 편의성과 안정성 즉 많은 돈을 가지고 다닐 필요가 없는 점, 다중기능성(하나의 카드로 여러 가지 서비스가 가능) 면에서 유용성을 가지고 있다.

(3) 전자화폐의 유형

가치저장수단에 따른 전자화폐의 유형은 IC카드형(스마트카드형)과 인터넷상의 가상은행계좌나 인터넷과 연결된 고객의 PC에 저장시키는 CyberCash, E-Cash(Electronic Cash)[19] 등 인터넷상의 Network형(인터넷형)으로 크게 분류할 수 있다.[20] 그 외에도 발행자 또는 발행자 규제 여부에 따라 중앙집권형과 자생형[21]으로 구분하기도 하고, 화폐 그 자체 혹은 화폐청구권에 의한 토큰형과 플로팅형으로 구분[22]하기도 하고, 계정처리방법에 따라 예금구좌에서 카드로 입

18) 선불형태라는 점에서 전자화폐는 후불형태인 신용카드에 비해 소비자의 호응을 적게 받을 가능성이 크다. 우리나라의 경우 선불카드의 발급 및 사용실적이 신용카드에 비해 현저하게 낮은 것도 선불카드와 비슷한 용도로 사용하면서 신용카드는 외상거래라는 장점을 갖고 있으므로 소비자들이 선불카드보다 신용카드를 선호하기 때문이다.

19) E-Cash는 네덜란드의 디지캐쉬(Digi Cash)사가 개발하고 미국의 마크트웨인은행이 이를 채용하여 1995년 12월부터 서비스를 개시한 인터넷상에서만 통용되는 전자화폐이다. E-Cash에 대해서는 김은기, 전게논문, 99면이하 참조.

20) 홈쇼핑업체 씨앤텔(www.cntel.co.kr)은 전자지불 솔루션 전문회사인 아이캐시와 함께 신용카드 없이 전자화폐 '아이캐시'만으로 손쉽게 사이버쇼핑을 할 수 있는 전자화폐 결제시스템을 도입했다. 매일경제신문 2000년 1월 21일자.

21) 중앙집권형은 서비스제공자가 중앙은행이 되고, 면허를 가진 다수의 서비스공급자가 전자화폐를 발행하고 중앙은행의 통제를 받게 된다. 이에 비해서 자생형 전자화폐는 다양한 서비스공급업자에 의해 발행이 되고, 자신들이 선택한 액면으로 전자화폐를 발행하는데 이는 공급자와 가맹점들만이 지급수단으로 인정할 것이다. 문제점은 정부가 통화공급에 대한 통제력을 상실할 수도 있다는 점이다. 지동현/함유근, 전게논문, 17-22면 참조.

금시 자기앞 수표발행과 같이 별단계정으로 처리하여 이자를 지급하지 않는 범용선불카드방식[23]과 직불잔액으로 표시하고 이자를 지급하는 off-line 지불카드방식으로 구분하기도 한다. 전자화폐의 이동성 확보는 IC카드형과 인터넷에 기반을 둔 화폐를 요구한다. 즉 전자화폐의 소비자들이 소지하고 다니거나 인터넷을 통하여 사용할 수 있어야 한다. IC카드나 인터넷은 그 자체가 전자화폐가 아니고 가치저장수단으로 그 안에 전자화폐를 지니고 있는 것이다. 전자화폐로서 가장 개발이 앞서 진행되고 있는 것으로는 IC카드형이다. IC카드형은 이동성이 있고, PC를 소지하고 있지 않는 광범위한 소비자들의 이용을 촉진하기 위한 것이다. 그러나 인터넷의 급속한 확산과 전자상거래의 급속한 발전은 Network형 전자화폐의 중요성도 부각시키고 있다.

가. 카드형 전자화폐와 네트워크형 전자화폐

1) 카드형 전자화폐(스마트카드 또는 IC카드, Stored Value Card)

IC 카드형 전자화폐[24]는 플라스틱카드에 내장된 IC칩에 의해 화폐가치를 저장하였다가 지급수단으로 사용하며 전자화폐가 소진되면 자동입출금기 등의 가치저장장치나 은행창구에서 화폐가치로 다시 재충전하여 반복 사용할 수 있는 형태의 전자화폐를 말한다. 그 가치이전가능성에 따라 개방형(open loop)과 폐쇄형(closed loop)으로 구분된다. 폐쇄형은 카드간 가치이전이 허용되지 않는 반면

---

22) 토큰형 전자화폐는 지폐나 동전가 같이 토큰 소지자가 화폐가치를 소유하는 형태의 화폐를 말하고 청산절차가 불필요하다는 장점이 있다. 그러나 이를 분실하면 가치도 상실되는 등의 안전성이 제기된다. 플로팅형 전자화폐는 전화카드 등의 선불카드와 유사한 성질의 화폐를 말한다. 이는 선불카드이기 때문에 일회용 및 다회용으로 사용이 가능하며, 발생시점과 지불시점간 기간이 길수록 이자수입이 상대적으로 크게 발생하는 장점이 있다. 지동현/함유근, 상게논문.

23) 금융결제원과 국내 금융기관 공동 전자화폐인 'K-캐시'가 이른바 '범용선불카드' 형태로 은행예금을 근거로 실명 발행되는 것이다. 'K-캐시'의 가치저장한도는 20만원으로 가치의 재저장이 가능하며 사용하지 않은 잔액은 전자화폐 발행계좌로 환불이 가능하도록 설계됐다. 매일결제신문 2000년 1월 25일자.

24) 2005년 6월말 현재 금융기관(은행 14개, 신용카드사 2개)에서 발급하는 IC카드형 전자화폐는 K-Cash, MYbi, A-VASH, VisaCash 등 4종류가 있다. 한국은행이 발표한 '2005년 상반기 국내 전자화폐의 발급 및 이용 현황'에 따르면 지난 6월말 국내 금융기관의 IC카드형 전자화폐의 발급매수는 674만매로 지난해 말에 비해 9.9% 증가한 것으로 나타났다. 또 발급잔액도 109억3000만원으로 14.4% 증가했다. 그러나 전자화폐의 발급이 꾸준히 증가함에도 불구하고 이용이 줄고 있는 것은 경쟁관계에 있는 후불교통카드 겸용 신용카드나 선불교통카드에 밀리고 있기 때문으로 보인다. 2005.8.3. 뉴시스 기사

(가치흐름이 카드발행기관 → 카드소지자 → 가맹점 → 카드발행기관), 개방형은 카드간 자유로운 가치이전이 허용된다. 즉 카드발행기관에 통보할 필요 없이 카드소지자간 자금이전이 가능하다. 현재까지는 Mondex카드가[25]가 개방형인데 대부분의 국가에서 안전성 등의 이유로 폐쇄형을 선호하고 있다.[26]

개방형의 경우 가치이전사실이 발행기관에 통보되지 않기 때문에 발행기관은 가치보유자를 파악할 수 없는 반면 이용자들은 익명으로 결제가 가능하다는 장점이 있다. 그러나 발행기관으로서는 전자화폐가 위조될 경우 동 사건의 조기발견은 물론 범인의 확인이 매우 어렵기 때문에 개방형 전자화폐카드를 도입하기 위해서는 위조방지책이 사전에 마련되어야 한다.

IC카드는 프로그램이 가능하기 때문에 정보처리능력을 갖고 있어서 자주 변화하는 자료를 저장하기에 적합하다. IC카드는 디지털서명 및 신분확인에 활용될 수도 있다.[27] 전자화폐는 일반적으로 이용이 가능한 유통경료를 필요로 한다. 가장 널리 이용 가능한 전자이동경로는 전화선이다. IC카드 판독기와 자료표시기를 갖춘 전화를 이용해서 전자화폐를 널리 사용하는 것이다.[28]

2) 네트워크형 전자화폐

인터넷형 전자화폐는 컴퓨터통신망을 통해 거래은행의 예금을 인출하여 인터넷 등 공중망 상의 가상은행의 계좌나 공중망과 연결된 이용자의 PC에 화폐가치를 저장한 후로 전자상거래의 대금지급 등에 사용된다. 인터넷형 전자화폐는 PC를 통해서 가치를 저장하고, 인터넷을 통해서만 자금이체가 가능하다.[29]

---

25) Mondex는 영국의 몬덱스사가 개발한 시스템으로 9개국(호주, 코스타리카, 캐나다, 콜롬비아, 체코, 홍콩, 이태리, 일본, 멕시코, 노르웨이, 스페인, 대만, 영국, 미국)에 보급중이다. Mondex 전자화폐는 2002년 이후 자본잠식 상태에 있던 Mondex 전자화폐 시스템운영사인 몬덱스코리아(주)가 2005년 4월 이후 영업을 중지함에 따라 이후 Mondex의 발급 및 이용이 중단됐다.

26) 각국의 전자화폐 현황에 대해서는 한국은행 금융결제부, 각국의 전자화폐 개발현황, 1998.8. 참조.

27) 이의 응용분야는 무궁무진하다. 금융과 관련하여서는 신분증으로서 network 및 컴퓨터의 자료접근을 가능케 하고, 금융카드 및 전자지갑으로서 상점, 음식점, 호텔, 자판기, 전화, 주차장, 유료도로, 과세 및 유료 TV시청 등에 사용될 수 있으며, 비금융권에서는 신분증, 주민등록증, 직원증, 학생증, 도서관, 운전면허증에의 이용 및 개인의료기록 및 보험기록까지 가능하다.

28) 몬덱스, 프로톤, 그리고 덴몬트는 소비자로 하여금 전화를 통해 구좌정보를 알 수 있고 또한 출금도 가능하게 하고 있다. 지동현/함유근, 전게논문, 19면.

좁은 의미에서 보면 전자거래는 기본적으로 Network를 전제로 하고 있기 때문에 Digital Cash, Cyber Cash 또는 E-Cash라고 불리는 Network형 전자화폐가 전자거래에서 대금결제의 기본적인 형태가 된다.

나. 계좌형 전자화폐와 비계좌형 전자화폐

계좌형 전자화폐는 전자화폐의 거래기록이 은행 등의 주컴퓨터에 의해 유지·관리되거나 기록추적이 가능한 전자화폐이고, 비계좌형 전자화폐는 가치기록이 카드 자체나 기록매체 자체에만 기록되고 단말기에는 기록이 나타나지만 은행 등의 주컴퓨터에는 거래량만이 전송되는 전자화폐이다. 계좌형 전자화폐의 예로는 비자인터내셔날사의 비자 캐쉬(Visa Cash)를 들 수 있고, 비계좌형으로는 디지캐쉬사의 일렉트로닉 캐쉬를 들 수 있다,

다. 온라인형과 오프라인형의 전자화폐

온라인형 전자화폐는 주컴퓨터 시스템과 통신망을 연결하여 주컴퓨터에 의하여 신분 및 비밀번호 확인, 가치이전, 거래내역 입력 등이 행하여지는 전자화폐를 말한다. 오프라인형 전자화폐는 주컴퓨터와 연결하지 않고도 자체적으로 신분 및 비밀번호 확인, 가치이전, 거래내역 입력 등이 가능하여 금융전산망 가동시간 이외에도 사용할 수 있는 전자화폐이다.

4. 전자화폐의 법적 성질

전자화폐에 대하여 특별한 입법적 규제가 없는 현재로서는 그 법적 성질의 고찰에 있어서 전자화폐 이전의 법리를 어떻게 구성할 것인가와 밀접한 관련을 가진다. 전자화폐의 법적 성질을 어떻게 보느냐에 따라서 전자화폐에 관한 입법의 필요성, 입법의 방향 등이 달라진다. 전자화폐의 법리적 구성에 관해서는 이를 채권적으로 구성하는 견해와 물권적으로 구성하는 견해로 크게 나누어진다.[30)]

---

29) 실제 상용화단계로 발전한 순수한 네트워크형전자화폐는 네델란드 DigiCash사가 개발한 e-cash와 미국 CyberCash사가 개발한 CyberCoin 두 종류에 불과하다. 한국은행 금융결제부, 전게논문.

30) 법적 성질의 논의에 대해서는 김은기, 전자화폐의 법적 성질, 법학연구(인하대학교) 제2집(2000), 146면 이하. 일본에서의 학설 소개는 오십남 유 외, 전자 취인 법률관계 약관 규율, 기업법학(1998 Vol.7), 282면 참조.

(1) 예금채권설

전자화폐의 소지인이 현금 또는 예금을 미리 발행자에게 예치하고 그에 대하여 금전채권을 취득하는 것으로 보는 견해로서, 전자화폐의 이전과 함께 그 예금채권도 이전(채권양도 또는 대물변제)된다고 한다. 전자화폐의 이전을 채권양도의 이전으로 보게 되면, 민법상의 채권양도의 대항요건이 요구된다.[31] 다만, 전자화폐의 발행 시에 채무자인 발행은행이 자신에 대한 통지나 자신의 승낙을 사전에 약관상 포기하고 있다고 볼 수 있어 이전행위의 효력에 영향을 미치지 않는다고 보게 된다.

(2) 지급이체지시설

전자화폐는 이제지시의 수단으로 발행자로부터 이용자에게, 이용자로부터 상인에게, 다시 상인으로부터 발행자에게 이전함으로서 발행자와 이용자의 계좌에서 상인의 계좌로 예금에 대한 이체지시가 이루어진다고 구성하는 견해이다. 즉 발행자가 이용자의 지시에 따라 이체를 행하므로 이용자와 가맹상점 사이에 채무가 소멸된다는 법적 구성이다.

이에 의하면, 유통단계에서의 전자정보의 이전은 최종지급의 중도단계에 지나지 아니하므로 전자화폐가 최종소지인에게 지급되기 전까지는 대금채무가 소멸하지 않게 되고 따라서 최종지급이 완료되기 전에 전자화폐의 도난, 분실 등의 사유가 발생하면 대금지급의 효력이 부정되는 문제가 발생한다.

(3) 유가증권설

전자화폐를 유가증권으로 파악하여 이용자가 가맹상점에 전자화폐를 이전함으로써 채무를 소멸시킨다는 법적 구성이다.[32] 이 학설의 문제점은 무엇을 유가증권이라고 할 것인가에 있다. 즉 IC카드를 유가증권이라고 한다면 실제로 유통되지 않는 IC카드 내지 네트워크형 전자화폐는 증권성이 없게 되며, 화폐정보를 유가증권으로 보는 경우 디지털정보는 증서가 아니므로 타당하지 않다. 그 이외에도 유가증권의 선의취득과 지급면책(어음법 제16조 2항, 수표법 제21조 2항) 등의 법률효과를 법률이 특별히 전자화폐에 대하여 인정하지 않는 한 이러

---

31) 채권양도적 구성에 대해서 대항요건의 한계를 지적하기도 한다. Escher, WM 1997, 1181; Kümpel, NJW 1999, 320.

32) Escher, a.a.O.

한 법적 구성은 타당하지 않다.

(4) 당사자간 합의설(합의구성설)

당사자 간의 합의에 의한 법률효과 발생에 초점을 맞추어서 전자화폐의 이전에 의하여 현금 교부와 동일한 효과가 생기도록 하는 당사자 합의로 전자화폐의 법적 성질을 이해한다. 즉 전자화폐는 실제로 발행자와 이용자 사이의 합의, 발행자와 가맹상점 사이의 합의 그리고 이용자와 가맹상접 및 이용자 사이의 합의에 의해서 현금과 동일한 결제수단으로 사용된다는 것이다.[33)]

(5) 이분설

이 견해는 전자화폐를 통화형 전자화폐와 예금형 전자화폐로 나누어, 통화형 전자화폐는 점유와 소유가 일치되는 단순한 발행자의 지급약속 즉 채권과는 구별되는 자유화폐에 유사한 것으로 보고, 예금형 전자화폐의 경우 발행자는 일정한 예금을 담보로 보관하면서 이에 대응하여 일정한 금액의 예금형 전자화폐를 발행함으로써 장차 반환청구 시에 지급을 약속하는 것으로 본다. 따라서 예금형 전자화폐를 소진인이 이를 제시하면 그에 상응하는 화폐를 지급하겠다고 하는 발행자의 약속이라고 보고 있다.

5. 전자화폐의 시장참여자

(1) 전자화폐의 서비스공급자

전자화폐의 서비스공급자는 전자화폐시장을 형성하는데 중요한 역할을 한다. 이들은 기술제공자와 시장수요의 원천(은행·상인·소비자)을 연결시킨다. 또한 이들은 기술공급자들로 하여금 전자화폐의 특정한 욕구를 충족시킬 수 있는 소프트웨어 및 하드웨어를 개발하도록 유도하는 역할도 수행한다.

법정화폐의 유통은 중앙은행에 의하여 통제를 받는다. 즉, 중앙은행은 서비스공급자가 되어 중간상인으로 소매은행을 지정하고, 소매은행은 소비자와 상인들에게 화폐를 공급함으로써 시장에 화폐를 공급하는 형태이다. 그러나 전자화폐의 경우 전자화폐의 유통경로가 아직 확립되어 있지 않다. 중앙은행과 소매은행이 전자화폐유통에 일익을 담당할 수도 있으나, 전자화폐시장은 다른 유

33) 이 견해는 전자화폐를 당사자 사이의 합의에 의한 자유화폐로 본다.

형의 서비스공급자들이 존재한다. 이하에서 전자화폐의 서비스공급자들을 보기로 한다.

가. 중앙은행

중앙은행의 전자화폐에 대한 입장은 적극적 개입형과 자유방임형의 두 가지 형태 중 하나이다. 적극적 개입형을 취하는 나라에는 일본과 핀란드가 있고, 자유방임형을 택하고 있는 국가로는 미국과 영국이 있다. 중앙은행의 입장을 취하는 나라에는 일본과 핀란드가 있고, 자유방임형을 택하고 있는 국가로는 미국과 영국이 있다. 한국은행도 적극적 개입형을 취하려는 움직임을 보이고 있다.[34)]

중앙은행의 입장을 결정하는 요인으로는 규제측면과 동시에 상업적 측면도 고려되어야 한다. 진자화폐가 일반회되면 화폐발행액이 감소하여 법화의 액면가와 제조원가의 차이만큼 정부수입이 감소한다.

나. 은행

은행은 전자화폐에 대해 가장 적극적으로 옹호하고 있는데, 그 이유로는 은행이 전자화폐의 도입에 따른 가장 큰 수혜자이기 때문이며, 만약 다른 주체가 전자화폐의 주도권을 갖는 경우 가장 큰 피해자는 은행이기 때문이다.[35)]

다. 카드회사

국제적 카드회사인 비자, 마스터카드 그리고 유로페이 3사는 전자지급시장을 지배하고 있다. 이들 3사의 국제적 멤버쉽과 기술적 하부구조는 이들이 전자화폐시스템을 구축하는데 중요한 자원으로 작용하고 있다. 우리나라에서도 금융결제원과 은행 및 신용카드사가 참여하여 개발한 K-캐쉬 전자화폐가 있다.

---

34) 한국은행의 대응방안은 안전성 확보에 초점이 맞추어져 있다. 기술적 안전성을 제외한 제도적 안전성 확보의 핵심은 전자화폐 발행자를 은행으로 제한함으로써 다른 유형의 비은행기관이 전자화폐를 발행하는 경우 발생할 수도 있는 제반 문제를 사전적으로 봉쇄하고 전자화폐로 인하여 금융제도의 안전성이 침해되는 것을 막겠다는 것이다. 그러나 금융제도의 안전성의 확보를 위한 이같은 대응방안은 소비자의 선택범위를 제한하고 시장에서의 혁신을 저해한다는 부작용을 갖고 있다.

35) 영국의 National Westminster Bank는 기술공급자나 비은행 서비스 공급자들의 위협에 대응하기 위해 몬덱스 전자화폐를 개발하였으며, 미국의 시티뱅크는 Electronic Monetary System이라고 불리는 전자화폐를 독자적으로 고안했다. 동 은행은 미국 내의 특허를 취득하고 전세계 40여개 국에 특허 출원중이다.

라. 지역적 카드회사(National card networks)

국가단위의 카드결제 네트워크는 ATM, EFT/POS 거래정보를 수집하여 청산을 위해 카드발행기관에 이러한 자료를 송부하는 형태를 취하고 있다. 은행 컨소시움과 합작으로 국가단위의 전자화폐제도를 추진하는데 아무런 문제가 없다.

마. 전화회사(Telcos)

전자화폐의 개발에 전화회사들은 선도적인 역할을 담당하고 있다. 전화회사의 입장에서는 소매결제와 소매금융시장에 진출하는 좋은 기회이다. 전화회사는 전자화폐의 광범위한 사용에 요구되는 유통망을 전화를 통해 제공할 수 있다는 경쟁우위를 가지고 있다. 비자 등 카드회사의 네트워크는 은행과 소매점에 한정된 반면, 전화회사는 가정에 직접 침투 가능한 경쟁우위를 확보하고 있다. 이러한 접근의 용이성은 전자화폐의 발전에 매우 중요한 요소로 작용한다. 전자화폐의 주요 특성의 하나는 전화망을 통해 광범위한 지역에 전자화폐를 유통시킬 수 있다는 점이다. 전화회사는 선불카드시장의 선두주자인데, 전자화폐의 등장은 전화카드수임을 감소시킨다는 점에서는 전화회사에 불리하게 작용할 수 있다.

바. 컴퓨터회사

과거에는 컴퓨터회사들이 금융기관과 공동으로 이들의 전산화작업을 추진해왔으나, 전자화폐의 개발은 양자간 관계를 변화시키고 있다. 컴퓨터회사들은 전자화폐 라이센싱을 이들 은행들에게 제공하고 있다.

사. 신규 진입자들

은행과 비은행의 구분은 일반인들에게는 별다른 의미가 없다. 비은행은 은행은 아니지만 소매금융서비스를 제공하는 기관이다. 전자결제분야는 은행과 비은행이 가장 치열하게 경쟁하는 부문이다.

비은행기관 중에서 가장 활발한 전자화폐업무를 추진하고 있는 곳은 우체국이다.[36] 소매상인들도 카드서비스를 통해 금융시장에서의 진출을 확대해왔

---

36) 프랑스 우체국 La Poste는 광범위하게 이용되고 있는 스마트카드를 확대하여 1994년 전자화폐시스템을 제안한 바 있다. 다른 나라의 우체국은 사회복지기금의 지급수단으로 스마트카드를 이용하기도 한다.

다.[37] 소매상들은 은행과 대등한 브랜드 이미지를 이미 확보하고 있다. 또한 이들은 시장조사능력이 뛰어나다는 경쟁우위를 갖고 있다. 자동차회사도 전자화폐시장에 참여하고 있다.[38] 운송당국도 또 다른 전자화폐시장의 주요 참여자 중의 하나이다. 세계 주요국의 대도시 운송당국은 선불카드를 수년간 사용해 오고 있다. 전화카드와 마찬가지로 교통카드 역시 전자화폐와 유사하게 될 것으로 예상된다.

(2) 전자화폐의 발행자

각국은 전자화폐의 발행자의 범위문제에 대해서 조금씩 다른 입장을 보이고 있다. 대부분의 EU국가들은 전자화폐시스템의 안정성 유지를 위해 전자화폐 발행자를 은행으로 제한하는 EMI(European Monetary Institute) 권고안을 수용하고 은행법 개정 등 관련법규를 정비중이다.[39]

미국은 전자화폐 등 새로운 지급결제수단에 대한 초기발전단계에서의 규제가 이의 발전을 저해한다는 정책적 판단에 따라 이의 발행을 규제하는 포괄적인 법 또는 규제장치를 아직 마련하고 있지 않다. 전자화폐 관련 정책과제에 관한 미국은행협회(ABA) 보고서의 주요내용을 보면, 크게 결제시스템의 안정성 유지, 소비자의 권익보호, 경쟁환경 조성 및 올바른 규제방향 설정 등 4가지를 제시하고 각 과제에 대한 미국은행협회의 기본입장을 표명하고 있다. 특히 결제시스템의 안전성 유지를 위하여 발행자를 예금수취기관(은행)으로 제한해야 한다고 한다.

발행기관을 법으로 규제하는 경우 전자화폐의 신뢰성 및 안전성과 신기술

37) 시어즈의 디스커버리 신용카드는 미국 국내외에서 성공을 거두었다. Mark & Spencer도 개인대출과 카드서비스 등 다양한 금융서비스를 제공하고 있다. 영국의 슈퍼마켓인 Tesco는 자신들의 가게에서 선불카드로 사용하고 NatWest은행의 ATM망을 이용하여 인출이 가능한 고금리-즉시인출 예금서비스를 제공하고 있다.

38) GM과 Volkswagen은 신용카드와 관련된 금융서비스를 제공하고 있다. Ford는 자동차와 함께 금융을 2대 핵심사업으로 기업사명을 명기하였다. 실제로 동사는 금융부문의 이익이 자동차부분의 이익을 추월하였다.

39) 한국은행 금융결제부, 미국의 전자화폐 발행규제 관련 최근 논의내용, 59면. EU국가중 기존의 법률의 적용, 관련 법규의 개정 또는 세정방식으로 '94 권고안을 시행하고 있다. 카드형 전자화폐 발행자를 은행으로 제한하는 국가로는 오스트리아, 독일, 스페인, 프랑스, 그리스, 이태리, 네덜란드, 포루투칼 등이다. 이중 오스트리아, 독일, 프랑스, 이태리, 네덜란드 등 5개국은 소프트웨어형 전자화폐의 발행자도 은행으로 제한하고 있다. 한국은행 금융결제부, European Cnetral Bank의 전자화폐에 관한 보고서, 1998.8., 8-9면 참조.

이 활용의 면을 고려하여 신중히 결정하여야 할 것이다. 소비자를 보호하는 측면에서는 은행 기타 금융기관으로 발행자가 제한되는 것이 바람직할 것이며 신기술의 활용 및 전자화폐와 관련된 혁신적인 아이디어의 개발을 위해서는 비금융기관에도 전자화폐의 발행의 기회를 제공하는 것이 바람직하다고 하겠다.[40)]

(3) 전자화폐의 소비자

전자화폐의 소비자들은 전자화폐를 이용하여 물품을 구입하거나 서비스요금 등을 지급하는 사람들이다. 소비자의 입장에서 보면 전자화폐는 보유비용·자금수급의 신속성면에서 현금보다 편리할 뿐만 아니라, 잠금장치를 이용하여 도용·변조의 가능성을 신용카드에 비해 낮출 수 있는 장점이 있다.[41)] 전자화폐의 소비자는 대부분 최종적인 소비자인 개인이 되겠지만 법인과 같은 단체일 수도 있다.

6. 전자화폐와 관련된 법률문제

전자화폐에 대해서는 이제 전자화폐에 정의(전자금융거래법 제2조 15호), 전자화폐의 발행과 사용(동법 제16조), 지급의 효력(동법 제17조), 전자화폐 등의 양도성(동법 제18조) 등에 대하여 전자금융거래법에서 규정을 두고 있다. 전자화폐와 유사한 지급결제수단에 대한 규정으로는 여신전문금융업법상 선불카드, 상품권법상 상품권, 수표법상 소지인출급식수표 등에서 찾을 수 있다. 그러나 선불카드나 상품권은 그 사용목적에 제한이 있고, 소지인출급식수표는 선급식이 아니라는 점에서 전자화폐와 같다고 보기 어렵다. 우리나라는 별도의 특별법인 전자금융거래법에서 규율하는 입법을 하고 있다. 향후 전자화폐의 소비자의 보호문제는 분실·도난·발행자의 파산 시 소비자의 책임의 정도, 전자화폐 발행자의 소비자에 대한 정보공개의 범위, 소비자의 프라이버시의 보호 등이 해결해야 할 과제이다.

(1) 발행계약에 관한 문제

가. 발행계약의 법적 성질

전자화폐를 이용하고자 하는 자는 전자화폐 발행자와 전자화폐의 이용조건

40) 自由佳子 譯, 金融革命-電子マネー時代への警鐘-, 株式會社 トッパン, 1996, 146面.(원저: Seth Godin, Presenting Digital Cash[Sams.net Publishing, 1996]).

41) 문종진, 전자화폐의 영향과 대응방향, 광은정보, 9면.

에 관한 계약을 체결하여야 한다. 대개는 발행자의 약관에 의하여 이루어질 것이다. 아직 전자화폐가 법정화폐로 인정되고 있지 않으며, 또한 전자화폐 발행자와 계약관계가 없이 전자화폐를 이용할 수 없기 때문이다. 통화형 전자화폐의 경우에는 발행시 발행자가 소유하는 가치(전자정보)를 고객에게 판매하는 것으로 볼 수 있으므로 발행계약은 기본적으로 매매계약으로 볼 수 있고, 다만 소지인에게 환금청구권이 있다는 점에서 일방예약의 성질을 가진 재매매예약이 포함된 전자화폐의 매매계약으로 볼 수 있다.

고객이 전자화폐발행의 대가로 금융기관 등에 금전을 지급하기로 하는 계약은 소비임치(민법 제702조) 및 예금계약의 성질을 가지는 혼합계약으로 보아야 한다.[42] 그런데 전자화폐의 발행대가인 금전이 예금인가에 대하여는 의문이 있으나, 그러한 대가가 은행 기타 금융기관의 예금계좌와 연관되는 경우에 이를 예금으로 볼 수 있을 것이고, 예금계좌와 관계없이 발행된 경우에는 현금으로 보아야 할 것이다. 예금으로 보는 경우에는 전자화폐 발행의 대가인 금전에 대하여 예금자보호법을 적용할 수 있을 것이다

현재로서는 전자화폐의 발행계약은 약관에 의하는 것이 보통이라고 하겠다. 그러나 외국의 전자화폐 발행자의 전자화폐 발행약관을 보면 발행자의 면책을 광범위하게 인정하고 있는 것을 볼 수 있는데[43] 소비자보호 측면에서 제한이 있어야 할 것이고 다수의 금융기관이 전자화폐의 발행에 관여할 경우에는 표준약관의 제정도 고려할 만하다.

나. 발행에서의 문제

전자화폐 이용자는 발행자로부터 전자화폐용 IC카드 내지 네트워크용 소프트웨어를 교부받은 후에 단말기를 통하여 전자화폐를 결제에 사용한다. 그러므로 IC카드 내지 네트워크용 소프트웨어(단말기)와 관련하여 발행자와 이용자 사이에는 임대차 내지 사용대차, 또는 매매계약이 체결되며, 이러한 계약은 첫째, IC카드 내지 네트워크용 소프트웨어가 약정된 성능을 가지고 있어야 하며,[44]

---

42) 정진명, 전게서, 325면.

43) E-Cash 이용약관 제6조 내지 제13조. http://www.marktwain.com/legal.html

44) 우리나라에서도 200.1.11. 서울에서 버스 카드단말기가 카드를 인식하지 못하는 교통카드시스템 장애가 발행하여 카드소지자들이 무상 승차하여 서울시와 교통카드 사업자, 시스템 개발·구축업체, 카드업체 사이에 책임문제가 발생한 경우도 있다.

둘째 소정의 방법으로 가맹상점 또는 다른 이용자에 대하여 결제에 사용될 수 있어야 한다. 전자화폐에 하자가 있는 경우 이용자는 발행자에게 1차적으로 약관에서 정한 책임을 물을 수 있으며, 제2차적으로 계약위반을 이유로 하는 채무불이행책임(과실책임) 또는 하자담보책임(무과실책임)을 물을 수 있을 것이다.

(2) 전자화폐의 양도(이전)와 결제

전자화폐는 거래대금의 지급수단으로 이용할 수도 있고 전자화폐 그 자체를 빌려주거나 증여할 수도 있다. 전자화폐의 이전은 전자화폐가 이용자의 IC카드나 네트워크용 소프트웨어로부터 가맹상점의 단말기로 또는 다른 이용자의 IC카드나 네트워크용 소프트웨어로 이전하는 것을 말한다. 이는 전자화폐의 가치이전을 뜻하는 것으로 금전채무의 변제로써의 법적 성질을 갖는다.[45] 그리고 이용자가 가맹상점에 상품 또는 용역의 대가를 전자화폐로 결제하면 거래가 완료되므로 이용자는 가맹상점이 발행자에 대하여 전자화폐를 상환청구하는 것을 저지할 수 없다. 이 경우 전자화폐의 이전의 법적 성질은 전자화폐를 일종의 채권으로 본다면, 채권양도의 성질을 띠는 것이고, 통화용 전자화폐와 같이 일종의 자유통화로 본다면 대물변제로 보게 된다.[46]

즉, 전자화폐를 채무의 변제조로 지급한 경우 이것을 채무의 내용에 좇은 현실제공(민법 제460조)으로 볼 수 있는가에 대해서 견해가 대립된다. 전자화폐를 화폐로 본다면 변제로 보게 되나, 전자화폐는 강제통용력을 가지는 법정화폐가 아니므로 그 자체만으로 채무의 내용에 좇은 현실제공이라고 할 수 없고 적어도 채권자의 승낙을 얻은 경우 본래의 채무의 이행에 갈음하여 다른 급여를 하는 민법 제466조의 대물변제로 보게 된다.[47]

전자금융거래법 제17조에서는 전자화폐보유자가 재화를 구입하거나 용역을 제공받고 그 대금을 수취인과의 합의에 따라 전자화폐로 지급한 때에는 그 대금의 지급에 관한 채무는 변제된 것으로 본다고 규정하고 있으며, 제18조에

45) 정진명, 전게서, 328면; 정완용, 전자화폐에 의한 전자결제제도, 경희법학, 제33권 제2호(1998.12), 151면.

46) 사법연수원, 전게서, 96면.

47) 전자화폐에 의한 지급은 현금에 비하여 금액정보의 위조·변조, 발행자의 파산 등 위험이 따르므로 변제에 갈음한 이행이라고 한다. 손진화, 새로운 전자지급제도의 법률문제와 입법론, 정보사회에 대비한 일반법 연구(Ⅱ), 정보통신정책연구원, 1998, 269면. Eshcer, WM 1997, 1182.

서는 전자화폐는 선불전자지급수단과 마찬가지로 대통령령이 정하는 방법에 따라 타인에게 양도하거나 담보로 제공할 수 있도록 하고 있다. 그리고 전자화폐에 의한 지급의 효력발생시기에 관하여 제13조 3호에서 거래 지시된 금액의 정보가 수취인이 지정한 전자적 장치에 도달한 때에 발생한다고 규정하고 있다.

(3) 서비스공급자와 관련된 문제

가. 위·변조의 가능성

전자화폐 사업의 운영리스크에 대한 부적절한 관리와 기술적 안정성의 결여는 위조 및 부정사용을 초래할 가능성이 있다. 전자화폐의 위조나 변조는 카드형 전자화폐에서 주로 문제가 된다고 할 수 있다.

전자화폐의 위 전자화폐의 위조라 함은 발행자 이외의 무권한자가 진정한 전자화폐와 동일한 기능을 하는 디지털정보를 생성하는 것을 말한다. 이에 대하여 전자화폐의 변조는 발행자 이외의 무권한자가 진정한 전자화폐를 가공하여 금액정보를 증가시키는 것을 말한다. 이는 변조자가 변조 전의 진정한 전자화폐에 금액정보를 증가시켜 부진정한 전자화폐를 생성하는 것이므로 변조자가 스스로 발행자에게 상환청구하거나 또는 제3자에게 변조된 부진정한 전자화폐를 이전하는 경우에 위조와 동일한 법률효과가 발생한다. 위조·변조는 현재로서는 거의 불가능한 것으로 알려져 있지만, 그러나 빠른 속도로 기술이 발달하기 때문에 암호해독 기법이 발달하면 위조·변조가 불가능하다고 할 수 없게 될 것이다. 특히 소프트웨어형 전자화폐는 안전장치를 암호기술에만 의존하기 때문에 위조가 어려유 칩을 사용하는 카드형 전자화폐에 비해 위조가능성이 더욱 높은 실정이다. 위조된 전자화폐가 유통되는 경우에는 발행자에 대한 상환요구액이 증가하여 가용자산에 의한 지급이 불가능하게 되며 발행자의 재무건정성이 손상된다. 따라서 전자화폐의 위조 및 부정사용을 적발할 수 있는 방법이 없다면 적절한 대응책 수립도 불가능하다. 이 문제에 대하여 정산이 발행자의 대·차변 계정에 기록되는 형태의 전자화폐는 대응이 가능하지만, 발행자나 정산시스템에 의해 거래내용이 기록되지 않고 고객간 가치이전이 가능한 전자화폐는 더 큰 위험에 노출되어 있다. 그 해결방법으로 부정한 조작이 불가능한 칩(tamperproof chips)의 내장 및 고성능 암호처리 프로토콜(cryptographic protocol)의 설치 등으로 위변조 방지장치를 개발하여야 할 것이며, 정기적으로 카드를 회수·재발급하는 방법으로 보안대책을 강구해야 할 것이다. 이에 대하여 ECB의 필수규제사항으로 전자화폐 사업은 특히 위·변조 위험을 방지, 통제 및 발견할 수 있는 적절한 기술, 조직 및 절차상의 안전장치를 구비해야 한다고 하고 있다.

전자화폐의 위조나 변조가 있는 경우에 이로 인한 손실은 누가 지는가?

전자화폐가 위조·변조된 경우 특별히 다른 법리가 적용된다고는 보여지지 아니하나, 전자화폐를 도용당한 경우 그 유통과정의 다단계와 복잡성으로 인하여 귀책사유에 관한 입증이 상당히 곤란하다. 이로 인한 손실은 신용카드의 경우와 같이 전자화폐의 소지인의 고의를 입증하지 못하면 발행자가 책임을 지는 것으로 하여야 할 것이다.[48] 이는 발행자가 전자화폐가 위조·변조되지 않도록 암호화기법을 사용하는 등 안전한 상품을 개발하여 사용자에게 제공하여야 할 책임을 지고 있기 때문이다.

한편 전자금융거래법에서는 금융회사 또는 전자금융업자가 원칙적으로 접근매체의 위·변조로 발생한 사고, 계약체결 또는 거래지시시의 전자적 전송이나 처리과정에서 발생한 사고, 전자금융거래를 위한 전자적 장치 또는 정보통신망에 침입하여 거짓이나 그 밖의 부정한 방법으로 획득한 접근매체의 이용으로발생한 사고로 인하여 이용자에게 발생한 손해에 대하여 책임을 지고(제9조 1항), 사고발생에 대하여 이용자의 고의나 중대한 과실이 있는 경우에는 그 책임의 전부 또는 일부를 이용자의 부담으로 할 수 있다는 취지의 약정을 체결한 때에는 그러한 약정도 유효하고(동조 2항), 다만 그러한 이용자의 고의나 중대한 과실은 대통령령이 정하는 범위 안에서 전자금융거래에 관한 약관에 기재된 것에 한한다(동조 3항).

나. 자금세탁과 탈세

일반적으로 불법적 거래관계에서는 세금 및 거래관계에 대하여 기록을 회피하기 위하여 주로 현금을 선호한다. 그러나 막대한 현금은 운반이나 보관의 문제가 발생한다. 물론 전자화폐는 비교적 저장금액이 적고, 거래내용이 집적되기 때문에 불법적인 사용이 어려운 면도 있으나, 장기적으로 저장규모가 확

---

48) 손진화,「새로운 전자지급제도의 법률문제와 입법론」, 정보화사회에 대비한 일반법연구(Ⅱ), 1998, 271면.; 김은기, 전게논문, 108면. 대부분의 신용카드회사의 회원약관은 위조 변조의 경우에 신용카드 발생회사의 책임을 인정하고 있다. 비씨카드 회원약관 제8조 5항.

대되고 몬덱스형 전자화폐와 같이 자금이체가 은행시스템을 경유하지 않고 카드사용자들 간에 곧 바로 발생하는 경우 자금세탁이나 탈세에 이용될 가능성이 높다. 또한 네트워크형 전자화폐는 국경을 쉽게 넘나들 수 있기 때문에 돈세탁이나 탈세의 위험이 크고, 자산을 해외로 도피시켜 각종 범죄를 유발할 수도 있다. 또한 전자화폐는 실제로 돈이 오가는 것이 아니라 디지털 데이터가 오고가는 것이므로 복제가 쉽고, 전자화폐에 대한 복제가 이루어질 경우 실제와 식별이 어렵다는 문제점을 안고 있으며, 다량의 불법복제 화폐가 유통될 가능성도 있다.[49] ECB는 전자화폐 사업계획의 입안 및 시행시 현행 자금세탁 관련법규와 상충되지 않도록 적정한 추적감사기능의 유지 등 다양한 수단을 강구함으로써 자금세탁, 탈세 등 범죄에 이용할 수 있는 기회와 유인을 제거해야 한다고 한다.

다. 보안문제

전자화폐가 실용화에 성공하려면 보안문제도 해결되어야 한다. 보안문제는 IC칩 내장 및 암호화의 기술을 적용하는 등의 기술적 장치를 통해 해결할 과제이다.

(4) 발행자와 관련된 문제

가. 발행자의 규제

은행만으로 전자화폐 발행자를 제한할 것인지의 문제이다. 이 문제에 대하여 유럽국가들은 별로 문제삼지 않으나, 미국에서는 찬반양론이 대립하고 있다. 규제를 찬성하는 의견은 전자화폐의 발행자가 파산하여 거액의 미결제 채무가 발생하는 경우에는 금융시스템의 안정성을 해치게 되므로 소비자 보호를 위하여 규제를 받는 은행만이 전자화폐를 발행해야 한다고 한다. 이에 대하여 유보론자들은 전자화폐의 발행에 조급한 규제는 발전을 저해할 수 있으므로 결제시스템에 미칠 영향에 대하여 좀더 관망할 필요성이 있다고 주장하면서 규제를 유보하자고 한다.

나. 지급결제제도의 안정성

전자화폐는 모든 사용자들이 신뢰할 수 있는 충분한 안전장치가 마련되어

---

49) 김동궁, Ecash, 「전자금융의 미래」, 조흥경제, 1998.1.1, 67면.

있는 경우에만 지급결제시스템이 효율적으로 운영될 수 있다. 만약 전자화폐발행자가 도산하는 경우에는 전자화폐에 대한 신뢰가 붕괴되어 추가적인 전자화폐의 지급불능사태를 초래하고, 결과적으로 법화로의 대이동현상이 발생할 것이다. 은행예금인출에 필요한 돈을 전자화폐발행자의 능력에 의존하는 은행이 증가함에 따라 은행간 결제에도 문제가 발생할 가능성이 있다. 또한 발행잔액의 부실한 관리, 위·변조 등의 기술적 결함 및 발행자의 파산을 여타 전자화폐뿐만 아니라 다른 카드형 지급수단의 신뢰도에도 부정적인 영향을 미칠 가능성이 있다.

다. 통화관리

전자화폐의 도입이 확산되면 일상거래는 물론 개인간 자금이전도 전자화폐로 결제가 가능하게 되므로 시중의 현금수요는 크게 감소한다. 그러나 아직까지는 전자거래의 규모에 비하여 전자화폐의 사용이 크게 증가하고 있지는 않다. 전자화폐가 단순히 현금이나 요구불예금에서 전환되어 발행되는 경우에는 통화량 및 물가안정에 영향을 미치지 않는다. 그러나 전자화폐가 신용으로 발행되는 경우에는 발행자는 여신 이자수입과 전자화폐 발행비용의 차액이 신용리스크 프리미엄, 결제서비스 제공의 소요비용 및 환불자금 조달비용을 충당할 수 있는 수준까지 전자화폐발행을 확대하려는 유인이 발생한다.[50] 그러나 시간이 지나면서 현금수요감소로 시중현금이 은행으로 환류될 경우 초과 지급준비금이 발생하여 궁극적으로 통화량을 증가시키게 된다. 그래서 ECB는 전자화폐발행자는 당해국의 중앙은행이 통화정책을 목적으로 요구하는 모든 정보를 제공할 의무를 부과하고 있다.

라. 금융시장의 안정성

발행자의 신용도를 적절히 평가할 수 없는 고객들이 발행자를 과도하게 신뢰할 위험이 있기 때문에 신뢰도에 문제가 발생할 경우에는 자금인출사탤르 초래할 가능성이 있다. 역사적으로 볼 때 예금인출사태는 개인과 개별 예금수취기관만의 문제가 아니라 시스템 붕괴를 초래하고 종국적으로는 실물경제에까지 영향을 미친다. 따라서 시스템리스크를 회피하여 금융시장의 안정성을 유지하는 것은 항상 규제당국의 주요 관심사항이었다. 경제적인 의미에서 선불카

50) 한국은행자금결제부, 전게논문, 10면.

드 또는 컴퓨터메모리장치에 저장된 전자적 가치는 은행예금과 유사하므로 전자화폐가 대량으로 사용될 경우 은행예금과 동일한 수준의 관심을 기울일 필요가 있다.[51] 이러한 이유로 ECB는 전자화폐의 발행자는 건전성 감독을 받을 의무를 부과하고 있다.

(5) 소비자와 관련된 문제

가. 소비자보호

현금과 달리 전자화폐에 있어서는 발행자의 신용을 판단할 수 있는 소비자의 능력이 요구된다. 채무자에 대한 신용도 평가는 채권자가 담당하는 것이 원칙이나 정보의 비대칭성과 결제시스템의 기술적 안전성에 대한 이해 부족으로 고객이 직접 은행을 평가하는 것은 곤란하다. 한편, 전자화폐가 광범위하게 사용된다면 현금 및 요구불예금과 함께 주요 지급수단이 되어 발행자의 파산에 따른 손실규모가 막대할 것으로 예상된다. 전자화폐의 발행자가 파산한 경우에는 전자화폐의 발행대가인 금전을 예금으로 보면 예금보험제도에 의한 보호를 받을 수 있을 것이다. 예금자보호법에 의하면 예금자는 부보금융기관에 대하여 예금채권을 가지며(예금자보호법 제29조), 부보금융기관에 보험사고(파산)가 발행한 경우 예금보험공사는 부보금융기관의 예금자의 청구에 의하여 보험금을 지급하여야 한다(동법 제31조 1항).

그러나 전자화폐의 발행자가 은행이 아닌 경우에는 발행금액의 일정 비율에 해당하는 보증금의 공탁, 은행보증 또는 독자적인 보험제도를 도입한 필요기 있을 것이다.[52]

그러나 민간차원에서는 이러한 문제를 해결하지 못하기 때문에 정부의 개입도 필요하다. 그래서 ECB는 전자화폐의 발행자는 전자화폐 소지자의 요구에 따라 소지액을 액면가대로 현금으로 환불할 의무를 부과하고 있다. 그리고 ECB는 전자화폐시스템 참가자의 권리의무를 명확하게 정의하여 공시하도록 하고 있고 법적 강제력이 있어야 한다.[53] 미국의 FEderal Reserve Regulation E 제안도 다음과 같은 전자화폐관련 소비자보호조항이 마련되어야 한다고 한

51) 한국은행금융결제부, 전게논문, 14면.

52) 손진화, 전게논문, 271면.

53) 이는 관할법원, 기타 해결방식 및 적용 가능한 소송절차법규를 포함한 분쟁해결 장치 등이다.

다.[54] 첫째, 은행 로고를 사용하는 전자화폐 발행자에 대한 규제가 필요하다. 둘째, 전자화폐는 예금보호대상이 아님을 명기해야 한다.[55] 셋째, 분실 및 도난카드에 대한 환불 시스템을 구축할 필요가 있다.

나. 프라이버시 침해

정보화사회에서의 프라이버시침해는 이제 중요한 관심사가 되고 있고, 프라이버시 보호법의 제정필요성까지 제기되고 있는 실정이다. 헌법은 사생활의 비밀과 자유(17조) 및 통신의 자유(18조)를 국민의 기본권으로 명시하고 있다. 이러한 프라이버시보호에 관한 개별입법으로는 전기통신사업법(동법 제34조의 2), 통신비밀보호법(동법 제11조, 12조), 개인정보보호법, 금융실명거래 및 비밀보장에 관한 법률(동법 제4조), 신용정보의 이용과 보호에 관한 법률(동법 27조, 28조) 등이 제정되어 있고 또 무역업무자동화촉진에 관한 법률(동법 18조 2항, 3항) 등은 개별적으로 관련 정보를 보호하고 있다.

전자화폐는 현금거래와 달리 모든 거래내역이 직접 기록되기 때문에 개인의 사생활이 침해될 가능성이 있다. 그러한 것으로서는 정보누설이 대표적인 것이다. 전자지급에 관한 프라이버시에 관하여는 그 특수성을 감안하여 특별한 규율을 할 필요가 있다. 일반적인 기준으로 제시할 수 있는 것은 다음과 같다.[56]

즉 전자지급에 관한 정보를 제공받을 수 있는 기관을 엄격히 제한하여야 할 것이고, 정보제공업자·금융기관 또는 중개기관의 임직원은 그 직무를 수행함에 있어서 알게 된 고객·가맹점 기타 거래자의 거래자료 등의 정보를 업무외의 목적에 사용하거나 다른 사람에게 누설하지 못하도록 하여야 할 것이다. 다만, 법원의 제출명령 또는 법관의 영장이 있을 때, 금융감독위원회의 업무감독을 위하여 필요한 때, 세무조사 등과 같이 특히 필요한 때에는 예외적으로 거래자료 등의 제출을 강제할 수 있다고 할 것이다.

개인의 프라이버시 침해의 방지를 위한 사전적 조치로서는 암호기술, 인증기술, 한도액규제, 인증제도 등이 있고, 중간조치로서는 추적 가능한 모니터링,

54) 지동현/함유근, 전게논문, 145면.

55) 현재 EU 6개국(오스트리아, 독일, 스페인, 프랑스, 이태리, 스웨덴)에서는 전자화폐제도 예금보험제도를 적용하고 있다.

56) 손진화, 전게논문, 278면.

거래내력의 보존과 온라인검증, 정보개시 등이 있다. 사후적 조치로서는 시스템의 정지 등을 생각할 수 있다. 따라서 개인의 사생활보호를 위한 법의 충분한 규제가 필요하다. 미국에서는 전자자금이체법(EFTA)과 미연준의 Regulation E가 전자화폐에도 적용되는지 여부가 관심사가 되고 있다. Regulation E는 전자자금이체의 오류 정정절차, 자금이체에 대한 고객의 책임문제, 단말기 영수증 및 거래명세서 발급의무 등에 관한 규정이다.

그러나 이러한 프라이버시 침해에 대한 보호와 추적가능한 법집행이익은 종종 충돌하기 때문에 문제가 되기도 한다.

다. 분실·도난과 타인에 의한 부정사용

전자화폐, 특히 전자지갑을 분실하거나 도난당하여 부정사용이 발생한 경우에 손실부담은 어떻게 되는가? 종래의 현금이나 어음·수표 결제의 경우에는 거래에 관련된 당사자가 지급인, 수취인 그리고 금융기관에 국한되었으나 전자자금거래나 전자화폐의 등장으로 기존의 당사자에 시스템 운영주체, 통신회선사업자, 컴퓨터 제조업자, 부가통신사업자 등으로 당사자가 광범위해짐에 따라 범죄, 과실, 사고, 불가항력 등에 의해 손해가 발생했을 때 손실부담의 문제에 귀책사유를 입증하는 것이 상당히 곤란하게 되었다.

전자화폐의 법적 성질을 유가증권으로 보면, 전자화폐의 분실·도난의 경우에도 어음·수표를 분실한 경우와 마찬가지로 공시최고에 의한 제권판결을 받아 발행자에게환금청구 또는 재발행을 청구할 수 있다고 볼 여지가 있다.

그러나 권리자와의 관계에서 특정성을 확인할 수 없는 비계좌형 전자화폐의 경우에는 공시최고에 의한 제권판결을 받을 수 없고 또 재발행을 청구할 수 없으며[57] 발행자에게 부정사용에 대한 책임을 지우기 어려울 것이다. 계좌형 전자화폐의 경우에는 실정법상 전자화폐의 부정사용에 관하여 특별규정이 없는 한, 과실책임의 법리에 따라 보유자의 과실 유무에 따라 책임을 결정하여야 할 것이다.

또한, 분실·도난된 전자화폐가 부정사용 된 경우의 손실부담에 관하여는, 미국의 전자자금이체에 관한 규칙 E 또는 기존의 신용카드의 부정사용에 관한 법리 등을 적용하여 도난·분실 신고제를 채택하고 도난·분실 신고의 전후에

---

57) 松本恒雄, インターネット上での取引と法, 法律時報, Vol.69, No.7(1997.6), 24面 참조.

따라 신고 전에 발생한 손실에 대하여는 보유자가 일정한 금액 또는 부정사용 금액의 일정한 비율에 따라 책임을 지고, 신고 후에는 발행자 측에서 손실을 부담시켜야 한다는 주장도 있다.

전자화폐와 관련한 소비자의 책임제한은 적극적으로 소비자의 책임을 제한하는 규정을 두는 방식, 소극적으로 전자화폐 발행자의 면책규정을 두는 방식 등을 생각할 수 있다. 전자자금거래에 관한 우리나라 은행들의 약관은 카드발행자의 면책조항을 두어 간접적으로 소비자보호를 취할 따름이며, 적극적으로 도난, 분실, 부정사용 등에 따른 손실부담의 측면에서 소비자의 책임을 제한하는 예는 거의 없다. 오늘날 전자거래와 관련하여 표준약관을 제정하려는 움직임이 있는데, 전자화폐의 발행자가 다수인 경우에는 소비자보호를 위하여 이러한 표준약관의 제정도 고려해 볼만하다. 특히 약관의 규제에 관한 법률에서는 이러한 약관상의 면책조항을 엄격히 규제하여 소비자를 보호하고 있다.[58)]

한편 전자금융거래법안 제9조에서는 금융기관 및 전자금융업자는 이용자로부터 접근장치의 분실·도난 등의 통지를 받은 때에는 그때부터 제3자에 의한 당해 접근장치의 사용으로 인하여 이용자에게 발생한 손해에 대하여 책임을 지도록 하고(1항), 전자화폐의 분실·도난 등에 관하여 대통령령이 정하는 경우에 책임을 지지 아니할 수 있다(2항).

라. 선의취득

전자화폐의 선의취득에 관해서는 그 대상과 요건이 문제된다. 전자화폐가 선의취득의 대상이 되는가의 문제는 전자화폐의 법적 성질에 따라 다르다. 전자화폐의 법적 성질을 가치자체로 보는 입장에서는, 전자화폐는 물건으로서의 개성을 잃고 추상적인 교환수단으로서 유통되므로 선의취득의 대상이 아니라고 본다. 따라서 점유자는 선의·무과실을 묻지 않고 전자화폐의 소유자가 되고, 다만 부당이득반환청구 내지 불법행위의 문제만 남는다. 또 전자화폐의 법적 성질을 채권으로 보는 입장에서도 선의취득의 규정은 적용되지 않는다. 그러나 전자화폐의 법적 성질을 지급지시나 유가증권으로 보는 입장에서는 선의취득의 문제가 생길 수 있다. 지급지시로 보면, 무권리자로부터 전자화폐를 취득한 자는 수취은행에 대한 예금채권을 취득하는 것으로 보게 되는 문제와 유

58) 약관의 규제에 관한 법률 제6조·7조 참조.

사한 성질을 갖게 되나, 아직까지 사례도 없고 학설도 없다.[59] 유가증권으로 보면 취득자는 악의나 중대한 과실이 없는 한 전자화폐를 선의취득할 수 있으며, 통상의 동산과 달리 고도의 거래안전이 요청되므로 도품·유실물에 대한 민법 제250조, 제251조의 제한을 받지도 않는다.

(6) 전자화폐 거래의 하자

가. 원인관계의 하자

전자자금거래에 관하여 원인관계(EDI에 의한 계약 등)에 하자가 있는 경우에도 원인관계와 전자화폐에 의한 자금이체는 별개의 독립된 행위이고 통상 전자화폐에 의한 자금이체가 실시간으로 이루어진다는 점에서 원인관계에 기한 항변이 인정되기 어려울 것이다. 원인관계에 하자가 있는 경우에는 오류에 의한 지급이체로서 처리하는 방안이 검토될 수 있을 것이다.

나. 지급지시의 하자

전자화폐에 의한 지급지시 자체에 하자가 있는 경우에, 예컨대 제한능력자에 의한 의사표시, 착오 또는 사기·강박에 의한 의사표시가 있는 경우에는 어떤가? 이에 관하여 특별한 규정이 없는 경우 민법의 의사표시에 관한 규정을 그대로 적용하는 것에는 문제가 많다. 전자화폐거래는 실시간이체에 의하여 즉시 종료하는 특성을 가지고 있고, 또 발행자나 거래상대방은 행위자의 제한능력 등을 확인할 수 없는 지위에 있기 때문이다. 따라서 발행자가 선의·무과실인 경우에는 발행자 또는 중개기관의 면책을 인정하는 방안이 검토되어야 할 것이다.[60]

(7) 전자화폐와 강제집행

전자화폐인 전자정보는 금전적인 가치를 가지고 있으므로 일응 강제집행의 대상이 될 수 있다. 현행 민사소송법상 전자화폐의 강제집행절차에 관하여 명문의 규정은 없으나, 그 성질에 비추어 동산집행 또는 기타 재산권으로서 채권집행의 절차에 의하여 집행할 수 있다는 견해도 있다. 카드형 전자화폐의 경우에는 IC카드 자체의 압류 등 동산압류의 성질에 준한 강제집행이 가능할 것이

59) 손진화, 전게논문, 20면 참조.

60) http://www.kisc.co.kr/html/event/EM_site.htm#6 참조.

나, 네트워크형 전자화폐의 경우에는 압류방법이 문제로 된다. 양도와 매각 또는 집행관의 직접적인 환금청구 등의 환가절차의 정비가 필요할 것이다.[61)]

7. 결어

지금까지 전자화폐의 개념과 우리나라와 각국의 전자화폐 추진현황 및 전자화폐의 특성, 전자화폐와 관련된 법률문제를 살펴보았다.

현재 전자문서법과 전자서명법이 제정되어 있지만, 이 법들이 특히 소비자보호와 관련하여서는 구체적인 사항에 대하여 유보하고 있기 때문에 결국 전자거래약관에 의하여 많은 문제가 해결되고 있는 것처럼, 종전 전자화폐에 관해서 전자자금이체에 관한 법률이 제정되지 않은 우리의 실정으로서는 기존의 전자자금이체에 관한 은행의 약관을 약간 개정하여 실무적으로 발생되는 문제점만 해결하였지만,[62)] 전자금융거래법이 제정되어 이제 전자화폐의 법률관계를 명확히 하였고 책임규정도 두고 있다 . 다만 전자화폐의 거래와 관련한 다양한 법적 책임에 대해서는 구체적으로 규정하고 있지 않기 때문에 여전히 기존의 논리에 의거하여 해결해야 할 것이다.

앞으로 우리나라에서 전자화폐에 관하여 개별약관에 의하여 해결된다고 한다면 발행자의 면책을 광범위하게 인정하는 약관은 약관의 규제에 관한 법률의 제정목적에 비추어 그 면책범위를 제한해야 할 것이고, 표준약관의 제정도 고려해야 할 것이다. 전자지급에 있어서는 현금거래와 달리 모든 거래내역이 직접 기록되기 때문에 개인의 사생활이 침해될 가능성이 많은데, 전자지급에 관한 정보를 제공받을 수 있는 기관을 엄격히 제한하여야 할 것이고, 정보제공업자·금융기관 또는 중개기관의 임직원은 그 직무를 수행함에 있어서 그 알게 된 정보가 누설되지 않도록 하여야 할 것이다. 분실, 도난, 타인에 의한 부정사용시 소비자 책임의 제한도 고려되어야 한다. 이러한 것은 분쟁의 소지가 있기 때문에 책임을 명확하게 하는 법정비와 위험부담의 원칙을 확립할 것이 필요하다.

전자화폐 발행의 대가에 대한 예금자보호법의 적용문제에 대해서는 선결되어야 할 문제가 있다. 예금보험의 적용대상 기관이 현재처럼 제한되어 있는 경

61) 사법연수원, 전게서, 100면

62) 김은기, 전게논문, 120면.

우에 만약 전자화폐의 발행기관을 제한하는 경우에는 문제가 되지 않지만, 발행기관을 광범위하게 인정하는 경우에는 동법을 적용하는데 한계가 있기 때문이다. 따라서 동법의 적용이 어려운 전자화폐에 대해서는 발행자에게 발행보증금의 공탁이나 은행 등의 지급보증 또는 책임보험의 강제 등도 생각할 수 있다.

또한 전자거래의 활성화는 필연적으로 기술적인 면에서 뿐만 아니라 법제도적인 면에서도 국제적인 상호운영과 법제도의 조정이 필요하다고 하겠다.

제11장

전자거래 분쟁의 처리 및 피해구제

제11장 전자거래 분쟁의 처리 및 피해구제

제1절 전자거래상의 분쟁

Ⅰ. 유형과 특징

전자거래에서 예상되는 분쟁은 크게 거래당사자간의 분쟁과 거래 당사자 이외의 자간의 분쟁으로 나눌 수 있다. 즉 거래당사자 일방에게 귀책사유가 있는 경우와 거래당사자 누구도 관여하지 않았으나 손해가 발생하는 경우, 즉 정보통신 네트워크 자체나 컴퓨터 등 여러 가지 시스템의 물리적인 결함으로 인한 것이나 자연재해에 의한 경우, 거래 당사자 이외의 제3자가 관여하고 있는 경우가 있을 수 있다. 이와 같은 전자거래에서의 분쟁은 공통적으로 사이버 숍의 출점자는 물론, 사이버 숍의 자료를 축적하여 일반으로부터의 접근을 가능하게 하는 컴퓨터를 설치하는 싸이트 개설자, 사이버 숍을 집합시키거나 복합시킨 사이버몰의 개설자, 인터넷과의 접속 서비스를 제공하는 회사나 전자화폐 발행자나 중개자와 같은 결제기관, 또 거래상의 주체의 동일성이나 송신되는 전자데이터의 동일성 등을 인정하는 인증기관 등 다수의 당사자가 관계하고 있어 전자거래에서 발생한 손실이 누구의 책임에 의해서 발생한 것인지 파악하기 어렵다고 하는 특색이 있다.

거래 당사자 사이의 분쟁에 대해서는 전자약관이나 계약법원리나 혹은 전자거래에 관한 특별법 내지 불법행위법에 따라 해결하면 되기 때문에 비교적 그 분쟁해결이 용이하다. 그러나 전자거래의 사회기반인 정보통신 네트워크는 대단히 복잡하고, 또한 기술적으로 수준 높은 것이기 때문에, 직접 거래당사자인 사업자와 소비자 쌍방에 책임이 없는 경우에도 손실이 생기는 경우도 있다. 그러나 일단 소비자피해가 발생하면, 그 전파의 속도가 빠르고 그 피해는 짧은 기간에 광범위하게 파급될 우려가 있으며 그 손실은 클 가능성이 높다. 그러므로 이러한 전자거래에서 예측되는 사고의 발생시 누가 위험을 부담하여야 하는가라는 문제에 관해 논의할 필요가 있다.

Ⅱ. 전자거래에서의 책임부담

전자거래의 특성상 발생한 분쟁에 관해서 종래의 법리를 적용하면 그 손실부담이 공평·공정하다고 말할 수 없는 경우가 발생한다. 다량의 정보가 폭주해서 시스템 전체가 다운되는 것도 생각할 수 있고 이에 의한 광범위한 피해의 발생도 예상되지만, 사업자측의 면책을 넓게 인정한 약관을 전제로 하여 종래의 법리를 전제로 하는 한, 이러한 경우의 손실은 소비자를 포함한 거래당사자의 부담이 되어 버린다. 분쟁에서 손실을 부담해야 할 주체가 존재하는 경우라도 종래의 법리에 의하면 그 책임 주체를 특정하면서 그 사람의 책임원인을 입증해야 하지만 현실에서 그것은 곤란하고 손실의 회복을 실현하는 것은 어렵다. 이러한 경우에 소비자가 입은 손실을 회복하기 위해서는 우선 책임을 부담해야 하는 제삼자를 특정해야 하지만, 이것은 더더욱 어려운 일이다. 다행히 부정행위를 행한 사람이 특정될 수 있다고 하여도 이들이 실제로 부정행위를 행한 것을 주장·입증해야 하는데 이것도 정보통신 네트워크의 본질상 곤란하다. 이처럼 전자거래는 근대법의 원리인 과실책임주의 원칙을 적용하기 어려운 관계로 전자거래 형태의 특징에 대응하는 새로운 이론구성이 필요하며 거래과정에 관여하고 있는 사람에게 각각의 관여의 정도나 전자거래를 통해 향유하는 이익의 내용·정도에 따라 손실을 부담하도록 하는 것이 공평할 것이다.

이에 대해서 '네트워크 책임론'이나 '시스템 책임론'이라고 불리는 법리[1]가 주장되기도 한다. 이 견해의 주장을 보면, 첫째, 피해자가 가해자의 고의·과실을 입증해야 하는 책임을 지지 않아야 한다고 한다. 전자거래에서 사고가 발생한 경우 대부분의 사업자는 컴퓨터 전문기술을 확보하고 있지만 소비자의 경우에는 그와 같은 전문기술이 부족하기 때문에 사고의 원인규명과 입증이 곤란하기 때문이다. 거래관여자는 누구라도 자기의 지위 및 관여의 정도에 따라 네트워크 전체의 안전성을 유지할 의무와 전자거래의 안전성 확보에 대한 배려의무를 부담하여, 네트워크 사고가 발생한 경우에 그 주의의무 해태에 따른 과실행위가 추정된다는 것이다. 둘째, 거래관여자는 자신의 관여도에 상응하는 범위의 손해배상책임을 져야 한다. 결국 네트워크 관여자 사이에서 네트워크 운영의 관여도, 전자거래의 안전성확보의무의 위반 정도에 따라서 책임을

1) 松本恒雄, 신판주석민법, 유비각, 263면.

부담하는 네트워크관여자의 책임분담의 법리가 필요하다. 셋째, 제조물책임법에서 채택하고 있는 무과실책임법리를 네트워크책임에 도입하는 것도 고려해 볼 수 있다. 다른 각도에서 전자거래의 당사자에게 무거운 책임을 지우기보다는 적절한 보험제도[2]를 개발하여 손해배상책임을 분산시킴으로서 전자거래를 활성화시키는 방안도 검토되고 있다.[3]

소비자가 부담하게 될 지도 모르는 손해에 대해 소비자의 책임을 한정시킴으로써, 소비자가 입는 손실을 최소한으로 억제하는 틀을 마련하여 전자거래에 있어서 소비자의 불안이 제거한다면 궁극적으로는 사업자에게도 이익이 될 것이다. 이와 관련해 전자거래 손실에 관해 소비자의 책임을 일정한도로 제한하는 미국의 Electronic Fund Transfer 법(ET법)에 있어서의 「50 달러 rule」과 같은 발상제도를 도입하는 것을 검토하여야 한다. 또한 전자거래 과정에서 소비자들이 입는 피해를 보다 효과적으로 구제하기 위해서는 업계의 자율규제와 소비자의 권한 강화가 동시에 추진되어야 한다. 인터넷을 이용한 전자거래의 특성상 과거와 같은 정부에 의한 강제적 규제는 한계가 있기 때문이다. 따라서 업계 스스로 인터넷 쇼핑몰 사업자의 부당한 거래를 자율적으로 규제할 수 있는 행동규약을 제정하여 시행할 필요가 있다.

Ⅲ. 온라인상의 분쟁해결과 오프라인상의 분쟁해결

가상공간에서의 거래로부터 발생하는 국제적 분쟁의 해결에 관하여는 크게 두 가지 접근방법이 있다.

첫째, 가상공간에서의 분쟁을 선린적 또는 부분적으로 온라인에서 해결해야 한다는 접근 방법으로써 이는 결국 중재[4]와 같은 대안적 분쟁해결(Alternative

---

2) 우리나라는 전자거래 업체들이 해커에 의해 피해를 보거나 고객들이 손해배상을 청구할 때 사용할 수 있는 '넷시큐어종합보험'과 소프트웨어제작업체를 대상으로 한 '바이러스보험'이 있고, 일반소비자들을 대상으로 한 '네티즌안심보험' 등이 있다. 정보화로 가는 길, 2000.4. http://www.webzine.info21.org/200004.Contents/20000040404.html

3) 이은영, 전게논문, 16-20면.

4) 국제분쟁을 해결하는 방법으로 소송이외의 재판의 분쟁해결 수단이다. 거래분쟁시 재판외 분쟁해결 수단으로 그리고 국제거래상의 분쟁해결에도 널리 이용되고 있다. 국제상설 중재기관으로는 국제상업회의소(ICC), 미국중재협회(AAA), 일본의 국제상사중재협회 등이 있다. 중재는 당사자간의 중재합의에 기해 당사자가 선정한 중재인이 내린 중재 판정에 승복함으로써 분쟁을 해결하는 방법이다. 중재인은 중재법 제12조에 의해 반드시 법률가일 필요는

Dispute Resolution. ADR)의 형태로 나타난다.

둘째, 가상공간에서의 분쟁을 오프라인에서 해결하려는 상대적으로 온건한 접근방법이다. 이는 전자거래와 인터넷활동에 대한 새로운 국제재판관할규범을 창설하는 대신 기존의 원칙, 규칙 및 절차가 적용될 수 있다고 보는 것이다.

이러한 두 가지 접근방법 중 현재로서는 후자가 현실적인 것으로 보인다. 온라인에서 해결하려는 접근방법에 대해서는 중재지의 결정상의 어려움, 분쟁해결과 관련된 비밀보장의 어려움, 결정 집행의 어려움 등의 법적인 문제점이 지적되고 있다. 그러나 장차 제도의 독립성, 공평성 및 투명성이 보장되고 대립당사자주의, 절차적 효율성, 결정의 적법성과 당사자자치 및 대리인을 이용할 수 있는 권리 등이 보장되고, 암호화에 의하여 소송문서의 비밀을 보장하기 위한 방안이 강구되는 등의 기술적 제도적 보완이 이루어진다면 온라인상의 분쟁해결방법은 신속한 분쟁해결 수단으로서 매우 중요한 역할을 할 수 있을 것으로 보인다.

가상공간에서의 국제적인 분쟁을 오프라인에서 해결하는 경우에도 전통적인 국제재판관할규칙(예컨대 미국의 최소한의 접촉-minimum contact이론[5])에 따라 이를 해결할 수 있다는 온건한 접근방법이 있는가 하면, 전통적인 원칙을 버리고 가상공간에 적합한 새로운 국제재판관할규칙을 정립해야 한다는 급진적인 견해가 대립되고 있다.

현재로서는 국제적인 전자거래 전반에 대하여 온라인상의 분쟁해결이 보편화될 것으로 보이지는 않지만 분쟁의 성격상 전문적인 지식을 필요로 하는 경우 이를 전담하는 법원 또는 국제기구[6]에 의한 분쟁 해결의 중요성이 커질 것으로 보인다.

없고 분쟁된 업무영역에 능통한 전문가를 선정하여 해결을 도모할 수 있다. 그 절차가 공개되지도 않고 소송절차와 같이 엄격한 형식을 요하지도 않아서 유연하며 신속한 해결을 가능하게 한다. 중재판정은 중재법 제35조에 의해 당사자간에 있어서 법원의 확정판결과 동일한 효력을 갖는다. 홍기문, 인터넷 이용자의 법적 보호, 전남대학교출판부(2002).

5) International Shoe Co. v. State of Washington, 326 U.S.310, 66S.Ct.154, 90L.Ed.95(1945) 이 판결에서 피고가 법정지 내에 존재하지 않는다고 하더라도, 공정과 실질적 정의(fair play and substantial justice)의 관념에 비추어 볼 때 법정지가 위치한 주와 최소한의 관련성을 가지고 있으면 헌법상의 적법한 재판관할권을 갖는다고 하였다.

6) 도메인네임에 관한 분쟁과 같이 특정한 분야에 관하여는 법원에 의한 분쟁이 아니라 WIPO 또는 ICANN과 같은 전문적인 기구에 의한 대체적 분쟁해결이 보다 활성화되고 전문화될 것으로 기대된다. 석광현, 국제재판관할에 관한 연구(2001)

제2절 준거법과 재판관할[7)]

전 세계가 가상공간이라고 하는 하나의 공동체로 매우 빠른 속도로 통합되고 있으나 다른 한편 국가마다 상이한 법적·정치적·문화적·경제적 특성이 있는 관계로 전자상거래에서는 재판관할 및 준거법의 문제가 항상 뒤따른다. 개방과 자율을 바탕으로 오늘날까지 인터넷이 성장해 왔으나 각국 정부는 어떤 형태로든 규제하려는 움직임을 보이고 있고, 과연 이 경우 현실세계와 동일하게 취급할 수 있을까라는 의문을 갖게 된다.

이제 가상공간에서는 인터넷을 통해서 어느 나라의 상품과 용역이라도 구입할 수 있다. 상대방이 어느 나라의 사업자이더라도 계약대로 이행되면 문제는 없다. 문제는 소비자가 기대했던 상품과 서비스를 받을 수 없게 된 경우이다. 물론 소비자는 마우스의 클릭으로 계약을 체결할 때, 자신이 어느 나라의 법률에 의해 보호되고, 어느 나라 법원에 의하여 권리구제를 받을 것인가를 염두에 두면서 하지는 않는다. 만일 문제가 야기된 경우에는 자국의 소비자보호법에 의해, 자국의 법원에 의해 보호될 것을 기대할 것이다.

이러한 국제적인 거래상의 문제는 가상공간이 등장하기 이전에도 법학의 전문영역에서는 국제사법이라든가 저촉법 혹은 국제거래법 등의 분야에서 다루어져왔다. 가상공간의 전개는 국제적인 민사분쟁을 발생시키고 계약 뿐만 아니라 불법행위도 포함하여 국제적인 민사분쟁이 증가할 가능성이 높다.

1. 재핀괸할

(1) 국제재판관할권

국제적 요소를 가지는 민사 및 상사 사건이 증가함에 따라 이러한 사건을 어느 국가의 법원이 재판할 것인가를 결정하는 민사 및 상사 사건에서의 국제재판관할의 문제가 중요한 쟁점으로 부각되고 있다. 소송당사자들은 각자 자신에게 유리한 절차법과 준거법의 적용을 받고, 주소, 언어 등과 관련하여 소송수행에 현실적 어려움이 없는 국가의 법원에서 재판을 받기를 원할 뿐만 아니라, 승소를 기대하는 원고의 입장에서는 판결의 현실적 집행가능성이 확보되는

---

7) 이에 대해서는 왕상안, 전자거래 관련 국제분쟁과 재판관할, EC Magazine, 2000(20호).

재산소재지 국가에서 재판을 받기를 원하기 때문에, 국제재판관할은 국제민사소송에서 가장 선결적이고 비중이 있는 문제로서 다루어지고 있다

분쟁이 발생할 경우 어느 나라의 재판소가 분쟁을 맡아서 다룰 것인가 하는 것이 국제재판관할권의 문제이다. 국제재판관할은 통상 국가를 단위로 어느 국가의 법원이 법적 쟁송을 재판해야 하는가 또는 재판임무를 어느 국가에 배당할 것인가의 문제이므로, 국제재판관할규칙은 어느 국가가 그에 따라 자신의 재판권을 행사하고자 하는 범위의 확정 또는 자발적인 재판권의 제한에 관한 규칙을 의미한다. 그렇다면 재판권은 국제법상의 문제임에 반하여 국제재판관할은 국제재판관할권을 정한 국제조약[8]을 제외하면 각국이 스스로 결정할 사항으로서 국내법상의 문제이다. 즉 이것은 국제민사소송법이라고 불리는 각국의 국내법에 의해서 정해질 것이다. 양자는 민사소송법리상 독립한 소송요건이나 국제재판관할은 논리적으로 재판권의 존재를 전제로 하는 것으로 볼 수 있다.

국제재판관할의 문제는 우리 법원에 국제사건에 관한 소가 제기된 경우 법원이 재판할 수 있는 관할을 가지는가라는 형태와 외국 법원이 선고한 판결의 승인 및 집행이 우리 법원에서 문제되는 경우 판결을 선고한 당해 외국이 관할을 가지는가라는 두 가지 형태로 제기되는데, 전자를 '직접적 국제재판관할(직접관할)', 후자를 '간접적 국제재판관할(간접관할)'이라고 한다.

또한 국제재판관할은 범위에 따라 '일반관할'과 '특별관할(특정관할)'로 구분되는데, 전자는 법원이 사건의 종류나 내용에 관계없이 피고에 대한 모든 소송에 관해 재판관할을 가지는 경우를 말하고, 후자는 법원이 예컨대 계약 또는

8) 국제재판관할에 관한 주요 국제조약으로는 브뤼셀협약과 루가노협약을 들 수 있다. 1968년 당시 유럽공동체국가들간에 체결된 '민사 및 상사사건의 재판관할과 재판의 집행에 관한 협약'(일명 브뤼셀협약)에 의하여 국제재판관할의 결정과 외국판결의 승인, 집행에 관한 주요 유럽연합 국가의 규범은 상당부분 통일되었다. 그리고 그 적용범위는 병행협약인 루가노협약에 의하여 유럽자유무역연합으로 확대되었다. 1992년 미국의 제안에 따라 헤이그국제사법회의 차원에서 민사 및 상사사건에 관한 국제재판관할과 외국판결의 승인 및 집행에 관한 전세계적인 협약을 채택하기 위한 작업이 진행되었고, 1999년 10월 예비초안이 작성되었다. 그러나 2001.6.6.에서 6.22.까지 개최된 제1차 외교회의에서도 전체협약에 관한 의견의 일치를 이루지 못한 상태에서 잠정협약안(Interim Text)를 마련하는 데에 그치게 된다. 이후 브뤼셀협약은 2002.3.1.부터 유럽연합의 강행규정인 Regulation으로 전환, 발표되었다. 석광현, 국제재판관할에 관한 연구, 2001, 19면 이하.; 사법연수원, 재판관할과 준거법(노태악 집필부분), 179면.

불법행위 등과 같이 일정한 종류나 내용에 기한 소송에 관하여서만 재판관할을 가지는 경우를 말한다.[9] 일반관할의 경우 피고와 法廷地간의 결합이 매우 강해서 피고에 대한 모든 소송에 관해 재판관할을 인정하는 것이다.

독일 민사소송법을 계수한 우리 민사소송법은 '재판적'이라는 개념을 사용하고 이를 보통재판적과 특별재판적으로 구분할 뿐이고 일반관할과 특별관할이라는 개념을 사용하지 않는다.[10] 그러나 국제적으로는 일반관할과 특별관할이라는 개념이 널리 사용되고 있다.

국제재판관할을 정하는 기준에 관하여 브뤼셀협약이나 루가노협약과 같이 일정한 지역에서 적용되는 조약을 제외하면 국제법에 의한 통일적 원칙이 마련되어 있다고 하기 어려우나, 우리나라에서는 국제사법(2001.4.7. 법률 제6465호) 제2조에서 명문으로 국제재판관할을 정하는 규정을 두고 있다.

국제사법 개정 이전에 국제재판관할에 대한 명문의 규정이 없었던 우리나라에서는 국제재판관할의 결정에 있어 어떠한 관련을 갖느냐에 관하여 학설은 역추지설(逆推知說)과 관할배분설로 나뉘었다. 역추지설은 민사소송법상 재판권의 한계에 관한 직접적 규정이 없으므로 재판적에 관한 규정을 역으로 추지하여 국내에 재판적이 인정되는 사건은 원칙적으로 국제재판관할권을 인정할 수 있다는 견해였다. 이에 비해 관할배분설은 국제관할권의 유무, 즉 어느 나라에서 재판할 것인가의 문제는 재판적과 연계시켜 결정할 것이 아니라 국제적, 거시적 안목에서 재판의 적정, 당사자간의 공평, 소송의 신속 등 민사소송의 이념을 고려하여 조리에 따라 판단하여야 한다는 입장이었다.

종전의 판례(대판 1992.7.28, 91다41897, 대판 1995.11.21, 93다39607; 대판 2000.6.9, 98다35037)는 기본적으로 역추지설에 입각하고 있었다. 그러나 역추지설에 입각

---

9) 그러나, 이와는 달리 국가 전체로서의 관할권을 일반관할이라 하고, 어느 국가에 일반관할이 있음을 전제로 어느 지방의 법원이 관할권을 가지는가를 특별관할이라고 하기도 한다. 이러한 용어는 프랑스에서 흔히 사용되는데(예컨대 Henri Batiffol/Paul Lagarde, Droit international Prive, Septieme edition Tome Ⅱ(1983), N. 669), 우리나라에서도 이러한 용어를 사용하기도 한다. 이공현, "외국판결의 승인과 집행", 재판자료 33집 섭외사건의 제문제(下)(1986), 593면. 그러한 의미의 일반관할은 여기에서 말하는 '국제재판관할'을, 특별관할은 '토지관할'을 의미한다.

10) '재판적'이라 함은 토지관할의 발생원인이 되는 인적, 물적 관련사유 또는 관련지점을 일컫는 것이므로, 어느 지역에 보통재판적 또는 특별재판적이 있다면 그 지역의 법원은 당해 사건에 대하여 일반관할 도는 특별관할을 가지는 것이 된다. 이런 의미에서 토지관할과 재판적은 동일물체의 양면이라고 할 수 있다.

한 판례는 무엇보다 국가주의 내지 국제주의적인 색채가 강하고 또 국제재판관할권을 국내 입장에서 독자적으로 제정한 국내 민사소송법의 토지관할에 관한 규정에 의해 결정하려는 것이므로 국제민사소송법상의 재판관할배분 기준으로서의 합리성 및 타당성을 결여하고 있다는 비판을 받았다.

만약 전자거래 관련 국제분쟁이 우리 법원에 제기되어서 재판관할 존부가 쟁점으로 제기된다면 우리 법원은 어떤 기준에 따라 판단을 해야 할 것인가. 쉽지 않은 문제이다. 무엇보다도 현행법은 토지관할의 발생원인이 되는 관할구역내의 관련지점, 즉 의무이행지, 피고주소지, 불법행위지 등 재판적 관련 규정들이 현실 세계의 토지 개념을 전제로 하고 있어서 가상공간에서 이루어진 행위들에 대해 이들 규정들을 그대로 적용하기가 결코 쉽지 않기 때문이다.

우리나라는 독일, 일본의 영향을 받아 민사소송법의 재판적이 우리나라에 있는 경우에 국제재판관할권을 인정한다는 입장이 우세하다. 그러나 인터넷으로 인한 급격한 변화와 다양한 형태의 국제소송을 다루기 위하여는 법전택방법에 고정적이고 기계적인 방법을 벗어나 실질법상의 이익이나 법목적을 고려하는 유연한 해석론을 시도하여야 한다. 이러한 점에서 미국이 가상공간의 관할권을 다루는 방법론은 우리나라에서의 가상공간에 관한 관할권 원칙에 시사하는 바가 있다. 미국의 경우 각 주 법원들과 연방법원들은 인터넷상의 구체적인 문제를 법적으로 적절하게 분석하려는 태도로 접근하고 있다. 단순히 가상공간에 정보를 띄운 것만으로는 관할권 행사의 이유가 되지는 않으며, 서로의 접촉, 구체적인 계약행위 등 법정지를 의도적으로 이용하였다고 인정되어, 피고의 행위와 그 행위가 법정지에 미치는 '영향' 사이의 관련이 합리적으로 충분하다고 볼 수 있는 경우에 관한권 행사의 가능성이 높아진다.

개정 국제사법 제2조에서는 먼저 '실질적 관련 원칙'을 도입하여 소송원인인 분쟁이 된 사안 또는 원·피고 등의 당사자가 법정지인 대한민국과 실질적 관련을 가지는 경우 우리나라 법원에 국제재판관할권을 인정하였고, 이러한 실질적 관련의 유무는 국제재판관할 배분의 이념과 합리적인 원칙에 따라 결정되어야 함을 선언하였다(동조 1항). 여기서 '실질적 관련'이라 함은 우리나라 법원이 재판관할권을 행사하는 것을 정당화할 수 있을 정도로 당사자 또는 분쟁대상이 우리나라와 관련성을 갖는 것을 의미하며, 그 구체적인 인정 여부는 법원이 개별사건마다 종합적인 사정을 고려하여 판단하게 될 것이다. 그리고 구체적인 관할 유무를 판단함에 있어 민사소송법의 토지관할 등에 관한 국내법의 규정을 참작하도록 하였는데 피고의 주소 또는 법인이나 단체의 주된 사무소 또는 영업소, 불법행위지 기타 민사소송법이 규정하는 재판적 중 어느 것이 대한민국 내에 있는 경우에는 피고에 대하여 일응 대한민국의 국제재판관할권을 인정할 수 있고 다만 국내법상 재판적에 관한 규정은 국내적 관점에서 제정된 것이므로 국제재판관할권의 특수성을 고려하여야 한다(동조 2항). 그리고 국내 법원에 제기된 국제민사소송에 있어 국내 법원이 관할권을 가지더라도 외국 법원이 더 적절한 법정지임이 명백한 경우 영미에서 인정되 '부적절한 법정지(forum non conveniens)'의 법리에 따라 소송을 중지하거나 소를 각하할 수 있는 근거규정의 신설여부에 대한 검토가 있었으나 많은 논란이 있어 일단 개정 법률에서는 명문의 규정을 두지 않게 되었다.[11)]

가상공간에 관한 국제적인 합의가 이루어지기 전까지는 구체적인 관할권 행사에 있어서 기존의 국제법상 관할권 행사의 원칙에 위배되지 아니하는 한, 가상공간에 관한 국제소송에서 국가의 관할권 행사를 막는 특별한 장애 요인은 없다고 하겠다. 다만 관할권 행사를 위한 법률적 이익의 존부의 판단은 ① 관할권 충돌에 관한 국제법과 상호예양의 고려, ② 관할권 내에 미치는 행위의 실질적 영향의 정도, ③ 헌법과 관련법규에 비추어 본 소송수행에 있어서 당사자간의 형평, ④ 근거법규의 취지와 사회적 관념 등을 염두에 둔 복합적인 것이 되어야 할 것이다.

(2) 전자거래와 국제재판관할

국제적인 전자거래와 관련된 국제재판관할을 이해하기 위해서는 현실공산에서의 국제거래와 관련된 국제재판관할의 이해가 선행되어야 한다.

국제적인 전자거래에서 발생하는 분쟁에는 계약에 관한 분쟁과 명예훼손 또는 지적재산권의 침해와 같이 불법행위에 관한 분쟁이 있는 바 이에 대하여는 각각 상이한 국제재판관할규칙이 적용되므로, 계약에 대한 특별관할과 불법행위에 대한 특별관할을 살펴보고 국제재판관할의 합의를 검토하기로 한다.

계약에 관한 분쟁에 있어서는 거래의 주체에 따라 스스로를 보호할 수 있는 기업간 전자거래(B2B)와 상대적으로 보호의 필요성이 큰 기업과 소비자간

---

11) 법무부, 국제사법해설, 2001, 24면.

전자거래(B2C)를 구별할 필요가 있다. 특히 현실공간에서의 거래와 비교할 때 전자상거래의 경우 중간 유통단계가 생략되고 사업자와 최종소비자가 직접 당사자가 되는 점에서 소비자들에 대한 이른바 공격적 마케팅이 용이하기 때문에 소비자보호의 필요성이 한층 크다 하겠다. 특히, 대개의 경우 사업자가 약관에 의해 관할법원을 일방적으로 지정할 가능성이 높기 때문에 관할에 있어서 소비자의 이익보호도 중요한 문제가 된다.

가. 국제재판관할을 결정하는 기준

국제사법은 관할의 기준에 대하여 일반적인 원칙만을 규정하고 있을 뿐이다. 소비자계약(제27조)과 근로계약(제28조) 등을 제외하고는 구체적인 관할의 기준을 정하지 않고 있다. 한편, 헤이그국제사법회의에서는 민사 및 상사사건에 적용되는 관할[12)]에 대하여 일반관할과 특별관할 등을 규정하고 있는데[13)], 제3조에서 일반관할로 자연인의 경우 주소가 아니라 常居所[14)](habitual residence)를 일반관할의 연결점으로 규정하고 법인의 경우에는 법상의 본거지, 설립준거법의 소속국, 경영의 중심지 및 주된 영업소 소재지의 4가지를 대등한 지위를 가지는 연결점으로 규정한다.[15)] 이어 국제재판관할합의에 관한 규정(제4조), 응소관할(제5조), 계약에 관한 관할(제6조), 소비자계약(제7조), 근로계약(제8조), 지점 및 규칙적인 상업적 활동지(제9조) 및 불법행위(제10조) 기타 전속관할, 보전처분 등에 관한 규정을 두고 있다. 전자거래의 경우 특히 계약을 전제로 한다면, 2000년 2월 Canada Ottawa에서 개최된 전문가회의에서는 계약의 경우에도 신협약 초안 제6조에서 말하는 계약에 포함되어 그에 대한 별도의 규정이 필요한 것은 아니나, 계약의 체결과 이행이 모두 전자적 형태로 이루어지는 경우(협의의 전자거래)에는 그 적용 여부에 문제가 있다는 점이 제기되었는데, 위와 같

---

12) 특히 조세, 관세 및 행정사건에는 적용되지 않고 일정한 신분관계 및 파산, 사회보장 등의 사건에는 적용되지 않음을 명시하였다.

13) 우리 민사소송법은 '裁判籍'이라는 개념을 사용하여 보통재판적과 특별재판적으로 구분할 뿐이고 일반관할과 특별관할의 개념을 사용하고 있지는 않다. 다만 재판적이란 토지관할의 발생원인이 되는 인적, 물적 관련사유 또는 관련지점을 일컫는 것이므로 어느 지역에 보통재판적 또는 특별재판적이 있다면 그 지역의 법원은 당해 사건에 관하여 일반관할 또는 특별관할을 가지게 되는 것이다. 석광현, 2001년 개정 국제사법해설 제2판, 지산, 2003, 50면.

14) 2001년 전면개정된 국제사법 제4조에서도 상거소를 준거법의 연결점으로 도입하였다.

15) 석광현, 헤이그국제사법회의 민사 및 상사사건의 국제재판관할과 외국재판에 관한 협약 예비초안, 국제사법연구 제5집(2000), 640면 이하.

은 계약의 경우 과연 전통적인 product와 service의 개념이 구별이 의미가 있는지, 그리고 어디를 공급지로 볼 것인가에 문제가 있을 수 있으나 UNCITRAL의 article 15.4에서 작성자의 영업소가 있는 곳에서 송부한 것으로 보고 수신자의 영업소가 있는 곳에서 수령한 것으로 본다는 규정이 참고로 될 수 있다고 하였다.[16)]

한편, 거래상대방의 위치와 동일성의 확인에 대하여도 일응 당사자가 정한 바에 따를 것이나, 적어도 신협약초안의 적용을 받기 위해서는 거래 상대방의 위치와 동일성에 대한 정보를 요구하여야 하고, 정보를 제공한 상대방은 그가 제공한 정보에 나타난 장소를 기준으로 관할의 원칙이 정해진다. 잘못된 정보를 제공하거나 그러한 정보를 제공하지 아니한 경우 협약의 계약에 관한 조항은 더 이상 적용되지 아니하고 제3조(피고의 주소지) 또는 제9조(지점 등의 상업적 활동지)에 의하여 결정될 것이고, 한편 거래 상대방이 오로지 특정 국가의 관할의 적용을 받을 목적으로 사실과 다른 정보를 제공한 경우에 제22조를 들어 그 관할의 적용을 배제할 수 있다고 한다. 그리고 민사소송법 제8조에서는 의무이행지를 특별재판적의 하나로 보고 있는데, 국제재판관할에도 적용된다는 입장에서는 계약의 체결과 이행이 모두 전자적 방법으로 이루어지는 경우나 외국 웹사이트에 접속하여 주문을 받은 경우 그 義務履行地를 어디로 볼 것인가에 논란이 있다.

나. 소비자계약의 재판관할

1) 국제사법 제27조의 규정

국제사법 제27조에서는 소비자계약의 경우 관할합의에 관한 특칙을 두고 있다. 이는 브뤼셀 협약 및 헤이그신협약 초안의 취지를 그대로 반영한 것으로 보이는데, 전통적인 거래관계에 있어 소비자보호의 필요성과 규정의 존재에 의하여 그다지 이의가 없지만 전자거래의 경우는 미국을 중심으로 의문이 제기되고 있다. 즉, 소비자보호의 필요성은 소비자가 거래 상대방에 비하여 교섭력의 열세 때문인데, 거래의 교섭력은 사전정보의 입수와 선택에 달려있다. 그런데 인터넷상에서는 모든 시장이 열려 있고, 매도인의 위치가 어디에 있든지,

16) 전자문서법 제6조 3항에서도 전자문서는 각각 작성자와 수신자의 영업장소재지에서 송.수신된 것으로 본다고 규정하고 있다.

전 세계로부터 상품을 구할 수 있다. 따라서 소비자는 지리적으로나 다른 요소에 의하여 그 선택을 제한받고 있다는 가정하는 것은 인터넷 등을 통한 전자거래에 있어서는 적절하지 못하다는 것이다. 인터넷의 장점은 작은 영세기업들의 진입에 그다지 장벽이 존재하지 않는데 이러한 영세기업과 소비자들 사이의 보호에 크게 구별을 둘 필요가 있는가 하는 점 등을 들어, 별도로 헤이그 신협약 초안과 같은 소비자계약의 특칙을 둘 필요가 있는지에 대하여 상당한 의문을 제기하고 있다, 원래 미국은 부합계약의 경우도 그것이 불공정하거나, 공서양속에 반하는 정도가 아니라면 유효라고 보고 있다.

국제사법 제27조 1항에서는 소비자계약을 소비자가 직업 또는 영업활동의 목적으로 체결하는 계약이라고 정의한 다음, 1항에서 3항까지는 준거법에 관하여, 4항 내지6항에서 관할에 관하여 특칙을 두고 있다.[17]

소비자계약의 경우에는 ① 소비자의 상대방이 계약체결에 앞서 그 국가에서 광고에 의한 거래의 권유 등 직업 또는 영업활동을 행하거나 그 국가외의 지역에서 그 국가로 광고에 의한 거래의 권유 등 직업 또는 영업활동을 행하고, 소비자가 그 국가에서 계약체결에 필요한 행위를 한 경우, ② 소비자의 상대방이 그 국가에서 소비자의 주문을 받은 경우 및 ③ 소비자의 상대방이 소비자로 하여금 외국에 가서 주문을 받도록 유도한 경우에는 소비자는 그의 상거소가 있는 국가에서도 상대방에 대하여 소를 제기할 수 있다(국제사법 제27조 4항). 헤이그 신협약 초안을 참고로 한 것으로 보이나, 좀 더 포괄적으로 규정하고 있는 것으로 평가된다.[18] 반대로 소비자거래의 상대방이 소비자를 상대로 소를 제기하는 경우 반드시 소비자의 주소지에 소를 제기하여야 한다(제27조 5항).

우리나라의 경우 국제사법에서 위와 같이 소비자계약에 대하여 상당히 포괄적인 입장을 취하고 있으므로 특별한 문제가 있다고 보이지는 아니하나, 신협약 초안에서는 특히 제 7조 1항의 b항에 대하여 전자거래와 관련하여 문제가 제기된다. 즉 a항의 청구의 기초가 된 계약의 체결이 특히 선전수단에 의하

---

17) 헤이그 신협약 초안 제7조 1항에서도 국제재판관할에 대한 소비자계약의 보호규정을 두고 있다. A Plaintiff who concluded a contract for a purpose which is outside its trade or profession(제7조 1항)

18) 한국국제사법학회, 제8차 연차학술대회 '21세기 국제사법.섭외사법 개정법률안의 검토(2000. 11)'자료집 중 한충수 교수발표문 21면.

여 영업을 권유함으로써 피고가 그 국가에서 영위하거나 그 국가를 향하여 한 영업상 또는 직업상의 활동과 관련되는 요건과 더불어 b항의 소비자가 그 국가에서 계약의 체결에 필요한 조치를 취한 경우에만 소비자계약으로 보호받을 수 있다고 규정되어 있는 바, 물리적인 존재의 위치가 그다지 중요하지 않은 인터넷 등에서 그대로 적용되기는 어려운 것으로 보인다.

2) 전자상거래 등에서의 소비자보호에 관한 법률 제36조의 규정

전자상거래 등에서의 소비자보호에 관한 법률 제36조에서는 전자상거래 또는 통신판매의 경우 제소 당시의 소비자의 주소에 의하고 주소가 없는 경우에는 거소를 관할하는 지방법원의 전속관할로 한다. 다만, 제소 당시 소비자의 주소 또는 거소가 분명하지 아니한 경우에는 그러하지 아니하다고 규정하고 있다.

다. 관할합의의 문제

1) 국제재판관할에 관한 합의

계약 당시 당사자 사이에 장래 분쟁이 발생할 경우를 대비하여 관할법원을 미리 합의하여 두는 것은 허용된다(민사소송법 제29조). 관할합의의 허용은 사적인 분쟁을 어떻게 해결하는가에 관하여 분쟁 당사자에게 인정되어 있는 자유로부터 도출되는 것이며, 국가재판관할에 관하여도 기본적으로 인정된다.

국제재판관할의 합의에는 특정국 법원에 대하여 재판관할을 인정하고, 그 밖의 다른 나라 법원의 재판관할권을 배제하는 전속적 재판관할 합의와 지정관할 이외에 다른 법원을 부가하는 부가적 재판관할합의가 있다. 전속적 합의인지 부가적 합의인지 명백하지 아니할 때에는 우리의 통설·판례는 법정관할 중 어느 하나를 특정한 합의는 전속적 합의로, 법정관할이 없는 법원을 특정한 합의는 부가적 합의로 보고 있다.

국제재판관할뿐만 아니라 중재 등에 관하여도 합의가 인정되는바[19] 이 때 기업 간의 거래의 경우에는 기본 계약서를 작성하고 그 가운데 적절한 중재조항 또는 재판관할과 준거법에 대한 합의를 하는 것이 가능하고 이에 유효를 인

19) '국제재판관할합의의 유효요건에 관하여 청약과 승낙 쌍방당사자의 서명이 있는 서면에 의하도록 요구되는 것은 아니지만, 적어도 당사자 일방이 작성한 서면에 특정국의 법원이 명시적으로 지정되어 있고, 당사자 사이에 있어 합의의 존재와 내용이 명백하지 아니하면 안된다.' 日本 最高裁判所 1975.11.28 (民集 29巻10号 1554면).

정하여야 하겠지만, 이 때 당해사건이 대한민국의 전속관할에 속하지 아니하고 지정된 외국법원이 그 외국법상 당해 사건에 관하여 관할권을 가져야 하는 외에 당해 사건이 그 외국 법원에 대하여 합리적인 관련성[20]을 가질 것이 요구되는 한편 그 관할 합의가 현저히 불합리하고 불공정하여 공서양속에 반하지 않아야 할 것이다.[21]

2) 소비자계약의 경우

국제사법 제27조 6항에서는 소비자계약[22]에 있어 관할합의에 관하여 중요한 예외 규정을 두고 있는 바, 합의관할의 요건으로 서면이 요구되는 것은 마찬가지이나(민사소송법 제29조 2항, 전자상거래 등에서의 소비자보호에 관한 법률 제13조 2항 8호)[23], 일반적인 관할합의는 인정되지 않고 다만 분쟁이 이미 발생한 후에 체결되거나 관할법원의 하나로 추가하는 경우에만 합의관할의 유효성을 인정하고 있다.

한편 관할합의에 관하여 UCITA §110에서 *消費者契約*에 대한 특별한 예외를 두지 않고 불합리하거나 불공정한 경우를 제외하고는 일반적으로 관할합의를 인정하고 있다. 그리고 당사자가 명시적으로 정하지 않는 한 원칙적으로 전속적 관할이 아니다.

3) 관할회피 또는 배제문언의 효력

인터넷상 웹사이트에서 특정 언어를 사용하여 특정 국가 또는 특정 지역만을 상대로 한다는 문언을 두거나, 특정국가 또는 지역을 제외한다는 문구를 둔 경우 그 관할배제의 효력을 인정할 것인가에 논의가 있으나, 그러한 문구의 게

20) 신 국제사법 제2조에서는 국제재판관할권을 정하는 기준으로 '실질적 관련성'이라는 표현을 사용하고 있는 바, 우리나라와 합리적인 관련성이 없는 사건에 대하여 우리나라의 법원을 관할법원으로 하는 관할합의가 이루어진 경우 그 효력이 부인되어야 하는 것인지 여부에 대해서는 견해가 일치되지 않는다.

21) 대판 1997.9.9. 96다20093; 대판 2004.3.25. 2001다53349.

22) 여기서 소비자계약이란 UCTA §102의 상인인 licensor와 소비자 사이에 체결된 계약을 말하고, 그 대상이 컴퓨터정보물의 거래라는 점을 제외하고는 일반 소비자보호 규정에서 말하는 정의와 크게 다르다고 보이지는 아니한다.

23) 전자상거래 등에서의 소비자보호에 관한 법률 제13조 2항 통신판매업자는 소비자가 계약체결 전에 재화 등에 관한 거래조건을 정확하게 이해하고 실수 또는 착오 없이 거래할 수 있도록 다음 각호의 사항을 적절한 방법으로 표시·광고 또는 고지하고 다음 각호의 사항이 기재된 계약내용에 관한 서면을 교부하여야 한다. 다만 신속한 거래를 위하여 소비자의 동의를 얻은 경우에는 전자문서 또는 제16조의 규정에 의한 공급서로 갈음할 수 있다.

시만으로 당연히 다른 국가에 대한 관할배제의 효력이 생긴다고 보기는 어려울 것이다. 따라서 특정국가의 관할을 피하기 위하여 위와 같은 문언을 게시하는 것 외에 외국으로부터의 접근을 제한하기 위한 기술적 조치 및 특정국가에 대한 관할을 배제한다는 관할합의 등 그 이상의 조치가 수반되어야 할 것이다.[24] 물론 논자에 따라 완벽한 접속이 차단조치가 기술적으로 불가능하다는 견해가 있으나 현재의 기술은 사용자가 접속한 IP주소를 정확하게 찾을 수 있는 것이 가능하고, 주로 지불수단이 되는 신용카드번호에 의하여도 어느 정도 거래 상대방의 주소를 파악하는 것이 가능하다. 뿐만 아니라 중요한 것은 완벽하게 차단하는 것이 아니라 합리적으로 특정국가에서 상업적 활동을 하지 않기 위하여 가능한 기술적 조치를 취하고 또 이에 대한 거래를 거절할 의도가 있었는지 여부가 중요한 판단의 기준이 될 것이다.

2. 준거법

국제적인 법적 분쟁이 발생해서 그 소송이 우리 법원에 제기되었을 때 그 해결과정에서 논리적으로 가장 먼저 판단해야 할 부분은 과연 우리 법원이 재판관할권을 행사할 수 있는지 여부이다. 만약 우리 법원에 재판관할권이 있다고 판단되면, 어느 나라의 실제법을 적용할 것인지를 고려해야 하고, 이것이 준거법의 문제이다. 전자거래에 있어서도 준거법 지정은 당사자가 임의로 정함이 원칙이다.[25] 당사자간에 준거법에 관한 합의가 없는 경우에는 법정지의 국제사법의 규정에 의하여 준거법을 결정하게 되는데 우리나라의 경우에 국제사법이 이러한 문제해결과 관계되는 것이라고 볼 수 있다.

---

24) 부인문언(disclaimer)의 효력에 관한 대표적인 판결로서, Euromarket Designs Inc. v. Crate & Barrel Ltd., 96 F. Supp. 2d 824(ND Ⅰ11)May 16, 2000이 있다. 피고의 웹사이트에서는 이 물건은 아일랜드 공화국에서만 판매한다라는 문언이 있었고 또 미국에서 상업활동을 한 바 없었다는 피고의 관할권 배제항변에 대하여 위 웹사이트에서 물품을 구입하면서 선적과 대금청구지로 미국을 선택하는 것을 허용하고 있었고, 주소란에 미국 주소를 기입하는 형식에 맞추어 디자인되었을 뿐 아니라 위 웹사이트를 통하여 적어도 한사람에게 판매하였다는 증거가 있다고 하여 피고의 관할 위반항변을 받아들이지 아니하였다. 사법연수원, 전게서, 각주 238).

25) 국제사법 제25조는 1항에서 '계약은 당사자가 명시적 또는 묵시적으로 선택한 법에 의한다'고 규정하고 2항에서 '당사자는 계약의 일부에 관하여도 준거법을 선택할 수 있다'고 규정하고, 3항에서 '당사자는 합의에 의하여 이 조항 또는 제41조에 의한 준거법을 변경할 수 있다'고 규정하는 등 당사자자치에 관하여 규정하고 있다.

현재 우리나라는 항공운송에 관한 바르샤바, 헤이그 협약 등 그 조약 자체에 국제적 재판관할에 관한 규정을 둔 몇몇 조약에 가입하고는 있지만 모두 물품거래에 한정되고 개인소비자와의 거래는 그 대상이 아니므로 여기에는 적용될 수 없다.[26] 따라서 인터넷 거래를 둘러싼 소비자와 업자와의 분쟁해결은 각국의 국내법에 의할 수밖에 없다.[27] 준거법의 결정은 국제사법에 의해 이루어진다. 그러나 국제사법에 관한 세계 공통의 통일법이 존재하지 않기 때문에 해결책을 찾기가 어렵다. 다만 어느 나라의 국제사법이 적용되는가에 관해서는 그 사건을 다루는 재판소가 속하는 나라의 국제사법이 적용된다는 데 그 기준이 있다고 하겠다.[28]

국제적인 가상공간에서 이루어지고 있는 국제거래로 인하여 발생하는 민사분쟁은 크게 계약당사자들 간에 발생하는 계약법상의 분쟁, 명예훼손이나 지적재산권의 침해로 인한 불법행위와 같이 계약관계가 존재하지 않는 이들 간에 발생하는 불법행위법상의 분쟁으로 구분할 수 있다. 가상공간에서는 대개 계약을 둘러싼 법률문제로서, 대다수의 경우 소비자계약으로서의 성질을 가진다는 점에 특징이 있다.

(1) 계약의 준거법 결정의 기본원칙

계약에 관하여 적용되는 준거법은 국제사법 제25조에 의하여 결정된다. 즉 전자거래에 있어서도 준거법 지정은 당사자가 임의로 정함을 원칙으로 하는 당사자자치를 채택하고 있다(국제사법 제25조).

---

26) 2000년 가을 국제회의에서 채택을 목표로 헤이그 국제사법회의에서 「민사 및 상사에 관한 국제재판관할 및 외국판결에 관한 조약」이 작성되어 있고, 1999년 10월 특별위원회에서 조약안이 작성된 상태이다. 이 조약의 비준 여부와는 관계없이 이러한 형태의 거래관계에서의 '조리'를 나타낸 것으로 이 조약의 관할 규정은 법원의 판단에 간접적인 영향을 미치게 될 것으로 예상된다. 道垣內 正人, Jurisdiction in International Electronic Commerce, 전자상거래와 법적 분쟁해결, 1999 KOPILA-KITAL 국제심포지움 자료집, 84면.

27) 국제 전자상거래에서 준거법에 관한 첫 판결에서 국제 전자거래에 자국법을 적용한 사례가 있다. 미국 인터넷 경매회사가 프랑스 경매업체를 통해 프랑스인에게 미술품을 넘겨주었을 경우 미국 회사는 프랑스 법에 따라 프랑스에 거래세 등 세금을 내야 한다고 파리 지방법원이 판시했다. 이유는 미국 회사가 주관한 사이버 경매일지라도 경매 개최 사실에 대해 프랑스 경매업체가 프랑스 언론을 통해 홍보와 광고를 한 만큼 사실상 프랑스인을 대상으로 한 경매로 볼 수 있다는 것이었다. 동아일보, 2000.5.5.

28) 세계최대의 가상서점인 아마존은 분쟁조정의 문제가 발생할 경우 미국에서 분쟁해결절차를 밟아야 한다고 홈페이지 약관에 표시하고 있다. 한국일보, 2000.4.25.

(2) 소비자계약의 준거법

가상공간상의 쇼핑몰에서 인터넷을 매개로 하여 불특정다수의 소비자에 대하여 판매광고를 함으로써 인터넷상에서 이루어지는 계약은 이른바 소비자계약의 성질을 띠게 된다. 국제사법 제25조에서 채택하고 있는, 계약관계를 구축하는 기반이 되는 법질서를 계약당사자가 스스로 선택할 자유를 인정하는 당사자자치의 원칙은 국제적으로도 계약에 관한 준거법선택의 원칙으로서 널리 인정되어 있다. 특히 다수의 자와 반복하여 동종 거래를 계속하고자 하는 경우, 계약처리의 편의상 미리 약관 등으로 특정한 국가의 법률을 준거법으로 규정하여 두는 예가 많다.

국제사법에서는 제27조에서 관할에 관한 합의와 마찬가지로 준거법의 합의에 관하여 소비자계약에 대한 보호규정을 두고 있다.

즉, 소비자가 직업 또는 영업활동 이외의 목적으로 체결하는 계약이 ① 소비자의 상대방이 계약체결에 앞서 그 국가에서 광고에 의한 거래의 권유 등 직업 또는 영업활동을 하거나 그 국가 외의 지역에서 그 국가로 광고에 의한 거래의 권유 등 직업 또는 영업활동을 행하고, 소비자가 그 국가에서의 계약체결에 필요한 행위를 한 경우, ② 소비자의 상대방이 그 국가에서 소비자의 주문을 받은 경우, ③ 소비자의 상대방이 소비자로 하여금 외국에 가서 주문을 하도록 유도한 경우중 어느 하나에 해당하는 경우에는 당사자가 준거법을 선택하더라도 소비자의 상거소가 있는 국가의 강행규정에 의하여 소비자에게 부여되는 보호를 박탈할 수 없다(동조 1항).

또한 당사자가 준거법을 선택하지 아니한 경우에 제1항의 규정에 의한 계약은 제26조(준거법 결정시의 객관적 연결)의 규정에 불구하고 소비자의 상거소지법에 의한다(동조 2항). 제1항의 규정에 의한 계약의 방식은 제17조 1항 내지 3항에서 규정하고 있는 법률행위의 방식에도 불구하고 소비자의 상거소지법에 의한다(동조 3항).

제27조는 이 이외에도 당사자가 준거법을 정하지 않는 경우의 준거법(동조 2항), 계약의 방식(동조 3항), 소비자의 상거소지역에서의 소의 제기(동조 4항), 소비자의 상대방의 소비자에의 소의 제기(동조 5항), 서면에 의한 국제재판관할 합의(동조 6항) 등을 규정하고 있다.

관할합의에 있어서와 마찬가지로 소비자계약의 경우 보호규정을 두는 것이 과연 타당한지에 대해서도 유럽과 미국의 입장은 다르다. 유럽연합에서의 계약채무의 준거법에 관한 로마협약에서는 계약채무의 준거법 결정에 관한 일반원칙을 두는 외에 사회·경제적 약자라고 할 수 있는 소비자와 근로자를 보호하기 위하여 소비자계약과 개별 근로계약에 관하여 특칙을 두고 있으며, 이러한 보호는 전자거래에서도 유지되어야 한다는 입장에 있다. 그러나 미국의 경우 유럽연합과는 입장을 달리하고 있는 것으로 보인다.[29)]

미국의 유력한 견해[30)]는 다음과 같다. 매도인의 주소나 매수인 주소 어느 일방의 주소지를 기준으로 준거법을 적용한다는 것은 불합리하다. 따라서 인터넷의 특성은 전통적인 소비자 보호의 전제를 약화시킴에 틀림없다. 소비자의 선택의 가능성이 증대되고 불공정한 거래조건으로 구입을 강요당할 위험성도 비교적 없다. 따라서 그 사이트에서 준거법에 관하여 적절한 공시가 있었는지, 그 사이트에서 적절하고 편리한 분쟁의 해결방법을 제공하고 있는지 및 선택된 준거법이 최소한 소비자보호규정을 제공하고 있는지 여부 등을 기준으로 준거법 합의의 유·무효가 결정되고, 소비자계약이라 하여 달리 볼 것은 아니다. 또한 이러한 경우에도 사기행위로부터 소비자를 보호할 권한은 존중되어야 마땅하고, 당사자 일방이 부실표시를 하고 그러한 정을 알고 그 부실표시를 믿은 상대방과 거래에 이른 경우 이는 준거법의 예측가능성과는 아무런 관련이 없으며, 거래가 금지되는 물건에 대한 거래는 당사자 간의 합의에도 불구하고 소비자의 거주지국(상거소국가)에 적용을 받는다는 것이다.

(3) 당사자 간 명시적 준거법 합의가 없는 경우

당사자 간에 준거법에 관하여 명시적인 합의가 없다고 인정되는 경우에는 국제사법 제26조에 의하여 계약은 가장 밀접한 관련이 있는 국가의 법에 의한다.

또한 당사자가 계약에 따라 ① 양도계약의 경우 양도인의 이행, ② 이용계약의 경우 물건 또는 권리를 이용하도록 하는 당사자의 이행, ③ 위임·도급계약 및 이와 유사한 용역제공계약의 경우 용역의 이행 중의 어느 하나에 해당하는 이행을 행하여야 하는 경우에는 그가 계약체결 당시 그의 상거소가 있는 국

29) 사법연수원, 전게서, 196면.

30) David R. Johnson, Susan P. Crawford and Samir Jain, Deferring to Contractual Choices of Law and Forum to Protect Consumers (and Vendors) in E-Commerce, http//:www.kentlaw.edu/cyberlaw/docs/drafts/crawford.html 참조.

가의 법(당사자가 법인 또는 단체인 경우에는 주된 사무소가 있는 국가의 법)이 가장 밀접한 관련이 있는 것으로 추정한다. 다만 계약이 당사자의 직업 또는 영업활동으로서 체결된 경우에는 당사자의 영업소가 있는 국가의 법이 가장 밀접한 관련이 있는 것으로 추정한다(동조 2항).

이 경우 어떠한 방법으로 계약과의 밀접성을 판단할 것인가?

객관적인 준거법의 연결이 가능한지 여부에 대해서 일찍부터 계약 일반에 관하여 객관적 연결을 고려하는 것이 불가능하다고 인식되어 왔다. 그러나 계약을 유형화하여 특정 유형에 관하여 공통의 객관적인 밀접한 관련성을 탐구하려는 노력은, 그 해석방법이 다양하기는 하지만, 지금까지도 계속 시도되고 있다. 특히, 소비자매매와 같은 계약유형에 관하여 소비자보호의 관점에서 준거법을 소비사의 상거소지에 연결하는 방법은 유럽에서의 최근 입법에 현저히 두드러지고 있다.

다른 고찰방법으로서, 계약의 준거법 결정에 관하여 유럽의 입법에서 유력한 방법으로서 계약을 특징짓는 급부의 내용에 주목하는 방법(이른바 특징적 급부론)을 들 수 있다.[31] 예컨대, 쌍무계약에서는 금전의 지급에 대한 반대급부가 계약을 특징짓는 것으로 보고, 준거법 연결시 이를 고려하여 일반적으로 특징적 급부를 하여야 할 채무자의 상거소지국의 법률을 준거법으로 하는 것이다. 그러나 이 견해의 단점은 만약 소비자매매계약의 경우, 상품의 인도·급부를 하여야 할 매도인의 상거소지국의 법률이 원칙적인 준거법이 되므로, 연결방법으로서 일반적인 타당성을 부여하기에는 의문이다.[32] 특징적 급부론을 주장하는 견해나 입법례에서는 특징적인 급부를 하여야 할 채무자의 상거소지국법으로 연결되어 있으나, 프랑스, 벨기에의 판례에서는 특징적 급부를 이행하여야 할 곳의 법률에 연결하는 경향도 보인다. 특징적 급부론이 원래 계약이 갖는 사회적, 경제적 의의의 측면에 주목하는 입장을 고려한다면, 급부행위를 행하여야 할 채무자의 상거소지국에 한하지 않고, 계약의 종류에 따라서 특징적 급부가 실제로 이행되는 국가의 사회경제질서를 중시하여야 할 경우도 상정할 수 있다. 특히, 소비자보호라는 세계적 경향을 감안한다면, 소비자매매의 경우에 상

31) 상세한 것은 석광현, 국제적인 전자거래와 분쟁해결-준거법을 중심으로-, 인터넷법률, 2002. 9, 96면 이하.

32) 백윤철·이기욱, 인터넷과 전자상거래법, 신영사, 2002, 229면.

품의 실제 인도지, 또는 소비자의 상거소지도 적극 고려하여야 할 것이다.

이상에서 가상공간에서의 국제적인 소비자계약에 관한 국제재판관할, 준거법의 결정을 중심으로 살펴보았다. 현재의 상황에서는 한국의 국제사법이나 국제민사소송법에 의하여 국제재판관할, 준거법을 결정하는데 가상공간이라고 하여 특별하게 취급해야 할 필요성은 보이지 않는다. 그러나 인터넷을 통한 상품의 구매에 있어서는 물품의 구매가격이 저렴한 경우에는 소비자로서는 소송을 포기할 가능성이 높기 때문에 그에 대한 실효성을 담보하는 것이 더 시급한 과제라고 할 수 있다.

제3절 ADR(대안적 분쟁해결) 및 분쟁해결의 대안[33)]

Ⅰ. ADR의 필요성

관할권 및 준거법의 결정에 있어서 당사자 간의 사전 계약 등이 부존재할 경우 이에 대한 결정은 소송에 의할 수밖에 없다고 할 것이다. 그러나 위에서 언급한 것처럼 가상공간에서의 거래가 국제적인 거래인 경우에는 그 특성상 소송비용과 집행에 있어서 상당한 부담으로 작용하게 된다. 따라서 전자거래가 가지는 소액, 다수거래의 특성상 단기간에 광범위하게 발생하고 경우에 따라서는 국경을 넘는 특수성 때문에 재판제도에 대신하는 신속·간이하고 저렴한 분쟁해결 방법을 강구할 필요가 있다. 이러한 논의 출발점에서 최근에 ADR에 관한 활발한 논의가 있다.

ADR은 본질적으로 계약의 성질을 가지고 있어서 전자상거래 특히 국제적인 전자상거래에 진출하고자 하는 회사들에게 기존의 법적 불확실성의 많은 부분을 제거할 수 있는 가능성을 제공한다. 즉, ADR은 전자상거래의 문제점들을 거래당사자들이 의도한 결정에 보다 잘 도달할 수 있는 그 분야의 전문가들이 해결하는 것을 허용하기 때문이다.[34)]

---

33) 이에 대해서는 이규진, 미국 ADR에 비추어 본 우리나라의 ADR, 중재296호, 2000.6, 25-47면; 김윤명·신재호·김형렬·유대종, 사이버스페이스법, 법률서원, 2001, 366면 이하.

34) Andrew S. Mansfield, E-Commerce and Alternative Dispute Resolution, Electronic Commerce and Dispute Resolution, KITAL 심포지움, 1999.11, pp.269-270.

Ⅱ. 대체적 해결방안으로서 ADR

1. ADR의 의의

ADR은 소송의 시간적·경제적 비용을 최소화하고자 제시된 재판 외 분쟁해결책이다. 즉 당사자들의 이익을 위하여 분쟁을 법원 밖에서 해결하고, 재래의 사법적 쟁송절차에 수반되는 고비용, 절차 지연의 폐해를 경감하며, 법정분쟁으로 발전하는 것을 막기 위한, 일련의 절차라고 정의할 수 있다.

미국에서는 협상(Negotiation), 조정(Mediaion), 중재(Arbitration), 간이심리(Mini Trial), 간이배심심리(Summary Jury Trial, SJT) 등 다양한 여러 형태가 존재하나 우리나라에서는 중재와 조정만이 존재한다.

2. ADR의 유형 및 특징

(1) 중재

중재는 분쟁당사자가 미리 중재를 받을 것을 동의하는 것을 조건으로 제3자의 중개로 분쟁을 해결하는 것으로서 국제법상 분쟁당사국이 그들이 선임한 제3자의 판단에 의하여 분쟁을 해결하는 것을 말한다. 당사국이 제3자를 선임하는 점에서 국제사법재판과 다르며 그 판단이 구속력을 갖는 점에서 국제조정과도 다르다.

중재는 조정이나 화해의 경우와 달리 기본적으로 당사자 간의 의견의 부일치를 전제로 하는 절차이므로 중재절차의 공정성 및 중재인의 능력이 무엇보다도 중요하다고 할 수 있고, 우리나라에는 중재법 및 상사중재규칙이 이에 대해 규정하고 있다. 동법은 원칙적으로 중재지가 대한민국 안인 경우에 적용되나, 일정한 경우에는 대한민국 안이 아닌 경우에도 적용된다(동법 제2조).

중재의 합의는 반드시 서면으로 하여야 한다(동법 제8조 2항).

한편, 중재신청 접수통지 수령 후 국내중재는 15일, 국제중재는 30일 이내에 당사자 쌍방의 요청이 있는 경우 대한상사중재원의 사무국은 분쟁을 조정에 회부하여야 하고, 조정인 선정이 있은 날로부터 30일 이내(합의에 의한 기간연장은 가능하다)에 조정이 성립되지 아니하면 조정절차는 종료되고 중재절차가 개시된다(중재규칙 제18조).

(2) 조정

조정이란 객관적인 제3자를 선임하여 분쟁당사자의 상호 양보를 유도하여 분쟁을 해결하는 제도이다. 조정의 장점이라면 소송 이외의 분쟁해결책이라는 점에서 소송 비용적인 면과 시간적인 면에서 경제성을 가지지만, 재판에 있어서와 같이 확실성이 없는 단점도 있다. 즉 조정은 어디까지나 상호 양보에 의한 해결을 목표로 하기 때문에 당사자 사이에 끝내 합의를 보지 못하게 되면, 분쟁은 해결되지 않고 재판절차를 진행해야 한다.

현재 우리나라에는 전자문서법 제32조에 의하여 설치된 전자거래분쟁조정위원회가 ON-LINE 조정제도를 도입하여 시행하고 있으며,[35] 개인정보보호법 제40조에 의하여 개인정보의 수집, 처리, 이용과 관련한 분쟁을 처리하기 위한 개인정보분쟁조정위원회가 구성되었다. 그리고 도메인이름 관련한 분쟁을 해결하기 위하여 한국인터넷정보센터 산하에 도메인이름분쟁조정위원회를 설치하여 2002.1부터 kr. 도메인이름에 관한 분쟁을 처리, 상당한 성과를 거두었으며, 2004년에 인터넷주소자원에 관한 법률이 시행되면서 한국인터넷진흥원이 설립되고, 인터넷주소분쟁조정위원회에서 인터넷주소의 등록과 사용에 관한 분쟁을 조정하고 있으며,[36] 이 이외에도 저작권심의조정위원회와 프로그램심의조정위원회 등이 조정업무를 수행하고 있다.

Ⅲ. 기타 분쟁 해결 방안

이외의 분쟁해결방안으로 제기되고 있는 것으로는 사이버판사제도나 전자판결제도 등이 있다. 사이버판사제도는 가상공간 상에 일어나고 있는 분쟁해결을 위하여 가상공간상에서만 활동할 수 있는 가상의 캐릭터를 통하여 상호 변론으로 분쟁해결을 하자는 개념이다. 전자판결제도는 기존의 판례 등의 사례를 데이터베이스화하여 특정한 분쟁사항을 변수로 삽입하여 이에 대한 판결 결과를 제시할 수 있도록 재판과정을 전자화하는 것이다.

---

35) www.ecmo.or.kr 정보통신기술 및 전달수단을 활용한 분쟁해결방식을 On-line ADR 또는 ODR이라고 한다.

36) www.ddrc.or.kr

참고문헌

1. 단행본

[국내문헌]

고학수 외, 개인정보보호의 법과 정책, 박영사, 2014.

곽윤직, 민법총칙, 박영사, 1994.

김민중, 인터넷의 법률학, 소리내, 2015.

김윤명·신재호·김형렬·유대종, 사이버스페이스법, 법률서원, 2001.

김정호·이완재, 사이버공간의 법경제학, 법문사, 2004.

김진희/손진화/이영균, 정보사회론, 세창출판사, 1999.

김형배 외 5인, 독일채권법의 현대화, Fides, 2003

배대헌, 전자서명·인터넷법, 세창출판사, 2000.

백윤철·이기욱, 인터넷과 전자상거래법, 신영사, 2002.

사법연수원, 전자거래법연구, 2012.

손경한, 사이버지적재산권법, 법영사, 2004.

송오식, 가상공간법, 전남대학교출판부, 2005.

_____, 계약법(증보판), 전남대학교출판부, 2013.

_____, 소비자법, 전남대학교출판부, 2013.

오병철, 전자거래법, 법원사, 1999.

오승종, 지적권법, 박영사, 2013.

이대희, 인터넷과 지적재산권법, 박영사, 2002.

이영준, 민법총칙, 박영사, 1987.

정진명, 가상공간법 연구(Ⅰ), 법원사, 2003.

최경진, 전자상거래와 법, 현실과 미래, 1998.

한국전산원, 도메인 이름 분쟁 사례집, 1998.4.

2. 논 문

[국내논문]

고형석, 사이버몰의 약관과 소비자보호에 관한 연구-전자상거래표준약관을 중심으로-, 민사법학 제26호, 2004.9.

_____, 전자상거래의 성립시기에 관한 연구-전자소비자계약을 중심으로-, 비교사법 13권 3호(통권 34호), 2006.9.

_____, 개인정보침해와 피해구제에 관한 연구, 법조, 2011.

_____, 통신판매중개자의 책임에 관한 연구, 법학논고 제32집, 경북대학교 법학연구원, 2010.2.

_____, 소셜커머스에 있어서 청약철회권에 관한 연구, 연세대 법학연구원 의료과학기술과 법센터, 소셜커머스의 소비자보호 학술대회 발표문, 2011.5.

권영준, 해킹사고에 대한 개인정보처리자의 과실판단기준, 저스티스 통권 제132호, 2012. 10.

권태상, 개인정보보호와 인격권-사법측면에서의 검토-, 법학논집 제17권 제4호, 이화여자대학교법학연구소, 2013.

권헌영, 정보사회에서의 개인정보보호: 개인정보권의 의의와 입법체계, 「연세법학연구」, 제12집 제1권, 2005. 8.

구재군, 인터넷 이용자의 개인정보 자기결정권, 정보화정책, 한국전산원, 제10권 제3호, 2003.

길준규, 개인정보의 보호에 관한 연구, 한양대학교 박사학위논문, 2004.

김문환, 전자상거래법의 체계와 과제, 인터넷법연구 제2호, 한국인터넷법학회, 2003.

김민중, 인터넷법학의 민사법적 과제와 체계, 인터넷법학 제2호, 법무부, 2003.

김상용, 자동화된 의사표시와 시스템계약, 사법연구 제1집, 청헌법률문화재단, 1992.

김상현, 이용자의 불법행위에 대한 온라인서비스제공자의 민사책임, 법학연구 제27편, 한국법학회, 2007.

김세진, 개인정보에 관한 잊혀질 권리의 개념 : 그 법적 근거와 한계, Law & Technology 제10권 제2호, 2014.3.

김용섭, 저작권법상 온라인서비스제공자의 책임에 대한 고찰, 한양법학 제40집, 2012년.

김재두, 전자화폐의 법적 문제, 경영법률 제18집 3호, 2008.

김정완, 저작권법상 온라인서비스제공자의 책임 제한, 법학논총 제33권 제2호, 전남대학교 법학연구소, 2013.

김진환, 개인정보보호의 규범적 의의와 한계, 저스티스 제144권, 한국법학원, 2014.

_____, 약관의 계약편입과 전자약관, 약관규제법과 전자약관의 계약편입, 법학연구 제10집, 2001.1.

_____, 전자거래에 있어서 문서성과 서명성에 관한 고찰, 법조, 1999.9.

김현욱·이상경, 정보이용동의, 안암법학 제47권, 고려대학교 법학연구원, 2006.

남효순, 전자상거래등에서의 소비자보호에 관한 법률에 관한 몇 가지 쟁점 -전자상거래와 통신판매에 대한 적용법조의 차별, 전자상거래에서 청약과 승낙의 결정 및 이행하자로 인한 청약철회와 해제의 관계, 민법학의 현대적양상, 羅岩 서민교수정년기념논문집, 2006.5.

마용주, 사이버페이스와 표현의 자유-미국의 새로운 경향 및 이론들의 소개를 중심으로- 재판자료 103집, 외국사법연수논집(23), 대법원, 2003.12.

민병훈, 전자금융거래와 전자결제제도, 재판자료 100집(2003.7)-CYBERLAW의 제문제(下), 법원도서관.

박동진·이병준, 외국의 약관 및 소비자계약 규제 동향 및 사례연구, 공정거래위원회, 2004.12.

박복순, 전자거래에 있어서 계약의 성립과 이행에 관한 연구, 전남대학교 석사학위논문, 2000.

박익환, "데이터베이스의 보호", 사이버지적재산권법, 법영사, 2004.

박준석, 이미지 검색엔진의 인라인 링크 등에 따른 복제, 전시, 전송 관련 저작권 침해책임, 민사판례연구 33(상), 박영사, 2011.

배대헌, 가상공간과 재적재산권의 보호, 창작과 권리 6호, 세창출판사, 1997.3.

_____, 정보사회로의 변혁과 민사법상 수용에 관한 연구, 민사법학 제20호, 2001.

석광현, 국제적인 전자거래와 분쟁해결-준거법을 중심으로-, 인터넷법률, 2002.

성준호, 빅데이터 환경에서 개인정보보호에 관한 법적 검토, 법학연구 제21권 제2호, 경상대학교 법학연구소, 2013.

소성규, 인터넷상 명예훼손에 대한 온라인서비스제공자의 민사책임, 비교사법, 2004.9.

손경한, 한국 사이버법의 최근동향, 사이버 시대의 법적 환경, 기술과 법 연구소, 1998.

손진화, 새로운 전자지급제도의 법률문제와 입법론, 정보사회에 대비한 일반법연구(Ⅱ), 1998.

손진화, 온라인 신용카드의 법적 문제, 경영법무 통권 111호, 2003.6.

손형섭, 개인정보의 보호와 그 이용에 관한 법적 연구, 법학연구 제54집, 2014.6.

송동수·성기만, 개인정보유출에 대한 구제방안으로서의 징벌적 손해배상,토지공법연구 제67집, 한국토지공법학회, 2014.11.

송오식, 전자거래와 소비자보호, 민사법학 제17호, 1999.

_____, 전자거래에서의 개인정보보호, 법률행정논총 제20집(閑道 정환담 교수 화갑기념특별호, 전남대학교 법률행정연구소, 2000.

_____, 소비자계약의 유형과 법적 규제, 법학논총 제27집 제1호, 전남대학교 법률행정연구소, 2007.6.

_____, 인터넷기술의 발전과 디지털 음악저작권 분쟁-소리바다사건을 통해 본 P2P 파일공

유와 저작권 문제-, 민사법연구 제15집 제2호, 2007.12.

_____, 소셜커머스의 법률관계 : 공동구매형 소셜커머스에서 소비자보호를 중심으로, 재산법연구 28권 2호, 법문사, 2011.8.

_____, 인터넷상 미성년자의 불법행위와 민사책임, 인터넷 이용자의 법적 보호, 전남대학교출판부, 2002.

_____, 전자소비자계약, 민사법학 제38호, 2007.9.

송재일, 개인정보보호의 민사법적 쟁점, 법학연구 제54권, 한국법학회, 2014.

양동훈, 소셜커머스의 개념과 법적 쟁점-공정거래위원회 심결례를 중심으로-, 법제 653호, 2012.5.

양재모, 전자거래상 개인정보보호에 대한 민사적 접근, 사이버커뮤니케이션학보 통권 제27권 제2호, 2010.6.

오길영, 빅데이터 환경과 개인정보의 보호방안-정보주체의 관점에서 바라본 비판적 검토를 중심으로, 일감법학 제27권, 건국대학교 법학연구소, 2014.

오대한, 개인정보권의 침해에 대한 사법적 구제, 전남대학교 박사학위청구논문, 2015.8.

_____, 잊혀질 권리에 대한 법적 고찰, 민사법연구 제22권, 대한민사법학회, 2014.

오병철, 전자적 의사표시에 관한 연구, 연세대 박사학위논문, 1996.

_____, 인터넷에서의 미성년자의 행위능력과 그 보호, 인터넷법률, 2002년 통권 제12호.

_____, 소셜커머스의 전자상거래소비자법상 법적 성격 -통신판매자인가? 통신판매중개자인가?-, 2011,5.

왕상안, 전자거래 관련 국제분쟁과 재판관할, EC Magazine, 2000.

유창호, 전자거래에서 행위제한능력제도의 실효성 확보에 관한 법제연구, 한국법제연구원, 2002.

이광형, 인터넷상 파일 공유프로그램의 저작권법상 문제, 사이버지적재산권법, 법영사, 2004.

이대희, 한국저작권법제와 인터넷, 저작권 100호, 2012 겨울호.

이성구, 인터넷광고와 법, 법제연구원.

이용재, 옥션 개인정보 유출 판결에 대하여, 법률신문, 2016.2.22.자.

이은영, 전자상거래와 소비자보호-계약의 이행을 중심으로-, 외법논집, 한국외국어대학교, 1998.

이응세, 전자서명과 인증, 재판자료 100집(2003.7), Cyber Law의 제문제(하).

이인석, 명예훼손에 대한 온라인서비스제공자의 민사책임, 저스티스, 통권 제67호, 2002.6.

이정수, 빅데이터 시대 도래에 따른 개인정보보호법의 문제점 및 개선방안, 서강로리뷰 제5호, 서강대학교법학연구소, 2013.

이종주, 전자문서법 및 전자서명법의 제정경과와 법적 검토, 법조, 1999.9.

이호룡, 사이버공간에서의 유해정보와 청소년 보호, 인터넷법률, 제12호(2002), 법무부.

임건면, 개인정보의 의의와 귀속관계, 중앙법학, 중앙법학회, 2005.12.

______, 개인정보침해에 대한 민사법적 대응, 비교사법 제3권 제1호, 한국비교사법학회, 2001.

장주봉, 개인정보의 의미와 보호범위, 법학평론 제3권, 서울대학교 법학평론 편집위원회, 2012.

전은정·김학범·염흥열, 미국의 개인정보보호 법·제도 동향, 정보보호학회지 제22권 제1호, 2012.2.

정경영, 전자의사표시의 주체에 관한 연구, 비교사법 제5권 제2호, 1998.

정상조, 전자상거래와 지적재산권법, 비교사법 제5권 2호(통권 9호), 1998.12.

정상조·권영준, 개인정보의 보호와 민사적 구제수단, 법조 제630호, 법조협회, 2009.3.

정상조, 저작권법에 의한 데이터베이스 보호의 문제점, 데이터베이스의 보호, 서울대학교 법학연구소 기술과 법센터, 2003.

정영화, 헌법상 정보프라이버시로 '잊혀질 권리', 법학논고 제39집, 경북대학교 법학연구원, 2012.

______, 인터넷상 개인정보보호 및 분쟁해결에 관한 연구, 인터넷법연구 제1호, 한국인터넷법학회, 2002.

정완용, 개정전자서명법의 비교법적 고찰: 우리나라와 유럽의 전자서명법제를 중심으로, 비교사법 10권 4호(통권 23호), 2003.12.

정종휴, 전자상거래의 등장에 따른 계약이론의 변용, 인권과 정의 통권 268호, 1998.12.

정진명, 전자거래에서의 소비자보호, 인터넷 법률 13호, 2002.8.

정진섭, 인터넷 도메인네임과 상표권 분쟁실태, 정보법학, 1997.

정찬모, 인터넷 도메인 네임의 법적 문제, 한국정보법학회, 1998.

정태호, 개인정보자결권의 헌법적 근거 및 구조에 대한 고찰, 헌법논총 제14집, 헌법재판소, 2003.

정혜영, 개인정보보호법의 내용과 체계에 관한 분석, 공법학연구 12권 4호.

조영선, 저작권침해로 인한 법정손해배상- 개정 저작권법 제125조의 2에 대한 검토, 법조 제61권 제4호, 법조협회, 2012.

조용혁, 인터넷규제의 법적 쟁점, 기업법무리뷰 제1권 제1호, 경희법학연구소, 2008.

조은희, 온라인광고의 법적 과제, 한국법제연구원, 2002.

조정욱, "인터넷 도메인 분쟁연구", 박영사, 2004.

지원림, 자동화된 의사표시, 저스티스 제31권 제3호, 1998.

채만식, 인터넷상의 명예훼손과 인터넷서비스 제공자의 책임 -미국의 사례를 중심으로-, 비교사법 제6권 1호, 1998.

최경진, 민법상 정보의 지위, 산업재산권 제15호, 한국산업재산권법학회, 2004.5.

_____, 빅데이타와 개인정보, 성균관법학 제25권 제25호, 성균관대학교법학연구소, 2013.

최진구, 일본의 소비자계약법에 관한 소고, 민사법학 제32호, 한국민사법학회, 2006.9.

한국인터넷진흥원, 개인정보의 안정성 확보조치 기준해설서, 한국인터넷진흥원연구보고서, 2015.2.

한승철, 전자서명 및 인증기관의 법적 문제, 저스티스 31권 1호, 1998.3.

한웅길, 전자거래와 계약법, 비교사법 제5권 2호(통권 9호) 1998.12.

함인선, 개인정보처리와 관련한 법적 문제-우리나라 개인정보보호법과 EU의 2012년 규칙안을 중심으로 하여- 경제규제와 법 제6권 제1호, 2013.5.

_____, EU 개인정보보호법제에 관한 연구-2012년 개인정보보호규칙안을 중심으로 하여-, 저스티스 통권 133호, 한국법학원, 2012.

현대호, 소비자계약관련입법의 체계화방안 연구, 한국법제연구원, 2003.11.

홍기문, 전자거래분쟁에 있어서 증거에 관한 문제, 고시연구, 1998.12.

황진자, 소비자계약의 적정화 방안 연구, 한국소비자보호원, 2005.12.

_____, 디지털컨텐츠거래와 소비자보호; 전자약관을 중심으로, 고려대학교 대학원 석사학위논문, 2003.

황찬현, 전자문서의 증거법상의 문제, 법조, 1999.9.

황창근, 개인정보 보호 관련 분쟁해결방안 고찰-개인정보단체소송을 중심으로-. 공법연구 제41집 제4호, 2013.6.

황희철, 전자서명과 법률문제, 한국정보법학회, 1998.

[외국문헌]

B. Großfeld, Die Privatrechtstrafe ein Beitrag zum Schutz allgemeinen persönlichkeitsrechts, 1961.

Bernhard Großfeld, Computer und Recht, JZ, 1984.

David R. Johnson, Susan P. Crawford and Samir Jain, Deferring to Contractual Choices of Law and Forum to Protect Consumers (and Vendors) in E-Commerce, http//:www.kentlaw.edu/cyberlaw/docs/drafts/crawford.html.

D.R. Johnson & D.G.Post, Law and Borders: The Rise of Law in Cyberspace, In 48 Stan. L. Rev., May 1996.

Gralf. Peter Calliess, Online Dispute Resolution: Consumer Redress in a Global Market Place, German Law Journal No. 8(1 August 2006)

Jason Richards, The Utah Digital Signature Act as Model Legislation: A Critical Analysis, 17 J. Computer & Info. L, 1999.

Jerry Berman and Daniel J. Weitzner, Abundance and User Control: Renewing the Democratic Heart of the First Amendment in the Age of Interactive Media, 104 Yale L.J. 1619, 1622.

Jerry Kang, Information Privacy in Cyberspace Transactions, 50 Stan. L. Rev. 1998.

Joel R. Reidenberg, E-Commerce and Trans-Atlantic Privacy, 38 Hous L. Rev. 717 (2001)

Pamela Samuelson, A New Kind of Privacy? Regulating Uses of personal Data in the Global Information Economy, 87 Cal. L. Rev, 1999.

Richard A. Posner, The right of privacy, 12 Ga. L. Rev. 1978.

Rudolf Clements, Die elektronische Willenserklärung-Chancen und Gefahren, NJW, Heft 34, 1985.

Viviane Reding, Eur. Comm'n Proposal for a Regulation of the European Parliament and of Council, at art. 4(2), COM (2012) 11 final (Jan. 25, 2012)

Weible, R.J., Privacy and Data(doctoral dissertation), Mississipi State Univ, 1993.

Wolfgang Hoffmann-Reim, Informationelle Selbstimmung in der Informationsgesellschart, 1998.

Directive of the European Parliament and the Council Concerning the Processing of Personal Data and the Protection of Privacy in the Telecommunications Sector.

町村泰貴,「インタ-ネット上の紛争とその解決」法時 69巻 7號, 1997.

大村敦志, 消費者··消費者契約の特性-中間報告(2), NBL 476號, 1991

內田 貴, 電子商去來と民法(債權法改正の課題と方向-民法 100周年を契機として-), 別冊NBL no.51, 商事法研究會, 1998.

北川善太郎, システム契約 - 情報化社會における新しい契約類型, NBL No.393.

山下幸夫, ニフテイ事件·控訴審判決 紹介 分析, NBL, 723號, 2001.

松本恒雄, インターネット上での取引と法, 法律時報, Vol.69, No.7(1997.6)

山口勝之, サービス·プロバイダーの 法的 責任(下), NBL 643호, 1998.

찾아보기

사 항

著者 略歷

宋 五 植

전남대학교 법과대학 및 동대학원 졸업(법학박사)
미국 워싱턴대학(St. Louis) 로스쿨 방문교수
광주고등법원 민사·가사조정위원
대한상사중재원 중재위원
전라남도 소청심사위원장
사법시험, 행정고시, 입법고시 시험위원
현 전남대학교 법학전문대학원 교수

저서 및 논문
단체법(전남대학교출판부, 2015)
물권법 제3판(전남대학교출판부, 2013)
소비자법(전남대학교출판부, 2013)
계약법 증보판(전남대학교출판부, 2013)
불법행위법(법률정보센터, 2012)
민법총칙(공저, 형설출판사, 2009)
여성과 법(공저, 형설출판사, 2005)
가상공간법(전남대학교출판부, 2005)
인터넷 이용자의 법적 지위(공지, 전남대학교출판부, 2002)
전자상거래와 법(금왕출판사, 2000)
불법행위에 있어서 귀책근거와 예방적 효과론
가상공간에 있어서 민사법적 대응과 전자적 의사표시
환경오염과 사법적 구제
전자거래와 소비자보호
제조물책임법상의 결함
컨설팅계약과 법적 문제
사용자의 안전배려의무
전자소비자계약 등 다수

사이버스페이스법

인 쇄 2016년 4월 18일
발 행 2016년 4월 28일

저 자 송오식
발행인 지병문
발행처 전남대학교출판부

등 록 1981년 5월 21일 제53호
주 소 61186 광주광역시 북구 용봉로 77
전 화 062-530-0571~2
마케팅 062-530-0573
팩 스 062-530-0579
홈페이지 http://www.cnup.co.kr

값 33,000 원

ISBN 978-89-6849-315-7 (93360)

이 도서의 국립중앙도서관 출판예정도서목록(CIP)은 e-CIP홈페이지(http://www.nl.go.kr/ecip)와 국가자료공동목록시스템(http://www.nl.go.kr/kolisnet)에서 이용하실 수 있습니다.
(CIP제어번호 : CIP2016013110)